PEARSON

Sunyo Translation Series in Accounting Classics

INTRODUCTION TO FINANCIAL ACCOUNTING

Tenth Edition

Charles T.Horngren Gary L.Sundem John A.Elliott
Donna R.Philbrick

三友会计名著译丛

"十二五"国家重点图书出版规划项目

财务会计

（第十版）

（美）查尔斯·T.霍恩格伦
嘉里·L.桑顿
约翰·A.艾里奥特
唐娜·R.费尔布瑞克 ◉著
傅荣 郑艳茹 ◉译
邓延芳 ◉主审

东北财经大学出版社
Dongbei University of Finance & Economics Press
大连

图书在版编目（CIP）数据

财务会计：第 10 版/（美）霍恩格伦（Horngren，C. T.）等著；傅荣，郑艳茹译．—大连：东北财经大学出版社，2013. 12

（三友会计名著译丛）

书名原文：Introduction to Financial Accounting

ISBN 978-7-5654-1339-1

Ⅰ. 财… Ⅱ. ①霍… ②傅… ③郑… Ⅲ. 财务会计 Ⅳ. F2344

中国版本图书馆 CIP 数据核字（2013）第 222411 号

东北财经大学出版社出版发行

大连市黑石礁尖山街 217 号　邮政编码　116025

教学支持：（0411）84710309

营 销 部：（0411）84710711

总 编 室：（0411）84710523

网　　址：http：//www. dufep. cn

读者信箱：dufep @ dufe. edu. cn

大连图腾彩色印刷有限公司印刷

幅面尺寸：185mm×260mm　字数：710 千字　印张：32

2013 年 12 月第 1 版　2013 年 12 月第 1 次印刷

责任编辑：李　季　　责任校对：贺　欣

封面设计：冀贵收　　版式设计：钟福建

定价：68. 00 元

译者前言

6 年前，我们有幸承接了查尔斯 · T. 霍恩格伦先生主编的 Instruction of Financial Accounting（第 9 版）的翻译工作，获益匪浅。6 年后的今天，我们承担了该书第 10 版的翻译工作，感慨良多。

在翻译本书第 9 版时，我们就由衷地欣赏本书的合理结构、清晰思路、仔细讲解和精到总结；由衷地钦佩作者采取的由浅入深的阐述路径和由简到繁的例题设计，使全书既通俗易懂又不流于平淡，既兼顾广度又不乏深度；由衷地感谢作者在每一章开头对真实案例的恰当引用以及在每一章里面以“财经热线”专栏对商界一线相关报道的适时插入。

在翻译本书第 10 版的过程中，我们更是被作者务实、负责、严谨的治学精神所折服，被作者密切关注会计准则最新动态、大刀阔斧更新案例、与时俱进推出新的“财经热线”的辛苦工作而震撼。

因此，我们需要再次感谢查尔斯 · T. 霍恩格伦博士及其写作团队对会计专业的教学、对会计理论的研究以及对会计实务的指导所做的杰出贡献。

本版翻译工作由东北财经大学的傅荣教授、郑艳茹副教授承担。其中，郑艳茹承担了第 1 章至第 10 章的翻译工作，傅荣承担了第 11、12 章的翻译工作。囿于译者的水平，本译著的不足或不当之处，敬请读者赐正。谢谢。

译　者

2013 年 8 月

前　言

“只有真正掌握某一门知识，你才能知道如何使用它。”

《财务会计》第 10 版通过强调使用和分析财务报表提供的信息，论述最为通行的会计理论和实务。

《财务会计》第 10 版所采用的观点是：企业经营是一个令人激动的过程，而会计则是一个观察经济事件如何影响企业经营的完美的窗口。我们相信会计有助于对经济事件的理解，而且，会计是建立在简单的原则基础上的，因此，与其他许多教材相比，本书较早地介绍了许多概念。我们采用最适宜掌握的程度讲授这些概念，并且用经过精心选择的发生于真实公司的案例来论述这些概念。本教程阐述企业管理者在编制财务报表时做出的选择以及这些选择对信息使用者解释会计信息时产生的影响。同时本教程也将职业道德问题贯穿始终。

这是本教程的第 10 版，它是对本教程使用效果的一种检验。但它同时也是对于我们以前的同事、学生和本教程使用者的一个检验，他们对于以前的每一个版本都提出了想法和建议，并督促我们对本教程进行修改，使其更加适应今天的学生和使用本教程的学术机构的要求。

我们的理念

先介绍简单的概念，在学生能够理解的前提下再介绍更为复杂些的概念，并且在每个阶段为学生提供恰当而且真实的公司案例——这就是我们的理念。我们的目标是让学生们具备理解和解释现实企业资产负债表、利润表、现金流量表和股东权益变动表等财务报表的能力。

我们要求学生将会计作为提高他们对经济事件理解力的一个工具。他们应该提出诸如“这笔交易后，我们会变得更富有还是更贫穷?”以及“关于这家公司的财务状况和经营业绩，这些报表会告诉我们什么?”之类的问题。

学生们不能孤立地去理解财务报表。相反，他们必须在企业的具体商业环境中去认识所有这些财务报表。他们有必要理解资产负债表和损益报表所反映的应计制会计，但他们同样必须了解现金流量表所反映的现金的重要性。在前 5 章中我们演示了所有这些基本的财务报表。在介绍了应计制会计的基础知识之后，紧接着介绍现金流量表，使学生们了解所有这三种报表的重要性及各自所反映出的独一无二的信息，并可以通过随后的章节了解财务报告实务的细节。

我们的一个同事哈勒·比尔曼，经常用“你是感到高兴还是悲哀?”这样一个问题来开始讨论某一经济事件。我们相信会计可以提供一种方法，使人们能够理解正在发生的事情，而且还能提供问题的答案。你可以在最重要的经济竞赛中将基本的财务报表看做记分牌。每一年财务报表都帮助你回答最重要的问题：你是幸福的还是悲哀的？你挣钱了还是亏损了？你的企业正处于繁荣时期还是求生存状态？你对于下一步的重要举措有足够的现金支持吗?

谁需要使用这本教材

《财务会计》第 10 版预先设定的对象是没有会计知识背景的任何本科学生或注册学习财务会计的 MBA 学生，也适用于管理教育项目中有一点或者没有会计知识背景的参与者。本教材讨论的是所有学习商务的学生都必须学习的课题。我们的目标是讨论相关课题并将其清晰易懂地展现给学生。

本教材内容主要针对财务报表使用者，但对于潜在的会计执业者也给予了充分的注意。本版教材强调相关的概念，但又通过诸多案例演示使这些概念更加具体化，其中许多案例都是取自近期的企业年度报告。另外，对于会计程序中的交易分析、编制会计分录和登记分类账等我们也给予了适当的重视。企业经理和会计师可以通过将企业交易以日记账和T型账的形式总结出来从而更好地理解这些交易的经济后果。然而，我们的最终目标是通过着重分析资产负债表等式来了解企业的财务状况和发展前景。

增强对IFRS的覆盖

- 增强了对美国公认会计原则（GAAP）与国际财务报告准则（IFRS）两者差异的覆盖，但不必要的细节略。
- 问题材料选自公司按照公认会计原则提供的报告，也有遵循国际财务报告准则提供的报告。

更加强调理解和分析财务报表

- **财务报表的相关内容**通过重点讲述财务比率及如何从财务报表获取财务比率，为学生提供了如何进行财务报表分析的可视线路图。这部分内容同时提示学生注意本书的其他章节以便更深入地掌握这些比率。报表组合在第2章的“记忆要点”之前可以看到。
- 每一章里的**讲解财务报表**部分，使学生可以认真思考如何使用他们正在学习的信息以便可以更好地了解一个企业的财务现状与预期。
- 每一章结尾部分的**财务报表难题的分析和解释**部分都包括财务报表研究，如星巴克（Starbucks）公司财务报表分析，以及利用因特网分析其他企业的财务报表。
- **聚焦星巴克公司年报**演示财务报表分析的诸多方法。每一章都有一个基于星巴克实际提出的问题，使学生对与一个特定公司相关的许多财务报告问题有更加全面的掌握。

其他增强的功能

- 关于职业道德的更广泛的讨论。差不多每一章都通过正文和该章末尾的问题集中讨论这一重要的议题。
- 每一章的练习资料里都安排了关键思考题，要求学生们去思考那些可能没有正确答案的概念性的议题。
- 每章都安排“财经热线”专栏——新的或者是完全修改过的。这些栏目可以使学生们深入了解国内和国际知名企业的运营情况，接触当今世界现实事件。

目　录

第1章　会计：商业语言

学习目标

通过本章的学习，您应该能够：

1. 解释会计信息是如何帮助决策的；
2. 描述资产负债表的组成要素；
3. 分析企业交易及其与资产负债表数据变化之间的关系；
4. 依据交易数据编制资产负债表；
5. 比较独资、合伙和公司3种企业组织形式的特征；
6. 明确公司资产负债表中的所有者权益与独资或合伙企业的所有者权益的区别；
7. 解释财务报告的规则，包括美国公认会计原则与国际财务报告准则的区别；
8. 描述审计及其提高财务信息的价值的作用；
9. 评价道德在会计处理程序中的作用。

本章核心案例：星巴克（Starbucks）

会计是商业语言。会计是企业用来与雇员和公众交流财务信息的工具。迄今为止，会计语言像口头语言一样存在着国家之间的差异。当今只有两种主要的会计语言仍在运用，一种是美国运用的会计语言，另一种是在欧洲以及全球绝大多数其他地区运用的会计语言。这两种会计语言实际上很像一种语言的不同方言，因为它们在大多数方面都是一致的，最终都交汇于一种语言。这一章我们主要学习美国所运用的会计语言，但当涉及两种语言的重大区别时要加以讨论。

我们还要通过很多真实公司的情况来说明实务中的会计语言。来看星巴克（Starbucks），这是一家美国公司，就像所有的美国公司一样，星巴克也运用美国的会计语言。也许您曾经从星巴克遍布全球的9 000家咖啡店中的一家店里买过一份拿铁咖啡或者至少曾经路过这家咖啡店，您知道吗——您还可以买一股星巴克的股票让自己成为该公司的股东！如果要想买一份拿铁咖啡，需要知道它的味道如何；如果要买一份星巴克的股票，则需要了解该公司的财务状况和发展前景。只有认为星巴克公司将走向成功，您才想要拥有该公司的股份。为了了解这一点，您需要会计知识。学完这本书之时，您就可以轻松愉快地阅读星巴克以及其他公司的财务报告了，并能够运用那些报告对这些公司的财务健康情况进行评估。

星巴克成立于1985年，并于1992年首次向公众发行股票。如果当时您购买了该公司的股票，您当初1美元的投资到写这本书的时候就值20美元了（在2008—2009年的熊市之前，差不多值40美元）。未来星巴克是一个好的投资项目吗？没有人能够肯定地预测星巴克的财务前景。然而，我们可以从公司的财务报表里找到线索，这些财务报表可以在公司的网站上看到。但是，您需要理解会计知识以便读懂这些财务信息。

星巴克在较短时间里就誉满全球。它在《财富》杂志2008年全球最受尊敬公司名单中位列第6，在《财富》杂志2009年全球100名最佳就业企业中位列第24；

2006 年被品牌渠道网站（Brandchannel. com）所作的读者民意调查提名为全球年度 5 大顶尖名牌之一，在 2008 年入选《企业责任官》（CRO）杂志最佳企业公民 100 强，这是公司第 9 个年头入选该榜单，是连续 9 年荣登该榜的 3 家企业之一。除了了解这些荣誉之外，潜在的投资者还想知道有关星巴克财务前景的信息。我们来看几个财务数据。随着本教程的进程，您将会对如何读懂这些财务数据有一个更好的理解。

2009 年，星巴克的总收入（销售总额）为 98 亿美元，而 1996 年仅为 7 亿美元；净收益（即实现的利润）为 3. 91 亿美元，远远高于 1996 年的 4 200 万美元，但远远低于 2007 年的利润高点 6. 73 亿美元；总资产（星巴克所拥有的项目的金额）从 1996 年的不足 9 亿美元增加到 2009 年的接近 56 亿美元。可见，星巴克的营业额快速增长。然而，从星巴克财务报表的详细内容中，我们可以学到更多的东西。阅读本教程，我们将学到收入、收益、资产及其他会计要素。

当我们开始财务会计世界的旅行时，我们要探索像星巴克这样的公司是根据什么管理公司财务活动的？而投资者又是如何使用这些会计信息去更好地了解星巴克的？请记住：像 1985 年就支持了星巴克那样的小咖啡企业的基本会计框架，今天同样支持着大的企业，世界各地的企业，无论大小，也无论新老，确实都依靠这套基本会计框架。

本书是一本财务会计的教程。会计（accounting）是一种确定、记录、总结经济信息并向决策者报告这些信息的程序。财务会计（financial accounting）致力于为股东、供应商、银行及政府机构等企业外部决策者提供具体的决策支持。您也许期望能看到一系列关于如何记录和报告财务信息的规则和程序。没错，您会看到所有这些东西。但是，理解会计报告远不止规则与程序。为了有效地运用所掌握的财务会计知识，还必须了解能够提供经济信息的有关商业交易，以及为什么这些信息能够有助于财务决策。

了解企业是怎样运行的是一件十分重要的事情。当您了解到星巴克的财务报告能帮助企业管理者制定关于生产和销售的决策、能帮助投资者评估星巴克的现状与前景时，您就会明白为什么说能够阅读和解释财务报告是非常重要的。无论是外部投资者还是内部管理者，都需要这些财务信息。

我们的目标是帮助您理解企业交易——弄清楚会计信息是如何描述这些交易的、企业内部决策者（管理者）和外部决策者（投资人）在决定怎样买卖、何时买卖和买卖什么时如何利用这些信息。在这个过程中，您将了解到一些世界著名公司。您可能很想知道：开张一间新的星巴克连锁店需要多少费用？巨额投资用于开张新店是否值得？每年有多少顾客光顾每家星巴克连锁店？星巴克能否持续留住所有这些顾客？是否有足够的客流量以使商店盈利？如果有投资者打算购买星巴克股票，他们在判断现行价格是否合理时必须掌握什么资料？会计信息不可能完全回答上面的每一个问题，但会计信息对于其中的很多问题都有重要的洞察力。为了说明如何利用会计信息，我们将会经常利用真实公司的真实数据。

在跟踪实际商业案例的过程中，我们详细研究了世界上最知名的股票交易市场指数道·琼斯工业指数（the DJIA）的30家公司，知名的公司如可口可乐（Coca）、微软（Microsoft）、麦当劳（McDonald's）都位列于这30家公司中，同时还有许多规模大但并不太知名的公司，比如美国铝业公司（Alcoa）和联合技术公司（United Technologies Corporation）。表1-1罗列了这30家公司及其股票代码——即股票经纪人和投资者用来确认这些公司的通用速记符号。下面的“财经热线”介绍了全球其他的证券交易所。我们还研究了一些年轻的、快速成长的公司，比如星巴克、亚马逊、苹果以及天木蓝（Timberland），还有一些跨国公司，比如丰田、诺基亚、雀巢和大众，以说明不同的会计问题和实务。现在我们就从基本的问题开始，这些问题在不同的会计语言中大都相同。

表1-1　**道·琼斯工业指数　按公司列入指数的年份排列**

公司名称	公司标志	加入指数年份	公司名称	公司标志	加入指数年份
通用电气公司	GE	1907	沃特迪斯尼公司	DIS	1991
埃克森美孚公司	XOM	1928	惠普	HPQ	1997
宝洁公司	PG	1932	强生公司	JNJ	1997
杜邦公司	DD	1935	沃尔玛公司	WMT	1997
联合技术公司	UTX	1939	美国电话电报公司	T	1999
美国铝业公司	AA	1959	家得宝公司	HD	1999
明尼苏达矿务及制造业公司	MMM	1976	英特尔公司	INTC	1999
国际商用机器公司	IBM	1979	微软公司	MSFT	1999
默克公司	MRK	1979	辉瑞公司	PFE	2004
美国运通公司	AXP	1982	威瑞森通讯公司	VZ	2004
麦当劳公司	MCD	1985	美国银行	BAC	2008
波音公司	BA	1987	雪佛龙公司	CVX	2008
可口可乐公司	KO	1987	卡夫食品公司	KFT	2008
卡特彼勒公司	CAT	1991	思科系统公司	CSCO	2009
摩根大通公司	JPM	1991	旅行者保险公司	TRV	2009

财经热线

全球证券交易所和指数

几乎所有大型的跨国公司都是上市公司。例如，苹果、微软、汇丰、丰田和英国石油公司都获准在特定的证券交易所出售公司股票。

如果以上市交易股票的价值来衡量的话，纽约证券交易所是全球最大的证券交易所。2006年在纽交所交易的股票的全部资本市值为15.4万亿美元，2010年的月平均交易量接近400亿美元[1]。除了纽约证券交易所，全球范围内还有其他一些证券交易所在运营中。下面罗列了其中的一些交易所：

国家	城市	交易所名称	网址
美国	纽约	纽约证券交易所	www. nyse. com
日本	东京	东京证券交易所	www. tse. or. jp/english
英国	伦敦	伦敦证券交易所	www. londonstockexchange. com
中国	上海	上海证券交易所	www. sse. com. cn/sseportal/en
印度	孟买	孟买证券交易所	www. bseindia. com

股票价格指数跟踪反映了一些公司的价值，全世界有很多指数。实际上，许多指数涵盖的是在特定的证券交易所交易的股票，比如上面提到的那些交易所。例如，伦敦金融时报100指数（FTSE100）涵盖了在伦敦证券交易所上市的100只最大的股票，恒生指数（Hang Seng Stock Index）涵盖了在香港证券交易所上市的46只最大的股票。

股票价格指数将许多不同股票的价值换算成单一的计量指标，为评价基本经济走势提供了一个便捷的方法。

包括一小部分公司的指数也是有用的。香港证券交易所总共有1 300多家上市公司，而恒生指数中的46只股票就代表了其价值的58.3%。

股票指数也有其局限性。它们只涵盖了一个很小的地理区域，并集中在特定的领域或行业，可能会忽略一些对投资者有用的具体信息。

指数	市场	公司数目	建立年份
道琼斯工业平均指数	美国（主要是纽约证券交易所，还包括纳斯达克的一些公司）	30	1896
伦敦金融时报100指数	伦敦	100	1984
恒生指数	香港	46	1969
法兰克福指数	德国	100	1988
MSCI全球所有国家可投资市场指数	45个不同国家	9 000	1987

[1] 代表在纽约证券交易所独家下属国际交易的价值。

资料来源：http：//www. nyxdata. com.

1.1 会计的本质

会计对经济信息进行组织和概括，以供决策者使用。会计师采用财务报表来提供这些信息。为了编制财务报表，会计师对经济事项及其对企业的财务影响进行分析、记录、量化、积累、概括、分类、报告和解释。

公司的会计系统包括一系列步骤，会计系统通过这些步骤来记录财务数据并将其转换成财务报表。会计师对管理人员及其他决策者所需要的数据进行分析，并创设最能满足那些需要的会计程序。而收集和整理经济数据的日常工作则由簿记员和计算机来完成。会计系统的真正价值在于其向决策者所提供的信息。

看一下大学的会计系统。大学的会计系统收集每位学生学费的收费和支付方面的信息。学校必须能够把个别学生欠费的余额收上来，必须能够制定课程表、雇用教研人员满足学生对课程的需求，必须保证学费和其他现金流入能够满足支付教研人员的费用以及教室取暖（或制冷）和照明。过去，学校的会计系统经常让学生感到沮丧。学生在注册的时候可能需要排太多的队，或者申请经济资助的程序过于复杂。但是，现代化的系统使得学生可以电子注册课程以及电子支付学费。完善的信息系统能够使您的生活变得井井有条。从买这本书的商店到办理信用卡的那家公司，每个企业都有一个会计系统。万事达卡（MasterCard）、维萨卡（Visa）、美国运通卡（American Express）的会计系统是快速而复杂的。在任何一个时刻，在全球各地，都有成千上万笔信用卡交易发生，而会计系统对这些交易都保持跟踪。当您使用充值卡时，扫描仪对它进行电子阅读，然后将交易额传输到信用卡公司的中心计算机；计算机通过查证您的支出金额是否在可接受范围之内，来确定是否批准该项交易。与此同时，计算机同样进行安全检查。比如，如果芝加哥和伦敦的商店在1小时内都用你的信用卡来记录销售，会计系统就会发现一定是哪个地方出了问题，于是在信用卡公司批准这两笔交易之前会要求你给客户服务代表打电话。可见，没有可靠的会计系统，信用卡简直就不可能存在。

1.1.1 会计——决策的助手

会计信息对于任何一个具有经济后果的决策的制定者都是有用的。这样的决策制定者包括经理、所有权人、投资者和政治家。比如：

• 苹果公司的工程部研发出iPad后，会计人员提出了该产品的潜在获利能力报告，包括预计的销售收入和预计的生产及销售成本。经理以此报告帮助自己决定是否生产和销售此产品。

• QBC信息服务公司是仅有5个职员的小型咨询公司，在决定需要提升谁（或解雇谁）的时候，首席合伙人拿出了每个雇员的生产率报告并将每个雇员的生产率同该雇员的当年工资及其他相关成本进行对比。

• 先锋集团（Vanguard Group）的投资组合经理在考虑买进福特汽车公司还是大众汽车公司的股票时，为了对这两家公司最近的财务状况进行比较，他们查阅已发布的会计报告。他们必须能够将福特公司用美国会计语言报告的信息与大众公司用欧洲会计语言报告的信息进行比较。理解报告中的信息有助于经理们决定哪家公司是投资的更好选择。

• 巴拉克·奥巴马总统提出他的经济刺激计划时，他需要预测他的这一计划将会对国家预算产生什么样的影响。在预测该计划将耗费多少资金以及资金从何而来时，会计信息为他提供了帮助。

• 当美国银行考虑向准备扩大规模的某一公司提供贷款时，它对该公司以往的业绩进行了研究，并对该公司提交的如何利用贷款进行新业务的计划进行分析。

会计以表明公司应在何处、何时花钱和投入努力的方式，帮助制定决策，为评估财务业绩提供信息，为选择某一方案而不选择另一方案的财务意义提供解释。会计还有助于预测决策的预期效果，有助于指导解决当前的问题、改善不完善之处、提高效率，以及帮助寻找机会。

我们来看一下决策过程中的一些基本关系：

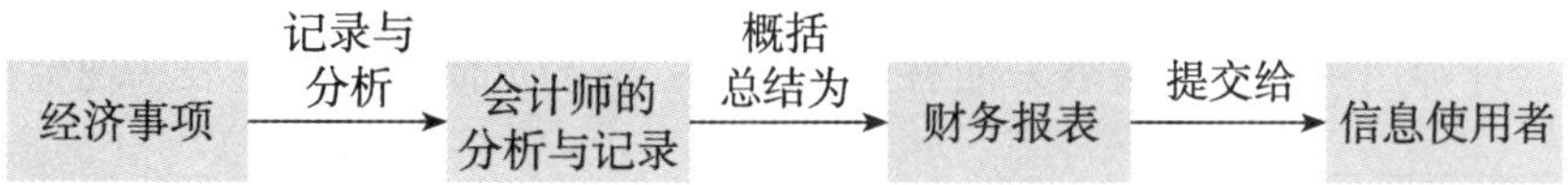

当经济事件发生时，会计师对其进行分析和记录，定期地将经济事件的结果以会

计报表的形式总结出来。这样一来，使用者就可以借助财务报表进行决策。本书的重点内容包括所有这4个步骤。所有的财务会计课程都包括信息的分析、记录和财务报表的编制，而我们则对产生经济事件的基本商业过程和财务报告帮助决策者采取行动的方式给予更多关注。

1.1.2 财务会计与管理会计

本书所讨论的财务报表是各领域会计所通用的。会计人员通常是信息的使用者而将“财务会计”与“管理会计”相区分。财务会计服务于诸如股东、供货商、银行和政府机构等外部决策者，而管理会计（management accounting）则服务于公司的最高层执行官、部门经理、学院院长、医院院长以及组织内部其他各级管理者等内部决策者①。这两个会计领域对单笔交易的影响进行分析和记录时有许多程序是相同的。

投资商和企业外部人员获取企业财务信息的最通常来源是企业的年度报告（annual report）。年度报告是企业管理部门编制并分发给现有和潜在的投资者的文件，为的是让他们了解企业过去的运营状况和未来的预期前景。企业自动地向股东提交年度报告。潜在的投资者会打电话给企业的投资者公关部要求他们提供企业年度报告，或者访问企业网站获取年度报告。除了财务报表，年度报告还包括：

1. 来自公司管理层的一封信函；
2. 公司管理层就近期的经济事项所做的讨论与分析；
3. 更为详细解释财务报表许多要素的脚注；
4. 独立的注册会计师事务所（审计师）的报告；
5. 管理层和审计师编制的关于公司内部控制的报告；
6. 公司的其他信息。

一些大企业还利用其年度报告宣传企业，通常采用赏心悦目的照片传达信息。

虽然所有的年度报告要素都很重要，但是我们更关注主要财务报表以及会计师们如何收集和报告这些信息。您可以从10-K报告中找到美国公司的财务报表，他们每年向证券交易委员会（SEC）备案他们的财务报表，证券交易委员会是负责监管资本市场的政府机构。在美国上市交易的公司必须向证券交易委员会提交10-K报告以及很多其他文件。10-K报告不仅包括基本的财务报表，还包括那些不包含在年度报告中的具体的财务信息。越来越多的美国公司都取消了成本高昂但华而不实的年度报告，而只是向投资者和潜在的投资者发布10-K报告。

决策者们最感兴趣的是公司未来的业绩，而年度报告或10-K报告中的信息大部分是历史数据。但过去的业绩对于预测未来的情况是非常重要的信息。因此，年度报告或10-K报告使决策者们能够回答下列相关的问题：

该公司一定日期的财务状况如何？

该公司在一定时期的运行情况怎样？

会计师用4种主要报表来回答这些问题：资产负债表、收益表、现金流量表和股

① 管理会计的内容参见C. 亨格瑞、G. 桑顿、D. 博格斯坦利、J. 斯查兹伯格合著的本书姊妹篇《管理会计教程》第15版。

东权益表。资产负债表反映某一日期的财务状况，收益表、现金流量表和股东权益表反映的则是一段时期的运行情况。时期通常是1年或1年中的1个季度，资产负债表反映的是公司在该时期最后一天的状况。我们在本章讨论资产负债表，在第2章讨论收益表和股东权益表，在第5章讨论现金流量表。在介绍资产负债表后，本章还将就一些对于理解某一商业运营环境至关重要的议题进行探究。正如第8页的“财经热线”栏目中描述的那样，您可以从有关网站上获取大多数公司的财务报表。

财经热线

年度报告与因特网

直至最近十几年来，年度报告还都是公司通常在年度结束3个月后编制的漂亮的文件。除了作为关于公司财务状况的首要来源外，财务报告还含有关于企业的许多其他信息（有些可能被称为宣传）。尽管如此，因特网已经改变并且将继续改变投资人了解企业的方法。人们可以从网站了解到的信息比从纸介质上了解的更多更快。

大多数上市公司，当然是那些大的公司，都在网站上发布他们的年度报告。您可以从该公司网站中的某一被称为“投资人”或“投资公关”栏目中找到该公司的年度报告。通常这方面内容的资料都被冠以“公司信息”或者“关于本公司”等题目。

大多数公司都至少以PDF格式提供一份财务报表的索引电子版本。但是许多公司现在正以更加灵活的形式提供文件，使用者可以将主要报表下载成Excel电子表格。这使得报表使用者可以自己对数据进行分析。而且，一些公司还以多种语言来提供信息。例如，微软公司将致股东的信函以及最重要的财务信息都是以英国、法国、德国、日本、澳大利亚、加拿大法语区和西班牙的货币和文字来提供的。

在最佳年度报告方面甚至存在一种竞争。美国通讯职业联盟（The League of American Communications Professionals，LACP）根据各家公司信息传递方式的好坏对年度报告进行分级评定。从代表20多个国家的超过3 000家公司的2007年度报告中选出的各类最好的报告如下：

种类	公司	国家
最好的机构报告	Grupo Modelo	墨西哥
信息交流者的选择	Goodwill industries of Middle Tennessee	美国
最具创造性的报告	D. Logistics AG	德国
最有魅力的报告	诺华（Novartis）	瑞士
最具改良性的报告	安格鲁铂金公司（Anglo Platinum）	南非
最佳的内部报告	海德堡印刷机械公司（Heidelberger Druckmaschinen）	德国
最佳致股东信函	沃尔玛公司	美国
最佳封面报告	费森尤斯医疗用品公司（Fresenius Medical Care AG & Co.）	德国
报告的财务状况内容最佳	思爱普公司（SAP AG）	美国
最具叙述性的报告	PT Antam Tbk	印尼

某些公司的执行官利用其公司的年度报告对投资人进行培训。波克夏·哈萨崴公司（Berkshire Hathawy）公司的主席兼首席执行官沃伦·巴菲特在其公司的年度报告中经常附上一封很长的信函，详细解释他的理念和他的公司的运营状况。在2009年度报告中，他在其信函中用了19页的篇幅发表他富有洞察力的评论。例如，他评价2008年的

住房和信贷危机是“不应该借出资金的贷款者向不应该借入资金的借款者提供融资”。在某一年的年度报告中，他甚至对财务报告同他个人的高尔夫运动进行比较。

很多年以来，年度报告对于投资人来说都是十分有用的文件，因此它必不可少，但其内容和格式一直在变化。因特网的使用使得公司将财务信息（还有其他信息）展示给投资人的可能性变成现实，而这在以前是不可能的。因特网的出现为投资决策提供了更好的信息，因此使得资本市场的运转变得更为顺畅。

资料来源：LACP 2007 Annual Report Competition Results；http：//www. lacp. com/2007vision/competition. htm；Microsoft，2009 Annual Report；Berkshire Hathaway，2008 and 2009 Annual Reports.

1.2 资产负债表

资产负债表（balance sheet），也称财务状况表（statement of financial position），反映了企业在特定时点的财务状况。资产负债表实质上是企业在某一特定日期的“快照”。资产负债表包括两个互为平衡的部分，一个部分列示了企业所拥有的资源（企业拥有并控制的从现金到建筑物等所有资源），另一个部分列示了对这些资源的索偿权。这些资源及其索偿权形成的资产负债表等式为：

资产=负债+所有者权益

该等式各项目的定义为：

资产（assets）是企业预期产生未来现金流入、减少或避免未来现金流出的经济资源。例如现金、存货和设备。

负债（liabilities）是企业对外部组织或个人的经济义务，或者外部组织或个人对企业资产拥有的索取权。例如企业对银行的债务。企业向银行借入一笔借款时，通常要签发标明还款条件的承兑票据，应付票据（notes payable）就是表示这种承兑票据的会计术语。

所有者权益（owner's equity）是指所有者对企业资产的权利。债务人对企业资产拥有首要权利，所以，所有者权益等于总资产减去总负债的差额。

为了演示资产负债表，让我们做如下假设：海科特·洛佩兹，当地一家自行车公司的雇员，20×2 年 1 月他从公司辞职开了一家自己的自行车店——双轮（Biwheels）公司。听说了新建企业大都存在资金短缺的困难，所以洛佩兹投入了足够的资金：400 000美元。随后，以营业为由，从银行借了 100 000 美元。于是双轮公司的资产合计为 500 000 美元，且全部为现金形式。该新建企业开业时的资产负债表如下：

双轮公司资产负债表

20×2 年 1 月 2 日　　单位：美元

资产		负债与所有者权益	
现金	500 000	负债（应付票据）	100 000
	____	洛佩兹，资本	400 000
资产总额	500 000	负债与所有者权益总额	500 000

由于资产负债表反映的是某一特定时点的财务状况，所以，该表总有一个特定的日期。此资产负债表的内容反映了双轮公司 20×2 年 1 月 2 日的财务状况。报表左方列示双轮公司在这个时点的资产（500 000 美元），等于右方的负债和所有者权益总额（欠银行的 100 000 美元负债加上由洛佩兹缴入的 400 000 美元）。表中底部标有双下划线的总数显示最终数字。请注意，该表始终保持左右两边的平衡。

当一个新企业刚刚建立起来的时候，其所有者权益等于所有者的投资总额，正如双轮公司的资产负债表中“洛佩兹，资本”所表示的，会计人员经常使用“资本”这个术语代替所有者权益来表示所有者对企业的投资。我们可以用下面的方式重新表达资产负债表等式，借以强调所有者权益的实质，即“剩余”：

所有者权益=资产-负债

这一等式表明所有者的索取权等于资产减掉负债后的剩余金额。会计人员也使用净资产（net asset）这个概念来表示资产减去负债的金额。

1.3 资产负债表交易

会计人员要对主体发生的每一笔交易进行记录。主体（entity）是一个组织或一个组织的一个分部，是区别于其他组织和个体的独立经济单位。在我们的举例中，绝大多数主体都是公司。交易（transaction）是任何一项会影响该主体财务状况而且会计人员能够以货币形式予以计量的事件。每一笔交易都影响资产负债表。会计人员记录交易时，至少要登记两笔金额，才能使资产总额总是等于负债与所有者权益之和。也就是说，对每一笔交易的记录都必须保持资产负债表等式的平衡。发生交易前资产负债表左右两方平衡，但是如果发生交易后只加上或减去一笔金额，就会使资产负债表失去平衡。由于单式记账不能保持资产负债表的平衡，所以我们通常称记录交易的系统为复式记账会计系统，对此我们将在第 3 章进一步阐述。

下面通过双轮的某些交易来看典型的交易是如何影响资产负债表的。

交易 1：初始投资。双轮公司的第 1 项交易是企业所有者于 20×2 年 1 月 2 日对企业的投资。洛佩兹将 400 000 美元存入名为双轮的企业银行账户。此项交易对资产负债表等式的影响如下（单位：美元）：

	资产	=	负债	+	所有者权益
	现金				洛佩兹，资本
（1）	+400 000	=			+400 000 （所有者投资）

此项交易既增加了资产（这里是现金）也增加了企业的所有者权益（这里是洛佩兹资本），但并没有影响负债。为什么？因为洛佩兹的企业没有因此项交易而产生对外债务。用括号加注“所有者投资”，是为了确定这笔交易影响所有者权益的原因。等式左边的总金额与等式右边的总金额相等，因为它们应该是这样。

交易 2：向银行贷款。20×2 年 1 月 2 日，双轮公司还通过签发承兑票据向银行借入 100 000 美元，从而增加了公司的现金，并对资产负债表等式产生如下影响（单位：美元）：

	资产	=	负债	+	所有者权益
	现金		应付票据		洛佩兹，资本
(1)	+400 000	=			+400 000
(2)	+100 000	=	+100 000		______
余额	500 000		100 000		400 000
	500 000		500 000		

这项借款导致资产的“现金”和负债的“应付票据”同时增加 100 000 美元。完成此项交易后，双轮公司拥有 500 000 美元的资产、100 000 美元的负债和 400 000 美元的所有者权益。如往常一样，等式两边的账户余额总数总是相等。

交易 3：用现金购买仓储设备。20×2 年 1 月 3 日，双轮公司花费 15 000 美元购入仓储设备。仓储设备是一例长期资产（long-live asset），长期资产是预期为企业提供服务在 1 年以上的资产。

	资产		=	负债	+	所有者权益
	现金	仓储设备		应付票据		洛佩兹，资本
余额	500 000		=	100 000		400 000
(3)	−15 000	+15 000	=	______		______
余额	485 000	15 000	=	100 000		400 000
	500 000			500 000		

这笔交易增加一项资产“仓储设备”，并以相同的金额减少另一项资产“现金”。资产的形式变了，但资产总额保持不变，而且等式右边没有发生变化。

双轮公司可以在任何时点编制资产负债表。最初 3 项交易发生后 1 月 3 日的资产负债表如下：

双轮公司资产负债表

20×2 年 1 月 3 日　　单位：美元

资产		负债与所有者权益	
现金	485 000	负债（应付票据）	100 000
仓储设备	15 000	洛佩兹，资本	400 000
资产总额	500 000	负债与所有者权益总额	500 000

1.3.1 交易分析

会计人员使用账户来记录各项交易。账户（account）是对特定资产、负债和所有者权益变动情况的总括记录，账户余额反映到目前为止所有入账分录的总数。例如，双轮公司的现金账户显示 400 000 美元和 100 000 美元的增加额、15 000 美元的减少额，使得账户余额为 485 000 美元。交易分析是会计工作的核心，对于每一笔交易，会计人员都要确定：（1）交易影响什么特定账户；（2）交易的发生增加还是减少每个账户的余额；(3) 每个账户余额的变动额是多少。在记录了某一会计期间的全部交易之后，会计人员还要将这些交易在服务于管理者、投资者和其他使用者决策过程的财务报表里予以总括反映。

表 1-2 列示的是如何用资产负债表等式分析一系列交易。为方便起见，我们将每项交易进行编号。表 1-2 中列示的前 3 笔交易的有关分析已如前所述。

表 1-2　**双轮公司 20×2 年 1 月 2 日至 12 日的交易分析**　单位：美元

交易内容	资产					=	负债	+			所有者权益
	现金	+	库存商品	+	仓储设备	=	应付票据	+	应付账款	+	洛佩兹，资本
(1) 初始投资	+400 000					=					+400 000
(2) 向银行借款	+100 000					=	+100 000				
(3) 用现金购买仓储设备	-15 000				+15 000	=					
(4) 用现金购买存货	-120 000		+120 000			=					
(5) 赊购存货			+10 000			=			+10 000		
(6) 现购、赊购存货	-10 000		+30 000			=			+20 000		
(7) 销售设备	+1 000				-1 000	=					
(8) 1 月 6 日购货的退回			-800			=			-800		
(9) 支付欠款	-4 000					=			-4 000		
20×2 年 1 月 12 日余额	352 000	+	159 200	+	14 000	=	100 000	+	25 200	+	400 000
			525 200						525 200		

接下来的内容是如何分析以下各项新增的交易：

第 4 项交易是 1 月 4 日双轮公司用 120 000 美元现金从崔克（Trek）公司购买自行车。

第 5 笔交易是 1 月 5 日双轮公司用 10 000 美元现金从禧玛诺（Shimano）公司购买自行车部件。双轮公司除了自行车以外还将销售这些自行车部件；禧玛诺公司要求双轮公司在 1 月 10 日支付 4 000 美元，余款在 30 天内支付。

第 6 笔交易是 1 月 6 日双轮公司支付 30 000 美元从施文（Schwinn）公司购买自行车，施文公司要求即期支付 10 000 美元货款，余款必须在 60 天以内支付。

第 7 笔交易是 1 月 7 日双轮公司将洛佩兹不喜欢的一个仓储展柜按 1 000 美元的价格出售给一经营伙伴，这个价格几乎等于该资产的成本。购买方支付现金。

第 8 笔交易是 1 月 8 日双轮公司向施文退回当初以 800 美元赊购的 4 辆自行车（双轮应付施文的欠款减少了 800 美元）。

第 9 笔交易是 1 月 10 日双轮公司向禧玛诺支付 4 000 美元货款。

第 10 笔交易是 1 月 12 日洛佩兹从个人存款账户支付 35 000 美元的搬家费用。

采用表 1-2 的格式分析每一笔交易。在阅读表中的分录之前，试着自己对每一笔交易进行分析，比如，你可以用一张纸或一块橡皮遮盖住每笔分录的数据，然后逐一地分析每一笔交易。

讲解财务报表

为什么交易 10 没有出现在表 1-2 中？

答案：

交易 10 是 Lopez 的个人的交易，而与作为企业的双轮无关。Lopez 可将该笔交易记录在他的个人账户里，但该账户并不属于双轮的企业账户。辨别财务报表的主体，这对于财务报表读者是非常重要的。在我们的案例中，会计主体是双轮，一个企业。

交易 4：用现金购买存货。存货是指企业为销售目的而持有的货物。对于双轮公司而言，自行车是存货或商品存货。购买自行车支付的货款使存货增加 120 000 美元，并使现金等额减少。

单位：美元

	资产			=	负债	+	所有者权益
	现金	商品存货	仓储设备		应付票据		洛佩兹，资本
余额	485 000		15 000	=	100 000		400 000
(4)	−120 000	+120 000		=			
余额	365 000	120 000	15 000	=	100 000		400 000
		500 000				500 000	

交易 5：赊账购买存货。世界各地企业的大多数购买业务都是建立在信用基础上而不是现金基础上。购买方的授权签字通常足以确保付款，我们称此为用未结清账户（open account）实施的购买。购货方在资产负债表上将所欠货款记录为“应付账款”，所以，应付账款（account payable）是用未结清账户购买货物或服务所产生的负债。正如表 1-2 所示，双轮的“商品存货”（资产账户）增加后，为了保持等式的平衡需要加上一笔金额为 10 000 美元的“应付账款”（负债账户），资产总额和负债与所有者权益总额都增加到 510 000 美元。

单位：美元

	资产			=	负债	+	所有者权益
	现金	商品存货	仓储设备		应付票据	应付账款	洛佩兹，资本
余额	365 000	120 000	15 000	=	100 000		400 000
(5)		+10 000		=		+10 000	
余额	365 000	130 000	15 000	=	100 000	10 000	400 000
		510 000				510 000	

交易 6：用现金和信贷两种方式购买存货。这笔交易要编制复合分录，因为该交易影响两个以上资产负债表账户（本案例中涉及两个资产账户和一个负债账户）。无

论双轮是现在全额付款还是以后全额付款，或者现在和以后分别支付部分货款，企业的商品存货增加额都应该是其成本总额。所以，双轮的“商品存货”（资产账户）增加 30 000 美元，“现金”（资产账户）减少 10 000 美元，而“应付账款”（负债账户）的增加额则为两者之差 20 000 美元。

单位：美元

	资产			=	负债	+	所有者权益
	现金	商品存货	仓储设备		应付票据	应付账款	洛佩兹，资本
余额	365 000	130 000	15 000	=	100 000	10 000	400 000
(6)	-10 000	+30 000		=		20 000	
余额	355 000	160 000	15 000	=	100 000	30 000	400 000
		530 000				530 000	

交易 7：收取现金的资产销售。此项交易引起现金增加 1 000 美元、仓储设备减少 1 000 美元，本案例的交易仅仅影响到资产账户，一个账户增加另一个账户减少，资产总额并不发生变化，负债和所有者权益也不发生变化。

单位：美元

	资产			=	负债	+	所有者权益
	现金	商品存货	仓储设备		应付票据	应付账款	洛佩兹，资本
余额	355 000	160 000	15 000	=	100 000	30 000	400 000
(7)	+1 000		-1 000	=			
余额	356 000	160 000	14 000	=	100 000	30 000	400 000
		530 000				530 000	

交易 8：将存货退给供货商。当企业将赊购的商品退回给供货商时，其“商品存货”账户和负债同时减少。本案例中，等式两方分别减少 800 美元。

单位：美元

	资产			=	负债	+	所有者权益
	现金	商品存货	仓储设备		应付票据	应付账款	洛佩兹，资本
余额	356 000	160 000	14 000	=	100 000	30 000	400 000
(8)		-800		=		-800	
余额	356 000	159 200	14 000	=	100 000	29 200	400 000
		529 200				529 200	

交易 9：向债权人支付欠款。债权人就是企业欠其钱款的人。对双轮而言，赊销

自行车零件的禧玛诺就是其债权人。向禧玛诺支付货款导致资产（现金）和负债（应付账款）均减少 4 000 美元。

单位：美元

	资产			=	负债	+	所有者权益
	现金	商品存货	仓储设备		应付票据	应付账款	洛佩兹，资本
余额	356 000	159 200	14 000	=	100 000	29 200	400 000
(9)	-4 000			=		-4 000	
余额	352 000	159 200	14 000	=	100 000	25 200	400 000
	525 200				525 200		

1.3.2 编制资产负债表

为了编制资产负债表，我们可以在任何一天为表 1-2 中每一个账户计算累计总数。下面这张资产负债表使用的就是表 1-2 中最下面的总数。我们再次观察到，资产负债表所反映的是所有交易在特定时点（这里是 20×2 年 1 月 12 日）的财务影响。

双轮公司资产负债表

20×2 年 1 月 12 日

单位：美元

资产		负债与所有者权益	
现金	352 000	应付票据	100 000
商品存货	159 200	应付账款	25 200
仓储设备	14 000	负债总额	125 200
		洛佩兹，资本	400 000
资产总额	525 200	负债与所有者权益总额	525 200

尽管双轮公司在每次交易后都可以编制一份新的资产负债表，但公司通常只在经理需要的时候，或在季度末需向公众报告的时候编制资产负债表。

1.3.3 实际企业资产负债表案例

为进一步熟悉资产负债表，我们来研究一下表 1-3 所示的星巴克和魔术盒公司（Jack In The Box）2008 年资产负债表提供的信息（为了简化和压缩举例，我们省略了实际资产负债表中很多具体的列报项目）。这两家公司都是从事餐饮服务的，但是其战略有所不同。星巴克主营咖啡，拥有 4 倍多于魔术盒的店铺，并且已经向国际上扩展。魔术盒公司出售快餐食品，店铺主要在美国的西部和南部。

表 1-3 **简明合并资产负债表比较报表**

2008 年 9 月 28 日 单位：百万美元

	星巴克	魔术盒公司
资产		
现金及现金等价物	269.8	47.9
存货	692.8	45.2
预付费用	169.2	20.1
房产、厂房和设备	2 956.4	943.1
其他资产	1 584.4	442.1
资产总额	5 672.6	1 498.4
负债与所有者权益		
应付账款	324.9	99.7
长期负债	549.6	516.2
其他负债	2 307.2	425.4
负债总额	3 181.7	1 041.3
所有者权益总额	2 490.9	457.1
负债与所有者权益总额	5 672.6	1 498.4

从两家公司的资产负债表上我们可以看出，星巴克的总资产比魔术盒多出将近 4 倍，房产、厂房和设备比魔术盒多出仅 3 倍。因此，魔术盒在每个店铺上的投资更多。如果您想象一下开一家汽车餐厅所需要的投资和开一家咖啡店所需要的投资，您就会发现以上的差别是合乎逻辑的。我们还可以看到，两家公司的长期负债水平相当，而星巴克的所有者权益更多些。请注意，在两家公司的资产负债表中，资产总额都等于负债和股东权益之和。每一份资产负债表都保持这种平衡。随着我们在每一章对主要财务报表的本质及其构成部分的详细论述，资产负债表里各个项目的详细内容将会逐渐变得更加容易理解。

复习题概要

题目：

分析双轮公司下列新增加的交易。从表 1-2 显示的 20×2 年 1 月 12 日的余额开始。在记录这些新增加的交易之后，为双轮公司编制 1 月 16 日的资产负债表。

i. 双轮公司偿还 10 000 美元银行贷款（忽略利息）。

ii. 洛佩兹利用其在梅西百货公司（Macy's）的家庭费用账户支付 5 000 美元为其家庭购买家具。

iii. 双轮公司花 50 000 美元向加农戴尔（Cannondale）购买更多的自行车，其中一半金额用现金支付，另一半金额以未结清账户赊购。

iv. 双轮公司向禧玛诺支付另外 4 000 美元货款。

解答：

请见表 1-4 和表 1-5。注意我们忽略了交易 2，因为它完全是个人行为。但是，要注意这笔交易将如何影响洛佩兹个人的资产负债表。他的资产，即家具将增加5 000美元，但是他的负债，即应付账款将同样增加5 000 美元。

表 1-4　　**双轮公司 1 月份新增交易分析**　　单位：美元

	资产					=	负债	+	所有者权益		
交易描述	现金	+	商品存货	+	仓储设备	=	应付票据	+	应付账款	+	洛佩兹，资本
20×2 年 1 月 12 日余额	352 000	+	159 200	+	14 000	=	100 000	+	25 000	+	400 000
1）偿还银行贷款	-10 000					=	-10 000				
2）个人的，无影响											
3）采购存货，一半支付现金，一半赊购	-25 000	+	50 000			=		+	25 000		
4）支付供货商货款	-4 000								-4 000		
20×2 年 1 月 16 日余额	313 000	+	209 200	+	14 000	=	90 000	+	46 200	+	400 000
	536 200						536 200				

表 1-5　　**双轮公司资产负债表**

20×2 年 1 月 16 日　　单位：美元

资产		负债和所有者权益	
现金	313 000	负债：	
		应付票据	90 000
		应付账款	46 200
商品存货	209 200	负债总额	136 200
仓储设备	14 000	洛佩兹，资本	400 00
总计	536 200	总计	536 200

题目：

表 1-6 中列示了星巴克公司 2007 年和 2008 年的简化资产负债表。回答以下问题：

1. 2007 年度和 2008 年度的资产负债表的编表日期是哪一天？它们是时点还是期间？

2. 根据其资产负债表，2 个年度中每年的资产总额是多少？哪些因素可以解释该公司两个年度中资产水平的不同？

3. 自 2007 年 9 月 30 日至 2008 年 9 月 28 日，资产总额增加了 3. 287 亿美元。在同一时期内，负债加所有者权益总额有何变化？

4. 在星巴克的下列资产负债表项目中，哪些是资产，哪些是负债？

房产、厂房和设备；现金和现金等价物；长期负债；存货；应付账款。

表 1-6 **星巴克公司合并资产负债表** 单位：百万美元

资产	2008 年 9 月 28 日	2007 年 9 月 30 日
现金及现金等价物	269.8	281.3
存货	692.8	691.7
预付费用	169.2	148.8
房产、厂房和设备	2 956.4	2 890.4
其他资产	1 584.4	1 331.7
资产总额	5 672.6	5 343.9
负债与所有者权益		
应付账款	324.9	390.8
长期负债	549.6	549.6
其他负债	2 307.2	2 119.4
负债总额	3 181.7	3 059.8
所有者权益总额	2 490.9	2 284.1
负债与所有者权益总额	5 672.6	5 343.9

解答：

1. 星巴克编制了两份资产负债表。最近的一份是 2008 年 9 月 28 日，另一份是 2007 年 9 月 30 日。两份报表都是时点报表。所有的资产负债表反映的都是某一个时点的情况。

2. 资产总额从 53.439 亿美元增加到 56.726 美元，增加了 3.87 亿美元，增加额中绝大部分都是房产、厂房和设备的增加（0.66 亿美元）以及其他资产的增加(2.527 亿美元)。

3. 总负债与所有者权益与总资产等额增长：3.87 亿美元。二者的增长必须相等以保持资产负债表等式的平衡。

4. 房产、厂房和设备、现金和现金等价物以及存货为资产，长期负债和应付账款为负债。

1.4 所有制形式

虽然差不多各种所有制形式企业的会计程序都是相同的，但由于企业的法律构成不同，它们之间还是有差别的。下面我们来研究商业实体的 3 种基本的所有制形式：独资企业，合伙企业和公司。

1.4.1 独资企业

独资企业（sole proprietorship）是由一个人拥有的企业。大多数情况下，独资企业的所有者自己就是企业的经理。所以，独资企业通常都是像小区商店、饭店这样小型的商家，以及由专业人士比如牙医或律师等独立经营的实体。双轮是以独资企业形式开业并由洛佩兹个人经营的企业。从会计角度而言，独资企业是独立于独资企业个人所有者的一个实体。因此，一个牙医诊所的会计账户上的现金是诊所行医的资产，而牙医个人账户里的现金则不是。同样，重新改造其个人住房的行为是其个人交易而不是其企业交易。

1.4.2 合伙企业

合伙企业（partnership）是由两个或两个以上的共同所有人拥有的组织实体。许多汽车经销店都是合伙企业，就如同一些医生、律师或会计人员组织起来共同提供职业服务一样。合伙企业可以是规模巨大的企业。最大的会计师事务所拥有上千的合伙人。同样，从会计角度看，每个合伙企业都是一个独立的实体，每个合伙人的个人行为都与他所在的合伙企业无关。

1.4.3 公司

大多数企业，包括所有列于表1-1 中的道·琼斯工业股票的30 家企业都是公司。公司（corporation）是根据美国各个州的法律成立的企业组织。公司的所有者承担有限责任，也就是说，公司的债权人（如银行或供货商）通常只能针对公司的资产行使求偿权，而不能对公司所有者个人的财产行使求偿权。与此形成鲜明对照的是，独资企业和合伙企业的所有者则需对其企业的债务承担个人责任（例外的是有限责任合伙企业，这种企业的合伙人个人承担的是有限责任）。另外一个差别是，独资企业和合伙企业的所有者通常是典型的活跃的本企业的经理人员，而公司制企业通常雇用职业经理人员管理企业。

大多数大公司都是公众公司（publicly owned），这意味着公司向公众出售公司的股份，购买股份的人就成为公司的股东。大型上市公司通常有上千的股东。相反，有些公司则是由一些家族、少数股东或单个个人所拥有的私人公司（privately owned），他们并不向公众出售公司股份。美国的公司通常在他们的公司名称中采用以下缩写中的一个当作其公司的简称：Co. ，Corp. ，或 Inc. 。

国际上，类似于公司形式的企业组织比较常见。在英国，这类公司通常在它们的公司名称中使用“Limited”（Ltd. ）这一单词。在德国则使用 AG（代表 Aktiengesellschaft，表示公司的股票在证券市场上交易）或 GmbH（代表 Gesellschaft mit beschränkter Haftung，表示有限责任公司）。在西班牙，公司使用 S. A. 这两个字头，这两个字头代表的西班牙文单词译为“Society anonymous”（匿名公司），其含义是，大量的不明身份的所有者站在该公司的背后。公司法的具体内容因国家而已，但公司的基本特征是一致的。

1.4.4 公司制企业形式的利与弊

公司形式的企业组织有许多有利的方面。我们已经讨论过有限责任这一特点。其他优点是什么？其中之一是转让所有权容易。为出售其所有权股份，公司通常颁发股权证书（stock certificates）作为所有权的正式凭证。一些股东可能持有证书。但是，所有权的最通常的形式就是一个电子注册的拥有股份的经纪人账户。这些股份的所有者，不管他们是持有股权证书还是电子注册股份，都可以将股份出售给其他人。这些股票的所有者可以将其转售给他人。在美国和世界各地有许多证券交易所，使得股票的买卖十分方便。在世界上最大的证券交易所——纽约证券交易所（NYSE），投资商平均每天的股票买卖交易额超过10亿美元。在美国的另一家证券交易所纳斯达克（NASDAQ）上市交易的有来自35个国家的3 200多家公司，主要是小型的技术密集型公司，但也包括微软、英特尔和其他几家大型公司。其他大型的证券交易所包括东京、香港、上海、法兰克福和伦敦证券交易所。一家公司可以在多家证券交易所上市交易。如同许多日本、德国和英国的公司在纽约证券交易所上市一样，许多美国公司也在国外的证券交易所上市。伦敦证券交易所是最具国际化的证券交易所之一。表1-7仅仅展示了一些在伦敦证券交易所上市的国际公司。

表1-7　**伦敦证券交易所上市公司列举**

公司	国家	公司	国家
澳大利亚铂业公司	澳大利亚	Kazkommertsbank JCS	哈萨克斯坦
阿拉伯保险公司	巴林	出版集团	马拉维
Beximco 制药公司	孟加拉国	Steppe 水泥	马来西亚
Worldsec 公司	百慕大	Go PLC	马耳他
加拿大太平洋铁路	加拿大	皇家荷兰壳牌	荷兰
Integrated Group	开曼群岛	海德鲁	挪威
中国石油化工	中国	MCB 银行	巴基斯坦
Hvratske Telekomunikacije	克罗地亚	波兰电信	波兰
Komercni Banka	捷克	卡塔尔电信	卡塔尔
诺佛·北方	丹麦	冰岛银行	冰岛
苏伊士水泥	埃及	盖兹普诺天然气	俄罗斯
Powerflute OYJ	芬兰	和谐金矿	南非
Groupe Eurotunnel SA	法国	现代汽车	韩国
拜尔	德国	西班牙电话	西班牙
希腊国民银行	希腊	伊莱克斯	瑞典
Tisza 化工集团	匈牙利	IBC Financial Group	瑞士
Amtek 汽车	印度		
艾姆博雷滋	以色列	波音	美国
本田汽车	日本	福特汽车	美国
索尼	日本	通用电气	美国

由于股票交易十分容易，所以，上市公司拥有从成千上万的潜在股东那里筹集股权资本的便利条件。比如，通用电气有几百万的股东，这些股东拥有几乎100亿的通用电气股份。每天有2 000多万股股份易手。

公司制企业还享有长期生存的有利条件。公司的寿命是无限的，因为即使公司的所有者变更了，公司仍然存在。而与此形成显明对照的是美国的独资企业和合伙企业，当企业的所有者死亡或彻底退出企业时，企业就正式终止了。

最后，税收法律也可能会有利于公司制企业或者合伙企业或者独资企业。这在很大程度上取决于企业所有者个人的税收环境，因此不在本书的讨论范围之内。

虽然在美国的企业中仅有20%的企业是公司制企业，但是他们的业务占到全美业务的90%，而占全美企业数目72%的独资企业只占全美业务活动的5%。鉴于公司制企业在经济事务方面的重要性，本书重点强调公司所有制企业的活动。

讲解财务报表

双轮是作为独资企业建立的。如果洛佩兹先生将他的企业转变成公司制企业的形式，这样做的最大好处是什么？

答案：

作为独资企业所有者，洛佩兹个人需要承担双轮的所有债务责任；如果是公司制企业，他的债务责任将仅限于他对公司的投资。还有税收方面的有利之处。并且如果他的企业是公司的话，洛佩兹先生可以利用出售股份的方式将其企业的一部分较为容易地进行转让。

1.5 独资、合伙和公司的会计差异

所有企业实体对于资产和负债的会计处理都是相似的。尽管如此，公司制企业对于所有者权益的处理同独资企业和合伙企业还是有差别的。资产负债表中关于所有者权益部分的基本概念对于这 3 种所有制形式的企业来说都是相同的。即所有者权益永远等于资产总额减去负债总额。但是，对于独资企业和合伙企业，人们总是用资本这个词来表示企业的所有者权益；而对于公司制企业，人们则将所有者权益称之为股东权益。请相应检查表 1-8 显示的双轮在各种形式下的情况。

表 1-8 **不同企业组织的业主权益** 单位：美元

独资企业所有者权益	
（设定洛佩兹是唯一的所有者）	
洛佩兹，资本	400 000
合伙企业所有者权益	
（设定洛佩兹有两个合伙人）	
洛佩兹，资本	320 000
阿里克斯·罕德尔，资本	40 000
苏珊·伊斯曼，资本	40 000
合伙人总资本	400 000
公司制企业所有者权益	
（设定洛佩兹将企业转变成公司制企业）	
股东权益：	
缴入资本	
股本（每股面值 10 美元，共 10 000 股）	100 000
超面值缴入资本	300 000
缴入资本总额	400 000

独资企业和合伙企业会计以直接记录所有者的投资的方式列示所有者权益（在

合伙企业的例子中，我们假设洛佩兹有两个合伙人，每人拥有双轮10%的股份）。而在公司制企业，所有者投入的全部资本，包括公司建立之初和之后所有者投入的资本总额，统称为缴入资本（paid-in capital）。缴入资本分两部分进行记录：普通股（或股本）面值和超面值缴入资本。下面详细解释面值的含义。

1.5.1 面值的含义

在美国的许多州，都要求股权证书上印有一定的美元金额，我们将此称为面值（par value）或设定价值（stated value）。通常情况下，公司按高于面值的价格发行股票。公司收到的股票发行总金额与面值的差额称为超面值缴入资本（paid-in capital in excess of par value）或资本溢价（additional paid-in capital）。这一差别没有什么经济上的重要意义，之所以在这里加以介绍只是因为在真实财务报表里经常会遇到这种差别。

让我们改动一下双轮案例从而更进一步地观察研究面值。现在假设双轮是一个公司制企业，洛佩兹的400 000美元投资换回了10 000股股票。于是，他每股支付的价格是40美元。面值为每股10美元，资本溢价为每股30美元。他的投资形成所有者求偿权总额为400 000美元，这笔金额分成两部分求偿权：100 000美元的股本面值和300 000美元的超面值缴入资本：

缴入资本总额	=	股本面值	+	超面值缴入资本
400 000	=	100 000	+	300 000
每股平均售价×发行股票数	=	每股面值×发行股票数	+	（每股平均售价-每股面值）×发行股票数
40×10 000	=	10×10 000	+	（40-10）×10 000

表1-9展示的是星巴克的缴入资本情况。注意，星巴克将面值和超面值缴入资本分别列示，并使用“普通股”（common stock）一词来描述普通股股东购买的股票的面值。星巴克用“其他资本溢价”来描述缴入资本中超过面值的部分。有些公司，比如通用汽车，用资本剩余（capital surplus）这一更简单的词语来表示这一金额。虽然在这本书里对于一个项目一直使用一种表达方式更好，但是在这个世界上对于同样的一些项目都有许多不同的表达用语。我们的目的之一就是帮助您读懂和理解现实中的财务报表和报告。所以，当阅读此书时，您会遇到很多同义词。

表1-9 **星巴克的缴入资本**

星巴克	2008年9月28日
普通股（面值0.001美元）——核准发行12亿股；	
已发行并流通在外7.355亿股	70万美元
其他资本溢价	3 940万美元
缴入资本合计	4 010万美元

星巴克股票的每股面值仅为0.001美元，远远低于投资商购买普通股支付给星巴克的金额，我们知道这一点是因为超面值缴入资本远远大于普通股面值。在现实中面

值极小是很普通的事情，这说明面值其实在当今的经济世界没有什么实际意义。一些公司在资产负债表中只列示面值和资本溢价的合计金额。这种合并报告对财务报表的读者是可以接受的，因为将它分成两个部分并没有什么实际意义。请记住普通股面值和资本溢价的总额是由公司的所有者积极贡献给公司的金额。这些普通股股东在公司拥有一份“剩余”（residual）所有权，也就是说，在所有其他索偿权人获得清偿后，普通股股东对任何剩余财产都享有索偿权。如果一个公司很成功，剩余财产金额会很大；但是对于一个不成功的公司，不会有任何剩余财产可分。虽然这些缴入资本账户确认了股东贡献给公司的金额，但这并不是股东现在或将来可以收到的金额。

普通股的股东购买股票是为了投资。有些时候，他们从公司购买股票，这种情况下，公司增加现金和缴入资本。但是，大多数的股票交易都是发生在股东与股东之间。通常的情况是，股票经纪人通过证券交易所（比如纽约证券交易所或纳斯达克证券交易所）提供的服务将买卖双方撮合到一起达成交易。当玛丽将星巴克的100股股票卖给卡洛斯后，他们之间的交易并不会影响到星巴克公司的资产负债表。星巴克没有收到现金，也没有发行新股。这笔交易对星巴克的唯一影响是他们应在公司的记录上将拥有100股股份的玛丽的名字换成卡洛斯的名字。

复习题概要

题目：

“如果我购买100股谷歌发行在外的股票，我就是在这家公司直接投资。谷歌必须记录这笔交易。”您同意吗？为什么？

解答：

只有在股东购买的公司股票是公司发行的原始股票时，他的投资才是直接投资。比如谷歌以每股30美元的价格发行了100 000股股票，公司得到300万美元的现金。这种交易就是公司与股东之间的交易。它对公司财务状况的影响如下：

现金	3 000 000美元	股东权益	3 000 000美元

随后，某一原始股票的股东（假设他的名字叫孙静）向另一个人（莱恩·苏莱曼）以每股50美元的价格转让100股股票。这是一笔私人交易，公司没有收到任何现金。当然，公司记录这一事实：苏莱曼拥有以前为孙静所拥有的100股股票，但是公司的财务状况没有任何变化。会计程序当然只关注企业实体。所有者的私下股票交易对企业的财务状况没有任何影响。

题目：

“一个人可以是公司的所有者、雇员和债权人。”您同意吗？为什么？

解答：

公司从事的业务如签订合同、雇用职员、购置房产及其他活动。董事局主席、总裁、其他官员以及工人等都是公司的雇员。因此，比尔·盖茨可以拥有微软的一部分股本并且同时是公司的雇员。由于欠公司雇员的薪金是一种负债，因此他可以是公司的所有者、雇员和债权人。同样，卡门·史密斯可以是一家电话公司的雇员、公司的一个股东，同样也可以获取该公司提供的电话服务。假设公司欠她的薪水，而她欠公司的电话费。那么她同时是公司的所有者、雇员、顾客、债权人以及债务人。

1.6 股东与董事会

在独资企业和合伙企业中，所有者通常是企业的经理。相反，在公司制企业里，公司股东（即所有者）将企业管理责任交给职业经理人。为了监督管理者，股东们选举产生董事会，董事会负责委派和监督企业经理，其过程如下图：

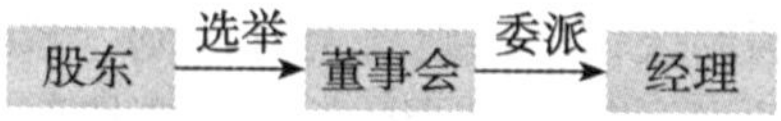

对一个公司而言，为什么有必要将管理权和所有权分离？有了这种分离，股东可以向公司投资但不必参与管理，公司可以选用那些虽没有能力在企业里大笔投资但却具有管理能力的人来管理公司。董事会是股东与企业经理们联系的桥梁。董事会的责任就是确保经理们为股东的利益最大化而工作。在最近 10 年发生的一些商业丑闻中，股东们谴责董事会没能履行这一职责，致使股东们损失了数十亿美元。

实践证明，在董事会能够认真地履行其监督企业管理层的职责的条件下，公司形式的企业是一种十分有效的企业组织。而当这种监督失效的时候，管理层可能就会拿股东的钱来中饱私囊。可能导致这种监督失效的问题之一就是管理层对董事会成员的选举有过多的影响，通常是通过提名一些受制于管理层的人作为候选人来施加这种影响。另外，在美国企业的最高经理人（首席执行官，或 CEO）还担任董事会主席已经是普遍的现象。当这两个职位由同一个人担任时，董事会主席对首席执行官的监督是难以做到的。在英国和欧洲的其他大多数国家，普遍的情况是董事会主席不是管理层成员，而是独立董事。这种情况在美国也越来越普遍。公司的其他高层管理人员，比如总裁、财务副总裁、市场销售副总裁通常也是董事会的成员。越来越普遍的情况是这些公司高管根据需要出席董事会议而不担任董事职务。

董事会的独立成员往往包括其他公司的 CEO 和总裁、大学校长和教授、律师和社区代表等。例如，2009 年星巴克的 9 名董事包括星巴克的 CEO 兼董事会主席霍华德·舒尔茨、3 名其他公司的退休高管、一家大公司的现任 CEO、1 名投资银行家、1 名共同基金总裁、1 名风险资本家、1 名基金总裁。虽然董事会曾经一度有 15 到 20 人之多，但是目前的公司董事会则趋向缩小规模，公司管理层人员在公司董事会所占比重在减少。

1.7 财务报告规则

财务报表是以一套规则为依据的计量程序的结果。如果每个会计师都用一套不同的计量规则，投资人在使用和比较财务报表时将会感到十分的困惑。举例来说，我们需要将一台机器作为资产在资产负债表上进行记录。如果一个会计师按购买成本进行记录，另外一位会计师将其视为已用过的机器从而按可能的出售价格记录，其他会计师又按其他金额记录，那么财务报表的读者将会感到无所适从。这会使人觉得好像每个会计师讲的都是一种不同的语言。因此，会计师们达成的共识是，在财务报表里使用一套共同的计量规则——即一种共同的语言来报告财务信息。

1.7.1 公认会计原则

公认会计原则（GAAP）这一术语指的是所有关于编制和发布财务报表所必须遵循的广义概念和具体惯例。有两套主要的公认会计原则。在全球100多个国家、包括所有欧盟国家，公司都使用国际财务报告准则（International Financial Reporting Standards，IFRS）。美国的公司使用财务会计准则（Financial Accounting Standards），即通常所说的美国公认会计原则。每套体系都包含惯例、规则和程序，以确定普遍认可的会计实务。两套体系对大多数重大问题的处理标准都是一致的。然而也有一些概念性上的差别和更多具体计量细节上的差别。当局正在努力消除（或者至少最大限度地降低）国际财务报告准则和美国公认会计原则在一些标准上的差别，但是在不远的将来很多差别可能还会存在。

到目前为止，所有在美国的证券市场上市交易的公司都必须采用美国公认会计原则进行报告，或者提供一份报告具体说明公司报表与按照美国公认会计原则编制的报表之间的区别。然而，从2010年起，美国的监管部门允许在美国的证券交易市场上市的外国公司使用国际财务报告准则编制财务报表，但是美国的公司仍然必须使用美国公认会计原则。很多会计师相信，美国的监管部门将会在几年内允许所有的公司使用国际财务报告准则。为什么？因为他们相信，如果所有的公司都依据相同的公认会计原则编制财务报表，全球资本市场的运行会更加有效。

在这本书中，我们首先重点介绍美国公认会计原则中的报告规则，如果与国际财务报告准则之间存在重大差异，我们随后会指出这些差异。在我们没有特别提到准则的地方，两套准则之间就不存在重大差异。很多差异的具体内容超出了本书的范围，但如果差异影响我们将要讨论的话题，我们会指出这些差异。在研究准则内容之前，我们先来详细了解一下准则的制定机构。

1.7.2 准则制定机构

到目前为止，大多数会计准则都是各个国家自己制定的。然而，从欧盟诞生到全球金融市场出现，其所产生的影响已经使得大多数公司采用了正在竞争中两套主要准则之一——美国公认会计原则与国际财务报告准则。

财务会计准则委员会（FASB）从1973年起就负责制定美国的公认会计原则。财务会计准则委员会是一个民间的独立组织，由5位全职人员组成，并有相应的员工协助工作。财务会计准则委员会每年的预算为3 300多万美元，这笔费用按照每家上市公司的收入额强制性地摊派到所有的上市公司的身上。在1973年至2009年期间，财务会计准则委员会发布了168个财务会计准则，并且在2009年将所有的准则和美国公认会计原则的其他内容都汇编进入了一个可查询的数据库，即FASB会计准则汇编。该汇编将美国公认会计原则按照主题进行分类，使得财务报告问题的研究变得非常容易。

美国国会赋予证券交易委员会将公认会计原则制定权授权给由社会投资公众持有的公司的最终决定权。但是，证券交易委员会已经正式将大部分权利授权给了财务会计准则委员会。这一公共部门——民间部门之间的权威关系如下图：

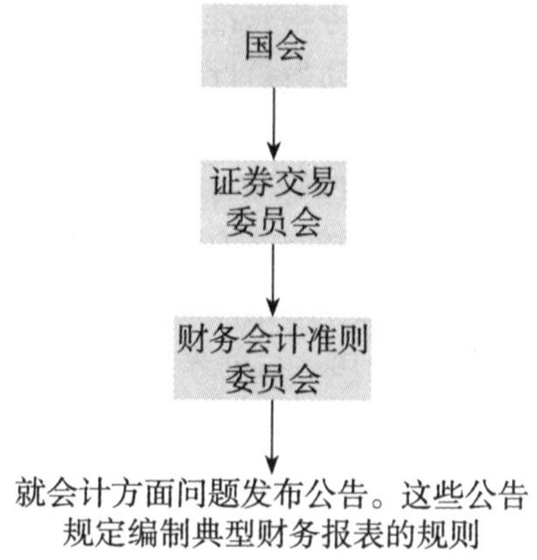

仔细研究这三层机构，我们注意到，国会可以否决证券交易委员会和财务会计准则委员会的决定，证券交易委员会可以否决财务会计准则委员会的决定。虽然财务会计准则委员会和证券交易委员会两者的工作配合密切，很少有公开的争议，不过，有时国会还是会否决财务会计准则委员会的决定。关于股票期权的会计处理就是这种政治上的相互影响的例子。在20世纪90年代，国会听取了一些选民和赠与人的申诉，警告财务会计准则委员会，如果他们要求公司将股权期权确认为经营费用，就推翻其决定。财务会计准则委员会不得不取消了原拟提出的这一要求，并发布了一个准则，允许公司灵活处理股票期权。在2001年和2002年，财务会计准则委员会因为迎合国会的意愿而受到了许多批评。2004年，在经历了21世纪初期的财务混乱以及得到了证券交易委员会的支持之后，财务会计准则委员会能够坚持其当初的决定，要求公司将股票期权记录为一项费用。尽管在这里你可能不理解股票期权的会计处理，但通过这个例子，你可以看出美国会计原则的制定（实际上全球都是这样）是一个复杂的政治程序，受到许多相关部门的制约：公共部门（国会和证券交易委员会）和民间部门（财务会计准则委员会）、公司制企业、注册会计师行业的从业人员、投资人代表、其他利益集团和游说议员者。公认会计原则不仅仅是与会计人员有关的规则体系，它还影响很多人和公司制企业，因此它是一个国家公共政策的重要组成部分。

会计对公共政策产生影响的一个最好的例子就是关于按市值计价会计的问题——即对资产负债表中的一些金融资产按照其市场价值而不是成本来列示，这可能是导致2008年和2009年许多银行破产或濒临破产的原因。在强大的政治压力下，财务会计准则委员会尽管没有废除按市值计价会计规则，但还是按照一些说客和政客的意愿于2009年4月修改了规则。

国际会计准则理事会（International Accounting Standards Board，IASB，其前身是国际会计准则委员会）负责制定国际财务报告准则（IFRS）。该机构成立于2001年，目的是“为了公众的利益，制定出一套唯一的、高质量的、易于理解的、可在全球执行的会计准则”。国际会计准则理事会有16名成员，有着不同的国家和职业背景。国际会计准则的采用最初在绝大多数国家都不是强制性的，但是有越来越多的国家正在强制执行国际财务报告准则。国际会计准则发展的重要一步就是欧盟要求公司在2005年以后编制的财务报表中必须执行国际财务报告准则。到2009年，全球500强公司中有将近40%的公司都执行国际财务报告准则，而且这一数字到2015年将达到

60%（如果美国公司也执行国际财务报告准则，这一数字就超过 90%）。

这种会计准则统一化潮流的原动力是近年国际商业的爆炸性快速增长。越来越多的投资者或者以个人的方式或者通过退休基金账户和共有基金的方式，将他们的钱投放到世界各地；公司制企业依赖于国际资本的融资来实现自身的发展壮大。2009 年初，在纽约证券交易所上市的公司超过 3 600 家，其中包括来自 45 个国家的 415 家非美国公司。在伦敦证券交易所这样的情形就更为明显：在该市场的上市交易额中，2/3 的交易额都属于英国以外的公司。目前采用国际会计准则发布其会计报表的大型跨国公司的例子有：联合公司（德国），雀巢公司（瑞士），诺基亚公司（芬兰），上海石化（中国）。

1.8 可靠性与审计的作用

公司所有者同经理人的分离给获取公司真实运营状况的信息带来了潜在困难。公司经理人可以最为便利地获取公司运营的信息，但是他们同时拥有将公司运营状况做得看起来比实际状况更好的动机。也许这样做比筹钱开一些新店铺来得更加容易，或者这样做可以使经理人获得更高的报酬。另外，经理人经常将公司的状况想象得比真实情况要好，因为经理人通常对于他们自己所做的决策和实施的计划持有乐观的态度。股东所面临的困难是他们必须依赖于经理人获知公司的真实情况，因为他们无法亲自掌握正在公司里发生的一切。

解决这一可靠性问题的一个方法就是找一位令人尊敬的第三方专家。在财务报表这一领域，这个第三方就是独立的注册会计师——通常称为审计师。审计师（auditor）审查经理人用以编制财务报表的信息资料并提供能够确保这些财务报表可靠性的保证。看到审计师对财务报表公允反映公司经济状况的保证，股东和潜在的股东才会放心地依靠该财务报表来指导他们的投资活动了。

1.8.1 注册会计师和审计师的意见

为财务报表的可信性提供第三方保证的需求自然地促进了从事这方面业务的职业的产生。提供可信性证明本身要求相关从业人员一方面要具有评价财务报告的专门知识，另一方面要具有诚实的声望和独立性，以保证他们可以诚实地告诉股东和其他利益相关者公司的经理人员是否提供了真实可信的财务报告。这种审计专业人士在许多国家包括美国被称为注册会计师（CPAs），在其他许多国家包括绝大多数英联邦国家则被称为特许会计师（Cas）。他们是在收费的前提下为普通公众提供服务的公共会计师（public accountants）的一部分。

在美国，每个州都有一个会计职业委员会，该委员会制定公共会计师为获准成为注册会计师而必须具备的专业和诚信标准。在美国，只有注册会计师才有资格对财务报表出具正式有效的意见书。为了评价公司管理层披露的财务信息，注册会计师对其进行审计（audit），即审查公司的交易及其相应的财务报表。审计师意见书（也可称为独立意见书）描述了审计范围和审计结果，公司的年度报告和 10-K 报告中要包括审计师对财务报表的意见。审计师出具审计意见时都使用标准的格式，请见表 1-10 展示的一家大的会计师事务所——德勒会计师事务所（Deloitte & Touche LLP）对星巴克公司出具的审计师意见书。可能我们目前对于该意见书中使用的语言表达方式不够熟悉，但是随着我们更深入地学习本书的内容，我们会更清楚地理解这些语言。现在，请回顾这样一个事实，审计师本身并不编制公司的财务报表。相反，审计师的意见是公共会计师关于公司管理层提供的财务报表是否反映了公司真实现状的判断意见。

表 1–10　　**独立审计师意见书**

致星巴克公司董事会和股东

西雅图，华盛顿

我们审计了本报告所附的星巴克公司及其所属子公司（以下称为公司）的 2008 年 9 月 28 日和 2007 年 9 月 30 日的合并资产负债表及与其相关的截止于 2008 年 9 月 28 日的 3 个年度中每个年度的合并收益表、股东权益表和现金流量表。公司管理层对这些财务报表负责。我们的责任是根据我们的审计对这些财务报表发表意见。

我们的审计是根据美国公众公司会计监督委员会的准则进行的。这些审计准则要求我们在计划和实施审计时能够获取关于财务报表是否不存在重大错报的合理保证。审计工作采用抽查的方式检查支持会计报表金额和披露的证据，评价管理层在编制会计报表时采用的会计政策和做出的重大会计估计，审计工作还包括对财务报表的总体评价。我们相信，我们的审计工作为发表意见提供了合理的基础。

我们认为，以上合并财务报表符合美国公认的会计准则，在所有重大方面公允地反映了公司 2008 年 9 月 28 日和 2007 年 9 月 30 日的财务状况，以及截至 2008 年 9 月 28 日的 3 个年度中每个年度的经营成果和现金流量。

如合并财务报表附注 1 所述，公司依据财务会计准则委员会第 47 号解释公告“有条件资产弃置义务的会计处理——对财务会计准则委员会第 143 号准则公告的解释”，于 2006 年 10 月 1 日变更了有条件资产弃置义务的会计处理方法。

我们还依据美国公众公司会计监督委员会的准则，审计了公司依据 COSO 发布的内部控制——整合框架的标准建立的、在 2008 年 9 月 28 日与财务报告相关的内部控制，我们在 2008 年 11 月 24 日出具的报告中对公司与财务报告相关的内部控制发表了无保留意见。

德勒会计师事务所
西雅图，华盛顿
2008 年 11 月 24 日

1.9　会计职业

要想了解审计师和审计师意见方面的知识，您就必须知道一些会计职业的知识。会计师的分类方法有许多种，最容易和最通常的方法是将会计师分为公共会计师和非公共会计师（private accountants）。我们已经知道公共会计师是受雇为公众提供服务的会计师。除此之外的所有其他的会计师都是非公共会计师。此类会计师不仅包括那些为企业工作的会计师，也包括为政府机构（包括国内税收总署）及其他非营利性组织服务的会计师。

1.9.1 会计师事务所

会计师事务所的规模和从事的会计服务的种类不同。有小型的独资制和合伙制事务所，这些事务所从事的业务主要包括所得税报告和为那些自身不具备会计工作条件的企业提供簿记服务。有些中小型事务所还提供一些审计服务，基本上是为当地的、一定区域内的、本国的客户服务。也有一些为数不多规模巨大的会计师事务所，这样的会计师事务所通常拥有2 000个以上的合伙人，并且在全球各地设有分支机构。如此规模巨大的会计师事务所的存在十分必要，因为他们的委托人也都是规模庞大。例如，某一大型会计师事务所的一份报告指出，该事务所的一家客户，其年度审计的工作量大到需要72位会计师工作整整一年的程度；另一客户则拥有多达300个分布于40多个国家的独立的公司法人实体，并且最终需要合并成一套完整的财务报表。

世界上最大的4家国际性会计师事务所如下：

- 德勒（Deloitte Touche Tohmatsu）
- 安永（Ernst & Young）
- 毕马威（KPMG）
- 普华永道（PricewaterhouseCoopers）

在纽约证券交易所上市的公司中有95%以上都是这4家会计师事务所的客户。这几家事务所中每一家的年收费账单总额都是在10亿美元以上。

1.9.2 审计规则

在最近几年以前的时间里，美国的审计职业主要是通过注册会计师的职业组织——美国注册会计师协会（AICPA）实行行业自律。其他国家也有类似于美国注册会计师协会的组织，比如英格兰及威尔士特许会计师协会（ICAEW）、特许公认会计师公会（ACCA）。由国际会计师联合会创立的国际审计与鉴证准则理事会正致力于使全球的审计规则标准化，但是各国的审计规则仍存在巨大的差异。我们只介绍美国的情况。

美国会计职业的绝大多数治理规则都出自2002年通过的萨班斯-奥克斯利法案（Sarbanes-Oxley Act）。根据该法案，（1）成立了上市公司会计监督委员会，该委员会被赋予对公共会计事务的许多方面进行管制和为审计程序制定准则的权力；（2）禁止会计师事务所为审计客户提供某些非审计服务，如财务信息系统的设计和使用以及内部审计外包服务；（3）针对某一审计业务，每5年轮换一次主审计师或协调合伙人以及复核合伙人。所有对在美国上市的公司进行审计的会计师事务所都必须在美国公众公司会计监督委员会注册。到2009年10月注册的会计师事务所接近2 200家。该法案还就公司治理方面做出了规定，如规定上市公司的董事会委任完全由独立董事组成的审计委员会；要求公司首席执行官和首席财务官（Chief Financial Officers，CFOs）就其对公司财务报表的责任签署个人声明；对于故意出具虚假财务报告的行为加重刑事处罚。

尽管政府的作用在增加，但是美国会计师协会仍然是会计监管的主要力量。它对进入会计职业进行了规范，即要求新的会计人员必须：（1）具备足够的专业知识并能够运用，和（2）遵循诚实与独立的标准。为保证注册会计师具备必要的专业知识，美国会计师协会组织全国性的注册会计师资格考试和评定。这种为时14个小时、分4个部分、通过计算机进行的注册会计师考试包括审计与鉴证、财务会计与报告、法规以及商业环境与理论。这4个部分中每个部分的通过率通常不超过50%，只有不到20%的人第一次应考就全部通过4个部分的考试。

为保证注册会计师恰当运用专业知识，上市公司会计监督委员会颁布了公认审计准则（GAAS）。这些准则规定了审计师审查交易和财务报表并出具审计意见时必须执行的最基本步骤。遵守公认审计准则能够保证有合理的机会去发现某一公司财务报表中的有意或无意的错报和漏报。尽管如此，在最近10年几起引起公众广泛关注的案例中，审计师被指控未能够发现诸如世通、泰科、房利美、华盛顿共同基金以及其他一些公司的某些会计违规行为。

1.9.3 职业道德

审计师有职业义务向公众真实地报告他所发现的问题，这也是他们被称为公共会计师的原因。要做到这一点，审计师必须具有正直的素质，并具有不受公司管理层影响的独立性。为达到这一目的，美国注册会计师协会（以及全球其他许多类似组织）的会员必须遵守职业行为守则。针对注册会计师所做的公众民意调查始终如一地表示，会计职业属于具有很高道德标准的职业。尽管如此，近几年发生的公司丑闻引来了投资人对于审计师的正直和独立性的质疑，尤其是对其独立性的质疑。政府方面由此加强了对于审计师独立性的规定，而美国注册会计师协会也修订了关于独立性和正直要求的准则。表1-11列示了那些准则中的主要规定。

表1-11 AICPA有关执业行为守则、独立性、正直和客观性的准则：摘录与释义

I. 独立性：准则规定下列行为违背独立性原则：

• 在执业期间，执业会员（1）主动或被授意在客户处拥有直接经济利益或重大的间接经济利益；（2）作为任一委托事项的受托人或任一财产的执行人或管理人，而该委托事项或财产被用作从客户处获取任何直接经济利益或重大的间接经济利益；（3）持有关联密切的共同投资，而该投资对该会员具有重大的利益；（4）除非特别允许的情况下，同客户、客户公司的任何官员或董事、拥有客户公司10%或以上发行在外权益性证券或其他所有者权益的任何个人存在借贷关系。

• 在执业期间，事务所合伙人、事务所执业雇员及其直接家庭成员或任何一群上述人员，共同拥有客户公司5%以上发行在外权益性证券或其他所有者权益。

• 在财务报表所涵盖的期间或在执业期间，事务所合伙人或事务所执业雇员同时是客户公司的（1）董事、官员、雇员或具有任何相当于公司管理层成员的能力；（2）发起人，认购人或投票受托人；（3）养老金或利益分享委托的受托人。

II. 正直和客观性：准则规定下列行为违背正直和客观性原则：

• 财务报表编制或记录中有意的虚假陈述。某一会员如具有下述行为之一，将被视为进行了有意的虚假陈述：（1）在一个企业的财务报表或记录中亲自或批准或指使他人作出具有重大的虚假和误导性的会计分录；（2）该会员具有记账的权利，却未能够纠正具有重大的虚假和误导性的会计分录；（3）亲自或批准或指使他人在含有重大的虚假和误导性信息的文件上签字。

续表

• 利益冲突。当某一会员为某一客户或雇主提供职业服务时，如果该会员或其事务所同另外的一个人、一个实体、一个产品或者一项服务业务有关系，而这种关系依据该会员的职业判断，会被客户、雇主、或者其他相关人员视为有损该会员的客观性，则这种情况下会出现利益冲突。

更多详细内容请见 http：//www. aicpa. org/about/code/index. html.

对道德问题的强调不仅局限于公共会计师。职业会计组织和政府管制机构都有审核违背职业操守守则行为并进行适当惩罚的程序。例如，美国管理会计师协会（IMA）和政府会计师协会（AGA）都有各自的道德守则，协会成员都必须遵守以保持他们的会员资格。

除了道德守则或行为守则，在雇员们的决定涉及职业道德方面的问题时，对雇员的道德决策的主要影响还是来自“上面的意思”（tone at the top）。完全的正直和来自高级经理们公开对道德准则的支持，是任何组织道德行为的最大原动力。从根本上说，确保道德行为始于雇用以道德标准思考问题的员工。

会计人员和企业高管有很高的道德水准对经济的健康发展也是非常重要的。他们即使只有一点点因利益驱动和贪婪而做出有违道德标准的行为，也会影响人们对公司的信任。2008 年至 2009 年的经济衰退使得抵押欺诈、投资阴谋和过高的管理层薪酬问题浮出水面。虽然绝大多数公司都保持很高的道德水准，但也有很多公司违反道德标准而做出对全球经济产生负面影响的不诚信行为。

一些管理者和会计人员为他们的不道德行为做出这样的解释——“每个人都这么做，为什么我不能”。然而，绝大多数成功的会计人员和管理者都能在决策中把握好他们的道德标尺，并保持绝对的正直。公众注意力可能大都集中于爆出的违反道德标准的那些人身上，但也有人为那些勇于揭露问题的人喝彩，正如下面的“财经热线”中所介绍的情况。

财经热线

职业道德、会计和举报人（Whistle Blowers）

公司经常依赖于会计来保证公司的职业道德规范。会计师的特殊责任要求他们保证公司经理能够按照诚信的原则行事，保证他们披露给客户、供应商、监管者以及社会公众的信息的准确性。如果会计师不认真履行这一职责，或者公司置会计师们的报告于不顾，就会出现不良后果。就如世通或安然事件的结果一样。在这两家公司发生的案例中，会计师们都扮演了“举报人”的角色，即将其发现的不正常现象报告给上司。世通和安然的这两位举报人被评为了时代杂志的年度人物。

世通公司的内部审计副总裁辛西娅·库珀（Cynthia Cooper）向公司董事会报告说，由于存在欺诈性的会计记录，使得公司 6. 62 亿美元亏损变成了 24 亿美元的利润。这一披露导致了更多的发现：总计达 90 亿美元的错误会计分录——历史上最大的会计欺诈。库珀以世通公司为荣，并为其成功而全身心地投入工作。尽管如此，当她和她的内部审计团队发现了她向来敬重的上司们的有违职业道德的行为的时候，她义无反顾地做了她应该做的事情。当她看到首席执行管勃尼·艾博斯和首席财务官司格特·萨利文被戴上手铐带走的时候，她感觉到的并不是快乐。她仅仅是将她在密西西比大学会计课堂前排中间座位上坐着的时候学到的东西运用到了她的实际工作中。会计师们提出的问题都是尖锐的，并坚定地寻求答案，然后按照诚信的准则行事。做一个举报人对于库珀来说并非易事。对于某些人来说她是一位英雄，而对另外一些人来说她却是一个恶人。无论如何，不管别人怎么看，库珀知道她只是做了一个称职的会计师应该做的事情——不论讲真话是多么令人痛苦。要了解更多关于库珀和世通公司的情况，请阅读库珀的书《特殊情况——一个公司揭秘者之旅》。

在安然公司，舍仑·沃特金斯有着类似的经历。作为位于奥斯汀的得克萨斯大学会计学专业的毕业生，沃特金斯是在安达信会计师事务所开始她的职业生涯的。之后她加入安然公司，并最终直接在首席财务官安德鲁·法司脱手下工作。她在工作中发现了后来著名的公司账外债务问题。她首先写了一份备忘录给首席执行官肯奈司·莱,随后又亲自同其会面，向他解释分析“一个精心的会计欺诈情况”。后来她发现，非但这一欺诈情况没有受到调查，反而她的报告引发了一份由安然公司法律委员会发出的、包括“……如何处理编制敏感报告的公司雇员……当前的得克萨斯法律不保护举报人……”内容的题为“机密雇员事项”的文件。更为严重的是，她的老板没收了她的计算机硬驱，并降了她的职。她于是后悔当初没有将这件事报告给公司的更高层，而是轻信了莱先生，以为他会认真地对待她举报的情况。最终，沃特金斯被证明是正确的。虽然安然公司的许多人都知道公司发生的事情，但是他们都未采取任何行动。而会计出身的背景使得沃特金斯能够发现不正常的现象，并促使她去报告这些不正常的现象。安然公司的另一位雇员，林·布鲁阿说：“公司内部有成百上千的人知道公司正在发生着什么，但是他们选择了视而不见。”沃特金斯选择了遵从职业道德而不是视而不见。因此，她成为著名的公司治理方面的发言人，麦特·劳尔在国家电视节目中讲述了她的故事。

资料来源：Amanda Ripley，“Whistle-Blower Cynthia Cooper,” *Time. Com*，February 4，2008；Jennifer Reingold，“The Women of Enron：The Best Revenge,” *Fast Company*，December 19，2007.

1.10 会计师的职业机会

很多阅读此书的人将来可能不会成为会计师，但是学会利用会计信息方面的知识有助于您的企业发展和个人生活，因为会计反映企业管理的所有层面，包括采购、制造、批发、零售以及市场营销和运输活动，会计为几乎所有的管理者提供最好的背景信息。

会计知识对于财务从业人员尤为重要。在经历了经济发展中的很多问题之后，《商业周刊》的一篇文章指出“甚至一些职业资金经理人员都惊呼连他们都未能足够地了解会计职业”。然而，会计的价值不仅限于对财务经理有用，那些希望在公司管理层得到高升的管理人员也需要掌握会计知识。调查显示，商学院开设的对未来管理者的课程中，会计学已被列为最重要的课程。某一大型商业期刊报道说，“大多数的首席执行官都是金融和会计行业出身”。会计是商业的语言，不掌握这门语言则很难成功。

会计是进入一家公司的一个特别好的起始岗位。由于会计师负责收集和解释整个公司的财务信息，因此他们对公司的各个部门能够有详细的了解，并同公司的决策层形成密切的关系。高级的会计人员或会计管理人员经常被提升为公司的生产和市场营销执行官。为什么？因为他们通过与各种经理人员的交往而掌握了总体管理方面的技能。其他的会计人员仍然留在财务岗位上直至被提升为财务副总裁或首席财务官。表1-12 展示了那些在初级会计岗位上的职员的职业生涯路径。有些会计师加入了会计师事务所，经过若干次提升后成为合伙人。其他一些会计师加入了商业公司或者政府机构并进而搭上了成功的阶梯。其他许多会计师从公共会计师开始他们的职业生涯，虽然他们并不打算干一辈子。在公共会计师行业经过一两次晋升后，他们转到政府或工业部门成为一名会计主管或财务主管，甚或是首席财务官。

会计职业可以为我们提供令人振奋的职业机会。它是一个培训未来的经理人和执行官的伟大课堂。会计师事务所的会计职员们为许多客户提供服务，并且具有许多不同的工作经历。在私人公司工作的会计师们同经理们一道工作，接触企业的所有层面，因此他们对各个不同的职能部门和产品的情况都了如指掌。并且，会计师的报酬比较丰厚。在 2009 年，大型会计师事务所的新聘会计师的年薪差不多达到 5 万美元——那些已经具备注册会计师资格的人甚至更高。国际会计师事务所的高级合伙人和某些大型公司的首席财务官的年薪则在 100 万美元以上。

表 1-12　**常见的会计职业路径**

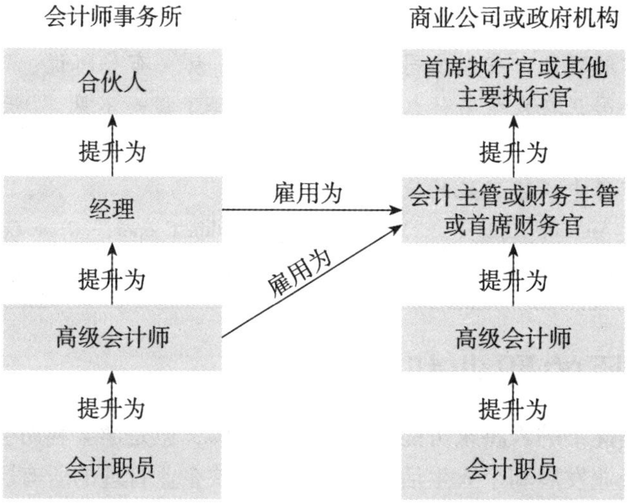

关于非营利组织会计问题的注释

本书大部分都是讨论营利性企业组织，例如商业企业的会计问题。但是基本的会计原则同样适用于非营利组织。医院、大学、政府机构以及其他非营利组织的经理和会计师都使用财务报表。毕竟这些组织都需要筹集和支付资金、制订预算、判断财务运行情况。有些非营利组织如红十字会或者女孩童子军（Girl Scouts），其规模如同大型公司；其他非营利组织如班恩桥岛土地基金（Bainbridge Island Land Trust）或西雅图食物银行（West Seattle Food Bank）主要为本地区的地方利益服务。非营利组织受到越来越多的要求他们向公众披露财务信息的压力。美国政府会计准则委员会（GASB）制定关于政府机构信息披露的有关规定，财务会计准则委员会（FASB）制订关于其他非营利组织财务报告的有关规定。

记忆要点

1. **解释会计信息如何帮助决策的制定。**财务报表为经理、债权人以及各种经济组织的所有者提供有助于他们制定决策的信息。资产负债表（或财务状况表）是企业组织在某一时刻的财务状况的“快照”。就是说，财务报表能回答最基本的问题，例如，我们目前的状况如何？

2. **描述资产负债表的构成。**资产负债表等式为：资产=负债+所有者权益。这一等式必须永远保持平衡。资产负债表展示在某一时间点构成资产负债表的资产、负债和所有者权益的余额。资产是一个公司拥有的财产，负债是一个公司所欠他人的债务，所有者权益是所有者对于减除负债后所剩资产的索偿权利。

3. **分析商业交易及其对于资产负债表变化的影响。**交易分析是会计的核心。一项交易是任何一个会对企业实体财务状况产生影响并可以可靠地用货币语言加以记录的事件。对于任何一笔交易，会计师都必须确定它影响到哪些账户以及应记录的金额是多少。

4. **根据交易数据编制资产负债表。**会计人员可以在任何时间根据交易的详细内容按照资产负债表等式来编制资产负债表。资产负债表是每个资产负债表账户的期初余额加上交易对每个账户的影响金额的汇总数。但是，会计人员通常只在管理人员需要或者要向公众提供报告的每个季度的期末编制资产负债表。

5. **比较独资企业、合伙企业和公司制企业的不同特征。**独资企业和合伙企业的所有者通常也是企业的经理。但是在公司制企业里，股东将企业的管理权授权给职业经理人，股东选举产生董事会，董事会委任并监督经理人；公司股东承担有限责任，因此他们的个人资产没有风险。由于世界上大多数商业行为都是由公司制企业完成的，因此公司制企业是最重要的企业形式。

6. **确定公司制企业资产负债表中所有者权益部分同独资企业和合伙企业资产负债表中所有者权益部分的不同点。**公司制企业的所有者权益通常称为股东权益，它最初采取的形式是普通股面值加上资本溢价。

7. **解释财务报告规则，包括美国公认会计原则与国际财务报告准则的不同。**世界各国的财务报表都必须遵守公认会计原则（GAAP）。公认会计原则有两个主要的体系。大多数国家的公司都执行国际会计准则委员会（IASB）制定的国际财务报告准则（IFRS）中规定的公认会计原则。而美国的公司执行美国的公认会计原则。美国证券交易委员会（SEC）负责制定美国公认会计原则。SEC将这个责任交给了财务会计准则委员会（FASB）。美国注册会计师协会（AICPA）负责组织注册会计师资格考试，以确保职业会计师能够达到最起码的执业水平。另外，由公众公司会计监督委员会（PCAOB）负责会计师行业的监管和制定审计准则。

8. **描述审计及其如何提高财务信息的价值。**第三方对于公司财务报表的审查称为审计，公司所有权与管理权的分离使得审计成为必要。审计师评价企业的记账系统，检查具体的交易记录和账户余额，并以此保证资产负债表公允地反映公司的财务状况和经营成果。

9. 评价会计程序中职业道德的作用。在像会计这样的职业行为中，道德行为起着至关重要的作用。作为一个具有职业道德精神的独立的职业人员，审计师具有评价企业财务报表的资格，而且能够尽责地披露在评价中发现的各种问题。所以，在公共会计领域，审计的价值直接同审计师的可信性联系在一起。

会计词汇

账户 account
应收账款 account payable
会计 accounting
追缴资本、资本溢价 additional paid-in capital
美国注册会计师协会 American Institute of Certified Public Accountants（AICPA）
年度报告 annual report
资产 assets
审计 audit
审计师 auditor
审计师意见书 auditor's opinion
资产负债表 balance sheet
资产负债表等式 balance sheet equation
董事会 board of directors
注册会计师 certified public accountant（CPA）
首席执行官 chief executive officer（CEO）
普通股 common stock
普通股股东 common stockholders
复合分录 compound entry
公司 corporation
债权人 creditor
实体、主体 entity
FASB 财务会计准则汇编 FASB Financial Standards Codification
财务会计 financial accounting
财务会计准则（美国公认会计原则）Financial Accounting Standards（U. S. GAAP）
财务会计准则委员会 Financial Accounting Standards Board（FASB）
表-10K Form 10-K
公认会计原则 Generally Accepted Accounting Principles（GAAP）
独立意见书 independent opinion
国际财务报告准则理事会 International Financial Reporting Standards Board（IFRS）
存货 inventory
负债 liabilities

有限责任 limited liability
长期资产 long lived assets
管理会计 management accounting
净资产 net assets
应付票据 notes payable
未结清账户 open account
所有者权益 owners' equity
缴入资本 paid-in capital
超面值缴入资本 paid-in capital in excess of par value
面值 par value
合伙企业 partnership
非公共会计师 private accountants
私人所有 privately owned
公共会计师 public accountants
公众公司会计监督委员会（Public Company Accounting Oversight Board，PCAOB）
公共所有、上市 publicly owned
会计师事务所 registered public accounting firm
萨班斯-奥克斯利法案 Sarbanes-Oxley Act
证券交易委员会 Securities and Exchange Commission（SEC）
股东权益 share holders'equity
独资企业 sole proprietorship
设定价值 stated value
财务状况表 statement of financial position
股权证书 stock certificate
股东权益 stock holder's equity
交易 transaction
美国公认会计原则 U. S. GAAP

练习题

1-1 资产负债表等式

EI Paso 公司 20×0 年末报告的资产总额为 700 万美元，负债总额为 300 美元。

1. 给出包括正确的所有者权益金额的 EI Paso 公司在 20×0 年末的资产负债表等式；

2. 假设 EI Paso 公司在 20×1 年 1 月间从 Wells Fargo 银行借款 100 万美元。请问该项交易对 EI Paso 公司的资产、负债和所有者权益的影响如何？

1-2 描述下述交易

最近成立的 Sokol's 家具公司在全面经营家具零售业务之前尝试了某些初步的交易。在 5 月 1 日和接下来的每 9 个工作日，该公司会计等式中的每一项目的余额见下表（单位：美元）：

	现金	家具存货	储藏设施	应付账款	所有者权益
5月1日	6 000	18 000	2 000	4 000	22 000
2日	12 000	18 000	2 000	4 000	28 000
3日	12 000	18 000	6 000	4 000	32 000
4日	9 000	21 000	6 000	4 000	32 000
5日	9 000	27 000	6 000	10 000	32 000
6日	12 000	27 000	3 000	10 000	32 000
7日	7 000	27 000	9 000	11 000	32 000
8日	5 000	27 000	9 000	9 000	32 000
9日	5 000	26 600	9 000	8 600	32 000
10日	3 000	26 600	9 000	8 600	30 000

假设每天只发生一项交易。简述自5月2日起的9天里的每一天都发生了什么。

1-3 描述下述交易

下面给出了Brisbane公司会计等式中11月1日及随后的7天里每一天各项目的余额（单位：美元）

	现金	家具存货	储藏设施	应付账款	所有者权益
11月1日	5 000	9 000	7 500	5 500	16 000
2日	5 000	9 000	10 000	8 000	16 000
3日	3 000	9 000	10 000	8 000	14 000
4日	3 000	4 000	10 000	3 000	14 000
5日	3 000	11 000	10 000	3 000	21 000
8日	2 500	11 000	10 000	2 500	21 000
9日	1 500	11 000	13 500	5 000	21 000
10日	1 500	11 000	13 200	4 700	21 000

假设每天只有一项交易发生，简述你认为自11月2日起7天里的每一天都发生了些什么。

1-4 编制资产负债表

Atlanta公司20×1年3月30日的资产负债表仅含下述项目（任意排序。单位：美元）：

现金	14 000	应付账款	8 000
应付票据	10 000	家具和仓储设施	3 000
商品存货	40 000	应付长期负债	12 000
缴入资本	80 000	建筑物	24 000
土地	14 000	机器和设备	15 000

20×1年3月31日发生了下述交易和事项：

1. 赊购4 000美元商品。

2. 以成本价出售了某些不用的家具，获得现金 1 000 美元。

3. 以 12 000 美元的价格增发股票，换取价值 12 000 美元的机器和设备。

4. 以 25 000 美元的价格购置土地，其中 10 000 美元以现金方式支付，剩余款项以 5 年期票据支付（长期负债）。

5. 职业评估师估价建筑物价值为 43 000 美元。

编制 20×1 年 3 月 31 日的资产负债表，并提供支持新的金额的计算数据。

1-5 编制资产负债表

Liverpool 公司 20×1 年 11 月 29 日的资产负债表仅包含下述项目（任意排序。单位：美元）：

缴入资本	189 000	机器与设备	20 000
应付票据	21 000	家具和仓储设施	8 000
现金	22 000	土地	41 000
应付账款	16 000	建筑物	241 000
商品存货	29 000	长期负债	124 000

在随后的 11 月 30 日发生了下述交易和事项：

1. 以 13 000 美元的价格购买了机器和设备，其中 3 000 美元以现金方式支付，其余金额以签发的 90 天到期的票据支付。

2. 支付了 7 000 美元的应付账款。

3. 以 6 000 美元的价格出售了一块公司不需用的土地，收款方式为现金，此价格与 Liverpool 公司当初购买该块土地时的成本一致。

4. 公司剩余土地由专业评估师评估的价值为 240 000 美元。

5. 发行股票用以支付 23 000 美元的长期负债，即一年以上期限的负债。

编制 20X3 年 11 月 30 日的资产负债表，并对所有新的金额提供支持性计算数据。

1-6 资产负债表

通用电气公司是销售额超过 1 220 亿美元的世界上最大公司之一。该公司 2009 年 1 月 1 日的资产负债表显示，公司的资产总额为 7 980 亿美元，股东权益（通用电气公司称为股票所有者权益）为 1 050 亿美元。

1. 计算通用电气公司 2009 年 1 月 1 日的负债总额。

2. 通用电气公司 2009 年 1 月 1 日发行了 10 536 897 000 股普通股股票。面值为每股 0. 07 美元。请计算通用电气公司资产负债表中“普通股，面值”项目的余额。

第2章 计量收益以评价业绩

学习目标

通过本章的学习，您应该能够：

1. 解释会计人员如何计量收益；
2. 确定一个公司何时记录某项销售的收入；
3. 使用配比概念记录一定时期的费用；
4. 编制利润表并说明其与资产负债表的联系；
5. 解释现金股利，编制股东权益表；
6. 解释下列概念对财务报表的影响：主体、可靠性、持续经营、重要性、成本-效益、稳定的货币单位；
7. 计算并解释每股收益、市盈率、股息率以及股利分派率；
8. 解释会计规范者在制定会计准则时是如何在相关性和真实反映之间作出抉择的。

本章核心案例：Pick n Pay

Pick n Pay 的前身是一家家族企业。公司创立者在 1967 年买下了 4 家小商店，并于 1968 年在南非认可的证券交易所——约翰内斯堡证券交易所以 Pick n Pay Stores Limited 的名字上市交易。现在，集团拥有 800 多家商场，员工超过 38 000 人，年营业额达到 519 亿南非兰特。南非的货币为兰特（Rand），用 R 表示。按汇率 1 美元等于 6.965 兰特计算，年营业额相当于 74.5 亿美元。

Pick n Pay 的商铺绝大多数在南非，他们的目标是通过销售物美价廉的商品使顾客满意，并在地理位置优越的商场提供周到的服务，使顾客愿意前来购物。顾客在这里可以买到杂货、服装、肉类、酒类、药品和其他商品，从大型超市到小型快递商店的各种商场所出售的商品，在这里都可以买到。Pick n Pay 的商铺都坐落在交通便利的地方，并且遍布全国。

Pick n Pay 在过去的 40 年里得到了巨大的发展，这意味着公司的管理是非常成功的。尽管不能用任何单一的尺度来衡量公司是否成功，但本章我们要了解一个衡量公司成功与否的重要尺度——公司的盈利状况。当公司的所有者和投资人打算评价公司业绩的时候，他们就要衡量整个公司以及公司分部的盈利状况。

衡量一个公司盈利状况最常用的尺度就是公司的净收益，即收入减去费用，也就是这一章的标题。2011 年，Pick n Pay 的销售额超过 519 亿兰特，费用约为 506 亿兰特，净收益大约为 13 亿兰特，占销售额的 2.5%。这就是说，你在 Pick n Pay 每买 100 兰特的商品，公司平均就会有 2.5 兰特的收益。公司需要出售多少购物车的商品才能实现 519 亿兰特的销售额！

为了达到这样一个销售额，Pick n Pay 要发生很多支出，包括支付给商品供应商的货款、员工薪金和工资、广告费和其他一些推广活动的费用——所有这些费用合计起来是 506 亿兰特。

要经营好这么大一个企业需要高水平的管理，而会计报告就是一个重要的管理工具。这样大规模的经营还需要有大量的资本支持，Pick n Pay 已经通过出售 4.8 亿多股股票筹集到了一部分资本。股东会关注反映公司经营状况的财务报告，以此来帮助他们评价对公司的投资决策。不仅仅现在的股东会关心公司的盈利状况，未来的股东、公司员工和政府都会关注。

投资者和其他利益关系人都热切地期盼着公司的年度收益报告。投资者关心其持有股票的价格，股票价格一般会反映投资者对收益的预期。尽管一个公司的股票价格是由股票的供求关系决定的，而且股票价格还受当地和全球经济状况的影响，但公司收益水平的高低仍然是决定股票价格的一个非常重要的因素。

如果我们去观察 Pick n Pay 公司股票价格在一段时间内的变化，会发现股价的波动幅度非常大。在截至 2011 年 2 月 28 日（Pick n Pay 公司的会计年度截止日）的会计年度中，股价最低下跌到每股 1.655 分（100 分等于 1 兰特），最高上涨到每股 2.115 分，波动幅度达到 28%。公司每年和每半年发布的预期收益是公司股价波动的原因之一。

资料来源：http：//www. picknpay-ir. co. za/financials/annual_ reports/2011/report_ chairman. html.

甚至关于收益的传闻都会对股价有非常大的影响。2009 年 2 月 28 日，有一则新闻标题为"收益传言摧毁了瑞士信贷（Credit Suisse）"。传言说瑞士信贷将"报告年度损失 80 亿瑞士法郎"，高于预期的损失金额。在瑞士信贷没有做出任何回应的情况下，公司的股票价格就下跌了超过 7%。

公司的收益与股票价格一般呈同向变动，但这种关系也不是绝对的。表 2-1 反映了麦当劳公司过去 20 年中的收益与股票价格的关系。左侧纵轴和橘红色竖线表示公司股票的每股价格，右侧纵轴和绿色竖线表示以美元表示的每股净收益。当收益增加时，股票价格也上涨；当收益开始下降时，股票价格也下降。但是，股票价格在 1998—2000 年之间以及 2006—2008 年之间出现"泡沫"，当时整个股票市场上股票价格的上涨总体高于收益的增长。你会发现收益——就是这一章的标题——是公司衡量业绩和价值的一个重要尺度。

表 2-1　**麦当劳公司股价与净收益的关系**

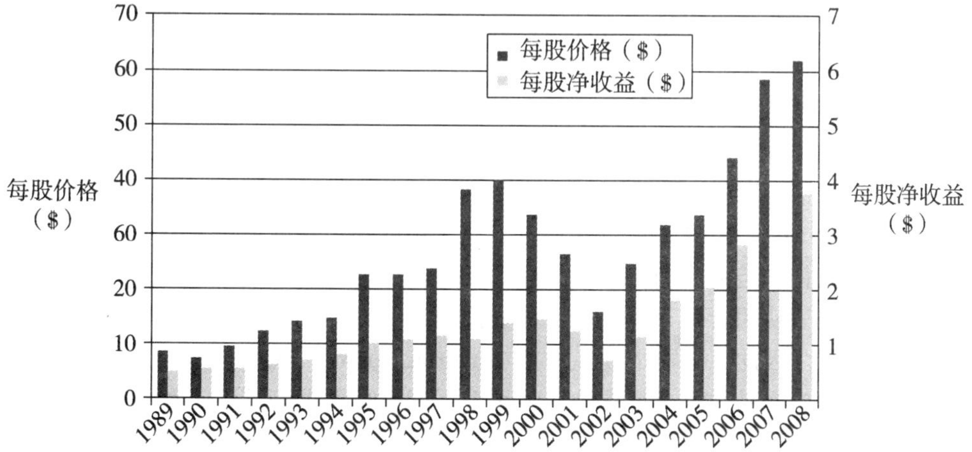

2.1 收益计量概述

无论对于个人还是商家，收益计量都是十分重要的，因为大家都需要知道自己的经济状况如何。收益就好比体育比赛计分板上的数字，告诉您主队的表现如何。但是，收益计量并不像棒球比赛的计分那么简单。大多数人都将收益视为衡量一个会计主体在一定期间内“财富”增长的一种尺度。但是，可以用不同的方法衡量公司的财富和收益。为了使决策者和投资人能够将不同公司的业绩进行比较，公认会计原则明确规定了所有公司在计量净收益时都必须遵守的计量规则。国际财务报告准则和美国公认会计原则这两个公认会计原则体系在计量的具体要求上有一些区别，但本章所介绍的基本原则是两个体系都采用的。我们要研究会计人员如何计量收益，首先来看计量收益的特定期间。

2.1.1 营业周期

大多数公司的业务活动都按照营业周期（operating cycle）循环往复。在营业周期里，公司用现金购买商品和服务，然后将其出售给消费者；消费者为购买行为支付现金，公司又回到营业周期的起点。来看零售商沃尔玛的营业周期：

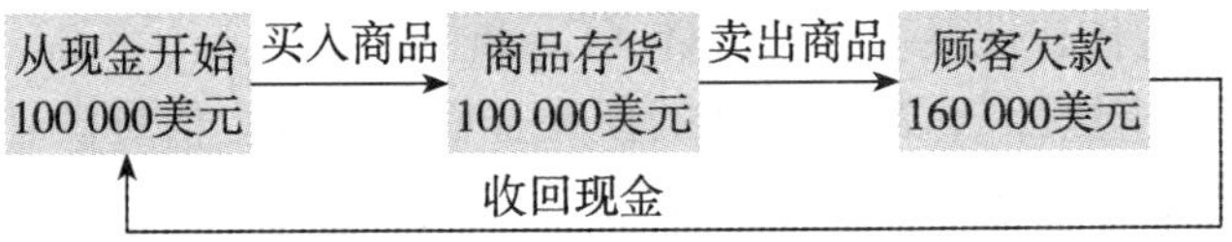

顾客欠款方框中的金额大于其他两个方框中的金额，这是因为公司的目的就是以高于买价的价格卖出商品，卖价超过买价（费用）的金额，就是利润或收益。

2.1.2 会计期间

由于很难准确计量一个持续经营的公司的业绩，所以，确定其经营业绩的唯一办法是：关闭店门，卖掉所有资产，偿还全部债务，将剩余现金返还给所有者。实际上，在15世纪中，威尼斯商人每一次航海都是这么做的。投资者提供资金购买商品并向船员支付工资，航行结束之后商人向投资者支付航海中赚得的利润。因为这种做法对于今天的公司来说是不可行的，所以我们需要在短于公司存续期的期间内计量其收益。

日历年度是计量收益最常用的时间周期。不过，约有40%的大公司采用不同于日历年度的会计年度（fiscal year）。仅为会计目的而设立的会计年度，不一定以12月31日为截止日，相反，会计年度经常以年度经营活动的低点为年末日期。比如，凯马特（Kmart）和JC彭尼（JCPenney）采用的会计年度就以1月31日为年末日期，这时圣诞销售和圣诞后销售都已结束。Pick n Pay的会计年度截止日为2月28日。

财务报表使用者每年不止一次需要公司的信息，他们至少要在每个季度了解公司的经营情况。因此，公司还要在中期（interim period）即短于1年的期间编制财务报表。美国证券交易委员会要求公司将每个季度的财务报表都正式存档。不过，在有些国家，管理当局只需要年度报表。

2.1.3 收入与费用

现在我们来看会计人员如何计量收益。作为收益计量中的关键因素，收入和费用这两个术语表示公司在营业周期内发生的资产流入和流出。公司通过销售产品或提供服务取得资产，并用以生产其他产品或提供其他服务。公司在销售资产或提供服务时记录收入（revenues），有时称为销售（sales）或销售收入（sales revenues）。收入是因销售商品或提供服务而导致的净资产的增加，并增加业主权益。相反，费用是因向顾客销售商品或提供服务而消耗或放弃资源所导致的净资产的减少，并减少业主权益。收益（income），或称为利润（profit）、盈余（earnings），就是收入大于费用的金额。如果费用大于收入，则称为损失。

当 Pick n Pay 向顾客销售商品（或杂货）时，收入就产生了；当向供应商购买商品并支付货款时，费用就发生了；当收入大于所售商品的成本时，公司便赚得了收益。业主权益的累计金额中来自于收益的部分被称为留存收益（retained earnings, retained income）。您可以从下面的“财经热线”中了解收益的重要性。

财经热线

盈余与盈余预测

盈余是衡量公司业绩的关键尺度，所以，投资者非常关注。金融报刊几乎每天都报告当期盈余和预期盈余。投资者和报刊都关注的一个焦点就是“共识盈余预测”。共识预测的一个主要来源是汤姆森路透公司的 I/B/E/S 数据库（Thomson Reuters I/B/E/S）（另一个来源是扎克斯投资研究公司，Zacks Investment Research）。为数众多的华尔街分析师都会去跟踪大公司的股票走势，I/B/E/S 就将分析师们的预测汇总起来，发布预测的平均值并不断进行更新。这些数据对投资者来说是非常重要的信息，甚至对像共同基金管理人这样的经验丰富的投资人也是一样。当公司宣布实际盈余数据时，报刊必然会将实际数据与分析师们的共识预测进行比较。预测数据与实际数据之间的差异被称作“实际盈余差距（Earning Surprise）”。公司通过向分析师提供引导信息来努力使自己的盈余差距降到最低。

来看谷歌公司 2008 年的盈余数据。下表将每个季度的 I/B/E/S 共识盈余与实际盈余进行了比较：

季度	报告日期	实际盈余	共识盈余	盈利异常	盈利异常百分比
2008 第 1 季度	04/17/2008	4.84 美元	4.52 美元	0.320 美元	7.08
2008 第 2 季度	07/17/2008	4.63 美元	4.736 美元	−0.106 美元	−2.24
2008 第 3 季度	10/16/2008	4.92 美元	4.75 美元	0.170 美元	3.58
2008 第 4 季度	01/22/2009	5.10 美元	4.954 美元	0.146 美元	2.95

在每一个报告日，谷歌股票的交易量都会大幅上升，股票价格也会大幅波动。4 月份正 7% 的市场惊讶使股票价格上涨了 20%；7 月份负的盈利异常使股票价格下跌了 10%；10 月份和次年 1 月份正的盈利异常分别使股票价格上涨了 5% 和 6%。

你会发现，与预期保持一致非常重要。实际盈余超过共识预测的公司股票价格通常会上涨，反之则会下跌。诺德斯特隆百货公司（Nordstrom's）2008 年的每股盈余为 1.83 美元，比 2007 年下降了 38%，但因高于共识预测的每股 1.80 美元，股票价格还是上涨了大约 20%。微软公司在 2008 年的情况正好相反，公司实际盈余只低于预测数据 1%，虽然比 2007 年盈余增加将近 30%，但股票价格还是下跌了 7%。投资者从盈余报告中获取信息，当实际盈余使他们感到惊讶时，股价通常会作出反应——出现正的盈利异常，股价就会上升；出现负的盈利异常，股价就会下跌。

资料来源：E. Berte，"Nordstrom 4Q Earnings Fall Sharply，But Meet Expectations，" Fox Business（February 23，2009）；*Business Week* Web Site http：//investing. businessweek. com/research/stocks/earnings/earnings. asp？symbol = MSFT. O；NASDAQ Web Site http：//quotes. nasdaq. com/asp/MasterDataEntry. asp？page = analystsummary.

再来看一下第 1 章中曾提到的双轮公司。表 2-2 几乎是表 1-2 的翻版，表 1-2 概括了海科特·洛佩兹企业的九项交易。然而，该企业现在已经合并成公司了，业主权益账户不再是"洛佩兹，资本"，而是表 2-2 中的"股东权益"了，"股东权益"既包括"投入资本"，还包括"留存收益"。

表 2-2　　**双轮公司 20×2 年 1 月 2 日至 1 月 12 日交易分析**　　单位：美元

	资产			=	负债		股东权益	
交易摘要	现金	+ 商品存货	+ 仓储设备	=	应付票据	+ 应付账款	+ 投入资本	+ 留存收益
(1) 初始投资	+400 000			=			+400 000	
(2) 向银行借款	+100 000			=	+100 000			
(3) 现金购买仓储设备	-15 000		+ 15 000	=				
(4) 现购存货	-120 000	+120 000		=				
(5) 赊购存货		+10 000		=		+10 000		
(6) 现购加赊购存货	-10 000	+30 000		=		+20 000		
(7) 出售设备	+1 000		-1 000	=				
(8) 购货退回		-800		=		-800		
(9) 向债权人付款	-4 000			=		-4 000		
20×2 年 1 月 12 日余额	352 000	+ 159 200	+ 14 000	=	100 000	+ 25 200	+ 400 000	
		525 200				525 200		

现在来考虑另外一些交易，见表 2-2 的续表表 2-3。假设双轮公司 1 月份的销售收入为 160 000 美元，全部为赊销，已售存货的成本为 100 000 美元。赊销产生应收账款。应收账款（accounts receivable 或 trade receivables 或 receivables）是指在一般的商业活动过程中，由于公司向顾客销售商品或服务并提供信用而使顾客欠公司的款项。所以，1 月份的销售使双轮公司的"应收账款"账户增加 160 000 美元，向顾客交付商品使该公司的"商品存货"账户减少 100 000 美元。

表 2-3　　**双轮公司 20×2 年 1 月份交易分析**　　单位：美元

	资产					=	负债	+	股东权益
交易摘要	现金 +	应收账款 +	商品存货 +	预付租金 +	仓储设备	=	应付票据 +	应付账款 +	投入资本 + 留存收益
(1) ~ (9) 见表 2-2 中 20×2 年 1 月 12 日余额	352 000 +		159 200	+	14 000	=	100 000 +	25 200 +	400 000
(10a) 赊销（资产流入）		+160 000				=			+160 000（销售收入）
(10b) 销售成本（资产流出）			-100 000			=			-100 000（销售成本费用）
(11) 收回应收账款	+5 000	-5 000				=			
(12) 预付租金	-6 000			+6 000		=			
(13) 确认到期的租约服务				-2 000		=			-2 000（租金费用）
(14) 确认到期的设备服务					-100	=			-100（增加折旧费）
20×2 年 1 月 31 日余额	351 000 +	155 000 +	59 200 +	4 000 +	13 900	=	100 000 +	25 200 +	400 000 + 57 900
	583 100						583 100		

请注意，这里是将 1 月份的销售和其他交易作汇总说明。公司的销售、购货、收回顾客欠款或者向供货商付款并不是同时一起发生的。实务中的会计系统在销售的时候通过收银机、扫描仪或者其他数据输入装置记录每一项销售，然后汇总一段期间内的数据，比如本例中汇总的是 1 月份的数据。

汇总销售交易的会计处理包括两部分：收入部分（10a）和费用部分（10b）：

	资产		=	负债	+	股东权益
	应收账款	商品存货				留存收益
(10a) 赊销	+160 000		=			+160 000①（销售收入）
(10b) 已售存货成本		-100 000	=			-100 000（销货成本费用）

为了更好地理解这笔交易，可以把它想象为在资产负债表等式中同时发生的两个部分：以应收账款形式的资产的流入（10a）去交换商品存货形式的资产的流出（10b），这两项资产的交换并没有影响到负债，所以，为了保持等式平衡，股东权益必须增加 60 000 美元（160 000 美元的收入与 100 000 美元的销货成本费用之差）。请

① 原著此处没有这个数字，估计是遗漏了——译者注。

注意，销货成本（cost of goods sold）费用也称为销售成本（cost of sales），是公司在报告期内销售给顾客的存货的初始取得成本。

正如 10a、10b 的分录所示，销售收入记录为资产即应收账款增加以及留存收益增加，相反，销货成本费用记录为资产即商品存货减少以及留存收益减少。由此可见，对于资产负债表中股东权益部分的留存收益，收入是正数，而费用是负数。将这些关系作如下表示（箭头表示各项目的组成内容）：

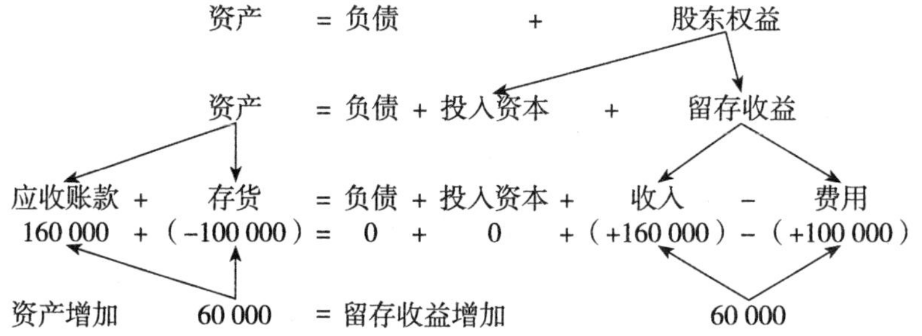

产生应收账款并不是销售的最终目的。双轮公司最后要以现金形式收回这些应收款。公司也许在赊销后不久就收回一些现金，有的顾客则可能长期延迟付款。也许您曾经看过家具广告，家具的货款可以在销售之后的 6 个月甚至一年支付。假设双轮公司在 1 月份收回 160 000 美元应收账款中的 5 000 美元，这笔汇总的交易（交易 11）增加现金、减少应收账款，不影响留存收益。

	资产			= 负债	+	股东权益
	现金	应收账款	商品存货			留存收益
（11）收回应收账款	+5 000	−5 000		=		

接下来，我们讨论怎样确定收入的记账时间以及收入的记账时间怎样影响收益的计量。

2.2 收益的计量

2.2.1 权责发生制与现金收付制

计量收益有两个最常用的方法：权责发生制和现金收付制。权责发生制（accrual basis）下，会计人员在赚得收入的时候记录收入，在发生费用的时候记录费用，而不是在实际收付现金时进行记录。与此相反，现金收付制（cash basis）是在收到现金时确认收入，在支付现金时确认费用。

关于权责发生制和现金收付制，会计界争论了很多年。权责发生制的支持者们坚持认为现金收付制忽视了增加或减少非现金资产的活动；而现金收付制的支持者则指出，一个公司无论看起来经营得多么好，如果不能有效地管理现金，就有可能破产。谁的说法正确？争论最后以和局告终。公司以权责发生制为基础编制利润表，而且公司年报中还包括一个单独的现金流量表。虽然现金收付制和权责发生制各有所长，但权责发生制能更加完整地体现和汇总会计主体的价值创造活动。权责发生制下的收入要在获得时确认，并与费用相配比。对交易 10 赊销的分析体现了这一应计程序。双轮虽然尚未收到现金，但确认了收入；虽然并未支付现金，但记录了费用。现在我们就来研究权责发生制的一些具体问题。

2.2.2 收入的确认

当会计人员以权责发生制计量收益时，他们会运用一些收入确认（sale recognition）标准，这是决定是否在特定期间的财务报表中记录收入的判断准绳。收入的确认通常必须符合两个标准：

1. 必须已经赚得。公司在已经全部完成（或实质上全部完成）对顾客的承诺时，通常是指已经将商品或服务交付给顾客时，就赚得了收入。

2. 必须已经实现或者可以实现。公司收到因销售商品或提供服务应得的现金或取得现金的索取权时，收入就实现了。“现金索取权”通常意味着顾客承诺付款。当公司收到能够转化为已知金额的现金或现金索取权的资产时，收入就是可以实现的。只有确定未来能够收到现金，才可依据付款承诺确认收入。

美国公认会计原则和国际财务报告准则都运用这些标准，但在如何执行上稍有区别。

对大多数零售企业来说，比如沃尔玛、西夫韦（Safeway）和麦当劳，确认收入很容易。这样的企业在销售的当时——顾客用现金、支票或信用卡全额付款并取得商品的所有权——就既赚得了收入也实现了收入。其他企业则可能并不是在销售的当时赚得收入和实现收入。在这种情况下，只有收入的赚取和实现都完成了，才能确认收入。来看下面的例子：

- 《新闻周刊》收到预付订阅费，在收到订阅费时收入就实现了，但在交付每期周刊之前它并未赚得收入。
- 一个东方地毯的经销商让潜在的顾客将地毯带回家试用，虽然这个顾客拥有了地毯的使用权，但经销商直到顾客正式答应接受这个地毯并支付货款时才能确认收入。

讲解财务报表

假设您正在审查一家新的戏剧公司2009年度的财务报表。该公司卖出的系列订购票允许顾客观看其所有的9部戏，这9部戏从9月份到2010年5月份每月上演一部。在8、9两个月份，公司以每张180美元的价格售出2009—2010旺季订购票1 000张，并收到现金。在截止日为2009年12月31日的年度财务报表中，该公司根据这些订购票确认的收入是多少？

答案：

截止到2009年12月31日，该公司上演了9部作品中的4部，所以，只赚到全部票款的4/9，即80 000美元。公司收到现金180 000美元，从而180 000美元的收入全部实现；但因其仅赚得80 000美元，所以，2009年只能确认并记录80 000美元的收入。

2.2.3 配比原则

我们已经知道在权责发生下如何确认收入。那么费用呢？每一会计期间发生的费用有两类：(1) 与当期已赚取收入相关的费用；(2) 与发生费用的期间本身相关的费用。自然而然与收入相关的费用被称作产品成本（product costs），比如销售成本和销售佣金就是很好的例子。如果没有收入，就没有销售成本和销售佣金。何时确认产品成本？这样的费用需要与发生费用所带来的收入相匹配，即应该在确认相关收入的同一期间确认并记录费用。这一过程就是所谓的配比（matching）。

很难将某些费用与特定的收入直接联系起来，比如租金和许多管理费用。这些费用在一定期间支撑着公司的运营，因此，将其称为期间费用（period costs）。我们在这些费用发生的当期将其记录为费用。例如，租金费用因时间的推移而发生，与销售水平无关。所以，租金就是一个很好的期间费用的例子。来看关于 Pick n Pay 货仓的例子。5 月份的租金费用使 Pick n Pay 有权在这个月里使用货仓，无论 5 月份的销售水平是高还是低，Pick n Pay 都要在 5 月份记录全部的租金费用。

为了有助于费用和收入的配比，我们将某些购入的商品或服务记录为资产，因为在未来的会计期间这些资产的取得成本要与收入相配比。例如，对于购入的将在未来期间出售的存货，通过先将其记录为资产、销售时再确认为费用的方式，使存货的取得成本与存货的销售收入相配比。另一个是预付租金的例子。假设某公司为使用一幢建筑物而于 1 月 1 日支付全年租金 12 000 美元，应该按 12 000 美元增记一个资产账户“预付租金”，因为公司尚未使用租来的服务；每个月要按 1 000 美元减记“预付租金”账户，同时增记“租金费用”账户 1 000 美元，表明公司在使用建筑物时耗费了一部分预付租金资产。

2.2.4 配比原则的应用

为了强调配比原则，假设双轮公司除了销售成本之外只有两项费用：租金费用和折旧费用。租金是每月 2 000 美元，按季预付。双轮公司预付 20×2 年 1、2、3 月份的商店租金 6 000 美元（假设双轮公司在 1 月 16 日支付租金，尽管租金一般在租期之初支付）。这就是表 2-3 中的交易 12。

双轮公司支付的租金使公司有权在 1、2、3 月份使用商店设施。由于该设施的使用属于未来利益，所以，双轮公司在资产账户——“预付租金”账户中记录 6 000 美元。交易 12 支付租金，对资产负债表等式中的股东权益没有影响，双轮公司只是用一项资产交换另一项资产，即现金与预付租金相交换。

	资产		=	负债	+	股东权益
	现金	预付租金				
(12) 预付租金	−6 000	+6 000	=			

双轮公司在 1 月末记录交易 13，确认公司使用了 1 个月的（整个租期的 1/3）租约服务，所以，要减记“预付租金”2 000 美元，还要将股东权益的“留存收益”部分减少 2 000 美元，作为 1 月份的租金费用。

	资产		=	负债	+	股东权益
	现金	预付租金				
（13）使用租约服务租金	−2 000		=			−2 000
						（租金费用）

租金费用的确认意味着双轮公司在 1 月份的经营中使用了 2 000 美元的资产即“预付租金”。价值 2 000 美元的租金是 1 月份的期间费用，所以，双轮公司应在 1 月末将其作为一项费用予以确认。

4 000 美元的预付租金在 1 月 31 日仍然是资产。这是为什么？假设双轮公司没有预付租金，那就必须在 2 月份和 3 月份分别支付 2 000 美元租金。因此，预付租金情况下的未来现金流出要比未曾预付租金情况下的未来现金流出少 4 000 美元。

构成预付租金会计处理基础的配比概念，同样适用于折旧。折旧（depreciation）就是将长期资产的取得成本在使用该资产的各受益期间内系统地分配给费用账户。这些资产是有形的实物资产，如公司拥有的建筑物、设备、家具和装置等。（由于土地并不因时间推移而变质，所以，土地不计提折旧。）

在预付租金和折旧的例子中，都是企业买入一项资产并逐渐耗尽或使用这项资产。随着企业对资产的使用，越来越多的原始成本从资产账户转移到费用账户。预付租金和折旧的不同仅在于使资产丧失有用性所花费时间的长短。建筑物、设备和家具可持续使用许多年，而预付租金以及其他预付费用的受益期则往往在一年以内。

表 2-3 中的交易 14 记录了双轮公司的设备折旧费用。在设备使用年限中，每个月都要将 14 000 美元原始成本的一部分确认为折旧费用。假设该设备使用 140 个月，根据配比原则，1 月份的折旧费用为 14 000 美元÷140 个月，即每月 100 美元：

	资产	=	负债	+	股东权益
	仓储设备				留存收益
（14）确认设备折旧	−100	=			−100
					（折旧费用）

在这笔交易中，双轮公司的资产账户“仓储设备”减少了，股东权益账户“留存收益”也减少了。交易 13 和 14 特别强调权责发生制下费用的一般概念。商品或服务（如存货、租金和设备）的购买与使用可以用两个基本步骤来解释：（1）资产的取得（表 2-2 中的交易 3、4、5 和 6；表 2-3 中的交易 12）；（2）将到期耗费的资产变为费用（表 2-3 中的交易 10b、13 和 14）。正如这些例子所示，预付费用和长期资产的使用，既减少资产总额，也减少股东权益。请记住费用账户是股东权益的减项。

2.2.5 已耗资产的确认

可以将诸如存货、预付租金和设备这样的资产理解为公司储存的成本，它们将被带到未来期间并在使用时确认为费用。对于存货，是在销售并确认销售收入时记录费用；对于租金，是在租约生效的当期确认费用；对于设备，则是将其总成本进行细分之后，在使用设备的受益期内将总成本逐期按细分额确认为费用。简言之，存货成本是与其所带来的收入相配比的*产品成本*；租金是在受益期间加以记录的*期间费用*；设备由于多期受益，遂将其成本在各受益期内分摊而成为折旧费用。

获得		到期
资产 （未耗成本，如存货、预付租金、设备）	——→ 当即或最终变成	费用 （如销售成本、租金、折旧、其他费用）

表2-3中存货、租金和折旧交易的分析，对资产的获得与到期做了区分。双轮公司在获得存货、设备以及预付租金时，将它们记录为资产，于是，未耗用的存货、预付租金和设备的成本直到用完之前一直都是资产。双轮使用了这些资产，它们就成为费用。如果双轮获得这些资产后即刻使用，情况会怎样呢？例如，广告服务的获得与使用几乎就是同时进行的。按一般概念，这些成本在公司使用它们并将它们记作费用之前还是资产。例如，Pick n Pay 用现金 1 000 美元购买了报纸广告。为了遵循“获得—到期”的顺序，对此项交易可像下表中的方法1那样分两步进行分析：

	资产					=	负债	+	股东权益		
交易	现金	+	其他资产	+	预付广告费	=			实收资本	+	留存收益
方法1：两个步骤											
（a）预付广告费	-1 000				+1 000	=					
（b）使用广告					-1 000	=					-1 000 （广告费用）
方法2：一个步骤											
（a）与（b）合并	-1 000					=					-1 000 （广告费用）

在实务中，如果公司在取得预付费广告以及其他类似服务的同一会计期间就使用这些服务，可以不必将其记录为资产，而是通常采用上表中方法2所展示的简捷的记录方法。尽管方法1在理论上是正确的，但只要预付广告费和使用广告服务发生在同一会计期间，方法2也不会误报公司的财务状况。

虽然本章的重点是利润表，但是认识到这一点也是很重要的，即：利润表恰恰正是解释两期资产负债表之间的变化的手段。利润表反映了管理业绩从期初到期末的变化。资产负债表等式将收入、费用项目作为业主权益的细分项目列示，利润表则简单而集中地反映了会计期内业主权益的所有这些变化。

（1）资产（A）= 负债（L）+ 股东权益（SE）

（2）资产 = 负债 + 实收资本 + 留存收益

（3）资产 = 负债 + 实收资本 + 累计收入 − 累计费用

收入和费用账户只不过是股东权益的进一步细分——临时的股东权益账户，其目的在于汇总销售收入和各种费用，以便计量收益。

表2-2和表2-3中对每一笔交易的分析都阐明了资产负债表等式始终保持平衡

的两种情况。如果交易所影响的项目都在等式的一方，这一方的增加总额一定等于减少总额；如果交易所影响的项目在等式两方，那么，两方必将同时等额增加或减少。

资产负债表等式的显著特性是它的普遍适用性。无论简单的还是复杂的交易，都能通过该等式进行分析。企业管理者和会计人员经常使用资产负债表等式，以确保他们对其所计划的商务交易的结果有所了解。

讲解财务报表

您正在审查一家公司的财务报表。该公司2010年1月1日开业，租入一处月租金为4 000美元的办公室，并提前支付了4个月的租金共计16 000美元。1月份，该公司没有获得收入。在1月份的财务报表中应该反映多少租金费用？

答案：

1月份的租金费用是4 000美元。公司应该在接受租约服务的期间登记租金费用。租金费用是期间费用，当公司使用租入的办公室时预付租金就成为费用，而不管当期的销售水平如何。

2.3 利润表

到现在您应该理解如何记录收入和费用以及怎样运用收入和费用来计量收益。那么，公司如何在财务报表中报告收入、费用和收益？第1章介绍了作为公司财务状况的即时快照的资产负债表，而为了报告一定期间以收益计量的公司业绩，需要另一张基本报表：利润表。利润表（income statement，statement of earnings，statement of operatings）是特定期间全部收入与费用的报告。净收益（net income）或净盈余（net earnings）就是著名的利润表“底线”——从收入中减去所有费用后的余额。

再回头看表2-3可以看到，有4个会计事项（交易10a、10b、13和14）影响到双轮公司的留存收益账户：销售收入、销售成本费用、租金费用和折旧费用。表2-4显示了利润表是怎样安排这些交易并得出57 900美元的净收益的。

利润表计量的是一定期间的经营业绩，所以，无论是一个月、一个季度还是更长的期间，利润表必须标示其所涵盖的确切期间。表2-4双轮公司的利润表中，清楚地显示出它涵盖的期间为截至20×2年1月31日的一个月。

表2-4　**双轮公司利润表，月度截止日为20×2年1月31日**　单位：美元

销售收入		160 000
减：费用		
销售成本	100 000	
租金	2 000	
折旧	100	
费用总额		102 100
净收益		57 900

世界上绝大多数国家的上市公司都按季公布利润表。在一些国家，只公布半年度利润表或年度利润表。从全世界范围来看，大多数公司出于内部管理的需要，按月或按周

编制利润表。一些首席执行官甚至每天早晨都需要一份总结前一天收益情况的利润表。

公司内部和外部的决策者们用利润表来评估公司一定时期的业绩情况。利润表显示出会计主体在一定期间内的经营是怎样通过收入增加净资产（即资产减去负债）以及怎样通过费用减少净资产的。净收益数额为净资产的增加额（收入）大于净资产的减少额（费用）的差额。当然，如果费用大于收入，就是公司的净损失（net loss）。从本质上看，净收益或净损失是对会计主体在会计期间内通过经营活动创造或损失的财富的一种计量。通过逐期跟踪净收益或净损失并检查其组成内容的变化，可以帮助投资人和其他决策者对一定时期的经营业绩进行评价。

比如，Pick n Pay 报告 2011 年的净收益为 14.177 亿兰特，比 2010 年下降了 13%。管理层解释说 2011 年集团的经营环境出现了前所未有的严峻情况，比如顾客消费水平下降、成本上升幅度超过通货膨胀幅度以及难以应付的劳资关系。尽管收益数据令人沮丧，但董事长仍很乐观，为了消除利益相关者的疑虑，指出：“我们已经进行的巨额投资总是不可避免地会影响公司的净收益，然而，我坚信这些支出是至关重要的，它们将极大地夯实我们在过去 43 年的发展中赖以生存的基础。”

2.3.1 利润表与资产负债表的关系

利润表是两期资产负债表之间的重要纽带：

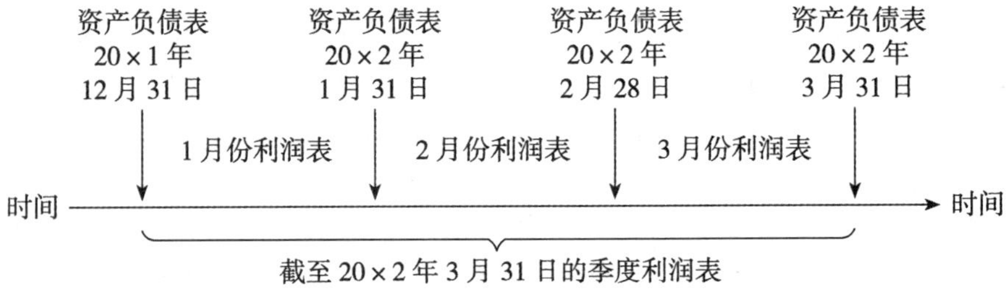

可以将利润表理解为资产负债表之间间隔的填充。资产负债表反映公司在特定时点的财务状况，而利润表则解释这些时点之间所发生的变化。

例如，双轮公司 20×2 年 1 月 2 日的资产负债表显示其资产为 500 000 美元，为保持等式平衡，负债和股东权益分别为 100 000 美元和 400 000 美元，没有留存收益。表 2-3 中 1 月份的交易分析显示，留存收益账户记录了收入 160 000 美元、费用 102 100美元。表 2-4 的利润表列示了 1 月份的这些收入和费用，以及收入和费用相抵后的净收益 57 900 美元。股东权益账户“留存收益”在 20×2 年 1 月 31 日的资产负债表中的余额，要比 1 月 2 日的资产负债表中的余额多 57 900 美元。

2.3.2 道德规范、折旧和净收益

有时候计量收益可能使会计人员处于道德上进退两难的窘境。第 1 章中我们学习了会计人员的道德标准。明显的不道德行为很容易避免，然而，由于道德标准和会计准则往往给个人的理解和判断留下空间，当在道德与非道德之间的临界地带采取行动面临强大的压力时，或者当两个道德标准发生冲突时，就产生了最难以解决的道德问题。净收益对于管理业绩的衡量太重要了，所以，有时管理者会给会计人员施加压力以期不适当地高报收入或低报费用。在上一个 10 年间的两次经济衰退中，当局指控

很多公司都操纵收益，使公司业绩比实际情况看起来要好。例如，2002 年，当局就指控安然和世通的领导层操纵净收益，其中，安然额外确认收入，而世通则瞒报必要的费用；几年之后美国证券交易委员会指控保险巨头美国国际集团（AIG）“严重篡改财务报表……以向分析师和投资者粉饰公司的财务状况”。

折旧就是一个需要职业判断、同时又留有道德冲突空间的会计领域。假设您是一家航空公司的会计人员，公司拥有价值 150 亿美元的新飞机。公司管理曾要求对这些飞机按 30 年计提折旧，即每年产生 5 亿美元的折旧费用。您发现大多数航空公司对类似飞机是按 15 年计提折旧的，如果这么做，就意味着年折旧费为 10 亿美元。管理当局坚持认为这种飞机按规律至少能用 30 年，所以，没有理由不使用 30 年；而您却认为技术进步可能使飞机 15 年后就过时，只是不能确定这种技术进步一定会发生。折旧费用为 5 亿美元时，公司的税前收益为 4 亿美元，所以，折旧费用增加到 10 亿美元①，公司将陷入亏损境地。如果这一切真的发生，银行就会要求公司偿还贷款并迫使公司破产。您编制的利润表是按 5 亿美元计提折旧还是坚持 10 亿美元的折旧费用？

这个问题没有完全正确的答案。重要的是，要承认其中道德层面的问题，并在形成您自己观点的时候予以权衡。如果您拒绝按 5 亿美元的折旧费编制利润表，公司将陷入极度困境；而如果您坚信飞机按 30 年计提折旧是不合适的，则按 5 亿美元折旧费编制利润表违背道德标准。也许公司管理当局对折旧费的估计是正确的而您是错误的？难道是公司管理当局企图用操纵折旧费的方式影响净收益？遇到这类情况，会计人员必须坚持自己的判断，而认清所涉及的道德问题则是进行这些判断的重要内容。

复习题概要

题目：

双轮公司 1 月份的交易分析见表 2–2 和表 2–3。20×2 年 1 月 31 日的资产负债表如下：

双轮公司资产负债表，20×2 年 1 月 31 日 单位：美元

资产		负债与股东权益	
现金	351 000	负债	
应收账款	155 000	应付票据	100 000
商品存货	59 200	应付账款	25 200
预付租金	4 000	负债总额	125 200
仓储设备	13 900	股东权益	
		缴入资本	400 000
		留存收益	57 900
		股东权益总额	457 900
资产总计	583 100	负债与股东权益总计	583 100

2 月份发生的各项交易如下：

① 原著此处写的是 1millon，译者认为应该是 1billion——译者注。

15. 收回应收账款 130 000 美元。

16. 偿还应付账款 15 000 美元。

17. 购买存货，其中赊购 80 000 美元，用现金购买 10 000 美元。

18. 销售商品 176 000 美元，其中，赊销为 125 000 美元，收现金 51 000 美元。所售商品的成本为 110 000 美元。

19. 确认 2 月份租金费用。

20. 确认 2 月份折旧费用。

21. 取得银行借款 10 000 美元，公司用此借款于 2 月 28 日购买仓储设备。

要求：

1. 用表 2-3 所示范的资产负债表等式的方法进行交易分析；

2. 编制 2 月 28 日的资产负债表和 2 月份的利润表。

解答：

1. 交易分析见表 2-5。所有交易都是 1 月份交易的简单扩展或重复。注意其中一些是交易的汇总情况。比如，双轮公司向很多不同的客户销售，176 000 美元是所有这些销售的汇总金额。同样，2 月份中双轮公司在不同的日期向多家供应商购买了总共 90 000 美元的存货。

2. 表 2-6 为资产负债表，表 2-7 为利润表，都如前所述。注意，资产负债表列示的是表 2-5 中所有账户的最后余额；利润表概括了影响留存收益的收入分录和费用分录。

表 2-5　　**双轮公司 20×2 年 2 月份交易分析**　　单位：美元

	资产					=	负债	+	股东权益	
交易摘要	现金	+ 应收账款	+ 商品存货	+ 预付租金	+ 仓储设备	=	应付票据	+ 应付账款	+ 缴入资本	+ 留存收益
20×2 年 1 月 31 日余额	351 000	155 000	59 200	4 000	13 900	=	100 000	25 200	400 000	57 900
(15) 收回应收账款	+130 000	−130 000								
(16) 偿还应付账款	−15 000					=		−15 000		
(17) 赊购、现购存货	−10 000		+90 000			=		+80 000		
(18a) 赊销加现销	+51 000	+ 125 000				=				+176 000（销售收入）
(18b) 销售成本			−110 000			=				−110 000（销售成本费用）
(19) 确认到期租约服务				−2 000		=				−2 000（租金费用）
(20) 确认到期设备服务（折旧）					−100	=				−100（折旧费用）
(21a) 向银行借款	+10 000					=	+10 000			
(21b) 购买仓储设备	−10 000				+10 000	=				
20×2 年 2 月 28 日余额	507 000	150 000	39 200	2 000	23 800	=	110 000	90 200	400 000	121 800
合计	722 000						722 000			

表 2-6　**双轮公司资产负债表，20×2 年 2 月 28 日（分派股利前）**　单位：美元

资产		负债与股东权益		
现金	507 000	负债		
应收账款	150 000	应付票据	110 000	
商品存货	39 200	应付账款	90 200	200 200
预付租金	2 000			
仓储设备	23 800	股东权益		
		缴入资本	400 000	
		留存收益	121 800	521 800
资产总计	722 000	负债与股东权益总计		722 000

表 2-7　**双轮公司利润表，月度截止日为 20×2 年 2 月 28 日**　单位：美元

销售收入		176 000
减：费用		
销售成本	110 000	
租金	2 000	
折旧	100	112 100
净收益		63 900

2.4 股利与留存收益会计

前面已经介绍过，公司在一定期间内发生的收入和费用要记入“留存收益”这个股东权益账户。因为净收益是收入大于费用的差额，所以会计期内的净收益就是留存收益账户的增加数。如果费用大于收入，当期净损失数就是留存收益账户的减少数。

2.4.1 现金股利

分派给股东的现金即现金股利（cash dividends）也使留存收益减少。公司支付现金股利以回报股东对公司的投资。支付股利的能力主要由公司的经营获利情况决定。当利润累计增加时就增加留存收益就增加，当公司支付股利时留存收益则减少。

尽管现金股利减少留存收益，但它并不像租金和折旧一样属于费用项目。现金股利不能从收入当中抵减，因为它与经营活动收入和成本的产生没有直接联系。现金股利是公司自愿分配给股东的现金。例如，假设双轮公司在 2 月 28 日宣告并向股东支付现金股利 50 000 美元。这笔交易（22）的分析如下所示（单位：美元）：

	资产	=	负债	+	股东权益
	现金				留存收益
（22）宣告并支付现金股利	−50 000	=			−50 000（股利）

分派现金股利就是把公司的一部分资产（现金）发给了股东，因此减少了股东在双

轮公司剩余利益的经济价值。当然，公司要想发放现金股利，必须有足够的库存现金。

交易 22 把公司宣告并发放股利列为一笔交易。然而公司发放股利通常有几个步骤。董事会首先宣告（宣告日）其分派股利的计划，然后登记（登记日）拥有股票、可获股利的股东，最后实际支付股利（发放日）。在宣告日，宣告的股利称为公司的负债。在发放日，应付股利负债和现金都减少。

并不是所有的公司都会分派股利。星巴克公司就从来没有分派过任何股利；微软和麦当劳在创业初期、公司高速发展的阶段没有分派股利，但是现在定期发放股利。一个成功的公司在它的发展过程中如果发放的股利大大低于它的利润，留存收益就会迅速大增长。留存收益很容易成为最大的股东权益账户，其余额等于公司在经营期间内的累计收益减去累计亏损和股利。例如，在 2011 财务年度末，Pick n Pay 公司的留存收益达到 19.775 亿南非兰特，而缴入资本不过 600 万兰特美元。

2.4.2 留存收益和现金

在有留存收益和现金的情况下，董事会才能宣告分派现金股利。然而，“现金”和“留存收益”是两个完全独立的账户，二者之间没有必然的联系。看下面的列示（单位：美元）：

第 1 步，假设下面是一份期初资产负债表：

现金	100	缴入资本	100

第 2 步，以现金 50 美元购买存货，则资产负债表变为：

现金	50	缴入资本	100
存货	50		
资产合计	100		

第 3 步，销售存货收取现金 80 美元，使留存收益账户产生余额 30 美元，即 80 美元的收入减去 50 美元的销售成本：

现金	130	缴入资本	100
		留存收益	30
		业主权益合计	130

在这一步中，看起来留存收益好像与现金增加 30 美元有直接联系。留存收益的增加确实与现金的增加有联系，但是，不要以为留存收益只是对现金的一种权利，它是对全部资产的一种权利。现在用下面的交易来解释这个关系。

第 4 步，购买存货和设备，分别支付 60 美元和 50 美元，则资产负债表列示如下：

现金	20	缴入资本	100
存货	60	留存收益	30
设备	50		
资产合计	130	业主权益合计	130

留存收益30美元代表什么权利？它是对现金的权利吗？肯定不是，因为现金只有20美元，而留存收益是30美元。公司又投入了部分现金购买存货和设备。这个例子能帮助我们解释“留存收益”账户的本质。它是一种剩余索取权，而不是一罐黄金。剩余索取权的含义是，如果公司不再继续经营下去，卖掉了资产换取现金，所有者可以获得公司偿还负债之后剩余的部分。这个金额可能大于或小于“现金”账户当前的余额，并大于或小于“留存收益”账户当前的余额。

用两个例子来说明现金与留存收益之间并没有直接关系。在2009年年初荷兰皇家壳牌石油公司的留存收益金额比现金余额大8倍：“现金”151.88亿美元，“留存收益”1254.47亿美元。在同一天，全球最大的生物技术公司安进（Amgen）现金数额为正，而留存收益金额为负：“现金”17.74亿美元，“留存收益”-52.58亿美元。

2.4.3 股东权益表

因为所有者关心公司股东权益变化的原因，会计人员为此设计了一种财务报表。股东权益表（statement of stockholder's equity，或者 statement of shareholder's equity）反映了年度内每一个股东权益账户的所有变化。报表中要列示每一个账户的期初余额，然后列示当期发生的所有变化，最后是期末余额。

股东权益的变化主要源于以下3个方面：

1. 净收益或净损失。当期的净收益（净损失）增加（减少）股东权益中的留存收益部分的余额。

2. 与股东之间的交易。最常见的交易是宣告发放股利，这会减少留存收益。其他的交易包括发行股票或者回购股票，这些内容我们将在第10章中介绍。

3. 其他综合收益（other comprehensive income）。是指并非由于净收益或者与股东之间的交易所导致的股东权益的变化。其他综合收益中的绝大多数项目都超出了本书的范围，只有1个项目我们将在第11章中加以介绍。按照国际财务报告准则，公司必须编制一份单独的综合收益表，但是根据美国公认会计原则，只在股东权益表上列示这些项目就足够了。

表2-8显示了双轮公司2月份的股东权益表。到目前为止，我们只介绍过双轮公司的2个股东权益账户，即“缴入资本”（可能包括面值和资本溢价两个明细账户）和“留存收益”。这里我们只分析留存收益，因为双轮公司2月份只有这一个股东权益账户发生了变化。

表2-8　**双轮公司股东权益表，月度截止日为20×2年2月28日**　单位：美元

	缴入资本	留存收益
20×2年1月31日期初余额	400 000	57 900
2月份净收益		63 900
分派股利		(50 000)
20×2年2月28日期末余额	400 000	71 800

绝大多数公司都像双轮公司一样只有两个项目影响留存收益：净收益（或损失）和股利。其他影响留存收益的交易绝大多数都与公司回购自己的普通股股票有关。但是这些交易很少发生，所以这里我们不予考虑。

如果双轮公司为净损失（负净收益），则要从留存收益的期初余额中减去净损失额。如果累计损失加上股利超过累计收益，留存收益则为负数。很多留存收益为负数的公司使用更具描述性的术语累计亏损（accumulated deficit）。

来看利润表（见表2-7）和留存收益的变化（见表2-8）最终是如何体现在资产负债表上的。

资产 = 负债 + 缴入资本 + 留存收益

［期初余额 + 收入 − 费用 − 股利］

［57 900 + 176 000 − 112 100 − 50 000］

留存收益期末余额 = 71 800 美元

讲解财务报表

某公司的利润表中报告的收入为50 000美元、费用为40 000美元；资产负债表中报告的留存收益从年初的15 000美元增加到年末的17 000美元。您能计算出该公司宣告分派的股利是多少吗？

答案：

我们知道净收益=收入−费用，所以，净收益=50 000美元−40 000美元=10 000美元。另外，留存收益期末余额=留存收益期初余额+净收益−股利，这就是说，17 000美元=15 000美元+10 000美元−股利。如果公司没有宣告分派股利，留存收益的期末余额就是25 000美元，即15 000美元+10 000美元，但实际上留存收益的期末余额仅为17 000美元。因此，公司宣告分派的股利必定是25 000美元−17 000美元=8 000美元。

复习题概要

题目：

下面是常见的对财务报表的错误理解。逐一详细解释下面的错误说法。

1. “销售收入表示向客户收取的现金，各种费用表示为取得商品和服务而付出的现金。二者之差就是净利润。”

2. 下面是索尼（Sony）公司2008年3月31日的账户资料，这是日本一家大型的电子产品公司。

索尼公司股东权益表　　单位：十亿日元

3月31日	2008	2007
股东权益：		
普通股，核定股数：2008和2007年为3 600股		
发行并流通在外的股数：2008，1 004.4；2007，1 002.9	631	627
超面值缴入资本	1 151	1 143
留存收益	2 059	1 720
其他	(376)	(119)
股东权益合计	3 465	3 371

索尼公司的一名雇员说："大公司为什么不能也实行高工资和高股利政策？它有超过2万亿日元（超过200亿美元）的留存收益可以用来发放工资和股利的。"

3. 索尼公司的股东权益合计数就是公司不再继续经营时公司变卖资产并付清债务之后股东分得的部分。

解答：

1. 现金的收付不是权责发生制会计确认收入和费用的基础。销售很可能是赊销，公司并没有收到现金，而有些费用可能已经发生但尚未付款（或者在以前的会计期间付款）。折旧就是一个确认费用与支付现金不同步的例子。当期利润表中记录的折旧费用可能源于公司对以前期间付现购买的设备的使用。因此，在权责发生制会计中，销售收入与费用并不等同于现金流入与现金流出。为了计算权责发生制下的净收益，要从收入中抵减费用（运用配比原则将费用和收入联系起来），这与现金流入减去现金流出可能是完全不同的。

2. 就像本章内容所示，留存收益并不是现金。它是一个股东权益账户，代表着取决于经营获利情况的所有权的增加。分派现金股利可以使这个权利变小，但一个处于成长期的公司为了扩大经营需要把现金用于再投资，增加应收款项、存货、厂房、设备和其他资产。而支付高额工资可能使公司不能有效地参与竞争并持续经营下去；分派高额股利可能使公司不能继续发展壮大。所以，留存收益的水平不能决定公司具体的工资和股利政策。

3. 股东权益等于资产大于负债的差额，但如果公司资产和负债的会计记录中采用的都是今天的市场价格的话，题目3的说法就是正确的。可是，资产负债表上列示的绝大多数金额是历史数据而不是现行价格。通货膨胀时期市场价格和一般物价水平之间的变化可能意味着一些资产被严重地低估了。如果投资者认为资产负债表上对所有资产列示的都是市场价值，那就完全错了。

2.5 一些基本概念

到现在为止，我们已经接触了4个主要财务报表中的3个。为了帮助您理解这些财务报表，前面的讲解中使用了几个基本概念。现在就对这几个概念明确地加以解释。在这一部分中，我们要讨论主体、可靠性、持续经营、重要性、成本-效益和稳定的货币单位这几个概念。其他一些影响会计规范的概念将在附录2中介绍。

2.5.1 主体概念

会计中最基本的一个概念或原则就是主体概念。正如第一章中所介绍的，会计主体就是一个组织或组织的一部分，是独立于其他组织和个人而存在的一个经济单位。一个主体与其他主体的会计工作划有严格的界限，以便避免将一个主体的事务与其他主体混淆。

例如，通用电气公司就是一个主体，是由通用电气金融服务公司（GE Capital）和美国国家广播环球公司（NEC Universal，一家娱乐公司）这样的诸多较小主体组成的一个庞大主体。同样，通用电气金融服务公司也是由通用电气商务融资公司

(GE Commercial Finance)、通用电气消费金融公司（GE Money）和通用电气消费金融公司（GE Consumer Finance）很多这样的较小主体组成的。管理者想要的是限定于某一特定主体的会计报告。

主体概念能帮助会计人员将有关事项与范围明确的经营管理责任联系起来。例如，不要将经济主体与个人主体混淆。购买商品存货是一个杂货商店（经济主体）的会计事项，而店主以个人账户购买 DVD 装置则属于所有者个人（个人主体）的交易。

2.5.2 可靠性概念

财务报表的使用者希望确保管理当局不编造数据。因此，会计人员把可靠性作为计量的根本特征。可靠性（reliability）是对信息的质量要求，以向决策者保证信息能够真正反映它要反映的情况或事项。可靠的信息需要有让人信服的证据来证明，这些证据能够被独立的审计人员证实。

记账程序强调对影响一个组织的事件要可靠地记录。尽管很多事件都可能对公司有影响——包括战争、选举、普遍的经济繁荣或萧条，但是会计人员只需要确认能够可靠地记录为会计交易的指定类别的事项。

假设埃克森·美孚公司的一名高层主管在一次飞机失事中遇难，对这一事件会计人员就不能加以记录。又假设埃克森·美孚公司发现一名雇员挪用公司现金 1 000 美元，对这一事件会计人员就应该加以记录。虽然高层主管的死对公司经济或财务的影响比挪用现金要大得多，但是很难用一种可靠的方法来计量这一事件带来的影响的货币价值。

2.5.3 持续经营惯例

持续经营（going concern（continuity））惯例是假设一个主体能够无限期地存在下去。这个概念意味着公司能够使用它现存的资源比如厂房资产来满足一般的经营需要，而不是在明天的不动产或设备市场上出售这些资源。在持续经营前提下，用历史成本来记录长期资产是合理的。

与持续经营惯例相反的是立即清算假设。根据立即清算假设，资产负债表的所有项目都要按主体要在几天或几个月的时间内进行零星清算来进行适当的估价。这种清算估价方法通常只有在公司进行清算的可能性非常高的情况下才使用。

2.5.4 重要性惯例

会计人员怎样知道财务报表中应该包括哪些内容？关于报表必报内容的确定，有很多原则和规则。然而，一些项目过于琐碎、无足轻重，所以不需要报告。重要性（materiality）惯例是指，如果错报或漏报一个项目会误导深思熟虑的财务报表使用者，这个项目就应该包括在财务报表中。

大多数很大的项目，比如建筑物和机器，很明显都是重要的。但是很多比较小的项目就不是这么明确了。许多购货从理论上讲应该记做资产，但因为它们不重要而马上记作费用了。例如，衣架可能会无限期地使用下去，但是它从来没有作为资产在资产负债表中报告。很多公司要求对所有低于设定的最小值比如 1 000 美元的支出都直接作为费用处理，而不考虑这些支出取得的资产的使用期限。由此而低估资产和股东权益 1 000 美元也微不足道，因而无需过虑。美国财务会计准则委员会在它颁布的准则中总是包括这样一句话："本报表的这些条款不适用于不重要的项目。"

一个项目在什么时候才是重要的？这可能永远也没有一个统一而明确的答案。对通用电气公司而言不重要的事项可能对当地的一家精品店就是重要的。一个重要的原则就是，如果对一个项目的准确核算可能会影响到有理性的财务报表使用者的决策，这个项目就是重要的。总的说来，重要性是一个重要的惯例，但是只有进行谨慎的判断才能确定一个项目是否重要。

2.5.5 成本-效益原则

从小公司为满足政府部门的要求所作的最粗略的记录，到复杂的用于大跨国公司管理的预算和反馈计划，会计系统的复杂程度是不同的。当然，一个系统开始可能比较小，而在必要的时候要发展扩大。那么，何时改变会计系统才是必要的？根据成本-效益（cost-benefit）原则，当变化带来的预期额外效益超过预期的追加成本时，这个系统就应该改变了。效益通常是很难计量的，但是应该始终用这个原则来支持会计系统的设计和改变的决策。实际上，国际会计准则理事会和美国财务会计准则委员会就用成本-效益原则衡量新准则。这两个准则指定机构通过下面两点维护准则的成本效益：（1）确保准则不是"投入多而收效少"；（2）寻找另外的方法解决"成本低而效益也不高"的问题。

2.5.6 稳定的货币单位

货币单位（在美国称为美元，在日本称为日元，在欧盟称为欧元，还有其他一些不同的名称）是资产和权益的最重要的计量手段，是度量各种不同交易之影响的通用单位。会计人员利用货币单位进行记录、分类、汇总和报告。采用历史成本核算要求有一个稳定的货币单位。稳定的货币单位就是不同期间的货币价值预计不会发生重大变动——比如，2010 年的 1 美元应该与 2000 年 1 美元的价值基本相等。尽管情况并不完全是这样，但在物价上涨水平较低时货币单位价值的变化不会引发大的问题。

2.6 4 个常用的财务比率

在对资产负债表和利润表有了基本的了解之后，就应该掌握投资者如何使用这些报表中的信息了。脱离上下文去理解数字是很困难的。花 10 美元买 1 股股票，这个价钱高吗？1 美元股利好还是不好？为了了解投资者是如何思考这些问题的，下面来学习用有助于理解数字经济含义的方法来比较财务报表数字的几个财务比率。

计算财务比率就是用一个数字除以另一个数字。对一套复杂的财务报表，完全可以计算出几百个比率。每一个分析师都有一套自己最喜欢用的比率，但普通股每股收益（earnings per share，ERS）是一个最常用的比率。每股收益等于净收益除以净收益计算当期流通在外的普通股加权平均股数。这是唯一一个需要在财务报表中报告的财务比率。国际财务报告准则和美国公认会计原则都要求上市公司在利润表中报告这一指标。现在就来考察每股收益和其他 3 个常用的比率。

2.6.1 每股收益

每股收益能够告诉投资者，每股普通股股票能够分得多少当期的净收益。当业主权益非常简单时，每股收益的计算也简明易懂。以可口可乐公司为例，公司报告其 2006 年、2007 年和 2008 年的每股收益分别是 2.16 美元、2.59 美元和 2.51 美元。2008 年的每股收益计算过程如下：

$$每股收益=\frac{净收益}{流通在外普通股的平均股数}$$

$$2008\text{ 年每股收益}=\frac{5\ 807\ 000\ 000}{2\ 315\ 000\ 000}=2.51\ (美元)$$

绝大多数利润表都有 2 个每股收益数据，即基本每股收益和摊薄后每股收益。这里我们只介绍基本每股收益。（主要由于公司授予一些人可以转化为普通股的股票期权，使得这些人有权利以低于市场价值的价格购买普通股，如果这些人行使了购买权，每股收益就会下降。摊薄后每股收益就是反映了这种潜在下降之后的每股收益。）

对购买可口可乐公司股票感兴趣的投资者可能会关注公司 2008 年每股收益的下降。公司管理层在 10-K 报告中解释说，每股收益的下降是由于一次性确认了每股 0.66 美元的费用造成的。如果不确认这些费用，每股收益就是 3.17（2.51+0.66）美元。投资者在对未来的每股收益进行预测并决定是否投资于该股票的时候，可以权衡公司报告的每股收益数据和管理层的解释。

2.6.2 市盈率

另一个常用的比率是市盈率［price-earnings（P-E）ratio］：

$$市盈率=\frac{普通股每股市场价格}{普通股每股收益}$$

公式中的分子总是公司股票当天的每股市场价格，分母是最近 12 个月的每股收益，因此市盈率在一年中是变化的，它取决于公司股票价格的波动情况。例如，可口可乐公司在 2008、2007 和 2006 会计年度末的市盈率分别是：

2008 年市盈率	45.27 美元÷2.51 美元=18.0
2007 年市盈率	61.37 美元÷2.59 美元=23.7
2006 年市盈率	48.25 美元÷2.16 美元=22.3

市盈率也称为盈余倍数（earnings multiple）。它表示广大的投资者为获得分享公司潜在收益的机会而愿意花费的支出。特别要注意市场决定了市盈率。为什么？因为市场确定了公司股票的价格。同一行业内两个公司的市盈率可能有很大差别；同一个公司的市盈率在不同年度也可能会发生变化。可口可乐公司的市盈率在 2006 年和 2007 年之间稍有提高，但在 2008 年股市下跌时又下降了。2007 年市盈率提高可能反映了投资者对于可口可乐公司每股盈余将继续增长的信心，但 2008 年的下降至少部

分源于市场整体的下滑。总体说来，市盈率反映了投资者对于公司未来净收益的预期。2008 年年末时投资者对可口可乐公司收益增长情况的预期明显比 2007 年时不客观。

来看亚马逊公司（Amazon. com）和可口可乐公司 2008 年的市盈率，前者几乎达到了 34，而后者仅为 18。下面的“财经热线”中列出了全球一些最大公司的市盈率。

财经热线

市场价值、盈余和市盈率

《福布斯》按照各种标准列出了全球最大的 500 家公司。下面是 2009 年 2 月 27 日按照市场价值排名的 10 家最大公司的部分统计数据：

公司	国家	市场价值（十亿美元）	每股收益*（美元）	股票价格*（美元）	市盈率
埃克森·美孚	美国	335.54	8.78	67.90	7.7
中国石油	中国	270.56	0.87	5.53	6.4
沃尔玛	美国	193.95	3.40	49.24	14.5
中国移动	中国	175.85	4.65	68.00	14.6
中国建设银行	中国	170.83	N/A	3.49	N/A
微软	美国	143.58	1.90	16.15	8.5
宝洁	美国	141.18	3.86	48.17	12.5
AT&T	美国	140.08	2.17	25.16	11.6
强生	美国	138.29	4.62	50.00	10.8
荷兰皇家壳牌	荷兰	135.10	4.27	42.48	9.9

首先看一下哪 10 家公司在市场价值的排名中榜上有名。仅仅 4 年前，10 公司中有 8 家都是美国公司，而排在前 25 位的公司中没有来自中国的公司。这 4 年中，5 家公司（通用电气、花旗银行、英国石油公司、辉瑞和美国银行）跌出了排行榜，而被 3 家中国公司（中国石油、中国移动和中国建设银行）、宝洁和 AT&T 所取代。25 年前，现在前 10 名排行榜中只有埃克森美孚同 IBM、通用汽车、西尔斯罗巴克（Sears Roebuck）、德士古（Texaco）、施乐和海湾石油（Gulf Oil）这样一些公司出现在前 10 名的排行榜中。可以看出，大公司并不总是大，小公司也并不总是小。

下面来看这 10 家公司的市盈率。中国移动和沃尔玛的市盈率最高，表示投资者预期这两家公司的收益增长最快。中国石油、埃克森美孚和荷兰皇家壳牌的市盈率最低，显然投资者预期石油公司的收益增长比较缓慢。几乎所有公司的市盈率都比 21 世纪前 10 年中的大多数年份要低，反映了投资者预期经济衰退会使几乎所有公司的收益增长不会再像早些年那么快。

资料来源：Forbes. com, “The Global 2000,” April 8, 2009; Yahoo! Finance Web site; Web sites for ExxonMobil, Wal-Mart, Microsoft, Procter & Gamble, AT&T, Johnson & Johnson, and Royal Dutch Shell.

讲解财务报表

从微软的财务报告中可以看出，公司的每股收益2006年为1.21美元，2008年为1.90美元。同时，公司的股票价格从每股大约30美元下跌到每股大约19美元。微软的市盈率在2006年和2008年之间有什么变化？如果公司保持2006年的市盈率，2008年的股票价格应该是多少？

答案：

微软在2006年的市盈率是30美元÷1.21美元=25，到2008年滑落到19美元÷1.90美元=10。如果公司在2008年保持25的市盈率，其股票价格应为25×1.90美元=47.50美元，比实际价格高出2.5倍。

2.6.3　股息率

个人投资者通常关心他们的普通股投资的获利能力。获利能力表现为两种形式：分派现金股利和股票市场价格增加。希望定期获得现金回报的普通股投资者更关注股利比率。其中一个比率就是股息率（dividend-yield ratio），等于普通股每股股利除以股票当前的市场价格。可口可乐公司近几年的股息率是：

2008年股息率=1.52÷45.27=3.4%

2007年股息率=1.36÷61.37=2.2%

2006年股息率=1.24÷48.25=2.6%

喜欢当期高额现金回报的投资者不会买处在成长期的公司的股票。处在成长期的公司采取的是保守的股利政策，因为它们要利用利润带来的绝大部分资源为其经营扩张提供资金。可口可乐公司的股息率对于稳定发展但没有异常增长的公司是有代表性的。2008年的股息率增长是因为公司即使在股票价格下跌的时期仍然保持股利增长的记录。

2.6.4　股利分派率

分析师还关心公司会将净收益中的多大部分用于向股东支付现金股利。这里给出股利分派率（dividend-payout ratio）的计算公式，随后计算可口可乐公司近期的比率：

$$股利分派率=\frac{普通股每股股利}{每股收益}$$

2008年股利分派率=1.52÷2.51=60.6%

2007年股利分派率=1.36÷2.59=52.5%

2006年股利分派率=1.24÷2.16=57.4%

2008年可口可乐的股利分派率是比较高的。公司在2006年至2008年期间股利呈稳定增长状态，而这期间每股收益是波动的。许多公司都选择继续保持一个稳定或增长的股利水平，虽然这样会使股利分派率发生变动。

媒体中关于股票价格和比率的信息。美国大多数日报的商业版都要报告在主要股票交易市场上市的股票价格，诸如纽约股票交易市场、美国股票交易市场、纳斯达克股票市场。《华尔街日报》每天都要发布1 000家最大公司的股票盘后报价，并且每周要公布一次更详细的数据，时间在周六。还下面是关于可口可乐公司的股票信息，引自2009年3月14日、星期六的《华尔街日报》。

较上年同日股价变化%	52周		股票	代码	股息率%	市盈率	收盘价	净变化
	高	低						
-8.9	61.90	37.44	Coca-Cola	KO	4.0	17	41.22	0.38

上面是3月13日、星期五的交易数据。第4栏表示上市公司是可口可乐，第5栏表示可口可乐公司的股票代码是KO。所有的上市公司都有代表自己的简短的股票代码。股票交易市场在很多年前就编制了这些代码以促进通过自动电报机进行沟通，这些代码对当今的计算机沟通仍然很有效。

从左向至右阅读上面的资料，能看出可口可乐的股票价格在2009年1月1日至3月13日期间下跌了8.9%。在之前的52个星期中，可口可乐普通股股票的最高成交价格为每股61.90美元；最低为37.44美元。按当天股票收盘价计算，当年的股息率为4.0%，市盈率为17。收盘价即当天的最后成交价是41.22美元，比3月12日、星期四的收盘价上涨0.38美元。这就是说，3月12日的收盘价为40.84美元(41.22-0.38)，股东如果持有到3月13日则每股赚0.38美元。

请记住，公开上市股票的交易是投资者个人之间的交易，而不是公司与投资者个人之间的交易。来看一笔“典型的交易”：比如明尼亚波利斯的琼斯女士将自己持有的100股可口可乐股票以4 122美元卖给了亚特兰大的路易斯先生。交易双方通常会通过自己的证券经纪人处理这笔交易。这笔交易不会直接影响可口可乐，除非公司要改变股东记录，登记是路易斯而不是琼斯持有公司的100股股票。

复习题概要

题目：

在2010年1月31日，家得宝有限公司的股票价格为每股28.01美元。在截至2010年1月31日的会计年度中，公司净收益为26.61亿美元，年度内流通股平均股数为16.83亿股，每股支付股利0.90美元。计算并解释下列比率：

每股收益　　市盈率　　股息率　　股利分派率

解答：

每股收益=2 661÷1 683=1.58（美元）

市 盈 率 = 28.01÷1.58=17.7

股 息 率 = 0.90÷28.01=3.2%

股利分派率 = 0.90÷1.58=57%

家得宝公司普通股股票的每股净收益为1.58美元。市场价格等于每股收益的17.7倍。公司的市盈率在2010年初期是比较高的，说明投资者预期公司收益会继续增长。家具货栈公司将收益的57%作为股利进行分配，使得2010年1月31日投资者的回报率为3.2%。2010会计年度的股息率和股利分派率都比公司的历史平均水平要高（2009会计年度也是这样）。很明显，即使经济衰退使得收益下降，但家得宝公司仍努力保持股利增长的记录。

记忆要点

1. **解释会计人员如何计量收益。**会计人员根据权责发生制或现金收付制，按照特定期间内收入大于费用的差额来计量收益。在权责发生制下，收入要在获得时记录，费用要在发生时记录。在现金收付制下，要在收取或支付现金时记录收入或费用。权责发生制是当今会计核算的标准基础。

2. **决定公司何时记录销售收入。**按照收入确认的概念，公司要在获得并实现收入时或者收入可以实现时立刻记录收入。获得收入通常要求商品或服务已经提供，实现收入要求公司收到承诺的资源（通常是现金）的可能性非常高。记录收入会增加股东权益。

3. **根据配比原则记录当期费用。**按照配比原则，公司要在使用的相关资产或服务产生收入的期间、或者资产不会带来未来利益的期间确认费用。记录费用会减少股东权益。

4. **编制利润表并说明利润表与资产负债表的关系。**利润表报告某一主体在特定期间的收入和费用。一定期间内的净收益（损失）增加（减少）资产负债表上留存收益的金额。

5. **解释现金股利并编制股东权益表。**现金股利不是费用，而是分配给股东的现金。现金股利减少留存收益。没有谁会强迫公司分派股利，但是一旦董事会宣告分配股利，现金股利就成为公司的一项法定债务，直到公司以现金支付为止。净收益增加留存收益的余额、现金股利减少留存收益的余额。股东权益表反映了净收益、与股东之间的交易以及其他综合收益是如何影响股东权益类账户的。

6. **解释下列概念如何影响财务报表：主体、可靠性、持续经营、重要性、成本-效益和稳定的货币单位。**所有公司都应该采用规定的概念和惯例来编制财务报表，使管理当局能够进行财务报表的比较。这样的概念和惯例包括：(1) 会计报表属于特定的主体；(2) 所有交易都必须可靠地计量；(3) 假设公司是持续经营的（而不是要清算的）；(4) 不重要的项目不需要按照通常的规则处理；(5) 信息具有的价值要超过所花费的成本；(6) 尽管货币单位的购买力会随着时间推移而变化，但仍是会计人员的计量手段。

7. **计算并解释每股收益、市盈率、股息率和股利分派率。**比率把公司经济活动中的一项内容与另一项内容联系起来。每股收益表示了能够与投资者个人的所有权水平联系起来的总的收益；市盈率把会计收益与市场价格联系起来；股息率把每股股利与市场价格联系起来；而股利分派率则把每股股利与期间内的收益联系起来。

附录2：成本-效益原则与会计规范

美国财务会计准则委员会和国际财务会计准则理事会在发布财务报告准则时要做很多判断。来看预付费用的到期摊销。对预付租金来说，当预付的资产给公司带来利益的时候，确认租金费用相当容易。在公司使用租入的设施或设备的期间，租金就成为一项费用。会计核算最困难的问题就是预付租金何时应该到期摊销而成为一项费用。例如，一些会计人员认为公司首先应该在资产负债表上把研究成本记为一项资产，然后在以后的年度中按系统的方法逐期注销而成为费用。别忘了，公司是热衷于研究活动的，因为他们认为研究活动能够产生未来的收益。但是，美国财务会计准则委员会和国际财务会计准则理事会却坚持认为研究成本的未来收益不确定而难以可靠地计量。因此，公司必须在研究成本发生时将其确认为费用，而不能作为资产出现在资产负债表上。相反，按照国际财务报告准则（美国公认会计原则并非如此），满足特定标准的开发成本可以被认定为资产并列示在资产负债表中。

美国财务会计准则委员会和国际财务会计准则理事会所面临的其他难题包括：公司向高层管理者发放的股票期权应该记录为费用吗？公司应该如何计量和披露退休福利费用？公司应该以历史成本还是以当前市场价值报告资产和负债？这样的问题还有很多很多。

会计规范决策的标准

美国财务会计准则委员会和国际财务会计准则理事如何确定一种披露标准或者一种计量方法是可接受而另外一种是不可接受的？它们使用的主要标准与公司在决定是否改变会计系统时使用的标准是一致的，即成本-效益原则。会计工作应该有助于决策制定，这就是效益。然而，会计信息是一种生产和使用成本很高的经济商品。美国财务会计准则委员会和国际财务会计准则理事必须选择那些决策效益大于信息成本的规则。

向投资公众提供信息的成本包括公司和投资者双方发生的费用。公司要发生信息收集和处理、审计以及员工培训的费用。此外，敏感信息的披露还能导致失去竞争优势或者工会向公司增加压力。投资者发生的费用包括教育以及分析和理解信息的成本。

会计信息的效益通常比成本难于确定。例如，那些处在新兴市场经济中的国家通常需要创立一种金融市场和相关信息的基本结构以引导经济发展。然而，任何一个特定计划的确切效益都比一个明智的会计规则和程序系统的一般效益更难以确定。

为了有助于确定不同计量和披露政策的效益，国际财务报告准则理事会和美国财务会计准则委员会正在联合制定一个通用的概念框架，以取代各自的单独的框架。这个框架的部分内容明确了能够提高效益的信息特征。如表 2-9 所示。财务报告的主要目标是决策有用性。如果会计信息无助于决策制定，它就没有效益。其他的特征都是有助于评价决策有用性的特征。

决策有用性问题

相关性和真实反映是使会计信息对决策制定有用的两个主要质量特征。相关性（relevance）是指信息是否对决策制定者有影响，如果信息对决策没有影响，它就与决策不相关。使得决策具有相关性的两个特征是预测价值和确认价值。如果信息能够帮助财务报表使用者形成对未来的预期，则信息就具有预测价值。如果信息能够证实或者否定已经形成的预期，则信息就具有确认价值。如果信息能够证实预期，则说明预期实现的可能性更大。如果信息否定了预期，可能会使决策者改变原来的预期。

表 2-9 **提高信息价值的质量特征**

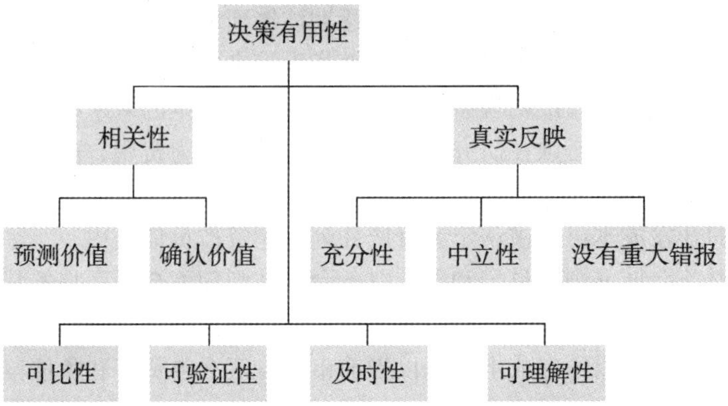

财务报表使用者希望能够保证管理层真实、准确地报告公司的财务数据。因此，除了相关性，会计人员还要求数据要真实反映？——也就是说，信息应当真正反映它所描述的交易、事项或情形的经济本质。真实反映要求信息应当是完整的、中立的，并且没有重大错报。如果信息包含了真实反映一个经济现象所必需的所有信息，则信息就是完整的。如果信息不存有偏见，则信息就是中立的，即信息不倾向于朝某一方面来影响行动。最后，信息应当没有重大错报。这并不意味着信息没有任何错报，因为很多会计信息是根据估计确定的，根据估计的定义可以知道估计并不是完全正确的。没有重大错报只是意味着要依据恰当的数据进行估计，而恰当的数据是以可获得的最好信息为依据的。

会计工作总是要在相关性和真实反映之间进行抉择。假设维尔豪泽（Weyerhaeuser）公司的林场在资产负债表上列示为历史成本 42 亿美元。一些场地是 50 多年前购买的。资产负债表上列示的价值真实地反映了林场的历史成本，但是 50 年前的土地成本与今天的决策是极其不相关的。相反，林场的现值具有很强的相关性，但是这个现值是主观估计的，要真实反映会比较困难。两个特征哪一个更重要？答案取决于要做的决策。当然，最让人满意的信息应该兼具两个特征：既相关又能够真实反映??? 美国的主要观点是，很多关于当前市场价值的估计尽管具有较强的相关性，但是都没有达到可以登记在会计记录中的可靠程度，特别是对财产、厂房和设备的估计。但是，国际财务报告准则允许公司按照当前市场价值记录这些资产。

就像您在表 2-9 中看到的，有 4 个特征可以提高信息的相关性和真实性。其中第一个特征是可比性——要求所有公司都使用相似的概念和计量标准并一直使用下去。它实际上是要求会计系统以相同的办法处理相似的情况、以不同的办法处理不同的情况。注意可比性包含一贯性，即在前后期间使用相同的会计政策和程序。如果决策者能够将不同公司或者不同期间的相似信息进行比较，则信息的有用性就更高了。例如，两家公司在计量存货时使用不同的方法，那么两家公司的财务业绩是很难进行比较的。而且，如果一家公司不断变更会计方法，那么我们也不能进行有用的前后期比较。

第 2 个可以提高信息相关性和真实反映程度的特征是可证实性，表示可以对数据进行检查以确定它是否正确。就是说，理性的和独立的观察者可能认为列示的信息已经恰当计量了。例如一个项目的历史成本是可证实的，因为有能够证明金额是否正确的记录可供检查。相反，估计和评估是不可验证的。

及时性很明显是可取的。信息必须在它们还能够影响决策时为决策者获取。在决策确定之后获得的信息就没有多大价值了。

最后，信息应当是可以理解的。可理解性要求会计人员清晰、简明地列示信息。但并不是要求信息过于简单，因为那就不能提供重要的信息。复杂的情况有时候要求复杂的报告。然而，避免不必要的复杂是非常重要的。

会计词汇

应收账款 accounts receivable
权责发生制 accrual basis
累计亏损 accumulated deficit
现金收付制 cash basis
现金股利 cash dividends
可比性 comparability
确认价值 confirmatory value
一贯性 consistency
持续性 continuity
销货成本 cost of goods sold
收入成本 cost of revenue
销售成本 cost of sales
成本-效益 cost-benefit
折旧 depreciation
股利分派率 dividend-payout ratio
股息率 dividend-yield ratio
盈余 earnings
盈余倍数 earnings multiple
每股收益 earnings per share
费用 expenses
真实反映 faithful representation
会计年度 fiscal year
持续经营 going concern
收益 income
利润表 income statement
中期 interim periods
配比 matching
重要性 materiality
净盈余 net earnings
净收益 net income

净损失 net loss
营业周期 operating cycle
其他综合收益 other comprehensive income
期间费用 period cost
预测价值 predictive value
市盈率 price-earnings ratio，P-E ratio
产品成本 product costs
利润 profits
应收款项 receivables
相关性 relevance
可靠性 reliability
留存收益 retained earnings
留存收益 retained income
收入确认 revenues recognition
收入 revenues
销售 sales
销售收入 sales revenues
利润表 statement of earnings
营业报表 statement of operations
股东权益表 statement of shareholder's equity
股东权益表 statement of stockholder's equity
及时性 timeliness
应收账款 trade receivables
可理解性 understandability
可验证性 verifiability

练习题

2-1 同义词和反义词

看下面这些术语：（1）销售，（2）净盈余，（3）累计亏损，（4）未耗成本，（5）预付费用，（6）应收账款，（7）盈余表，（8）已耗成本，（9）净利润，（10）净收益，（11）收入，（12）留存收益，（13）费用，（14）财务状况表，（15）利润表，（16）财务状况表，（17）营业报表，（18）商品销售成本。

把上述项目分成两类，一类是利润表项目，另一类是资产负债表项目。用项目的序号来说明分类情况。说明属于资产的项目和属于费用的项目。

2-2 术语的特别含义

有消息说新型汽车 Jupiter 的销售不尽如人意。一名汽车经销商说："即使 Jupiter 正慢慢被经销商淘汰，它的销量也在增加而不是减少……我们现在每个月销售的汽车比以前多出 14 辆，每辆汽车 20 000 美元，因此收入增加了 280 000 美元。"这名经销商用错会计术语了吗？请解释。

2-3 留存收益的本质

这是一个关于资产、负债和业主权益关系的练习。数字很小，但是反映的概念很重要。

1. 假设这是一个期初的资产负债表：

现金	1 000 美元	缴入资本	1 000 美元

2. 以现金 600 美元购买存货。编制资产负债表。标题和相关要求不必考虑。

3. 以现金 750 美元出售全部存货。编制资产负债表。留存收益的含义是什么？它与其他资产负债表项目关系如何？用自己的话解释。

4. 以现金 300 美元购买存货，以现金 800 美元购买设备。编制资产负债表。留存收益的含义是什么？它与其他资产负债表项目关系如何？用自己的话解释。

5. 赊购存货 500 美元。编制资产负债表。应付账款和留存收益的含义是什么？它们与其他资产负债表项目关系如何？用自己的话解释。

2-4 资产的取得与耗费

Greenley 公司在 7 月份发生下列交易：

a. 7 月 1 日支付未来 6 个月的租金 18 000 美元。

b. 7 月 3 日以现金 2 000 美元购买物料用品。

c. 7 月 10 日为第 2 天《纽约时报》上的广告支付现金 4 000 美元。

d. 7 月 17 日为员工培训计划支付现金 8 000 美元。这个计划在 7 月份完成。

分两步说明上述交易对资产负债表的影响——取得时和取得当月月末耗费时。所有数字都以千美元为单位。

2-5 确定未知数据

下面是 Liverpool 汽车公司的数据。20×1 年 1 月 1 日的总资产是 110 000 美元，20×1年 12 月 31 日是 126 000 美元。20×1 年的销售收入是 354 000 美元，宣告发放的现金股利是 5 000 美元，营业费用（不包括销售成本）是 200 000 美元。20×1 年 12 月 31 日的总负债是 55 000 美元，20×1 年 1 月 1 日是 50 000 美元。20×1 年没有追加投入资本。计算下列数据：

1. 20×1 年 1 月 1 日和 20×1 年 12 月 31 日的股东权益；

2. 20×1 年的净收益——不考虑所得税；

3. 20×1 年的销售成本。

2-6 记录交易

Piedmont 公司在 20×1 年 6 月发生下列交易：

1. 收回应收账款 75 000 美元；

2. 偿付应付账款 45 000 美元；

3. 赊购存货 18 000 美元；

4. 销售商品，其中赊销 30 000 美元，现销 23 000 美元。销售商品的成本为 24 000美元；

5. 计提 6 月份设备折旧 1 000 美元；

6. 宣告并支付现金股利 13 000 美元。

用资产负债表等式记录这些交易。假设 6 月初的现金余额是 15 000 美元，6 月 30 日的现金余额是多少？

2-7 利润表

下面是某汽车经销商的一张报表：

Freeway Volvo，Inc. **利润表，**20×0 **年** 12 **月** 31 **日** 单位：美元

收入		
销售收入	1 050 000	
土地和建筑物市场价值增加	200 000	1 250 000
减：费用		
广告费	100 000	
销售佣金	50 000	
公用事业费	20 000	
工资	170 000	
股利	100 000	
购买汽车的成本	700 000	1 140 000
净收益		110 000

指出并解释这张表中的问题。

2-8 利润表与留存收益

Borders Group 股份有限公司经营 Borders 书店。在 2009 年 1 月 31 日即会计年度末，Borders 有收入 32.754 亿美元，总费用为 34.621 亿美元。Borders 的留存收益在年初为 2.505 亿美元，年末为 6 380 万美元。

1. 计算 Borders Group 截止到 2009 年 1 月 31 日的年度净收益（损失）；

2. 计算 Borders Group 在截止日为 2009 年 1 月 31 日的会计年度中宣告分派的现金股利金额。

2-9 资产负债表等式

（可用 2-10 替代）下面 3 列数据都表示 3 个彼此独立的事例。对每一个事例，计算用字母替代项目的金额（单位：千美元），并列出计算过程。

	事例		
	1	2	3
收入	165	K	280
费用	125	200	250
分派的股利	—	7	Q
股东追加的投资	—	40	35
净收益	E	20	P
留存收益			
年初	30	60	120
年末	D	J	130
缴入资本			
年初	15	10	N
年末	C	H	85
总资产			
年初	80	F	L
年末	95	280	M
总负债			
年初	A	90	105
年末	B	G	95

2-10 资产负债表等式

（可用2-9替代）。为美国中西部和落基山12个州的消费者提供天然气和电力的Xcel Energy，2008年的实际数据如下（单位：百万美元）：

总资产	B
净收益（损失）	646
股利	420
资产，期初	23 185
资产，期末	D
负债，期初	A
负债，期末	17 890
股东权益，期初	6 406
股东权益，期末	7 069
留存收益，期初	962
留存收益，期末	C
总收入	11 203

计算未知的数据，并列出计算过程。

2-11 非营利营业报表

仔细审查柏林大学教员俱乐部（Berlin University Faculty Club）的附表。确定柏林大学使用的分类和术语不是美国营利性的宾馆和饭店所使用的分类和术语。给出营利性主体使用的术语。

柏林大学教员俱乐部 会计年度收益和费用表 单位：欧元

餐饮			
销售收入		548 130	
费用			
食品	287 088		
人工	272 849		
经营成本	30 537	590 474	
亏损			(42 344)
酒吧			
销售收入		90 549	
费用			
酒水成本	29 302		
人工	5 591		
经营成本	6 125	41 018	
盈余			49 531
宾馆			
销售收入		33 771	
费用		23 803	
盈余			9 968
经营盈余总额			17 155
一般收入（会费，房费等）			95 546
管理费用			(134 347)
大学补贴前亏损			(21 646)
大学补贴			23 000
大学补贴后净盈余			1 354

2-12 收益与股利比率

吉百利（Cadbury plc）是英国的一家糖果生产商，其2008年按照国际财务报告准则报告的收益为3.64亿英镑。现金股利为2.95亿英镑。公司流通在外的普通股平均股数为16.11亿。没有其他类型的流通股票。年末公司股票的市场价格大约为每股6.000英镑。

计算（1）每股收益，（2）市盈率，（3）股息率和（4）股利分派率。

2-13 收益与股利比率

雪佛龙公司（Chevron Corporation）是世界上最大的石油公司之一。公司2008年的收入为2 730.05亿美元，净收益为239.31亿美元，每股收益为11.74美元。公司只有普通股股票流通。

1. 计算年度内流通在外的普通股平均股数；
2. 计算股利分派率为21.55%时的每股股利，比较每股股利与每股收益；
3. 计算公司股票年末市场价格为每股76.50美元情况下的（a）股息率和（b）市盈率。

第 3 章 记录交易

学习目标

通过本章的学习，您应该能够：

1. 运用复式记账法；
2. 描述记账程序的五个步骤；
3. 分析交易，编制会计分录，将会计分录过入分类账；
4. 编制并使用试算平衡表；
5. 结平收入和费用账户，计算留存收益最新余额；
6. 更正错误的会计分录，并说明错误分录对会计账户的影响；
7. 解释计算机如何改变了会计数据的处理过程。

本章核心案例：盖普有限公司（Gap Inc.）

您可能从盖普商店买过衬衫、牛仔裤或其他商品，您的购买行为仅仅是公司当天所记录的成百上千笔交易中的一笔。有这么多交易发生，您可能会认为您的购买交易是微不足道的。然而，您可以从任何一份主流报纸上看到公司提供的报告，您的购买行为连同公司数以百万计的交易都反映在公司的报告中，就像可以在公司网站上查到的、公司于 2009 年 2 月 26 日发布的下面这篇报告：

一个好消息是，盖普公司今天报告，公司 2008 会计年度的净利润比上年增加了 16%，达到 9.67 亿美元，每股盈余比上年增加了 28%，达到 1.34 美元……在截至 2009 年 1 月 31 日的 52 周内（2008 会计年度），公司销售净额达到 145 亿美元，而截至 2008 年 2 月 2 日的 52 周内的销售净额则是 158 亿美元。在 2008 会计年度，公司商场销售的可比销售额下降了 12%，而上一会计年度则下降 4%；2008 会计年度的网上销售额却比上一年度增加了 14%，达到 10.3 亿美元，上一会计年度为 9.03 亿美元。

从上面的报告中并没有看到您的购买交易。这篇新闻报告中的信息直接来自于盖普公司总部，公司通过这些信息使投资人、股东和其他利益相关者了解公司的财务业绩。这些信息是公司总部从公司的会计记录中获得的，会计记录中包括了公司的每一笔交易，当然也包括您购买衬衫的交易。

盖普公司的交易有很多种形式，例如，以现金或信用方式销售商品，购买存货以作储备。在月末、季末或年末，会计人员要计算每个账户的金额并用来编制当期的财务报告。正如我们从关于盖普公司的新闻报告中所看到的，2008 会计年度销售净额总计达到 145 亿美元。在抵减了费用和其他项目之后，净利润达到 9.67 亿美元，是销售净额的 6.7%（9.67÷145）。这就是说，盖普公司销售收入中实际只有 6.7% 的部分是净利润。

像盖普这样的零售商每个月都会报告销售额。2008 会计年度的销售额比上年下降了 8% 还多。如果仅关注两年内新开张的商场，则销售额下降达 12%。令人高兴的是网上销售额增加了 14%。因此，2 月份的新闻报告证实，尽管销售额下降，公司的利润还是增加了16%。公司管理层称这是公司经营有道和成本大幅下降的结果。

新闻报道中的信息常常会使公司的股价发生变化。盖普公司的股票价格在2009年2月27日周末报收于10.79美元，下降了6.6%。利润数据对投资者来说是非常重要的信息，会使他们改变对公司股票的估价。尽管公司管理层在报告中强调公司的净利润和每股盈余都比上年增加，但投资者没有把这一报告看作利好消息。很明显，销售额下降给投资者带来的担忧远远大于利润增加带来的喜悦。

由于计算机系统取代了手工记账，会计处理方法已经逐渐发生了巨大的变化。然而，记录、储存和处理会计数据的步骤却没有改变。从手工记账会计发展到电算化会计，有点像汽车由手排挡发展到自动挡，您不需要花太多的时间去关心汽车的基本性能，但您必须知道如何开动汽车。无论是手工记账，还是通过计算机键盘或电子扫描仪录入数据，公司要确认、汇总和报告的基础数据是相同的，财务报表使用者要理解的基本财务报表也是相同的。

为了更好地运用前两章中介绍过的财务报表，决策者们需要对会计人员记录和分析财务报表数据的方法有一个基本的了解。这一章主要介绍这些方法，特别是复式记账系统，所有公司在记录和处理交易信息时都使用这一系统。很好地掌握复式记账系统对所有从事商业活动的人员来说都是必需的。会计实务最终被认为是所有经济组织的管理者用来了解其组织发展的一门语言。

3.1 复式记账系统

在盖普、麦当劳、威瑞森（Verizon）这样的一些大公司里，甚至每小时都有成百上千笔交易发生。面对如此多的交易活动，很容易出现遗漏。但是，即使遗漏一笔交易也会破坏会计工作（试想在您的活期存款记录中遗漏了一笔交易意味着什么），甚至会带来严重的后果。因此，会计人员必须用一种系统的方法来记录发生的交易。世界上最重要的一种记账方法就是复式记账体系（double-entry system），在这一记账体系中，每一笔交易都会影响至少两个账户。会计人员必须对每一笔交易进行分析，确定它们会影响哪些账户，是增加还是减少账户的余额，以及增加或减少的金额是多少。就像下面的“财经热线”中所描述的那样，这种复式记账体系已经用了500多年了。

财经热线

复式记账会计：五个世纪的发展历程

复式记账会计已经有500多年的历史了。在哥伦布航行美洲的同一个年代，一位名叫卢卡·帕乔利（Luca Pacioli）的意大利数学家，一名云游传道的修士，出版了一本书，书名为《算术、几何与比例详解》，这是第一本描述复式记账会计的书籍。帕乔利并不是会计的发明人，他只不过是介绍了威尼斯商人所用的方法。他介绍了日记账和分类账，这些账簿用来核算资产（包括应收款项和存货）、负债、权益、收入和费用；他还介绍了结账和编制试算平衡表。这些概念和术语现在仍在使用，本章也不例外。帕乔利还提醒说“如果借贷不等，那您就不应该安然入睡”，这对今天的会计人员来说也是一个很好的告诫。

会计在最近50年中发生的变化已经超过了过去500年的变化。首先，数据处理自动化开始取代手工会计系统。这一变化连同复杂商业交易的不断增加，使得会计活动对会计报表使用者来说变得越来越难于理解和愈加不透明了。只要稍具有经济常识，人们都会对侧重于有形资产的现行会计系统提出质疑。

21世纪初发生的会计丑闻使复式记账会计陷入了困境。安然、世通、美国海底电缆公司（Global Crossing）、泰科国际、阿德尔菲亚（Adephla）和其他一些公司存在的问题是否意味着会计不再具有相关性了？为什么一直报告财务状况良好的公司会突然陷入财务困境？一些专家认为这归咎于2008—2009年的金融危机以及公司在执行财务报告规范特别是关于金融工具的会计核算中存在问题，比如美国国际集团（AIG）、贝尔斯登（Bear Stearns）和美林证券（Merrill Lynch）公司的例子。虽然对会计最尖锐的批判已经过去许多年了，但一个可靠的会计系统显然在现在比以往任何时候都更加重要。复式记账体系不能防止管理者和会计人员做出错误的决策或者记录虚假的交易，但它为报告经济事项的结果提供了一个框架，这对于向投资者以及潜在的投资者披露公司的信息是非常必要的。

19世纪20年代，德国的一位会计师Warner Sombart指出，复式记账会计在资本主义市场经济的发展过程中起到了非常重要的作用。最近10年间发生的事件证明了复式记账会计对全球资本市场平稳运行的重要性。从帕乔利时代到今天，复式记账体系一直都在证明自己的价值。一个人要想了解市场经济，就必须对复式记账会计略知一二。

资料来源：L. Pacioli，*Summa de Arithmetica*，*Geometria*，*Proportioni*，*et Proportionalita*，1494；W. Sombart，*Der Moderne Kapitalismus*，1924.

回顾一下第1章中介绍过的双轮公司的前3笔交易：

	资产		=	负债	+	股东权益
	现金	仓储设备		应付票据		缴入资本
（1）初始投资	+400 000		=			+400 000
（2）从银行贷款	+100 000		=	+100 000		
（3）用现金购买仓储设备	−15 000	+15 000	=			

这个资产负债表等式显示出每笔交易都影响到两个账户，从而说明了复式记账体系的基本概念，同时也强调了资产=负债+所有者权益这个等式必须始终保持平衡。但是按照这个公式来记录企业发生的每一笔交易是不太切合实际的。在实务工作中，当交易发生时，会计人员首先记录交易，然后再根据交易的内容记入不同的账户，每一个账户都把相似的业务集中在一起。例如，“现金”账户就集中了所有影响现金的业务。

本章中下面的内容就将介绍复式记账体系的要素，重点介绍普通日记账和总分类账以及会计人员如何使用这些账簿来记录、汇总和报告财务信息。普通日记账（general journal）是交易的序时记录，并反映每笔交易所影响的账户及金额。总分类账（general ledger）就是一组分类账户的集合，这些账户的金额就是编制财务报表的依据，而分类账是关于某一特定账户所有增减变化金额的记录。下面我们首先来学习总分类账。

总分类账

总分类账由一组相关的分类账户所组成，传统上都采用订本账或活页账的形式，但是现在基本上都表现为电子文档中的一组记录。为了使问题简单化，可以把总分类账想象成一本书，在这本书中每个账户都有自己的一页。在“保存账簿”和“审计账簿”这样的说法中，账簿指的就是总分类账，即使它是以电子文档的形式存在。会计人员不断以系统的方式来更新账簿的记录。

我们使用的分类账是把实务工作中的分类账简化后的形式，可以称之为T型账户（T account），这是因为简化的账户形式像大写字母T。T型账户能够体现出会计处理中最关键的内容。字母T中的竖线把账户分为左右两方，用来记录增加和减少。账户名称在字母T的横线之上。下面以“现金”账户为例来看分类账的结构：

现金

左方	右方
现金的增加	现金的减少

我们把资产类账户（比如“现金”账户）的增加记录在T型账户的左方，而把减少记录在T型账户的右方。对于负债类和所有这权益类账户则正好相反——增加记录在T型账户的右方，而把减少记录在左方。余额（balance）是指在某一特定时间一个账户的左方合计金额和右方合计金额的差额。资产类账户的余额在左方，负债和所有者权益类账户的余额在右方。

双轮公司前3笔交易涉及的T型账户如下所示：

资产 = 负债+所有者权益

现金

增加		减少	
(1)	400 000	(3)	15 000
(2)	100 000		

应付票据

减少		增加	
		(2)	100 000

仓储设备

增加		减少	
(3)	15 000		

缴入资本

减少		增加	
		(1)	400 000

在上面3笔交易中，每一笔交易都影响到两个账户。应当牢记住一点，那就是在复式记账系统中，每一笔交易都至少影响两个账户，因此资产负债表永远平衡。在实务工作中应该根据需要建立账户。建立一个新的T型账户以便用来记录交易的过程称为开立账户。对交易1，开立了“现金”和“缴入资本”两个账户；对交易2，开立了“应付票据”账户；对交易3，则开立了“仓储设备”账户。当一笔交易需要记入一个账户，而这个账户还不存在时，就需要开立一个新的账户。

每一个T型账户都反映了一个特定的资产、负债或所有者权益项目的增减变化。T型账户只反映交易的金额而不反映交易的内容，因此需要通过某种方式来标注每一笔交易，比如像前面列示的那样标注序号，或者标注日期，或者两者同时标注。这样有助于确认记入分类账中的交易。

下面来分析一下双轮公司每一笔交易的会计分录。每一笔交易都要记入一个 T 型账户的左方，同时又以相等的金额记入另一个 T 型账户的右方。分析交易时一个很有用的方法就是首先指出交易对现金的影响（如果有影响的话）。分析现金是增加还是减少了，然后再考虑对其他账户的影响，因为确定一笔交易对现金的影响通常要比确定交易对其他账户的影响更容易些。

1. **交易**：所有者以现金 400 000 美元进行初始投资。
   分析：资产类账户“现金”（cash）增加；
   股东权益类账户“缴入资本”增加。

现金

(1)	400 000		

缴入资本

		(1)	400 000

2. **交易**：从银行取得 100 000 美元借款；
   分析：资产类账户“现金”增加。
   负债类账户“应付票据”（note payable）增加。

现金

(1)	400 000		
(2)	100 000		

应付票据

		(2)	100 000

3. **交易**：以现金 15 000 美元购买仓储设备。
   分析：资产类账户“现金”减少；
   资产类账户“仓储设备”（store equipment）增加。

现金

(1)	400 000	(3)	15 000
(2)	100 000		

仓储设备

(3)	15 000		

每个账户都记录着一个特定的资产、负债或所有者权益项目的变化。如果能及时结出账户的余额，会计人员就可以随时编制财务报表。总分类账户中的金额提供了编制财务报表必需的汇总余额。例如，双轮公司的前 3 笔交易结束之后，资产负债表包括下面几个账户的余额：

单位：美元

资产		负债 + 股东权益	
现金	485 000	负债	
仓储设备	15 000	应付票据	100 000
		股东权益	
		缴入资本	400 000
合计	500 000	合计	500 000

这4个账户中有3个账户都是只有一笔交易，所以，有关交易金额就成为账户余额。而“现金”账户的485 000美元余额则是账户左方增加总额500 000美元（400 000+100 000）与右方减少总额15 000美元之差。

3.2 借与贷

前已叙及，在复式记账系统下，一笔交易要同时在不同账户的左方和右方进行记录。会计人员用“借”（缩写为dr.）表示一个账户左方的记录或余额，用“贷”（缩写为cr.）表示一个账户右方的记录或余额。“借”和“贷”通常有一些其他的解释，但是，当这两个词用在会计上时，它们只代表账户左方或右方。一些会计人员用另外的词（charge）代替“借”，但是“贷”没有相近的词替代。必须记住“借”代表账户的左方而“贷”代表账户的右方，这样才能正确运用复式记账体系。

会计人员把借、贷两个词作为动词、形容词或名词使用。“借记现金1 000美元”和“贷记应收账款1 000美元”都是用作动词的例子，表示要在“现金”账户的左方记1 000美元和在“应收账款”账户的右方记1 000美元。“在现金账户中记入借项”是把“借”用作名词；“现金有12 000美元的借方余额”则是用作形容词，来描述账户的余额。从现在起会经常使用借和贷这两个词，在学习下面的内容之前必须掌握它们的用法。

复习题概要

题目：

假设双轮公司的会计人员要求您：“借记‘应付票据’5 000美元，贷记‘现金’5 000美元。”

1. 描述会计人员要求您所记录的交易。

2. 在记录这笔交易之后，“现金”账户和“应付票据”账户的余额是多少？

3. 在正确地记录交易之后，会计人员告诉您：“如果您回答正确，我就在您的本子上写一个贷字。如果您回答错误，则写一个借字给您。”在会计人员的说法中，“借”和“贷”表示什么意思？

解答：

1. 借记“应付票据”5 000美元表示在T型账户的左方记录5 000美元，这使得“应付票据”账户的余额减少了5 000美元，因为“应付票据”是负债类账户。贷记“现金”5 000美元表示在T型账户的右方记录5 000美元，这个资产类账户的余额因此减少5 000美元。因此，“现金”和“应付票据”账户同时减少了5 000美元，这笔交易代表用现金5000美元偿付应付票据。

2. “现金”账户减少5 000美元，余额为480 000美元（485 000–5 000）。“应付票据”账户也减少5 000美元，余额为95 000美元（100 000–5 000）。

3. 这是借和贷这两个词通常的用法——贷表示赞扬或认可，而借表示责备。这样的含义与这两个词在会计上的用法毫无关系。请牢记，借和贷这两个词用在会计上分别表示左方和右方，仅此而已。

3.3 记账程序

在上面的内容中，双轮公司的前三笔交易被直接记入了分类账中。但在会计实务中，记账程序是从登记普通日记账开始的。记录和报告交易的五个步骤按顺序排列如下：

交易凭证	→	日记账	→	分类账	→	试算平衡表	→	财务报表
1		2		3		4		5

第 1 步：记账程序从填制原始凭证开始。这些凭证是交易的原始记录。像销售发票、支票存根、订购单、验收报告、现金收入凭证、董事会会议记录等都属于原始凭证。交易发生后应该及时填制原始凭证。例如，公司向某顾客销售了一件商品，就应该填制一张销售收款的收据。原始凭证要归档保存，以便在必要的时候确认交易的详细内容和记录结果的准确性。

第 2 步：记账程序的第二个步骤是依据原始凭证在一个被称为普通日记账（general journal）的原始记录簿（book of original entry）中对交易进行分析。普通日记账是交易的序时记录。它是一个经济实体关于所有已发生交易的基本日记资料。

第 3 步：登记分类账。前已叙及，每一笔交易都要记入特定账户的左方和其他账户的右方。

第 4 步：编制试算平衡表（trial balance）。这是对总分类账中的账户及其余额所作的一个简单列示。试算平衡表能够帮助会计人员确认记录是否准确并有助于编制财务报表。所以，一般根据编制财务报表的需要，每个月或每个季度编制一次试算平衡表。前 4 个步骤的时间根据实际情况会有不同。交易每时每刻都在发生，原始凭证要不断编制。根据公司的规模和性质，试算平衡可能随时进行，也可能每周或每月进行一次。从根本上讲，记账程序中每个步骤的时间安排都必须根据信息使用者的需要来定。

第 5 步：结账并编制财务报表，这是记账程序的最后一个步骤。美国的上市公司至少一个季度即每 3 个月要编制一次财务报表，那些按照国际财务报告准则进行报告的公司至少每年编制一次。实际上很多公司出于管理的需要，编制报表的间隔可能会更短些。例如，位于密苏里州南部的斯普林菲尔德再造公司（Springfield ReManufacturing，或译为春田再制公司）每个月都要编制财务报表。这家公司有超过 1 200 名的雇员，销售金额超过 4 亿美元，公司雇员被视作公司的主人。该公司是“公开账簿管理”的先驱，它向公司的所有人公布公司的会计结果。公司管理层和所有雇员每个月都要集中在一起详细检查会计工作的结果。公司对雇员进行广泛的培训，让他们了解会计处理的过程以及那些会计数据的意义。这种新的管理方式调动了公司每一位雇员的积极性，提高了公司的工作效率和获利能力。

3.3.1 会计科目表

为了保证交易记录的一致性，每一个单位都将账户名称编号并按顺序排列，这就是会计科目表（chart of accounts）。会计科目表列示了一个单位在记录业务过程中所用的账户，并通常对这些账户按照其在财务报表中出现的顺序进行排列。会计人员经常用会计科目表中各个账户的编号作为简称来代表这些账户。下面是双轮公司的会计科目表。

科目编号	科目名称	科目编号	科目名称
100	现金	202	应付票据
120	应收账款	203	应付账款
130	商品存货	300	缴入资本
140	预付租金	400	留存收益
170	仓储设备	500	销售收入
170A	累计折旧——仓储设备（以后解释）	600	销售成本
		601	租金费用
		602	折旧费用

会计科目表并没有统一的标准格式，其格式可能因公司的规模、性质以及组织的复杂程度不同而异。大公司的会计科目表中账户的编号可能是四位数。实务工作中，会计人员非常熟悉账户编号，他们经常用账户编号代替账户名称。对双轮公司的第三笔交易，即用“现金”（账户编号 100）购买“仓储设备”（账户编号 170），可以在日记账中作如下登记：

20×2		借	贷
分录 3	170	15 000	
	100		15 000

在这笔分录中，会计人员只用账户编号来记录业务，没有使用账户名称，这种只用账户编号和不写业务摘要的做法可以防止外部人员了解单位的交易情况，但公司内部的会计人员同样可以很清楚地知道记录的内容。

3.3.2　为交易编制会计分录

现在来详细分析记账程序中的第 2 个步骤。我们把这一步称为编制会计分录（journalizing），就是在普通日记账中登记交易的过程。会计分录（journal entry）就是分析一笔交易对不同账户的影响，一般还要附带一个简要的说明。这个分析过程要确认一笔交易需要借记和贷记的账户。表 3-1 的第一部分就列示了双轮公司前 3 笔交易的会计分录。

下面是登记普通日记账的一些规则：

1. 前两栏是交易发生的日期和交易编号。

2. 第 3 栏是账户和摘要栏，列示交易所影响的账户。靠栏目的左边先写上借记的账户名称，然后缩格书写贷记的账户名称。在会计分录下面用简洁的文字对交易进行说明。文字说明的长度取决于交易的复杂程度以及管理层是否要求在日记账中包括所有相关的信息。绝大多数情况下，交易说明都很概括，因为交易的详细情况可以在原始凭证中获得。

表 3–1　　　　**会计分录——记入普通日记账并过入总分类账**

普通日记账

日期	编号	账户和摘要	过账索引	借	贷
20×2 1/2	1	现金 　缴入资本 向洛佩兹公司发行股票	100 300	400 000	 400 000
1/2	2	现金 　应付票据 以利率 9% 的一年期应付票据借款	100 202	100 000	 100 000
20×2 1/3	3	仓储设备 　现金 以现金购买仓储设备	170 100	150 000	 150 000

总分类账

现金　　　　账户编号　100

日期	摘要	日记账索引	借	日期	摘要	日记账索引	贷
20×2 1/2	（这一栏经常为空白，因为业务摘要已经记录在日记账中）	1	400 000	20×2 1/3		3	15 000
1/2		2	100 000				

仓储设备　　　　账户编号　170

日期	摘要	日记账索引	借	日期	摘要	日记账索引	贷
20×2 1/3		3	15 000				

应付票据　　　　账户编号　202

日期	摘要	日记账索引	借	日期	摘要	日记账索引	贷
				20×2 1/2		2	100 000

缴入资本　　　　账户编号　300

日期	摘要	日记账索引	借	日期	摘要	日记账索引	贷
				20×2 1/2		1	400 000

3. 过账索引栏中填入的是会计分录中涉及的每一个账户的编号，可以用来与分类账做交叉索引之用。

4. 借和贷两个栏目用来记录借记（即账户的左方）或贷记（即账户的右方）的账户的金额。习惯上在日记账和分类账中都不使用金额单位（例如，美元或日元或欧元），而且也不以负数来填列。实际上，金额记在账户的哪一方就已经说明了这个金额是增加还是减少账户的余额。在记账程序中，借和贷能够说明很多内容，所以一定要充分理解它们的含义。

3.3.3 把交易过入总分类账

现在来看第 3 个步骤，就是把普通日记账中的记录恰当地过到总分类账中去，即过账（posting）。我们通过双轮公司的第 3 笔交易来看如何过账。表 3-1 中的箭头表示了如何将日记账中的记录过入“现金”账户的贷方。表 3-1 中的总分类账格式有足够的空间使得日记账中的记录能够全面具体地过到分类账中，而不像简化的 T 型账户那样只能过入汇总的信息。总分类账中一般设日期栏、摘要栏、日记账索引栏和金额栏，仍然按照借方在左贷方在右的格式。

把交易从日记账过入总账是一个非常严格而机械的过程，因此利用计算机过账效率最高。会计人员在电子形式的普通日记账中记录交易，然后计算机自动地把交易过到电子形式的总分类账中。下面说明一下日记账和总分类账之间的交叉索引问题。交叉索引（cross-referencing）就是利用编号、日期和/或其他的一些形式把总分类账中的每一项过账记录同恰当的会计分录联系起来。日记账中一笔交易可能要过入几个不同的分类账户。无论使用者从查阅哪一部分内容开始，交叉索引都可以帮助其了解分类账中交易的全部内容。交叉索引还可以帮助审计人员发现和纠正过账的错误并降低差错的发生频率。

表 3-1 中总分类账的格式并不是总分类账的唯一格式。表 3-2 列示了另一种常用的总分类账格式，就是只有一个日期栏和一个摘要栏，另外又增加了余额栏来列示账户的逐笔结计余额。这个格式与支票簿的格式非常相似。逐笔结计余额栏非常有用，它可以非常直观地报告一个账户当前的状况。现在大多数会计系统已经完全计算机化，但计算机生成的账簿与其所取代的手工记账方式下的分类账和日记账格式非常相似，其原因在于，经过数百年的发展，这些格式已经成为一种惯例并且为许多人所熟悉。

表 3-2 **带逐笔结计余额栏的分类账户**

现金					账户编号 100
日期	摘要	日记账索引	借	贷	余额
20×2	（这一栏经常为空白，因为业务摘要	1	400 000		400 000
1/2	已经记录在日记账中）	2	100 000		500 000
1/2		3		15 000	485 000
1/3					

3.4 分析交易、编制分录及过账

前已述及，会计人员首先要审核交易的原始凭证并分析交易，在普通日记账中编制会计分录，然后过入总分类账。现在按照这个过程来处理双轮公司的其他交易。因为交易的内容已经介绍过了，所以省略会计分录中的摘要。

4. **交易**：用现金 120 000 美元购买存货。

分析：资产类账户“商品存货”（merchandise inventory）增加；
资产类账户“现金”减少。

分录：商品存货　　120 000
　　现金　　120 000

过账：

现金

(1)	400 000	(3)	15 000
(2)	100 000	(4)	120 000

商品存货

(4)	120 000		

5. **交易**：赊购存货 10 000 美元。

分析：资产类账户“商品存货”增加；
负债类账户“应付账款”（accounts payable）增加。

分录：商品存货　　10 000
　　应付账款　　10 000

过账：

商品存货

(4)	120 000		
(5)	10 000		

应付账款

		(5)	10 000

交易 1、2、3、4、5 的会计分录都是简单分录，即交易仅影响两个账户。每一笔交易发生后资产负债表等式仍然保持平衡。

6. **交易**：购买存货 30 000 美元，支付现金 10 000 美元，赊购 20 000 美元。

分析：资产类账户“现金”减少；
资产类账户“商品存货”增加；
负债类账户“应付账款”增加。

分录：商品存货　　30 000
　　现金　　10 000
　　应付账款　　20 000

过账：

现金

(1)	400 000	(3)	15 000
(2)	100 000	(4)	120 000
		(6)	10 000

应付账款

		(5)	10 000
		(6)	20 000

商品存货

(4)	120 000	
(5)	10 000	
(6)	30 000	

交易6的会计分录是复合分录，即一笔交易要影响两个以上的账户。不管是简单分录（交易1~5）还是复合分录，分录的左方合计数始终等于右方合计数，最终使会计等式始终保持平衡。

资产	=	负债	+	股东权益
+30 000−10 000	=	+20 000		

7. **交易**：将不需用的陈列柜以1 000美元卖给邻近商家。陈列柜的成本为1 000美元。

分析：资产类账户"现金"增加；

资产类账户"仓储设备"（store equipment）减少。

分录：现金　　1 000

仓储设备　　1 000

过账：

现金

(1)	400 000	(3)	15 000
(2)	100 000	(4)	120 000
(7)	1 000	(6)	10 000

仓储设备

(3)	15 000	(7)	1 000

在交易7中，一项资产增加，同时另一项资产减少。这笔交易仅影响会计等式的一边，因为这笔交易不涉及负债和所有者权益类账户。

8. **交易**：以价值800美元的存货偿还供应商货款。

分析：资产类账户"商品存货"减少；

负债类账户"应付账款"减少。

分录：应付账款　　800

商品存货　　800

过账：

商品存货

(4)	120 000	(8)	800
(5)	10 000		
(6)	30 000		

应付账款

(8)	800	(5)	10 000
		(6)	20 000

9. **交易**：以现金4 000美元偿还供应商货款。

分析：资产类账户"现金"减少；

负债类账户"应付账款"减少。

分录： 应付账款　　4 000

　　现金　　4 000

过账：

现金

(1)	400 000	(3)	15 000
(2)	100 000	(4)	120 000
(7)	1 000	(6)	10 000
		(9)	4 000

应付账款

(8)	800	(5)	10 000
(9)	4 000	(6)	20 000

交易 7、8、9 的会计分录都是简单分录。在交易 8 和 9 中，一项资产和一项负债同时减少相等的金额，资产负债表等式仍然保持平衡。

讲解财务报表

会计人员都能准确地使用借和贷。但是，管理人员有时却未必能做到。分析某管理者的下列说法是否正确：

1. 如果需要借记（charge）一个账户，那就记在这个账户的贷方。

2. 借和贷对不同的公司来说有着不同的意义。一个公司的借项记录通常是另一个公司的贷项记录。

答案：

1. 这句话是自相矛盾的。借（charge）和左方是同义词。不能同时借贷同一个账户。

2. 这句话在特定情况下是对的。一个最明显的例子是赊销商品。买方的应付账款会有一个贷方（右方）余额，而卖方的应收账款则是借方（左方）余额。

3.4.1 收入和费用交易

收入和费用交易需要特别加以关注，因为它们与资产负债表等式的关系不是非常明显。前已叙及，资产负债表等式中的所有者权益部分包括缴入资本和留存收益：

资产 ＝ 负债 ＋ 股东权益

资产 ＝ 负债 ＋ （缴入资本 ＋ 留存收益）

回忆第 2 章中的内容，如果不考虑股利，留存收益就等于累计的收入减去累积的费用。因此，可以把 T 型账户像下面这样集中起来列示：

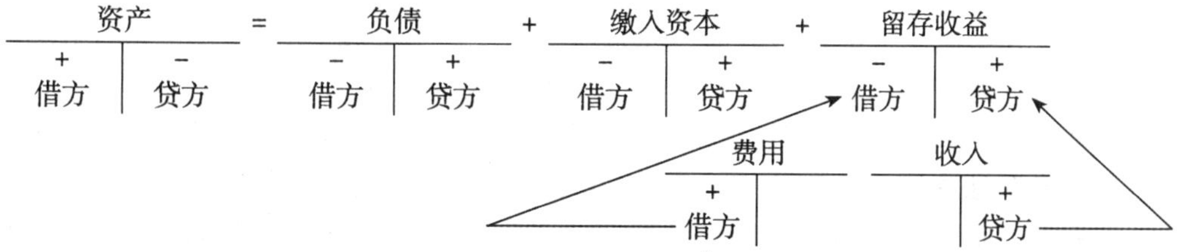

为什么不能简单地直接增加或减少留存收益账户的金额？因为这样做会使收入和费用项目合并反映在留存收益账户中，编制利润表就比较困难。分别单独反映收入和费用的累计金额更便于编制利润表。

费用和收入账户都是留存收益的一部分。可以把它们想象成一个大的留存收益账户中单独的部分。

收入账户汇总了使留存收益增加的项目。收入账户的任何一个贷记项目都是留存收益的贷记项目。因此，记录销售收入会使收入和留存收益同时增加。费用账户汇总了使留存收益减少的项目。费用账户的借记项目实际上就是留存收益的借记项目。借记费用项目表示费用的增加，费用增加会使留存收益减少。比如，记录工资费用会使费用增加，但却使留存收益减少。从根本上讲，收入和费用账户都是股东权益的一部分。

现在来分析几笔涉及收入和费用的交易。下面分析双轮公司的 10a 和 10b 两笔交易。

10a. **交易：**赊销商品 160 000 美元。

分析：资产类账户“应收账款”增加；

股东权益类账户“销售收入”增加。

分录：

应收账款	160 000	
销售收入		160 000

过账：

应收账款

(10a)	160 000		

销售收入

		(10a)	160 000

在交易 10a 中，分录的贷方即右方增加“销售收入”账户，实际上增加了股东权益，即“留存收益”账户。在交易 10b 中，分录的借方即左方增加费用即“销售成本”账户，实际上减少了股东权益，即“留存收益”账户。

10b. **交易：**销售商品存货，成本 100 000 美元。

分析：资产类账户“商品存货”减少；

股东权益减少，因为费用类账户“销售成本”增加。

分录：

销售成本	100 000	
商品存货		100 000

过账：

商品存货

(4)	120 000	(8)	800
(5)	10 000	(10b)	100 000
(6)	30 000		

销售成本

(10b)	100 000		

在继续下面的内容之前，先来看一下交易 10a 和 10b 的分析。这两笔交易说明了收入和费用项目与留存收益之间的基本关系。收入使“留存收益”这个股东权益类账户增加，因为收入账户和股东权益类账户的余额都在右方。费用使“留存收益”账户减少，因为费用账户的余额在左方，而股东权益类账户的余额一般在右方。费用的增加就意味着“留存收益”账户的减少，并因此减少股东权益。下面列示了两种不同的记账方式，一种是直接在“留存收益”账户中记录销售收入 160 000 美元和销售成本 100 000 美元，另一种是首先在收入和费用账户中分别加

以记录，而收入和费用账户都是“留存收益”账户的一部分。后一种方式能够提供更加详细的信息。

如果直接记入“留存收益”账户：

缴入资本		留存收益	
减少	增加		增加
		100 000	160 000

如果开设收入和费用账户，并将收入和费用的影响净额记入留存收益：

费用		收入	
增加			增加
100 000			160 000

表3–3中列示了借贷的使用规则以及本章所涉及账户的余额方向。它显示了资产负债表等式和复式记账会计系统的基本原则：

左方 = 右方

借 = 贷

表3–3　**借贷规则和账户余额**

借贷规则

资产		=	**负债**		+	**股东权益**				
资产		=	负债		+	缴入资本		+	留存收益	
+	−		−	+		−	+		−	+
增加	减少		减少	增加		减少	增加		减少	增加
借方	贷方		借方	贷方		借方	贷方		借方	贷方
左方	右方		左方	右方		左方	右方		左方	右方
正常余额				正常余额			正常余额			正常余额

费用		收入	
+*	−	−	+
增加	减少	减少	增加
借方	贷方	借方	贷方
左方	右方	左方	右方
正常余额			正常余额

* 费用的增加减少留存收益。

正常的余额	
资产	借方
负债	贷方
股东权益（全部）	贷方
缴入资本	贷方
收入	贷方
费用	借方

表 3–3 也强调了收入增加股东权益，因此作为股东权益的贷项登记。相反，费用减少股东权益，因此作为股东权益的借项登记。设置单独的收入和费用账户便于编制利润表。收入和费用账户的金额可以用来计算利润表中的净利润（或净损失），还可以用来解释会计期间发生的交易如何影响期间内资产负债表账户即“留存收益”的变化。

交易 11 反映了交易 10a 中部分应收账款的收回。

11. **交易：**向债务人收回现金 5 000 美元。

分析：资产类账户“现金”增加；
资产类账户“应收账款”减少。

分录：现金 5 000
应收账款 5 000

过账：

现金

(1)	400 000	(3)	15 000
(2)	100 000	(4)	120 000
(7)	1 000	(6)	10 000
(11)	5 000	(9)	4 000

应收账款

(10a)	160 000	(11)	5 000

3. 4. 2 预付费用和折旧交易

在第 2 章中讲到过的诸如预付租金和折旧费用这样的预付费用，都与有一定使用年限并在将来某时到期的资产有关。双轮公司的第 12、13、14 笔交易显示了对预付租金费用和仓储设备折旧业务编制分录并过账的过程。

12. **交易：**预付 3 个月的租金 6 000 美元。

分析：资产类账户“现金”减少；
资产类账户“预付租金”增加。

分录：预付租金 6 000
现金 6 000

过账：

现金

(1)	400 000	(3)	15 000
(2)	100 000	(4)	120 000
(7)	1 000	(6)	10 000
(11)	5 000	(9)	4 000
		(12)	6 000

预付租金

(12)	6 000		

交易 12 将预付租金视为取得一项资产。它仅影响资产类账户——“现金”账户减少（记贷方）而“预付租金”账户增加（记借方）。交易 13 反映了预付租金这项

资产的1/3随后消耗掉而成为一项费用。

13. **交易：**接受租赁劳务发生租金费用2 000美元。

分析：资产类账户“预付租金”减少；

“租金费用”增加，因此股东权益减少。

分录：租金费用　　2 000

　　预付租金　　　　2 000

过账：

预付租金

(12)	6 000	(13)	2 000

租金费用

(13)	2 000		

在这个交易中，增加的2 000美元租金费用使资产负债表上的股东权益项目减少，这一点应当牢记。

14. **交易：**确认折旧费用100美元。

分析：资产抵减账户“累计折旧——仓储设备”增加；

“折旧费用”增加，因此股东权益减少。

分录：折旧费用　　100

　　累计折旧——仓储设备　　　　100

过账：

累计折旧——仓储设备

		(14)	100

租金费用

(14)	100		

在交易14中，开设了一个新的账户即“累计折旧”（accumulated depreciation）。与字面含义一致，累计折旧（有时又称为折旧准备（allowance for depreciation））是自资产取得之日起确认的折旧费用之和。它是一个备抵账户（contra account），是一个独立的但又与一个伴随账户密切相关的账户，它对伴随账户进行抵消或者作为伴随账户的一个减项。备抵账户有两个明显的特征：（1）它总是伴随一个账户的存在而存在，（2）它的余额与伴随账户的余额方向相反。“累计折旧”就是一个备抵资产账户（设备等资产账户就是它的伴随账户——译者注），因为它对资产起到抵减的作用；资产账户的正常余额在借方，而“累计折旧”账户的正常余额在贷方。20×2年1月31日资产和备抵资产账户的情况如下：

单位：美元

资产：	仓储设备	14 000
备抵资产：	累计折旧——仓储设备	100
净资产：	账面价值	13 900

账面价值（book value）也称账面净值（net book value）、账面金额或账面值（carrying value），是一个账户的账面余额减去所有备抵账户余额后的金额。上例中，仓储设备的账面价值是13 900美元，即设备的原始成本14 000美元减去备抵账户“累计折旧”的金额100美元。

3.4.3 对累计折旧的进一步说明

为什么正式的资产负债表都按惯例将资产的原始成本和累计折旧同时列示？为什么不直接在“仓储设备”账户上减记100美元？从理论上讲，直接减记“仓储设备”账户是完全合理的。但是，会计人员都按照惯例在资产的使用年限内用资产账户记录资产的原始成本，这样就可以很容易地通过该账户了解资产的原始成本信息。提供给管理层、政府部门、税务机关的报告中有时需要这样的信息。而且，原始成本14 000美元的准确性非常高——它是一个可靠的、客观的数据。相反，累计折旧是一个估计数，是根据有关数据计算出来的，这个计算结果的准确性很大程度上取决于会计人员对资产使用年限估计的可靠性，而会计人员的估计并不一定完全可靠。前面的折旧费用100美元是用原始成本14 000美元除以估计的使用期限14个月计算出来的。很难确定一项资产的使用年限到底有多长。计算折旧时必须进行估计，尽管它不十分可靠，但是没有其他办法来确定一项设备在使用期间内价值的磨损情况。

资产的原始成本信息对投资者也是非常有用的。他们可以用累计折旧除以原始成本来估计资产的平均新旧程度。例如，最近盖普公司不动产和机器设备的累计折旧达到43.12亿美元，而原始成本为72.45亿美元，累计折旧达到原始成本的60%。5年前盖普公司这一比例仅为37%。盖普公司资产的折旧速度比资产的实际更新速度要快。相比较之下，法国的零售商家乐福公司，累计折旧为146.88亿欧元，而原始成本为294.39亿欧元，累计折旧达到资产原始成本的50%（146.88÷294.39）。

复习题概要

题目：

世界上最大的钢铁生产商之一神户钢铁公司（Kobe Steel，Ltd.）的一份年报显示（单位：十亿日元）：

固定资产（原始成本）	2 902
累计折旧	1 875

1. 为（a）固定资产、（b）累计折旧和（c）折旧费用开立T型账户。把上面的数字填入T型账户中。

2. 假设第2年神户钢铁公司又以现金630亿日元购入固定资产，并发生折旧费用1 070亿日元。编制会计分录并过入T型账户。

3. 说明在为问题2编制分录之后，神户钢铁公司如何在资产负债表上列示固定资产项目。

解答：

下面数字的金额单位均为十亿日元。

1、2题解答如下：

固定资产（原始成本）

余额	2 902		
(a)	63		
余额	2 965		

累计折旧

		余额	1 875
		(b)	107
		余额	1 982

折旧费用

(b)	107		

a. 固定资产（原始成本）	63	
现金		63
b. 折旧费用	107	
累计折旧		107

3. 在资产负债表中固定资产项目列示如下：

固定资产（原始成本）	2 965
累计折旧	1 982
固定资产（净值）	983

3.5 在日记账和分类账中记录交易

表3-4按照前面的分析方式列示了双轮公司的第4～14笔交易的分录。过账索引栏中的账户编号使用的是双轮公司会计科目表中的编号（见3.3.1部分——译者注）。在双轮公司的总分类账中仍然使用这些编号。表3-5用T型账户的形式列示了双轮公司的总分类账。

下面交易的会计分录过账到分类账如表3-5所示。前3笔交易的分录见表3-1，其余交易的分录见表3-4。

1. 初始投资
2. 从银行贷款
3. 以现金购买仓储设备
4. 以现金购买商品存货
5. 赊购商品存货
6. 以现金和赊购方式取得商品存货
7. 销售仓储设备收取现金
8. 以商品存货偿还供应商货款
9. 偿还供应商货款

10a. 赊销

10b. 确认销售成本

表 3–4 **双轮公司的普通日记账**

日期	编号	账户和摘要	过账索引	借	贷
20×2	4	商品存货 现金 现购商品存货	130 100	120 000	 120 000
	5	商品存货 应付账款 赊购商品存货	130 203	10 000	 10 000
	6	商品存货 现金 应付账款 以现金和赊购方式取得商品存货 （这是复合分录的例子，一笔交易要影响两个以上的账户）	130 100 203	30 000	 10 000 20 000
	7	现金 仓储设备 将仓储设备卖给邻近商家	100 170	1 000	 1 000
	8	应付账款 商品存货 以商品存货偿还供应商货款	203 130	800	 800
	9	应付账款 现金 偿还供应商货款	203 100	4 000	 4 000
	10a	应收账款 销售收入 向顾客赊销商品	120 500	160 000	 160 000
	10b	销售成本 商品存货 记录销售商品的成本	600 130	100 000	 100 000
	11	现金 应收账款 向债务人收回货款	100 120	5 000	 5 000
	12	预付租金 现金 提前支付租金	140 100	6 000	 6 000
	13	租金费用 预付租金 确认租金费用	601 140	2 000	 2 000
	14	折旧费用 累计折旧——仓储设备 确认 1 月份的折旧	602 170A	100	 100

表 3–5

双轮公司的总分类账

资产 = **负债和股东权益**

资产（左方增加，右方减少）

现金　编号 100

(1)	400 000	(3)	15 000
(2)	100 000	(4)	120 000
	1 000	(6)	10 000
(7)	5 000	(9)	4 000
(11)		(12)	6 000
1/31 余额	351 000		

应收账款　120

(10a)	160 000	(11)	5 000
1/31 余额	155 000		

商品存货　130

(4)	120 000	(8)	800
(5)	10 000	(10b)	100 000
(6)	30 000		
1/31 余额	59 200		

预付租金　140

(12)	6 000	(13)	2 000
1/31 余额	4 000		

仓储设备　170

(3)	15 000	(7)	1 000
1/31 余额	14 000		

累计折计——仓储设备　170A

(14)			100

负债和股东权益（左方减少，右方增加）

应付票据　202

		(2)	100 000

缴入资本　300

		(1)	400 000

应付账款　203

(8)	800	(5)	10 000
(9)	4 000	(6)	20 000
		1/31 余额	25 200

留存收益　400

		1/31 余额	57 900*

费用和收入账户

销售成本　600

(10b)	100 000		

销售收入　500

		(10a)	160 000

租金费用　601

(13)	2 000		

折旧费用　602

(14)	100		

注释：账户的期末余额在左右两方中合计金额比较大的一方。

* 收入和费用账户的详细资料列示在利润表上。收入和费用的影响净额记入“留存收益”账户，并列示在资产负债表上。在上面的例子中，160 000–100 000–2 000–100=57 900（美元）。

11. 债务人偿还货款
12. 预付租金
13. 确认租金费用
14. 确认折旧费用

把这些交易的分录过入分类账时，一定要明白它们为何记入一个账户的左方或右方。像下面这样清楚地解释其中的关系是很有用的：接受初始投资要借记“现金”账户，同时贷记“缴入资本”账户。过账时一方面要记入“现金”账户的左方以增加这个资产类账户的余额，同时要记入“缴入资本”账户的右方以增加这个所有者权益类账户的余额。

会计人员可能会根据需要随时结出账户的当前余额。可以使用双横线来表示结出了账户的当前余额，如表 3-5 所示。双横线下面的数字表示账户的当前余额，这个数字汇总了双横线以上所有的过账记录，它是计算下一次结账余额的开始。

在表 3-5 中有些账户只有一个金额，在这些账户中没有使用双横线。为什么？因为如果在某个账户中只有一个金额，那么这个金额自然就成为这个账户的期末余额。例如，在“应付票据”账户中只有一个金额 100 000 美元，它自然就被当作这个账户的期末余额。

3.6 编制试算平衡表

把分录过入分类账后，记账程序的下一步就是编制试算平衡表。前面已经介绍过，试算平衡表列示了所有账户的余额。正如其名称的字面含义，试算平衡表就是进行下一项工作之前所进行的测试或检查。因此，编制试算平衡表有双重目的：(1) 通过验证借方合计数是否等于贷方合计数，以检查过账的准确性，(2) 列出所有账户的余额，以备编制财务报表之用。

只要结出账户的当前余额，就可以随时编制试算平衡表。例如，在双轮公司的前 3 笔业务发生之后，就可以在 20×2 年 1 月 3 日编制试算平衡表：

双轮公司 20×2 年 1 月 1—3 日的试算平衡表

20×2 年 1 月 3 日编制

单位：美元

		余额	
账户编号	**账户名称**	**借**	**贷**
100	现金	485 000	
170	仓储设备	15 000	
202	应付票据		100 000
300	缴入资本		400 000
	合计	500 000	500 000

很明显，会计核算涉及的账户越多，试算平衡表就越繁琐，就越有必要检查过账的准确性。尽管试算平衡表可以使会计人员确认借贷相等，但仍可能存在差错。例如，会计人员可能把收回应收账款 10 000 美元误作为 1 000 美元，并以错误的金额记入了“现金”和“应收账款”账户。这样“现金”和“应收账款”账户都少记了

9 000美元。会计人员还有可能把收回的应收账款 10 000 美元记入“销售收入”账户的贷方而不是“应收账款”账户的贷方。这样“销售收入”和“应收账款”都同时虚增了 10 000 美元。但是，试算平衡表中借方合计数仍然等于贷方合计数。

根据表 3-5 总分类账中的账户余额编制的试算平衡表见表 3-6。试算平衡表中的账户通常按照下面的顺序排列：先是资产负债表账户，按照资产类账户、负债类账户、股东权益类账户的顺序，然后是利润表账户，先列收入后列费用。在表 3-6 中，最后一个股东权益类账户即“留存收益”账户没有余额，因为它的期初余额为 0。除“留存收益”账户以外，其余资产负债表账户的余额都是试算平衡表编制当日的余额。“留存收益”账户的余额是期初余额。这是因为我们没有直接在“留存收益”账户中记录本期留存收益的变化数，而是以本期收入账户和费用账户的金额相抵减之后的差额来表示本期留存收益的变化数，因此试算平衡表中“留存收益”账户的余额为该账户的期初余额。在正式的资产负债表中，不需要列示收入和费用项目，只需要以“留存收益”账户的期初余额加上收入和费用项目相抵减之后的净额，来计算“留存收益”账户的期末余额。

表 3-6　**双轮公司 20×2 年 1 月 1—31 日的试算平衡表**

20×2 年 1 月 31 日编制　　单位：美元

	借	贷
现金	351 000	
应收账款	155 000	
商品存货	59 200	
预付租金	4 000	
仓储设备	140 000	
累计折旧——仓储设备		100
应付票据		100 000
应付账款		25 200
缴入资本		400 000
留存收益		0*
销售收入		160 000
销售成本	100 000	
租金费用	2 000	
折旧费用	100	
合计	685 300	685 300

*如果“留存收益”账户在会计期初有余额，期初余额应该记在这里。在本例中，“留存收益”账户期初余额为零。

3.6.1　结账并根据试算平衡表编制财务报表

编制试算平衡表是记账程序的最后一步——结账并编制资产负债表和利润表的起

点，如表 3-7 所示。结账（close the books）就是将所有收入类账户和费用类账户的余额转入“留存收益”账户，使收入类账户和费用类账户的余额为零，以便记录下一期发生的交易。在表 3-7 中，资产负债表中的留存收益为 57 900 美元，在试算平衡表中留存收益为 0。这是为什么？因为结账之后 1 月 31 日的资产负债表列示的是留存收益的期末余额，即期初余额 0 加上当期的净利润。在以后期间编制试算平衡表时，当期的期初余额就是前期的期末余额。2 月份“留存收益”账户的期初余额就是 57 900 美元。

下面我们来看结账的过程。会计人员编制结账分录将临时性股东权益账户（收入和费用账户）的余额过入永久性股东权益账户即“留存收益”账户。这一过程通常需要两个步骤来完成。首先将每一个收入和费用账户的余额都转入“收益汇总”账户（income summary），这是编制利润表的基础。然后再把“收益汇总”账户的余额转入永久性的“留存收益”账户。

表 3-8 列示了双轮公司的结账过程。在表 3-8 中，分别用会计分录 C1 和 C2 结平了收入和费用账户，即把收入和费用账户的余额转入“收益汇总”账户。然后通过会计分录 C3 把当期的净利润从“收益汇总”账户转入“留存收益”账户，这是结账过程的最后一个步骤。结账过程中开设了一个新的临时性账户即“收益汇总”账户。这个账户仅在结账的过程中使用。收入和费用账户的余额转入“收益汇总”账户之后，该账户的余额随即转入“留存收益”账户。不同公司的结账过程可能还会略有不同，但最终结果都是一致的——即收入和费用账户的余额都要结为零，当期所产生的净利润都要增加留存收益。

表 3-8 中结账过程的会计分录及分析如下：

C1. **交易：**将收入账户的期末余额转入“收益汇总”账户。

分析：股东权益类账户“销售收入”减记为零。
股东权益类账户“收益汇总”增加。

分录：销售收入	160 000	
收益汇总		160 000

C2. **交易：**将费用账户的期末余额转入“收益汇总”账户。

分析：负股东权益（费用）账户“销售成本”、“租金费用”等减记为零。
股东权益类账户“收益汇总”减少。

分录：收益汇总	102 100	
销售成本		100 000
租金费用		2 000
折旧费用		100

C3. **交易：**将“收益汇总”账户的期末余额转入“留存收益”账户。

分析：股东权益类账户“收益汇总”减记为零。
股东权益类账户“留存收益”增加。

分录：收益汇总	57 900	
留存收益		57 900

表 3–7

双轮公司试算平衡表、资产负债表和利润表

单位：美元

双轮公司

试算平衡表 *20×2 年 1 月 31 日*

	借	贷
现金	351 000	
应收账款	155 000	
商品存货	59 200	
预付租金	4 000	
仓储设备	14 000	
累计折旧		
——仓储设备		100
应付票据		100 000
应付账款		25 200
缴入资本		400 000
留存收益		0*
销售收入		160 000
销售成本	100 000	
租金费用	2 000	
折旧费用	100	
合计	685 300	685 300

* 如果“留存收益”账户有期初余额，那么就要利润表中的 57 900 美元加上“留存收益”的期初余额来计算其期末余额。

双轮公司

资产负债表 *20×2 年 1 月 31 日*

资产			负债和股东权益		
			负债		
现金		351 000	应付票据		100 000
应收账款		155 000	应付账款		25 200
商品存货		59 200	负债合计		125 200
预付租金		4 000	股东权益		
仓储设备	14 000		缴入资本	400 000	
减：累计折旧	100	13 900	留存收益	57 900	
			股东权益合计		457 900
资产合计		583 100	负债和股东权益合计		583 100

双轮公司

利润表 *20×2 年 1 月*

销售收入		160 000
减去费用		
销售成本	100 000	
租金费用	2 000	
折旧费用	100	
费用合计		102 100
净利润		57 900

表 3-8　　**结账**　　数字来自表 3-7

单位：美元

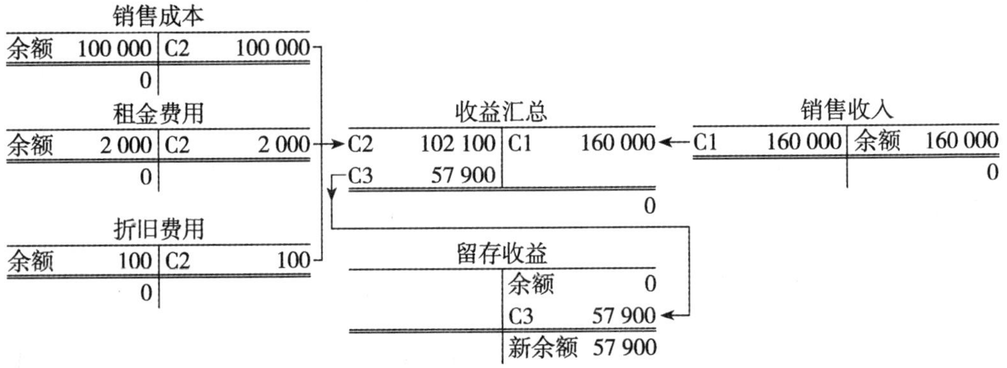

注：期初余额见表 3-7 中的试算平衡表。

复习题概要

题目：

哈桑二手汽车公司 20×1 年 3 月 31 日的资产负债表如下（单位：美元）：

资产		负债和所有者权益	
现金	10 000	应付账款	3 000
应收账款	20 000	应付票据	70 000
汽车存货	100 000	所有者权益——哈桑	57 000
资产合计	130 000	负债和所有者权益合计	130 000

哈桑公司采用合伙制，因此使用的所有者权益账户为“资本——哈桑”。

哈桑公司按月租赁经营场地和设备。下面是公司 4 月份发生交易的汇总情况：

a. 以现金 20 000 美元向公司追加投资。

b. 收回应收账款 10 000 美元。

c. 偿付应付账款 2 000 美元。

d. 销售汽车，收现金 120 000 美元。

e. 汽车的销售成本为 70 000 美元。

f. 以现金 60 000 美元购进存货。

g. 以现金支付租金费用 14 000 美元。

h. 以现金支付公用事业费 1 000 美元。

i. 以现金支付销售费用 30 000 美元。

j. 以现金支付利息费用 1 000 美元。

要求：

1. 在总分类账中开设下列 T 型账户：现金、应收账款、汽车存货、应付账款、应付票据、资本——哈桑、销售收入、销售成本、租金费用、公用事业费、销售费用、利息费用，并登记 3 月 31 日有关账户的余额。

2. 为交易 a ~ j 编制会计分录并过入分类账。用交易的字母序号为分录编号。

3. 编制 20×1 年 4 月 30 日的试算平衡表。
4. 编制 4 月份的利润表。不考虑所得税。
5. 编制结账分录。

解答：

表 3-9 至表 3-12 给出了要求 1 ~5 的答案。会计分录见表 3-9。新开设账户的余额及过账后的总分类账见表 3-10。试算平衡表和利润表见表 3-11。结账分录见表 3-12。

表 3-9 **哈桑二手汽车公司的普通日记账**

分录	账户及摘要	过账索引*	借	贷
a	现金	√	20 000	
	资本——哈桑	√		20 000
	哈桑向公司投资			
b	现金	√	10 000	
	应收账款	√		10 000
	收回应收账款			
c	应付账款	√	2 000	
	现金	√		2 000
	以现金偿还应付账款			
d	现金	√	120 000	
	销售收入	√		120 000
	销售收取现金			
e	销售成本	√	70 000	
	汽车存货	√		70 000
	确认销售汽车的成本			
f	汽车存货	√	60 000	
	现金	√		60 000
	以现金购买存货			
g	租金费用	√	14 000	
	现金	√		14 000
	支付 4 月份租金			
h	公用事业费用	√	1 000	
	现金	√		1 000
	支付 4 月份公用事业费用			
i	销售费用	√	30 000	
	现金	√		30 000
	支付 4 月份销售费用			
j	利息费用	√	1 000	
	现金	√		1 000
	支付 4 月份利息费用			

* 通常以账户编号表示过账索引。也可以用核对符号来表示会计分录已经过入了总分类账。

表 3-10 **哈桑二手汽车公司的总分类账**

现金

余额*	10 000	(c)	2 000
(a)	20 000	(f)	60 000
(b)	10 000	(g)	14 000
(d)	120 000	(h)	1 000
	160 000	(i)	30 000
		(j)	1 000
			108 000†
余额	52 000		

应收账款

余额*	20 000	(b)	10 000
余额	10 000		

汽车存货

余额*	100 000	(e)	70 000
(f)	60 000		
余额	90 000		

应付账款

(c)	2 000	余额*	3 000
		余额	1 000

应付票据

		余额*	70 000

销售成本

(e)	70 000		

销售费用

(i)	30 000		

公用事业费用

(h)	1 000		

资本——哈桑

		余额*	57 000
		(a)	20 000
		余额	77 000

销售收入

		(d)	120 000

租金费用

(g)	14 000		

利息费用

(j)	1 000		

* 带星号的余额为 3 月 31 日的余额；不带星号的余额为 4 月 30 日的余额。如果账户中只有一个金额，那么这个金额就是该账户的期末余额。

† 这个小计金额包括在现金账户中。其实它并不属于 T 型账户的内容。当一个账户中有很多笔过账时，可以通过小计来检查数学计算的正确性。

表 3-11 **哈桑二手汽车公司 4 月份的试算平衡表和利润表**

20×1 年 4 月 30 日编制 **单位：美元**

账户名称	余额 借	余额 贷
现金	52 000	
应收账款	10 000	
汽车存货	90 000	
应付账款		1 000
应付票据		70 000
资本——哈桑		77 000*
销售收入		120 000
销售成本	70 000	
租金费用	14 000	
公用事业费用	1 000	
销售费用	30 000	
利息费用	1 000	
合计	268 000	268 000

哈桑二手汽车公司

利润表 20×1 年 4 月

销售收入		120 000
减费用		
销售成本	70 000	
租金费用	14 000	
公用事业费	1 000	
销售费用	30 000	
利息费用	1 000	116 000
净利润		4 000

* 期初余额（57 000 美元）加上追加投资（20 000 美元）。

表 3-12 **哈桑二手汽车公司的结账分录**

C1. 销售收入	120 000	
收益汇总		120 000
C2. 收益汇总	116 000	
销售成本		70 000
销售费用		30 000
公用事业费		1 000
租金费用		14 000
利息费用		1 000
C3. 收益汇总	4 000	
留存收益		4 000

3.7 差错的影响

上面已经介绍了记账程序的全过程，设想一下，如果会计分录中存在错误，那会出现什么情况？又应该如何改正？如果差错能够及时发现，可以重新编写分录或者重新填写正确的数字。但是如果在过账之后才发现差错，那就必须编写更正分录（correcting entry）。编写更正分录的思路应该是首先冲掉以前的错误分录，然后再以正确的金额计入正确的账户。与记账程序中处理一般分录的过程完全一致，更正分录要记入普通日记账然后过入总分类账。这样就可以把账户的余额调整为正确的余额。因为我们要用账户的余额来编制财务报表，这些余额必须是正确的。

来看下面的例子：

1. 某公司在 12 月 27 日误把修理费用记入了“设备”账户。12 月 31 日发现差错：

正确分录：	12/27	修理费用	500	
		现金		500
错误分录：	12/27	设备	500	
		现金		500
更正分录：	12/27	修理费用	500	
		设备		500

更正分录中，通过贷记“设备”账户抵消了错误分录中借方误记的“设备”账户，通过借记“修理费用”账户登记了本该记录的 12 月 27 日发生的修理费用。错误分录中贷方的“现金”账户是正确的，不需要改正。

2. 11 月 2 日误把收回的应收账款记入了“销售收入”账户。11 月 28 日发现差错。

正确分录：	11/2	现金	3 000	
		应收账款		3 000
错误分录：	11/2	现金	3 000	
		销售收入		3 000

更正分录：11/28　销售收入　　3 000
　　　　应收账款　　3 000

更正分录中，通过借记“销售收入”账户抵消了错误分录中贷方误记的“销售收入”账户，并按照收款金额贷记正确的“应收账款”账户，以反映应收账款的减少。通过更正分录把“销售收入”账户贷方的3 000美元转记到了“应收账款”账户的贷方。错误分录中借方的“现金”账户是正确的，不需要改正。

讲解财务报表

假设20×0年5月27日某主管人员向会计部门报告说以现金10 000美元购买了一台设备。会计人员在账簿中登记了这笔交易。5月份的财务报表编制完成之后，该主管人员却说他把5月份部门的物料消耗费用10 000美元误报为购买设备支出。请编制更正分录。这样的情况是否应该引起对道德问题的关注？请加以解释。

答案：

更正分录

物料消耗费用　　10 000
　设备　　10 000

这个错误会使公司的费用虚减10 000美元，利润虚增10 000美元。虚增5月份利润可能对主管人员有利，这可能使他能够完成目标利润以获得奖金。会计人员应该有一种道德责任去调查这笔交易，以保证它确实是错误而不是企图操纵5月份的利润。

3.7.1　暂时性的差错

未查出的差错可能会影响不同的项目，包括特定期间的收入和费用。有些差错在下一个会计期间正常的记账过程中能自动更正过来。这样的差错很容易误导财务报表的使用者，因为它使上下两个会计期间的净利润都出现误报。然而，在第二个会计期间末，两个期间的差错会互相抵消，它们只会影响上期的资产负债表，而不影响下期的资产负债表。

假设在20×1年12月预付下年1月份的租金1 000美元。会计人员把这笔支出记入了“租金费用”账户而不是“预付租金”账户。

错误分录：12/×1　租金费用　　1 000
　　　　现金　　1 000
　　支付1月份的租金

正确分录：12/×1　预付租金　　1 000
　　　　现金　　1 000
　　预付20×2年1月份的租金

1/×2　租金费用　　1 000
　　预付租金　　1 000
　确认20×2年1月份的租金费用

这个记账差错的影响是：(1) 对20×1 年来说，高估租金费用（低估税前利润和留存收益）1 000 美元，并低估年末资产 1 000 美元（因为预付项目没有作为一项资产列示）；(2) 对 20×2 年来说，低估租金费用（高估税前利润）1 000 美元。这个记账差错对 20×2 年年末的资产或留存收益余额没有影响。为什么？因为不管会计人员把预付租金记为 20×2 年 1 月份的费用还是上年 12 月份的费用，总资产是相等的。前后两年错误的税前利润合计等于正确的税前利润合计。第 1 年低估的税前利润 1 000美元抵消了第 2 年高估的 1 000 美元。因此，第 2 年税前留存收益的年末余额是正确的。

3.7.2 不能自我更正的差错

在正常的记账程序中不会自我更正的差错需要会计人员编制具体的更正分录，否则下一期的资产负债表就会出现错误。例如，20×0 年漏记折旧费用 2 000 美元，会导致（1）虚增 20×0 年的税前利润、资产和留存收益 2 000 美元，并且（2）在固定资产的使用年限内，会继续虚增以后年度资产负债表中的资产和留存收益。但是，如果不再出现同样的差错，上述差错不会影响以后年度的税前利润。

3.8 不完整记录

公司的会计记录可能因丢失、损坏而变得不完整，使得会计人员登记日记账和分类账以及编制财务报表时资料不完整。幸好 T 型账户能帮助会计人员发现未知的数据。例如，假设当地一家体育用品商店的业主要求帮助她计算 20×1 年的销售额。她提供了下面这些信息，这些信息是准确的但并不完整（单位：美元）：

公司的应收账款	
20×0 年 12 月 31 日	4 000
20×1 年 12 月 31 日	6 000
20×1 年收回货款并正确记入	
相应客户账户的贷方	280 000

她还说所有的销售业务都是赊销而不是现销。如何利用 T 型账户来查找漏记的赊销业务？有下面两个基本步骤：

步骤 1：把所有已知数据都记入 T 型账户。本例中要找的是会计人员记入“应收账款”账户借方的赊销业务。假设未知的赊销业务为 S，列出下面的 T 型账户：

应收账款

12/31/×0 余额	4 000	收回货款	280 000
赊销	S		
借方合计	(4 000+S)	贷方合计	280 000
12/31/×1 余额	6 000		

步骤 2：查找未知项目。利用前面学过的借贷方关系并通过简单的代数运算就可以解决问题：

借方合计-贷方合计 = 余额
(4 000+S) -280 000 = 6 000
S = 6 000+280 000-4 000
S = 282 000

如果一个账户中有多笔记录或者不止一个未知数据，遗失数据的分析就变得复杂了。不过关键的步骤还是首先把所有已知的借方和贷方记录以及余额都记入账户中，然后再查找未知的项目。

3.9 数据处理与会计系统

数据处理（data processing）是一个通用的术语，是指用来记录、分析、储存和报告特定交易的程序。会计系统就是一个数据处理系统。现在绝大多数会计系统都采用计算机处理。有很多规格和种类不同的软件包可以使用。小公司可以用OuickBooks，Peachtree，NetSuite或者微软小公司管理系统（Microsoft Small Business Manager）。很多大公司正在围绕一个更大的公司资源规划（ERP）系统建立自己的会计系统。最大的ERP公司是德国的大公司SAP和它的美国竞争对手甲骨文公司。这些系统都使用本书中介绍的会计分录和分类账户的基本结构。这些系统使簿记工作不再是一项乏味的工作，但并没有从根本上改变会计记录的方法。不论采用手工记账还是计算机处理系统，总分类账和日记账中的交易数据都是一致的。计算机处理系统的主要优势就是计算机会自动完成记账程序中的一些步骤，如过账程序和财务报表的编制。

采用计算机系统不仅影响数据的处理和财务报表的编制。在沃尔格林（Walgreens）药房和里美特（The Limited）服装店这样的零售商店里，收银机通常不只记录销售业务。它还可以与其他计算机连接起来以记录存货的减少。当库存存货不足时，它还能启动向供应商订货的程序。对赊销业务，计算机还能检查客户的赊销限额，更新应收账款的记录，最后编制月末应收款账单。更重要的是，计算机能自动在日记账中保存每一笔交易的详细资料，从而减少了编制原始凭证的工作量和数据输入错误的发生。

计算机系统降低了数据处理的成本。来看美国运通公司（American Express），这是一家拥有超过9 200万信用卡持有者的金融服务公司。如果采用手工记账方式的话，公司每天都会收到数百万份不同的销售发票。而计算机通过读取信用卡上的磁条就可以处理绝大多数赊销业务。在杂货店和其他的一些零售商店里，都是利用扫描设备扫描顾客手中的信用卡来完成绝大多数结算的。绝大多数加油站都在汽油泵里装上了读卡设备，甚至不需要安排销售人员。每一笔赊销业务的数据都通过电子形式传输到一台中央计算机上，所有账单和财务报表的编制都由这台中央计算机来完成。计算机能自动把数以百万计的交易记入普通日记账而无需任何书面记录和键盘输入工作，极大了节约了时间和成本，同时又提高了准确性。

计算机还能减少结账和编制财务报表的时间。2010年1月19日，美国东部时间下午4点30分，IBM公司在网上公布了该公司截止至2009年12月31日的年度财务成果。这个销售额近1 000亿美元的大公司只用了不到3周的时间就完成了年度结算工作。计算机处理系统还使得美国证券交易委员会在近10年间可以要求大公司在年末之后60天内提交10-K报告，而原来这个时间是90天。近年来，财务报告数据处理技术的最新进步就是采用可扩展的商业报告语言（XBRL），它是一种基于可扩展标记语言（XML）的计算机语言，它更便于不同公司之间的财务信息比较。在下面的“财经热线”中介绍了XBRL。

财经热线

用XBRL进行数据处理

网络的诞生为公司报告和交换财务信息提供了新的平台。第一步是将财务报表以PDF的形式上传到网上。这种方式使信息的传递变得非常方便快捷，但是不能进行数据的分析。一些公司就以Excel的形式保存财务报表。这样就可以对本公司不同年度的同一报表或者不同报表进行比较分析，但是不能在不同公司之间进行比较分析。为解决这个问题，包括美国注册会计师协会（AICPA）、德勤会计师事务所（Deloitte & Touche LLP）、安永会计师事务所（Ernst & Young LLP）、大平原软件公司（Great Plains Software）、毕马威会计师事务所（KPMG LLP）、微软公司和普华永道会计师事务所（PricewaterhouseCoopers LLP）在内的12个组织于1999年8月联合发起创立了XBRL国际委员会，开发了一种用于报告商业信息的以XML为基础的通用计算机语言。如今，有550多个公司及其他组织都在支持这一技术的应用。仅仅十几年的时间，XBRL就已经在世界范围内得到了广泛应用。您可以登录www. xbrl. org了解XBRL的最新进展。XBRL（可扩展的商业报告语言）提供了“一个以XML为基础的框架，全球商业信息供应链都可以用它来生成、交换和分析财务报告信息，这些信息包括但不限于一些法定财务文件，诸如年度和季度财务报告、总分类账信息和审计工作表等。”XBRL将使信息共享变得更容易并提高公司之间信息的可比性。

XBRL得到广泛应用的一个原因是财务信息使用者的数量在不断扩大，监管机构、债权人和其他的财务信息使用者都需要这种形式的信息。2009年1月美国证券交易委员会发布了一项规则，要求大型公司在2009年6月15日以后截止的会计期间用XBRL的形式提交财务报表，所有公司在2011年6月15日以后截止的会计期间都用XBRL的形式提交财务报表，这使得XBRL的应用又前进了一大步。为了促进XBRL在全世界的应用，国际会计准则理事会（IASB）和XBRL国际委员会已经开发出XBRL的一个子系统，工商企业可以使用它来编制符合国际会计准则的主要财务报表。

公司还可以利用XBRL完善内部报告。例如，通过使用XBRL，公司可以快速、高效、低成本地收集和汇总来自于使用不同会计系统的各分部的数据，以最小的成本完成各种报告的编制。公司还可以用XBRL提供税收和其他监管机构要求的文件。

XBRL的支持者还说XBRL还可以使报告的监管变得更容易，从而提高财务报告的质量。美国的SEC现在只能审核上市公司所提供的14 000份文件中的14%。假设公司都以XBRL的形式提供财务报告，SEC就可以使用分析软件以电子方式检查几乎所有的文件。行业内部和跨行业的分析可能会揭示出一些异常情况，这些异常情况可以提示对财务报告进行深入调查。这样就能杜绝财务报告舞弊了吗？显然不能，但是可以更快更容易地发现问题，使会计人员和管理人员在粉饰财务数据之前三思。

资料来源：XBRL Internal Web site（www.xbrl.org）；Securities and Exchange Commission，*interactive Data to Improve Financial Reporting：Final Rule（January 30 2009）on SEC Web site*（www.sec.gov/rules/final/2009/33-9002.pdf）；"IASC Foundation and XBRL PFS Taxonomy Release，" International Accounting Standard Board Press Release，27 November 2002；N Hannon，"Accounting Scandals：Can XBRL Help?" *Strategic Finance*，August 2002，pp.61-62.

记忆要点

1. 运用复式记账会计。复式记账会计是指每一笔交易至少要影响两个账户。例如，不仅要掌握现金的增加，还要掌握现金增加是由销售引起的还是由借款引起的。

2. 描述记账程序的五个步骤。编制财务报表需要经过五个步骤：1）填制原始凭证；2）在普通日记账中记录交易；3）将交易过入总分类账；4）编制试算平衡表；5）结账并编制财务报表。

3. 分析交易以编制会计分录，并将会计分录过入分类账。普通日记账能够提供交易的序时记录。普通日记账记录每一笔交易的发生日期、交易编号、所影响的账户、借贷双方的金额、每个账户的编号（用以将每个账户过入总分类账）以及交易摘要。在普通日记账中用会计分录记录交易之后，要把会计分录中涉及的每一个账户恰当地过入总分类账。总分类账中的账户汇总了一段时间内影响该账户的所有交易。通过加总借方记录和贷方记录并进行借贷抵减，可以计算出某个总分类账户的余额。课文中使用简化的总分类账户格式，即T型账户。所有的会计人员都使用T型账户来帮助分析复杂的交易。借和贷这两个术语需要反复使用。记住借只表示左方，贷只表示右方。

4. 编制和使用试算平衡表。试算平衡表是一个内部报告，它列示了总分类账中的每个账户及其在试算平衡表编制日的余额。试算平衡表可以用来检查账户记录和财务报表编制中的错误。试算平衡表不平衡往往是编制会计分录和过账过程存在差错的结果。试算平衡表不平衡可以让会计人员意识到有差错存在。

5. 结平收入和费用账户，计算留存收益的最新余额。每一个会计期末，会计人员都要对临时性的收入和费用账户进行结账，包括把收入和费用账户的本期发生额转入"收益汇总"账户而使余额为零，然后再把"收益汇总"账户的发生额转入"留存收益"账户。

6. 更正错误的会计分录，并说明差错对账户的影响。尽管小心谨慎，会计分录中有时还是会有差错发生。会计人员要编制更正分录来更正发现的差错，通过更正分录转回错误的记录，同时调整账户余额，使其等于原本编制正确分录以后应得的余额。

7. 解释计算机如何改变了会计数据的处理过程。计算机不仅速度快、效率高，而且能非常准确地处理重复性的工作，从而减少了人工成本和差错的发生。有很多软件包可以用来帮助处理会计交易。采用计算机处理，可以减少很多会计处理程序中的人工劳动及差错的出现。计算机处理程序也是从交易的原始记录开始，编制会计分录并过入分类账，编制试算平衡表和财务报表，最后通过网络将财务信息传递给利益相关者。

会计词汇

累计折旧 accumulated depreciation
折旧准备 allowance for depreciation.
余额 balance
原始记录簿 book of original entry
账面价值 book value
账面金额 carrying amount
账面价值 carrying value
借记 charge
会计科目表 chart of accounts
结账 close the books
复合分录 compound entry
备抵账户 contra account
备抵资产 contra asset
更正分录 correcting entry
贷记 credit
交叉索引 cross-referencing
数据处理 data processing
借记 debit
复式记账系统 double-entry system
普通日记账 general journal
总分类账 general ledger
会计分录 journal entry
编制会计分录 journalizing
分类账 ledger account
账面净值 net book value
过账 posting
简单分录 simple entry
原始凭证 source documents
T 型账户 T-account
试算平衡表 Trial balance
可扩展的商业报告语言 XBRL

练习题

3-1 借与贷

说明下列每一个账户的余额通常在借方还是在贷方。用 dr. 或 cr. 表示。

1. 销售收入
2. 物料消耗费用
3. 应收账款
4. 应付账款
5. 物料存货
6. 留存收益
7. 应付股利
8. 折旧费用
9. 缴入资本
10. 认股款收入

3-2 借与贷

说明下列每一笔交易应该借记还是贷记括号中的账户。

1. 销售商品（“商品存货”）1 500 美元。
2. 赊购存货（“商品存货”）4 000 美元。
3. 偿付欠某联营公司款项 3 000 美元（“应付账款”）。
4. 向欠款客户收回现金（“应收账款”）2 000 美元。
5. 赊购存货（“应付账款”）5 000 美元。
6. 从银行借款（“应付票据”）10 000 美元。

3-3 借与贷

说明 Jacksonville 公司的下列交易应该借记还是贷记括号中的账户？用 dr. 或 cr. 表示。

1. Jacksonville 公司赊销商品（“应收账款”）。
2. Jacksonville 公司收回投资利息（“利息收入”）。
3. Jacksonville 公司宣告发放股利并以现金支付（“留存收益”）。
4. Jacksonville 公司向雇员发放工资（“工资费用”）。
5. Jacksonville 公司以现金方式销售商品（“销售收入”）。
6. Jacksonville 公司取得一项 4 年期的火灾保险（“预付费用”）。

3-4 对或错

说明下面每一句话是对还是错，用 T 或 F 表示：

1. 偿还银行借款应该借记“应付票据”账户，贷记“现金”账户。
2. 以现金偿还应付账款，应该记在“现金”账户的借方和“应付账款”账户的贷方。
3. 赊购存货应该贷记“应付票据”账户，借记一个费用账户。
4. 总的说来，所有的借方记录都要记在账户的左方，代表账户余额的减少。
5. 收回应收账款应该借记“现金”账户，贷记“应收账款”账户。

6. 赊购设备应该借记“设备”账户，贷记“应付账款”账户。
7. 总的说来，资产账户右方的记录代表账户余额的减少。
8. 负债和收入账户的增加应该记在账户的左方。
9. 留存收益的减少应该记在账户的借方。
10. 资产的增加和负债的减少都记在账户的借方。
11. 资产的借项应该记在右方，负债的借项应该记在左方。
12. 有些情况下账户余额的增加要记在账户的右方。

3-5 匹配交易账户

下面是一些按序号排列的账户。要求在空白栏内填上交易所影响的账户的编号。一个账户可以多次使用。说明每一项交易要借记和贷记的账户。

1. 现金
2. 应收账款
3. 存货
4. 设备
5. 累计折旧——设备
6. 预付保险费
7. 应付账款
8. 应付票据
9. 缴入资本
10. 留存收益
11. 销售收入
12. 销售成本
13. 营业费用

	借	贷
(a) 以现金和短期票据购买新设备	4	1，8
(b) 以现金支付所欠货款	______	______
(c) 赊销：销售的同时核算存货	______	______
(d) 以现金支付员工当期的工作报酬	______	______
(e) 向应收款客户收回货款	______	______
(f) 赊购正常商品	______	______
(g) 以赊购方式取得一项为期 3 年的保险	______	______
(h) 以现金支付当天收到存货的货款	______	______
(i) 偿还应付银行的票据	______	______
(j) 为进一步筹集资金，以现金认购方式发行了 400 股普通股。	______	______
(k) 计提设备当期折旧	______	______
(l) 以现金支付芝加哥论坛上今天的广告费	______	______
(m) 一部分保险费到期	______	______

3-6 预付费用

Continental AG 是德国一家很大的汽车零部件供应商。Continental 在 2009 年 1 月 1 日有 5 430 万欧元的预付费用。这个项目主要包括预付的租金、租赁费、利息和保险费。假设 Continental 在 2009 年把所有这些预付费用都消耗掉，公司在 2009 年又以现金支付租金、租赁费和利息 1.55 亿欧元，其中 3 800 万欧元是为 2010 年的费用预付的。

1. 编制会计分录，确认 2009 年消耗的预付费用 5 430 万欧元。

2. 编制复合分录反映 2009 年预付 1.55 亿欧元的租金、租赁费、利息和保险费，按正确的金额计入费用和预付费用。

3-7 编制会计分录并过账

（可用 3-8 替代）为 Montreal 建筑材料公司的下列交易编制分录并过入 T 型账户：

a. 销售收取现金 9 000 美元，所售商品成本为 4 000 美元。

b. 收回应收账款 7 000 美元。

c. 以现金支付工资 3 500 美元。

d. 赊购存货 5 000 美元。

e. 以现金支付管理员报酬 600 美元。

3-8 编制会计分录并过账

（可用 3-7 替代）为林肯房地产公司的下列交易编制分录并过入 T 型账户：

a. 赊购办公用品 800 美元。用“物料存货”账户。

b. 销售房屋，收取销售佣金 8 000 美元。用“佣金收入”账户。

c. 以现金向当地一家报社支付当期广告费 700 美元。

d. 偿付以前赊购办公用品的款项 500 美元。

e. 登记办公用品消耗 300 美元。

3-9 重新编写会计分录

（可用 3—10 替代）根据下列 T 型账户中的过账记录，为 Dorst 热力承包公司重新编写会计分录（包括交易摘要）。

现金			
(a)	55 000	(b)	1 000
		(c)	5 000

设备			
(c)	15 000		

酬金收入			
		(d)	87 000

应收账款			
(d)	87 000		

应付票据			
		(c)	10 000

物料存货			
(b)	1 000	(e)	300

缴入资本			
		(a)	55 000

物料费用			
(e)	300		

3-10 重新编写会计分录

（可用 3-9 替代）根据下列 T 型账户中的过账记录，为一家小型水果批发商重新编写会计分录（省略交易摘要）。

现金			
(a)	50 000	(e)	18 000

应付账款			
(e)	18 000	(b)	90 000

缴入资本			
		(a)	50 000

应收账款			
(c)	100 000		

存货	
(b)　90 000	(d)　57 000

销售成本	
(d)　57 000	

销售收入	
	(c)　100 000

3-11 差错的影响

东南法律事务所的簿记员把 12 月 30 日购买、准备在 1 月份付款的一台新计算机的成本 11 000 美元记作经营费用，而没有记入恰当的资产账户中。说明这个差错对下列各项目有何影响（“没有影响”、“虚增”、“虚减”——相应用 n、o 或 u 表示）：

1. 12 月 31 日的资产总额。

2. 12 月 31 日的负债总额。

3. 截止到 12 月 31 日全年的经营费用。

4. 当年的经营利润。

5. 结账之后 12 月 31 日的留存收益。

3-12 差错的影响

分析下列差错对 Yokahama 贸易公司（以下简称 YTC）20×0 年和 20×1 年净利润的影响。在下面 3 个答案中选择：虚减（u），虚增（o），或没有影响（n），如问题（a）的回答所示。

a. 例：20×0 年末没有调整已在 20×0 年 12 月耗费的预付租金。YTC 在 20×1 年借记余下的预付租金。20×0：o；20×1：u。（解释：在 20×0 年虚减了费用，虚增了利润。这个差错继续影响下年，在 20×1 年虚增了费用，虚减了利润。）

b. YTC 公司漏记了 20×0 年的办公设备折旧费。20×1 年正确计提折旧。

c. 20×1 年，YTC 公司购买 40 000 美元的办公用品并记入资产账户——“办公用品”账户的借方。20×1 年末，剩余办公用品价值 10 000 美元。公司没有编制会计分录确认 20×1 年消耗的 30 000 美元办公用品。

d. 20×0 年购买的机器设备——成本 500 000 美元，直到 20×1 年付款时才登记入账。不考虑折旧；仅根据所描述的差错回答问题。

e. YTC 将 20×0 年 12 月预付的 20×1 年第 1 季度的租金直接记入 20×0 年的“租金费用”账户的借方。20×0 年末的账簿中没有预付租金的记录。

第 4 章　权责发生制与财务报表

学习目标

通过本章的学习，您应该能够：

1. 理解权责发生制会计中调整分录的作用；
2. 编制资产到期或消耗的调整分录；
3. 编制调整分录以确认预收收入；
4. 编制调整分录以计提预提费用；
5. 编制调整分录以确认预计收入；
6. 按顺序描述记账程序的随后几个步骤，并将调整分录与现金收支联系起来；
7. 编制分类资产负债表并用其评价短期变现能力；
8. 编制单步骤及多步骤利润表；
9. 运用财务比率评价盈利能力。

本章核心案例：安格鲁铂金公司（Anglo Platinum Limited）

南非是一个盛产钻石和稀有金属的国家，因此南非最大的上市公司中有很多都是矿产行业也就不足为奇了。在南非发现的贵重金属之一（可能很少有人知道）是铂金。现在铂金比黄金和白银还要贵重。世界上大部分的铂金都是由世界上最大的铂金制造商安格鲁铂金有限公司（Anglo Platinum Limited）生产的。安格鲁铂金有限公司也是在南非约翰内斯堡证券交易所（Johannesburg's Stock Exchange，JSE）上市的大公司之一。

矿业企业都会有一些不安全因素，安格鲁铂金公司业绩的主要风向标之一就是他们的安全评级。但投资者和管理层也需要了解公司的经营状况、是否赚钱以及经济状况是否稳定。用来评估这些情况的最重要的方法之一就是阅读公司每年 12 月 31 日发布的年度财务报表。这些财务报表包括了详细说明公司在特定年度的财务业绩（收入、费用和净利润）和年末财务状况（资产、权益和负债）的报告。

南非的法律法规要求每一家公司都要按照特定的会计框架来编制年度财务报表。上市公司比如安格鲁铂金公司应当按照国际财务报告准则（International Financial Reporting Standards，简称 IFRS）来编制财务报表。国际财务报告准则的目的是提供对包括投资者、雇员和供应商在内的财务报表使用者决策有用的会计信息。国际财务报告准则要求按照应计制原则编制财务报表，即公司应当在交易应归属的财务年度进行交易的核算，而不是在发生现金收支的年度。这一原则能够用来编制和解读财务报表，了解这一点是非常重要的。

4.1　账户调整概述

对于大多数的交易，会计人员在业务发生时就将其记入日记账和分类账。但像第 3 章中提到的折旧和预付租金到期摊销这样的交易，看上去就没有这么直观了。这些交易与其他大多数在发生时就被记录的交易的区别就在于看上去是否直观明了。

显性交易(explicit transactions)是指那些看上去比较直观，并需要逐日编制常规会计分录的事项，比如现金收支、赊购与赊销业务等。对于每一笔显性交易，我们可以确定某一经济事项已经发生，会计人员必须编制一笔会计分录来加以记录。在编制此类业务的会计分录时必须依据原始凭证，比如销售单、购货发票、薪金付款凭证或者其他有形证据等。需要注意的是，并不是所有显性交易都存在核算主体与其他主体之间发生销售货物或提供服务的实际交易行为。例如，因为火灾或盗窃而导致的财产损失是一项显性交易，但并没有实际交易行为的发生。当然，在通常情况下，只要有某项直观的事件发生，就需要编制一笔会计分录。

隐性交易(implicit transactions)是指类似于时间推移这样的事件，交易发生时一般不会形成原始凭证或者任何有形证据。由于不会收到记录此类业务的特定报告，所以会计人员通常等到会计期末时才确认这些业务。例如，在会计期末，会计人员根据备忘录信息编制计提折旧费用或摊销预付租金的分录。而显性交易通常不会形成此类分录，会计人员在购买资产或在最初支付租金时，就会记录这些显性交易。我们把这些在会计期末编制的、用来记录隐性交易的会计分录称为会计调整。会计调整(adjustments，或称调整分录，adjusting entries)将隐性交易的财务影响分配至恰当的会计期间。因此，会计调整要定期进行，通常在将要编制当期财务报表时进行。在编制调整分录时，首先要在普通日记账中记录调整分录，然后过账到总分类账中。编制完隐性交易的调整分录后，我们更新总分类账户的期末余额并据以编制财务报表。

调整分录是权责发生制会计的核心。权责发生制（accrue）是指在特定会计期间，即使没有发生显性交易也同样对某项应收款（资产）或应付款（负债）予以确认。应收款项或应付款项会随着时间的推移而增加，但却没有发生有形资产的交换。为了保持资产负债表等式的平衡，在资产负债表上累计增加应收款或应付款的余额同时，还需要在利润表中确认收入或费用。

通常有哪些交易事项需要采用权责发生制？常见的例子有员工工资已经发生但没有支付，或者借款利息已经发生但未到付息时间。先来看工资。我们通常在公司向员工支付工资时确认工资费用。但是，如果公司在星期五支付工资，而会计期间在下周三结束。那么，一周中有 3 天的工资费用已经发生，但却没有显性交易使公司记录这项费用。公司必须编制调整分录来确认周一、周二、周三这 3 天的工资费用，同时增加应付工资的记录。由于权责发生制会计并不依据于显性交易，所以不需要逐日编制调整分录。我们只需在每个会计期末编制调整分录以确认这些已经发生但尚未予以记录的应计项目。

可以看出，每一笔调整分录都会同时影响利润表项目和资产负债表项目。调整分录绝对不会影响现金，对现金有影响的分录都是根据显性交易编制的。调整分录的目的就是确保公司的资产、负债和股东权益在财务报表中得到恰当反映。在编制调整分录的过程中，我们需要考虑时间的推移或者其他因素是否已经导致了资产的形成或耗费以及负债的产生或清偿。

通过编制调整分录，可以使某一特定期间的收入和费用相配比，并可以使资产负债表能够恰当地反映资产和负债。例如，与棒球明星（假设是阿尔伯特·普荷斯，Albert Pujols）签订了一个总金额 2 000 万美元的 2010 赛季合同。如果球队在 2010 赛季将 2 000 万美元以现金方式全部支付，这是一项显性交易，球队就要记录现金减少 2 000 万美元，同时记录费用增加 2 000 万美元。相反，如果球队只支付 1 500 万美元现金，而剩余的 500 万美元直到 2011 赛季或更晚些时候才支付。这时，1 500 万美元的现金支付是一项显性交易，球队将其计入 2010 年度的费用中。由于剩余的 500 万美元不是显性交易，球队通常不会将其记录到当年的费用中。但是普荷斯打完整个赛季就挣得了全部的 2 000 万美元，球队最终必须支付剩余的 500 万美元，因此球队存在一项负债。而且，该球队为了 2010 赛季共发生了 2 000 万美元，所以延期支付的 500 万美元也应作为 2010 年度的费用。因此，球队在 2010 年末编制年度财务报表时，就必须做一个调整分录，即：将延期支付的 500 万美元确认为当期费用，同时确认一项 500 万美元的负债。

调整分录通常源于如下 4 种基本的隐性交易形式：

I. 摊销未耗成本

II. 确认预收收入

III. 计提预提费用

IV. 确认预计收入

下面我们将逐一详细地讲述上述各类交易。

4.2 未耗成本的摊销

某些成本会随着时间的推移而逐渐耗费。例如，某公司增加了一项资产，这是一笔显性交易。当公司使用该资产时，必须做相应的调整分录以减少该资产并确认为当期费用。未耗项目的主要特点是：某项过去发生的显性交易形成该项资产，而接下来需要根据隐性交易确认资产价值的消耗。

例如，在第 3 章的案例中，双轮公司在 1 月份支付了 6 000 美元，作为 1、2、3 月份的租金。公司先将 6 000 美元的预付租金记录为一项资产，然后公司每天都会产生租金费用，预付租金这项资产的价值也逐日下降。但是，会计实务中并不需要每天编制调整分录。双轮公司需要在每个月末做一笔 2 000 美元的调整分录，以反映预付租金的逐期摊销。该调整分录减少预付租金这项资产，同时增加租金费用。另一个资产摊销的例子是办公用品的摊销。假设某公司在 2010 年 3 月 1 日购买了 10 000 美元的办公用品。购买办公用品是一笔显性交易，公司要增加“办公用品存货”账户（借记），同时减少“现金”账户（贷记）。这笔采购业务的会计分录如下：

办公用品存货	10 000	
现金		10 000

3 月末，公司确认已使用了其中 1 500 美元的办公用品，这就需要作如下的调整分录：增加“办公用品费用”账户（借记）和减少“办公用品存货”账户（贷记）。

办公用品费用	1 500	
办公用品存货		1 500

编制这项调整分录之后，资产负债表中“办公用品存货”项目金额为 8 500 美元（10 000−1 500），利润表中则显示费用为 1 500 美元。如果漏编某项调整分录，是否会导致资产负债表和利润表数据出现错误？回答是肯定的。即使资产负债表仍然平

衡，利润表和资产负债表却都是错误的。如果公司没有做如上调整分录，就会高估“办公用品存货”项目 1 500 美元，低估费用 1 500 美元。低估费用将导致高估净利润、高估股东权益中的“留存收益”项目。

未耗成本摊销的例子还有计提折旧费用和累计折旧。请参见第 3 章中折旧费用的处理。

4.3 预收收入的确认

就像公司购买资产并在其使用期内确认相关费用一样，公司也经常预收某些账款并随后分期确认收入。已收未获收入（unearned revenue）（也称为预收收入，revenue received in advance，或递延收入，deferred revenue）是指客户已经提前付款而公司承诺在未来某一日期才交付商品或提供服务的收入。公司在确认该项收入前已经收到款项，而对未来提供商品或服务的承诺却是一项负债，所以公司必须同时确认款项的收取和未来应提供商品或服务的负债。例如，航空公司经常要求乘客预付票款。美国航空公司（American Airlines）在近期的报表中显示，有一项超过 37 亿美元的预收收入记入“航空运输负债”账户。当乘客乘坐曾经预付过票款的飞机时，航空公司就应该减少负债并相应地增加收入。

如果我们比较一项合约双方的财务状况，就能更容易地理解对上述预收收入所编制的调整分录。接前例，双轮公司在 1 月份预付 3 个月租金 6 000 美元，该业务对双轮公司及出租方即收取租金一方的财务影响对比如下（单位：美元）：

	财产所有者（出租人）				双轮公司（承租人）			
	资产	=	负债 +	股东权益	资产		= 负债 +	股东权益
	现金		预收租金收入	租金收入	现金	预付租金		租金费用
(a) 显性交易（预付 3 个月租金）	+6 000	=	+6 000		−6 000	+6 000	=	
(b) 1 月份调整分录（1 个月租金）		=	−2 000	+2000		−2 000	=	−2 000
(c) 2 月份调整分录（1 个月租金）		=	−2 000	+2000		−2 000	=	−2 000
(d) 3 月份调整分录（1 个月租金）		=	−2 000	+2 000		−2 000	=	−2 000

（a）和（b）两笔业务的分录如下：

财产所有者（出租方）

(a) 现金	6 000	
已收未获租金收入		6 000
(b) 已收未获租金收入	2 000	
租金收入		2 000

（（c）和（d）的分录同（b）。）

双轮公司（承租方）

(a) 预付租金	6 000	
现金		6 000
(b) 租金费用	2 000	
预付租金		2 000

（(c) 和 (d) 的分录同 (b)。）

从双轮公司的角度来看，我们已经熟悉了上述的分析过程。双轮公司每月 2 000 美元的那笔分录就是第一类调整分录，即预付资产的摊销。从出租方的角度来说，交易（a）是一项确认预收收入的显性交易，出租方增加现金账户并增加“已收未获租金收入”这项负债。为什么要确认一项负债？因为出租方有义务要么提供出租服务，要么不提供服务并将钱退给承租方。正因为如此，有时把该账户称为“预收租金”或“递延租金收入”，而不是“已收未获租金收入”。名称并不重要，关键在于它是一个负债账户。也就是说，它是一项已经预收却还没有实现的收入，它使得出租方在将来有义务向承租方提供这项服务。

应当注意，交易（a）并不影响出租方的股东权益，因为该交易并不确认任何收入。回顾一下第 2 章的内容，公司应当在赚得并实现收入时在利润表中确认收入。出租方收到 6 000 美元现金，只是收到了这笔款项，但并没有赚得这笔收入。出租方只在对事项（b）、（c）和（d）做调整分录时才会确认收入。出租方要减少负债账户“预收租金收入”（借记），同时增加股东权益账户“租金收入”（贷记）。最终的影响就是当出租方确认收入时，股东权益相应增加。如果出租方没有做事项（b）的调整分录，就会高估负债 2 000 美元并低估收入 2 000 美元。低估收入会导致低估净利润和股东权益。同样地，如果双轮公司没有做前述调整分录，就会高估资产 2 000 美元并低估费用 2 000 美元。低估费用将导致净利润和股东权益的高估。

同时观察上述租赁合同的双方，可以看出第Ⅰ类和第Ⅱ类调整分录是一个问题的两个方面。为什么？如果某项合同导致一方记录预付费用，则另一方必然要确认一笔预收收入。这一基本关系存在于任何预付性质的业务中，无论是一项 2 年期的火灾保险，还是一项 5 年期的杂志预订业务都是如此。例如，杂志的购买方最初确认一项预付费用（资产），在整个受益期间则要编制调整分录以将初始成本分期确认为费用。同样，销售方即杂志的出版方，在收到上述 5 年期杂志订阅款项时记录一项负债即“预收租金收入”，并在订阅期内编制调整分录以确认各期收入。

再来看星巴克的例子。星巴克列示 2009 年 9 月 27 日的负债中有预收收入 3.887 亿美元。星巴克销售咖啡预付卡（储值卡）和礼券，顾客可以凭卡或礼券购买饮料或食品。顾客购买卡时，星巴克收取现金，但要等到顾客用卡或礼券消费时才可以确认收入。假设星巴克在 9 月 8 日销售储值卡和礼券共计 10 000 美元。这笔显性交易使得资产负债表中产生了一项负债即“预收收入”，同时增加了现金。顾客在截至 9 月末的会计年度末之前的持卡和礼券消费共计 3 000 美元。公司则应当在利润表中确认收入 3 000 美元，同时减少“预收收入”项目 3 000 美元。下面的“财经热线”中所描述的特许权持有人也是取得预收收入的公司的例子。

财经热线

特许经营权及其收入确认

在特许经营协议中，如麦当劳或美国篮球联盟（National Basketball Association）之类的核心机构授权特许证持有人使用其公司名号和其产品。特许证持有人同样可以得到总部广告、管理以及产品开发方面的协助。在美国，至少有75个不同的行业利用特许经营来向顾客销售商品和提供服务，至少有75万个不同种类的特许经营品牌，统计显示特许经营所雇佣员工人数超过1 500万。全球特许经营行业的销售额将近2万亿美元。全球两家最大的特许权持有人是赛百味（Subway）和麦当劳，前者拥有将近30 000个经销店（27%在美国本土以外），后者拥有25 000个经销店（52.3%在美国本土以外）。

特许经营权产生了有趣的会计问题。核心机构如何核算特许费？乍看上去，公司应当在收到现金时将这些特许费直接确认为收入。但是，权责发生制原则要求公司只有在满足以下2个条件时才能确认收入：（1）公司已经完成一项工作，即收入已经实现；（2）可以合理确信公司可以收到特许费（即已经收到现金或者预计可收回）。

落基山巧克力工厂（Rocky Mountain Chocolate Factory）是精品巧克力商店的特许权持有人，在美国、加拿大和阿拉伯联合酋长国拥有320多家商店。公司在商店开业之前向商店收取特许权费，这就是特许经营的例子。落基山巧克力工厂出售它的特许地区开发权，授予特许经营商在特定地区开设门店的特权。对所出售的权利，落基山巧克力工厂要收取初始特许权费。落基山巧克力工厂在收到现金时是否应当将这笔钱记作收入？回答是不能记作收入。因为在特许经销商的特许经营商店实际开张并经营之前，落基山巧克力工厂并没有为特许经销商提供相关服务。在收到现金至商店开业这段期间，落基山巧克力工厂应当将这笔钱记作递延收入。

麦当劳总是被《企业家》杂志命名为头号特许权持有人之一。2008年，麦当劳的全部销售收入为707亿美元，其中特许经销商和连锁店就创造了541亿美元。但是，麦当劳的利润表上报告的总收入却只有235亿美元——165亿美元来自公司所属的饭店，70亿美元来自特许经销商和连锁店。为什么？因为麦当劳只将特许费确认为收入，而不是将特许经销商的所有销售都确认为收入。

资料来源：www.enterpreneur.com/franchises；www.ranchiseconsultantsinc.com/statistics.html；McDonalds 2008 Annual Report，www1.mcdonalds.com/ annualreport/index.html；Rocky Mountain Chocolate Factory 2008 Annual Report，http：/rmcf5.com/corp/investor/docs/10kANN22908.pdf

4.4 计提预提费用

工资是一项持续发生的负债，它伴随着员工职责的履行而发生，员工完成的工作在会计上即成为费用。但是对大多数的应计费用来说，没有必要每小时、每天或者每周都进行正式记录，因为频繁记录这些事项的成本会超出其收益。事实的确如此，即使计算机可以轻而易举地完成这项任务，并且处理成本很低，但频繁记录的益处仍然很低。会计人员仅仅在编制财务报表时才需要汇总这些费用，而一般不需要每小时或每天都这么做。因此，会计人员只需在编制正式财务报表前，编制调整分录以计提各类应计费用（并确认相应的负债），并计算这些费用账户在会计期末的最新余额。编制调整分录可以将这些应计费用与其产生收入的期间准确配比。

4.4.1 支付工资的核算

大多数公司都按预先确定的日期支付员工工资。假设安格鲁铂金公司每周五向员工支付本周工资。先看如下的1月份日历：

1月份

M	T	W	T	F	S	S
	1	2	3	4	5	6
7	8	9	10	11	12	13
14	15	16	17	18	19	20
21	22	23	24	25	26	27
28	29	30	31			

由于工资费用是在安格鲁铂金公司支付工资前的一个星期内发生的，1月26日支付的工资是对截至1月26日的一周内员工工作的报酬。假设1月份4个周五所支付的工资总额为200 000美元，也就是每个工作周50 000美元，或者每个工作日10 000美元。公司在一月份的每个周末依据所支付的工资编制常规分录，即增记“工资费用”账户并减记“现金”账户。如上述日历所示，安格鲁铂金公司分别于1月5日、12日、19日及26日支付工资。这些事项构成显性交易，因为需要开出工资支票。在1月末，资产负债表显示出上述显性交易的合计金额及对会计等式的影响：

	资产	=	负债	+	股东权益
	现金				工资费用
（a）显性交易的常规分录	−200 000				−200 000

4.4.2 应计工资的核算

假设安格鲁铂金公司按月编制财务报表。1月份，除了实际支付给员工的200 000美元工资以外，公司还欠员工本月最后3天的工资30 000美元，但公司直到周五（即2月2日）才会支付这部分工资。为了确保准确核算1月份的工资费用，公司必须编制调整分录。交易（a）反映了当月实际支付给员工的工资总额，是根据显性交易编制的常规分录，交易（b）编制的则是调整分录，预提了1月29日星期一至1月31日星期三应支付给员工的工资。交易（b）同时确认了费用和负债。

	借	贷
（a）工资费用	200 000	
现金		200 000
（b）工资费用	30 000	
应付工资		30 000

如果安格鲁铂金公司没有记录交易（b），费用和负债都会低估 30 000 美元。低估费用会导致净利润及股东权益的高估。

工资费用包括交易（a）和交易（b）对 1 月份资产负债表等式的合计影响如下：

	资产	=	负债	+	股东权益
	现金		应付工资		工资费用
（a）显性交易的常规分录	−200 000				=−200 000
（b）隐性交易的调整分录，确认应付工资	______	=	+30 000		−30 000
合计数	−200 000	=	+30 000		−230 000

调整分录（b）中，费用增加的同时负债增加，而不是资产减少，这是我们看到的第一笔这样的调整分录。这一类型的调整事项与预付租金所引起的会计问题不同。对于预付租金，账面记录了一项资产，会计人员通过分析账面余额是否正确、是否需要编制调整分录以减少其余额，来确定是否需要编制调整分录。而对于应计工资，不涉及这样的资产账户，因此会计人员不需要考虑这样的问题。当然，大多数的期末调整都是常规性的调整，会计人员都知道应当对诸如租金的摊销或者应计工资等事项编制调整分录，因为每个会计期间都会遇到类似的问题。

2 月 2 日，安格鲁铂金公司将支付 1 月份最后 3 天以及 2 月 1 日和 2 日的工资：

工资费用（2 月 1 日及 2 日）	20 000	
应付工资	30 000	
现金		50 000

（记录 2 月 1 日和 2 日的工资费用，支付截至 2 月 2 日的本周工资）

上述分录清晰地体现了配比原则，常规分录与调整分录使工资费用与产生相应收入的期间相对应。

4.4.3 应计利息

应计费用的例子还有销售佣金、不动产税、所得税、借款利息等。利息相当于使用资金的“租金”，如同使用大楼要支付租金一样。无论公司是否实际支付，利息都会随着时间的推移而逐渐增加（发生）。

假设安格鲁铂金公司在 2009 年 12 月 31 日从标准银行借款 100 000 美元，借款合同要求在 2010 年 12 月 31 日归还借款本金 100 000 美元及 6% 的利息。按惯例，利率均按年计算，年度内任何一段时间的利息都可按如下方法计算：

本金×利率×借款期间占年度时间的比例＝利息

本金是借款金额（100 000 美元），利率按年百分比表示（6%）。因此，全年的利息费用为：

100 000×6%×1＝6 000（美元）

2010 年 1 月 31 日，安格鲁铂金公司借入 100 000 美元借款的时间为 1 个月或 1/12年。公司因使用该借款而对银行负有债务，欠款金额应计入整个 1 月份。所欠利息金额为 500 美元（100 000×6%×1/12）。借款的月度成本为 500 美元。利息将于

2010 年 12 月 31 日支付，但在 1 月末，公司欠银行 1 个月利息。我们像调整应计工资一样分析并编制利息的调整分录：

	资产	=	负债	+	股东权益
			应付利息		利息费用
调整确认 1 月份尚未记录的应计利息		=	+500		−500

调整分录为：

利息费用　　500

　应付利息　　500

1 月末，安格鲁铂金公司欠标准银行 100 500 美元而不是 100 000 美元。调整分录将 500 美元利息费用与其发生的期间相配比。如果公司漏编该调整分录，1 月末的负债和费用将被低估。低估利息费用还会影响其他财务数据吗？当然，如果低估利息费用，净利润和股东权益就会被高估。

4.4.4　应计所得税

如果公司经营有利润，还会发生所得税费用。世界各国都实行所得税制度，但不同国家的税率和具体规定会存在一定差异。在美国，公司需要缴纳联邦所得税，在大多数州还要缴纳州所得税。对多数公司而言，联邦所得税加上州所得税合计税率约为 40%，也就是说，公司获得 1 美元的利润，就需要承担 40 美分的所得税费用。当然，公司并不是在获得每 1 美元利润时就缴纳 40 美分的所得税。所得税是在整个期间发生的，公司需要在月末编制财务报表时，通过编制调整分录来确认应计所得税。

不同的公司在利润表中表示所得税的名称各不相同，如所得税费用、所得税准备，当然直接称为所得税最为常见。对跨国公司来说，所得税费用可能包括其在开展业务的不同国家的纳税责任。在编制利润表时，大多数公司都要计算出一个小计金额即税前收益（income before income tax，earnings before income tax 或者 pretax income），然后将所得税作为利润表中单独的一个项目列示于净收益之前。这种安排的合理性在于所得税费用是以税前收益为基础计算的。哥伦比亚运动服饰公司是世界上最大的生产户外服装的公司之一。公司 2008 年度报告中采用的就是绝大多数公司所惯用的格式：

税前收益	126 243 000 美元
所得税费用	31 196 000 美元
净收益	95 047 000 美元

大众汽车公司（Volkswagen），执行国际财务报告准则，在 2008 年也采用类似的格式报告利润：

税前利润	6 608 000 000 欧元
所得税费用	1 920 000 000 欧元
税后利润	4 688 000 000 欧元

4.5 确认预计收入

正如预收收入的实现与预付费用的摊销恰好相反一样，预计收入的确认与预提费用的计提也正好相反。由于公司尚未收到现金，不存在据以编制会计分录的显性交易。但是，根据收入确认原则，收入是在它实现的期间影响股东权益，而不是在收到现金的期间。因此，必须编制调整分录以确认已实现但尚未收到款项的收入。

比如，标准银行向安格鲁铂金公司提供借款 100 000 美元。1 月 31 日，银行实现了 500 美元的利息收入。下表反映了二者的关系：

	标准银行（贷款人）					安格鲁铂金公司（借款人）				
	资产	=	负债	+	股东权益	资产	=	负债	+	股东权益
	应收利息				利息收入			应付利息		利息费用
1 月份利息	+500	=			+500		=	+500		−500

另一个应计收入的例子是“未结算”费用。律师、会计师、医师、广告代理商可能在某一月份中都按小时收费，但要等到整个合同完成时才向客户开具账单。在权责发生制下，公司应在实现收入的当月就记录收入，而不是留到以后期间。假设某律师事务所 1 月份提供了价值 10 000 美元的服务，但直到 3 月 31 日才向客户出具相应的发票。在编制 1 月份财务报表之前，应当针对当月的预计收入做如下调整分录：

	资产	=	**负债**	+	**股东权益**
	应收服务费				**服务费收入**
已实现服务费的调整分录	+10 000	=			+10 000

记录预计收入的会计分录如下：

应收服务费	10 000	
服务费收入		10 000

如果律师事务所没有做这笔调整分录，结果会如何？那会使资产及收入均被低估 10 000 美元，而净利润和股东权益也因此被低估。

公用事业公司经常需要确认那些已经提供服务但没有向客户结算的收入。比如，向超过 65 万户的俄勒冈州和华盛顿的居民及商业用户提供天然气的西北天然气公司（Northwest Natural）在 2009 年 1 月 1 日，未结算应计收入比流动资产中的应收账款余额还高：

应收账款	81 288 000 美元
应计收入	102 688 000 美元

预收收入、收入确认与职业道德

确认预收收入会使会计人员陷入道德困境。现在，假设您是一家小公司的会计人员，在 12 月 15 日收到一笔 100 000 美元的现金，公司为此应当在后续期间内提供各种咨询服务。在收到现金时，您可能会增记现金并增记负债账户“预收收入”。如本章上面内容所描述的，当公司提供服务时，恰当的会计处理应当是减记“预收收入”账户并确认利润表中的收入。

12 月 31 日，您复核合同后认为公司已经提供了其中 65 000 美元的咨询服务。您建议编制调整分录以确认 65 000 美元收入（贷记），同时减少（借记）“预收收入”65 000 美元。您的上司，公司的财务总监，坚持认为公司只提供了 10 000 美元的服务。他认为，只确认 10 000 美元的收入，是对完工百分比更为谨慎的估计。此外，他还提醒您说谨慎原则是会计人员应当遵循的原则之一。谨慎原则（conservatism）要求会计人员选择计量方法时要预计费用和负债，递延确认收入和资产，以记录较低的净利润、较低的资产和较低的股东权益。您的上司认为，如果资产负债表以较低而不是较高的金额报告资产、以较高而不是较低的金额报告负债，利润表以较低而不是较高的金额报告净利润，财务报表才不会误导使用者。他还认为，高估收入和净利润以及低估负债是不符合职业道德的，而他的 10 000 美元的收入估计是对收入和净利润的更谨慎的表述。

您在公司茶水间意外地听到公司明年销售可能会降低的消息，于是，您在思考这一预测是否和财务总监的估计有关联。是财务总监试图保留部分收入以记入明年吗？您应当依据服务合同在利润表中确认 10 000 美元的收入，还是坚持确认 65 000 美元的收入？

此时的问题比较复杂。精确地判断咨询服务的完工程度常常比较困难。如果由两个人来判断，即使都十分诚实，也可能对服务的完工比例做出不同的估计。10 000 美元是对已实现收入更谨慎的估计。当然，如果当期确认的收入较低，公司就会在下个期间确认较高的收入。如果财务总监估计 10 000 美元只是为了操纵公司的收入和盈利趋势，这种估计是不符合职业道德的。

4.6 调整的步骤

第 3 章中介绍了记账程序的下列步骤：

交易凭证 →	日记账 →	分类账 →	试算平衡表 →	财务报表
步骤 1	步骤 2	步骤 3	步骤 4	步骤 5

上述记账程序的最终目标是依据权责发生制原则编制恰当的财务报表。为实现这一目标，上述过程必须包括编制调整分录以记录隐性交易。考虑调整分录后，我们可以将最后 3 个步骤再细分为如下步骤：

分类账 →	调整前试算平衡表 →	编制调整分录并过账 →	调整后试算平衡表 →	财务报表
步骤 3	步骤 4a	步骤 4b	步骤 4c	步骤 5

回顾上述步骤时，请记住每一笔调整分录至少影响一个利润表项目，即收入或者费用，同时影响一个资产负债表项目，即资产或者负债。任何调整分录均不会借记或贷记现金科目。为什么？因为如果某项交易影响现金，那么它就是显性交易，公司要在交易发生时就予以记录。期末的调整分录只源于隐性交易，这是权责发生制会计的必要内容。

现金流动——涉及现金收支的显性交易——可能会早于或迟于那些确认相关收入或费用的调整分录。下表揭示了现金流动与调整分录的根本区别：

调整分录Ⅰ和Ⅱ，即未耗成本的摊销和预收收入的实现，通常紧随在现金收付之后。例如，当公司收到或支付租金时，只会影响资产负债表。而随后编制的调整分录则记录了以后对利润表的影响。

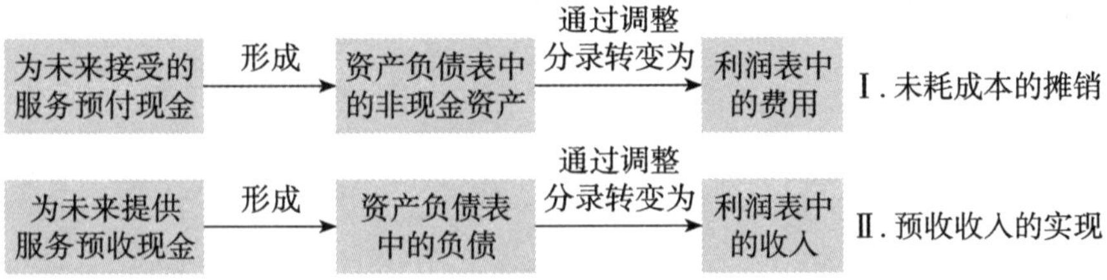

调整分录Ⅲ和调整分录Ⅳ分别描述了在现金收付之前进行的计提预提费用和确认预计收入两类事项。由于这些事项在发生现金收支之前已经影响利润表，会计部门需要在发生现金收支之前就计算出销售（或购买）商品或提供（或接受）服务的金额。表4-1对主要调整分录作了汇总。

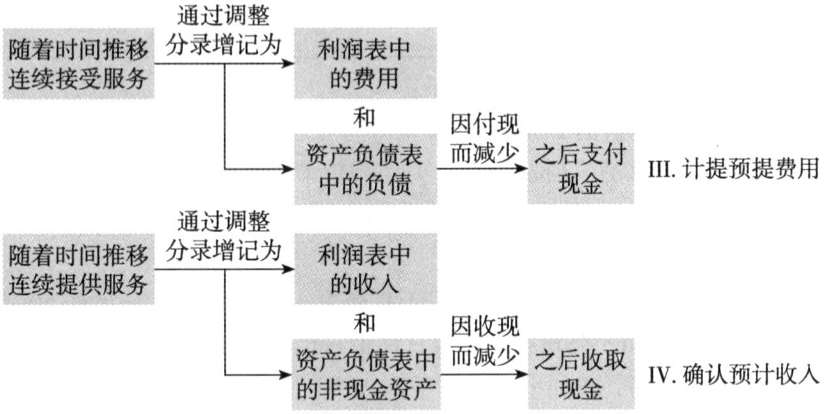

表4-1 **调整分录一览表**

调整分录	借方账户类型	贷方账户类型
Ⅰ. 摊销未耗成本	费用	预付费用，累计折旧
Ⅱ. 确认预收收入	预收收入	收入
Ⅲ. 计提预提费用	费用	应付项目
Ⅳ. 确认预计收入	应收项目	收入

复习题概要

题目：

Chan Audio 公司是个音响设备零售商，于20×0年的1月1日开业。一个月后，即 20×0 年 1 月 31 日，该公司调整前试算平衡表如下（单位：美元）：

现金	71 700	
应收账款	160 300	
应收票据	40 000	
商品存货	250 200	
预付租金	15 000	
仓储设备	114 900	
应付票据		100 000
应付账款		117 100
预收租金收入		3 000
实收资本		400 000
销售收入		160 000
销售成本	100 000	
工资费用	28 000	
合计	780 100	780 100

思考 1 月 31 日如下的调整分录：

（1）1 月份的折旧 1 000 美元。

（2）在 1 月 2 日，Chan Audio 公司预付了 20×0 年第 1 季度租金 15 000 美元，正如上面试算平衡表中所显示的“预付租金”账户的借方余额。请为 1 月份发生的租金费用作调整分录。

（3）1 月份实际发生但至 1 月 31 日尚未支付的员工工资为 3 750 美元。

（4）Chan Audio 公司在 1 月 1 日向银行借款 100 000 美元。借入款项时，公司记录了这项显性交易，正如上面试算平衡表中所显示的“应付票据”账户的贷方余额。公司将于 1 年后（即 20×1 年 1 月 1 日）偿付本金及按利率 6% 计算的利息。该公司尚未对 1 月份的利息费用进行调整。

（5）在 1 月 1 日，Chan Audio 公司向当地供应商提供了 40 000 美元的贷款，正如上面试算平衡表中所显示的“应收票据”账户的贷方余额。借款人承诺在一年后（即 20×1 年 1 月 1 日）归还本金及按利率 9% 计算的利息。在 1 月 31 日，公司需要作一笔调整分录以确认应收票据的应计利息。

（6）1 月 15 日某临近的公司为临时租用 Chan Audio 公司的闲置的仓库和仓储设备预付了 3 000 美元的租金。租赁合同期限 3 个月，从 1 月 15 日到 4 月 15 日。该 3 000美元就是“预收租金收入”账户的贷方余额。在 1 月 31 日，Chan 应作调整分录以确认半个月的租金收入。

（7）Chan 公司应当按照税前收入的 40% 计提 1 月份的所得税费用。

要求：

1. 在总分类账中登记试算平衡表余额。开立下列新账：资产账户“应收利息”、资产备抵账户“累计折旧——仓储设备”，负债账户“应付工资”、“应付利息”及“应交所得税”，费用和收入账户“折旧费用”、“租金费用”、“利息费用”、“利息收入”、“租金收入”及“所得税费用”。

2. 作第（1）到（7）项的调整分录并过账到分类账，用交易代码标注。

3. 编制20×0年1月31日调整后的试算平衡表。

解答：

上述要求1–3的答案见表4–2、4–3及4–4。会计人员经常使用表4–4这样的最终试算平衡表，即调整后的试算平衡表。为什么？因为所有必要的调整分录都已编制；调整后试算平衡表提供了编制正式财务报表的必要信息。

表4–2　　**Chan Audio公司普通日记账**　　单位：美元

	借	贷
（1）折旧费用	1 000	
累计折旧——仓储设备		1 000
计提1月份的折旧费用		
（2）租金费用	5 000	
预付租金		5 000
1月份的租金费用5 000美元（15 000 ÷ 3）		
（3）工资费用	3 750	
应付工资		3 750
确认1月份已发生但尚未支付的工资		
（4）利息费用	500	
应付利息		500
1月份利息500美元（100 000×0. 06×1/12）		
（5）应收利息	300	
利息收入		300
1月份应计利息收入300美元（40 000×0. 09×1/12）		
（6）预收租金收入	500	
租金收入		500
1月份租金收入，每个月1 000美元（3 000÷3）；半个月500美元		
（7）所得税费用	9 020	
应交所得税		9 020
计提1月份所得税费用		
0. 4×（160 000+300+500−100 000−28 000−3 750−1 000−5 000−500）= 9 020		

表 4-3　　**Chan Audio 公司总分类账**　　单位：美元

资产　=　负债　+　股东权益

资产（左方增加，右方减少）

负债 + 股东权益（左方减少，右方增加）

资产

现金	
余额 71 700	

应收账款	
余额 160 300	

应收票据	
余额 40 000	

商品存货	
余额 250 200	

预付租金	
余额 15 000	(2) 5 000
余额 10 000	

仓储设备	
余额 114 900	

累计折旧——仓储设备	
	(1) 1 000

应收利息	
(5) 300	

负债

应付票据	
	余额 100 000

应付账款	
	余额 117 100

预收租金收入	
(6) 500	余额 3 000
	余额 2 500

应付工资	
	(3) 3 750

应付利息	
	(4) 500

应交所得税	
	(7) 9 020

股东权益

缴入资本	
	余额 400 000

销售收入	
	余额 160 000

销售成本	
余额 100 000	

工资费用	
余额 28 000	
(3) 3 750	
余额 31 750	

折旧费用	
(1) 1 000	

租金费用	
(2) 5 000	

利息费用	
(4) 500	

利息收入	
	(5) 300

租金收入	
	(6) 500

所得税费用	
(7) 9 020	

表 4-4　　Chan Audio 公司 20×0 年 1 月 31 日调整后试算平衡表　　单位：美元

账户名称	余额		
	借方	贷方	
现金	71 700		见资产负债表（表 4-5）
应收账款	160 300		
应收票据	40 000		
商品存货	250 200		
预付租金	10 000		
仓储设备	114 900		
累计折旧——仓储设备		1 000	
应收利息	300		
应付票据		100 000	
应付账款		117 100	
预收租金收入		2 500	
应付工资		3 750	
应付利息		500	
应交所得税		9 020	
缴入资本		400 000	
销售收入		160 000	见利润表（表 4-9 和表 4-10）
销售成本	100 000		
工资费用	31 750		
折旧费用	1 000		
租金费用	5 000		
利息费用	500		
利息收入		300	
租金收入		500	
所得税费用	9 020		
合计	794 670	794 670	

4.7　分类资产负债表

编制完调整分录以后就可以着手准备财务报表。第 1 章已经作过介绍，资产负债表账户按大类可分为资产、负债和股东权益。分类资产负债表（classified balance sheet）进一步将资产负债表账户分成小类，以便报表使用者既能概括了解公司的财务状况，又能特别关注某些账户或某类账户。资产通常分为两类，即流动资产和非流动资产（或称长期资产）。负债通常也分为两类，即流动负债和非流动负债（或称长期负债）。

4.7.1　流动资产和流动负债

流动资产（current assets）是指现金或公司期望在未来一年（或超过一年的一个营业周期）内转换为现金、予以出售或直接消耗的其他资产。同样，流动负债

(current liabilities)是指那些将在一年（或超过一年的一个营业周期）内到期的债务。区分流动资产和流动负债有助于评估公司偿还到期债务的能力。在大多数情况下，流动资产能够提供偿还流动负债所需要的现金，因此两者的关系十分重要。

表4-5显示了Chan Audio公司的分类资产负债表，该表是依据前述的调整后试算平衡表（见表4-4）编制的。在美国，分类资产负债表中通常对流动资产账户按其在未来1年内转换为现金的可能性大小进行排列。因此，“现金”通常排在最前面。本例中，“应收账款”列在第2位，因为公司可能在未来几周或几个月内收到现金。对于分列第3位和第4位的“应收票据”和相应的“应收利息”，公司将在一年（或正常的营业周期）后即20×1年1月1日收回，因此划入流动资产中。非货币资产，如存货及预付费用（本例为“商品存货”和“预付租金”）列于流动资产的最末端。预付租金并不转换为现金，但它属于流动资产，它可以减少未来1年内支付现金的义务。

表4-5　　**Chan Audio公司20×0年1月31日资产负债表**　　单位：美元

资产			负债和股东权益		
流动资产			流动负债		
现金		71 700	应付账款		117 100
应收账款		160 300	预收租金收入		2 500
应收票据		40 000	应付工资		3 750
应收利息		300	应付利息		500
商品存货		250 200	应交所得税		9 020
预付租金		10 000	应付票据		100 000
流动资产合计		532 500	流动负债合计		232 870
长期资产			股东权益		
仓储设备	114 900		缴入资本	400 000	
累计折旧	(1 000)	113 900	未分配利润	13 530	413 530
合计		646 400	合计		646 400

如表4-5所示，我们同样以未来1年内动用现金的可能性为顺序来排列流动负债账户。工资通常按周或者按月支付，利息和税金通常按月、按季或按年支付。

流动资产大于流动负债的差额即为营运资本（working capital），或称净营运资本（net working capital）、净流动资产（net current assets）。本例中，Chan Audio公司20×0年1月31日的营运资本为299 630美元（532 500-232 870）。营运资本的重要性在于它将流动资产和流动负债联系起来。营运资本通常随着公司的扩大而增加，它与公司的规模成一定比例。

4.7.2　资产负债表的格式

所有公司的资产负债表都包含相同的基本信息，但资产负债表和其他财务报表的格式及细节因公司而异。我们来看哥伦比亚运动服饰公司2007年12月31日和2008年12月31日的资产负债表（见表4-6）。报表的格式和分类都是该公司实际采用的。请注意，表中没有非流动资产和非流动负债的小计数。当某个类别只有几个项目时，有些公司往往会省略这些小计数。表4-6是报告式（report format，即资产在上）的分类资产负债表，与表 4-5 账户式（account format，即资产在左）的资产负债表不同。选用哪一种格式编制资产负债表都可以。

表 4-6　　**哥伦比亚运动服饰公司合并资产负债表**　　单位：千美元

	12 月 31 日	
	2008	2007
资产		
流动资产		
现金及现金等价物	230 617	191 950
短期投资	22 433	81 598
应收账款净值	299 585	300 506
存货净值	256 312	265 874
递延所得税	33 867	31 169
预付费用及其他流动资产	29 705	14 567
流动资产合计	872 519	885 664
房屋、厂房及设备净值	229 693	210 450
无形资产及其他非流动资产	33 365	53 094
商誉	12 659	17 273
资产合计	1 148 236	1 166 481
负债及股东权益		
流动负债		
应付账款	104 354	95 412
预计负债	58 085	62 549
递延所得税	1 969	949
应交所得税	8 718	7 436
其他流动负债	63	185
流动负债合计	173 189	166 531
应交所得税	20 412	18 663
递延所得税	—	8 968
其他长期负债	10 545	2 198
负债合计	204 146	196 360
股东权益：		
优先股；批准发行 10 000 股；无发行和流通	—	—
普通股；批准发行 125 000 股；		
已发行 33 865 股，流通在外 35 824 股	1 481	17 004
留存收益	909 443	895 476
累计其他全面收益（亏损）	33 166	57 641
股东权益合计	944 090	970 121
负债及股东权益合计	1 148 236	1 166 481

在美国或者其他国家的某些行业，公司可能会采用与表 4-5 和表 4-6 不同的格式。表 4-7 是世界上最大的手机制造商之一、芬兰的诺基亚公司（Nokia Corporation）编制的简要资产负债表，金额单位为百万欧元。其分类资产负债表的格式是执行国际财务报告准则的公司普遍采用的格式。可以看到，诺基亚在总计金额为 244.7 亿欧元的流动资产项目前列示了总计金额为 151.12 亿欧元的非流动资产项目。资产负债表的负债和权益一边的项目顺序与按照美国公认会计准则编制的资产负债表通常采用的顺序正好相反。首先列示了股东权益 165.1 亿欧元，然后是非流动负债 27.17 亿欧元，最后是流动负债 203.55 亿欧元。

表 4-7　　**诺基亚公司简要合并资产负债表**　　单位：百万欧元

	12 月 31 日	
	2008	2007
资产		
非流动资产	15 112	8 305
流动资产	24 470	29 294
资产合计	39 582	37 599
股东权益和负债		
权益合计	16 510	17 338
非流动负债	2 717	1 285
流动负债	20 355	18 976
股东权益和负债合计	39 582	37 599

联合利华（Unilever Group）是一家双重上市公司，由位于荷兰鹿特丹的利华 NV 和总部位于英国伦敦的利华 PLC 构成。运营中二者实为一家公司，是世界上包装消费品的顶级制造商。联合利华也按照国际财务报告准则编制财务报表。表 4-8 列示了联合利华公司 2008 年 12 月 31 日和 2007 年 12 月 31 日的资产负债表。公司把非流动资产列示于流动资产之前，然后以流动资产减去流动负债，直接列出营运资本（表中称为净流动资产或净流动负债）的金额。公司报告 2008 年 12 月 31 日的营运资本为-26.25 亿欧元。总之，尽管格式以及按照惯例采用的项目名称有所不同，资产负债表中所包含的基本信息都是相同的。

4.7.3　流动比率

尽管不够完美，但流动资产仍可以作为一个标志物，来反映公司近期所能掌握的现金数额；流动负债则说明了公司在近期需要以现金偿付的负债金额。将两者相比较，可以帮助财务报表使用者评估企业的变现能力（liquidity），即当这些即期债务到期时，公司以现金及类似现金的资产偿付这些债务的能力。

投资者运用流动比率（current ratio，或称营运资本比率，working capital ratio），即流动资产除以流动负债，来评价一个公司的变现能力。例如，Chan Audio 公司的流动比率如下：

表4–8　**联华利华公司合并资产负债表**

2008年12月31日和2007年12月31日　单位：百万欧元

	2008	2007
商誉	11 665	12 244
无形资产	4 426	4 511
房屋、厂房及设备	5 957	6 284
盈余资助计划养老金资产	425	2 008
递延税项资产	1 068	1 003
其他非流动资产	1 426	1 324
非流动资产合计	24 967	27 374
存货	3 889	3 894
应收账款及其他应收款项	3 823	4 194
当期税项资产	234	367
现金及现金等价物	2 561	1 098
其他金融资产	632	216
持有待售非流动资产	36	159
流动资产合计	11 175	9 928
金融负债	(4 842)	(4 166)
应付账款及其他流动负债	(7 824)	(8 017)
当期税项负债	(377)	(395)
准备金	(757)	(968)
与持有待售非流动资产相关的负债	—	(13)
流动负债合计	(13 800)	(13 559)
净流动资产/（负债）	(2 625)	(3 631)
资产合计减流动负债	22 342	23 743
一年后到期的金融负债	6 363	5 843
非当期税项负债	189	233
养老金/退休后健康保健负债		
基金计划亏空	1 820	827
非基金计划	1 987	2 270
准备金	646	694
递延税款负债	790	1 213
其他非流动负债	175	204
非流动负债合计	11 970	10 924
股本	484	484
股本溢价	121	153
其他准备金	(6 469)	(3 412)
留存收益	15 812	15 162
股东权益	9 948	12 387
少数股东权益	424	432
权益合计	10 372	12 819
营运资本合计	22 342	23 743

$$流动比率=\frac{532\ 500}{232\ 870}=2.3$$

流动比率过低，说明公司可能在偿付短期债务方面存在困难。相反，流动比率过高，可能说明公司所持有的流动资产比如现金、应收账款或存货过多。公司过量持有这些资产也有其不利的一面，因为这些资产占用了资金，使资金不能以其他形式更有效地加以利用。

如何评价流动比率？流动比率越高就越好吗？当其他条件不变时，流动比率越高，债权人得到足额、及时偿付的可能性越大。当然，和所有比率一样，仅仅凭借比率数据，可能会得出错误的结论。运用流动比率时，在得出结论之前分析流动资产和流动负债的构成是非常重要的。假设在 1 月末之前，Chan Audio 公司用现金 70 000 美元偿付部分应付账款，流动比率则变为：

$$流动比率=\frac{532\ 500-70\ 000}{232\ 870-70\ 000}=2.8$$

虽然调整后的流动比率比调整前的 2.3 要高，但很难说这时公司资产的流动性更强，因为只有 1 700 美元的现金。两种情况下变现能力的强弱取决于存货和应收账款这些流动资产的变现能力。这也说明了运用流动比率的一个局限：部分流动资产的变现能力较弱，可能需要更长的时间才能转变为现金。

流动比率的变换形式有助于区分不同流动资产的变现能力。常用的一个变换形式为速动比率（quick ratio，或称酸性测试比率，acid test ratio），即在计算时将存货（有时还有其他变现能力比较差的资产如预付租金）剔除出去。这样可以更加严格地评估公司的变现能力。例如，在前述第一种情况下，速动比率为（532 500－250 200）/232 870＝1.2；在第二种情况下，速动比率为（532 500－250 200－70 000）/（232 870－70 000）＝1.3。

很久以来，人们常常认为理想的流动比率应当大于 2.0。但现在，流动比率通常会接近于 1.0。在判断一个公司的变现能力时，分析师们并不局限于比率数值本身，而是常常将公司过去几年的流动比率进行比较、与类似公司的流动比率进行比较或者同行业平均值进行比较。例如，IBM 公司 2008 年 12 月 31 日的流动比率为 1.15，而行业平均数为 1.97。虽然 IBM 的流动比率略高于 1.0 并且低于行业平均数，但并不足以让人担忧。另一个常见的例子是公用事业类公司，这类公司因为存货较少以及现金流稳定而导致流动比率较低。比如，波特兰通用电气（Portland General Electric）公司，一家区域性电力公司，2008 年 12 月 31 日的流动比率只有 0.73。而谷歌公司 2008 年 12 月 31 日的流动比率为 8.76，是 IBM 公司的 7 倍、波特兰通用电气公司的 12 倍。有关营运资本和流动比率的更多信息见下面的“财经热线”。

财经热线

营运资本管理

营运资本是指公司资本中目前投资于“营运”或者日常经营中的部分。国际财务报告准则中指出营运资本包括经营资产和经营负债，或者称为短期资产和负债，也就是将在一年内周转的资产和负债。经营资产包括：（1）存货（将被出售或在生产过程中使用的产品），（2）应收账款（客户欠公司的钱）以及（3）现金和银行存款。经营负债主要由应付账款（公司欠供应商的钱）组成。经营资产减去经营负债就是经营净资产。

每家公司都有各自关于经营净资产的策略。一些公司的目标是经营资产最小化、经营负债最大化，这样可以增加现金以用于新的扩张投资。但是，大多数公司还是遵循传统的原则，即保证经营资产至少为经营负债的 2 倍。这样可以保证公司在债务到期时能够及时偿付债权人，避免由于现金短缺而陷入财务困境。

在财务状况不明确或困难的时期，比如在始于 2008/2009 年的经济衰退中，公司必须运用不同的策略以保证拥有充足的现金——因为现金是主要的经营资产和可用于投资的资产。公司可以通过改变对应收账款、存货和应付账款等营运资本项目的管理方法来达到这一目标。应收账款应当尽快收回（例如，通过将信用期限由 60 天缩短为 30 天），存货保持最低的库存量（采用适时存货系统）。公司还可以尽量与债权人达成推迟付款的协议，以进行间接融资。

根据国际财务报告准则，经营资产和负债通常以它们未折扣的面值（支出或收入的现金数额）来计量，唯一的例外是存货，存货以成本与可变现净值孰低法来计量。在南非，上市公司要按照国际财务报告准则来编制财务报表，于是可以看到对营运资本各种管理方法的差异。许多差异是由于公司所处的行业不同以及南非和全球的经济状况决定的。

安格鲁铂金公司在截至 2010 年 12 月 31 日的年度中报告说，严格的营运资本管理增加了用以减少未偿债务的现金，公司的财务状况得以改善。是 2008/2009 年经济衰退的影响以及相伴而来的经营活动现金流量的下降要求公司采取这种谨慎的管理方法。公司的经营活动现金净流量从 2008 年的大约 20 亿美元下降至 2009 年的不足 600 万美元，但在 2010 年又回升到大约 14 亿美元。

先锋食品公司（Pioneer Foods Limited）是南非的一家大型食品和饮料生产商。公司在截至 2010 年 9 月 30 日的年度财务报表中报告说，有效的营运资本管理是公司财务比率改善的原因之一。因减少其他经营资产而增加的现金也可用于减少未偿还的负债。

在南非，很多人不选择公立医疗服务，而是去私立医院就诊。最大的私人医院团体是 Medi-Clinic Group。该集团经营的医院在南非有 52 家，在瑞士有 14 家，在阿拉伯联合酋长国有 2 家。在截至 2011 年 3 月 31 日的会计年度中，该集团的应收账款和应付账款都有大幅增加，这很可能源于增长的营业额，并不一定说明集团在营运资金管理上有问题。

资料来源：Medi-Clinic Annual Report（2011 年 3 月 31 日），http：//annualreport2011. mediclinic. com；Pioneer Foods Annual Report（2010 年 9 月 30 日），http：//pioneerfoods. co. za/ annualz_ report/ar_ 2010/default. asp；Anglo Platinum Annual Report（2010 年 12 月 31 日），http：// www. investar. co. za/angloplatinumar2010；Deloitte，“Managing Working capital-Cash @ risk”，Webinar，2009 年 10 月 23 日 .

尽管有些人习惯于使用流动比率或速动比率来评价公司偿付短期债务的能力，但预测公司的现金流入和流出可能更有用。公司现金水平的高低，实际上取决于对未来

几个月中经营需要的预测。例如，一家小型的连环画册和棒球卡零售店可能只需要极少的现金，因为在未来几个月内偿债及经营需要的现金很少。相反，玛维尔连环画公司（Marvel Comic），一家出版连环画册并由小商店零售的公司，可能需要数百万美元的现金才能满足未来偿债及短期经营的需要。按惯例，公司总是尽量保留必要的现金以满足支付需要，而将暂时多余的现金用于投资以产生额外收益。

讲解财务报表

公开的年度报告通常提供的是简要资产负债表信息。这种简要财务报表适合于外部的投资者和分析师们使用，但它同样能满足内部使用者的需要吗?

答案:

不能。公司应编制详细的资产负债表以供内部使用。假设你是哥伦比亚运动服饰公司位于俄勒冈州波特兰市旗舰店的存货主管，你不仅要知道库存存货的总额，还需要知道春装、夏装、男装、女装、套装及配件的存货数量。只有这种程度甚至更详细的报表才能有助于你的经营管理及评估你的业绩。外部的投资者更关注与竞争对手相比之下的公司整体业绩，关于整个公司的汇总信息足可以满足这一需要。

4.8 利润表

可以看出，资产负债表能够为决策者提供有关公司短期经营及偿债能力的信息。但是，投资者同样关注公司获利及支付股利的能力。利润表能够提供满足这些需要的部分信息。利润表和资产负债表一样，可能包括一些小计类项目，提醒报表使用者关注某些或某几类账户。利润表有两种常用的格式：单步骤利润表和多步骤利润表。

4.8.1 单步骤利润表和多步骤利润表

Chan Audio 公司调整后试算平衡表（表 4-4）提供的资料可以编制如表 4-9 和 4-10所示的两种格式的利润表。表 4-9 为单步骤利润表（single-step income statement）。注意，该表将所有收入（如销售收入、利息收入、租金收入等）归集到一起，然后再减去所有的费用，并且在两者之间不设任何小计项目。表 4-10 则是多步骤利润表（multi-step income statement）。多步骤利润表并不是将所有的收入归到一起再减去所有的费用，而将收入和费用结合在一起以强调其中重要的关系。无论报表格式如何，净利润金额都是相同的。当然，没有任何理论上或实务中的理由说明哪一种格式更好。有经验的报表使用者都能够很容易地将一种格式转换为另一种格式。当您准备阅读并分析实际的报表时，不要被这种表面上的差异所迷惑。

绝大多数美国公司在对外财务报表中都运用多步骤利润表格式。表 4-11 中哥伦比亚运动服饰公司的利润表就是多步骤利润表。下面仔细分析一下多步骤利润表中常用的小计项目。通常，多步骤利润表中先计算并报告销售毛利（gross profit，或 gross margin），即以销售收入减去销售成本得出。表 4-10Chan Audio 公司报告的销售毛利为 60 000 美元，而哥伦比亚公司 2008 年利润表中报告的销售毛利为 567 811 000 美元。

表 4-9 **Chan Audio 公司 单步骤利润表**

截至 20×0 年 1 月 31 日的月度利润表 单位：美元

销售收入		160 000
租金收入		500
利息收入		300
销售及其他收入合计		160 800
费用		
销售成本	100 000	
工资费用	31 750	
折旧费用	1 000	
租金费用	5 000	
利息费用	500	
所得税费用	9 020	
费用合计		147 270
净利润		13 530

表 4-10 **Chan Audio 公司 多步骤利润表**

截至 20×0 年 1 月 31 日的月度利润表 单位：美元

销售收入		160 000
销售成本		100 000
销售毛利		60 000
经营费用		
工资费用	31 750	
折旧费用	1 000	
租金费用	5 000	37 750
营业利润		22 250
其他收入和费用		
租金收入	500	
利息收入	300	
其他收入合计	800	
减：利息费用	500	300
税前利润		22 550
所得税费用		9 020
净利润		13 530

多步骤利润表接下来的部分通常为营业费用（operating expenses），即一系列与公司常规性、持续性经营业务有关的费用，比如工资费用、租金费用、折旧费用及其他经营性费用，如电话费、取暖费和广告费等。将销售毛利减去营业费用即可得到营业利润（operating income，或 operating profit 或 income from operations）。Chan Audio 公司表 4-10 中报告的营业利润为 22 250 美元。在表 4-11 中，哥伦比亚公司将所有营业费用统称为销售及管理费用，并将其从销售毛利中减去。哥伦比亚公司 2008 年度利润表中还报告了一项由于公司以前购买的无形资产贬值而产生的非经常性经营费用，这个问题将在第 8 章中讲述。在计算营业利润前，公司还在经营费用中减去了一笔小额的特许权收益。公司 2008 年度营业利润为 118 706 000 美元。

表 4-11　　**哥伦比亚运动服饰公司合并利润表**　　单位：千美元

	截至 12 月 31 日的会计年度	
	2008	**2007**
销售净额	1 317 835	1 356 039
销售成本	750 024	776 288
销售毛利	567 811	579 751
销售及管理费用	430 350	385 769
购置无形资产贬值	24 724	—
特许权净收益	(5 987)	(5 157)
营业利润	118 706	199 139
利息净收益	7 537	8 888
税前利润	126 243	208 027
所得税费用	31 196	63 575
净利润	95 047	144 452

多步骤利润表接下来为非经营性收入和费用项目，即与公司主营业务不直接相关的收入和费用。与多步骤利润表第 1 行的销售收入相比，非经营性收入的金额通常不大；非经营性费用的金额也较小，但利息费用除外。有些公司负债多，利息费用很高；有些公司负债很少，因而利息费用很低。表 4-10 中，Chan Audio 公司将利息费用和利息收入分列。相反，哥伦比亚公司利润表上列示的是利息费用与利息收入的净差额。如果会计人员在财务报表中使用“净额”两字，说明部分账户在计算最后结果前已经与其他账户相抵减。例如，某公司报告利息净额，说明其利息收入和利息费用已经相抵减，并形成利息净收入或利息净费用。在表 4-11 中可以看到，哥伦比亚公司两年的利息收入都大于利息费用。以利息净收益加上营业利润计算出了税前利润的金额。财务报表使用者常常将利息收入和利息费用统称为“其他项目”或“非经营项目”，这是因为这些项目源自资金的借入和借出业务，与大多数公司销售商品或提供服务的主营业务存在着明显的差别。以资金借贷业务为主的公司则属例外，如银行、信贷协会、保险公司及其他金融中介机构。

如果在利润表中将非经营性收入和费用与经营性收入和费用单独反映，则更容易比较不同时期或不同公司的营业利润情况。比较营业利润时应重点关注商品销售及相应销售成本的控制情况，准确分析这些情况是对公司状况做出评价的一项重要内容。

请注意表 4-9 和表 4-10Chan Audio 公司的单步骤和多步骤利润表中以及表 4-11 哥伦比亚运动服饰公司的利润表中所得税项目的位置。大多数公司通常将所得税作为独立项目紧列于净利润之前，而不管其他项目在利润表中列示在哪里。

国际财务报告准则和美国公认会计准则对利润表的列示大体相似。国际财务报告准则建议公司的利润表中包括毛利和税前利润小计项目。这与美国的多步骤利润表是相似的，但并不完全相同。国际财务报告准则允许公司对费用按照种类或功能进行列示，而美国公认会计准则要求按照费用的功能进行列示。这一章前面提到的芬兰手机制造商——诺基亚公司的利润表就与哥伦比亚运动服饰公司的多步骤利润表在格式上难以区分。但是，英荷消费品巨头联合利华公司的简要利润表在格式上却有着很大的区别，如表 4-12 所示。公司报告截至 2008 年 12 月 31 日的年度营业额为 405.23 亿欧元。很多执行国际财务报告准则的公司都使用营业额（turnover）这个词，这与销售或销售收入的含义是一样的。联合利华公司报告营业利润为 71.67 亿欧元，而没有列示营业费用。虽然没有直接列示营业费用，但是可以用营业额减去营业利润，计算出营业费用为 333.56 亿欧元（405.23-71.67）。利润表的其他项目与前面列示的其他利润表基本相同。

表 4-12 Unilever Group **公司简要合并利润表**

截至 2008 年 12 月 31 日的年度利润表 单位：百万欧元

营业额	40 523
营业利润	7 167
财务费用净额	(257)
其他非经营性收益（损失）	219
税前利润	7 129
税金	(1 844)
净利润	5 285

分析师和投资者非常关心公司的盈利趋势。在分析盈利趋势时，区别经营活动趋势和非经营活动趋势十分重要。收益增长是源于利息费用减少或者利息收入增加，还是源于销售收入的大幅增长，两者之间存在着显著的区别。前者并不是公司正常的、具有持续性的业务活动的结果，而如果公司产品的市场需求增加，公司长期持续增长的潜力就得到了提高。当然，仅仅通过区分经营性收益和非经营性收益来分析收益的变化还是不够的。例如，假设其他情况相同，减少研发费用（属于经营费用）会增加当期收益。但是，如果研发新产品对公司的发展十分重要，减少研发费用从长远来看就会对公司产生负面影响。

4.9 获利能力评价指标

对有经验的经理们来说，利润表和资产负债表是“经营语言”。他们能够将本期收益与前一季度或以前年度的收益相比较；他们能够读懂竞争对手的财务报表，并且能够将公司与竞争对手相比较。对于那些不掌握公司情况和行业知识的人来说，又如何利用财务报表来评价公司业绩?

如前所述，流动比率等指标可以帮助我们理解资产负债表中的数字。同样，运用利润表数据的财务比率则有助于评价公司的获利能力（profitability），即公司为其投资者带来一定比率的投资回报的能力。例如，玛丽向哥伦比亚运动服饰公司投资 100 美元，每年收到红利 10 美元，则 10 美元就是她投资的回报。但是，仅以回报的金额很难做出合理的评价。如果玛丽向哥伦比亚公司投资 200 美元? 10 美元的回报就不会吸引人了。因此，我们常常用报酬率（rate of return）指标来反映投资的回报，即每一美元投资所带来的回报。如果 100 美元的投资带来 10 美元回报，其报酬率为 10%（10 美元/100 美元）。如果 200 美元的投资带来 10 美元回报，则其报酬率为 5%（10 美元/200 美元）。

获利能力指标是一种有用的决策工具，投资者可以用它们来分析不同的投资机会。经理人员知道，公司的获利能力指标会影响到投资者的投资决策。因此，获利能力越高，就越容易通过发行股票或债券来筹集资金。经理们经常需要针对是否收购另一个公司、收购另一公司的某个业务部门、购买机器设备以生产新产品等问题做出决策。不管是哪一种情形，经理们都需要将获利能力评估作为决策过程的一部分。

投资者将获利能力趋势分析、同行业或跨行业的获利能力比较作为预测或决策的基础。下面将简要介绍 4 种获利能力评价指标：毛利率、销售利润率、普通股股东权益报酬率以及资产报酬率。第 12 章将进一步探讨如何使用这些比率，并且介绍其他的财务业绩评价方法。

4.9.1 毛利率

零售商或生产商在选择定价策略和判断这一决策的结果时，根据销售毛利（销售收入减销售成本）计算的毛利率是非常有用的指标。毛利率（gross profit percentage，或 gross margin percentage），等于销售毛利除以销售收入。Chan Audio 公司 1 月份的毛利率（数据见表 4-10）计算如下：

毛利率=销售毛利÷销售收入×100% =60 000÷160 000×100% =37.5%

三者的相互关系也可以表述如下（单位：美元）：

	金额	百分比
销售收入	160 000	100.0%
销售成本	100 000	62.5%
销售毛利	60 000	37.5%

不同行业的毛利率存在着很大的差别。例如，软件公司的毛利率很高（微软公司在截至2008年6月30日的会计年度中毛利率高达81%）。为什么？因为软件行业的大多数成本为研发、销售和市场费用，而不是销售成本。相反，零售行业毛利率较低，因为产品成本是其主要费用。例如，好市多（Costco）公司2008年度的毛利率为10.5%。当然，多数公司的毛利率界于前两者之间，如英特尔公司为55.5%，而哥伦比亚运动服饰公司为43%。

4.9.2 销售利润率

销售利润率（return on sales ratio或net profit margin）揭示了净利润与销售收入的关系，经理人员们对这一指标也非常关注。该指标可以用来衡量公司的一种控制能力，即控制相对于销售水平的全部费用。与毛利率一样，不同行业的销售利润率也存在差异，当然其差异程度要小一些。我们根据表4-9和表4-10中的数据计算Chan Audio公司的销售利润率指标如下：

销售利润率=净利润÷销售收入×100%=13 530÷160 000×100%=8.5%

哥伦比亚运动服饰公司在截至2008年12月31日的会计年度中销售利润率为7.2%。

4.9.3 普通股股东权益报酬率

普通股股东权益报酬率（return on common stockholder's equity，简称ROE或ROCE）也根据净利润计算，但是将净利润与投入资本（以平均普通股股东权益来计量）而不是与销售收入相比较。许多分析师将这一比率看作是从股东角度进行全面业绩评价的最终指标。Chan Audio公司1月份普通股股东权益报酬率如下：

普通股股东权益报酬率=净利润÷平均普通股股东权益×100%

=13 530÷1/2（1月1日余额400 000美元+1月31日余额413 530美元）×100%

=13 530÷406 765×100%

=3.3%（1个月的普通股股东权益报酬率）

4.9.4 资产报酬率

资产报酬率（return on assets ratio，简称ROA）是将净利润与以平均总资产计量的投入资本相比较。公司将其资源投资于资产，用来产生收入并最终获得利润。资产报酬率衡量的是这些资产获取利润的能力。假设1月1日总资产余额为620 000美元，我们计算Chan Audio公司1月份的资产报酬率如下：

资产报酬率=净利润÷平均总资产×100%

=13 530÷1/2（1月1日的余额620 000美元+1月31日的余额646 400美元）×100%

=13 530÷633 200×100%

=2.1%（1个月的资产报酬率）

有关资产报酬率的其他变换形式将在第12章中作进一步讨论。

与音响零售行业31.1%的平均毛利率相比，Chan Audio公司37.5%的毛利率略微偏高。Chan Audio 公司的费用控制也相当不错，因为其销售利润率为 8.5%，普通股股东权益报酬率为 39.6%（月报酬率 3.3%×12 个月），总资产报酬率为 25.2%（月报酬率 2.1%×12 个月），均高于同期行业年度平均数。

不同行业的公司近期的年度销售利润率、普通股股东权益报酬率和资产报酬率数据列示如下：

	普通股股东权益	报酬率	资产报酬率
	销售利润率（%）	（%）	（%）
微软	29.3	52.5	26.0
好市多	1.8	14.4	6.4
麦当劳	18.3	30.1	14.9
CVS Caremark	3.8	10.2	5.8
本田（Honda，日本）	4.2	12.2	4.5
谷歌	19.4	16.6	14.8
强生（Johnson & Johnson）	20.3	30.2	15.6
星巴克	3.0	13.2	5.7

讲解财务报表

食品杂货业与制药业相比，你认为哪个行业的销售毛利率更高？为什么？

答案：

有很多种“正确方法”来思考这个问题。全食食品（Whole Foods），一家优质的精品杂货连锁店，其毛利率为 34%。作为零售行业，杂货店购买和销售商品的速度非常快。因此，他们可以接受非常低的毛利率，因为持有存货较少，并且销售不出去的风险很小。而制药行业必须开发新药品，还要获得政府销售许可，再尽其所能地销售这些药物。因此，制药行业毛利率非常高。辉瑞公司 2008 年的毛利率达到 83.2%。有一点很重要，就是销售成本中不包括销售及管理费用，而这些费用在制药行业要高于杂货行业。而且，制药行业需要巨额的研发费用，这些费用要计入期间费用而不是产品成本。因此，在制药行业，大约相当于销售额 15% 甚至更高的研发费用没有计入销售成本，因而没有影响毛利率。

复习题概要

题目：

强生公司（特富隆、邦迪及其他健康护理产品和个人用品的生产商）的利润表如下：

强生公司截至2008年12月31日的年度利润表

单位：百万美元，每股数据除外

销售收入	63 747
销售成本	18 511
销售毛利	45 236
销售、营销及管理费用	21 490
研发费用	7 577
购买的正在进行项目的研发费用	181
利息收益	(361)
利息费用	435
其他业务收支净额	(1 015)
	28 307
所得税准备前收益	16 929
所得税准备	3 980
净利润	12 949
每股基本净收益	4.62

1. 这是一个单步骤利润表还是多步骤利润表？说明理由。

2. 对强生公司报表中16 929美元这一数据所在行的项目，哥伦比亚运动服饰公司用的是什么术语？（请与表4-11哥伦比亚运动服饰公司的利润表相比较。）

3. 给出“利息收益”的另一个术语。

4. 经理们经常提到的著名的“底线”金额是多少？

5. 每股净收益等于净利润除以发行在外的普通股平均股数。请计算本年度发行在外的普通股平均股数。

解答：

1. 如同多数公司一样，强生公司综合使用了单步骤和多步骤利润表。本例中的利润表更接近于多步骤利润表。纯粹的单步骤利润表可能会将利息收益和其他收益与销售收入合并作为总收入，而不计算销售毛利这一小计金额。纯粹的多步骤利润表将经营活动项目和非经营活动项目分开并报告营业利润这一小计金额。

2. 哥伦比亚运动服饰公司可能会使用“税前利润”来表述16 929这一数据。

3. 利息收入。

4. “底线”是净利润129.49亿美元，发行在外的普通股每股净收益为4.62美元。

5. 公司必须在利润表中列示每股净收益的数据。

每股收益（EPS） = 净利润÷发行在外的普通股平均股数

4.62 = 12 949 000 000÷平均股数

平均股数 = 12 949 000 000÷4.62

平均股数 = 2 802 813 853

记忆要点

1. 理解权责发生制会计中调整分录的作用。在每个会计期末，会计人员必须编制调整分录，以便在财务报表中确认那些不是显性交易所产生的收入和费用。

2. 对资产的到期或消耗编制调整分录。许多成本费用先记入资产类账户，然后再逐期确认为费用，比如计提折旧和预付租金的摊销。

3. 确认预收收入并编制调整分录。有些公司在收入实现前先收到现金。这些预收收入要首先确认为一项负债。当收入实现时，公司必须减少负债并确认收入。比如，预收租金或预收杂志订阅费。为更好地理解前两类调整分录，您可以将交易双方的调整分录进行比较。例如，比较（1）未耗成本（如承租方的租金费用）的摊销和（2）预收收入（如出租方的租金收入）的确认。

4. 计提预提费用并编制调整分录。有些费用可能在现金支付之前就已发生。这些费用应当计入发生当期的利润表，而不是计入支付当期的利润表，比如应付工资和应付利息费用。

5. 确认预计收入并编制调整分录。有些收入在收到现金之前就已经发生。比如，利息收入可能在借款人有法定偿付义务前就应当确认。同样，公用事业类公司常常会先提供服务后开出账单。这样，就需要在开具账单要求偿付前确认收入和应收款。当然，我们同样可以将交易双方的调整分录进行比较。例如，比较（1）计提预提费用（借款人的利息费用）和（2）确认预计收入（贷款人的利息收入）。

6. 按顺序描述记账程序的步骤，将现金流动与调整分录联系起来。调整分录与那些早于或迟于现金收付的收入或费用项目相关。未耗成本的摊销以及预收收入的确认通常紧随现金收付之后，而计提预提费用以及确认预计收入则通常发生于现金收付之前。通过编制调整分录，可以将那些通常不会形成原始凭证的隐性交易记录到账簿中。

7. 编制分类资产负债表并用来评价短期流动性。分类资产负债表将资产或负债项目分成小类。资产和负债均被分为流动类和非流动类，这种分类在分析时很有用。例如，流动资产与流动负债的差额称为营运资本。流动比率，即流动资产除以流动负债，可以用来评价变现能力。速动比率或称酸性测试比率，即扣除存货后的流动资产除以流动负债，也是一个很有用的比率。

8. 编制单步骤及多步骤利润表。利润表有单步骤及多步骤两种形式。单步骤利润表将全部收入类项目和全部费用类项目分别归在一起；多步骤利润表则计算出不同的小计数，如销售毛利和营业利润。无论采用何种形式，与企业内部管理用的报表相比，公开的利润表通常都是高度概括的。

9. 利用比率指标评价盈利能力。分析师们评价公司的盈利能力的比率中有一些是用利润表数据计算的。其中最有用的比率是毛利率、销售利润率、普通股股东权益报酬率以及资产报酬率。

会计词汇

账户格式 account format

权责发生制 accrue
酸性测试比率 acid test ratio
调整分录 adjusting entries
会计调整 adjustments
分类资产负债表 classified balance sheet
谨慎原则 conservatism
流动资产 current asset
流动负债 current liabilities
流动比率 current ratio
递延收入 deferred revenue
税前收益 earnings before income tax
显性交易 explicit transaction
毛利 gross margin
毛利率 gross margin percentage
毛利 gross profit
毛利率 gross profit percentage
隐性交易 implicit transactions
税前利润 income before income taxes
营业利润 income from operations
流动性，变现能力 liquidity
多步骤利润表 multiple-step income statement
流动资产净额 net current asset
营运资本净额 net working capital
经营费用 operating expenses
营业利润 operating income
营业利润 operating profit
税前利润 pretax income
销售利润率 profit margin ratio
盈利能力 profitability
速动比率 quick ratio
报酬率 rate of return
报告格式 report format
资产报酬率 return on assets ratio（ROA）
普通股股东权益报酬率 return on common stockholders' equity ratio（ROE，ROCE）
销售利润率 return on sales ratio
预收收入 revenue received in advance
单步骤利润表 single-step income statement
营业额 turnover
预收收入 unearned revenue

营运资本 working capital

营运资本比率 working capital ratio

练习题

4-1 判断题

用 T 或 F 分别表示下列说法是否正确：

1. 留存收益应当作为非流动负债项目核算。

2. 递延收入应当列入利润表中。

3. 经营用机器设备应当记作非流动资产项目。

4. 采用现金收付制原则的公司不会在资产负债表中出现“预付费用”账户。

5. 在一份资产负债表中，您可以看到某一期间而不是某一特定日期的股东权益情况。

6. 根据一份资产负债表无法判断出某企业财务状况的变化情况。

4-2 承租人与出租人

Trucano 公司是一家五金零售商，于季度初支付该商店每个季度的租金。每季租金 21 000 美元。五金商店租用的建筑物归 Resing 公司所有。

请运用资产负债表平衡公式，分析下列业务对承租和出租双方财务状况的影响：

1. Trucano 公司于 7 月 1 日支付租金 18 000 美元。

2. 7 月份的会计调整。

3. 8 月份的会计调整。

4. 9 月份的会计调整。编制承租和出租双方 9 月份的会计分录。

4-3 顾客与航空公司

Kimberly Clark（KC）公司是斯科特纸制品的生产商，计划于 2 月份在夏威夷召开一个经理会议。为了得到特别优惠，KC 公司于 12 月 1 日以预付现金方式从阿拉斯加航空公司（Alaska Airlines）购买了价值 50 000 美元的机票。

请运用资产负债表平衡公式，分别分析 12 月份付款和 2 月份旅行对 KC 公司和航空公司财务状况的影响，并编制两家公司 2 月份的会计分录。

4-4 预提应计工资

先看如下日历：

9 月份

S	M	T	W	T	F	S
		1	2	3	4	5
6	7	8	9	10	11	12
13	14	15	16	17	18	19
20	21	22	23	24	25	26
27	28	29	30			

Golen Rule 百货商店于 9 月 1 日开始营业。该店除星期天外每天都营业，每天的

员工工资总额为 8 000 美元，每周二支付截至上周六的一周的工资。请运用资产负债表平衡公式，分析下列事项对该公司的财务影响。

1. 9 月 8 日、15 日、22 日和 29 日支付工资。

2. 9 月 30 日计提应计工资，并编制会计分录。

4-5 计提应计假期工资

美国三角航空公司（Delta Airlines）2008 年 12 月 31 日的资产负债表中有如下流动负债项目：

应计工资及相关福利费	972 000 000 美元

其中，“相关福利费”包括应付的假期工资。在权责发生制会计下，假期工资通常需要计入支付员工正常工资的年度内。例如，美国三角航空公司的搬运工人每年工作 50 周，每周工资 1 250 美元，此外还享受到每年 2 周 2 500 美元的带薪假期。依据权责发生制原则，2 500 美元的假期工资应当在发生时而不是在支付时确认。因此，在全年 50 周中，美国三角航空公司需要每周确认 50 美元（2 500 美元/50）的工资费用（或假期工资费用）。

1. 编制该公司每周确认 50 美元工资费用的会计分录。

2. 编制支付 2 500 美元假期工资时的会计分录。

4-6 利息费用在利润表的列示

假设木星和土星公司 20×8 年 12 月 31 日的资产负债表如下（单位：美元）：

木星（Jupiter）公司

现金	50 000	应付票据*	100 000
其他资产	150 000	股东权益	100 000
合计	200 000	合计	200 000

*应付票据的年利率为 9%。

土星（Saturn）公司

现金	50 000	股东权益	200 000
其他资产	150 000		
合计	200 000	合计	200 000

20×9 年，两家公司的销售收入均为 700 000 美元，营业费用均为 600 000 美元。木星公司在 20×9 年 12 月 31 日应付票据尚有余额 100 000 美元。20×9 年两家公司均没有新的带息债务。不考虑所得税。两家公司的净利润和营业利润相等吗？请说明原因并列出营业利润和净利润的计算过程。

4-7 利息对借贷双方的影响

美洲银行于 20×0 年 4 月 1 日向 Miller 油漆公司贷款 1 500 美元，20×1 年 4 月 1 日偿还本金及年率 8% 的利息。

1. 利用资产负债表平衡公式，分析上述交易对双方 20×0 年 4 月 1 日财务状况的影响。针对 4 月 1 日至 12 月 31 日这一期间，列出 20×0 年 12 月 31 日的汇总会计调整。分析 20×1 年 4 月 1 日 Miller 公司偿还债务本息对双方的财务影响。

2. 编制20×0年12月31双方的调整分录。

3. 编制20×1年4月1日当Miller公司偿还债务本息时，双方的调整分录。调整分录应当包括20×1年1月1日至4月1日的累计利息。

4-8 辨别交易类型

下表第一行9个账户的金额（单位：千美元）代表Valenzuela公司的财务状况。假设每一行代表一笔交易的发生，请分别用一句话来描述该项交易的内容。

	现金	应收账款	存货	设备	应付账款	应付工资	预收租金收入	实收资本	留存收益
余额									
(1)									
(2)									
(3)									
(4a)									
(4b)									
(5)									
(6)									
(7)									
(8)									
(9)									
(10)									

4-9 交易对会计等式的影响

下面列举了会计事项对会计等式（资产=负债+股东权益）的影响。

(a) 资产增加，负债减少；

(b) 资产增加，负债增加；

(c) 资产减少，股东权益减少；

(d) 资产减少，负债减少；

(e) 资产一增一减；

(f) 负债增加，股东权益减少；

(g) 资产减少，负债增加；

(h) 负债减少，股东权益增加；

(i) 资产增加，股东权益增加；

(j) 以上都不是。

要求：

请说明下列交易分别属于上述哪一种类型？

1. 定期计提折旧的调整分录；
2. 预提应计工资的调整分录；

3. 计提应收利息的调整分录；
4. 收回以前计提的应收利息；
5. 签发应付票据以偿还应付账款；
6. 确认以前支付的一项费用，该费用在支付时已记入预付类账户。
7. 以前收款的一项收入得以实现。预收现金时记录未实现收入的增加。

4-10 会计差错调整的影响

如果发生下列会计差错，预计会对本期及未来期间的利润表会产生什么影响——是低估（U）、高估（O），还是没有影响（N）。在任一情形下，假设20×0年期末余额对20×1年的影响均通过20×1年的常规分录来体现。

	会计年度	
	20×0	20×1
1. 款项已经预收，但收入20×0年度尚未实现。所有收入均在2007年度实现并确认。	______	______
2. 提供服务的收入已经实现，但20×0年度尚未结算，也没有确认收入。	______	______
3. 20×0年末尚未预提应付工资。	______	______
4. 预付租金已经支付（在20×0年年底），但对20×0年所用租金没有进行调整。所付款项已借记预付租金，并在20×1年度中转换为费用。	______	______

4-11 调整分录和差错更正的影响

下面是用数字标记的一些账户。

1	现金	16	应付工资和福利费
2	应收账款	17	应付利息
3	应收票据	18	预收订阅费收入
4	存货	19	股本
5	应收利息	20	销售收入
6	应收租金	21	燃料费用
7	库存燃料	22	工资及福利费用
8	预付租金	23	保险费用
9	预付保险费	24	维修费用
10	预付维修费	25	租金费用
11	土地	26	租金收入
12	建筑物	27	订阅费收入
13	机器设备	28	利息收入
14	长期负债	29	利息费用
15	应付票据		

要求：

回答问题所需要的账户均已列示，某些问题的答案可能会涉及到同一个账户。假设年末发现如下事项，请编制必要的调整分录或更正分录。对每一种情况，除非特别指明，均假设年内没有编制过分录（也就是说，年内各月份均没有编制过调整分录）。分别单独考虑每一种情况。当然，这些事项可能并不是同一个公司所发生的。

（a）12 月 30 日购买的 500 万美元的机器设备，被错误地借记“长期负债”账户，贷方正确地记入“现金”账户。

（b）公司本年内购买好几次石油燃料。其中 90 万美元借记“燃料费用”账户，其余 110 万美元借记一个资产账户。经测量，年末库存燃料为 30 万美元。如果年初没有库存燃料，则 12 月 31 日应如何调整？

（c）4 月 1 日，公司购买了一项火灾保险，保险期间为 2 年，全部保险费用 240 万美元在 4 月 1 日支付。公司于 4 月 1 日付款时借记“保险费用”账户。12 月 31 日应当如何调整？

（d）12 月 1 日，公司预付了 600 万美元作为 5 个月的租金，公司于当日借记“预付租金”账户 600 万美元。公司（承租方）在 12 月 31 日应当如何调整？

（e）公司的机器设备由一家外部修理公司进行维修，费用按年预付。10 月 1 日，公司支付从 10 月 1 日开始的未来一年的费用 180 万美元，并借记“维修费用”账户。公司在 12 月 31 日应当如何调整？

（f）11 月 16 日，公司购买了 80 万美元的机器设备，其中现金支付 20 万美元，剩余价款以 90 天、年率 5% 的应付票据支付。假设 11 月 16 日的交易确认正确，请编制利息的调整分录。

（g）一家出版商收取杂志订阅费。客户预付费用，出版商在收到款项时先借记“预收订阅费收入”账户。6 月 1 日，公司预收并记录了 2 400 万美元的一年期订阅费（以 6 月 1 日为起点）。公司在 12 月 31 日应如何调整？

（h）12 月 30 日，以赊账方式购买价值 150 万美元的商品存货，会计人员借记“机器设备”账户、贷记“应付账款”账户 150 万美元。请编制差错更正分录。

（i）11 月 1 日，向某客户提供 120 天、年率 8% 的借款 1 500 万美元。假设贷款当日的记账正确，请问 12 月 31 日应如何调整？

4-12 营运资本和流动比率

使用表 4-6 哥伦比亚运动服饰公司的资产负债表，计算该公司 2008 年的营运资本、流动比率和速动比率指标。其中，速动比率=（流动资产-存货）÷流动负债。

4-13 盈利能力指标

瑞士的雀巢公司（Nestlé Group），除了销售各式各样的巧克力外，还出售许多种其他食品。2008 年度销售收入为 1 099. 08 亿瑞士法郎，销售成本为 473. 39 亿瑞士法郎，净利润为 180. 39 亿瑞士法郎，平均普通股股东权益为 548. 46 亿瑞士法郎，平均总资产为 1 107. 88 亿瑞士法郎。

请计算雀巢公司的毛利率、销售利润率、平均普通股股东权益报酬率和平均总资产报酬率。

4-14 调整分录对财务比率的影响

练习4-11要求为交易（a）至交易（i）编制调整或更正分录。现在，请分析如果没有编制这些调整或更正分录将对流动比率和销售利润率产生的影响，即指出没有编制调整或更正分录是否会导致对这两个指标的高估（u）、低估（o）或没有影响（n）。如果还需要其他信息才能做出恰当的判断，请用（i）表示。在编制调整分录前，假设公司的流动比率大于1.0，且公司经营利润为正。

	流动比率	销售毛利率
(a)	______	______
(b)	______	______
(c)	______	______
(d)	______	______
(e)	______	______
(f)	______	______
(g)	______	______
(h)	______	______
(i)	______	______

第 5 章　现金流量表

学习目标

通过本章的学习，您应该能够：

1. 明确现金流量表的目的；
2. 将影响现金的活动区分为经营活动、投资活动和筹资活动；
3. 计算并说明筹资活动产生的现金流量；
4. 计算并说明投资活动产生的现金流量；
5. 运用直接法计算经营活动产生的现金流量；
6. 运用间接法解释净利润与经营活动现金净流量两者之间的差异；
7. 理解为什么在采用间接法计算经营活动产生的现金流量时要把折旧作为净利润的加项；
8. 说明资产负债表等式是如何为现金流量表提供概念框架的；
9. 确定自由现金流量，解释现金流量表信息。

本章核心案例：耐克公司（Nike）

如果你在电视上看到体育节目中的商业广告的话，你可能会以为耐克公司花钱所做的唯一的一件事情就是让运动员为其产品做代言人。耐克公司的第一个代言人是 NBA 明星迈克尔·乔丹，还有数不清的其他人。有很多体育界的超级明星给耐克公司作产品代言人。当今两位最耀眼的 NBA 明星勒布朗·詹姆斯（LeBron James）和科比·布莱恩特（Kobe Bryant）、网球大满贯赛事历史上夺得冠军最多的罗杰·费德勒（Roger Federer）和七次夺得环法自行车赛（Tour de France）冠军的兰斯·阿姆斯特朗（Lance Armstrong）都是耐克产品的代言人。还有耐克阵营中的小保罗·罗德里格斯（Paul Rodriguez Jr.），他可是第一位职业滑板运动员。

近十年间，耐克公司一直是世界杯足球赛的主要赞助商。耐克公司着手开发“将耐克领入比赛新水平的新一代产品”。作为这项工作的一部分，耐克公司在 2006 年世界杯足球比赛中向巴西超级球星、耐克产品代言人罗纳尔多提供球鞋，罗纳尔多在这一届比赛中被评为最佳射手（MVP），并踢进了他在世界杯比赛中的第十五个进球，成为世界杯历史上进球最多的球员。

在仅仅 20 多年的时间里，耐克公司就从一家小制鞋公司发展成为运动鞋类、服装和相关用品的主要生产商，在 2009 财务年度创下了近 192 亿美元的销售收入。公司的广告语“Just do it”也非常适合公司的早期投资者。在 20 世纪 80 年代中期投资于耐克公司股票的 1 美元，到 2009 年年末已经升值到接近 100 美元（在 2008 年年末股市下跌之前已经超过 140 美元）。

当然，耐克公司著名的“Swoosh”标识背后，需要现金支持。快速浏览该公司的资产负债表可以发现，其拥有巨额的资产——在 2009 年 5 月 31 日接近 23 亿美元。不过，如果真想搞清楚耐克把现金花在了何处，您就必须关注一个特别的财务报告——现金流量表。

耐克公司报告了其经营活动、投资活动和筹资活动所产生的或者使用的现金情况，全面地显示公司这些现金是如何产生的以及被用到哪里去了。例如，近年来，诸如销售商品这样的经营活动为耐克带来了巨额的现金（2009 年为 17 亿美元）。相反，投资和筹资活动导致了现金的流出，这主要是因为耐克公司在不动产、工厂和设备方面投资巨大，以及动用巨额资金回购股票。2009 年这些活动的净结果是：现金在上年余额基础上增加了 1.572 亿美元。

现金的重要性使得现金流量表成为主要财务报表之一。该表解释了公司年度内现金余额所发生的变化。现金流量表使投资人和公司管理者能充分了解公司的命脉——现金的近况。公司持有现金的态度各有不同，有些管理者和投资人喜欢大量库存现金带来的安全感。例如，即使在 2008—2009 年的经济衰退之后，微软公司在 2009 年 3 月 31 日仍然持有 250 亿美元的现金、现金等价物和短期投资。尽管这一数字从 5 年前的 600 亿美元减少至 250 亿美元，但这仍然是一个巨大的安全保障。有些公司则愿意使持有的现金最少，因为它们认为现金给公司带来的报酬太低。

如果现金流失过多，公司就可能需要宣布破产。“破产”（bankruptcy）是指公司根据联邦法律寻求法庭保护以免于偿还债务（from its creditors）。当公司就业务重组和债务清偿与债权人协商时，法庭保护允许公司延期支付某些债务。最近两个大的并且成功进入破产程序的公司就是安然（Enron）和通用汽车（General Motors），它们不是彻底清算（安然）就是重组大部分业务（GM）。我们注意到在 2001—2002 年和 2008—2009 年的经济衰退中有许多大公司的破产事件。

尽管关注现金流量能使管理者和投资人获益，但直到最近还是有许多国家不要求编制现金流量表。例如，印度要求编制该表还不足 10 年的时间。今天，国际会计准则理事会（IASB）和美国财务会计准则委员会（FASB）都要求编制现金流量表，并且编制要求大体相同。本章我们将仔细观察现金流量表，并解释管理者和投资人如何使用这一报表提供的信息。

5.1 现金流量表概述

资产负债表显示了公司在资产负债表日经营结束时所持有的现金数量。这些现金是如何产生的？仅通过资产负债表能确定这些现金的来源吗？当然不能。必须利用现金流量表才可以解决这些问题。现金流量表（statement of cash flows 或 cash flows statement）报告会计主体在一定时期内的现金收入和现金支出，并将其分类为筹资活动现金流量、投资活动现金流量和经营活动现金流量。如同利润表一样，现金流量表反映的是企业在一段时间内的活动。二者都可以用来解释资产负债表项目的变化——利润表详细说明了经营活动如何导致留存收益的变化，现金流量表则详细反映了现金账户的变化。如下图所示，利润表和现金流量表将前后期的资产负债表连接起来。

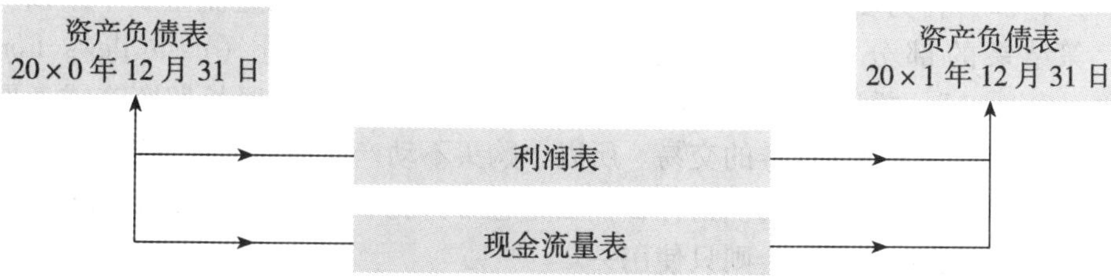

5.1.1 现金流量表的目的

管理者和投资人为什么要使用现金流量表？因为：

1. 现金流量表有助于人们理解净利润与现金余额变动的关系。即使净利润为正，现金余额也可能减少；反之亦然。

2. 现金流量表报告过去的现金流动情况是为了：

（1）预测未来的现金流动；

（2）评价管理层取得现金和使用现金的情况；

（3）确定公司支付利息和股利的能力以及偿还到期债务的能力。

3. 现金流量表能说明公司生产性资产的具体增减变动。

现金流量表解释了一定时期内现金来自于何方、运用于何处。首先来弄清楚现金的含义。“现金”这个术语不仅指我们称其为现金的货币和银行账户，还包括现金等价物。现金等价物（cash equivalents）是公司可以容易而且快速地将其转变为现金的具有高度流动性的短期投资，比如货币市场基金以及短期国库券。从现在开始，我们所提及的现金就是指现金及现金等价物。

5.1.2 典型的影响现金的活动

公司管理者的3类决策会影响现金：经营决策、筹资决策和投资决策。经营决策（operating decisions）与产生收入和费用的主要日常活动有关。现金流量表的第一大部分“经营活动产生的现金流量（cash flows from operating activities）”总结的就是这类决策对现金的影响。经营活动（operating activities）是那些影响公司产品或服务的购买、加工和销售的交易。例如，进行销售和收回应收账款、将销售成本记录为费用、购买存货以及支付应付账款都是经营活动。这些交易的共同点就是：它们都是产生公司收益的主要活动中必不可少的部分。

在决定是取得现金还是偿还债务以及如何取得现金或者偿还债务时，公司管理者就是在进行筹资决策（financing decisions）。例如，财务经理决定是向银行或其他贷款人借钱还是偿还前期借款；他们也决定是增发资本股票还是回购已发行股票。为了理解筹资决策，我们在现金流量表中设置“筹资活动产生的现金流量（cash flows from financing activities）”部分。筹资活动（financing activities）是公司通过向债权人借款或者发行股票来取得资金以及因为向债权人偿债和向股东支付投资回报而使用资金的交易。

筹集资本之后，公司管理者必须决定对资本如何进行投资。投资决策（investing decisions）包括如下选择：（1）取得或处置厂房、不动产、设备和其他长期生产性资产；（2）作为贷款人或证券所有者提供或收回现金。现金流量表中用以反映投资决策结果的部分标名为“投资活动产生的现金流量（cash flows from investing activities）”。投资活动（investing activities）是取得或处置长期资产或者取得或处置不是现金等价物的证券的交易。所以，购买不动产或设备是投资活动，而购买存货或预付租金则是经营活动。为什么？因为通常情况下，公司的不动产和设备可使用若干年，而存货和预付租金则只使用一年。

有国际业务的公司的现金流量表中会多一个项目——汇率变动对现金的影响。这个项目列示在经营活动、投资活动和筹资活动之后。汇率变动的影响不是现金流量，但对于调节现金的期初期末余额是必要的，因此要列示在现金流量表中。假设一家美国公司在英国的一家银行开设账户。当年年初该账户余额为 10 万英镑，汇率为 1 英镑兑换 2 美元。那么，美国公司就要在其资产负债表上列示现金 20 万美元（10 万英镑×2 美元/英镑）。假设当年该账户没有发生现金收入和支出业务，但汇率变为 1 英镑兑换 1.7 美元。那么当年年末，公司就要在资产负债表中列示现金 17 万美元（10 万英镑×1.7 美元/英镑）。在没有任何现金收入和支出的情况下，以美元计量的现金减少了 3 万美元。这个变化公司必须反映在现金流量表中。

表 5-1 展示了现金流量表中报告的典型的经营活动、投资活动和筹资活动。这些活动对现金的影响无疑是显而易见的。不过，某些活动是属于经营活动、投资活动还是筹资活动，有时并不很明显。例如，支付利息和支付股利，二者都代表了公司向资本提供者的现金流出，您也许将二者视为同一类活动。而且美国公认会计准则将支付利息归类为经营活动现金流出，而将支付股利归类为经营活动或筹资活动现金流出。这种分类遵循的长期以来的区分方法：与所有者的交易（股利）不能作为费用，而支付给贷款人的利息却是费用。另外，按照美国公认会计准则，收到股利和利息都属于经营活动。大多数按照国际财务报告准则进行报告的公司所使用的方法与按照美国公认会计准则进行报告的公司所用的方法是一样的。然而，执行国际财务报告准则的公司还有其他的选择。他们可以将支付股利或利息作为经营活动或筹资活动。而且，国际财务报告准则允许公司将收到股利或利息作为经营活动或投资活动，只要分类保持前后期一致就可以。

表 5-1 **典型的经营活动、投资活动和筹资活动**

现金流入	现金流出
经营活动	
来自于顾客的收现	支付给供货商的现金
收到的利息和股利	支付给雇员的现金
其他经营性现金收入	支付利息和税金
	其他经营性现金支出
投资活动	
出售不动产、厂房和设备	购买不动产、厂房和设备
出售非现金等价物的证券	购买非现金等价物的证券
收回贷款	发放贷款
筹资活动	
向贷款人借款	偿还借款
发行股票	股份回购（包括库藏股的收购）
发行债券	支付股利

下面的“财经热线”阐述了将现金流量划分为经营活动、投资活动和筹资活动如何能够帮助我们理解一个公司的现金状况。

财经热线

永安旅游（Wing on Travel，WOT）和中旅国际投资公司（China Travel International Investment，CT）的现金流

现金流是许多公司持续经营的关键所在。2008 年，因为商务和休闲旅客都出现了大幅减少，许多旅游公司和航空公司都遭遇了现金流问题。

我们来看永安旅游（WOT）和中旅国际投资公司（CT）现金流量表中的一些数字（单位：百万美元）：

	永安旅游			中旅国际投资		
财务年度	2009	2008	2007	2009	2008	2007
经营活动现金流量	(10 523)	(7 166)	4 903	80 833	75 591	91 065
投资活动现金流量	17 483	17 382	(47 427)	(40 242)	(72 817)	22 230
筹资活动现金流量	(26 968)	27 710	(3 399)	(37 567)	(87 495)	(61 285)
	(20 008)	37 925	(45 923)	3 024	(84 721)	52 010
利润	(44 511)	(106 784)	575	8 411	77 026	92 425

永安旅游是在香港证券交易所上市的一家主要的旅游公司。尽管公司在长途航线和旅客服务方面有很好的声誉，但2009 年和2008 年公司分别亏损445. 11 亿美元和1 067. 84 亿美元。亏损导致公司两年的经营活动现金流量出现严重赤字。在 2009 年，尽管出售子公司获得了 4 500 万美元的收入，使得投资活动现金净流量为正，但公司仍然新增银行贷款 5 510 万美元，偿还银行贷款 5 550 万美元。

相比之下，永安旅游的竞争对手——中旅国际投资公司，在 2007—2009 年中，作为利润主要来源的经营活动现金流量都是令人满意的。投资活动现金流量为负主要是因为出于扩张的需要而收购了子公司。

2010 年年初，永安旅游公司被携程（Ctrip）公司以 8 800 万美元收购了 90% 的股份。

资料来源：http：//downloads. cathaypacific. com/cx/investor/annualreports/2008_ annual-report_ en. pdf； http：//www. hkexnews. hk/listedco/listconews/sek； http：//pages. english. ctrip. com/webhome/purehtml/en/footer/CompanyProfile. html.

---

5. 2 现金流量表的编制

我们来分析双轮公司 20×2 年 1 月的各项活动，以便理解不同的活动是怎样影响现金流量表的。我们在表 5-2 中用资产负债表等式再现了对该公司的交易分析，在

表 5-3 中列示了相应的资产负债表与利润表，并利用这些表格中的数据编制双轮公司 20×2 年 1 月的现金流量表。需要注意的是，双轮公司的现金余额从月初的 0 美元增加到月末的 351 000 美元。由于现金流量表能解释现金余额变动的原因，所以，编制现金流量表的第一步通常是计算现金余额的变动额。本例中现金余额增加了 351 000美元。接下来，我们对解释这 351 000 美元增加额的现金流量表的 3 个组成部分进行检查。

表 5-2　　**双轮公司 20×2 年 1 月交易分析**　　单位：美元

	资产					=	负债	+	股东权益	
交易摘要	现金 +	应收账款 +	商品存货 +	预付租金 +	仓储设备	=	应付票据 +	应付账款 +	缴入资本 +	留存收益
(1) 初始投资	+400 000					=			+400 000	
(2) 向银行借款	+100 000					=	+100 000			
(3) 现金购买仓储设备	-15 000				+15 000	=				
(4) 现购存货	-120 000		+120 000			=				
(5) 赊购存货			+10 000			=		+10 000		
(6) 现购加赊购存货	-10 000		+ 30 000			=		+20 000		
(7) 出售设备	+1 000				-1 000	=				
(8) 购货退回			-800			=		-800		
(9) 向债权人支付	-4 000					=		-4 000		
(10a) 赊销		+160 000				=				+160 000
(10b) 销货成本			-100 000			=				-100 000
(11) 收回应收账款	+5 000	-5 000				=				
(12) 预付租金	-6 000			+6 000		=				
(13) 确认到期租约服务				-2 000		=				-2 000
(14) 计提折旧					-100	=				-100
20×2 年 1 月 31 日余额	351 000	+155 000	+59 200	+4 000	+13 900	=	100 000	+25 200	+400 000	+57 900
			583 100					583 100		

5.2.1　筹资活动产生的现金流量

虽然大多数公司把经营活动产生的现金流量列作现金流量表的第一部分，但我们还是从现金流量表中比较容易描述和理解的部分——筹资活动产生的现金流量开始我们的讨论。筹资活动产生的现金流量部分列示了公司来自于资本提供人的现金和流向资本提供人的现金。确定筹资活动现金流量的最简单的方法就是对资产负债表等式（或 T 型账户）中的现金账户的变化情况进行检查，找出其中与筹资活动相关联的变动金额。如表 5-2 所示，双轮公司在 20×2 年 1 月有两笔这样的交易：

表 5-3 **双轮公司利润表和资产负债表**

截至 20×2 年 1 月 31 日的月度利润表　　单位：美元

销售收入		160 000
减：费用		
销售成本	100 000	
租金	2 000	
折旧	100	
费用总额		102 100
净利润		57 900

20×2 年 1 月 31 日资产负债表

资产		负债与股东权益		
现金	351 000	负债：		
应收账款	155 000	应付票据		100 000
商品存货	59 200	应付账款		25 200
预付租金	4 000	负债总额		125 200
仓储设备（净值）	13 900	股东权益：		
		缴入资本	400 000	
		留存收益	57 900	
		股东权益总额		457 900
资产合计	583 100	负债和股东权益合计		583 100

交易 1：初始投资 400 000 美元；

交易 2：取得银行贷款 100 000 美元。

这两笔交易都导致现金流入，即现金增加。于是，双轮公司现金流量表中筹资活动产生的现金流量总额为 500 000 美元：

双轮公司 20×2 年 1 月筹资活动产生的现金流量　　单位：美元

初始投资收到的现金	400 000
银行贷款收到的现金	100 000
筹资活动现金净流入	500 000

如果无法直接获取资产负债表等式的分录，也可以观察双轮公司 1 月份资产负债表的变化。注意，资产负债表所有账户本月初余额都是 0，应付票据和缴入资本的增加额计算如下（单位：美元）：

	20×2 年 1 月 1 日余额	20×2 年 1 月 31 日余额	增加（减少）
应付票据	0	100 000	100 000
缴入资本	0	400 000	400 000

如果海科特·洛佩兹在20×1年投资了200 000美元，20×2年1月2日又投资200 000美元，则双轮公司20×2年由于洛佩兹的投资产生的现金流入就只有200 000美元：

	20×2年1月1日余额	20×2年1月31日余额	增加（减少）
缴入资本	200 000	400 000	200 000

筹资活动的两个一般规则是：

■ 现金的增加（现金流入）源于负债或缴入资本的增加；

■ 现金的减少（现金流出）源于负债或缴入资本的减少。

通过表5-4的第一部分，可以看到一系列筹资活动及其对现金的影响。例如，出售普通股增加现金（+），支付股利减少现金（-），将债券转换成普通股对现金没有影响。

5.2.2 投资活动产生的现金流量

现金流量表中投资活动产生的现金流量一部分列示的是产生于购买或销售厂房、不动产、设备及其他长期资产活动的现金流量，该部分通常是现金流量表的第2部分。为了确定投资活动的现金流量，应当了解引起长期资产、贷款以及非现金等价物的有价证券发生增减变动的那些交易。双轮公司的此类资产仅有一项：仓储设备。20×2年1月份发生两笔与仓储设备有关的涉及现金的交易：

交易3：用现金15 000美元购买仓储设备；

交易7：出售仓储设备收取现金1 000美元。

其中第1笔交易是现金的一种使用，或一项现金流出；第2笔交易则是现金的一项来源，或一项现金流入。双轮公司现金流量表投资活动现金流量部分的资料为：

双轮公司20×2年1月投资活动产生的现金流量 单位：美元

购买仓储设备支付的现金	（15 000）
出售仓储设备收到的现金	1 000
投资活动现金净流出	（14 000）

请注意，我们用括号表示现金流出金额。由于存在净现金流出，与1月份筹资活动为公司提供了现金相比，投资活动则使用了现金。

表5-4的第2部分显示了各类投资活动及其对现金的影响。例如，出售投资性证券（属于现金等价物的投资性证券除外）增加现金（+），而发放贷款则减少现金（-）。注意，买卖属于现金等价物的有价证券，不会改变现金余额，只不过是将现金由一种形式转化为另一种形式而已。

如果无法直接获得资产负债表等式中列出的交易，就有必要分析资产负债表中长期资产、贷款以及其他投资的变化。投资活动的两个一般规则是：

■ 现金的增加（现金流入）源于出售长期资产、收回贷款和收回投资；

■ 现金的减少（现金流出）源于购买长期资产、提供贷款和进行对外投资。

表 5-4　　**筹资、投资交易对现金的影响分析**

交易类型	现金增（+）减（-）变动
筹资活动：	
增加长期负债或短期负债	+
减少长期负债或短期负债	-
出售普通股或优先股	+
回购普通股	-
支付股利	-
债券转换成普通股	无影响
投资活动：	
用现金购买固定资产	-
发行债券购买固定资产	无影响
以收取现金方式出售固定资产	+
购买不属于现金等价物的对其他公司的投资性证券	-
销售不属于现金等价物的对其他公司的投资性证券	+
贷款给其他公司或个人	-
收回贷款	+

来看一下双轮公司唯一的长期资产“仓储设备”的情况。引起这种资产发生变化的可能原因通常有以下 3 种：（1）资产的获得，（2）资产的处置和（3）折旧费用的按期计提。即：

资产的增加＝获得－处置－折旧费用

资产的获得和处置可能涉及现金，但折旧的计提不涉及现金。所以，资产变动额中有多少与折旧费用的确认有关，搞清楚这一点至关重要。从双轮公司的资产负债表得知，仓储设备净额在 1 月份由 0 增加到 13 900 美元，根据利润表，该公司的本月折旧费用是 100 美元。由此可见，该公司本月份仓储设备的净获得金额（等于获得金额减去处置金额）为 14 000 美元：

13 900＝获得－处置－100

获得－处置＝13 900+100＝14 000

只有掌握更多的实际获得和处置资产资料，才能将净获得金额细分成获得和处置。如果我们根据进一步的分析能够确定双轮公司的获得金额为 15 000 美元，就能知道其处置金额一定是 1 000 美元（15 000－14 000＝1 000）。通过仔细检查财务记录来确定这些详细数据，这对于管理层来讲并不困难，而投资者要得到这些数据就困难得多。

讲解财务报表

一个公司通过出售普通股筹集到 100 万美元，然后用其中 40 万美元投资于可销售证券——属于现金等价物，将另外 60 万美元用于购买设备。此项交易对现金流量表有什么影响？

答案：

100 万美元表现为筹资活动现金流入；60 万美元在投资活动现金流量部分表现为现金的使用。由于可销售证券是现金等价物，所以 40 万美元不能出现在投资活动现金流量部分里，而只是导致公司持有现金的结构重组。所以，此项交易引起的现金净增加额是 40 万美元，或者是 100 万美元的筹资减去 60 万美元的投资。

5.2.3 非现金的投资与筹资活动

有的时候投资活动和筹资活动并不影响到现金，但却与影响现金流量的交易相似。所以，公司必须将其在现金流量表附设的一览表里予以列示。在我们的例子中，双轮公司没有非现金的投资与筹资活动。不过，假定双轮公司不是用现金购买仓储设备而是采用以下融资方式：

A. 以发行普通股的方式取得 8 000 美元的仓储设备；

B. 以签署应付票据的方式取得 7 000 美元的仓储设备。

再考虑另一个可能的交易：

C. 双轮公司将其金额为 50 000 美元的原始应付票据转换为普通股，即发行 50 000美元的普通股冲减 50 000 美元的应付票据。

这些事项对资产负债表等式的影响如下（单位：美元）：

	现金	+	仓储设备	=	应付票据	+	缴入资本
A.	0		+8 000	=			+8 000
B.	0		+7 000	=	+7 000		
C.	0			=	−50 000		+50 000

这些交易都没有影响到现金，所以，它们不属于现金流量表项目。不过，每项交易又很容易涉及到现金。例如，在第一笔交易中，公司可以在发行普通股取得 8 000 美元现金之后，立即用这笔现金购买固定资产。于是，筹资活动现金流入和投资活动现金流出都出现在现金流量表里。鉴于这些非现金投资决策和筹资决策的重要性，应该让财务报表使用者对其有所了解，所以，公司必须在“非现金的投资活动和筹资活动”一览表里报告这样的项目。对双轮公司 A、B、C 这 3 项假设交易的列示如下（单位：美元）：

非现金的投资与筹资活动一览表：	
发行普通股以获取仓储设备	8 000
以应付票据获取仓储设备	7 000
应付票据转换为普通股	50 000

复习题概要

题目：

仔细检查表 2−5 中双轮公司 20×2 年 2 月资产负债表等式的分录以及 2 月份的最

后一笔交易——交易 22：宣布并支付股利 50 000 美元。

1. 对列示于 2 月份现金流量表中的筹资活动和投资活动现金流量的项目予以确认。

2. 假定 2 月份里双轮公司又发生两笔交易：

a. 用现金 12 000 美元购买 Pacific Cycle 的普通股；

b. 支付 8 000 美元现金、签发 22 000 美元应付票据，购买一幢价值 30 000 美元的仓库。其中支付的 8 000 美元现金系从银行借入。

以上交易对双轮公司现金流量表的筹资活动现金流量部分和投资活动现金流量部分有什么影响？

3. 编制双轮公司现金流量表的筹资活动现金流量部分和投资活动现金流量部分，包括上述 1 和 2 中提到的所有交易，如有必要请列示非现金投资与筹资活动一览表；并对您从这两部分中学到的信息进行解释。

解答：

1. 只有交易 21——从银行借入 10 000 美元并用其购买仓储设备和交易 22——支付现金股利 50 000 美元，涉及到筹资活动或投资活动。10 000 美元的借款是筹资活动，支付 10 000 美元购买仓储设备是投资活动，而支付 50 000 美元的现金股利是筹资活动。

2. 购买 Pacific Cycle 普通股而支付 12 000 美元，这是投资活动。仓库的购置则有 3 个结果：（1）支付 8 000 美元现金是一项投资活动；（2）从银行借入这 8 000 美元是一项筹资活动；（3）用 22 000 美元应付票据购置仓库则是一项不涉及现金的投资和筹资活动。

3. 现金流量表将列示如下。需要注意的是，表中“从银行借款”项目填的是两笔银行借款的合计数 18 000 美元（10 000+8 000）。

双轮公司 20×2 年 2 月份筹资活动和投资活动现金流量 单位：美元

投资活动现金流量：	
购买仓储设备	（10 000）
购买 Pacific Cycle 的普通股	（12 000）
购买仓库	（8 000）
投资活动现金净流出	（30 000）
筹资活动现金流量：	
从银行借款	18 000
支付股利	（50 000）
筹资活动现金净流出	（32 000）
不涉及现金的投资和筹资活动：	
应付票据筹资购买仓库	22 000

从现金流量表的这两个部分可以知道，2 月份双轮公司在投资和筹资活动上使用的现金总数为 62 000 美元。为了给投资和筹资活动以资金支持，公司不是动用了经

营活动产生的现金就是消耗了现金结余。用于投资活动的 30 000 美元净现金流出额中，18 000 美元用于增加长期资产，12 000 美元增加了公司对另一个公司 Pacific Cycle 的证券投资。我们还发现，产生于筹资活动的 18 000 美元现金流入完全是举债融资，从银行借入，公司没有出售或回购普通股；由于支付股利的现金流出 50 000 美元大于借入款项，从而导致了 32 000 美元的筹资活动现金净流出。最后，双轮公司还通过应付票据方式举债融资 22 000 美元用于另一投资活动——购置仓库，这一交易同时涉及筹资活动和投资活动的，对现金却没有影响。

5.3 经营活动产生的现金流量

对投资活动、筹资活动影响结果的分析，使投资者了解了公司管理层制定筹资决策和投资决策的能力。然而，财务报表使用者更关注于评价管理层的经营决策。他们将注意力集中于现金流量表的第一大部分——经营活动产生的现金流量，这一部分反映了影响利润表的那些交易的现金结果。

5.3.1 计算经营活动产生的现金流量的方法

我们可以采用两种方法来计算经营活动现金流量。直接法（direct method）用营业性现金收入减去营业性现金支出来计算经营活动产生的现金流量。间接法（indirect method）对已在利润表中计算的应计净利润进行调整，以便仅反映现金的收支。这两种方法计算出的经营活动提供（或使用）的现金数额是相同的，只是报表格式不同。

国际会计准则理事会和美国财务会计准则委员会都更喜欢采用直接法，因为这个方法直接列示现金的各项流入和流出，使投资者更加易于理解。实际上，国际会计准则理事会和美国会计准则委员会可能在不久的将来就要求使用直接法。然而，绝大多数公司仍然继续采用间接法。尽管我们首先来讨论直接法，但仍有必要掌握大多数公司都继续使用的间接法。

在详细介绍直接法和间接法之前，首先来看归类为经营活动的现金流量。表 5-5 列示了许多这样的现金流动，这些现金流动与利润表的收入和费用有关。值得注意的是，记录商品或服务的销售收入并不必然增加现金，只有用现金结算的销售才立即增加现金，而赊账销售只有在顾客实际支付了货款后才影响到现金。双轮公司就必须收回应收账款以产生现金。同样，将要履行的服务即使在以后期间才赚到收入，已预收的现金也是经营活动现金流入。

费用对现金的影响也是同样。有时现金流出发生在利润表中费用的确认之前。比如，双轮公司 1 月份支出现金 6 000 美元预付租金，并将这项支出记录为一项资产。6 000 美元要全部反映在 1 月份的现金流量表中。公司以后使用租入的设备时才记录租赁费用。但确认租赁费用的会计分录并不影响现金。有时现金流出又发生在费用的确认之后，如工资的支付。公司要在支付工资时而不是在记录工资费用时在现金流量表中反映这项交易。

下面来检查销售成本费用。采购和出售存货的核算通常需要分 3 个步骤来记录 3 项交易：（1）存货的赊购；（2）应付账款的支付；（3）向顾客交付货物从而记录一

表 5-5　**经营性交易对现金的影响分析**

交易类型	现金增（+）减（-）变动
经营活动：	
以现金结算的销售货物或服务	+
赊销货物或服务	无影响
应收账款的收回	+
收到股利或利息	+
确认销售成本	无影响
用现金购买存货	-
赊购存货	无影响
支付应付账款	-
应计营业费用	无影响
支付营业费用	-
应计税款	无影响
支付税款	-
应计利息	无影响
支付利息	-
用现金预付费用	-
预付费用的摊销	无影响
计提折旧	无影响

项费用。步骤（2）和步骤（3）的顺序可能会颠倒。（如果以现金采购存货，步骤1和步骤2就合并为一项交易）。我们用下面的例子来具体解释。双轮公司1月7日赊购了一个30美元的自行车座，1月29日销售了这个车座，2月7日向供货商支付车座的货款。1月份发生的两笔交易：

1.1月7日，资产负债表账户“商品存货”和“应付账款”均增加30美元；

2.1月29日，资产负债表账户“商品存货”减少30美元，利润表中记录了30美元的销售成本费用。（注意：双轮公司1月29日还记录了相关销售收入，不过我们这里集中讨论的是有关交易的费用问题。）

截至1月末都没有发生现金交易，赊购存货和确认销售成本费用都没有影响现金。2月7日发生了一笔现金交易：双轮公司向其供货商支付30美元，从而减少应付账款30美元。3笔交易的结果是产生了一项30美元的费用和一项30美元的付款，不过，双轮公司是在1月份记录费用，在2月份记录现金流出。2月份情况则相反，现金流量表里有一笔30美元的现金流出，而利润表里却没有费用。请注意表5-5，确认销售成本或赊购存货对现金并无影响，而支付应付账款或用现金购买存货则使现金减少。

在了解了影响现金的一些经营性交易，了解了现金流入和现金流出的发生时间与相关收入和费用的确认时间如何不同之后，接下来就要研究反映经营活动现金流动结果的两种方法。

5.3.2 经营活动现金流量——直接法

直接法列示一系列现金收入（流入）和现金支出（流出）项目。采用直接法编制现金流量表的经营活动现金流量部分时，最简单的方法是仔细观察资产负债表等式的“现金”一栏。表5-2中影响现金的分录如下：

分录	现金影响
（1）初始投资	+400 000
（2）银行借款	+100 000
（3）用现金购买仓储设备	−15 000
（4）用现金购买存货	***−120 000***
（6）现金加赊账购买存货	***−10 000***
（7）销售设备	+1 000
（9）向债权人支付	***−4 000***
（11）收回应收账款	***+5 000***
（12）预付租金	***−6 000***

正如前述，交易1、2、3和交易7属于筹资活动或投资活动，那么，其余影响现金的交易一定是经营活动。所以，经营活动产生的现金流量包括用粗斜体字表示的交易4、6、9、11和交易12。据此编制的现金流量表如下：

双轮公司20×2年1月经营活动现金流量 单位：美元

购买存货付现（交易4和6）	（130 000）
偿还应付账款付现（交易9）	（4 000）
收回应收账款收现（交易11）	5 000
租金付现（交易12）	（6 000）
经营活动现金净流出	（135 000）

一种更常见的方法是先列示收回应收账款收现，并且把购买存货支付的现金与向债权人偿还应付账款支付的现金合并为“支付给供货商现金”一个项目：

双轮公司20×2年1月经营活动现金流量 单位：美元

收回应收账款收现	5 000
支付给供货商现金	（134 000）
租金付现	（6 000）
经营活动现金净流出	（135 000）

值得注意的是，双轮公司产生于经营活动的现金流入金额很小，1月份所有的销售都是赊销，本月份只收回5 000美元。通常情况下，年轻的、成长中的公司，其营

业现金流出会大于现金流入。公司预先为租金和存货等项目支付现金，而对这些资源的使用产生了后来的销售收现。

5.3.3 经营活动现金流量——间接法

直接法直观地描述了公司的现金是从哪里来的和用到哪里去了，但它却不能说明为什么经营活动产生的现金流量与净利润有所不同。被大多数公司采用的间接法则能回答这个问题。我们可以根据表5-3列示的双轮公司1月份的利润表和1月1日至1月31日的资产负债表来编制间接法下的现金流量表（注意：1月1日所有账户的余额都是0）。每一个利润表项目在现金流量表里都有一个或几个相对应的项目。每一笔销售最终都导致现金流入；每一笔费用都在某个时间涉及到现金流出。在销售产生的现金流入或费用导致的现金流出发生在一个会计期间而我们却在另一个会计期间记录销售收入或费用的情况下，净利润与经营活动产生的现金流量就有了差别。间接法高度关注这种差别，它从净利润开始，调整所有使净利润和经营活动现金净流量不一致的项目，以计算出经营活动产生的现金净流量。双轮公司1月份间接法下的现金流量表见表5-6。下面我们就来解释表中的记录。

表5-6　**双轮公司20×2年1月经营活动现金流量（间接法）**　单位：美元

净利润	57 900
将净利润调整为经营活动现金净流量：	
折旧	100
应收账款增加	(155 000)
存货增加	(59 200)
应付账款增加	25 200
预付租金增加	(4 000)
经营活动现金净流入（净流出）	(135 000)

如果所有的销售都采用现金结算、所有的费用都在发生的当时用现金支付，则经营活动现金净流量与净利润就完全一样。所以，您可以这样理解：如果收入等于现金流入、费用等于现金流出的话，表5-6的第一行“净利润”就是产生于经营活动的现金净流量。随后的调整就是收入与现金流入、费用与现金流出在时间上的不同。还有另外一种格式可以帮助我们理解这种调整，具体见表5-7，表中中间一栏列示了表5-6所示的调整项目。下面我们在讨论每一种调整项目的同时介绍表5-7。

1. 折旧的调整。第一个调整的内容是把折旧费用加回到净利润中。这样做的原因是：在计算净利润57 900美元时曾减去折旧100美元，而该笔折旧并不代表1月份的经营活动现金流出。折旧是一项费用，但与其相关的现金流出是双轮公司购买设备时作为投资活动发生的。由于我们计算1月份净利润时曾减去100美元的折旧，现在加回来仅仅是抵消原来所作的扣除，这里并不存在折旧对现金流量的影响问题。

为了强调折旧的影响，我们先假设双轮公司160 000美元的收入全部收到了现金、102 000美元的非折旧费用也都支付了现金，则利润表和经营活动产生的现金流量如下所示（单位：美元）：

利润表		经营活动现金流量	
销售收入	160 000	来自于销售的现金流入	160 000
非折旧费用	(102 000)	费用的现金流出	(102 000)
折旧	(100)	经营活动现金净流入	58 000
净利润	57 900		

本例中净利润与经营活动现金净流入两者之间的唯一区别是 100 美元的折旧，只要将其加到净利润上：57 900+100=58 000，就可以计算出经营活动现金净流入。表 5-7 中 D 行的中间一栏说明，计算经营活动提供的现金时，折旧是对净利润的调整项目之一。

表 5-7　**双轮公司净利润与经营活动现金流量之比较**　单位：美元

净利润		调整		经营活动现金流量	
A. 销售收入	160 000	应收账款增加	(155 000)	来自于顾客的现金	5 000
B. 销货成本	(100 000)	存货增加	(59 200)	支付给供货商的现金	(134 000)
		应付账款增加	25 200		
C. 租金费用	(2 000)	预付租金增加	(4 000)	支付的租金	(6 000)
D. 折旧	(100)	折旧	100		0*
净利润	57 900	总调整额	(192 900)	经营活动现金净流入(净流出)	(135 000)

*计提折旧不是现金流动。

下面来进一步关注折旧。假设折旧额为 500 美元而不是 100 美元，则净利润为 57 500 美元，经营活动产生的现金净流入仍然是 58 000 美元，即净利润 57 500 美元与折旧额 500 美元之和。经营活动现金净流入没有发生变化。也就是说，折旧金额的大小对经营活动产生的现金数额没有影响。我们加回到净利润上的恰恰是与曾从净利润中减除的折旧费用相同的金额，主要是为了抵消早先的减除量，以便计算现金流量。

折旧代表一种永远不会涉及经营性的现金流动的费用，与其相关的现金流动是公司在为计提折旧的资产付款时发生的，是一项投资性现金流出。双轮公司的其余各项调整所针对的则是由于时间导致的净利润与经营活动现金流量之间的差异，也就是说，随着时间的推移，总的收入或费用将会等于总的经营活动现金流入或现金流出，但公司可能会在某一期间的利润表中报告一些收入或费用，而在另一个期间的现金流量表中报告相关的现金流入或现金流出。

2. 收入的调整。下面来分析收入。反映在利润表中的 160 000 美元销售收入直接影响了资产负债表中的应收账款账户，并终究会影响现金账户。如果所有的销售都用现金结算，销售额就不会影响到应收账款，销售的当时就会产生相关的现金流，而且现金流入与销售额相等。然而，双轮公司的销售全部都是赊销，这样一来，销售首先增加应收账款，公司收回应收账款时才发生现金流入。根据利润表和资产负债表资料计算现金收入金额的方法有两种。第一种方法是，计算双轮公司在月度内可能收回的现金总额，即月初应收账款余额加上当月销售额，从中减去月末尚未收到的应收账款金额，就得出 1 月份 5 000 美元的现金收账：

应收账款月初余额	0
加：本月销售额	160 000
可能收回的现金	160 000
减：应收账款月末余额	155 000
来自于顾客的收现	5 000

另一种方法是，从月份销售额开始，如果应收账款数额保持不变（即应收账款月末余额等于月初余额），现金收账就等于销售额；如果应收账款增加，现金收账就低于销售额，从而净利润就高于经营活动现金净流量；如果应收账款减少，就意味着收到的现金超过销售额，使得净利润低于经营活动现金净流量。双轮公司 1 月份的应收账款从 0 增加到 155 000 美元，所以，收到的现金是 5 000 美元：

销售额	160 000
应收账款减少（增加）*	(155 000)
来自于顾客的收现	5 000

* “减少（增加）”这种格式意味着：减少数列作加项，增加数列作减项。

由于双轮公司的应收账款在 1 月份增加了 155 000 美元，要得出经营活动产生的现金，就必须从净利润中减去 155 000 美元。表 5–7 的 A 行展示了这一调整过程。

如果应收账款减少了，那就意味着收到的现金大于销售额，于是，就要把应收账款的减少额加到销售额上，来确定收到的现金数。

讲解财务报表

假设双轮公司 160 000 美元的销售额都是用现金结算的。采用“销售额加减应收账款余额变动”的公式计算从顾客处收到的现金，并解释。

答案：

如果所有的销售都用现金结算，应收账款月末余额还将为 0。由于应收账款没有发生增减变化，所以，计算从顾客处收到的现金时就不用对销售额进行调整（单位：美元）：

销售额	160 000
应收账款减少（增加）	0
来自于顾客的收现	160 000

3. 商品销售成本的调整。正如我们通过调整销售额来计算“来自于顾客的收现”一样，我们还可以通过调整利润表中的销售成本项目来计算“支付给供货商”的现金。进行这一计算时，必须注意一个利润表账户“销售成本”和两个资产负债表账户“存货”与“应付账款”。调整销售成本以便计算向供货商支付的现金时，有两个步骤：

根据这两个步骤，有关计算如下（单位：美元）：

步骤 1：	
期末存货（1 月 31 日）	59 200
加：1 月份销售成本	100 000
1 月份可供销售存货	159 200
减：期初存货（1 月 1 日）	0
1 月份购买的存货	159 200
步骤 2：	
1 月份购买的存货	159 200
加：应付账款期初余额（1 月 1 日）	0
应支付现金总额	159 200
减：应付账款期末余额（1 月 31 日）	(25 200)
本月支付现金总额	134 000

在步骤 1 里，计算 1 月份购买的存货总额时并不考虑所购买的存货是用现金结算的还是赊购的，计算本项目时需要将 1 月份已用存货总额（即销售成本）加上存货的月末余额，减去存货的月初余额。如果双轮公司购买的所有存货都是用现金结算的，支付给供货商的现金就会等于购买的存货总额 159 200 美元，有关计算也就会到此为止。然而，双轮公司有些存货是赊购的，因此，必须进行步骤 2 的计算。如果双轮公司到 1 月末支付了所有的应付账款，其所支付的金额将等于应付账款期初余额加上 1 月份的购货总额 159 200 美元。不过，1 月末尚有 25 200 美元的应付账款，这就意味着 159 200 美元的应付账款中，双轮公司在 1 月份里只支付了 134 000 美元（159 200−25 200）。

根据以上两个步骤，可以确定调整销售成本以计算现金流量所必需的两项调整为（单位：美元）：

1 月份销售成本	100 000
1 月份存货增加（减少）	59 200
1 月份应付账款减少（增加）	(25 200)
1 月份支付给供货商的现金	134 000

公司要逐步增加存货，相应的购买行为需要现金，但并不影响销售成本。所以，如果 1 月份应付账款没有变动，支付给供货商的现金流出就会超过销售成本，超出金额为存货的增加额 59 200 美元，即 1 月份经营活动现金流出为 100 000 美元

的销售成本+59 200 美元的存货增加额 = 159 200 美元的存货购入额。然而，由于应付账款增加了 25 200 美元，公司 1 月份并没有全额支付 159 200 美元，159 200 美元的潜在现金流出当中，有 25 200 美元将在未来支付。所以，1 月份公司仅支付了 134 000 美元。

间接法下的现金流量表中将净利润调整为经营活动现金流量时必须将销售成本调整为支付给供货商的现金。来看表 5-7 中 B 行的内容。首先，请记住，计算净利润过程中减去销售成本就像确定经营活动提供的现金时要减去支付给供货商的现金一样。如果现金流出大于销售成本，经营活动产生的现金流入就小于净利润。由于存货增加导致现金流出大于销售成本 59 200 美元，所以，经营活动产生的现金就比净利润少 59 200 美元。相反，应付账款的增加使得现金流出比销售成本少了 25 200 美元，从而导致经营活动产生的现金比净利润多了 25 200 美元。

4. 其他费用的调整。在讨论表 5-7 的 C 行之前，我们先创设一个一般调整规则，然后再将其用于这一栏的调整。

● 调整不涉及现金的收入和费用

加回折旧

以后章节介绍的其他调整项目

● 调整与经营活动有关的非现金资产和负债

加：资产的减少

减：资产的增加

加：负债的增加

减：负债的减少

到目前为止的调整包括：加回 100 美元的折旧费用（本例中唯一一项不涉及现金的收入或费用），减去 155 000 美元的应收账款（资产）增加额，减去 59 200 美元的存货（资产）增加额，加上 25 200 美元的应付账款（负债）增加额。上述各项调整都与前述的一般调整规则相符，现在我们就对此予以证实。

关于租金费用。请注意："预付租金"（一个资产账户）从月初的 0 美元增加到了月末的 4 000 美元。所以，正如表 5-7 的 C 行所示，必须调整减少 4 000 美元的租金。本月用现金支付租金 6 000 美元，而本月负担的租金费用仅为 2 000 美元，产生了 4 000 美元的余额。我们所做的调整就意味着双轮公司支付租金的现金流出超过租金费用 4 000 美元。

现在再来考察表 5-7，以便进行概括。根据表 5-7，净利润与经营活动现金流量的比较是从第一栏最后一项 57 900 美元的净利润开始，加（减）中间一栏总计 192 900美元的调整额，得出最右边一栏最后一项 135 000 美元的经营活动现金净流出。左边一栏计算的是净利润，右边一栏计算的是经营活动现金流量，中间一栏则逐行列示有关的调整。虽然净利润多达 57 900 美元，但双轮公司耗用了 135 000 美元的现金支持其经营活动。无论双轮公司实现多少收益，这样的现金消耗都不可能无限期地持续下去。不过，像其他年轻的、处在成长期的公司一样，双轮公司投入大量的现金是因为预期未来的经营活动能带来现金流入。

5.3.4 调节表

公司采用直接法报告经营活动现金流量时，财务报表使用者可能无法得到有关从净利润到经营活动现金净流量的信息。所以，用直接法编制的现金流量表中要补充一个将净利润调节到经营活动现金净流量的附表。这个附表其实就是间接法下现金流量表的经营活动部分。实际上，选择采用直接法的公司必须同时采用间接法。相反，采用间接法的公司则不必报告直接法的报表。直接法现金流量表的附表与表 5-6 的格式一样，只是要冠以“将净利润调节为经营活动现金净流量”的名称。

5.4 现金流量表与资产负债表等式

为了更好地理解现金流量表与其他财务报表之间的关系，我们来仔细观察资产负债表等式。资产负债表等式为包括现金流量表在内的所有财务报表提供了概念基础。该等式重新组合如下：

资产=负债+所有者权益

现金+非现金资产=负债+所有者权益

现金=负债+所有者权益-非现金资产

现金的任何增减变动（Δ）必然伴随着等式右边一个或多个项目的变动，才能保持等式的平衡：

Δ现金=Δ负债+Δ所有者权益-Δ非现金资产

所以：

现金变动=所有非现金账户的变动

或者：

现金变动额=现金变动的原因

现金流量表集中反映非现金账户的变动，这些变动能够解释一定期间内现金水平发生增减变动的方式和原因。所以，等式右方账户的主要变动是作为现金变动的原因出现在现金流量表中的，而等式左方则计量了现金变动的净结果。

同样的分析还有助于解释报告经营活动现金流量的直接法和间接法。表 5-8 列示了双轮公司 1 月份属于经营活动的全部交易。不过，我们可以用上面列示的对资产负债表等式进行修正后的公式，对表内各栏予以重组：Δ现金=Δ负债+Δ所有者权益-Δ非现金资产。我们列出的只是现金流量表经营活动现金流量部分的那些交易。如前所述，经营活动是那些影响产品或服务的购买、加工和销售的交易。

值得注意的是，等号左方有关栏目里的记录，呈现在直接法现金流量表中经营活动现金流量部分，它们是直接的现金流动，总的现金流出额为 135 000 美元；而等式右方每一账户变动额（各栏最后一行，用斜体表示）则呈现在间接法报表中，其总额也必然是 135 000 美元。由此可见，直接法报表和间接法报表的总额是相同的，两者只是格式不同。直接法报表列示了现金的所有变动，而间接法报表则展示这些变动的原因。将上述分析归纳如下：

Δ现金=Δ负债+Δ所有者权益-Δ非现金资产

直接法=间接法

表 5-8　**双轮公司 20×2 年 1 月份经营性交易分析**　单位：美元

交易描述	现金	=	应付账款	+	留存收益	−	应收账款	−	库存商品	−	预付租金	−	仓储设备
	现金	=	负债	+	股东权益		− 非现金资产						
(4) 用现金购买存货	−120 000	=							+120 000				
(5) 赊购存货		=	+10 000						+ 10 000				
(6) 现金加赊账购买存货	−10 000	=	+20 000						+30 000				
(8) 购货退回		=	−800						−800				
(9) 向债权人支付	−4 000	=	−4 000										
(10a) 赊销		=			+160 000		+160 000						
(10b) 销货成本		=			−100 000				−100 000				
(11) 收回应收账款	+5 000	=					−5 000						
(12) 预付租金	−6 000	=									+6 000		
(13) 确认到期租金服务		=			−2 000						−2 000		
(14) 折旧		=			−100								−100
总变动额	−135 000	=	25 200	+	57 900	−	+155 000	−	+59 200	−	+4 000	−	−100

5.5　现金流量表举例

表 5-9 列示的是双轮公司 1 月份完整的现金流量表。从中可以看出，现金余额总数增加 351 000 美元，主要是因为筹资活动产生 500 000 美元现金流入。从这 500 000美元的增加额中，减去经营活动使用的135 000 美元和投资活动使用的14 000 美元，产生351 000 美元的余额。

表 5-9　**双轮公司 20×2 年 1 月现金流量表**　单位：美元

经营活动产生的现金流量		
净利润	57 900	
将净利润调节为经营活动现金净流量：		
折旧	100	
应收账款增加	(155 000)	
存货增加	(59 200)	
应付账款增加	25 200	
预付租金增加	(4 000)	
经营活动现金净流入（净流出）		(135 000)
投资活动产生的现金流量		
购买仓储设备支付的现金	(15 000)	

续表

出售仓储设备收到的现金	1 000	
投资活动现金净流入（净流出）		(14 000)
筹资活动产生的现金流量		
初始投资收到的现金	400 000	
银行贷款收到的现金	100 000	
筹资活动现金净流入（净流出）		500 000
现金净增加		351 000
现金（20×2 年 1 月 2 日）		0
现金（20×2 年 1 月 31 日）	=	351 000

现在准备阅读真实公司现金流量表的大多数重要项目。表 5-10 是耐克公司的现金流量表，我们已经对本章没有讨论过的一些项目进行了简化，表中绝大多数的项目都是我们比较熟悉的。有的术语与我们前面用过的稍有不同，但其含义还是很清楚的。注意，与双轮公司相反，耐克公司经营活动产生大量现金，而投资活动和筹资活动则使用了这些现金。

表 5-10 **耐克股份有限公司现金流量表**

2009 年度（截至 5 月 31 日） 单位：百万美元

经营活动产生（使用）的现金		
净利润	1 486.7	
不影响现金的收益费用		
折旧	335.0	
其他不影响现金的费用	326.1	
某些营运资金项目和其他资产、负债项目的变动		
应收账款增加	(238.0)	
存货减少（增加）	32.2	
预付费用和其他流动资产的减少	14.1	
应付账款、应计负债和应付所得税的减少	(220.0)	
经营活动产生的现金		1 736.1
投资活动产生（使用）的现金		
购买短期投资	(2 908.7)	
短期投资到期	2 390.0	
增加不动产、厂房和设备	(455.7)	
处置不动产、厂房和设备	32.0	

续表

其他投资活动	144.3	
投资活动使用的现金		(798.1)
筹资活动产生（使用）的现金		
长期负债（包括本期到期的部分）减少	(6.8)	
应付票据增加	177.1	
行使股票期权及其他股票发行收到的现金	186.6	
其他投资活动	25.1	
回购普通股	(649.2)	
普通股及优先股股利	(466.7)	
筹资活动使用的现金		(733.9)
汇率变动的影响		(46.9)
现金及现金等价物净增加		157.2
现金及现金等价物年初余额		2 133.9
现金及现金等价物年末余额		2 291.1

复习题概要

题目：

仔细检查表 2-5 中双轮公司 20×2 年 2 月份影响资产负债表等式的分录以及表 2-6和表 2-7 的资产负债表和利润表。

1. 采用直接法编制 2 月份经营活动的现金流量表。
2. 采用间接法编制 2 月份经营活动的现金流量表。
3. 简要说明对这两种格式报表的直接感受。

解答：

1. 表 5-11 的数字直接取自表 2-5 的第 1 栏。“来自于顾客的收现”分别为收回应收账款 130 000 美元和现金销售收入 51 000 美元；“支付给供货商的现金”则包括支付应付账款 15 000 美元和用现金购货 10 000 美元。

2. 请看表 5-12，净利润和加回的折旧数字取自利润表。其余的调整数则是 1 月 31 日与 2 月 28 日资产负债表的余额之差。

3. 直接法的报表显示出现金收入远大于现金支出；间接法的报表则说明：来自于经营活动的现金流量之所以比净利润多 92 100 美元（156 000-63 900），主要归因于应付账款的激增及存货的消耗。

表 5-11　**双轮公司 20×2 年 2 月经营活动的现金流量表（直接法）**　单位：美元

来自于顾客的收现	181 000
支付给供货商现金	(25 000)
经营活动现金净流入	156 000

表 5-12　**双轮公司 20×2 年 2 月经营活动的现金流量表（间接法）**　单位：美元

净利润	63 900
将净利润调节为经营活动现金净流量的调整数：	
折旧	100
应收账款减少	5 000
存货减少	20 000
应付账款增加	65 000
预付租金减少	2 000
经营活动现金净流入	156 000

5.6　现金流量表的重要性

利润表和现金流量表都报告了公司报告期内的动态情况，两者都是对报告期业绩的衡量。也许你很奇怪为什么会计管理机构对这两个报表都有需要？为什么公司对这两个报表同等重视？因为两个报表提供了不同的但都是重要的信息。利润表反映的是经营活动怎样增加（或减少）公司的所有者权益。该表采用应计概念将收入与费用进行配比，提供了一个十分有用的衡量经营状况的尺度。与此相反，现金流量表解释的是现金账户而不是所有者权益的变化。现金流量表的焦点是经营活动产生的现金净流量，通常被称为简单现金流量。这部分现金流量衡量的是公司在保持坚挺现金头寸方面的能力。另外，财务报表使用者经常对经营活动产生的现金流量、投资活动产生的现金流量以及筹资活动产生的现金流量进行比较。下面的“财经热线”就描述了其中的一些比较。

许多分析师特别关注“自由现金流量”（free cash flow）。一般将“自由现金流量”定义为经营活动产生的现金流量减去资本支出后的余额，是从事经营活动和为确保公司的持续经营而进行必要的投资之后的剩余现金流量。考虑到股利对于保持股东心情愉快很有必要，有些人在计算自由现金流量时还减去股利。不能从经营活动中产生足够的现金以满足投资需要的公司，就有必要通过出售资产或发行债券或股票的方式举借更多的资金。如果投资是公司成长之需，这种情况还可以接受；而如果投资仅为维持现状，公司也许会陷入困境。在 2008—2009 年的经济衰退中，很多公司的自由现金流量都出现了负数，其中很多公司通过廉价变卖资产来满足现金需要。例如，加拿大广播公司（Canadian Broadcasting Corporation，CBC）在 2008 年报告负自由现金流量 1.33 亿美元之后，于 2009 年 3 月宣布计划处置资产 1.25 亿美元。双轮公司 1 月份的自由现金流量为巨额负数即−150 000 美元（−135 000−15 000），这就意味着公司必须改善其经营活动现金流量或者另外举借资金。

财经热线

解释经营活动、投资活动和筹资活动现金流量

将经营活动现金流量与投资活动和筹资活动的现金流量进行比较可以了解一个公司的很多信息。首先我们来看经营活动现金流量为正的公司。如果同期的投资活动现金流量为负，即运用资金扩大公司在固定资产方面的投资，这样的公司就是在朝着健康的、成长的方向发展。经营初期这些公司的筹资活动现金流量通常为正，这是以负债或权益方式筹集资本的结果。当公司进入成熟期的时候，其中大多数成功的公司都开始偿还负债以及给予股东资本回报，这就使得筹资活动现金流量出现负数。例如，在最近的20年间，星巴克公司由于在全球范围内扩大经营，始终处在经营活动现金流量为正、筹资活动现金流量为负的状态。直到2003年，星巴克大举筹措资本，才产生了正的筹资活动现金流量。从2003年以来，公司偿还负债、向股东支付股利，有了筹资活动现金流出。

经营活动为正的公司如果其投资活动现金流量也为正，分析师们就会质疑公司的发展前景。这样的公司其资产基础正在大幅减少，因此不能为将来的发展作好准备。例如，阿奎拉能源公司（Aquila），在2008年被大平原能源公司（Great Plains Energy）收购之前的两年里，报告了2.12亿美元的经营活动现金净流量和7.86亿美元的投资活动现金净流量。尽管经营活动能够带来现金，阿奎拉能源公司仍然需要出售资产来筹集更多的资金以偿还到期的债务。因为现金流量问题，阿奎拉能源公司必须要出售资产，这是股东同意将公司出售给大平原公司的主要原因。

经营现金流量为负的公司通常分为两种类型：一是年轻的公司，经营活动还没有达到能够带来现金净流入的阶段；二是陷入困境的公司。许多生物技术公司都属于第一种类型，这些公司在生产出可供销售的产品之前，必须要有若干年的研发投入。例如，瑞典的生物技术公司 Medivir AB 和波士顿的生命科学公司 Pressure Bioscience, Inc 都属于这种情况，两家公司的经营活动都还没有带来现金净流入，但是仍然在筹集资本，用于购置新的固定资产。这样的公司如果其筹资活动还没有带来现金净流入，分析师们就会考察公司现有的现金是否足以保证支付经营活动和投资活动的现金净流出，直到公司取得盈利。

经营活动现金流量为负、投资活动现金流量为正的公司会有意无意地进行公司清算。他们会变卖公司的资产来支撑赔钱的经营活动。总部设在芝加哥、曾发布了致命格斗（Mortal Kombat）系列的娱乐软件公司米德威游戏公司（Midway Games），在2008年就遇到了这样的情况，公司2009年宣告破产。

资料来源：Medivir AB Annual Report; Pressure Biosciences, Inc. 2008 Annual Report; Starbucks 2008 Annual Report; Midway Games 2008 Annual Report; W. Wong, "Midway Games, Known for Mortal Kombat, Files for chapter 11," Chicago Tribune, February 12, 2009.

负现金流量的风险

尽管投资者以所谓的“底线”——“净利润”为依据来进行经济决策，但有时盈利数字并不能说明公司实际发生的全部情况。以一度成为世界上最大的酒店经营者之一的汽车旅馆普利美（Prime Motor Inns）为例。在其巅峰时期，普利美报告收入4.1亿美元，盈利0.77亿美元，而且收入比前一年增长近11%。尽管其盈利情况给人以深刻印象，但普利美缺少偿付其债务的现金，不得不根据破产法第11章申请破产。根据破产保护制度，当一家公司的管理层无法拿出如何向债权人偿付债务的方案时，其债务应予以先行冻结。一家盈利0.77亿美元的公司，何以在1年之后就提请破产了呢？

虽然普利美的业务是拥有并经营酒店，但其报告的0.77亿美元的盈利却大部分来自于自己拥有的酒店产业的出售。在酒店买主难以支付现金的情况下，普利美就以接受买主的票据和抵押而不是收取现金的方式销售其所拥有的酒店产业。当然，很快就没有可供销售的酒店了。精明的分析家应该注意到了，就在普利美报告0.77亿美元净利润的当年，其经营活动的现金净流出为0.15亿美元。分析该现金流量表时要关注这种重要的关系。

当普利美从破产危机中解脱出来的时候，将其旗下剩下的75家酒店——约占破产危机前的141家酒店的1/2重组为普利美好客酒店公司（Prime Hospitality Corporation）。到几年前公司被一家私募公司黑石集团（the Blackstone Group）购并前，好客酒店公司经营着250家酒店，其中就有AmeriSuites和韦尔斯利酒店 & 套房链。重组当时以大约每股1.5美元的价格购买了新股份的投资者收益丰厚，他们持有的黑石公司股票达到了每股12.25美元。

讲解财务报表

现金流量表的哪一部分有助于提醒细心的分析师注意好客酒店公司可能存在的问题？

答案：

好客酒店公司基于应计制的报告利润数额巨大，但经营活动现金流量却为负数；好客酒店公司以接受买主提供的一些票据和抵押的方式销售。与以前年度相比应收票据和抵押大幅度增加，企业的困境显而易见。

复习题概要

题目：

表5-13是布雷塔（Buretta）公司编制的报表。

20×2年12月，布雷塔用现金5 400万美元购买一幢新建筑物以满足扩大经营之需。公司发行4 000万美元的长期债券筹集部分资金。20×2年中，公司还销售固定资产取得现金500万美元。公司账面所记资产价值为500万美元。商品购销均采用赊账方式。

20×2年400万美元的净利润是该公司历史最好水平，而现金余额却极低，所以，董事长阿里斯·布雷塔对此颇为困惑。

1. 根据表5-13有关数据编制现金流量表。所得税略。参考表5-9。用直接法报告经营活动产生的现金流量。

表 5-13　**布雷塔公司财务报表**　单位：百万美元

20×2 年度（截至 12 月 31 日）利润表（包括留存收益的变化）

销售收入		100
减：销货成本		
20×1 年 12 月 31 日存货	15	
购货	105	
可供销售货物成本	120	
20×2 年 12 月 31 日存货	47	73
毛利		27
减：其他费用		
总务费用	8	
折旧	8	
财产税	4	
利息费用	3	23
净利润		4
留存收益（20×1 年 12 月 31 日）		7
总计		11
宣布并发放的股利		1
留存收益（20×1 年 12 月 31 日）		10

12 月 31 日资产负债表

资产			负债与股东权益		
	20×2	20×1		20×2	20×1
现金	1	20	应付账款	39	14
应收账款	20	5	累积应交财产税	3	1
存货	47	15	长期负债	40	0
预付费用	3	2	普通股	70	70
固定资产净值	91	50	留存收益	10	7
资产总计	162	92	负债与股东权益总计	162	92

2. 编制将净利润调整为经营活动现金净流量的附表。

3. 从现金流量表可以得到关于布雷塔公司的什么信息？这些信息有助于消除阿里斯·布雷塔的困惑吗？

解答：

1. 见表 5-14。

表5-14　**布雷塔公司现金流量表**

20×2年度（截至12月31日）　单位：百万美元

经营活动产生的现金流量		
来自于顾客的现金（a）		85
支付的现金：		
支付给供货商的现金（b）	(80)	
总务费用付现（c）	(9)	
利息付现（d）	(3)	
财产税付现（e）	(2)	(94)
经营活动使用的净现金		(9)
投资活动产生的现金流量		
购买固定资产（建筑物）	(54)	
出售固定资产收到的现金	5	
投资活动使用的净现金		(49)
筹资活动产生的现金流量		
发行长期债券	40	
支付股利	(1)	
筹资活动产生的净现金		39
现金净减少		(19)
现金余额（20×1年12月31日）		20
现金余额（20×2年12月31日）		1

表5-14中经营活动产生的现金流量的计算如下：

销售收入	100
减：应收账款的增加	(15)
（a）来自于顾客的现金	85
销货成本	73
加：存货的增加	32
购货	105
减：应付账款的增加	(25)
（b）支付给供货商的现金	80
总务费用	8
加：预付总务费用的增加	1
（c）总务费用付现	9
（d）利息付现	3
财产税	4
减：累积应付财产税的增加	(2)
（e）财产税付现	2

2. 表5–15将净利润调节为经营活动现金净流量。

表5–15 **现金流量表附表**

将净利润调节为经营活动现金净流量

20×2年度（截至12月31日） 单位：百万美元

净利润（取自利润表）	4
将净利润调节为经营活动现金净流量的调整过程：	
加：计算净利润时作为减项、但未减少现金的折旧	8
减：应收账款的增加	(15)
存货的增加	(32)
预付总务费用的增加	(1)
加：应付账款的增加	25
累积应付财产税的增加	2
经营活动使用的净现金	(9)

3. 现金流量表能说明现金来自于哪里、运用于何处。为什么经营活动使用了现金900万美元？用直接法编制的表5–14清楚地说明了原因：经营活动支付的现金9 400万美元超过了从顾客处收取的现金8 500万美元。间接法编制的调节表即表5–15则说明了为什么在盈利年份经营活动会有负数的现金流量。使净利润不同于现金净流量的三个主要项目是：存货、应收账款以及应付账款的变动。本期应收账款陡增，增加1 500万美元——增长300%，可见，本期销售并没有全部收回现金。类似地，虽然存货增加额中大量的是以增加应付账款的方式融资，布雷塔公司也还是花费了不少现金。总的来说，表5–15中用括号表示数字的项目，如应收账款1 500万美元、存货3 200万美元的巨大增加额，加上预付费用100万美元的增加额，表明布雷塔公司有4 800万美元的现金流出。与此相反，没用括号表示的那些项目的金额总和，则表明布雷塔公司仅有3 900万美元（400+800+2 500+200）的现金流入。因此，该公司的现金净流出为900万美元（3 900–4 800）。

因为布雷塔公司投资于建筑物5 400万美元，而销售固定资产只收到500万美元，所以，投资活动也耗用了现金4 900万美元。筹资活动倒是产生了3 900万美元的现金，不过，还是比经营活动和投资活动耗用的5 800万美元（900+4 900）的现金少了1 900万美元。

阿里斯·布雷塔不会再困惑了。现金流量表清楚地说明现金支出超过现金收入1 900万美元。不过，她也许还会关注现金消耗情况。公司要么必须改变经营活动，必须削减投资，这样才不至于需要那么多的现金；要么必须增加更多的长期债务或所有者权益。否则，布雷塔公司的现金很快就会用光。

题目：

为了理解在企业经营的存续期间里现金流动与净利润是怎样的不同，让我们来看一下下面的描述CB国际这个只存续了4年的商品销售公司的例子。在第1年当中，为了建立一个基本的存货水平，该公司购买了2倍于销售量的货物。CB国际的供货商提供的付款条件是CB国际购货当年支付货款的80%，次年支付20%。现金销售的价格等于有关项目购货成本的两倍。各年的销售费用稳定不变，并于实际发生时用现金支付。第4年年末，CB国际向供货商支付全部款项，并销出所有存货。根据如下概括性资料，编制CB国际的4年的利润表以及分别以直接法和间接法编制的经营活动现金流量表。

	第1年	第2年	第3年	第4年
购货	2 000单位	1 500单位	1 500单位	1 000单位
每单位：1美元	2 000美元	1 500美元	1 500美元	1 000美元
销售	1 000单位	1 500单位	2 000单位	1 500单位
每单位：2美元	2 000美元	3 000美元	4 000美元	3 000美元
销售成本	1 000美元	1 500美元	2 000美元	1 500美元
销售费用	1 000美元	1 000美元	1 000美元	1 000美元
购货付现*	1 600美元	1 600美元	1 500美元	1 300美元

*0.8×2 000=1 600；(0.2×2 000)+(0.8×1 500)=1 600；(0.2×1 500)+(0.8×1 500)=1 500；(0.2×1 500)+(1.0×1 000)=1 300。

解答：

有关利润表以及分别以直接法和间接法编制的经营活动现金流量表如下（单位：美元）：

	第1年	第2年	第3年	第4年	总计
利润表					
销售收入	2 000	3 000	4 000	3 000	12 000
销售成本	1 000	1 500	2 000	1 500	6 000
销售费用	1 000	1 000	1 000	1 000	4 000
净利润	0	500	1 000	500	2 000
经营活动现金流量					
直接法					
销货收现	2 000	3 000	4 000	3 000	12 000
赊账支付	1 600	1 600	1 500	1 300	6 000
支付销售费用	1 000	1 000	1 000	1 000	4 000
经营活动现金流量	(600)	400	1 500	700	2 000
间接法					
净利润	0	500	1 000	500	2 000
减：存货增加	(1 000)				(1 000)
加：存货减少			500	500	1 000
加：应付账款增加	400				400
减：应付账款减少	——	(100)	——	(300)	(400)
经营活动现金流量	(600)	400	1 500	700	2 000

资产负债表账户年末余额	第1年	第2年	第3年	第4年
商品存货	1 000	1 000	500	0
应付账款	400	300	300	0

这个题目说明了权责发生制基础的净利润与现金流量之间的区别。我们注意到，由于为取得存货而支付的现金远超过来自于顾客的收现，第 1 年发生了重大的经营活动现金流出。事实上，直到第 3 年经营活动产生的现金流量才超过当年净利润。

记忆要点

1. 明确现金流量表的目的。现金流量表集中反映现金的变动以及引起这些变动的活动。应计制基础的净利润数字很有用，但是我们还是要问：现金状况是如何变动的？现金的变动额中分别有多少源自于经营活动、投资活动和筹资活动？

2. 将影响现金的活动区分为经营活动、投资活动和筹资活动。经营活动是公司典型的日常活动，如取得或制造产品、向顾客销售产品以及收取现金。投资活动包括买卖厂场、不动产和设备，可能既包括购买特殊资产也包括购买整个一个公司。筹资活动包括举借或偿还银行借款、发行债券或者向股东支付股利。

3. 计算并说明筹资活动产生的现金流量。筹资活动是取得或偿还资本的交易。筹资活动产生的现金流量反映一个公司是否借入或偿还货币、增发证券、支付股利或回购股份。

4. 计算并说明投资活动产生的现金流量。投资活动是取得或销售长期资产的交易，比如不动产、设备和不是现金等价物的证券等。投资活动产生的现金流量反映管理部门选择将筹措或产生的资金投资于何处。

5. 运用直接法计算经营活动产生的现金流量。国际会计准则理事会和美国财务会计准则委员会都更喜欢采用的直接法直观地列示所有的经营活动现金流入和现金流出。在资产负债表等式的现金栏，我们可以找到相应的现金流动。直接法的优点是比较简单而且容易理解。

6. 运用间接法解释净利润与经营活动产生的净现金两者之间的差异。计算经营活动现金流量比较常用的方法是间接法，间接法从净利润开始，对应计收益与经营活动现金流量的差异逐项进行调整。直接法和间接法的结果是相同的，间接法的优越性在于它能够明确而详细地说明净利润和经营活动现金净流量之间的区别。

7. 理解为什么在采用间接法计算经营活动产生的现金流量时要把折旧作为净利润的加项。在间接法下，将折旧作为净利润的加项是因为折旧是不需要使用现金的费用。计算净利润时曾经扣除折旧，现在加回折旧只是消除这个非现金项目扣除数的影响。折旧的加回有时会使某些人以为折旧是现金来源，情况并非如此。增加折旧并不影响现金流量。

8. 说明资产负债表等式是如何为现金流量表提供概念框架的。资产负债表等式是所有财务报表的概念基础。采用等号左边只列现金项目这种方式重构等式，我们就能发现等式右边的账户是如何解释现金变动的。负债或股东权益的增加以及非现金资产的减少，都会增加现金；而负债或股东权益的减少以及非现金资产的增加则会减少现金。

9. 确定自由现金流量，并解释现金流量表信息。为了了解一个公司如何管理现金，分析师们经常对经营活动、投资活动和筹资活动的现金流量进行比较。自由现金流量，即经营活动产生的现金流量减去资本支出和可能发放的股利之后的余额，是有助于这种比较的一种度量标准。

会计词汇

现金等价物 cash equivalents
现金流量表 cash flow statement, statement of cash flows
筹资活动产生的现金流量 cash flows from financing activities
投资活动产生的现金流量 cash flows from investing activities
经营活动产生的现金流量 cash flows from operating activities
直接法 direct method
筹资活动 financing activities
筹资决策 financing decisions
自由现金流量 free cash flow
间接法 indirect method
投资活动 investing activities
投资决策 investing decisions
经营活动 operating activities
经营决策 operating decisions

练习题

5-1 经营活动、投资活动与筹资活动的区别

下列项目列示于美国电报电话公司最近的现金流量表中。指出每一项目分别属于现金流量表中的经营活动、投资活动和筹资活动哪一部分；并指出美国电报电话公司报告经营活动现金流量采用的是直接法还是间接法。

1. 净利润（亏损）
2. 支付的股利
3. 长期债务发行收入
4. 扣除销售或处置不动产、厂房和设备的收入之后的资本支出净额
5. 发行普通股
6. 偿还长期债务
7. 存货增加额
8. 折旧与摊销
9. 短期借款净增加

5-2 筹资活动，国际财务报告准则与美国公认会计原则

20×0 年，按照国际财务报告准则进行报告的 Marseilles Shipping 公司对其长期债务进行调整。用 160 000 欧元偿还了两年后到期的长期债务，按面值发行了 180 000 欧元的 15 年期债券，用 35 000 欧元的现金购买和赎回普通股。20×0 年的利息费用是 23 000 欧元，用现金支付其中的 21 000 欧元，其余 20 000 欧元为年末应付利息；当年宣告并发放的股利为 11 000 欧元。

编制筹资活动的现金流量表。将国际财务报告准则和美国公认会计原则对利息费

用的处理进行比较。

5-3 投资活动

Brisbane 贸易公司在 20×0 年 1 月 1 日发行 320 000 美元的普通股、购买 160 000 美元的固定资产和 75 000 美元的存货。当年该公司还按 20 000 美元的账面价值销售固定资产，并按 55 000 美元的价格销售了 1/2 的存货。12 月 15 日，公司另用 65 000 美元的现金购买 Fellski 公司的普通股作为长期投资。

为 Brisbane 贸易公司编制投资活动的现金流量表。

5-4 不涉及现金的投资活动和筹资活动

Jacoby 公司的现金流量表中有如下项目（单位：美元）：

为取得固定资产发行的应付票据	122 000
偿还长期债务	565 000
优先股转换普通股	340 000
购买有价证券	225 000
为取得仓库设定的抵押	530 000
增加应付账款	42 000

从上表中选择适当项目编制非现金的投资和筹资活动附表。

5-5 来自于顾客的现金

20×1 年，Southwinds 出版有限公司销售额为 800 000 美元，其中 80% 是赊销，20% 是现销；应收账款由 60 000 美元增加到 90 000 美元，增加了 30 000 美元。20×1 年来自于顾客的现金为多少？

5-6 支付给供应商的现金

Southwinds 出版有限公司 20×1 年的销售成本是 500 000 美元；存货年初余额为 100 000 美元，年末余额为 150 000 美元；应付交易账款年初余额为 24 000 美元，年末余额为 42 000 美元。Southwinds 支付给供应商的现金是多少？

5-7 支付给雇员的现金

Southwinds 出版有限公司 20×1 年利润表中报告的工薪费用是 205 000 美元；现金流量表中报告的支付给雇员的现金是 185 000 美元；应计未付工薪年初余额为 18 000 美元。应计未付工薪年末余额应为多少？不考虑相关税金。

5-8 产生于经营活动的简单现金流量

Pegasus Strategy 有限公司提供咨询服务。20×1 年，该公司的收入为 460 000 美元、费用为 285 000 美元、净利润为 175 000 美元。唯一的非现金费用是 35 000 美元的折旧。该公司没有存货；当年应收账款增加 5 000 美元，应付账款和应付工资没有变化。

运用直接法编制经营活动的现金流量表。附表略。

5-9 净利润和现金流

根据 5-8 资料，编制将净利润调节为经营活动现金净流量的附表。

5-10 折旧与现金流量

Yucatan Mexican Café 销售额 880 000 美元，全部收到现金。经营费用总额 570 000美元中，除了折旧费用外全部用现金支付，折旧费用为 90 000 美元。所得税略。

1. 计算净利润和经营活动现金净流量；
2. 假设折旧增至 3 倍。计算净利润和经营活动现金净流量。

第6章 销售会计

学习目标

通过本章的学习，您应该能够：

1. 在利润表中适时地确认收入；
2. 正确核算现金销售和赊账销售；
3. 计算并理解销售退回与折让、销售折扣和银行信用卡销售；
4. 管理现金并理解现金对于企业的重要性；
5. 估计并理解无法收回的应收账款余额；
6. 评价应收账款的水平；
7. 开发并解释内部控制程序；
8. 编制银行存款余额调节表（附录6）。

本章核心案例：甲骨文公司（Oracle Corporation）

很少有公司在为产品命名时要征得中央情报局（CIA）的同意，而系统开发实验室（System Development Loboratories）1977 年在为美国政府承担一个秘密项目过程中开发出一种新型数据库的时候却的确是这样做的。取名为“甲骨文”的这种新型的数据库结构，已经成为世界上最流行的一种数据库形式。而对于现在被称为甲骨文公司（Oracle Corporation）的这家公司来说，这是一个爆炸性的成功销售的故事。公司 2009 年在全球的软件销售和相关服务的收入超过了 230 亿美元。

记录和管理这些销售收入对甲骨文公司的成功而言非常重要。对每一笔销售收入来说，公司都必须或者收取现金、或者记入对某一顾客的应收账款账户中。然后必须收回应收账款，以使公司有充足的现金继续经营。

管理应收账款和收回现金对甲骨文公司来说是关键的工作。公司收回现金的速度越快，公司需要借入的资金就越少（需要支付的利息也就越少）。但是，许多顾客都希望赊账购买商品。所以，回收现金过快的公司可能会失去一些潜在的顾客。2009 年，甲骨文公司平均需要 75 天将销售收入转变为现金。像许多其他公司比如大型的汽车公司一样，甲骨文公司也有一个融资部门向顾客提供贷款，使顾客能够延长几年时间来付款。福特信贷（Ford Credit）和通用汽车金融服务公司（General Motors Acceptance Corporation）经常提供低息的汽车贷款。这是支撑汽车销售的一个重要因素，特别是在像 2008—2009 年这样不景气的市场中。

在甲骨文公司最近的一份分析报告中，一位证券分析师给出了一份重要的图表，这份图表描述了甲骨文公司每部分业务的销售增长情况，这个销售趋势能够帮助分析师理解上一年度或上一季度所发生的事情，并且预测将来可能发生的事情。在正确的期间记录销售收入对于计量销售增长率或降低率来说是非常必要的。甲骨文公司名称的含义是“智慧的源泉”，在甲骨文看来，有效而准确地计量收入并追踪应收账款是精明的经营之道。

6.1 销售收入的确认

确认收入的时间为什么如此重要？从两个方面来说，它对于净收益的计量都是至关重要的。首先，收入的金额直接增加净收益。其次，它引起某些费用的确认从而减少净收益——例如，公司要在确认收入的同一期间报告相关的销售成本。

销售和净收益的变化非常重要，因为它们对股票价格有着深刻的影响。例如，下面的“财经热线”就说明了20世纪90年代英特尔公司日益增长的收益是如何推动其股价上扬的，以及最近十年间公司停滞不前的收益水平如何阻止了公司股票价格的上涨。管理者也对销售额和收益的增加感兴趣，因为销售额和净收益的增加会使管理者拿到更高的薪水或奖金，所以，他们可能喜欢尽可能早地确认销售收入。然而，所有者和潜在的投资人则要在收入确认之前确信该销售能够赚得经济利益。为了保证这一点，国际财务报告准则和美国公认会计原则都要求收入确认要满足两个条件：（1）顾客必须已经收到商品或服务，即公司已经赚得了收入；（2）公司必须已经收到现金或收到确保能转化为现金的资产，即收入必须已经实现。

大多数公司在销售当时就确认收入。假设您在本地音乐商店买了一张激光唱片，商店在卖货的当时就满足了收入确认的两个条件：您收到了商品，商店收到了现金、支票或信用卡存根。由于商店可以很容易地将支票和信用卡存根转化为现金，所以，无论您采用上述3种支付方式中的哪一种，商店都可以在销售时确认收入。

当然，确认收入的两个条件并非总是同时具备。在这种情况下，只有当两个条件同时具备时才能确认收入。以杂志的预订为例。出版商收到预订杂志的现金时收入就实现了，但只有在寄送杂志之后出版商才赚得收入，所以，需要在杂志寄送之后确认收入。

财经热线

20世纪90年代英特尔的10年和新千年的估算

您愿意投资于价格在10年内增长54倍的股票吗？凡是在1990年购买了英特尔股票的人都成了这样的投资者。1990年3月用100美元购买的英特尔股票，到了2000年3月可卖到5 400美元。

如果当初能够读懂英特尔1990年的财务报表，您能预测到股票价格会如此增长吗？不幸的是，您也许不能。而且您也不能在2000年3月预测在此后的10年间，5 400美元的股票会下跌到1 125美元。如果读懂财务报表就能做出正确的投资决策，那么这个世界上就应该有许许多多富有的会计师了。不过，看一下英特尔1990年到2000年的财务报表，还是有助于说明为什么英特尔公司在这段期间做得那么好。公司2000年至2008年的财务报表有助于解释公司最近的状况。

英特尔的销售收入从1990年的不足40亿美元增长至2000年的将近340亿美元，年增长率超过了24%。同时，每股收益从0.10美元增长至1.51美元，年增长率接近31%。如果投资者在2000年预测公司的增长能够持续下去，他们就会愿意出更高的价钱购买英特尔公司的股票。

英特尔从2000年至今的财务报表能够解释公司股票价格下跌的原因吗？答案是

可以解释一部分原因。这些财务报表当然会说明公司预计的增长没有实现。到 2009 年，公司的销售收入只有 350 亿美元，增长率低于通货膨胀率。在 2000 年至 2009 年间，公司的净收益从 110 亿美元下降到 40 亿美元，每股收益从 1.51 美元下降到 0.79 美元。如果投资者当初能够预测出这些财务数据，他们就不会在 2000 年出那么高的价钱购买英特尔的股票了。但是请记住，会计人员只报告历史数据——他们不去预测未来的结果。

英特尔仍然比 1990 年的时候规模更大，也更具实力。股东在 1990 年购买的 100 美元股票现在仍然价值 1 125 美元。然而，那些在 2000 年投资的股东已经看到他们的财富在逐渐减少。未来的情况会怎么样？这取决于英特尔未来的销售收入和收益情况。公司的财务报表会大致说明今天购买英特尔股票到底是不是一个正确的投资决策。

资料来源：Intel Annual Reports for 2000 and 2008。

讲解财务报表

下面来考虑星巴克公司的两种销售形式——柜台销售和储值卡销售（比如礼品卡）。对于每种销售形式，公司应当在什么时间确认销售收入？

答案：

对于柜台销售，星巴克应当在销售的当时确认收入，即收到现金或者在贷记卡上记录一笔付款的时候。相反，当星巴克卖出一张储值卡的时候，应当首先记录一笔负债“递延收入”。等到顾客用储值卡在零售店消费的时候再确认收入。只有顾客用储值卡消费，星巴克才赚得了这笔收入。

有时，会计人员必须运用判断来确定是否达到了收入的确认标准。长期合同的会计处理就是典型的例子。假定甲骨文公司与美国政府签订了一项 4 000 万美元的咨询合同，甲骨文公司要为政府设计并执行一套作为国家安全体系一部分的 ERP（enterprise resource planning）程序。签订合同后公司于 20×0 年 1 月 2 日立即开始工作，合同预计完成日期为 20×1 年 12 月 31 日，政府将在项目完成时向甲骨文公司付款。公司预期每年完成项目的 1/2。那么，公司应于何时在利润表中记录这 4 000 万美元的收入？

最通常的做法是：甲骨文公司每年赚到收入的一半，所以每年应记录 2 000 万美元的收入。通常情况下，企业认为政府或大公司能够按合同付款，因此，对于这种合同可在工作完成时就确认收入。因为合同款确实能够收到，所以，赚得收入时就可以进行确认。采用这种**完工百分比法（percentage-of-completion）**，在生产活动发生时即可确认长期合同的收入，并根据配比原则确认相关的费用。甲骨文公司对收入的一半进行确认时，还要对预期费用的一半予以确认。在美国，只有当项目进度能够可靠计量、合同义务是显而易见的、预期买方和卖方都能够履行义务时，运用完工百分比法才是适当的。如果一个项目达不到上述标准，特别是合同双方是否能够履行合同义务具有很大的不确定性时，按照美国公认会计原则（而不是国际财务报告准则）进行报告的公司需要等到合同完成时才能确认收入和相关的费用。国际会计准则理事会（IASB）与美国财务会计准则委员会（FASB）目前正在努力协调关于收入确认的差异，像上述情况这样的差异可能会在不远的将来不复存在。

6.2 销售收入的计量

在确定何时确认收入之后，会计人员必须确定如何计量收入。为了计量收入，会计人员要估计来自于顾客的资产的可实现净值。也就是说，以所收到资产的现金等价物的价值来计量收入。现金销售是最简单的——按照顾客的付现金额增加“销售收入”账户（利润表账户），同时增加“现金”账户（资产负债表账户）。假设有一笔100美元的现金销售：

现金	100	
销售收入		100

会计人员在未结清的账户中记录赊销与记录现金销售很相似，只是增加的资产负债表账户是“应收账款”而不是“现金”：

应收账款	100	
销售收入		100

当所收取资产的现金等价物的价值不等于初始销售价格时，收入的计量会复杂一些。什么时候会出现这种的问题？一种情况就是公司销售之后收到的是商品或服务而不是现金。这种情况下，公司必须估计所收到商品或服务的现金等价物的价值。即使是现金销售，现金等价物的价值可能也会低于名义上的销售价格。例如，商家可能会给予立即付款或者购买量非常大的顾客一定的折扣。或者，有时候顾客不能或者不愿意支付全部欠款。

确认和计量销售收入时，区分销售总额（gross sales）和销售净额（net sales）是非常重要的。销售总额是指在减去销售退回、折让、折扣之前的销售总计金额。销售净额则是减去这些项目之后的销售额。下面我们将辨别和考察销售退回、折让和折扣。

6.2.1 销售退回与折让

假设一个商店对某笔销售交易在销售时确认了收入，但后来顾客将商品退回。买方可能因为不喜欢商品的颜色、规格、款式或质量或者仅仅因为情绪的变化而退货。商店称这种情况为销售退回（sales returns），顾客则称其为购货退回（purchase returns）。制造商和批发商的销货退回很小，而零售商店的销货退回则很大。比如，对于像诺德斯特龙（Nordstrom）或梅西（Macys）这样的百货商店，销货退回占到销售总额的12%也很正常。

有时，顾客并不要求退货，而是要求降低初始销售价格。例如，顾客也许抱怨家用器具上有划痕，或者抱怨周三花40美元买的一双鞋周四却发现只卖29美元。卖方往往通过提供销售折让（sales allowance）来解决这样的问题。销售折让就是初始销售价格的减少，买方称其为购货折让（purchase allowance）。

销售总额减去销售退回与折让的差额就是销售净额。零售商店的管理人员并不是直接从收入（或销售）账户中减去销售退回与折让，而是使用一个备抵账户即“销售退回与折让”（sales return and allowances），这个账户既记录退回又记录折让。管理人员可以通过这个账户了解退回和折让水平的变化。例如，时装的退货百分比发生变化也许是消费者喜好改变的信号。与此相类似，时装或流行商品的卖主可能会发现：跟踪销售退回的信息特别有助于评价不同供应商的产品质量和服务质量。如果根据销售额来确定佣金或奖金，那么管理人员就必须了解哪些销售人员的销售退回率或折让率特别高。由于退货发生在销货之后，所以，管理人员要逐项跟踪退货与折让，以避免回头修改原始的销售记录，修改原始记录会带来工作上的混乱并使会计信息不可靠。

零售商如何根据销售退回与折让的核算来调整销售总额？假设你们当地的迪斯尼商品经销店赊销总额为900 000美元，销售退回与折让为80 000美元，则交易分析如下（单位：美元）：

	资产	=	负债	+	股东权益
赊销总额	+900 000	=			+900 000
	[应收账款增加]				[销售收入增加]
退回与折让	−80 000	=			−80 000
	[应收账款减少]				[销售退回与折让增加]

会计分录（省略摘要）为：

应收账款	900 000	
销售收入		900 000
销售退回与折让	80 000	
应收账款		80 000

利润表的开始部分应为（单位：美元）：

销售收入总额	900 000
减：销售退回与折让	80 000
销售收入净额	820 000
或	
减去销售退回与折让80 000后的销售收入净额	820 000

管理人员对上述信息的反应与他们只看到820 000美元销售收入净额的反应是不同的，他们可以很容易地发现，销售额的大约9%或者发生退回，或者因价格减让而减少。于是，他们可能要问下面的问题：这种情况随着时间的推移会如何变化？如何减少处理这些特殊交易所发生的额外服务成本？是否需要改进存货采购的策略和存货水平？

6.2.2 现金折扣与商业折扣

除了销售退回与销货折让以外，现金折扣和商业折扣也会减少报告的销售收入。商业折扣（trade discounts）是对特定类别的顾客提供的对销售价格总额的一定减让。

对大批量购货的折扣就是典型的例子。对每年 10 000 美元的购货，卖方也许并不提供折扣；但如果再多买 10 000 美元，就提供 2% 的折扣；超过 20 000 美元的则提供 3% 的折扣。附有商业折扣的销售，确认的销售收入总额等于减去折扣后实际收到的销售金额。因此，商业折扣就是销售价格总额的一个减项。

公司提供商业折扣，是为了在行业中普遍存在商业折扣的情况下增强竞争力，或者是为了鼓励顾客的购买行为。例如，季节性产品（花园设备、雪铲、风扇、圣诞礼物等）的制造商，为使全年生产平稳并使储存成本最小，可能对较早订货并提货的顾客提供价格折扣。买方在决定是否及早提货时，必须权衡储存成本对折扣带来的价格减让的抵消。

与商业折扣不同，现金折扣（cash discounts）是对及时付款的报偿，销售总额减去现金折扣等于销售净额。销售方在发票上用不同的方式来表示现金折扣条件：

信用条件	含义
n/30	全部账单价格（净价格）自发票日期起第 30 天到期
1/5，n/30	自发票日期起 5 天之内付款可享受 1% 的折扣；全部账单价格自发票日期起 30 天到期
15 E. O. M	全部账单价格在销售月末以后 15 天到期，如发票日期为 12 月 20 日，到期日则为 1 月 15 日

例如，假设某制造商按 2/10，n/60 的条件向甲骨文公司销售了 30 000 美元的计算机设备。如果甲骨文公司在发票日期起 10 天之内付款，则支付的款项为 30 000 美元减去现金折扣 0. 02×30 000 美元即 29 400 美元（30 000−600），否则，必须在 60 天之内按 30 000 美元全额支付。该制造商对这笔交易需要做如下会计处理，如果甲骨文公司在 10 天内付款则作会计分录 2，如果在 60 天之内付全款则作会计分录 3（单位：美元）：

	资产	=	**负债**	+	**股东权益**
1. 以 2/10，n/60 的条件销售	+30 000	=			+30 000
	[增加应收账款]				[增加销售收入]
下面的 2、3 中择其一					
2. 收取 29 400 美元	+29 400	=			−600
(30 000 减去 2% 折扣)	[增加现金]				[增加销售的现金折扣]
	−30 000				
	[减少应收账款]				
或者					
3. 收取 30 000 美元	+30 000	=			（没有影响）
	[增加现金]				
	−30 000				
	[减少应收账款]				

会计分录如下：

1. 应收账款	30 000	
销售收入		30 000
2. 现金	29 400	
销售的现金折扣	600	
应收账款		30 000
或者		
3. 现金	30 000	
应收账款		30 000

现金折扣鼓励尽快付款，从而减少了制造商对现金的需求；而及早收款也降低了坏账的风险。而且，附有诱人现金折扣的优惠的信用条件，也是与其他销售商竞争的手段。

购买方会接受现金折扣吗？答案通常是肯定的，但这要取决于相关的利率水平。假设甲骨文公司决定在60天之内支付30 000美元，而不是在10天内支付29 400美元，则它可以对29 400美元多使用50天（60−10），并为此付出600美元的“利息”支出。如果甲骨文公司可以从银行以10%的年利率借入29 400美元，则29 400美元50天的利息成本则是403美元，即（29 400×10%）×（50÷365）= 403美元，因此从银行借款就可以少花费197美元（600−403）的利息。如果公司现在没有现金可以支付，就应当从银行借款来提前付款以获得现金折扣。

还可以这样计算现金折扣隐含的年利率：50天的利率为2.04%（600÷29 400），1年中有7.3个50天（365÷50），年利率就是14.9%（2.04%×7.3）。大多数像甲骨文这样管理良好的公司，能够以低于每年14.9%的利率获得借款，所以，这些公司的会计系统都设计成接受现金折扣。现金折扣的使用因时间和行业的不同而异。您可能很熟悉这样的情况：一些加油站对以现金付款的顾客提供较低的售价，而另一些加油站则不然。

公司的管理人员也可能选择放弃现金折扣，这是为什么？如果公司的信用评级不高，相对于供应商提供的现金折扣条件中隐含的年利率来说，公司很难按更低的利率取得借款。这样公司的管理人员应当放弃现金折扣，在供应商要求付款时再行支付。

6.2.3 记录信用卡交易

在某一方面来说，零售商在接受诸如维萨卡（VISA）、万事达卡（MasterCard）、美国运通（American Express）等信用卡时会提供现金折扣。为什么？这些信用卡公司要向零售商收取费用，而零售商从顾客那里收到的货款金额还要低于其列出的销售价格。既然如此，零售商为何还要接受这些信用卡？原因主要有3个：（1）吸引持卡顾客，以免其到别的商店购货；（2）立即得到现金，不必等顾客到期满时才付款；（3）避免发生账户追踪、寄送账单、向顾客收款的费用。

大多数的大型零售商都利用电子传送装置将信用卡支付直接存入其银行账户，那些仍然使用纸质支付存根的公司通常要每天将存根存入银行账户（就像现金一样）。信用卡公司提供这些服务是要收费的（以赊销服务费的形式）。信用卡公司的服务费用通常为销售总额的1%～4%，而对大型零售商则按销售额的百分比以最低的成本来收费。例如，对某大型零售商可能这样收费：使用信用卡的每笔交易收 4.3 美分，再加上销售总额的 1.08%。

假设维萨卡的赊销服务费为销售额的 3%，则 10 000 美元的赊销额实际只收到 9 700美元（10 000-（0.03×10 000）= 9 700 美元）的现金。出于控制的需要，管理者通常将这 300 美元单独反映：

	资产	=	负债	+	股东权益
使用维萨卡的销售收入	+9 700 ［增加现金］	=			+10 000 ［增加销售收入］ -300 ［增加银行卡现金折扣］

会计分录为：

现金	9 700	
银行卡现金折扣	300	
销售收入		10 000

通过单独核算这些现金折扣，管理人员就能够连续地评价所发生的费用是否合理。

6.2.4 核算销售收入净额

由于现金折扣、销售退回与折让记为销售收入总额的减项，详细的利润表就应该包括如下多个因素（数据是假设的，单位：美元）：

销售收入总额		1 000
减：		
销售退回与折让	270	
销售的现金折扣	20	290
销售收入净额		710

提供给股东的报告通常略去细节而只报告净收入。例如，星巴克公司在其 2009 年的利润表中报告“净收入总额”97.746 亿美元。有些公司将收入分类报告。比如，甲骨文公司将软件销售收入与服务收入单独列示，星巴克将归公司所有的零售店的销售收入与发放许可证和餐饮服务的收入分别列示。

复习题概要

题目：

卡罗斯·洛佩兹，壁炉批发公司的营销经理，向伍德赛德·康斗（Woodside Condominiums）有限公司销售了 12 个木炉。20×1 年 4 月 27 日签订销售合同。每个木炉标价 1 200 美元，卖方同意给予 5% 的数量折扣，如果买方在 6 月 10 日之前付款，还可以享受欠款金额 2% 的现金折扣。壁炉批发公司于 5 月 10 日交付木炉。按合同交付了木炉，并与6月9日收到了相应的货款。

1. 壁炉批发公司4、5、6月份应分别确认多少销售收入？为什么？

2. 假设壁炉批发公司有一个名为“销售的现金折扣”的单独的账户。6月9日收到顾客的付款时应该如何编制会计分录？

3. 假设壁炉批发公司还有一个名为“销售退回与折让”的单独的账户。再假设交付的木炉中有1个有划痕，壁炉批发公司允许伍德赛德从应付总额中扣除100美元。6月9日壁炉批发公司收到货款时应该如何编制会计分录？

解答：

1. 壁炉批发公司5月份应确认销售收入13 680美元（12×1 200美元-5%的数量折扣720美元）的销售收入，而4、6月份均不确认销售收入。确认收入的关键在于是否赚得收入以及能否从购买方收到资产。壁炉公司在商品交付之前没有赚得收入。所以，4月份不能确认收入。假设到伍德赛德有较高的信用等级，壁炉批发公司在实际收到现金以前能够合理确信可以收到现金，所以，不必将收入的确认延迟到6月份。5月10日，收入确认的两个条件都已具备，壁炉批发公司5月份的利润表中就应该记录这笔收入。不过，如果伍德赛德的信用等级不高，壁炉批发公司就应该等到6月份收到货款时才确认并记录收入。

2. 记录的初始收入是13 680美元，2%的现金折扣就是273.60美元（2%×13 680），所以，顾客支付的现金是13 406.40美元（13 680-273.60）：

现金	13 406.40	
销售的现金折扣	273.60	
应收账款		13 680.00

3. 与要求2唯一不同的是，少收现金100美元并借记销售退回与折让100美元：

现金	13 306.40	
销售的现金折扣	273.60	
销售退回与折让	100.00	
应收账款		13 680.00

6.3 现金

所有的销售都会在某一时点给公司带来现金。下面我们就讨论现金的报告和管理。许多公司在资产负债表中将现金和现金等价物合并报告。诚如前述，现金等价物是易于快速变现的高流动性的短期投资。例如，甲骨文公司2009年资产负债表中的第一项就是“现金及现金等价物89.95亿美元”。甲骨文公司将现金等价物描述为“在大银行的存款、货币市场基金、一等商业票据（Tier 1 commercial paper）、公司票据、美国国债、美国政府机构和政府主办公司债务，以及其他期限小于或等于90天的证券”。这一长串复杂的项目有一个共同的特征：这些证券到期（不超过90天）时甲骨文公司就能得到现金，或者甲骨文公司能够很容易地将这些有价证券出售给其他人并立即取得现金。

无论对组织还是对个人，现金的含义都是相同的。它并不只是纸币或硬币，还包括银行能够接受为存款的其他项目，诸如汇票和支票。但银行对于接受为存款的项目并不是都采取相同的处理方法。例如，虽然银行可能在收到存款的当日就将所有存款都贷记到银行客户的账户中，但银行可能要等到有关支票通过银行系统“结算”（即直到银行从支票签发人的开户银行收到资金）时才允许存款人从账户中提款。如果因支票签发人没有足够的存款而导致支票不能结算，银行就要按支票金额减少存款人账户的金额。

银行员工可能使用存款被“贷记”到银行客户的账户中这样的说法。存款企业的管理人员可能对“贷记”一词困惑不已，他认为存款是现金的借项，为什么银行却说“贷记”现金账户？对存款人而言，在银行中的存款是资产，但这些存款是银行的负债。假设企业收到了顾客的支票并将其存入自己的银行账户，企业要借记“现金”账户（资产类账户），以表示“存入银行的现金”这种资产的增加。与之相对应的贷方账户可能是“销售收入”（如果该支票来自于销售交易）或“应收账款”（如果该支票缘于账款的收回）。相反，银行收到支票时，要贷记负债账户“存款”，以表示其对存入支票企业欠款金额的增加。

6.3.1 补偿性存款

通常，企业在银行账户的全部现金余额不可以无限制地使用。为什么？因为银行经常要求存款企业保持补偿性存款（compensating balances），即要求企业保持一个最低存款余额。这个最低余额的大小取决于已借款金额或可贷款金额的大小，或者同时取决于这两者。

补偿性存款提高了借款人支付的实际利率。对一笔 100 000 美元、年利率 8% 的贷款来说，每年利息为 8 000 美元。按 10% 补偿性存款的要求，借款人能使用的贷款只有 90 000 美元，从而可用资金的实际利率升至 8.9%（8 000÷90 000）。

为了确保财务报表能够真实反映现金的情况，年度报告中必须对重大的补偿性存款予以披露。例如，奇基塔（Chiquita）和新鲜快递（Fresh Express）两大品牌产品的分销商奇基塔牌国际公司（Chiquita Brands International）在其年度报告附注中披露如下：“公司有 1 100 万美元的现金等价物作为补偿性存款。”如果没有这样的披露，分析师和投资者们所认为的公司可用现金就会超过实际可用金额。

6.3.2 现金的管理

现金在公司总资产中往往只占一小部分，然而却要精心管理。为什么？首先，虽然某一时点的现金余额可能很小，但一定时期的现金流量却可能很大。每周的现金收支可能是现金余额的许多倍。其次，由于现金是最具流动性的资产，因此对盗窃者和贪污者也最具吸引力。如果有人偷了一件价值 200 美元的上衣，他也许只能通过变卖偷盗物品得到 40 美元；而如果他盗窃了 200 美元现金，他就有了 200 美元。再次，充裕的现金对于经营的正常运转来说是必需的。从日常采购到重大投资，从为来访的公司合作伙伴购买午餐到购买另一家企业，公司的一切活动都离不开现金。最后，由于现金本身并不产生收益，所以避免过多持有现金也很重要。财务部门负责有效地管理持有现金的水平，并确保将闲置的现金用于能够带来收益的项目。

大多数组织对于现金的收取、记录与支付都有详细的、明确的程序。公司通常要及时将现金存入银行账户，并定期将公司的账簿记录与银行的记录进行核对。调整银行对账单（reconcile bank statement）（编制银行存款余额调节表，译者注）就是指核对银行的存款余额与企业的账面余额是否相符。这两个余额鲜有一致，这是因为：公司在款项存入银行时就记录存款，在开出支票时就记录付款。而银行在收到存款时才进行记录，这可能已经是企业记录几天之后的事情了。银行通常在公司开出支票的几天、几周甚至几个月以后才收到并处理公司签发的支票。关于银行调节表的更多信息详见附录6。

为确保现金安全而建立的内部控制程序主要包括：

1. 负责现金收入的人不得负责现金支付；
2. 经手现金处理的人不得接触会计记录；
3. 收到的现金要立即入账并存入银行；
4. 支付现金时要使用有连续编号的支票，并且必须由支票签发人以外的人进行适当授权；
5. 按月调节银行账户。

这些内部控制为什么是必要的？假设某个人既经手现金又记录会计分录。这个人可能会拿走200美元现金，并在账簿中编制如下会计分录来掩盖这件事：

营业费用	200	
现金		200

除了能够防止不诚实的行为，内部控制还有助于确保会计记录的准确性。例如，假设公司签发了一张支票，但并未在账簿中予以记录。银行调节表就会出现不平衡。由于支票是连续编号的，因此就有可能从支票簿到银行对账单进行逐项追踪并发现这一未入账的支票。

6.4 赊销与应收账款

现金销售对一些公司来讲很重要，但当今世界上大多数的销售都是赊销，并有进一步扩大的趋势。因为公司同意顾客将来再支付现在所交付商品或服务的款项，所以赊销对收入的计量和资产的管理提出了挑战。公司必须对这些预计未来收回的款项进行管理和核算，以保证能够及时收回款项。

6.4.1 坏账

赊销既可得到好处又要承担成本。主要的好处就是扩大赊销会促进销售额和利润的增加。如果得不到赊账，许多潜在的顾客可能就不购买公司的商品或服务，或者从提供赊账的公司竞争者那里购买商品或服务。开展赊销业务的成本之一就是赊账款项的管理和收账。在赊销之前，公司要检查顾客以往的信用和支付情况，以决定是否与其成交；赊销之后，必须跟踪该顾客的欠款额、定期寄送账单、将收款存入银行、在为顾客设置的账户中记录付款，等。这些步骤费时费力。另一项成本是不能及时收到付款。卖方在等待收款期间，必须采用其他方法为其经营活动融资。最重要的一项成本可能就是坏账（uncollectible accounts 或者 bad debts）——赊账的顾客或者没有能力支付或者不愿意支付的账款。会计人员通常把不能收回账款所造成的损失称为坏账费用（bad debts expense）。

由于管理人员愿意接受的信用风险水平不同，债务的未偿付程度也有所不同。例如，与诺德斯特龙（Nordstrom）这样大型的全国性商店相比，许多本地的小商店能够接受的风险水平更高一些。因为本地商店了解顾客的个人状况。债务的未偿付程度还因行业不同而不同。例如，坏账问题在保健领域非常严重。佛罗里达州圣彼得堡的贝弗朗特医疗中心（Bayfront Medical Center）曾经报告的坏账金额达到销售收入总额的21%。

6.4.2 判断何时及如何提供赊账

竞争和行业状况影响着公司是否以及如何开展赊账业务，最终的抉择依据是成本—效益原则。换言之，只有在赊销带来的额外收益超过赊销的成本时，公司才会提供赊账。假设赊销额的5%会成为坏账，赊销部门的管理成本每年为5 000美元，赊销额为20 000美元（在赊账成本发生之前有收益8 000美元）。如果不开展赊账业务的话，一笔赊销业务也不会发生。提供赊账还是值得的，因为收益8 000美元大于赊账成本6 000美元（（5%×20 000）+5 000）。

6.5 坏账的计量

坏账处理需要特殊的会计程序，因此要引起特别的注意。来看一个例子。假设**坎普珀特**（Compuport）于20×1年1月2日开业，20×1年赊销额为100 000美元（共200个顾客，平均每个顾客500美元）。20×1年收回货款60 000美元。20×1年12月31日的应收账款为40 000美元，包括还没有为20×1年的购买交易付款的80个不同顾客的账户。在20×1年末，当年销售额的40%尚未付款，其中一些可能永远不会支付了。未偿还余额是：

客户	所欠金额（美元）
1. 琼斯	1 400
2. 斯雷德	125
⋮	⋮
42. 蒙特罗	600
⋮	⋮
79. 韦恩博格	700
80. 普瑞斯	11
应收账款合计	40 000

坎普珀特应该如何核算这些应收账款？是否可以认为这些应收账款都能够收回？如果认为其中一部分不能收回，应该如何确定哪些能够收回而哪些不能收回？当然，如果当初就确知顾客将来不会支付货款，销售方也决不会赊销的。

记录坏账有两种基本的方法：等到明确哪些顾客不会支付时再记录坏账，或者按照现在估计的将来不能收回的部分进行记录。人们分别将这两种方法称为特定注销法和备抵法。

6.5.1 特定注销法

很少发生坏账的公司可能会使用特定注销法（specific write-off method）来记录坏账，即假设所有的销售收入都能够全额收回，直到能确认哪些不能收回时再记录坏账。如果不能收回的款项很小，而且不经常发生，这种处理方法不会严重地误报经济状况。当坎普珀特确认对某客户的应收款不能收回时，就要减少“应收账款”账户。因为坎普珀特认为对所有顾客的应收款在20×1年末都能够收回，所以在20×1年12月31日的资产负债表上就简单地将“应收账款”列示为40 000美元。

现在假设第2年即20×2年，坎普珀特确认琼斯和蒙特罗两位顾客预计不能支付货款。当从某些顾客收回款项的可能性变得非常渺茫时，坎普珀特就在特有的账户中确认了坏账费用。

特定注销法	资产	=	负债	+	股东权益
20×1年销售	+100 000	=			+100 000
	[增加应收账款]				[增加销售收入]
20×2年注销	−2 000	=			−2 000
	[减少应收账款]				[增加坏账费用]

特定注销法因为不符合权责发生制会计下的配比原则而受到了批评。用特定注销法在20×2年记录的2 000美元的坏账费用是与20×1年100 000美元的销售收入相关的（或者说是由其引起的）。配比原则要求在确认相关销售收入的同一期间确认坏账费用，也就是说，要在20×1年而不是在20×2年确认坏账费用。由于没有将费用与收入相配比，特定注销法使报告的收益出现两个错误：第一，20×1年的收益高估了2 000美元，因为公司当年没有确认坏账费用；第二，20×2年的收益低估了2 000美元，因为公司将20×1年的坏账费用计入了20×2年。同样，20×1年应收账款的余额也被高估了2 000美元。下面将特定注销法与正确的收入和费用的配比进行比较：

	特定注销法：错误的配比		正确的配比	
	20×1	20×2	20×1	20×2
销售收入	100 000	0	100 000	0
坏账费用	0	2 000	2 000	0

赞成特定注销法的观点主要是依据对成本—效益的考虑和重要性的概念。从根本上讲，使用这个方法既简单又经济。而且，如果各年坏账的金额不大且均衡的话，在收益和应收账款的计量上就不会出现大的差错。

6.5.2 备抵法

很少有公司使用特定注销法，因为这一方法违反了配比原则，而且大多数公司的坏账金额往往比较大而且各年不均衡。大多数公司使用的是另一种方法，即估计坏账的金额，使坏账与各年的收入相配比。这种方法，即所谓的备抵法（allowance method)，有两个基本要素：（1）对最终不能收回金额的估计数；（2）用来登记估计的坏账金额并抵减应收账款总额的备抵账户。这个备抵账户通常被称为坏账准备、备抵坏账（allowance for uncollectible accounts、allowance for doubtful accounts、allowance for bad debts、reserve for doubtful accounts）。这个账户包含估计从尚未确定的客户那里不能收回的应收账款的金额。换言之，这个备抵账户使会计人员在总体上能够在适当的期间内确认坏账，即在随后期间内确定某一顾客欠付的款项不能收回之前就确认该项坏账。

回观前例。假设坎普珀特根据经验知道销售收入中的大约 2% 不能收回。据此公司估计 20×1 年的销售收入中有 2 000 美元（2%×100 000）不能收回。在 20×1 年 12 月 31 日，公司并不知道哪些客户将不偿还货款。但公司仍然要在 20×1 年确认 2 000 美元的坏账，即在 20×2 年确认琼斯和蒙特罗两位顾客不能付款之前确认坏账。在这个例子中，备抵法对会计等式的影响如下：

	资产	=	负债	+	股东权益
备抵法					
20×1 年销售	+100 000	=			+100 000
	［增加应收账款］				［增加销售收入］
20×1 年提取准备	−2 000	=			−2 000
	［增加坏账准备］				［增加坏账费用］
20×2 年注销	+2 000	=			（没有影响）
	［减少坏账准备］				
	−2 000				
	［减少应收账款］				

相关的会计分录是：

20×1 年销售	应收账款	100 000	
	销售收入		100 000
20×1 年提取准备	坏账费用	2 000	
	坏账准备		2 000
20×2 年注销	坏账准备	2 000	
	应收账款——琼斯		1 400
	——蒙特罗		600

在 20×2 年的注销分录中，应收账款的贷方有两个账户，一个是琼斯，为 1 400 美元，另一个是蒙特罗，为 600 美元。这说明对应收账款要按每个顾客分别进行登记。同样要注意，20×1 年增加的 100 000 美元应收账款来自于多名顾客（本例中是 200 名）。

备抵法在计量权责发生制下每个年度的会计收益方面和真实地计量年末应收账款资产方面有优越性。在这种方法下，坎普珀特公司要从 20×1 年的销售收入中减去被认为不能收回的 2 000 美元，这就使得坏账费用与产生坏账的销售收入相互配比。另外，年末的应收账款余额就是实际上能够收回的金额 38 000 美元。

备抵法下，坎普珀特公司 20×1 年 12 月 31 日的资产负债表如下所示（单位：美元）：

应收账款	40 000
减：坏账准备	2 000
应收账款净值	38 000

甲骨文公司在“应收账款”（trade receivables）部分列示坏账准备如下（单位：百万美元）：

	2009	2008
甲骨文公司		
应收账款，抵减 2009 年 5 月 31 日 2.7 亿美元、2008 年 5 月 31 日的 3.03 亿美元坏账准备后的净值	4 430	5 127

运用备抵法要依据以往的经验、有关经济状况的信息（经济增长、经济衰退、利率水平等）以及顾客构成的资料进行估计。当然，当情况发生变化时要对估计进行修正。例如，如果当地的一位雇主停业或大规模裁员，使当地许多坎普珀特的顾客突然失业，坎普珀特可能就要增加预计的坏账。甲骨文公司在 2009 年年度报告中进行了如下披露：

我们依据对所有重要的未结算发票所做的详尽复核来记录坏账准备。对那些没有进行特别复核的发票，坏账准备是依据应收账款的账龄、按照地区所记录的应收账款的往年回款情况、当前经济状况等，按不同的比率确定的。

6.5.3 备抵法中的销售百分比法

应用备抵法时管理人员和会计人员如何估计坏账的百分比？在坎普珀特的例子中，公司的管理人员根据经验确定坏账比率为赊销金额的 2%，坏账金额为 2 000 美元（2%×100 000 美元）。例如，他们可能以前 4 年的坏账总额除以赊销总额，计算出这 4 年中有 2% 的赊销额不能收回。根据赊销总额的一定百分比确定坏账金额的方法就是所谓的销售百分比法（percentage of sales method），这种方法是根据以往赊销金额与坏账之间的关系并按当前经济状况进行调整之后来确定坏账比率。

为了说明销售百分比法的应用，我们来看“应收账款”总账与能够说明这一总账的详细资料之间的关系。支持应收账款的详细资料就是应收账款明细账，即按每个顾客分别记录公司对该顾客的所有销售金额和该顾客的支付金额。对某一顾客所有的销售额减去该顾客所有的支付金额就是对该顾客的应收账款金额。在某一个时点，所有顾客的明细账余额之和一定等于应收账款总账的余额。表 6-1 中的 A 部分说明了这一过程。

使用备抵账户使得公司不对将来不能收回的特定账户进行确定就可以记录 20×1 年的坏账费用。20×2 年，在用尽各种实用的收款手段之后，坎普珀特公司确定顾客琼斯和蒙特罗的货款无法收回了。记录 20×2 年对琼斯和蒙特罗应收账款 2 000 美元的注销，减少了两个明细账的金额，还减少了“应收账款”总账的金额和“坏账准备”账户的金额。如表6-1中的B部分所示。

表6-1　　**坎普珀特公司总账，20×1年12月31日**

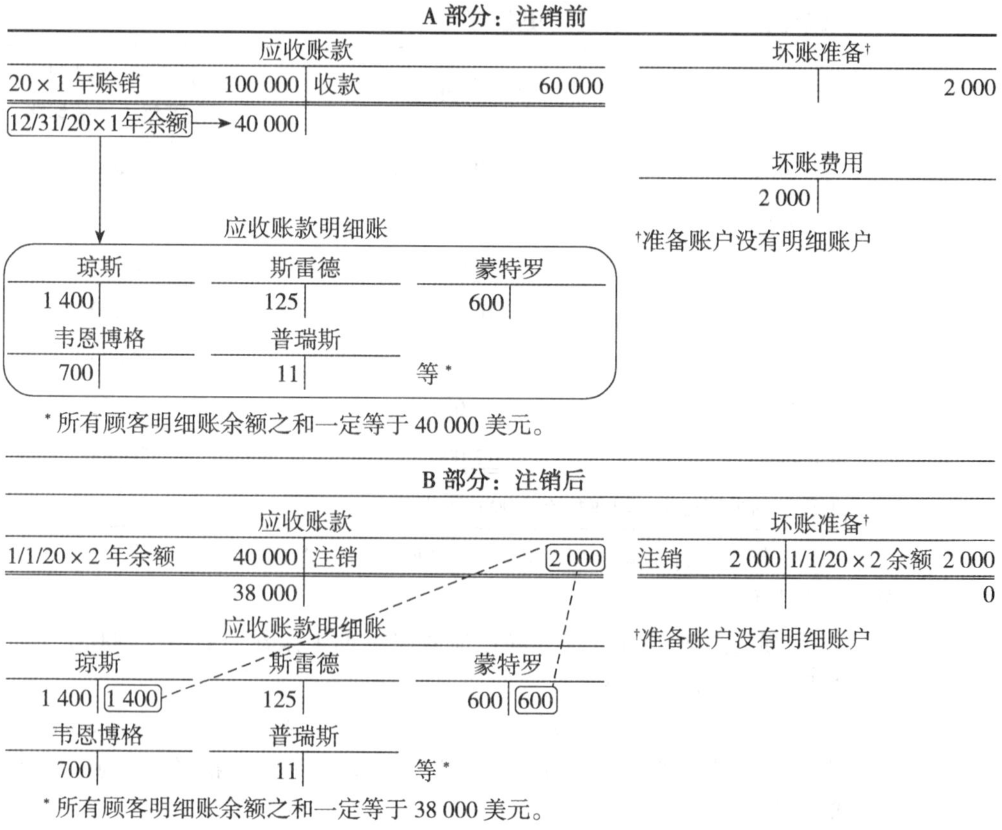

讲解财务报表

最终注销蒙特罗和琼斯账户对资产负债表上报告的资产总额有何影响？

答案：

最终注销上面两个账户对资产总额没有影响：

	注销前（美元）	注销后（美元）
应收账款	40 000	38 000
坏账准备	2 000	—
账面价值（可实现净值）	38 000	38 000

6.5.4　备抵法中的应收账款百分比法

同销售百分比法一样，应用应收账款百分比法（percentage of accounts receivable method）也需要根据以往的经验。但是，在应收账款百分比法下，坏账金额是根据以往年末应收账款金额中以后不能收回部分所占的比例估计出来的，而不是根据赊销金额中不能收回部分所占的比例来估计。

“坏账准备”这个备抵账户用来反映期末应收账款中坏账的估计数。在应收账款百分比法下，要在“坏账准备”账户中补记一个金额，使“坏账准备”账户达到希望的期末余额。请关注下表的历史数据（单位：美元）：

	年末应收账款	认为无法收回并在下年注销的坏账
20×1	100 000	3 500
20×2	80 000	2 450
20×3	90 000	2 550
20×4	110 000	4 100
20×5	120 000	5 600
20×6	112 000	2 200
6 年合计	612 000	20 400

不能收回款项的平均比率＝20 400÷612 000＝3.33%

在 20×7 年末，应收账款余额为 115 000 美元。“坏账准备”账户 20×7 年的补记金额计算步骤如下：

1. 坏账损失总额 20 400 美元除以应收账款期末余额合计 612 000 美元，计算历史平均坏账百分比为 3.33%。

2. 以步骤 1 中计算出来的百分比乘以 20×7 年应收账款年末余额，计算 20×7 年末“坏账准备”账户的应有余额，即 3.33%×20×7 年末应收账款余额 115 000 美元，等于 3 830 美元。

3. 编制调整分录，将“坏账准备”账户的年末余额调整为步骤 2 中计算出来的应有余额。假设 20×7 年末账面显示“坏账准备”账户已有贷方余额 700 美元，则 20×7年的调整分录就是记录 3 130 美元（3 830−700）的坏账费用：

坏账费用	3 130	
坏账准备		3 130

根据过去 6 年的坏账经验，将“坏账准备”账户余额调整为 3 830 美元。

应收账款百分比法在两个方面与销售百分比法不同：（1）百分比是根据应收账款的期末余额确定的，而不是根据销售额确定的；（2）用百分比计算出来的金额是“坏账准备”账户应有的期末余额，而不是当年记入“坏账准备”账户的金额。

6.5.5 备抵法中的账龄分析法

按照账龄长短来分析期末应收账款的构成，并据此对应收账款百分比法进行修改，这就是账龄分析法（aging of accounts receivable method）。这种方法直接根据顾客以往的付款记录提取坏账准备。销售之后随着时间的推移，款项收回的可能性越来越小。卖方可能在销售之后 30 天向买方寄送付款提示，在销售之后 60 天再次寄送付款提示，在销售之后 90 天打电话提示，在销售之后 120 天将该账户交给收款代理处理。

出于信贷管理目的而进行应收账款账龄分析的公司自然会在作坏账准备的会计估计时使用这种信息。例如，坎普珀特公司 20×7 年 12 月 31 日“应收账款”的余额为 115 000美元，公司可能要对应收账款进行账龄分析，如表 6-2 所示。

表 6-2　**坎普珀特公司 20×7 年应收账款账龄**　单位：美元

顾客名称	合计	1-30 天	31-60 天	61-90 天	90 天以上
奥克斯沃尔工具（Oxwall Tools）	20 000	20 000			
芝加哥铸件（Chicago Castings）	10 000	10 000			
艾司提（Estee）	20 000	15 000	5 000		
萨瑞索塔管件（Sarasota Pipe）	22 000		12 000	10 000	
西奥考特（Ceilcote）	4 000			3 000	1 000
其他账户（每个都要具体列示）	39 000	27 000	8 000	2 000	2 000
合 计	115 000	72 000	25 000	15 000	3 000
以往坏账百分比		0. 1%	1%	5%	90%
应该提取的坏账准备	3 772 =	72+	250+	750+	2 700

根据表 6-2 账龄分析表计算的“坏账准备”账户余额为 3 772 美元，与按照应收账款百分比法计算的“坏账准备”账户余额 3 830 美元不同。同样，调整分录也有所不同。假定“坏账准备”账户还是贷方余额 700 美元，记录 3 072 美元（3 772-700）“坏账费用”的会计分录如下：

坏账费用	3 072	
坏账准备		3 072

根据过去的经验用账龄分析法将“坏账准备”账户余额调整为 3 772 美元。

无论采用销售百分比法、应收账款百分比法还是账龄分析法来估计坏账费用和“坏账准备”，随后进行注销的核算都是相同的——都是减记“应收账款”账户，同时减记“坏账准备”账户。

6. 5. 6　坏账的收回

有时候顾客也会偿还公司原来已经作为坏账注销的款项。当发生这种坏账收回（bad debt recoveries）的情况时，必须掌握该顾客真实的付款记录，可以通过两个步骤来完成这项工作。首先转回原来的注销记录，然后将收款作为正常的赊销收款加以记录。来看前面坎普珀特公司的例子，假设在 20×2 年 2 月注销的蒙特罗账户的 600 美元在 20×2 年 10 月又收回。下面的会计分录使应收蒙特罗的账款明细账中有了完整的交易记录：

20×1 年	应收账款	600	
	销售收入		600
	记录对顾客蒙特罗的销售 600 美元。		
20×2 年 2 月	坏账准备	600	
	应收账款		600
	注销对蒙特罗无法收回的账款。		

20×2 年 10 月	应收账款	600	
	坏账准备		600
	转回 20×2 年 2 月注销的应收蒙特罗的账款。		
	现金	600	
	应收账款		600
	记录赊销收款。		

注意，20×2 年的这些会计分录对 20×1 年估计的坏账费用水平没有影响。在 20×1年末，坎普珀特公司用前面 3 种估计方法中的 1 种来估计坏账费用和期末的坏账。即使将来实际发生的坏账大于或小于估计的金额，也不需要调整这些估计数。估计上的错误对以后期间会产生影响，但不需要调整以前期间的记录。

讲解财务报表

分析 6.5.2 备抵法一部分中甲骨文公司 2009 年 5 月 31 日和 2008 年 5 月 31 日的应收账款余额。计算 2009 年和 2008 年 5 月 31 日的应收账款总额。2009 年的坏账百分比是上升还是下降？

答案：

甲骨文公司应收账款余额总数如下：

2009：4 430+270=4 700（百万美元）

2008：5 127+303=5 430（百万美元）

2008 年，甲骨文公司估计有 5.58%（303÷5 430）的应收账款无法收回，2009 年的这个比例为 5.74%（270÷4 700）。因此，公司估计的不偿还欠款比例 2009 年比 2008 年略高一点。这个变化可能缘于实际情况的变化，或者是公司认为经济衰退可能会导致违约比例上升。

6.6 应收账款水平的评价

除了正确地核算坏账，管理人员还要将坏账控制在适当的水平。公司的赊销越多，销售额就越大，发生坏账的可能性也就越大。管理层和财务分析师都会考虑这样的问题：公司能否在应收账款不过量增长的情况下增加销售收入呢？销售增长的同时坏账费用迅速上升是否说明顾客的信用质量下降了？应收账款管理的秘诀就是要提供充足的赊销以促进销售，但不允许收款工作落后造成应收账款增加。下面的“财经热线”中描述了应收账款管理的一种方法。

财经热线

应收账款管理

应收账款对绝大多数公司来说都是至关重要的，因为机会和巨大风险并存。一方面，向顾客提供适当的赊销会提高销售额并有利于促进与顾客的长期合作关系。但另一方面，如果公司不能有效管理应收账款，就会导致违约风险过大。即使顾客按期偿还了欠款，持有应收账款的公司可能还要面临现金流的困扰。

所以，公司应当采取哪些办法来管理应收账款？一个办法就是出售应收账款，即应收账款让售（factoring）。香港商业杂志（Hong Kong Business）中一篇文章报道说，从2007年至2009年，香港公司让售的应收账款总计金额约为870亿港元。这意味着很多香港公司不是一直持有应收账款直到顾客付款，而是尽早出售应收账款以获取现金。应收账款让售之后，购买应收账款的公司将在欠款到期时向最初的顾客收款。这样的公司就是所谓的代理人（factor）。

应收账款让售是一个好的办法吗？为什么这么多公司都进行让售？公司必须权衡眼下对现金的需求与让售成本之间的关系。代理人通常会根据购买应收账款的金额收取一定的折扣。例如，卖方可能只收到所出售应收账款金额的80%。因此，卖方为了提早取得现金而付出了20%的代价。如果卖方利用提前取得的现金获取的收益超过了20%，那么让售应收账款可能就是一个好办法。另一个需要考虑的问题是出售应收账款的公司与其顾客之间的关系。一旦应收账款被出售，卖方就很难控制代理人如何对待客户，这可能是非常危险的。一个强硬和过于进取的代理人可能会损害公司未来的发展前景。然而，通过香港公司的应收账款让售规模可以看出，很多公司都将让售应收账款作为管理现金流的一种方法。

资料来源：T. Chua，"Late and default business payment stabilising，" *Hong Kong Business*，http：//hongkongbusiness. hk/economy/in-focus/late-and-default-business-payment-stabilising， November 18，2010.

应收账款控制能力的衡量手段之一是计算应收账款周转率（accounts receivable turnover)，即赊销金额除以赊销期间的平均应收账款：

应收账款周转率=赊销金额÷平均应收账款

这个比率反映了回款速度的快慢。假设每天销售商品100美元，全年365天，销售10天后收回现金。在这个例子中，全年的销售额为36 500美元（365×100），平均应收账款为1 000美元（10×100），则应收账款周转率为36.5（36 500÷1 000）。如果周转率是12，则说明应收账款平均在赊销发生1个月后收回。高周转率说明应收账款回收速度快，而低周转率则说明应收账款回收速度慢。行业竞争状况经常使这个比率发生改变。周转率的变化能传递关于公司政策变化、行业竞争环境变化或者宏观经济状况变化方面的重要信息。例如，一般经济水平的下降会使所有公司的回款速度放慢，从而所有公司的应收账款周转率就会下降。

假设坎普珀特公司在20×8年的赊销额为100万美元，应收账款的期初和期末余额分别为115 000美元和112 000美元。

应收账款周转率=1 000 000÷［0.5×（115 000+112 000）］=8.81

我们还可以根据收回应收账款需要的时间来评价应收账款水平。应收账款周转率的这种表达形式能对应收账款的回收情况提供一个更具吸引力的直接说明。销售之后需要多长时间才能收回资金？应收账款收回天数（the days to collect accounts receivable）或平均收账期（average collection period），等于365除以应收账款周转率。根据上面的例子计算如下：

应收账款收回天数=365÷应收账款周转率=365÷8.81=41.4（天）

行业间的应收账款周转率水平差别很大，如表6-3所示。书店的应收账款周转率较高而珠宝商店的应收账款周转率较低，这反映了顾客的融资购买方式。书店的顾客主要使用现金或国际信用卡比如维萨卡和万事达卡，所以卖方能很快收到现金。珠宝商店经常直接提供信用，因此货款回收缓慢。换言之，国际信用卡一般很快向卖方付款，而当卖方自己提供信用时，付款的速度就要慢得多。事实上，如果更多的商家还像过去那样自己向顾客提供信用的话，其应收账款周转率就会大大下降。

表6-3 **应收账款比率**

	中值	
行业	**应收账款周转率**	**应收账款收回天数（天）**
汽车零售	70.3	5.2
百货商店	93.2	3.9
家具零售	99.5	3.7
珠宝零售	60.5	6.0
书店	107.2	3.4

资料来源：RMA，Annual Statement Studies，2008-2009，pp. 906-907，922-923，986-987，994-995和996-997.

复习题概要

题目：

VF公司是一家大型的服装公司，其旗下品牌包括诸如杰斯伯（JanSport）、诺帝卡（Nautica）、牧马人（Wrangler）、李（Lee）和乐斯菲斯（The North Face）。公司的资产负债表显示2009年1月2日抵减准备后的应收账款净值为851 282 000美元，坏账准备为48 163 000美元。假设欠VF公司8 000 000美元的一家大型折扣连锁店在2009年1月5日宣告破产。VF公司认为收回货款实际上已经不可能了，于是马上注销了这个账户。列示注销之后应收账款和坏账准备账户的余额，并解释该项注销对始于2009年1月2日的会计年度收益的影响。

解答：

注销并不影响应收账款净额，但会影响应收账款总额和坏账准备的余额。1月2日的应收账款总额为899 445 000美元，坏账准备为48 163 000美元，则应收账款净额为851 282 000美元。VF注销对折扣店的应收账款以后，应收账款总额下降了8 000 000美元，而坏账准备也下降了2 000 000美元，具体结果如下（单位：美元）：

注销对VF公司2009年度净收益没有影响。

应收账款总额（899 445 000-8 000 000）	891 445 000
减：坏账准备（48 163 000-8 000 000）	40 163 000
应收账款净额	851 282 000

6.7 内部控制概述

我们在前面内容中介绍过的现金管理过程就是内部控制的例子。内部控制（internal control）就是进行检查和制衡，以能确保公司的所有活动都是适当的，而且经过公司高层管理人员的批准。公司用这样的控制来保护资产并帮助管理者保持准确的财务记录。例如，我们不希望管理者通过未经授权的异常的证券衍生工具交易使公司遭受重大的投机损失，这里的内部控制使管理者的决策与公司战略保持一致。同样地，服装商店的销售人员不能带着没有付款的给家人的节日礼物走出商店，这里的内部控制则指的是使公司资产免受偷窃和损失的保护措施。一件皮夹克上的电子标签是一项内部控制装置，由两个人来授权签发超过 5 000 美元的支票同样也是内部控制的要求。

广义说来，内部控制既包括管理控制，又包括会计控制：

1. 管理控制（administrative controls）就是促进管理计划和经营控制工作的方法和程序，包括说明上下级责任和报告关系的正式的组织结构图、部门预算程序、业绩报告程序和向顾客提供信用的程序等。

2. 会计控制（accounting controls）包括交易授权、保护资产安全和确保财务记录准确的方法和程序。良好的会计控制有助于使效率最高而使浪费、无意差错和舞弊最小。

下面主要介绍内部会计控制。内部会计控制将为下列各项提供合理保证：

1. 授权。管理人员要按照管理层的一般或特殊授权执行交易。

2. 记录。会计人员要准确地记录授权的交易。

3. 安全保护。接触资产要有适当的限制。

4. 调节。会计人员通常要根据独立形成的其他记录来核实有关记录，或者通过实物清点或检查来证实这些记录。

5. 估价。会计人员要定期复核所记金额是否发生价值的减损以及是否记录必要的减值。

6. 经营效率。好的内部控制在提高活动效率的同时能够防止错误和舞弊的发生。

前 3 个一般目的——授权、记录和安全保护——与经管责任系统相关，是为了防止差错和违法行为的发生。第 4 和第 5 个目的——调节和估价——目的在于检查差错和违法行为。最后一个目的表明内部控制系统既有积极的目的（提高效率），又有消极的目的（防止差错和舞弊）。

6.7.1 会计系统

会计系统（accounting system）是对影响公司财务业绩和运行状况的经济事项的连续的信息流进行收集、组织和报告的一整套记录、程序、内部控制和设施。第 3 章和第 4 章对会计系统的核心——原始凭证、日记账、过账、试算平衡、调整和财务报告——做过概述。会计系统用来处理重复的、大量的交易，这些交易主要属于以下 4 种主要类型：

1. 现金支出；

2. 现金收入；

3. 购买商品和服务，包括支付员工工资；

4. 销售商品或提供服务。

有形记录的数量通常大得惊人。例如，电话公司和信用卡公司每天都要处理数以百万计的交易。计算机和数据处理系统使处理这些交易成为可能。设计良好和运行有效的会计系统则有利于组织运转和节约资源。例如，信用卡公司利用复杂的系统来评价使用信用卡的交易，对看起来是未经授权的人盗用别人信用卡的交易可能会拒付。尽管这样的拒付有时会使合法的信用卡使用者感到不方便，但常常能挫败犯罪行为。另一个例子是联邦快递公司（FedEx Corporation），它开发了一个有效的系统对每一个项目从分拣到运输进行连续跟踪，从而在夜间运输市场占据了主要地位。最后一个是关于沃尔玛的例子。沃尔玛作为低价零售商取得了非凡的成功，部分原因是它统一的存货控制和订购系统，这个系统使公司的计算机能够自动与供应商联系，无论是美国的宝洁公司还是中国的深圳佐蒙服饰公司，签发订单并减少运输次数。

6.7.2 内部控制清单

优秀的内部控制系统都有一些共同的特点。我们对内部控制的这些特点总结了一个清单，管理人员可能会利用这些内容来设计或评价现金、采购、销售、工资及类似事项的特定程序。

1. 可靠的人员和明确的责任。最重要的控制要素就是人员。不胜任或不诚实的人员会削弱任何一个系统的作用。因此，利用良好的程序来雇佣、培训、激励和监督员工是非常必要的。公司应该根据员工的能力、兴趣、经验和可靠程度赋予其相应的权利、责任和义务。错误地低成本录用人才，从长远来看代价可能是昂贵的，这不仅因为舞弊的存在，还因为生产力的低下。

明确责任意味着要有一些政策和程序来规定这样一些细节：有销售职员来签发销售单，有检查人员来签发最初的装箱单，工人要签时间卡和申请。比如，杂货商店通常要为每一位收银员配备一个单独的钱匣，这样管理层就可以奖励效率高的收银员，而且可以很容易地追查短款。据估计，零售商有超过2%的销售收入损失于偷窃和差错。员工偷窃比顾客偷窃带来的损失更大。

2. 职责分离。职责分离使得单独完成工作的一个人很难骗取公司的钱财。这就是为什么电影院要有售票的收款员和收票的引座员。收款员收取现金，引座员收取票根，另外的第3人将收取的现金和票根数量进行比较。

然而，职责分离也不是万无一失的。假设售票员卖出一张假票而把现金装进自己的腰包。如果售票员和引座员串通，引座员可能会接受这张假票，之后把票销毁，并允许持票人进场。仅仅通过职责分离并不能防止此类串通舞弊的行为发生。对售票员和引座员进行更好的监督是防止这种串通行为的主要方法。或者，即使售票员和引座员没有串通，如果假票能够以假乱真，引座员可能也发现不了售票员的舞弊行为。

下面是两个利用职责分离使内部控制更加完善的例子：

（1）在计算机系统下，资产的保管人员不应该接触计算机程序或记录录入。在一个经典案例中，某银行的一位程序员不是将交易近似到最接近的美分，而是近似到邻近较低的美分，然后让计算机将美分的小数部分计入自己的账户。例如，一位顾客金额为10.057美元的交易变成了10.05美元，于是程序员的账户中就收到了0.007美元。因为交易量数以百万计，程序员的账户收获不菲。

（2）一个人不能既授权付款又签发付款支票。同样，负责收取现金的人员不能负责指定将哪一笔应收账款作为坏账注销。这样的职责分离能够防止如下的侵吞行为：簿记员打开邮件，将某位顾客寄来的一张1 000美元的支票拿走，并想办法将支票变现。为了掩盖偷窃行为，簿记员编制下面会计分录来注销该顾客所欠的金额：

坏账准备	1 000	
应收账款		1 000

3. 适当的授权。一般授权通常以书面文件加以明确，比如对下列事项规定明确的界限：以什么价格付款（是乘坐经济舱还是头等舱），以什么价格收款（是否提供销售折扣），提供给顾客的信贷额度是多少等。特殊授权是对超出一般授权限度的事项由指定的管理人员给予明确的授权。例如，一位高级管理人员可能需要对加班时间进行批准，或者董事会可能需要对资本性资产的大额支出进行批准。

4. 完备的文件。公司有各种不同的凭证和记录，从原始凭证（如销售发票和采购订单）到日记账和分类账，目的是为了保证及时、完整地记录和不受干扰地记录数据。公司通过用光学扫描仪扫描条码数据、对所有的原始凭证预先编号并进行核算、使用像收银机这样的装置、设计便于记录的形式来使记录的差错最小。当供应商向顾客提供免费项目时，在收银机打出的收款单上出现一个红星，这是确保销售人员已经在收银机上以适当的金额记录了这笔销售的方法之一。

5. 合理的程序。许多单位都用程序手册来明确文件的传递并为簿记工作提供信息和指导。设计优良的规程使得每个环节都能进行专业分工、职责分离和自动检查。

6. 保护实物的安全。公司要使用保险柜、锁、保安人员、看门狗、特殊照明以及对敏感区域的进入限制来使现金、存货和记录的损失减少到最小。例如，许多公司要求所有来访者在登记簿上签名并佩戴姓名标牌，他们可能被限制进入某些区域，这些区域通过使用卡片扫描器，只允许被授权的人进入而限制其他人进入。

7. 休假和职责轮换。员工轮换和要求员工休假能够保证每项工作都至少有两名员工知道如何来完成，所以因病或突然离职而导致的缺勤不会带来大问题。而且，如果员工知道会定期轮换另外一位员工来完成他们的工作，并可能会发现舞弊活动，那么员工就不太可能进行舞弊活动。职责轮换通常通过这样的一些工作来完成，比如让应收账款的记账人员与应付账款的记账人员定期互换岗位。另外，应收账款的记账人员也可能负责处理A、B、C账户3个月，然后轮换去处理M、N、O、P账户3个月等。

8. 独立检查。系统的所有环节都要定期由外部人员比如注册会计师和内部审计人员进行复核。审计人员首先通过评价内部控制系统的适当性并测试员工对程序的执行程度来确定漏查差错的可能性。内部控制比较薄弱时，审计人员要检查许多交易以便为发现存在的差错提供合理的保证。当内部控制有效时，审计人员用较小的样本量就可以确认会计记录的准确性。

9. 成本-效益分析。非常复杂的系统会使人们陷入繁文缛节，不能提高效率反而会降低效率。对会计系统的正确投入能够产生非常大的收益。例如，毕马威会计公司为某客户完成了办公自动化的研究。在检查了2 600名白领员工的工作之后，毕马威这样量化了成本-效益的关系："一笔1 000万美元的投资每年可以节约840万美元的生产力。"

在许多公司都运用复杂的程序来加强内部控制的同时，一部分公司却反其道而行之。它们认为从查出的差错或欺骗中所获得的节约并不能够抵偿执行额外的详细检查所增加的成本。例如，某航天航空公司只对原始凭证进行随意抽样检查就付款；一个铝业公司将订单和空白支票一起发出，然后由供应商填写支票并存入银行。

财经热线

内部控制缺失和346 770美元的透支

自动提款机可以提取现金，因此银行必须对自动提款机设计和实施严格的内部控制。这一点非常重要，不仅仅是为了保护现金，也是为了使客户保持对银行的信心。分析一下银行的内部控制程序如何来阻止可能发生的盗窃行为。自动提款机要求顾客输入密码。第二个预防措施是自动提款机通常设置提款金额上限，可能是每个账户每天300美元。为了防止窃贼随便猜测密码，提款机中的计算机会记住输码错误这种"未经授权"使用信用卡的行为。在使用者输入了几个错误密码之后，自动提款机就会"吞掉"信用卡并提示使用者到银行领取。

有了这样的控制程序，怎么会有人通过自动提款机从卡伦·史密斯的银行账户中提走了346 770美元呢？事情的起因是这样的：她把信用卡放在了钱夹里，在星期五晚上一所高中进行足球比赛期间，她把钱夹锁在了她的车里。两名窃贼闯入车内偷走了信用卡，然后从本地提款机中提走了现金。

卡伦最大的错误就是把密码存在了社会保障卡上，这张卡就在她丢失的钱夹里。仅仅这样还不足以出这么大的麻烦。奥根电信公司信用联盟（Oregon TelCo Credit Union）碰巧正在更新一些计算机程序，每个账户每天200美元的提款限制程序并没有运行——内部控制严重失效。为了提走账户里的所有存款，窃贼反复插卡提款，每次提取200美元。一个提款机被提空后，窃贼就往返于5个县、迂回500英里，光顾了许多个提款机，最终提走了账户中的全部资金。

另一项内部控制应该使窃贼只能提走卡伦账户里的余额，这个余额远远小于346 770美元。但别的方面又出了问题。存入自动提款机中的存款一般要等到银行的下一个工作日才能提取，因为银行要对存款进行确认。不幸的是，奥根电信公司信用联盟的系统对存入自动提款机中的存款立即提供信用。在自动提款机上插入空的存款袋，然后在提款机键盘上输入大笔"存款"金额，窃贼通过这种方式"存入"了820 500美元。他们在凌晨2点30分之前走了5个县，提光了提款机中的现金，然后奔向里诺（Reno）买了一辆新卡车，挥霍他们的不义之财。

奥根电信公司信用联盟还是有一项内部控制程序发挥了作用。隐藏的摄像机拍下了窃贼的照片。通过录像，警察很容易地就确认并拘捕了罪犯。罪犯是一对夫妇，他们被判过 20 多项重罪。

资料来源："Survey: Level Four Finds ATM Security Is Top Concern for U. S. Consumers," ATMmarketplace. com (February 17, 2009); *New York Time* (February 12, 1995) p. 36.

就像上面的"财经热线"中描述的那样，没有哪一项内部控制是完美无瑕的，但充分的内部控制是非常必要的。内部控制的目标并不是为了完全防止舞弊的发生或者使经营达到完美的境地，而是设计一个符合成本-效益原则、有助于提高经营效率和减少诱惑的工具。

6.7.3 内部控制报告

萨班斯-奥克斯利法案要求美国的公司要对外报告内部控制的充分性。此外，公司审计师还要对管理层的评价进行测试并出具一份报告。甲骨文公司在 2009 年提交给 SEC 的 10-K 报告中对内部控制作了如下的报告：

公司管理层对建立和实施与财务报告相关的充分的内部控制负责……我们对与财务报告相关的内部控制在 2009 年 5 月 31 日的有效性进行了评估……与财务报告相关的内部控制包括为财务报告的可靠性和出于对外报告目的依据美国公认会计原则编制财务报表提供合理保证的政策和程序……与财务报告相关的内部控制在 2009 年 5 月 31 日的有效性已经由独立的会计师事务所——安永会计师事务所进行了审计。

审计委员会。管理者对公司财务报表和内部控制的责任可以向上延伸至董事会。在美国，证券交易委员会要求上市公司必须设立审计委员会（audit committee），负责监督公司的内部会计控制、财务报表和财务事项。并不是所有公司都必须设立审计委员会，但在全球范围内公司审计委员会的设立正在呈上升趋势。审计委员会在董事会、外部审计人员、内部审计人员、财务主管和经营主管之间进行联络和沟通。

在美国，审计委员会成员必须是董事会的"外部"成员，即不是公司的管理人员。外部董事被认为要比内部董事更加独立，因为内部董事是公司管理层的成员。星巴克公司董事会的构成是比较典型的。2009 年在 12 名董事中，有 4 名是管理层的成员（包括公司创建者和首席执行官劳伦斯·埃里森），而 8 名是外部董事——4 名其他公司的高管或退休高管、2 名专家、1 名顾问和 1 名风险资本投资者。公司将财务委员会与审计委员会合并设立，其成员全部是外部董事。委员会在 2008 年共召开了 17 次会议，比其他任何一家公司都要多。

记忆要点

1. 在利润表中适时确认收入。应当在同时满足两个条件时才能确认收入：（1）收入已经赚得；（2）与之对应的资产已经实现。在大多数情况下，收入是在销售交易发生、将商品交付给顾客的时候确认的。在商品销售中，许多特殊情况会导致商品的初始销售价格与最终顾客支付的价格不等。销售净额这个术语代表卖方最后的收入——即销售总额减去销售退回、销售折让和现金折扣的金额。

2. 正确核算现金销售和赊账销售。销售交易发生时，不管是现金销售还是赊销，只要满足了收入确认的条件，我们就要记录销售金额，使当年的销售收入能反映企业经济活动的总水平。销售交易要增记一个资产账户同时增记销售收入账户。对赊销交易来说，还需要在明细账户中为每一个顾客保持详细的记录。

3. 计算并理解销售退回与折让、销售折扣和银行信用卡销售。企业可能最终不能按当初所记录的销售收入全额收回货款。企业可能提供不同的折扣或折让，这些折扣或折让在利润表上作为销售总额的减项以计算销售净额。当顾客退回商品或者由于商品损坏或订单填制出现差错而获得折扣，企业就发生了销售退回和折让；顾客有时会因为提前付款而获得现金折扣。同样，卖方企业对银行卡销售也要提供一个既定的折扣或支付服务费，以作为银行提供收款服务的补偿。

4. 管理现金并理解现金对企业的重要性。现金是企业运营的动力，企业必须有可用现金来偿还到期债务。企业对现金管理应当提高警惕。要保管现金以防失窃或损失、对必需现金的可获得性作好充分计划、根据银行的记录调节企业的会计记录，这些仅仅是管理层必须做好的工作的一部分。

5. 估计并理解未收回的应收账款余额。可能无法收回的应收账款会减少资产负债表中应收账款的报告价值。报告未收回的赊销金额需要采用销售百分比法、应收账款百分比法或者应收账款账龄分析法进行估计。这些估计使财务报表：（1）在资产负债表上恰当地反映资产的水平，（2）在利润表上将坏账费用恰当地与收入进行配比。

6. 评价应收账款的水平。企业和分析师都利用一些比率来评价应收账款的水平。应收账款周转率和应收账款回收天数两个指标将应收账款余额与当年的赊销金额联系起来。将企业的这些指标与同一行业的其他企业进行比较，或者分析特定企业这些指标在不同时期的变化情况，可以发现异常情况和可能存在的问题。

7. 开发并解释内部控制程序。授权会计人员进行内部控制决策，这很有诱惑力。不过，各级管理人员对内部控制的有效运行都负有重要责任。为了有助于检查内部控制，董事会要任命审计委员会来监督会计控制、财务报表和企业常规的财务事项。管理人员和会计人员应当认识到，内部控制系统的作用既有积极的一面（提高效率），也有消极的一面（减少差错和舞弊）。下面是判断内部控制有效性的一份清单：

（1）可靠的人员和明确的责任

（2）职责分离

（3）适当的授权

（4）完备的文件

（5）合理的程序

（6）保护实物的安全

（7）休假和职责轮换

（8）独立检查

（9）成本–效益分析

附录 6：银行存款余额调节表

表 6-4 是账号为 96848602 的账户的银行对账单，这个账户是银行数以千计的存款账户之一。这些账户构成了银行的明细分类账，它支持着银行负债类账户的“存款”账户总账。

表 6-4　　**一份真实的银行对账单**

Seafirst 银行		
大学分行		
4701 大学路 NE		
Seattle WA 98145		账号
理查德 · B. 森德姆	777	96848602
2420 Highline 路		对账单期间
瑞特蒙德 WA 98110		11-21-09 至 12-20-09
	账户记录汇总	
	对账	
首选最小余额		96848602
期初余额		368.56
存款		5 074.00
提款		3 232.92
服务费		16.00
期末余额		2 193.64
12-9-09 最小余额		-33.39
	对账活动	
存款		
过账	**金额**	**摘要**
11-21	700.00	存款
11-25	1 810.00	工资存款
12-10	1 810.00	工资存款
12-16	754.00	存款
提款		
支票号	**支付**	**金额**
1606	12-021	1 134.00
1607	11-28	561.00
1609*	12-09	12.00
1617*	12-05	7.00
1629*	11-26	10.00
1630	11-25	16.95
1639*	12-02	96.00
1641*	12-09	1 025.00
1642	12-05	50.00
1643	12-15	236.25
1644	12-17	84.72

* 非连续编号的支票

支票共计 11 张

对账单上列出的支票的原始凭证是已注销的支票；另外一些存款的原始凭证是存款单。注意最小余额 33. 39 美元是负数。这表示透支，即存款人在签发支票时账户上并没有足够金额的存款，但银行仍然对该支票进行了支付，而使账户余额出现了负数。银行可能允许偶然而且并非恶意的透支，但大多数银行要对每笔透支收取一定的费用。

表 6–5 列示了另一个存款户在另一家银行的部分记录。1 月 31 日的存款余额在存款户的账面上是一项资产（“现金”账户），金额为 8 000 美元，而在银行的账面上是一项负债（“存款”账户），金额为 10 980 美元。编制银行存款余额调节表的目的就是解释银行余额与存款户账面余额的差额。

表 6–5　**比较现金余额，20×2 年 1 月 31 日**

存款户的记录

“存入银行的现金”

（可从银行支取的）

1/1/20×2 余额	11 000	1/5	2 000
1/10	4 000	1/15	3 000
1/24	6 000	1/19	5 000
1/31	7 000	1/29	10 000
	28 000		20 000
1/31/20×2 余额	8 000		

银行的记录

“存款”

（可向存款户支付的）

1/8	2 000	1/1/20×2 余额	11 000
1/20	3 000	1/11	4 000
1/28	5 000	1/26	6 000
1/31	20*		
	10 020		21 000
		1/31/20×2 余额	10 980

* 印刷支票的劳务费

续表

日期	存款户的总账	借	贷
1/5	应付账款	2 000	
	现金		2 000
	支票编号 No. 1		
1/10	现金	4 000	
	应收账款		4 000
	存款单编号 No. 1		
1/15	应交所得税	3 000	
	现金		3 000
	支票编号 No. 2		
1/19	应付账款	5 000	
	现金		5 000
	支票编号 No. 3		
1/24	现金	6 000	
	应收账款		6 000
	存款单编号 No. 2		
1/29	应付账款	10 000	
	现金		10 000
	支票编号 No. 4		
1/31	现金	7 000	
	应收账款		7 000
	存款单编号 No. 3		

首先，让我们来看一下银行是如何使用借贷这两个符号的。银行对存入的款项要贷记存款户账户，因为这是银行对存款户的负债，贷记账户表示负债增加。银行对存款户签发的、由银行支付的支票要借记存款户的账户，因为支付这些支票减少了银行对存款户的负债。存款户在 1 月 5 日签发了一张 2 000 美元的支票，银行在 1 月 8 日进行了支付，则银行的会计分录为：

1 月 8 日	存款	2 000	
	现金		2 000
	减少存款户账户的存款		

存款户要按月编制银行存款余额调节表，以保证银行和存款户所记录的存款和付款业务是一致的。调节表还能保证存款户对银行记录的所有费用、支出以及每一笔直接的存款都做了记录。银行存款余额调节表有很多种形式，但目的都是为了解释在某一天银行对账单中现金余额与存款户总账中现金余额的差额。用表 6-5 中的数据编

制银行调节表如下：

银行存款余额调节表，20×2 年 1 月 31 日	单位：美元
账面余额（也称为支票登记簿余额，登记簿余额）	8 000
减：尚未登记入账的 1 月份银行服务费（还包括其他银行已经支付但尚未记账的费用）	20
调整后的（正确的）账面余额	7 980
银行账面余额（也称为银行对账单余额，对账单余额）	10 980
加：银行尚未登记入账的存款（也称为*未登记存款*、*在途存款*），1 月 31 日的存款	7 000
小计	17 980
减：未兑现支票，1 月 29 日签发的支票	10 000
调整后的（正确的）银行账面余额	7 980

*注：存款户对所有以前尚未登记入账的收入和支出项目都要编制新的会计分录并登记入账，以使账面余额达到调整后的余额。

存款户必须编制会计分录来记录银行已经记账、但存款户尚未登记的业务。上面银行存款余额调节表的内容说明存款户必须在账面中记录银行服务费支出：

1 月 31 日	银行服务费	20	
	现金		20
	记录印刷支票的银行服务费		

常见的银行存款余额调节表格式有两个主要部分。第一部分以公司的账面余额为起点，即“现金”的 T 型账户的余额，然后对尚未登记入账但银行已经登记入账的项目进行调整，比如 20 美元的银行服务费。这些调整随后要在公司的账面上加以记录，上例中 20 美元银行服务费就要在账面做相应记录。第二部分以银行对账单的余额为起点，需要对公司已经记账但银行尚未记账的项目进行调整。这些项目在银行收到存款和支票并进行处理时通常会自动调整。调整之后，两个部分的现金余额应该是完全相等的。这个调整后的现金余额就是存款户的资产负债表上“存入银行的现金”（Cash in bank）账户的金额。

会计词汇

会计控制 accounting control
会计系统 accounting system
应收账款周转率 accounts receivable turnover
管理控制 administrative control
应收账款账龄分析法 aging of accounts receivable method
坏账准备 allowance for bad debts
坏账准备 allowance for doubtful accounts
坏账准备 allowance for uncollectible accounts

备抵法 allowance method
审计委员会 audit committee
平均收账期 average collection period
坏账收回 bad debt recoveries
坏账 bad debts
坏账费用 bad debts expense
现金折扣 cash discounts
补偿性存款 compensating balance
应收账款收回天数 days to collect accounts receivable
销售总额 gross sales
内部控制 internal control
销售净额 net sales
应收账款百分比法 percentage of accounts receivable method
完工百分比法 percentage of completion method
销售百分比法 percentage of sales method
购货折扣 purchase allowance
购货退回 purchase returns
调节银行对账单 reconcile a bank statement
坏账准备 reserve for doubtful accounts
销售折让 sales allowance
销售退回 sales returns
特定注销法 specific write-off method
商业折扣 trade discounts
坏账 uncollectible accounts

练习题

6-1 收入确认

奥林匹克伐木公司雇用 Moseley 建筑公司在 Cayfish 河上建造一座新桥。这座桥将把伐木专用公路延伸至一个新的木材场。合同规定在桥梁完工时付款 1 200 万美元。桥梁于 20×0 年开工，20×2 年完工。总成本是：

20×0	200 万美元
20×1	300 万美元
20×2	500 万美元
合计	1 000 万美元

1. 假设 Moseley 建筑公司的会计人员认为奥林匹克伐木公司可能不能支付 1 200 万美元的工程款。建筑公司每年应该确认收入多少？

2. 假设奥林匹克伐木公司是一个大型木制品公司的分公司。因此，建筑公司可以合理确定能够收回合同款，那么每年应该确认收入多少？

6-2 收入确认，现金折扣和销售退回

Kingston 书店于20×0 年7 月17 日从 Prentice-Hall 出版社订购了1 000 册经济学入门教材。教材在8 月12 日运到，同时书店按每本50 美元的订购价格向卖方发出了账单。如果 Prentice-Hall 在9 月12 日前收到书款，将给予书店2% 的折扣。书店按正确金额付款，出版社于9 月10 日收到书款。11 月18 日，书店向出版社退回60 本书并得到全额现金退款。

1. 为出版社编制（1）7 月17 日、（2）8 月12 日、（3）9 月10 日和（4）11 月18 日的会计分录（如果需要编制的话）。要包括适当的摘要。

2. 假设这是出版社在20×0 年唯一的一笔交易。编制出版社利润表的收入部分。

6-3 销售退回与折扣

Modesto 蔬菜批发商在3 月份的销售总额为900 000 美元。销售退回与折让为50 000美元。给予的现金折扣为35 000 美元。

分析这些交易对会计等式的影响，并编制会计分录。列示利润表中收入部分的详细内容。

6-4 销售总额与销售净额

中东金属制品公司在20×0 年报告了下列内容（单位：千美元）：

销售收入	680
销售的现金折扣	20
销售退回与折让	40

1. 编制20×0 年利润表中的销售收入部分。

2. 为下列交易编制会计分录：（1）确认20×0 年的初始销售收入，（2）销售退回与折让，（3）收回应收账款。假设所有的销售业务都是赊销，而且20×0 年所有的应收账款都在当年收回。省略摘要。

6-5 现金折扣交易

G&N Electronics 是一家批发商，其销售条件是2/10，n/30。它在1 月10 日向好市多公司赊销了400 000 美元的录像设备，并在1 月19 日收回货款（扣除现金折扣后的净值）。用会计等式框架分析 G&N Electronics 的两笔交易并编制会计分录。

6-6 现金折扣与销售退回的会计分录

Yakima 葡萄酒公司是华盛顿州的一家葡萄酒批发商，赊销条件是2/10，n/30。考虑下列交易：

6 月9 日 向 Pike 葡萄酒公司赊销30 000 美元

6 月11 日向 Marty 烈性酒公司赊销15 000 美元

6 月18 日从 Pike 公司收回货款

6 月26 日接受 Marty 烈性酒公司退回的6 箱酒，价值1 000 美元

7 月10 日从 Marty 公司收回货款

7 月12 日 Pike 公司退回了6 月9 日购买的一部分有问题的葡萄酒，价值100 美元；Yakima 葡萄酒公司马上以现金退款

为这些交易编制会计分录。省略摘要。假设货款都是按适当的金额全额收取的。

6-7 信用条件、折扣与年利率

假设您是一家新的亚洲联合饭店正在积极创业的业主，您为饭店经常出现现金短缺而烦恼。昨天收到了下面这些发票：

供应商	面值（美元）	条件
宏蔬菜水果店（Hong Fruit & Vegetables）	700	n/30
罗斯杀虫剂（Rose Exterminators）	90	EOM
尼布瑞斯卡肉店（Nebraska Meat Supply）	850	15，EOM
约翰的渔场（John's Fisheries）	1 000	1/10，n/30
加西亚设备（Garcia Equipment）	2 000	2/10，n/30

1. 写出每个条件的准确含义。

2. 您可以以年利率 16%，期限为 10 天、20 天或 30 天的票据向当地银行借入现金。您是否应该向银行借款来获得最后两名供应商提供的现金折扣呢？为什么？列出计算过程。计算利息时假设 1 年为 360 天。

6-8 信用卡的核算

Lebas Classic 服装商店对客户扩大赊销信用。在过去的 3 年中每年的平均情况是（单位：美元）：

	现销	赊销	合计
销售收入	500 000	300 000	800 000
坏账费用	—	5 000	5 000
管理费用	—	9 000	9 000

Brigette Lebas 正在考虑是否接受银行卡（如维萨卡、万事达卡）。她犹豫不决的原因是她不想承担销售总额 4% 的服务成本。

维萨卡的代表声称银行卡的可用性能使全部销售收入提高至少 10%。不管销售水平如何，新的销售情况是 50% 收取银行卡、50% 收取现金。

1. 一笔 300 美元的通过银行卡的销售对会计等式有何影响？折扣应该列示在利润表的什么位置？

2. 如果销售没有增长，Lebas 是否应该接受银行卡呢？只根据这里所给定的有限的条件来回答问题。

3. 假设销售合计数将增长 10%，重复 2 中的要求。

6-9 以旧换新与折扣

许多州是根据销售总额减去折扣后的金额来计算销售税的。以旧换新的旧物作价不是折扣，所以计算销售税时不能从销售价格中抵减。假设 Emilio Magid 已经决定用他的旧轿车换一辆标价为 30 000 美元的新车。他要支付现金 20 000 美元，外加销售税。如果他不是以旧车换新车，经销商将提供标价 15% 的折扣。销售税率是 7%。

10 000 美元的价格减让中有多少属于折扣呢？以旧换新的金额是多少？Magid 先生想在法律允许的前提下尽量少付销售税。

6-10 补偿性存款

Mauer 公司以 8% 的利率从花旗银行（Citibank）借入 200 000 美元。贷款协议上注明 Mauer 公司必须在花旗银行的支票账户中保持 20 000 美元的补偿性存款。年末 Mauer 的现金余额合计为 45 000 美元。

1. Mauer 公司从 200 000 美元的贷款中得到了多少可用现金？
2. Mauer 公司支付的实际利率是多少？
3. 为 Mauer 公司的年度报告编写附注，解释补偿性存款。

6-11 坏账

20×1 年彩虹油漆商店赊销 900 000 美元。尽管直到用来催款的 10 个各种各样的步骤用完之后还是没有账户需要注销，但商店管理人员仍预计赊销中的 2% 将不能收回。完成 10 个步骤需要至少 14 个月。

假设 20×2 年确认在 20×1 年赊销中欠款的某些顾客将不能偿付货款，金额为 14 000美元。收款的 10 个步骤都已经完成。

1. 在（1）特定注销法、（2）备抵法下，说明 20×1 年和 20×2 年发生的上述交易对会计等式的影响。你更喜欢哪一种方法？为什么？
2. 在两种方法下为上述交易编制会计分录。省略摘要。

6-12 特定注销法与备抵法

帝国地区电力公司（Empire District Electric）在堪萨斯州、密苏里州、阿肯色州和俄克拉荷马州地区提供服务。公司使用备抵法确认坏账。公司 2009 年 1 月 1 日的资产负债表上列示应收账款为 39 487 000 美元。这是抵减 1 265 000 美元坏账之后的净值。

1. 假设电力公司在 2009 年 1 月 2 日注销了 27 000 美元的坏账。假设这是当天影响应收账款和坏账准备账户的唯一一笔交易。写出这笔注销交易的会计分录。注销后 1 月 2 日的资产负债表上应收账款金额应该是多少？
2. 假设公司使用特定注销法而不是备抵法确认坏账。计算 2009 年 1 月 1 日资产负债表上的应收账款余额。

6-13 坏账

某医院门诊部做矫正视力的非急需施行的激光外科手术。下面是其 20×2 年的有关数据，根据这些数据编制会计分录。这样的手术不能由蓝十字医疗保险（Blue Cross）或美国联邦医疗保险（Medicare）这样的第三方付款人来支付。门诊部 20×1 年 12 月 31 日的有关余额为：对患者的“应收账款”总额 225 000 美元；“坏账准备”余额 50 000 美元，“应收账款”净额为 175 000 美元。20×2 年患者的全部欠款合计为 250 万美元。过去的经验显示，患者欠款的 10% 最终将不能收回。20×2 年注销的应收账款为 260 000 美元。

6-14 坏账准备

Minnesota 家具市场 20×1 年的销售额为 1 100 000 美元，其中赊销 600 000 美元。20×0 年 12 月 31 日“应收账款”账户余额为 110 000 美元，“坏账准备”账户余额为

9 000 美元。20×1 年的有关数据如下：收回应收账款 560 000 美元。坏账费用与以前年度一样，估计为赊销额的 2% 。20×1 年注销的坏账为 10 000 美元。

1. 根据上述资料编制 20×1 年的会计分录。

2. 列示 20×1 年 12 月 31 日资产负债表账户的期末余额。

3. 根据所给数据，您是否要向商店的总经理 Eileen French 建议 2% 的坏账估计比率看起来是适当的?

6-15 坏账收回

Ridgecrest 百货商店有许多应收账款。商店 20×1 年 12 月 31 日的资产负债表显示，“应收账款”为 950 000 美元，“坏账准备”为 40 000 美元。20×2 年初商店在对顾客的应收款账户中注销了 31 000 美元。20×2 年末，商店的一位顾客获得彩票奖金 100 万美元，于是马上偿还了商店已经作为坏账注销了的 8 000 美元。商店欣然接受了该顾客的账宽并回报以高信用级别。

为 20×2 年初注销 31 000 美元和 20×2 年末收回 8 000 美元编制会计分录。

6-16 明细分类账

木材公司在 20×4 年向 1 000 名顾客赊销了 800 000 美元，其中：舒尔兹（Schultz）5 000 美元，切瑞蒂（Cerruti）7 000 美元，其他 788 000 美元。20×4 年收回货款共计 720 000 美元，其中包括切瑞蒂的 5 000 美元，舒尔兹没有支付货款。20×4年末，商店按赊销金额的 2. 5% 提取坏账准备。

1. 为“应收账款”、“坏账准备”和“坏账费用”账户建立总账，并为“应收账款”建立明细账。要建立 3 个明细账，包括已知的两个个人账户，外加一个称为“其他”的明细账户。对 20×4 年的会计分录进行过账。编制应收账款明细账户期末余额明细表，说明与总分类账户之间的关系。

2. 20×5 年 3 月 24 日该商店注销了舒尔兹账户。编制有关会计分录。

6-17 应收账款周转率与平均收账期

瓦尔坎材料公司（Vulcan Materials Company）是美国最大的建筑集料生产商，总部设在阿拉巴马州的伯明翰市。公司 2008 年的销售额为 34. 53 亿美元。本会计年度的应收账款期初和期末余额分别为 3. 83 亿美元和 3. 26 亿美元。

计算瓦尔坎公司本会计年度的应收账款周转率和平均收账期。假设所有的销售交易都为赊销。

6-18 内部控制的弱点

指出下面内部控制程序中的弱点，并说明为了消除这些弱点，您建议内部控制要做哪些改变?

1. 文图拉航天航空公司（Ventura Aerospace）的内部审计人员要向主计长进行报告。但是，只有在某部门经理人员提出要求的情况下才能执行内部审计，而且审计报告是专为该部门经理人员编制的保密性文件。不允许内部审计人员与外部审计人员进行交流。

2. Beth Callo 是位于新墨西哥州一个小镇上的西南州立银行的总裁，准备扩大银行的规模。她启用 Fred Sanchez 建立了外国信贷部。Sanchez 以前在伦敦银行的国际业务部工作过。总裁告诉 Sanchez 每笔大额的贷款都要与她商量，但没有明确什么样的贷款才算大额贷款。在 Sanchez 工作的第一年末，总裁惊讶于他的工作成果，同时也感到非常高兴。Sanchez 已经完成了几笔大额的贷款，比银行其他部门完成的贷款额都大，但没有就其中任何一笔贷款与总裁商量。因为 Sanchez 的工作成果很好，所以总裁正在犹豫是否要提醒他。总裁不想让 Sanchez 感到不快，因为银行收益的卓越增长主要归功于他。

3. Isabelle Reed 在一家珠宝连锁店 Import 珠宝公司负责手表的采购和验收。Reed 发出订单，收到手表时填写验收凭证，并授权对供应商付款。按照 Import 公司的程序手册，Reed 的工作要由一名采购主管进行复核。但是，公司为了节约资金，在采购主管 3 年前辞职后就没有对这个职位再安排人员。似乎没有人认为需要这个主管。

6-19 职责分工

大众鞋业批发公司是几个有名的鞋业供应链上的一个分销商。它从几家供应商那里采购商品，然后再出售给几百个零售商店。下面是公司必要办公常规中的一部分。

1. 确认并比较相关的采购凭证：采购订单、采购发票和验收报告等。
2. 编制现金付款凭单，并附上采购交易的原始凭证。
3. 签发凭单批准付款（在检查凭单与所附的凭证之后）。
4. 为支付采购款准备支票。
5. 签发支票（在检查凭单批准和原始凭证之后）。
6. 寄送支票。
7. 每天对收到的邮件进行分类，分为包括钱的项目和不包括钱的项目。
8. 分发邮件：收到的现金交给出纳员，收款报告交给会计部门，其余的各自交给相应的部门。
9. 每天办理银行存款。
10. 按月调节银行对账单。

公司的首席财务官决定将利用最多 5 个人来处理这些日常工作，当然包括他自己。

编表说明如何将这些工作分配给包括首席财务官在内的 5 名员工。用行表示已经编号的每项工作，用列表示每名员工：首席财务官、A、B、C、D。在列中（一列或几列）对每行内容使用核对符号。看教材内部控制清单中的规律，特别是职责分离的内容。

6-20 简单的银行调节表

学习附录 6 的内容。贝尔维尔医院有一个银行账户。考虑下列资料：

1. 7 月 31 日的账面余额为 48 000 美元，银行对账单余额为 33 860 美元。

2. 7 月 31 日收取现金合计 9 000 美元，已经记账并存入了银行的夜间存款处。银行没有将这笔存款列入 7 月份的对账单中。

3. 银行对账单中包括 140 美元的服务费。

4. 患者付给医院的空头支票合计金额达 11 000 美元。银行在扣除医院 11 000 美元之后在这些支票上标注“存款不足”然后将支票退给了医院。医院对退回的支票没有编制会计分录。

5. 医院的未兑现支票合计金额为 6 000 美元。

要求：

1. 编制 7 月 31 日的银行调节表。
2. 根据所给资料为医院编制会计分录。

第7章　存货和销售成本

学习目标

通过本章的学习，您应该能够：

1. 将存货估价与毛利相联系；
2. 运用永续盘存制和定期盘存制；
3. 计算商品采购成本；
4. 运用美国公认会计原则和国际财务报告准则都允许采用的3种主要的存货计价方法和只有美国公认会计原则允许采用的1种方法对收益和存货价值进行估算；
5. 按照美国公认会计原则和国际财务报告准则的要求应用成本与市价孰低法对存货进行估价；
6. 说明存货差错对财务报表的影响；
7. 评估毛利率和存货周转率；
8. 描述后进先出法的特点及其对收益计量的影响（附录7A）；
9. 确定制造业企业的存货成本（附录7B）。

本章核心案例：家得宝（Home Depot）

去当地的一家五金商店购物，却扫兴地发现该店没有所需要的商品，您有过这样的经历吗？家得宝（Home Depot）的目标之一就是帮您避免出现这种扫兴的事情。公司是通过保持大量存货的方式来做到这一点的，即同时持有30 000至40 000种不同品种的商品，而这要比一般的五金商店的商品种类多3倍以上。正如家得宝前任首席执行官兼主席伯尼·马库斯（Bernie Marcus）所说，家得宝的3个主要价值之一就是："一个自助销售店的每一件事情都需要有一个全面完整的实施规划。"

对于零售企业来说，存货需要大笔的投资——家得宝在这方面的投资是107亿美元，相当于该公司总资产的26%——因此存货会计十分重要。通过谨慎地监控存货水平，家得宝要确保既不至于因存货过少而减少销售收入，也不会由于存货过多而浪费资金。在最近的10年间，家得宝的销售额每年增加了9%，毛利水平也得到了提高，但是公司管理层也只是将存货水平从销售额的32%减少到了26%。

在第6章，我们学习了如何对销售收入进行核算。当然，一个公司销售产品必然同时发生费用。举例来说，家得宝如果要销售一个工具，它必须先将这个工具买进来。同样，丰田（TOYATA）的经销商必须为它卖出去的每一辆丰田汽车先行付款。公司在确认工具或丰田汽车销售收入的同时，必须确认相关的销售成本。

确定丰田汽车的销售成本非常容易——只要看一下您具体销售出去的汽车的发票上显示的成本即可。但不幸的是，计算工作并不总是那么简单。因为家得宝大量购进诸如工具类产品并将其作为存货持有，所以要追溯出每一单件产品的准确成本通常就比较困难。因此，公司必须开发出确定其存货价值及销售成本的程序。家得宝在截至2009年2月1日的会计年度里，销售收入为713亿美元，其相应的销售成本为473亿美元。这两个数据显示出的毛利为240亿美元，占销售收入的34%，比1999年的

30%有所上升。

在这一章我们仔细观察丰田和家得宝这样的公司用来计算销售成本、存货和毛利的各种存货计价与核算方法。您会发现全球有许多不同的存货会计惯例，甚至在同一国家或者同一行业都存在众多的会计方法。理解了这些差异，我们才能将只是由于会计惯例不同而产生的公司间的差异与因盈利能力不同而产生的公司间的真实经济差异予以区分。

7.1 毛利与销售成本

对于商贸公司而言，评估公司盈利能力的第一步就是计算毛利（gross profit，也称为 profit margin 或 gross margin），正如我们在第 4 章所学过的，毛利是销售收入与销售成本之差。销售收入必须大于销售成本，并产生足以抵消包括研发费用、营销费用、管理费用在内的所有其他费用的毛利。如表 7-1 所示，公司将待售产品报告为存货，在资产负债表中显示为一种流动资产。当公司销售货物后，所售存货的成本在利润表中就变成一种费用，即已售货物成本（cost of goods sold）或销售成本（cost of sales）。用销售净额减掉此项费用便可确定毛利，而从毛利中减去其他的费用即可得出营业利润。下面的“财经热线”中介绍了家得宝和其他零售商的一些相关信息。

表 7-1　**商贸公司（零售或批发）**

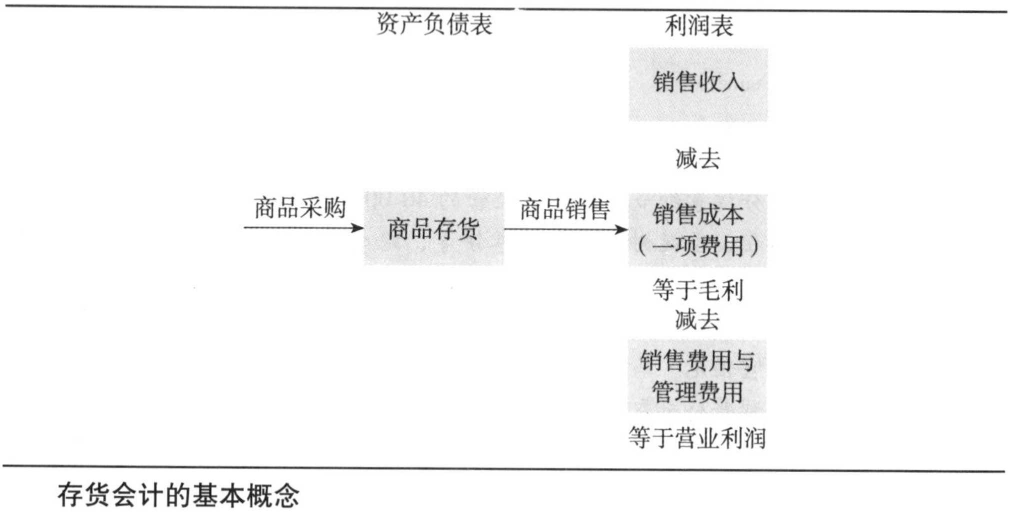

存货会计的基本概念

存货和销售成本会计在理论上是非常简单的。假设克里斯蒂纳经营 T 恤衫的生意。她定期地订购不同尺码和颜色的 T 恤衫。卖掉后就再定购，营业周期如此循环。一年后，克里斯蒂纳编制了财务报表以对自己的经营成果进行评估。为了计算手头的存货价值，她对年底仍未售出的衬衫进行清点。通过根据历史成本记录为每项期末存货确定一个具体价值，她研究出了一种成本估价（cost valuation）法。如果每件衬衫的成本是 5 美元，而作为剩余存货的衬衫还有 100 件，则克里斯蒂纳的期末存货总额为 500 美元。假定她在年初没有存货，整个年度内采购总额为 26 000 美元，那么她的销售成本便是 25 500 美元（可销售 T 恤衫成本 26 000 美元减去未售出 T 恤衫成本 500 美元）。注意，计算期末存货价值是计算销售成本的关键。

但是在实践中，确定销售成本和计算存货价值并非如此容易。在下面的内容中，我们会介绍企业所采用的主要的存货计价方法，并分析应用这些方法所产生的问题。企业管理人员或投资者需要知道存货会计处理方法是如何影响报告收益的，以及像通货膨胀和存货水平变化这样的事项如何影响存货价值并进而影响收益的。我们首先来介绍记录存货的两个主要系统。

财经热线

存货的管理和销售

家得宝公司处于一个滚雪球似的快速发展状态。自1978年在亚特兰大成立，该公司的增长就一直非常显著。它是美国第二大零售商（排在沃尔玛之后），是道琼斯工业股票平均值中的成员。公司在全球范围内都有门店，到截至2009年2月1日的10年间，公司每年的销售增长率达到9%。但收益的增长只有每年4%。最近5年间，公司的发展势头有所下降。请看下面的一些比较数据：

	5年平均年增长率	
	收入	每股收益
家得宝	3%	-11%
沃尔玛	9	9
杰西潘尼（JCPenney）	0.5	-4
劳氏（Lowe's）	7	3

家得宝十分注意细节。在公司经营的40 000个品种的商品中，包括威尼斯式百叶窗、工具出租、圣诞树以及椒盐卷饼等，绝大多数都是根据顾客的建议而组织的货源。

当通用电气（General Electric，GE）公司遭遇电灯泡存货短缺时，家得宝的创始人兼首席执行官伯尼·马库斯立即同荷兰的电子产品生产商菲利普公司（Philips）达成交易，由菲利普公司取代通用电气公司成为家得宝公司的灯泡供应商。家得宝还不断寻求新的机遇。通过顾客民意调查，他们发现通用电气被列为热水器的第3大品牌，尽管通用电气公司实际上并不生产热水器。怎么办？向通用电气购买其热水器商标品牌的使用权，以支付加工费的形式委托瑞姆公司（Rheem）生产通用电器商标品牌的热水器，家得宝于是成为了一个大品牌产品的独家经销商。

家得宝充分利用先进的技术。公司雇员只需手持无线笔式微型计算机在存货仓库的过道对两侧的库存商品进行扫描，即可获得当前存货的数量和需要补进商品数量方面的数据；在将获得的数据发送至数据库后，就可以根据商品销售历史和预测数据库的指令确定应该实际执行的商品进货订单。家得宝对于信用核准只需不到1秒钟的时间，成为一个行业标准。公司在自我校验方面处于行业领先地位。

当然，没有人能够在当今的激烈竞争中具有安全感。劳氏（Lowe's）作为这个市场中的老二正在做着巨大的努力。虽然它的规模仅为家得宝的70%，但公司的增长率还是很显著的：销售收入的年增长率为7%，每股收益年增长率为3%。请继续关注我们稍后的报道。

资料来源：The Home Depot 2008 Annual Report；Wal-Mart 2009Annual Report；JCPenny 2008 Annual Report；Lowe's Companies，Inc 2009 Annual Report；"Profit in a Big orange，" Forbes，January 24，2000，pp. 122-128.

7.2 永续盘存制和定期盘存制

记录商品存货主要有两种系统：永续盘存制和定期盘存制。永续盘存制（perpetual inventory system）对存货和销售成本进行连续的记录，以帮助管理者控制存货水平和编制中期财务报表。为了对这种连续的记录过程进行核实，公司需要定期地对存货进行实物盘点和估价。实物盘点（physical count）是指对所有存货项目进行确认、计量和成本分配的过程。实物盘点至少每年进行一次，以便检查永续记录的准确性。家得宝在其财务报表附注中对此作了如下披露："每一个门店和商品供应中心都定期单独进行存货实物盘点或循环盘点，以确保附随的合并财务报表中'商品存货'项目的列报是恰当的。"

实物盘点使得公司管理层可以将已经损坏了的或者废旧的货物从存货中减除，还有助于揭示存货损耗（inventory shrinkage）。存货损耗是指由于失窃、破损和其他损失造成的存货损失。在某些行业里，存货损耗可能相当大。永续盘存制也能够向管理人员提供有助于存货定价和订购的信息，因为存货记录总是最新的。应用永续盘存制曾经很麻烦而且成本昂贵，但如今诸如计算机化存货系统和付款柜台上使用的光学扫描设备等新技术的应用，降低了永续盘存制的实施费用。

在前面的章节里我们虽没有提及永续盘存制这一名称，但曾使用过永续盘存制记录存货交易。永续盘存制的步骤如下：

	资产	=	负债	+	股东权益
1. 购买	+［增加商品存货］	=	［增加应付账款］		
2. 销售	+［增加应收账款］			+	［增加销售收入］
已售商品（存货）成本	-［减少存货］			-	［增加销售成本］

永续盘存制下的会计分录为：

1. 购进存货时：

商品存货	xxx	
应付账款（或现金）		xxx

2. 出售存货时：

应收账款（或现金）	xxx	
销售收入		xxx
销售成本	xxx	
存货		xxx

因此，在永续盘存制下，记录存货销售的同时要记录存货的减少。

与此形成鲜明对比的是，定期盘存制（periodic inventory system）不必逐日记录存货或销售成本，而只是在会计期末进行实物盘点的时候计算销售成本和最新的存货余额。在克里斯蒂娜经营 T 恤衫业务的举例里采用的就是定期盘存制。

在定期盘存制下，销售成本的计算从期初存货成本与本期购货成本之和开始。这个合计数被称为可供销售存货成本（cost of goods available for sale）。可供销售存货成本减去期末存货成本就是销售成本。定期盘存制下的销售成本是一种剩余量。这样做的逻辑在于，如果原本持有的存货现在不在了，那就是出售了。当然，从实际上来说，如果有人将某件存货窃走，该件存货的成本同样会包括在销售成本中。

期初存货 + 本期购货 − 期末存货 = 销售成本

可供销售存货 − 结余存货 = 销售成本

表 7−2 对永续盘存制和定期盘存制进行了比较。两种方法为年度财务报表提供的销售成本数字是一致的。但是，永续盘存制还能够对存货水平进行持续评估，并有助于管理者及时有效地用恰当的商品更新货架。随着计算机系统的应用，永续盘存制的应用成本降低了。大部分公司发现应用永续盘存制虽然成本高一些，但带来的好处还是值得的。

表 7−2 **存货系统**

定期盘存系统		**永续系统**
期初存货（通过实物盘点）	×××	销售成本（根据逐日记录而非定期确定）*
加：本期购货	×××	
可供销售存货	×××	
减：期末存货（通过实物盘点）	×××	
销售成本	×××	

* 这样一个缩写的数字并不排除列示一个像左边那样的补充明细表。

实物盘点

良好的存货控制程序要求无论是采用永续盘存制还是定期盘存制至少每年进行一次实物盘点。实物盘点是一个需要花费时间和人力的昂贵的过程。您可能见到过商店挂出的"停业盘点"的牌子。为了简化盘点与估价工作，许多公司选择按会计年度进行实物盘点，因为会计年末存货较少，实物盘点会容易一些。比如家得宝公司、西尔斯公司（Sears）、杰西潘尼公司和劳氏公司的会计年度结束日都是在每年假期季节过后的 1 月底或 2 月初。

由于实物盘点对于公司的收益确定十分重要，因此通常有外部的审计师在现场实地观察客户的实物盘点过程并确认随之而来的存货估价的准确性。有些审计师事务所还聘请外部专家来协助他们做这项工作。比如，对于珠宝店的存货进行估价就可能需要有专家来鉴定其钻石存货的颜色、规格、清洁度和杂质含量。同样，客户和审计师需要依靠工程师来对供电部门的煤堆进行实地测量，进而估算出煤堆的体积和重量而不必实际去称这个煤堆的重量。

一个典型的存货欺诈案例就是 1963 年的色拉油欺诈案。那一年的年底，一家不起眼的叫做蔬菜原油与精炼联合公司（Allied Crude Vegetable Oil and Refining）的企业，无法偿还它的贷款。该公司用以担保贷款的担保物是据称储存在40个经过改制的以前用来储存汽油的位于新泽西贝恩的储油罐里的价值1.75亿美元的蔬菜油。调查显示，储油罐里装的不是蔬菜油，而是海水、肥皂和“淤泥”。

蔬菜原油与精炼联合公司采用十分精明的技巧对具有警惕性的审计师隐瞒他们幕后的勾当。由于这40个油罐都是通过管道相连接的，在进行盘点的那一周里，他们反复地将少量的蔬菜油从一个罐子里抽到另一个罐子里，而审计师们则反复清点着同样的蔬菜油。并且，蔬菜原油与精炼联合公司从来就没有将任何一个储罐油完全装满。该公司将每一个储油罐只留有一个开口，在每个开口下面都焊了一条封闭的管道，每个管道里面都装了几百磅的真正的蔬菜油。当审计师们取样的时候，他们抽取的实际上是管道里面的油而不是储油罐里面的油，储油罐里面装的主要是海水。当审计师们发现了这一欺诈行为后，他们打开了一个储油罐的阀门，淌出的水12天才流尽。

7.3 购货成本

无论您采用的是定期盘存制还是永续盘存制，存货会计的基础都是公司采购或生产以备出售的商品的成本。这一成本的构成内容是什么？具体来说，这一成本是包括下面的全部还是部分项目：发票价格、运输费用、交易与现金折扣、储存堆放费用、仓储费用、采购部门费用、商品接收部门费用以及其他间接费用？公司通常以发票价格加上可以直接确定的进货运输费用，再减去所有可抵减的折扣，来确定存货的成本。许多公司将采购部门和验收部门的费用作为期间费用处理，即将其列入发生当期的利润表。然而，包括家具货栈在内的一些公司将这些费用包括在商品的成本当中。家得宝在其财务报表附注中对此作了如下描述：“销售成本包括所售商品和提供服务的实际成本，商品从供应商运至公司门店、公司所在地或者送到顾客手中所发生的运输费用，以及公司购销网络的运营成本等……将商品从公司门店、公司所在地或者分配中心送至顾客手中所发生的装卸和运输费用则作为‘销售和管理费用’（selling, general and administrative expense, SG&A）。”

7.3.1 运输费用

商品运输的主要成本典型地表现为自卖方启运点至买方接收点的商品运输费用。当卖方负担运费时，销售发票显示为目的地交货价（F. O. B. destination）[①]。当买方承担这一费用时，销售发票显示为起运点交货价（F. O. B shipping point）。

从理论上讲，由买方承担的任何运输费用都应列入存货的采购成本。但是在实践中，由于公司通常会将所采购的多种商品一次性地运回公司，所以，将运输费用分摊到相关的各种存货成本中并非易事。

有的时候，管理人员要求将运输费用同存货的其他成本分开计算。比如，管理人

① 这是典型的美国价格术语，意思为卖方对货物的风险责任至货物装船（车）后截止，但卖方承担货物运至目的地的运费。对于这一价格条件，国际通行的相应价格术语表示为C&F或者CFR，即成本加运费价格条件——译者注。

员也许想知道不同时期运输费用的变化或者需要比较铁路运输与公路卡车运输费用的差异。因此，会计人员通常采用一个单独的运费账户，称为“进货运费”（fright in, transportation in, inward transportation, inbound transportation）。“进货运费”作为附加的购货成本列示在购货当期利润表中的购货部分。进货费用构成可供销售货物的成本的一部分，并因其增加了销售成本而对购货方利润表中的毛利部分产生影响。

讲解财务报表

假设黄氏公司采购了若干品种的货物并采用同一批发货的方式运回公司。是否应该以重量、价值、数量、体积或其他方式将运费总额分配到各种货物上？

答案：

在某些情况下以上每一种分配方式都可能是正确的。比如：如果该商品为煤炭，则重量就是运费的最好基础；如果该商品为珠宝，则应该按照货物的数量和价值来分配运费，因为这些商品的销售运费将根据货物的包装费和装卸费以及为预防丢失或损坏而对该件商品的保险费用而定。因此，需要进行大量的分析来找出最佳的商品进货运费的分配方法，而对这些方法的运用也需要许多繁琐细致的案头工作。正是由于这些困难以及所有这些繁琐工作只为公司带来微薄效益，大多数公司不再对商品进货运费进行分配，而是在这些费用发生时将其计入费用。

7.3.2 退回、折让与折扣

在第6章里，我们学过了有关销售退回、折让与折扣的内容。购货的退回、折让与现金折扣的会计方法同销售退回、折让与现金折扣的会计方法正好相反。采用定期盘存制，假设一个公司的购货总额为960 000美元，购货退回和折让为75 000美元，则会计分录为：

购货	960 000	
应付账款		960 000
应付账款	75 000	
购货退回与折让		75 000

再假设公司在支付剩余的885 000美元（960 000−75 000）货款时又得到5 000美元的现金折扣，则会计分录为：

应付账款	885 000	
购货现金折扣		5 000
现金		880 000

为了计算销售成本，要从“购货”金额中减掉“购货现金折扣”、“购货退回与折让”金额。

汽车经销商有时以“低于成本”的价格或者“低于发票价格100美元”的价格销售汽车。汽车经销商会因此损失金钱吗？可能不会。因为对于汽车经销商来说，发票显示的总成本可能同货物的最终销售成本有所不同。经销商们可以从汽车制造商那里拿到数量折扣或者因推销特别型号产品而得到特别折扣。经销商开出的发票价格显示的是扣除折扣与折让前的价目表上的价格，并不是经销商承担的最终净成本。

利润表中毛利部分的详细资料通常如表 7–3 所示。

表 7–3　**毛利的详细计算过程**　单位：千美元

销售总额				1 740
减：销售退回与折让			70	
销售现金折扣			100	170
销售净额				1 570
减：销售成本				
截至 20×1 年 12 月 31 日的商品存货			100	
购货（总额）		960		
减：购货退回与折让	75			
购货现金折扣	5	80		
购货净额		880		
加：进货运费		30		
购货总成本			910	
可供销售存货成本			1 010	
减：截至 20×2 年 12 月 31 日的商品存货			140	
销售成本				870
毛利				700

虽然管理人员可能会认为这种详尽的列示很有价值，但是在提供给股东的年报中更为常见的却是下面这种概括性的信息（单位：千美元）：

销售净额	1 570
销售成本	870
毛利	700

7.4　定期盘存制与永续盘存制会计程序比较

假设好地球产品有限公司（GoodEarth Products, Incorporated）在 20×2 年初（20×1 年12 月 31 日）的商品存货余额为 100 000 美元。20×2 年的交易概括为（单位：美元）：

1. 购货	990 000
2. 购货退回与折让	80 000

因此，购货净额为910 000美元（990 000-80 000）。根据20×2年末存货实物盘点所估计的存货成本为140 000美元。请注意根据这些数据计算出销售成本870 000美元的过程：

期初存货 + 购货净额-期末存货=销售成本

100 000 美元 + 910 000 美元-140 000 美元=870 000 美元

可供销售存货成本　-结余存货成本=销售成本

1 010 000 美元　-140 000 美元=870 000 美元

表7-4　**好地球产品有限公司定期盘存制和永续盘存制下的分录比较**　单位：千美元

	永续盘存记录			定期盘存记录		
1. 购货总额	存货	990		购货	990	
	应付账款		990	应付账款		990
2. 购货退回与折让	应付账款	80		应付账款	80	
	存货		80	购货退回与折让		80
3. 销售货物	销售成本	870		无分录		
	存货	870				
4. 会计期末	4a、4b 无分录			4a. 销售成本	1 010	
				购货退回与折让	80	
				购货		990
				存货		100
				4b. 存货	140	
				销售成本		140

定期盘存制和永续盘存制对这些交易采用的记录程序是不同的。如表7-4左侧栏目所示，根据永续盘存制，对于990 000美元的购货直接增加“存货”账户（分录1），并通过记录80 000美元的退回与折让（分录2）和870 000美元的销售成本（分录3）对存货予以相应金额的减除。只要发生销售，当天就增记“销售成本”账户。下面的T型账户反映了这些项目在总分类账中是如何体现的（单位：千美元）：

存货

20×1年12月31日余额	100	（2）	80
（1）	990	（3）	870
20×2年12月31日余额	140		

销售成本

（3）	870		
20×2年12月31日余额	870		

990 000美元的购货和80 000美元的购货退回与折让这两个数字是对许多笔小的交易的概括。好地球公司在购货交易发生时要逐笔进行记录；同样地，也要对发生的每项销售逐日逐笔编制会计分录。虽然这种方法计算出来的140 000美元的最终存货

余额看上去是正确无误的，但是请不要忘记，公司还会进行一次实物盘点来证实这一数字的正确性。实物盘点所确定的存货价值与永续盘存制记录的存货价值两者之间的差别通常很小。这些差别通常产生于笔误或者存货损耗，针对这些差别我们需要对存货和销售成本进行适当的增减调整。如果实物盘点的结果是 135 000 美元，就需要做如下的会计分录（以千美元为单位）：

存货损耗费用	5	
存货		5

在表 7-4 右侧的定期盘存制项目下，如分录 1 和分录 2 所示，我们分别在单独的账户中记录购货和购货退回与折让。定期盘存制之所以被称为定期，就是因为我们不是逐日地对销售成本和存货金额进行计算。表 7-4 下端的分录 4a 和 4b 就反映了对销售成本进行最后的定期计算时是如何更新这些账户的。

分录 4a 将存货期初余额、购货和购货退回与折让三者合计 1 010 000 美元转换为销售成本，这是可供销售存货成本。然后对期末存货进行实物盘点并计算其成本。分录 4b 确认 140 000 美元的期末存货成本，从 1 010 000 美元的可供销售存货成本中减去 140 000 美元，得出最终的销售成本为 870 000 美元。下述的 T 型账户说明了这些会计分录是如何影响总分类账的（以千美元为单位）：

存货

20×1 年 12 月 31 日余额	100	(4a)	100
(4b)	140		
20×2 年 12 月 31 日余额	140		

销售成本

(4a)	1 010	(4b)	140
20×2 年 12 月 31 日余额	870		

请注意，两种盘存制的结果都是一致的，即存货 140 美元，销售成本 870 美元。

7.5 存货计价的主要方法

会计人员要在每一会计期间将期初存货成本和本期购货成本在本期销售成本和期末存货成本之间进行分配。在永续盘存制下，必须确定每一项已销售货物的成本。但是在定期盘存制下，则只需要分别确定期末每项存货的价值。无论是哪种盘存制，都必须通过某些存货计价方法确定每项存货的成本。在美国，有 4 种通行的存货计价方法：个别认定法（specific identification）、先进先出法（FIFO）、后进先出法（LIFO）和加权平均法（weighted-average）。国际财务报告准则则不允许使用后进先出法。在全球范围内最通用的一种方法是加权平均法，其次是先进先出法。本节将对这些方法进行解释与比较。

如果单位价格和单位成本不发生变动，所有这 4 种存货计价方法的结果就是相同的。然而价格是变动的，于是就产生了与销售成本（收益计量）和存货（资产计量）相关的问题。举一个简单的例子来说明管理层面临的选择计价方法的问题。爱米略是一个在露天市场经营可乐饮料的新商贩。在经营之初的第一周他没有存货。他在星期一以 30 美分的价格购进 1 罐可乐，星期二以 40 美分的价格购进第 2 罐可乐，星期三以 56 美分的价格购进第 3 罐可乐。他随后在星期四以 90 美分的价格售出 1 罐可乐。

如表 7-5 所示，爱米略对于不同存货计价方法的选择会在很大程度上影响销售成本的报告金额（随之影响毛利和净收益）。根据所选定的不同的计价方法，星期一至星期四每天的毛利从 34 美分到 60 美分不等。现在根据表 7-5 来详细地研究一下这 4 种方法。

表 7-5 **爱米略的可乐销售 各种存货计价方法比较** 单位：美分

	(1) 个别认定法			(2) 先进先出法	(3) 后进先出法	(4) 加权平均法
	(1A)	(1B)	(1C)			
周一至周四的利润表						
销售收入	90	90	90	90	90	90
减：销售成本						
周一单位成本：30	30			30		
周二单位成本：40		40				
周三单位成本：56			56		56	
平均单位成本：42						
（30+40+56）÷3＝42	—	—	—	—	—	42
周一至周四毛利	60	50	34	60	34	48
周四结余存货：2 罐						
周一单位成本：30		30	30		30	
周二单位成本：40	40		40	40	40	
周三单位成本：56	56	56		56		
加权平均单位成本：42	—	—	—	—	—	84
周四期末存货总成本	96	86	70	96	70	84

7.5.1 个别认定法

个别认定法是将报告的销售成本与具体的已售出项目实物对应起来。爱米略可以对每罐可乐的成本予以标记，在将某罐可乐卖给顾客时，就将其成本记录为销售成本。如果他售出的是星期一购进的可乐而不是星期三购进的可乐，根据个别认定法得出的销售成本就会不同。因此，根据表 7-5 的显示，星期一至星期四的营业毛利可以是 60 美分、50 美分或者 34 美分，具体是多少取决于爱米略卖给客户的是哪 1 罐可乐。他可以选择出售哪 1 罐可乐，而不同的选择会对报告结果产生不同的影响。由于销售给顾客的具体产品决定了销售成本，所以，个别认定法使管理人员可以根据具有不同历史成本、实物相同的货物任意地填写销售单据，从而操纵收益和存货价值。

这一点非常符合爱米略的情况，他的每罐可乐都是相同的。但是这种情况对于汽车经销商就不适合，因为对他来说，每一辆汽车都有一个显示其自身特征的独一无二的身份标志，如颜色、款式、发动机、音响系统等。

个别认定法相对来讲比较适用于体积小而价格昂贵的商品，如传统工艺品、钻石珠宝和汽车等。但是，大多数公司都有很多不值得逐件认定的存货项目。尽管如此，条形码和扫描设备的采用却使得越来越多的公司采用个别认定法在经济上变得可行。

7.5.2 先进先出法

先进先出法（first-in，first-out，简称 FIFO）是一种成本分摊的方法，除非出现巧合的情况，这种方法不必追踪每一件存货实际的实物流动状况。先进先出法下，对于同一种存货，最早的购进成本最先分摊为销售成本。设想一下，爱米略将每 1 罐新购进的可乐放在冰箱的最里面进行冰镇，而将最早购进并且最冷的可乐最先售出。因此，在先进先出法下，无论他实际上交给顾客的是哪 1 罐可乐，都假定他最先卖出的是星期一购进的那 1 罐可乐。其结果是，将最新购进的可乐的成本分摊至期末存货。

通过使用最近的购进成本对期末存货进行计价，按照先进先出法得出的存货计价最接近截至资产负债表日的存货的实际市场价值。并且，在商品价格上涨期间，先进先出法导致较高的净收益。来看表 7-5，在先进先出法下，毛利为 60 美分，因为已售出可乐的成本是按照最先购进而且进价最低的那 1 罐可乐的价格计算的。较高的报告收益能对投资者对公司的态度产生有利的影响。同样，较高的报告收益可以带来较高的薪水、较高的红利或者公司管理层较高的地位。与个别认定法不同，先进先出法设定了一个将购货成本确定为销售成本的次序，这使得公司的管理层无法通过选择销售同种存货中的哪一个存货来影响收益。

7.5.3 后进先出法

与先进先出法按照最近期的购货成本确定期末存货成本的做法不同，后进先出法（last-in，first-out，简称 LIFO）是将最近的购货成本最先转为销售成本。后进先出法假设一个公司在售出旧的存货前，先销售最近购进的存货。设想爱米略将每 1 罐新购进的可乐放在冰箱的最外层，每当有顾客买货时，他都销售最外层的那 1 罐可乐。这就是符合于后进先出法成本流转的实物流转假设。因此，在后进先出法下，无论爱米略实际上递给顾客的是哪 1 罐可乐，都假定他售出的是星期三购进的那罐可乐。

由于后进先出法是采用现行的销售价格和现行的购货成本计量净收益，因此它可以提供利润表的预期状况。相反，资产负债表中则包括了远远低于当前价格的最早发生的成本。在一个价格上扬、存货平稳或者增加的期间里，采用后进先出法所得出的净收益比较低，如表 7-5 所显示的 34 美分的毛利。为什么较低的净收益是后进先出法的特征？在美国，出于缴纳所得税的考虑，后进先出法是一个普遍为人们所接受的会计方法。当公司向税收当局报告的公司收益较低时，其税赋也较低。所以，差不多有 2/3 的美国公司至少对其部分存货采用后进先出法，就不足为奇了。不过，美国《国内收入法典》（Internal Revenue Code）规定，凡是出于缴税目的采用后进先出法的公司，在其财务报告中也必须采用后进先出法。

后进先出法既可以报告好消息又可以报告坏消息。好消息是可以缴纳较低的所得税，但是伴之而来的坏消息是较低的报告利润。据华尔街时报报道，在前些年通货膨胀较高的时期，许多小公司放弃了先前采用的先进先出法转而采用后进先出法。举例来说，当百顿狄金森公司（Becton, Dickinson and Company）改用后进先出法后，其年度报告声称“在出于财务报告和税收两方面的考虑转为采用后进先出法后…由于所缴纳的所得税减少，公司现金流的状况大为改观”。诚如一些观察家们所言，当采用先进先出法会产生更高的应纳税收益时，美国公司的执行官们还不采用后进先出法就负有严重的管理不当责任。

国际财务报告准则禁止采用后进先出法的原因之一是这种方法使管理层能够通过安排进货时间来影响报告收益。来看表 7-5 中爱米略的情况。假设每罐可乐的进价从星期三的 56 美分增加到星期四的 68 美分，而星期四他卖出了 1 罐可乐。星期四新购进的这罐可乐对净利润会产生什么影响？按照后进先出法计算的销售成本变为 68 美分，从而利润下降了 12 美分。相反，在先进先出法下，销售成本和毛利都不发生变化。请看下表（单位：美分）：

	后进先出法		先进先出法	
	如表 7-5 所示	如果多买 1 件	如表 7-5 所示	如果多买 1 件
销售收入	90	90	90	90
销售成本	56	68	30	30
毛利	34	22	60	60
期末存货				
第 1 次采购，星期一	30	30		
第 2 次采购，星期二	40	40	40	40
第 3 次采购，星期三		56	56	56
第 4 次采购，星期四				68
	70	126	96	164

关于后进先出法及其对财务报表的影响的更多内容见附录 7A。

7.5.4 加权平均法

加权平均法通过用所有可供销售存货的购货成本总额除以可供销售存货的数量来计算存货的单位成本。设想爱米略的冰箱倒了，所以无法确定哪 1 罐可乐放在最外层。表 7-5 显示了爱米略计算每罐可乐的平均购货成本的过程。可乐的平均取得成本为 42 美分（（30+40+56）÷3）。

为了更好地掌握加权平均法，假设爱米略在星期一以 30 美分的单价购进了 2 罐可乐而不是 1 罐。为获取加权平均值，不仅要考虑所支付的价款，还须考虑购进的存货数量：

加权平均值 = 可供销售存货成本 ÷ 可供销售存货数量

加权平均值 =（2 × 30+1× 40+1× 56）÷4

=156 ÷4

=39（美分）

采用加权平均法得出的毛利介于采用先进先出法和后进先出法得出的结果之间（根据表 7-5 显示，先进先出法和后进先出法的毛利分别为 60 美分和 34 美分，而根据加权平均法，毛利为 48 美分）。在 2008 会计年度，家得宝对加拿大业务部采用的是加权平均法。公司在年度报告附注 3 会计原则一部分中描述了这个变化，并且对用来支持这一变化的新会计系统进行了说明："在 2008 会计年度，公司为其在加拿大的零售业务运行了一个新的公司资源计划（ERP）系统，该系统包括一个新的存货系统……新的 ERP 系统允许公司运用加权平均法，公司相信加权平均法能够更准确地计量存货，并使销售成本与其所产生的收入更好地配比。"

7.5.5 成本流转假设

对于大多数行业来说，同种产品的成本流转较之于其实际的实物流转对于财务业绩的影响更为重要，因此会计界达成的共识是，各个公司可以选择允许采用的存货计价方法中的任何一种来记录销售成本。简单地说，所有的存货都是一样的产品，但是它们的购进成本却是不同的，这时，对这些不同的成本如何进行分配要比去追溯每件产品的去向更为重要。因为只有个别认定法是与商品的实物流转相联系的，会计师通常将其他的存货计价方法称为成本流转假设（cost flow assumptions）。比如，如果将第 1 项购进存货的成本认定为第 1 项售出存货的成本并据此计算销售毛利，则我们采用的就是先进先出法成本流转假设。

注意，成本流转假设并不会影响公司存续期间的累计毛利。假定爱米略于星期五将剩余存货以每罐 90 美分的价格全部售出并进入一个更具吸引力的新行业，则表 7-6显示了星期五的销售毛利以及整个星期的销售毛利。正如表中所示，采用不同成本流转假设得出的星期五的毛利结果也不同。但是，该表的最后一行显示，不管采用哪一种存货计价方法，爱米略的业务存续期间内的累计毛利都是 1.44 美元。选择存货计价方法之所以重要，是因为公司需要在业务存续期内将特定的成本与特定的期间相配比以便编制该期的财务报表和评价业绩。

表 7-6　**爱米略可乐销售的利润表**　单位：美分

	(1)			(2)	(3)	(4)
	个别认定法			先进先出法	后进先出法	加权平均法
	(1A)	(1B)	(1C)			
星期五以 90 美分/罐售出 2 罐	180	180	180	180	180	180
销售成本						
（星期四期末存货，见表 7-5）	96	86	70	96	70	84
星期五当天毛利	84	94	110	84	110	96
星期一至星期四毛利						
（见表 7-5）	60	50	34	60	34	48
星期一至星期五累计毛利						
（共售出 3 罐）	144	144	144	144	144	144

7.5.6 存货成本关系

注意，所有这 4 种存货计价方法采用的基本数据都是一样的，因此存货计价方法的选择不会对应付账款发生影响。采用这 4 种方法，都需要对存货成本进行记录并按照同样方式确认负债，唯一的区别在于如何在存货与销售成本之间分配这些成本。

前面曾提到，在价格上涨时期使用先进先出法得出的期末存货价值和毛利要高于按后进先出法或加权平均法计算的期末存货价值和毛利。这一结果符合资产负债表等式的要求：资产=负债+股东权益。如果在先进先出法的情况下存货额较高（资产额较高），等式还必须平衡，则或者负债或者股东权益金额也要相应地较高。先进先出法情况下的较高毛利就意味着较高的收益和股东权益金额。

当然，在各种存货计价方法中发挥作用的并不是会计等式而是一些关联关系。我们来考虑一下已售出货物同期末存货计价之间的联系。爱米略可供销售的 3 罐可乐的总成本是 1. 26 美元。期末，爱米略必须将这 1. 26 美元在已售出可乐和期末结存可乐之间进行分配。如果销售成本较高，则期末存货成本就会较低。表 7–7 说明了这种相互依赖关系。作为一个极端的处理方式，先进先出法将第 1 罐可乐的 30 美分购进成本作为销售成本，将剩下的 96 美分列为期末存货成本。而另一个极端处理方式——后进先出法，则将最后购进那 1 罐可乐的购进成本 56 美分作为销售成本，而将剩下的 70 美分作为期末成本。

表 7–7　　**爱米略可乐销售　存货计价方法图解**　　货币单位：美分

	期初存货	+	购进	–	销售成本	=	期末存货	
先进先出法	0	+126	1 @ 30 1 @ 40 1 @ 56	–	1 @ 30	=	1 @ 40 1 @ 56	96
后进先出法	0	+126	1 @ 30 1 @ 40 1 @ 56	–	1 @ 56	=	1 @ 30 1 @ 40	70
个别认定法	0	+126	1 @ 30 1 @ 40 1 @ 56	–	1 @ 30 或者 1 @ 40 或者 1 @ 56	=	1 @ 40 1 @ 56 或者 1 @ 30 1 @ 56 或者 1 @ 30 1 @ 40	96 86 70
加权平均法	0	+126	1 @ 30 1 @ 40 1 @ 56	–	1 @ 42	=	2 @ 42	84

7.5.7 一致性原则

虽然各个公司可以依其需要来选择允许采用的成本流转假设，但是一种方式一经选定就必须一贯地使用。美国财务会计准则委员会指出一致性原则（consistency）是

“各期都采用不变的政策和程序”。要想理解不同时期的财务状况就必须对不同时期的情况进行比较。如果存货的会计方法经常改变，就不可能进行不同时期的有意义的比较。

有些情况下，由于市场条件和其他情况的变化使得改变存货的会计方法变得正当。前文提到过，在 20 世纪 70 年代，由于通货膨胀率的大幅提高，使 40 多家公司出于节税的考虑而改用后进先出法。在征得审计师同意的情况下，公司可以改变其所采用的存货计价方法。但是，该公司必须对计价方法的改变在财务报表中加以说明，就像家得宝公司在其加拿大分部采用加权平均法时进行说明一样。而且，公司的审计师也必须在其审计意见中提及这一变化，以便提醒财务报表使用者在进行财务分析时注意这种变化可能产生的影响。

复习题概要

题目：

认真阅读表 7–8。该公司采用定期盘存制。请利用表中提供的数据编制一份截至 20×2 年 12 月 31 日的会计年度利润表的分栏目比较表。请对先进先出法、后进先出法和加权平均法进行比较。设其他费用为 1 000 美元。所得税率为 40%。

解答：

见表 7–9。

表 7–8　　**有关数据**　　货币单位：美元

	采购额		销售额	存货额
20×1 年 12 月 31 日				200@5 = 1 000
1 月 25 日	170@6 = 1 020			
1 月 29 日			150*	
5 月 28 日	190@7 = 1 330			
6 月 7 日			230*	
11 月 20 日	150@8 = 1 200			
12 月 15 日	—	—	100*	
合计	510	3 550	480*	
20×2 年 12 月 31 日				230@？

*销售价格分别为 9、11 和 13

相应地，销售总额为：		成本合计：	
150@9 = 1 350		期初存货	1 000
230@11 = 2 530		购进	3 550
100@13 = 1 300		可供销售商品的成本	4 550
销售总额　480	5 180		

表 7-9　　**截止日为 20×2 年 12 月 31 日的年度中存货方法的比较**　　单位：美元

	先进先出法			后进先出法			加权平均法	
销售收入（480 件）			5 180			5 180		5 180
减：销售成本								
期初存货（200@5）		1 000			1 000		1 000	
购货（510 件，见表 7－8）*		3 550			3 550		3 550	
可供销售（710 件）**		4 550			4 550		4 550	
期末存货（230 件）***								
150@8	1 200							
80@7	560	1 760						
或者								
200@5				1 000				
30@6				180	1 180			
或者								
230@6.408							1 474	
销售成本（480 件）			2 790			3 370		3 076
毛利			2 390			1 810		2 104
其他费用			1 000			1 000		1 000
所得税前收益			1 390			810		1 104
所得税（税率 40%）			556			324		442
净收益			834			486		662

* 这些数额在 3 种方法下总是相等的。

** 这些数额在这 3 种方法下一般不会相等，因为期初存货余额一般是不相等的。它们在这里相等是因为我们设定期初存货是相等的。

*** 先进先出法下，期末存货包括最后一次购进的货物加上倒数第 2 次购进的货物等，直至所有 230 件货物的成本叠加完成。后进先出法下，期末存货包括期初存货加上当年最早购进的存货等，直至所有 230 件货物的成本叠加完成。加权平均法下，期末存货和销售成本是根据平均单位成本累计的。平均单位成本等于可供销售商品的成本除以可供销售商品的数量：4 550 美元÷710＝6.408 美元。

复习题概要

题目：

“价格上涨时，先进先出法下的利润混淆了经济利润与持有利得，因为在这种情况下需要比以前更多的资源来维持经营。”您同意这个观点吗？请解释。

解答：

先进先出法下的利润确实包括了经济利润和持有利得，但是训练有素的分析师和管理人员都会清楚这一点。后进先出法较之先进先出法可以更好地计量“可分配的”收益。我们来回忆表 7-5 中爱米略销售可乐的例子。在先进先出法下，毛利是 60 美分，而后进先出法下的毛利是 34 美分。60 美分-34 美分=26 美分，这一差额在傻瓜的眼中才是利润，因为为了保持与先前同样的存货水平，必须用这部分金额来补进存货。它是价格变化所带来的持有存货的利润，而不是通过批发购进和零售售出而产生的利润。因此对这 26 美分作为现金股利进行分配势必降低当前的经营规模。

7.6 成本与市价孰低法

有时公司很难将过期或损坏的存货以等于或者高于其历史成本的价格售出。在这种情况下，历史成本虚增了存货的价值。为了避免虚增存货价值，我们采用成本与市价孰低法（lower-of-cost-or-market method，LCM）。这一方法要求将存货的当前市场价格与按照公司所使用的存货计价方法计算出的存货历史成本进行比较，然后用二者中的较低者来报告存货价值。

如何计量存货的当前市场价格取决于公司是执行国际财务报告准则还是美国公认会计原则。按照国际财务报告准则，市场价格就是可实现净值（net realizable value）——公司期望通过该存货项目获取的净额。美国公认会计原则则认为市场价格通常是当前的重置成本（current replacement cost）——现在购买该存货所花费的成本。

来看下面的例子。李珀礼公司以先进先出法计算的 20×1 年 12 月 31 日的期末存货为 100 件。李珀礼公司 20×1 年的毛利试算如下（单位：美元）：

销售收入		2 180
可供销售存货的成本	1 980	
期末 100 件存货成本	790	
销售成本		1 190
毛利		990

假设在 12 月的最后一周，存货的重置成本突然下降，从每件 7.9 美元下降至每件 4 美元，可实现净值下降至每件 5 美元。按照美国公认会计原则，应记录存货的减值 390 美元，即（7.9 美元-4 美元）×100 件。减值（write-down）就是针对价值降低相应地减少原来记录的历史成本。从会计的角度来说，发生减值时，每件存货 4 美元的重置成本就变为存货的未耗成本。因此，如果随后在 20×2 年 1 月份存货的重置成本又增加至每件 8 美元，每件存货的指定成本仍然为 4 美元。简言之，按照成本与市价孰低法，12 月 31 日的每件 4 美元的重置成本被认定为存货的“新的历史成本”。相应的会计分录如下：

存货减值损失（或销售成本）	390	
存货		390

将存货从 790 美元的成本减记为 400 美元的市场价格。

存货减值使 20×1 年的销售成本增加了 390 美元。因此，20×1 年报告的收益将减少 390 美元：

单位：美元

	确认减值以前	确认减值以后	差额
销售收入	2 180	2 180	
可供销售存货	1 980	1 980	
期末存货	790	400	−390
销售成本	1 190	1 580	+390
毛利	990	600	−390

为什么要减记390美元呢？根据成本与市价孰低法，在790美元的历史成本中，有390美元被认为在20×1年已经消耗了，因为李珀礼公司不能够找出恰当的理由将这全部的790美元成本都作为资产带至将来。不过，如果市场重置成本下降而销售价格不变，存货将仍然保持原有的盈利能力。没有损失发生，也就没有必要减少存货的账面价值。

李珀礼公司如果按照国际财务报告准则的要求采用成本与计价孰低法会有什么不同？因为可实现净值是每件5美元，则存货的减值仅为290美元，即（7.9美元−5美元）×100件。除了减值金额不同以外，对减值所作的会计处理与美国公认会计原则的要求是一致的。但是，如果可实现净值随后又提高，国际财务报告准则允许公司转回减值，即增加存货价值，但不能超过初始成本金额。

谨慎性原则的应用

成本与市价孰低法是谨慎性原则的一个例子。谨慎性（conservatism）意味着要选择那些会产生较低收益、较低资产和较低股东权益的计量方法。我们曾就应收账款计提坏账准备问题对谨慎性原则作过演示，即在未确定坏账是否发生之前就估计并记录坏账损失。对于存货而言，谨慎原则要求我们采用成本与市价孰低法。

会计人员认为，采用谨慎性原则即使产生差错，其后果也远不如虚夸资产与净收益带来的后果那样严重。会计人员采取谨慎性原则能对管理层的乐观态度起到平衡作用。管理层编制财务报表时希望提供最令人乐观的信息，但谨慎性原则会减少这种人为倾向。

同纯粹的成本法相比较，成本与市价孰低法在存货市场价值下降的期间所报告的净收益较低，而在销售期间报告的净收益较高。成本与市价孰低法会影响李珀礼公司每年报告的收益金额，但并不影响该公司存续期间的收益总额。按照美国公认原则要求编制的表7-10就强调说明了这一点。假设李珀礼公司在20×2年初停业，则该公司不再购进任何存货。在20×2年，公司除了以每件8美元（100×8美元=800美元）处置存货外没有销售发生。成本与市价孰低法对这两个期间内的毛利合计和净收益合计都不会产生影响，如表7-10底部的文字所说明的。成本与市价孰低法只是将390美元的毛利从20×1年转移到了20×2年。执行国际财务报告准则的唯一区别就是290

美元的毛利从 20×1 年转移到了 20×2 年。

表 7-10　**李珀礼公司　成本与市价孰低法的影响**　单位：美元

	成本法		成本与市价孰低法	
	20×1 年	20×2 年	20×1 年	20×2 年
销售收入	2 180	800	2 180	800
可供销售存货	1 980	790	1 980	400
期末存货	790	–	400*	–
销售成本	1 190	790	1 580	400
毛利	990	10	600	400
2 年合并毛利				
成本法：990 +10 =	1 000			
成本与市价孰低法：600+400 =			1 000	

* 这里显示的是市场价格从 790 美元降至 400 美元时减记了 390 美元后的存货。出于内部使用的目的，许多会计人员更倾向于将减值单独列示，进而分别列示存货减值前的毛利、减值以及减值后的毛利。

在实务中很少有完全地采用成本与市价孰低法的。为什么？因为获取成百上千的不同产品的准确的重置成本是一项耗资很大的工作。而且，由此带来的好处与所付的代价并不相称。审计师们要分析行业内的价格变化趋势，因为这些趋势可能会给审计师指出需要特别关注的问题。尤其要检查陈旧的、过时的或者实际价值已经减损殆尽的存货明细项目，对这些存货项目运用成本与市价孰低法。

7.7　存货差错的影响

有许多原因可以导致存货差错。比如，由于会计人员遗漏了已经收到但尚未入库或者尚在运输途中的货物而产生了错误的实物盘点数据；或者某一职员在计算机键盘上本应输入 6 却输入了 5。

一个未能被发现的存货差错通常会影响两个报告期间。存货差错会误报差错发生期间的数据，但是这个影响会在随后期间以相等的抵消金额抵消掉。来看表 7-11 中的利润表，假设 20×7 年期末存货的实地盘点存在差错。盘点人员报告存货为 60 000 美元，但实际金额是 70 000 美元。这意味着 20×7 年的税前收益将减少 10 000 美元，而净收益将减少 6 000 美元。

试想一下未纠正的差错对第 2 年即 20×8 年的影响。这一影响见 B 表。假定除了期末存货正确盘存为 40 000 美元外，20×8 年的情况与 20×7 年相比没有发生变化。期初存货为 60 000 美元，正确金额为 70 000 美元。这样，20×8 年出现的余额相反的差错就恰好抵消了 20×7 年的差错。差错对 20×8 年末留存收益的累积影响为零。为什么？因为 20×7 年的净收益少计 6 000 美元，而 20×8 年的净收益多计

6 000美元。

表7-11 **存货差错的影响** 单位：千美元

A表

20×7		正确报告		错误报告*	差错的影响
销售收入		980		980	
减：销售成本					
期初存货	100		100		
本期购货	500		500		
可供销售存货	600		600		
减：期末存货	70		60		少计10
销售成本		530		540	多计10
毛利		450		440	少计10
其他费用		250		250	
税前收益		200		190	少计10
所得税费用（税率40%）		80		70	少计4
净收益		120		114	**少计6**
期末资产负债表项目					
存货		70		60	少计10
留存收益，包括					
当年净收益		120		114	少计6
所得税负债**		80		76	少计4

* 由期末存货的差错引起的。

** 为简单起见，假定当年的全部所得税费用都没有支付，留待下一年支付。因此，期末负债与所得税费用相等。

B表

20×8		正确报告		错误报告*	差错的影响
销售收入		980		980	
减：销售成本					
期初存货	70		60		少计10
本期购货	500		500		
可供销售存货	570		560		少计10
减：期末存货	40		40		
销售成本		530		520	少计10
毛利		450		460	多计10
其他费用		250		250	
税前收益		200		210	多计10
所得税费用（税率40%）		80		84	多计4
净收益		120		126	**多计6**
期末资产负债表项目					
存货		40		40	**正确**
留存收益，包括					
上年净收益		120		114	相互抵消，合计
当年净收益		120		126	金额是正确的
2年合计		240		240	
所得税负债					
上年末		80		76	相互抵消，合计
当年末		80		84	金额是正确的**
2年合计		160		160	

* 由期初存货的差错引起的。

** 84中实际包括属于上年收益的4千美元和属于当年收益的80千美元。

上面对20×7年和20×8年所作的完整分析列示了存货差错的详细情况，并为我们提供了一个便于掌握的原则。如果少计期末存货，就会少计留存收益；如果多计期末存货，就会多计留存收益。通过会计等式可以清楚地看出这个关系。

复习题概要

题目：

在20×1年末，由于存货实物盘点的差错而少计期末存货价值1 000美元。差错没有被发现。随后的20×2年末存货报告正确。请分析这一差错对20×1年和20×2年的税前收益、税金、净收益以及留存收益的影响，假定税率为40%。

解答：

	20×1年	20×2年
期初存货	正确	少计1 000
本期购货	正确	正确
可供销售存货	正确	少计1 000
期末存货	少计1 000	正确
销售成本	多计1 000	少计1 000

注意，由于20×1年的期末存货即为20×2年的期初存货，它们对销售成本的影响正好相反。由于20×1年的销售成本多计1 000美元，使得20×1年的税前收益少计1 000美元，因此税金少计400美元（0.4×1 000美元），净收益少计600美元，使留存收益同样少计600美元。20×2年的影响正好相反，所以，年末时留存收益就得到正确列示。

7.8 截止错误与存货估价

在权责发生制会计下，应该至少每年进行一次存货的实物盘点和认真计价。审计师会对截止错误进行日常检查，截止错误（cutoff errors）就是指没有将交易记入正确的期间。例如，假设某公司采用定期盘存制，公司在12月31日进行了一次存货的实物盘点。公司购进的100 000美元的货物在12月31日下午验收入库。会计人员将这笔购进交易记入了“购货”账户和“应付账款”账户，但是盘点实物的工作人员却没有将这批货物包括在期末存货价值中。这个差错会少计期末存货，因此会多计销售成本和少计毛利。但是，如果会计人员直到1月2日才记录这笔购进交易（记入“购货”账户），则存货盘点和购货账户都会出现差错，于是就会少计12月31日的期末存货和“应付账款”。但是销售成本和毛利仍然是正确的，因为这个差错会以相等的金额少计“购货”和期末存货。低估存货对资产负债表的影响会被低估应付账款抵消。

记录采购和销售的一般方法的关键是所有权的合法转移。审计师们对截止测试特别小心，因为出于盈利的压力，管理人员会推迟记录真实的购买商品和服务的交易。同样地，这些管理人员可能会把接近年末的销售订单（不是真实的已完成的销售）有意识地包括在当年的销售收入中。例如，有一则关于味好美食品公司（McCormick & Company）的新闻报道，该公司以其香料闻名，报道称，“调查同样发现，该公司在销售会计方面存在不正当的做法。长期以来，公司将已选定货物并准备发运的销售记录为收入，而不是按照通行的会计惯例在货物发运后才将其记录为收入”。有些时候，管理人员为了完成销售额或利润目标以便获得奖金而提前确认收入。这是一种明显的职业道德的缺失。

7.9 毛利的重要性

在本章开始我们就讨论了毛利，毛利就是指销售收入减去销售成本的差额。管理层和投资者对于毛利及其在不同时期的变化非常关注。当我们对两家公司的毛利进行比较时，调查它们用来计算毛利的存货方法有时很重要。

7.9.1 毛利率

分析师们经常用销售额的百分比来表示毛利。来看下面假设的关于塞弗维（Safeway）公司过去某一年的信息（单位：美元）：

	金额	百分比
销售收入	10 000 000	100%
销售成本净额	7 500 000	75%
毛利	2 500 000	25%

毛利率（gross profit percentage）——毛利除以销售收入——在这里是 25%。下表列示了不同行业毛利率的变化程度。

行业	毛利率（%）
福特汽车公司（汽车制造商）	2
家得宝（建筑材料供应商）	34
默克（药品制造商）	84
全食食品（Whole Foods，特产杂货零售商）	37
塞弗维（杂货零售商）	32
西斯科（Sysco，杂货批发商）	20

资料来源：Fidelity. com company analysis features，2009 and Ford Motor Company annual report 2008.

是什么原因造成了毛利率这么大的差异？行业的性质起着很大的作用。批发商（wholesalers）的销量比较大而销售成本比较低，因为他们是将货物批发给零售的公司而不是个人。作为竞争和大批量销售的结果，批发商的毛利率比零售商要低。零售商（retailers）则是直接向公众即个人购买者销售。药品制造商的毛利较高是因为药品价格高，高价格是由于制造商需要投入巨大的研发支出（有时超过销售收入的 15%）且某些药品有专利保护造成的。下面的“财经热线”讨论了像礼来公司这样的医药公司毛利很高的部分原因。对比之下，汽车制造商面对着更多的直接竞争，因此毛利率较低。福特汽车公司在2008年的经济衰退中毛利率几乎接近于零。

来看制药公司。制药公司的药品销售需要投入大量的研发成本来支撑。但是在会计实务中，研发成本要在发生时确认为期间费用，而不是作为产品成本与将来的药品收入相配比。这样做的原因是，研发成本发生时，制药公司不可能知道他们能否最终成功地开发出有疗效的药品，以及药品的价值能否补偿开发药品的成本。但是制药公司仍然需要有足够的收入来补偿研发支出，因此需要较高的毛利率。

财经热线

药品——定价和可利用性

没有什么事情比您的健康还重要，没有什么事情比药品的成本更容易引起争议，谁为药品买单？在哪里可以买到药品？礼来公司，一个在全球的销售额达到204亿美元的庞大的制药公司，在其几份年度报告和其他的出版物中提出了这样一个问题，“药品的价格公平吗?”例如，2009年公司在其网站上发布了一份48页的文件，题目为“药品与奇迹，增进健康……提高生命质量。”礼来公司认为，不完整和被曲解的数据导致很多人形成了药品成本高这样一个认识。

礼来公司强调说，今天的药品比以前更贵了，但是他们付出的也比以前更多。现代医药治疗的成本效益比其他治疗方式更高。对一位患有精神分裂症的患者，使用新的抗精神病药品治疗一年的费用，相当于一个星期的住院费用，并且可以改善患者的生存质量。公众对于药品成本的不满舆论，大部分是对于所有药品的成本总和的不满，而不是对某一具体药品的成本的不满。礼来公司指出，在美国，药品支出占到卫生保健支出的大约10%，而且自1960年以来明显呈稳定状态。实际上，美国人平均花在烟酒上的支出要高于他们购买非处方药和处方药的支出合计。

礼来公司在分析中很谨慎地对“药品支出”和药品价格的说法进行分区。比如，当制药公司引入新药品来控制疾病或者抵御以前无法治疗的疾病时，药品导致支出的增加，但生命质量得到了极大提高。实际上，2007年处方药价格的上涨比率低于总的通货膨胀率。

医药产品与其他的新发明有着相同的专利保护期，但是研发出一种新药并充分进行安全性和有效性的测试常常需要大约10年的时间。研发新的医疗方法的成本是昂贵的。医药行业2007年的研发支出达到了588亿美元，国家健康协会（National Institutes of Health）对研发工作又另外投入了289亿美元。礼来公司的研发支出占到销售额的19%。

礼来公司关于这场讨论的回答是，医疗药品对于抵御疾病和保持生存质量是物有所值的。今天我们掌握了关于遗传学和基因图谱方面的知识，以及基因构成的不同如何使得同一个治疗方案会对某一个病人有效而对另一个病人无效。所有这些都是在针对不同的病人寻找与之自身情况相适应的有效的治疗方案的过程中改变医疗成本的潜在因素。

发达国家的制药公司都是以营利为目的，他们因染病患者支付不起医疗费用而忽视为欠发达国家存在的重大疾病提供医疗解决方案，并因此受到了批评。但也有例外。默克公司（Merck）几年前决定有效治疗一种在非洲广泛流行的疾病的决策就是其中之一，虽然这个决策的代价非常昂贵。由于一些人道主义组织的帮助和政治压力的作用，在扩大贫困人口使用药品程度的问题上已经出现了一些妥协。比如，盖茨基金会投资16亿多美元加快疫苗的研制，为世界上的贫困人口提供疾病疫苗接种。当盖茨基金会为研究提供资金来消化一部分失败风险的时候，人们就可能而且将会开展更多这方面的研发活动。

资料来源：1999，2003 and 2008 Lilly Annual Reports；BusinessWeek，April 26，2004，p. 65.

7.9.2 期内毛利和存货的估计

存货实物盘点的成本很高，一些公司为了避免这个问题而利用毛利率来估计月度报告和季度报告中的期末存货余额。例如，假设家得宝的某一连锁店以往销售的毛利率一般是30%。会计人员假定本期的毛利仍然是销售额的30%，在季度销售收入为1 000万美元的情况下，估计销售成本为（单位：万美元）：

销售收入-销售成本=毛利

1 000-销售成本=0. 30×1 000=300

销售成本=700

如果我们知道商店的期初存货为500万美元，存货购进为710万美元，我们因此可以估计期末存货为510万美元（单位：万美元）：

期初存货+本期购货-期末存货=销售成本

500+710-期末存货=700

期末存货=510

7.9.3 毛利率和存货周转率

零售商经常试图通过提高销售水平来增加利润总额。他们可能通过降低价格来加快存货的销售速度，再购进、再销售，如此循环，以期增加毛利总额。这种做法从实质上来讲，是零售商接受了比较低的单位毛利，但是希望通过增加销售总量予以弥补。由于销售规模的扩大，虽然单位毛利比较低，但利润总额仍然很高。这就是好市多、沃尔玛和家得宝成功经营的原因之一。

要了解销售水平与存货水平的关系，我们就要计算存货周转率（inventory turnover）——销售成本除以当期持有的平均存货额。平均存货通常是指期初存货与期末存货之和除以2。用前面提到的家得宝的例子来说，平均存货是505万美元，（（500 + 510）÷2）。季度存货周转率的计算如下：

存货周转率=销售成本 ÷ 平均存货

=700÷ 505

=1. 4

假设家得宝的价格降低5%销售数量就增加一倍。在当前的销售水平下，销售收入从1 000万美元降至950万美元（0. 95×1 000）。但是商店的销售数量增加了一倍，因此总的销售收入变成1 900万美元（2×950）。那么商店的盈利情况如何？销售成本翻了一番，从700万美元增加到1 400万美元。毛利总额是500万美元（1 900-1 400）。所以，由于降价，本季度的毛利增加了200万美元。存货周转率翻了一番：

1 400 万美元除以 505 万美元（平均存货不变）等于 2.8。与此同时，毛利率从 30% 降至 26%（500÷1 900）。

由此，公司的财富增加了吗？有可能。很明显，本月的毛利增加了。但是，应该从长远战略来考虑，这种新的销售规模能够持续下去吗？对于某些产品，当价格下降时，消费者会大量购买，将多购入的商品留待以后消费。这等于实际需求实际上并没有增加，只不过是把将来要实现的购买改在了现在。因此，当前销售的大好形势可能会导致将来可怕的滞销局面。

另一个战略问题是：竞争对手会采取什么回应措施？如果家得宝销量的增加是以某一竞争对手的销量减少为代价，则该竞争对手可能也会采取类似的降价措施。这种措施有可能会使竞争对手招回大部分的老顾客，而他们每一位都可以比在降价前多购进一些商品。如果所有的竞争对手都采取类似的降价措施，则整个市场的销售数量即使不会翻番，也可能会增长 20%。如果是这样的情形，则家得宝的财富在总体上来说并不会增加，因为 20% 的销售增长仅仅能够弥补价格下降 5% 对毛利的影响。

表 7-12 演示了这两项规则。A 表显示，如果一个公司在保持稳定的毛利率的同时能够提高存货周转率，则公司的做法就是正确的。存货周转率的提高意味着以较少的存货支持着同样的销售水平。比如说，您可以通过频繁地更新存货来做到这一点。但是，如 B 表所示，如果存货周转率的提高是通过降低价格从而增加销售量达到的，则毛利率就会降低。此种情形下，是否需要改变策略要看销售额的增加能否抵消毛利的降低。

拿家得宝商店的例子来说，如果降价 5% 只能使销售数量增加 20%，则新的 300 万美元的毛利额仅相当于原来（未降价时）的毛利额。任何低于 20% 的销售量的增加都会使毛利额下降。但是任何高于 20% 的销售量的增加都会使新的毛利超出原来的 300 万美元。举例来说，当销售量增加 50% 的时候，新的毛利是 375 万美元，较之原来的毛利高出 75 万美元（375-300）。从根本上来讲，表 7-12 的内容告诉我们，不能将目光仅集中在公司的一个指标上或仅关注公司的经营成果，那样会顾此失彼，因为另一个指标会很快地滑落。

表 7-12　**家得宝商店　存货周转率增长的影响**　单位：百万美元

	销售数量增长			
	初始销量	**20%**	**50%**	**100%**
A 表				
销售价格不变				
销售收入	10.00	12.00	15.00	20.00
销售成本（70%）	7.00	8.40	10.50	14.00
毛利（30%）	3.00	3.60	4.50	6.00
存货周转率	1.40	1.7	2.1	2.8
B 表				
销售价格下降 5%				
销售收入（前者的 95%）	9.50	11.40	14.25	19.00
销售成本（同上）	7.00	8.40	10.50	14.00
毛利（销售额的 26%）	2.50	3.00	3.75	5.00
存货周转率（同上）	1.4	1.7	2.1	2.8

我们在前面介绍过不同行业的毛利率差别很大。在存货周转率方面也是这样，下面的表格就说明了这一点：

行业	毛利率（%）	存货周转率
福特汽车	2	14
家得宝	34	4
默克	84	2
全食食品	37	18
塞弗维	32	9
西斯科	20	16

资料来源：Fidelity. com company analysis features, 2009.

从上表可以看出，毛利率较高的行业一般存货周转率较低。把福特、西斯科与家得宝和默克公司做一下对比。但这个规律也有很多变化。

计算存货周转率对于评价同一行业的公司十分有效。在同一个行业内，如果一家公司的存货周转率比另一家公司高，那可能是这家公司的效率比较高。也就是说，较高的存货周转率意味着以较低的存货水平达到高销售水平的能力。这是一件很好的事情，因为这样可以减少对于存货的资金投入。这样的公司存放在展示货架上或者存放在仓库内的产品比较少，也就只需要较少的资金来维持、搬运和展示存货。

7.10 毛利率与记录的准确性

包括来自于美国国税局的审计师在内，审计师们都借助毛利率来分析记录的准确性。例如，美国国税局按照零售企业的不同类型对毛利率进行归类汇总。如果一个公司相比于同类型的企业来说毛利率偏低，美国国税局就会怀疑该公司通过少记录现金销售来逃税。同样，管理人员通过观察毛利率的变化来判断经营的获利能力并监控公司是否能很好地控制雇员偷窃和外人入店行窃的情况。

7.11 存货的内部控制

在许多公司里，存货比现金更容易接近。因此存货成为窃贼们乐于选定的盗窃目标。零售商们必须同存货损耗进行抗争，存货损耗是对顾客店内盗窃和员工贪污行为而造成存货短缺所使用的一个委婉用语。从家得宝公司年度报告中可以明显地看出损耗的重要性，公司年度报告称，“我们的第二个工作重点是通过减少损耗、提高商品供应效率、改进价格模式、扩大私人品牌供应、增加国外货源来提高毛利。2008 年，几项新举措的集中实施使存货损耗下降”。

佛罗里达大学完成的、由全美零售商联合会（National Retail Foundation）发起的一项研究估计，美国零售公司每年因存货损耗造成的损失为 370 亿美元，其中大部分是由于员工盗窃造成的。零售商的平均存货损耗为销售额的 1% 至 3%，因商品种类而有所不同。这项研究发布在 Multichannelmerchant. com 上，该网站还提供了零售商可以用来减少偷盗的一些可能的措施。这些方法包括安装摄像头来监督顾客和员工的行为，分析数据以确认虚假的存货退回以及由谁所为，安装商品传感器来确认没有付款的商品，还有完善员工的雇用和培训工作，这可能是最重要的一项措施。存货损耗控制方面专家一致认为，阻止偷窃的最好方法是在售货点安排一个担任警戒的雇员。

永续盘存制和定期盘存制下的存货损耗

采用永续盘存制的公司可以直接计量存货损耗，因为存货损耗只不过是实物盘点确定的存货成本与存货总账的账面余额之差。定期盘存制下的存货账户没有连续的余额。存货损耗自动包括在销售成本中。为什么？因为在定期盘存制下，用期初存货加上本期购进减去期末存货来计算发出存货总额，而不管发出的存货是卖给了顾客，还是被盗窃、贪污或者只是丢失和破损。

复习题概要

题目：

惠普（Hewlett-Packard，HP）公司从事种类繁多的产品的设计、生产和服务，其中可能还包括我们所使用的计算器和打印机。截至 2008 年 10 月 31 日的产品销售的部分数据如下（单位：百万美元）：

产品销售收入	91 697
商品销售成本	69 342
期初商品存货	8 033
期末商品存货	7 879

1. 计算惠普公司 2008 年的毛利和毛利率。

2. 计算存货周转率。

3. 假定 2008 年的存货周转率是 9，毛利率与要求 1 中的计算结果相等，并且存货水平保持不变，则报告的毛利应该是多少？

解答：

（货币单位为百万美元）

1. 毛利 = 销售收入 − 商品销售成本
= 91 697 − 69 342
= 22 355

毛利率 = 毛利 ÷ 销售收入
= 22 355 ÷ 91 697
= 24%

2. 存货周转率 = 商品销售成本 ÷ 平均商品库存
= 69 342 ÷ [（8 033 + 7 879）÷ 2]
= 69 342 ÷ 7 956
= 8.7

3. 为了回答这个问题，我们必须看到，在稳定的平均存货水平下，保持较高的存货周转率意味着销售的增加。销售增加而毛利率不变意味着毛利总额的增加。在了解了这些关系之后，就可以根据这些比率和关系倒推得出问题的答案。

商品销售成本=存货周转率×平均商品存货

=9×7 956

=71 604

毛利率=（销售收入-商品销售成本）÷销售收入

24%　=（销售收入-71 604）÷销售收入

0.24×销售收入=销售收入-71 604

销售收入-（0.24×销售收入）=71 604

销售收入×（1-0.24）=71 604

销售收入=71 604÷（1-0.24）

销售收入=94 216

毛利 =销售收入-商品销售成本

=94 216-71 604

=22 612

根据上述计算，可以确定毛利率仍然保持在24%（22 612÷94 216）。

记忆要点

1. 存货估价同毛利之间的联系。我们之所以将存货估价同毛利联系起来，是因为存货估价涉及到将可供销售存货的成本分摊至销售成本（用来计算利润表中的毛利，即销售收入减去销售成本）和期末存货（资产负债表中的一项流动资产）。

2. 采用永续盘存制和定期盘存制。在永续盘存制下，通过在每笔销售交易发生时记录销售成本，来连续地掌握存货和销售成本的情况。在定期盘存制下，我们通过年末编制的调整分录来计算销售成本。在每一种盘存制下，会计人员都要在每个会计期末对存货进行实物盘点。他们要盘点库存商品，并根据购货记录计算每一项存货的成本。在定期盘存制下，存货盘点是年末编制调整会计分录以确定销售成本的基础；在永续盘存制下，存货盘点则被用来证实会计记录的正确性。如果出现差额，应对销售成本和期末存货进行调整。

3. 计算购进商品的成本。购进商品的成本是货物发票价格加上可以直接认定的进货运输成本减去所有发生的现金折扣和数量折扣，再减去所有的退回与折让。

4. 采用美国公认会计原则和国际财务报告准则允许采用的 3 种主要存货估价方法和只被美国公认会计原则允许采用的 1 种方法计算收益和存货价值。存货计价涉及到将存货特定的购货历史成本分摊给已售出的货物或者现存的期末存货。在美国主要使用的存货计价方法有 4 种：个别认定法、加权平均法、先进先出法和后进先出法。国际财务报告准则现在不允许采用后进先出法。个别认定法通常适用于体积小而价值高的产品，如汽车、船只或者珠宝等。先进先出法根据最近的、当前的价格对期末存货进行计价。后进先出法采用最近的、当前的价格计算销售成本。当市场价格上涨而存货数量保持不变或者增加的时候，采用后进先出法得出的净收益要低于采用先进先出法得出的净收益。在美国，面对价格的提高，后进先出法是许多公司普遍采用的一种方法。对于这些公司来说，后进先出法下较低的利润意味着较低的税赋。美国税收法允许公司为纳税目的采用后进先出法的前提是他们必须在编制财务报告时也使用后进先出法。后进先出法还可以使管理层能够通过控制存货购进时间来影响收益。采用加权平均法计算的利润表中的销售成本和资产负债表中的存货金额都介于后进先出法和先进先出法之间。

5. 按照美国公认会计原则和国际财务报告准则的要求，采用成本与市价孰低法对存货进行估价。稳健性原则要求对存货采用成本与市价孰低法，即成本是存货的最大价值。对美国公司而言，当存货的重置价格低于历史成本时，必须将存货的账面价值调低为重置成本（同时销售成本相应地提高）。而国际财务报告准则要求在采用成本与市价孰低法时运用可实现净值的数据而不是重置成本。

6. 列示存货差错对财务报表的影响。权责发生制会计具有对期末存货的盘点差错和估价差错进行自行更正的特点。这是因为一个期间的期末存货就是下一期间的期初存货。

7. 评估毛利率和存货周转率。财务分析师和管理人员采用毛利率来衡量获利能力，采用存货周转率来衡量资产的使用效率。将这些指标同以前的水平进行比较可以分析发展趋势，而将这些指标同本行业中其他公司的水平进行比较可以评价相对的经营状况。

附录 7A：后进先出法的特征和影响

尽管国际财务报告准则不允许采用后进先出法，但这种方法在美国的使用非常广泛，它对某些公司来说具有很强的缴税方面的利益，并且在实际运用中具有某些不寻常的特点。考虑到后进先出法在美国的存货会计方面占有统治地位，我们在本附录中对这种方法作一些额外的介绍。

后进先出法与通货膨胀

通货膨胀是驱使许多公司采用后进先出法的一个关键因素。当通货膨胀率较低时，如最近 30 年的大多数年份这样，不同计价方法的税收额差别和收益额差别也都较小。因此存货计价方法的选择无关紧要。在过去的 100 多年中的大多数时间里，美国的通货膨胀率一直处于较低的水平，但是在 20 世纪 70 年代，美国的通货膨胀率第一次达到了两位数字。针对这一高通货膨胀率的反应是，有 40 家以上的美国公司放弃了以前采用的先进先出法转而采用后进先出法，因为他们认识到少缴税带来的利益超过了低报利润的代价。这种节税额不是一个小数目。比如，杜邦公司在 1974 年通过放弃先进先出法转而采用后进先出法减少纳税达 2 亿美元，并且预期将来还会有更多的节税额。

为什么有些公司仍然采用先进先出法？有些公司应该采用先进先出法，因为对他们来说采用这种方法可以使他们少缴税。即使市场整体价格处于增长状态，某些行业如计算机生产企业，其成本和价格都在下降，所以先进先出法可将报告收益和税赋降至最低。对于那些本可以通过后进先出法降低税赋的公司，继续采用先进先出法的理由可能包括：进行两种方法的转换会发生较高的簿记成本；会计方法的转换会降低报告收益，进而可能使管理层的红利收入下降，所以管理层不情愿进行这种转换；担心因银行看到收益减少而给公司同银行的贷款谈判带来不利影响；以及顾虑到报告收益的降低会导致公司股价的下跌。

持有利得与存货利润

按后进先出法编制的利润表可以根据存货重置情况对通货膨胀期间的经营成果提供一个特别经济学的解释。一个商人在经营过程中每天都要买进和卖出。比如商人爱米略（前文提到的例子），他为了使自己的经营能够继续下去，就必须保持一定数量的可乐存货并且保证每笔交易都有足够的利润，这样他经营这个饮料摊才有意义。因此，在没有确定自己已经真正获利之前，他就必须补进存货并为第 2 天的经营做准备。如果他必须花 56 美分补进他已经售出的那罐可乐，那么今天取得的这罐可乐的成本 56 美分就称为存货的当前重置成本（current replacement cost）。根据后进先出法，可以计算出他的利润为 34 美分，因为销售成本是用最近购入存货的成本 56 美分来计算的。因此，后进先出法得出的销售成本更接近于存货重置成本。

相反，先进先出法是用星期一购进的那罐可乐的成本 30 美分作为销售成本来计算利润的，因此报告的利润是 60 美分。采用先进先出法得出的利润 60 美分与采用后进先出法得出的利润 34 美分之间的差额为 26 美分，这一差额也是先进先出法下的历史成本 30 美分与后进先出法下的重置成本 56 美分之间的差额。这 26 美分的差额是由于市场价格的上涨而引起的。我们称之为持有利得或存货利润（holding gains or inventory profits）——即当期所持有存货的重置成本提高，意思是说在星期一至星期四期间，由于市场价格的上涨，爱米略以 30 美分购进的第 1 罐可乐升值了，由于他在这几天期间将这罐可乐作为存货持有，于是得到了 26 美分的收益。

由于后进先出法将最近期的购买成本同销售收入相配比，因此后进先出法下的销售成本通常更接近于重置成本，所报告的净利润很少包括重大的持有利得。相反，先进先出法下报告的利润是 60 美分，这 60 美分包括销售价格减重置成本之差即经济利润 34 美分，还包括这几天内由于存货价值上涨产生的存货利润或持有利得 26 美分。

后进先出进货批次

后进先出法下的期末存货有一个总的价值，但是它可能包含着许多不同时期的价格。比如爱米略的期末存货包括 2 罐可乐，即星期一以 30 美分购进的 1 罐和星期二以 40 美分购进的 1 罐。我们将每一不同进货成本的存货称为后进先出进货批次（LIFO layer）或后进先出增量（LIFO increment）——即可辨认的存货成本水平的增加。随着公司经营的发展，后进先出进货批次逐年向上叠加。假设爱米略的经营在几年中不断发展，每年的期末存货都比上年增加了 2 罐可乐，则每年都有一个可辨认的后进先出进货批次，就如同一棵树的年轮。经过 4 年的存货增加和价格上涨，期末存货的构成可能会如下表所示（单位：美元）：

第 1 年	第 1 层——1 罐，@0.30	
	第 2 层——1 罐，@0.40	0.70
第 2 年	第 3 层——2 罐，@0.45	0.90
第 3 年	第 4 层——2 罐，@0.50	1.00
第 4 年	第 5 层——2 罐，@0.55	1.10
存货合计——8 罐		3.70

许多采用后进先出法的公司报告的存货批次久远，甚至可以追溯至初次采用后进

先出法的 1940 年。因此，采用后进先出法报告的存货价值可能远远低于存货的市场价值或重置成本。这意味着资产负债表上所报告的账面价值对于那些有兴趣来评价公司资产价值的投资者而言缺乏相关性。虽然后进先出法可以通过利润表较好地展示公司的实际经济状况，但是对于资产负债表来说，先进先出法才可以提供更即时的价值情况。

后进先出存货清算

当价格上涨一段时间后存货减少的时候，后进先出法下较早的进货批次会对收益的计量带来麻烦。来看表 7-13。假定港口电子公司于 20×0 年 12 月 31 日以 10 美元的单价购买了 100 件存货，并开始公司的业务经营。该公司在 20×1 年至 20×4 年期间，每年购进和售出 100 件存货，进价和售价如表中所示。我们在这个例子中假定存货重置成本和销售价格增加的金额相等，每件存货的两者之差为 3 美元。在 20×5 年该公司售出 100 件存货，但没有购进一件存货。

表 7-13　**港务电子公司后进先出存货清算的影响**

（20×1 年至 20×4 年每年购进和售出 100 件存货，

20×0 年购进但没有售出，20×5 年售出但没有购进）

单位：美元

				先进先出法			后进先出法		
年度	购进单价	售出单价	销售收入	销售成本	毛利	期末存货	销售成本	毛利	期末存货
20×0	10	—	—	—	—	1 000	—	—	1 000
20×1	12	15	1 500	1 000	500	1 200	1 200	300	1 000
20×2	14	17	1 700	1 200	500	1 400	1 400	300	1 000
20×3	16	19	1 900	1 400	500	1 600	1 600	300	1 000
20×4	18	21	2 100	1 600	500	1 800	1 800	300	1 000
20×5		23	2 300	1 800	500	0	1 000	1 300	0
合计			9 500	7 000	2 500		7 000	2 500	

比较表 7-13 中后进先出法与先进先出法下每年的毛利。由于价格的上涨，后进先出法下的毛利始终低于先进先出法下的毛利，后进先出法下的销售成本反映了最近时期的价格，而先进先出法下则不然。20×5 年发生了什么？在后进先出法下，最早的 20×0 年的存货成本转为销售成本，因为港务电子公司已耗尽了存货。其结果是，后进先出法下的毛利高达 1 300 美元，高于先进先出法下的毛利 500 美元。总体来说，后进先出法下，当存货的实物数量减少时，需以早期的后进先出进货批次的较低购货成本转为销售成本，我们将其称为后进先出存货清算（LIFO liquidation）。采用这种处理方法计算出来的销售成本很低而毛利很高。

例如，后进先出存货清算使福特汽车公司 2008 年的销售成本下降了 2.09 亿美元。可以说，后进先出存货清算意味着当年的收益中包括了多年的价格上涨所产生的累计存货利润。跟踪分析福特公司的盈利状况就不难发现，该公司 2008 年的盈利并不仅仅来自于当年的汽车生产和销售，其中的部分利润产生于公司采用的存货会计处理法。

后进先出存货清算的潜在影响很大，证券分析师对后进先出法与先进先出法的选择对净收益的影响进行了估计。后进先出法下存货价值与先进先出法下存货价值之间的差额，即后进先出准备（LIFO reserve），十分有助于这种估计。大多数采用后进先出法的公司明确地在资产负债表或报告附注中计量和报告后进先出准备。

请看表 7-13。港务电子公司在 20×1 年末的后进先出准备是多少？答案是 200 美元（1 200 美元-1 000 美元），即后进先出法和先进先出法下期末存货的差额。注意这与 20×1 年两种方法下的毛利之差相同。20×2 年的后进先出准备是 400 美元（先进先出法下的期末存货 1 400 美元减去后进先出法下的期末存货 1 000 美元）。这一差额代表着在公司经营的头两年中后进先出准备对收益（或毛利）的累计影响。20×2 年后进先出准备对收益的影响金额等于后进先出准备的变化额，即 200 美元。表 7-14 总结了这些影响。

表 7-14　　**港务电子公司　后进先出准备的年度影响和累计影响**　　单位：美元

年度	期末存货		后进先出准备	准备的变化	对毛利的影响	
	后进先出	先进先出			当前	累计
20×0	1 000	1 000	0	0	0	0
20×1	1 200	1 000	200	200	200	200
20×2	1 400	1 000	400	200	200	400
20×3	1 600	1 000	600	200	200	600
20×4	1 800	1 000	800	200	200	800
20×5	0	0	0	(800)	(800)	0

注意在表 7-14 中，先进先出法与后进先出法每年的毛利差额等于后进先出准备每年的变化金额。最后，当港务电子公司在 20×5 年将其全部存货售出时，后进先出存货清算使后进先出法下确认的收益比先进先出法下的收益更高，高出的金额就是后进先出准备的金额。当一个公司的存货水平降低时，采用后进先出法就会确认存货利润。每一个时点的后进先出准备的余额都表示以前所有年度中先进先出法与后进先出法的毛利的累积差额。

后进先出法的影响有多大？福特汽车公司 2008 年报告的存货是 86 亿美元。福特公司对部分存货采用后进先出法。如果福特对所有的存货都采用先进先出法的话，它的存货总额就会增加 8.91 亿美元（10% 的差额），这就意味着，福特汽车公司在这段时间里在纳税申报表上低报了 8.91 亿美元的收益，从而少缴了 3.56 亿美元的税款（8.91 亿美元乘以约 40% 的税率），这就是福特公司采用后进先出法而放弃先进先出法的结果。

这笔省下来的资金相当于从政府获得的无息贷款。如果福特公司哪一天歇业，出售早期购入的存货项目会产生大额的后进先出存货清算，届时所有这些延迟缴纳的税金都会变为应缴税金。而在此期间，福特公司可以使用这些还没有作为税金缴纳的

3.56 亿美元资金。

从后进先出法转为先进先出法的调整

年度报告中披露的内容通常能够用以对后进先出法的影响进行详细分析。福特汽车公司 2008 年度报告的内容使我们可以比较采用后进先出法和先进先出法所产生的不同结果。

福特汽车公司 单位：百万美元

	2008 年存货		销售成本
	期初	期末	
后进先出法	10 121	8 618	127 103
后进先出准备	1 100	891	209*
先进先出法	11 221	9 509	127 312

* 后进先出准备减少了 209 美元（1 100 美元–891 美元）。因此，先进先出法下的销售成本比后进先出法下的销售成本多 209 美元。

注意，福特公司 2008 年的后进先出准备从 11 亿美元减少到了 8.91 亿美元。减少的后进先出准备 2.09 亿美元恰好等于当年后进先出法下的销售成本小于先进先出法下的销售成本的差额。

讲解财务报表

前面已经分析了选择不同的存货计价方法对某一年销售成本的影响，现在来对比分析在一段时间内的累计影响。我们可以通过年末后进先出准备的金额解释这样一个问题："在福特公司采用后进先出法的这些年中，其对销售成本的累计影响合计是多少？"为弄清这个问题，我们不妨假设福特公司在 2009 年初以 120 亿美元的价格出售了 2008 年末的全部存货。在给定的 2008 年末存货水平下，后进先出法下和先进先出法下来自于这种存货清算的利润相差多少？

答案：

在后进先出法下，这种彻底的存货清算会带来较高的利润。在最后存货清算的年度，后进先出法下的毛利高于先进先出法下的毛利的差额等于在过去各年中后进先出法下的毛利低于先进先出法下的毛利的合计数。这个假设的福特汽车公司的存货清算列示如下（单位：百万美元）：

	后进先出法	先进先出法	差额
销售收入	12 000	12 000	–
销货成本	8 618	9 509	891
毛利润	3 382	2 491	(891)

附录 7B：制造业的存货

本章我们从商业企业的角度介绍了存货的会计处理。当一个公司从事产品生产时，存货的成本应该包括原材料的取得成本、直接进行产品生产工人的工资，以及工人在生产产品过程中所消耗的场地、动力和设备的成本的分配额。

来看如何为生产背包的 Packit 公司计算生产环境下的成本。该公司的原材料是硬织布、胶和线。在生产过程中，一些工人将硬织布用裁剪机裁好，另一些工人进行缝制和黏合。生产成本包括生产用建筑物的折旧、缝纫机和裁减机的折旧，以及使用热量、动力和照明的公用事业费。完工产品是背包。

计算一整年生产成本的会计处理非常容易理解。在下面的例子中，Packit 公司在经营的第一年生产了 10 000 个背包，总成本为 800 000 美元，每个背包的成本就是 80 美元（800 000 美元÷10 000 个）。在年末时，如果公司将 10 000 个背包全部售出，则财务报表中的销售成本就是 800 000 美元。

Packit 公司——第 1 年 单位：美元

期初存货	—
购买和使用的织布	200 000
支付给工人的工资	300 000
使用的线和胶	50 000
建筑物和设备的折旧	220 000
公用事业费用	30 000
生产成本合计	800 000
每个背包的成本（800 000÷10 000）	80

在上面这个例子中，Packit 公司将当年购买的原材料全部转变成了完工产品，并在年末前售出了全部产品。实际上，一个正常的背包生产商在年末时都会有许多织布、线和胶还没有投入生产过程。我们把这些为生产产品而储备的存货称为原材料存货（raw material inventory）。另外，可能有一些织布已经裁好但还没有缝制起来，还有一些部分完工的背包。我们把部分完工存货消耗的原材料、人工和其他成本称为在产品存货（work in process inventory）。对生产过程已经完成、准备向顾客出售的存货称为完工产品存货（finished goods inventory）。表 7-15 列示了 Packit 公司在第 2 年的生产过程中用来管理这些成本的会计系统。在第 2 年，Packit 公司完成了 12 000 个背包，售出了 11 000 个。还有一些在年末时没有缝制完成。公司还有一些未使用的织布、线和胶准备用于以后的生产。

表 7-15 **Packit 公司生产成本的核算——第 2 年** 单位：美元

			原材料存货	
购入的织布	270 000		270 000	310 000
购入的线和胶	65 000		65 000	
	335 000	余额	25 000	
			在产品存货	
投入生产过程的原材料			310 000	948 000
应付的工资	380 000		380 000	
折旧	240 000		240 000	
公用事业费用	40 000		40 000	
	660 000	余额	22 000	
			完工产品存货	
成本为 948 000 美元的 12 000 个背包已完工并转入完工产品（平均成本 =79 美元 =948 000 美元 ÷12 000 个）			948 000	869 000
		余额	79 000	
			商品销售成本	
成本为 869 000 美元的 11 000 个背包销售并已发货（11 000 个 ×79 美元 =869 000 美元）			869 000	

续表

记录第 2 年交易的会计分录为：		
采购原材料		
原材料存货	335 000	
应付账款		335 000
生产活动		
在产品存货	310 000	
原材料存货		310 000
在产品存货	660 000	
应付工资		380 000
累计折旧		240 000
应付公用事业费		40 000
生产完成		
完工产品存货	948 000	
在产品存货		948 000

表 7-15 的图解描绘了生产过程。你可以把每一个账户想象成相应的实际物品。原材料存放在上锁的仓库中以备使用。在产品停留在生产车间，在完工时转入仓库。出售产品时，Packit 公司从仓库中提取所售产品并交给顾客，以收取现金或增加应收账款。原材料、在产品和完工产品都是不同形式的存货，并作为流动资产出现在资产负债表上。它们只不过是处在不同的完成阶段。产品销售使资产转化为费用并报告在利润表中。在第 2 年末，Packit 公司资产负债表上的存货合计数为 126 000 美元，如下表所示（单位：美元）：

原材料存货	25 000
在产品存货	22 000
完工产品存货	79 000
存货合计	126 000

会计词汇

稳健性原则 conservatism
一贯性原则 consistency
可供销售货物成本 cost of goods available for sale
成本估价 cost valuation
当前重置成本 current replacement cost
截止错误 cutoff error
完工商品存货 finished goods inventory
先进先出法 first-in, first-out（FIFO）
目的地交货价 F. O. B. destination
起运点交货价 F. O. B. shipping point

购货运费 freight in
毛利率 gross profit percentage
持有利得 holding gain
存货利润 inventory profit
存货损耗 inventory shrinkage
存货周转率 inventory turnover
进货运费 inward transportation
后进先出法 last-in, first-out（LIFO）
后进先出增量 LIFO increment
后进先出存货批次 LIFO layer
后进先出清算 LIFO liquidation
后进先出准备 LIFO reserve
成本与市价孰低法 lower-of-cost-or-market method（LCM）
可实现净值 net realizable value
定期盘存制 periodic inventory system
永续盘存制 perpetual inventory system
实地盘点 physical count
原材料存货 raw material inventory
零售商 retailer
个别认定法 specific identification method
加权平均法 weighted-average method
批发商 wholesaler
在产品存货 work in process inventory
减值 write-down

练习题

7-1 毛利部分

根据下列数据，为古德曼（Goodman）珠宝批发商列示截至20×8年12月31日的会计年度毛利部分的详细内容（单位：千美元）。

购货现金折扣	6	销售现金折扣	5
销售退回与折让	50	购货退回与折让	27
购货总额	650	购货运费	50
商品存货		商品存货	
20×7年12月31日	103	20×8年12月31日	185
利润总额	355		

7-2 毛利计算和存货成本

20×4 年 1 月 15 日，伊莎贝尔·穆伊尔（Isabelle Muir）估计她的存货成本为 41 000美元。她的报表是按日历年度编制的，所以必须确定 20×4 年 1 月 1 日的存货金额。从 1 月 2 日至 1 月 15 日，销售额为 71 200 美元；销售退回为 2 300 美元；采购并入库的存货为 54 000 美元；出库和返还供应商的商品为 1 000 美元；购货运费为 500 美元。计算 1 月 1 日的存货成本，假设商品是按照 24% 的毛利率进行标价的。

7-3 会计分录

Coppola 公司当年销售额为 1 900 万美元，商品成本为 1 600 万美元。分别按照存货的永续盘存制和定期盘存制，编制销售时的会计分录。

7-4 存货的估价与销售成本

Aberdeen 金属公司在 3 月份发生了下列存货交易：

3 月 1 日期初存货	3 000 件@2.00 英镑	6 000 英镑
周一，购进	2 000 件@2.10 英镑	4 200 英镑
周二，购进	2 000 件@2.20 英镑	4 400 英镑
周三，购进	1 000 件@2.30 英镑	2 300 英镑
周四，购进	1 000 件@2.50 英镑	2 500 英镑

3 月 31 日完成了期末存货的实物盘点，库存存货为 4 500 件。在定期盘存制下，分别按照后进先出法、先进先出法和加权平均法计算销售成本和期末存货。

7-5 购货交易的会计分录

Schubert 公司是瑞士的一家办公用品批发商。它的货币单位是瑞士法郎。公司的存货采用定期盘存制。为下列汇总交易编制会计分录（省略摘要）：

8 月 2 日，赊购商品 350 000 瑞士法郎，信用条件是 2/10，n/45。

8 月 3 日，以现金 16 000 瑞士法郎支付运费。

8 月 7 日，由于 8 月 2 日购入的商品存在问题，供应商送达了一份信用备忘录，提供折让 32 000 美元。

8 月 11 日，以现金支付 8 月 2 日所购商品的货款。

7-6 存货的取得成本

7 月 5 日，Feltham 公司从西北钢铁公司赊购了一批钢板。发票价格是 195 000 美元，为起运点交货价。从钢厂至 Feltham 工厂的运输成本是 10 000 美元。在检查运到的钢板时，Feltham 的验收人员发现钢板有一些问题。验收人员向钢铁公司的销售人员通报了这一情况，经过协商，钢铁公司同意给予折让 10 000 美元。

为了鼓励尽快付款，钢铁公司对 30 天之内付款的顾客给予 2% 的现金折扣。Feltham 公司在 8 月 1 日按适当的金额付款。

1. 计算所购钢板的总成本。

2. 假设 Feltham 公司采用定期盘存制，编制交易的会计分录。省略摘要。

7-7 定期盘存制和永续盘存制下的会计分录

Rajiv 公司在 20×7 年 12 月 31 日有存货 110 000 美元。20×8 年的数据如下（单位：美元）：

购货总额	950 000
销售成本	890 000
存货，20×8 年 12 月 31 日	100 000
购货退回与折让	70 000

利用上述资料，编制永续盘存制和实地盘存制下的比较会计分录，包括结账分录。

7-8 购货交易的会计分录

赤道进口（Equatorial imports）公司对存货采用定期盘存制。为下列 20×1 年的汇总交易编制会计分录（省略摘要）。为简化起见，假设应付账款的期初和期末余额都为零。

1. 购进（全部为赊购）商品 900 000 美元。
2. 购货退回与折让 50 000 美元。
3. 以现金支付运费 74 000 美元。
4. 为所有的赊购交易付款，减去退回与折让以及购货现金折扣 18 000 美元。

7-9 定期盘存制下的会计分录

看上一个问题中的数据。存货余额在 20×0 年 12 月 31 日为 71 000 美元，在 20×1 年 12 月 31 日为 120 000 美元。销售额为 1 250 000 美元。为 20×1 年的销售收入和销售成本编制汇总会计分录。省略摘要。

7-10 定期盘存制下的会计分录

下列数据来自于 Vancouver 船舶公司 20×3 年 12 月 31 日的调整后试算平衡表（单位：百万美元）：

购货	140	销售	239
销售退回与折让	5	购货退回与折让	6
购货运费（以现金支付）	14		
购货现金折扣	1	销售现金折扣	8
存货（年初）	15	其他费用	80

编制汇总会计分录。期末为存货 4 500 万美元。

7-11 交易重构

苹果计算机公司（Apple Computer，Inc.）生产著名的 iMacs、iPhones 和 iPads。看下列账户的余额（单位：百万美元）：

	2008 年 9 月 27 日	2007 年 9 月 28 日
存货	509	346

在 2007 年 9 月 28 日至 2008 年 9 月 27 日的 12 个月期间，公司购买（或生产）的存货成本为 21 497 000 000 美元。2008 会计年度的利润表中有一个项目为“销售成本”。计算这个项目的金额。

7-12 记录重构

20×8 年 5 月 3 日的地震给 Eurasia Antique 商店造成了重大损失。所有的商品都被毁坏了，一些会计数据也丢失了。在保险调查中，公司被要求估计损坏的存货的成本。可以得到地震以前 20×8 年的下列数据（单位：美元）：

购货现金折扣	2 000	存货，20×7 年 12 月 31 日	38 000
销售总额	280 000	购货退回与折让	7 000
销售退回与折让	24 000	进口运费	4 000
购货总额	159 000	根据销售净额计算的毛利率	46%

7-13 火灾毁损存货的成本

林公司的保险代理人要求公司估计在 3 月 9 日火灾中损失的商品的成本。1 月 1 日的商品存货为 65 000 美元。从 1 月 1 日至火灾发生购货为 190 000 美元；运费为 15 000美元；购货退回与折让为 10 000 美元。销售毛利率为 20%，至 3 月 9 日的合计销售额为 200 000 美元。毁损商品的成本是多少?

7-14 存货损耗

Plumlee 公司的一名会计人员于 20×4 年 5 月 14 日携现金和装满一卡车的电子商品潜逃。下面是 20×4 年的有关数据（单位：美元）：

期初存货，1 月 1 日	55 000
至 20×4 年 5 月 14 日的销售额	300 000
平均毛利率	25%
至 20×4 年 5 月 14 日购货额	200 000

计算丢失商品的估计成本。

7-15 存货差错

Clifford Reyna 在他经营的第一年末盘点存货，并为存货标价。因为有一些价值非常高的货物藏在货架的黑暗的角落里而没有被发现，因此 Clifford 低估了 20×5 年的期末存货 10 000 美元。他的财务报表和纳税申报表因此受到了影响。假设税率为 40%。

1. 计算对 20×5 年的应税利润、税赋、净利润和留存收益的影响。

2. 重复 1 中的要求，计算对 20×6 年的影响。假设 20×6 年的期末存货金额正确。

7-16 定价决策

Custom Gems 公司是一家珠宝零售商店，20×3 年的销售收入为 2 400 000 美元，销售毛利为 1 320 000 美元。平均存货为 1 000 000 美元。

1. 计算存货周转率。

2. Jerry Siegl 是商店的所有者，他正在考虑是否将商店变成一个“折扣”珠宝店。例如，Jerry 认为平均销售价格削减 10% 会使 20×4 年的存货周转率提高到每年的 1.5 倍。期初存货和期末存货保持不变。假设 Jerry 的想法有充足的理由。那么新的毛利率是多少? 20×4 年的毛利总额会增长吗? 列示计算过程。

7-17 后进先出法与先进先出法

Shenandoah 碎石公司在 6 月 30 日的存货为 1 000 吨，每吨 9 美元。7 月 31 日实地盘点库存存货为 1 100 吨。7 月份的碎石销售收入合计为 102 000 美元。7 月份有下列购货交易：

7 月 8 日	5 000 吨，每吨 10 美元
7 月 13 日	1 000 吨，每吨 11 美元
7 月 22 日	800 吨，每吨 12 美元

1. 分别用先进先出法和后进先出法计算 7 月 31 日的存货成本。
2. 计算每种方法下的毛利额。

7-18 成本与市价孰低法

Fujita 公司对存货采用"成本与市价孰低法"。虽然销售价格与重置成本波动的方向一般相同，但下表所给期间内没有发生销售和采购交易。公司在每个季度按照成本与市价孰低法对存货进行调整。按照美国公认会计原则和国际财务报告准则，以下日期的存货应该分别估价为多少？（单位：美元）

	发票成本	重置成本	可实现价值
20×1 年 12 月 31 日	200 000	185 000	195 000
20×2 年 4 月 30 日	200 000	190 000	210 000
20×2 年 8 月 31 日	200 000	220 000	225 000
20×2 年 12 月 31 日	200 000	175 000	190 000

7-19 重构交易

请看总部位于西雅图的好市多批发公司的下列账户余额（单位：百万美元）：

	8 月 31 日	9 月 1 日
	2008 年	2007 年
商品存货	5 039	4 879

在好市多公司 2008 会计年度的利润表上，商品销售成本为 635.03 亿美元。计算截至 2008 年 8 月 1 日的会计年度购入存货的成本净额。

7-20 毛利率

玩具反斗城（Toys "R" Us）公司在美国和美国以外经营着 1 500 多个商店。像大多数的零售商一样，公司的管理人员非常关注公司的毛利率。下列数据取自公司的利润表（单位：百万美元）：

	年度截止日		
	2009 年	2008 年	2007 年
	1 月 31 日	2 月 2 日	2 月 3 日
销售收入	13 724	13 794	13 050
销售成本	8 976	8 987	8 638

计算 3 年中每年的毛利率。评价毛利率的变化。

7-21 获利能力和存货周转率

岛屿建筑供应公司在 20×9 年开始经营，拥有存货 240 000 美元。20×9 年公司的销售收入为 1 200 000 美元，购入存货合计 1 035 000 美元，期末存货为 300 000 美元。

要求：

1. 编制 20×9 年的毛利表。

2. 公司的存货周转率是多少？

第8章　长期资产

学习目标

通过本章的学习，您应该能够：

1. 区分费用与资本性支出；
2. 计量有形资产的取得成本，比如土地、建筑物和设备；
3. 用不同的折旧方法计算建筑物和设备的折旧；
4. 根据预计使用年限或残值的变化重新计算折旧；
5. 区分财务报表折旧与所得税折旧；
6. 说明折旧对现金流量的影响；
7. 核算后续支出；
8. 计算处置固定资产的利得和损失，思考这些利得和损失对现金流量表的影响；
9. 对采用国际财务报告准则允许的重估方法的公司，确定有形资产在资产负债表上的价值；
10. 核算有形资产的减值；
11. 核算无形资产，包括无形资产的减值；
12. 说明商誉的报告；
13. 解释自然资源的折耗。

本章核心案例：英特尔公司（Intel）

NM Electronics 这个名字对您来说可能不太熟悉。NM Electronics 是戈登·E. 摩尔和罗伯特·诺伊斯给他们在 1968 年创立的公司所起的名字。1969 年，摩尔和诺伊斯把他们的公司更名为 Integrated Electronics 或者简称为英特尔（Intel）。英特尔公司是微处理器的鼻祖，现在是全世界最大的半导体生产商，在全球的很多国家开办工厂。

创立之初，英特尔的生产过程是比较简陋的。前任英特尔公司总裁安迪·格罗夫引用英特尔公司网站上的话说：“微芯片生产车间看起来就像威利旺卡（Willy Wonka）的工厂，软管和电线以及一些奇异的装置在咔嚓作响——就像是怀特兄弟临时飞机上的半导体。这就是当时的生产技术水平，但以今天的标准来看，它的简陋令人难以置信。”绝大部分安装工作都是在非灭菌状态的生产车间中手工完成的。如今，英特尔在生产设施方面投资巨大。正如英特尔公司网站上所说，由微处理器控制的机器人在生产线上传递硅片，生产是在一个与外面环境完全隔绝、比医院的手术室还要干净 1 万倍的洁净的车间内完成的。为了保持要求的温度、湿度、气密度和洁净度，需要在通风和空气过滤设备上投入巨资。巨大的空气过滤系统使车间内的空气每分钟彻底更换 10 次。英特尔 2008 年度的财务报表显示，公司在机器和设备上的总投资超过 288 亿美元，在房地产上的总投资超过 165 美元。仅在 2008 年，英特尔公司就花费了大约 52 亿美元用于购买新的厂房和设备。

到现在为止，您应该能够核算像存货这样的短期资产了。我们把短期资产的成本与确认相关收入的期间相配比。而对那些公司不能很快消耗的资产应该怎么办？像建筑物和重型机器这样的长期资产，它们能够在多个期间内帮助公司创造收入，这些资产的成本必须在它们能够带来收入的所有期间内进行分摊。但是，只有对公司在日常经营中使用的、持有目的并不是为了转售或投资的资产才能够按照本章的方法进行处理。例如，公司为投机目的而持有的未使用的建筑物或土地应该划分为投资类而不是不动产、厂房和设备类。

长期资产的重要性如何？在工业企业中，长期资产是企业所拥有的最重要的资产。请看下列公司 2008 会计年度资产负债表中的厂房和设备净值：

单位：百万美元

公司	总资产	厂房和设备	
		厂房和设备，净值	占总资产的比例
美国银行（Bank of America）	1 817 943	13 161	0.7
Decker's	370	11	3.0
微软	72 793	6 242	8.6
时代华纳	113 896	18 433	16.2
英特尔	50 715	17 544	34.6
星巴克	5 673	2 956	52.1
雪佛龙（Chevron）	161 165	91 780	56.9
杜克能源（Duke Energy）	53 077	34 036	64.1

各个公司的数据为何差别这么大？因为不同类型的经营需要不同类型的资产。美国银行是世界上最大的银行之一，提供一系列银行业和非银行金融服务。在 2008 年末，该银行拥有 1.8 万亿资产，其中只有不到 1% 是不动产和设备，将近 50% 的资产都是贷款。Decker's 公司用 Teva、Simple、Ugg 和 Tsubo 这样一些品牌“设计、生产和销售新颖的、追求时尚的鞋类和服装”。公司的大部分产品都外包给亚洲和哥斯达黎加的分包人。公司对固定资产的需求不大。时代华纳和微软都是高科技公司，非常依赖技术含量高的财产。微软公司的资产负债表显示，公司短期和长期投资的金额非常大，而不动产、厂房和设备（property, plant and equipment，通常简化为 PP&E）的金额很小。时代华纳公司资产中的几乎 62% 都是无形的非流动资产，而不动产、厂房和设备的比重只有 16.2%。前面已经介绍过，英特尔公司的生产过程要求厂房和设备的投资很大，占到资产的 34.6%。星巴克的大部分店面都是租赁的，公司对租赁资产改良工程的投资即用于改良家具和装置的长期投资非常大。雪佛龙公司有大量的不动产、厂房和设备，包括油井、钻探设备、建筑物和汽油泵。杜克能源公司是一家公用事业公司，资产中的绝大部分都是发电厂房、电力和天然气供应和运输设备。

长期资产的核算有趣而又独特。一个重要的问题就是何时将长期资产的成本确认为利润表中的费用。例如，假设一项资产能够在 10 年内给公司带来收入，那么在公司使用该资产的 10 年中，每年应该分摊多少资产成本？这个问题的答案取决于公司选用的折旧记录方法。本章要对折旧问题进行讨论——既要理解折旧的本质，又要掌握计算折旧的不同方法。每个方法都是在资产使用年限内分摊资产成本的一个有条理的、合理的系统。下面我们首先对长期资产做一个概要介绍。

8.1 长期资产概述

大部分公司都持有像土地、建筑物、设备和专利权这样主要的资产。这些长期资产能够帮助公司生产商品或提供劳务并把它们销售给顾客，从而在多个期间内帮助公司创造收入。因为这些资产在公司的日常经营中是必需的，所以公司在正常的经营过程中不会出售这些资产。然而这些资产的重置却是公司成功经营中的必要部分。请记住，一项资产在一个公司属于长期资产，而在另一个公司可能属于短期资产。例如，运输卡车是许多公司的长期资产，但对卡车经销商来说，它就是一项短期商品存货了。

长期资产可以分为有形资产和无形资产。有形资产（tangible assets）（也称为固定资产或厂房资产）（fixed assets ，plant assets）是能够看得见、摸得着的具有实物形态的资产，比如土地、建筑物和设备。相反，无形资产（intangible assets）不具备实物形态。它们通常包括合同权利、法律权利或经济利益，比如专利权、商标权和版权。当今社会中，无形资产对公司来说正变得越来越重要，在评估公司价值时无形资产是非常重要的。更多关于公司估价的内容请见下面的“财经热线”。

财经热线

新兴市场中公司及其资产的估价

在过去的20年间，亚洲金融市场得到了前所未有的发展。这为中国、印度和越南等一些国家的本国和外国公司创造了投资和扩大经营的机会。然而同时也存在着巨大的风险和挑战。最大的挑战之一，特别是从会计工作的角度来说，就是公司及其资产的估价。

公司必须确定是以资产的历史成本还是公允市场价值来对资产进行估价。历史成本是公司为取得资产而支付的价格。历史成本通常是可行的，因为历史成本容易证实，而且不随时间的推移而改变。公允市场价值，也称为“重置成本”或“市场成本”，是资产现在的价值。人们一直在就历史成本的可靠性与市场价值的相关性进行争辩。然而，需要确定的最基本的问题却是资产到底价值几何以及应当如何对资产进行估价。

经济学人智库（Economist Intelligence Unit）和安永会计师事务所在最近发表的一份报告中强调了资产评估方面的一些困难。例如，他们发现，被调查的高管人员中90%都认为资产评估在中国要比在发达国家更困难。

为什么是这样？首先，与比较发达市场中证券交易所和政府机构的要求相比，新兴市场中公司所披露的信息通常要少得多。在发达市场中，投资者能够考察信息的丰富程度，因此能够对公司及其资产的价值做出一个合理的估计。而在新兴市场中，这些信息中的大部分是无法获得的。其次，新兴市场中公司的增长速度通常是无法预知的。假设一家公司今年创造了100万美元的收入，那么，未来的销售额增长是5%还是增长 20%，根据两种预计所评估的公司价值是截然不同的。新兴市场中评估特别困难的第三个原因是这些公司与发达国家中的类似公司有很多不同。例如，新兴市场与发达市场中的顾客偏好、公共基础设施水平、管理技巧等通常是不同的。评估困难的另一个因素是无形资产的存在。无形资产是没有实物形态的资产。无形资产的评估非常困难，因为它们通常不列示在公司的资产负债表中，而且无形资产未来为公司创造的收益通常是无法计量的。

那么，公司如何来克服这些困难？公司必须恪尽职守，如果没有其他组织提供关于本公司的信息，公司就必须自己收集本公司的必要信息。公司必须聘请审计师及其他专家来评估公司的财务状况。公司还必须合理估计自己的发展速度，如果存在很多不确定性使评估存在困难，则可以估计出一个变动的区间。最后，公司必须研究当地的经济状况，以便更好地了解影响准确评估公司及其资产的一些可变因素。对于外国公司来说，如果对当地的市场状况没有一个基本了解的话，公司可以与当地企业合营设立合资企业，或者可能需要在当地设立一个分公司。

全球正在变得更加一体化，很多公司正在扩张进入新兴市场。新兴市场充满了令人兴奋的发展机会，但同时公司也必须意识到风险的存在。

资料来源："Guessing Game? Valuation Challenges in Asia", http://www.eiu.com/report_dl.asp?Mode=fi&fi=1382768323.PDF&rf=0.

不同种类长期资产的核算是不同的。土地是独一无二的——它不会磨损，也不会变得陈旧，因此在财务记录中要以历史成本来报告土地，并且不提取折旧。大多数其他的长期资产会磨损、会变得不再适合公司的需要，或者会过时。这些资产使用了一段时间以后，会计人员就要把它们的历史成本转化为费用。

在实务工作中，会计人员用不同的词汇来描述一段期间内长期资产成本的分摊。对于像建筑物、机器和设备这样的有形资产来说，会计人员将其成本的分摊称为折旧（depreciation）；对无形资产在受益期内的成本分摊称为摊销（amortization）；而对自然资源的成本分摊则称为折耗（depletion）。

8.2 长期资产支出与费用的比较

当公司购买一项资产时，管理层必须判断这项资产是仅在本会计年度内使用，还是将在若干个会计年度内使用。无论是以现金购买还是赊购，我们将所有商品或劳务的购买都称为支出（expenditures）。我们在第 2 章中已经介绍过，公司购买资产要发生支出。对那些要列示在资产负债表中的资产来说，它们必须能够继续为公司提供未来的经济利益，并且能够可靠计量。有些资产，比如广告服务，公司几乎随即就可以利用它们带来的利益。所以这样的支出直接记做费用。其他一些资产，比如预付租金，公司可以在 1 年内受益，因此资产支出在确认为费用之前被划分为短期的流动资产。最后，公司把不只在本会计年度内受益的资产支出予以资本化（capitalize），也就是说，要将资产的购买价格记入一个长期资产账户。在这项资产的使用期间内，每期将购买支出的一部分记做费用。资本性支出能够形成新的长期资产，或者提高生产能力、效率或现有长期资产的使用寿命。

8.2.1 资本化的决策

将一项支出资本化还是费用化，有时候是很难决定的。来看发动机的修理费。只有在这项支出能够提高生产能力、效率或发动机的使用寿命的情况下，公司才应当将这项支出资本化。如果这项支出仅仅能够使发动机保持正常运转，那就应当费用化。为什么？因为会计人员和审计师要寻找通过将支出不合理地资本化而低估当期费用进而高估利润的问题。

无论在哪里，争议都是存在的，会计人员倾向于将修理费、零部件或者类似项目的支出记作一项费用而不是记入资产账户内。稳健原则要求防止不恰当地多计或增加收益的情况，因为这样会误导投资者。而且，许多这样的支出金额都很小，成本—效益原则和重要性概念证明将这样的支出作为费用是合理的。例如，很多公司对所有低于某一特定金额（比如100美元、1 000美元或5 000美元）的支出都记作费用。

8.2.2 道德问题：资本化与费用化

决定一项支出应该费用化还是资本化需要进行判断，所以管理层可能会为了增加报告的净收益而不恰当地尽力去影响这一判断。假设您主管美国一家大公司的内部审计部门。作为日常内部审计工作的一部分，部门的一名成员发现公司将20亿美元的支出报告为资本性支出，尽管部门中没有一个人能够找到这样一笔金额的资本性支出的授权文件。您开始怀疑这20亿美元其实是公司的经营成本，会计人员为了使公司显示出更高的获利能力而将这些经营成本转移到了资本性支出账户。将这20亿美元费用化还是资本化对公司的财务状况有着重大的影响。当您向负责资本性支出的人员询问这笔交易的时候，他表示这笔支出代表“预付的生产能力”，尽管您有广博的会计知识，这个词对您来说还是比较陌生的。公司内的各级会计人员都不断而又小心翼翼地来打击您为澄清这些支出而做的努力。最终，您决定展开仔细的调查。当您把这个打算告诉公司的首席财务官时，他要求您把调查推迟到本季度以后，并表示下一个季度他会关注这一问题。

现在您面临着一个困难的选择。您是否应该展开调查而不考虑首席财务官推迟调查的要求？毕竟首席财务官是您的上司，而且他和公司里其他的高层人士都建议您应该推迟或取消调查。您没有确凿的证据证明问题之所在，而且如果首席财务官在年末前修改这个问题的话，年度财务结果就会正确列示。然而，在向公司高层职员询问这些资本性支出时他们的回避态度，以及这些支出缺少原始资料，所有这些都表明20亿美元的支出只是冰山的一角。如果您和您的下属展开调查并发现资本性支出的不恰当的会计处理，结果对公司和您的下属都是非常不利的。

这个情况与世通（WorldCom）公司的辛西娅·库珀（Cynthia Cooper）和她的审计师们面对的情况很相似。我们都知道库珀女士做出了怎样的抉择。她和她的审计师们联合了世通公司审计委员会的主席和毕马威的审计师——世通公司的新任外部审计师。进一步的调查揭露出了美国历史上最大的会计丑闻之一。2002年6月25日，世通公司披露说公司把38亿美元的经营成本错误地作为资本性支出，这38亿美元主要是因世通使用其他电话公司的线路而支付给这些公司的使用费。世通公司将这38亿美元资本化形成了一项资产，而不是将这些支出立即作为费用处理。这使得世通公司在以后期间将38亿美元作为折旧费用列示在利润表上而不是立即费用化。将这些成本予以资本化而不是费用化，提高了公司在这些成本资本化期间的净收益，但是它会降低未来期间的收益，因为公司要对这些资本化的成本提取折旧。这一事件和其他会计操纵的结果是，世通公司的数位高管，包括首席执行官和首席财务官，被宣布犯有同谋罪、证券欺诈罪、提供虚假财务文件罪而被宣判入狱。

8.3 有形资产的取得成本

长期资产的核算从长期资产的购买开始。长期资产的取得成本是其购买价格的现金等价物，包括购买、运输和使资产能够使用所发生的附带成本。来看下面几种有形资产。

8.3.1 土地

土地的取得成本包括购买者所支付的土地测量成本、法律费用、产权费用、转让税，甚至还包括为了使土地能够按预定目的使用而发生的土地上旧建筑物的拆除成本。来看下面的例子，公司为了建一幢新的建筑物作为总部大楼而取得了一块土地，土地上有一幢需要拆除的旧建筑物。下列所有各项都是土地的资本化价值的组成部分：

单位：美元

购买价格	500 000
交割成本，包括律师费	9 500
产权调查和转让税	1 000
旧建筑物的拆除成本	6 000
为准备建造新建筑物而发生的清理、分级和填埋费用	19 000
推定的未付财产税	10 000
拆除的旧建筑物残余材料的出售所得	(2 500)
取得成本合计	543 000

按照历史成本核算原则，土地要在资产负债表上以原始成本加以报告。数年后由于不动产升值和通货膨胀的原因，土地的账面价值通常要远远低于它当前的市场价值。难道在1940年取得并一直持有的土地在将近70年后的资产负债表上还要以1940年的成本来列示吗？是这样的，美国公认会计原则要求公司按照谨慎性原则的要求，对土地以原始成本列示，除非土地的公允价值降至原始成本以下。

8.3.2 建筑物和设备

建筑物、厂房和设备的成本应该包括取得成本以及为使用而发生的准备成本。请看下面关于旧包装设备的例子：

单位：美元

发票价格（总额）	100 000
减去 30 天内付款享受的 2% 的现金折扣	(2 000)
发票价格（净额）	98 000
按 98 000 美元和 8% 的税率计算的州销售税	7 840
运输成本	3 000
安装成本	8 000
使用前的修理成本	7 000
取得成本合计	123 840

您已经看到，若干单项成本组成总的取得成本。我们把 123 840 美元的总成本资本化并记入“设备”账户。为什么要将修理成本资本化计入资产的取得成本？一般情况下，我们都把修理成本在其发生的期间作为费用列示在利润表上。两者的不同之处在于，在资产首次使用以前发生的修理成本是使资产达到可使用状态而发生的成本的一部分，因此要包括在取得成本中并列示在资产负债表上。相反，在机器开始使用以后，普通的修理成本就应当确认为费用并列示在利润表上。

公司通常为资本化支出而付出现金或其他货币性资产——货币价值固定的资产。但是，公司可以选择以非货币性资产——货币价值可能随时间而改变的资产——来换取固定资产。非货币性资产交换业务对于处在初创期的公司是非常普遍的。如果公司没有足够的现金但有估价很高的股票，公司通常会选择用自己的股票来换取资产。例如，某一块土地的所有者可能会以土地来换取一家公司的股票，因为所有者或者可以马上卖掉股票，或者可以持有股票以期增值。我们一般以出让资产的公允价值来记录非货币性交换，如本例中的土地，或者以所接受对价的公允价值来记录，如本例中的股票，看二者中哪一个更容易确定。

一项资产的公允价值（fair value）是公司能够向一个独立的第三方出售该资产的价格。当股票交易比较活跃时，我们通常认为股票的公允价值是交易价值的最好的指示器。毕竟，如果我们找四个不同的评估师对土地进行估价，他们可能会给出四个不同的价值，而证券交易所则决定了某一股票在特定时点的价格。假设伍德赛德公司（Woodside Corporation）向特莱恩公司（Tryon Company）出售土地以换取特莱恩的股份。特莱恩是一只上市交易的股票，股票价格每天都可以看得到。一位评估师对土地估价为 100 000 美元，股票在出售时的市场价值为 108 000 美元。特莱恩应当以股票的市场价值编制下面的分录，而不考虑评估价值 100 000 美元。

土地	108 000	
缴入资本		108 000

以 108 00 美元的普通股股票换入土地。

8.3.3 一揽子购买

公司通常会以一个总的购买价格取得不止一种长期资产。有时将以一笔总付成本取得两种或两种以上的资产称为一揽子购买（basket purchase 或 lump-sum purchase）。一揽子购买的取得成本要在所购资产之间按照所估计的这些资产的相对公允价值进行分配。例如，假设英特尔公司以 100 万美元的价格取得土地和一幢建筑物。英特尔公司应该将 100 万美元分配给土地和建筑物各自多少？如果一位独立的评估师表示土地和建筑物的公允价值分别是 480 000 美元和 720 000 美元，相应地，100 万美元的成本应该进行如下分配（单位：美元）：

	(1)	(2)	(3)	(2) × (3)
	评估价值	**权数**	**待分配总成本**	**成本分配额**
土地	480 000	480/1 200（或 40%）	1 000 000	400 000
建筑物	720 000	720/1 200（或 60%）	1 000 000	600 000
合计	1 200 000			1 000 000

在所购资产使用年限不同的情况下，各项资产所分摊的一揽子购买成本对未来的报告收益会有重大影响。在上面的例子中，如果英特尔给土地分摊的成本低一些，可折旧的建筑物分摊的成本就会高一些。相应地，折旧费用就会升高，经营收益就会下降。

8.4 取得资产之后的会计选择

全世界所有的公司都在最初取得资产时以历史成本进行记录。然而，取得资产之后，就有两种可能的会计处理方法了。采用最普遍的是成本法。美国公认会计原则要求采用成本法，国际财务报告准则允许采用成本法，而且全球绝大多数的公司都采用成本法。在成本法下，公司要以资产的成本减去折旧来作为其账面价值。在某些情况下，公司可能会减记资产的价值，但是绝对不能增加资产的价值。本章的大部分内容都是介绍成本法。另一个方法是重新估价法，只有国际财务报告准则允许采用。这种方法大多在欧洲采用，特别是在荷兰、丹麦和联合王国。在这种方法下，公司要以长期资产的公允价值作为其账面价值。我们将在 8. 11 中讨论重新估价法。现在我们来讨论成本法下的折旧并说明几种折旧方法。

8.5 建筑物和设备的折旧

购买了除土地以外的有形长期资产之后，就要对这些资产提取折旧。初学会计的人经常会误解折旧的概念。折旧不是一个估价的过程。在汽车的使用过程中，我们可能要说汽车折价了，意思就是汽车的当前市场价值降低了。然而，对会计人员来说，折旧不是一门估算当前价值的技术，如估计重置成本或转售价值等。它只是一个成本分配系统。从财务报告的目的来说，美国公认会计原则和国际财务报告准则都允许公司自由选择其认为能够最好地反映公司经济状况的折旧方法，只要折旧方法是系统而合理的。

折旧是区分权责发生制会计与现金收付制会计的关键因素之一。如果一个公司以现金购买长期资产，按照严格的现金收付制会计的要求，全部购买成本都要作为资产取得当期的费用。相反，权责发生制会计是开始时将购买成本资本化，然后在资产的使用期间内以折旧的形式进行成本分摊。这就使得费用与其所产生的收入能够更加有效地配比。

在资产的整个使用期间内作为折旧进行分摊的成本称为应折旧价值（depreciable value），它等于资产的合计取得成本与估计残值之间的差额。残值（residual value），又称为终值（terminal value）、清理变现价值（disposal value）、残余价值（salvage value）、残料价值（scrap value），是指在长期资产的使用年限到期时公司出售或处置该资产预计能够收回的金额。一项资产的使用年限（useful life）是指该资产的实物年限（资产损坏之前）与经济年限二者中较短的一个。一项资产的使用年限与实物年限不一定相同。资产的实物年限取决于资产使用时的磨损和破坏情况。一个公司可能会因一部机器的破损而在生产过程中不再使用它。但是，公司可能在实物年限到期前决定重置这项设备。这样的重置行为取决于经济年限而不是实物年限。例如，由于近期电脑的更新速度迅速提高而成本不断下降，大多数公司在电脑实物损坏前的很长时间就要重置电脑。也就是说，它们的经济年限短于实物年限。公司必须在取得一项资产时对其残值和使用年限进行估计，管理层的估计会对公司净收益产生很大影响。

折旧方法的主要区别在于每个会计期间分摊的成本金额不同。一项资产在使用年限内每期的折旧金额表称为折旧计算表（depreciation schedule）。假设 Chang 公司在 20×9 年 1 月 1 日以 41 000 美元购买了一辆运输卡车，下列符号和金额将用来比较不同的年折旧计算表。

符号	代表的金额
令：	
C＝20×9 年 1 月 1 日的合计购买成本	41 000 美元
R＝预计残值	1 000 美元
n＝预计使用寿命（年数或公里数）	4 年
	200 000 英里
D＝折旧费用的金额	不同

8.5.1 直线折旧

直线折旧（straight-line depreciation）是在资产的使用年限内平均分摊应折旧价值。它是为财务报告目的而最普遍采用的一种方法。最近的一项调查显示，有超过 98% 的大公司都对它们的至少一部分固定资产采用直线折旧。尽管直线折旧可能不能最好地代表资产的实际磨损速度，但因为它在理论和应用上的简单性而得到了普遍采用。

表 8-1 显示了 Chang 公司以直线折旧计算的卡车在资产负债表上的价值。在第 4

年末，卡车剩余的账面净值为 1 000 美元，等于当初估计的残值。记入公司利润表中的年折旧费用为：

$$折旧费用=\frac{取得成本-预计残值}{预计使用年数}$$

$$D=\frac{C-R}{n}$$

$$D=\frac{41\ 000-1\ 000}{4}$$

$D=10\ 000$（美元/年）

表 8-1 **直线折旧计算表** 单位：美元

	年末余额			
	1	2	3	4
设备（初始取得成本）	41 000	41 000	41 000	41 000
减：累计折旧（初始成本中已经在经营中转化为费用的部分）	10 000	20 000	30 000	40 000
账面净值（初始成本中还没有体现在经营过程中的部分）	31 000	21 000	11 000	1 000

8.5.2 依据工作量计提折旧

在某些情况下，时间并不是一项资产使用寿命的决定性因素。当实物磨损决定资产的使用寿命时，会计人员可能会以劳务或产品数量而不是时间量（年）作为折旧的基础。根据劳务数量计算折旧的方法是产量折旧法（units-of-production depreciation），或者称为工作量折旧法（activity method）。在某些情况下，这种折旧方法能够使收入和成本得到更好的配比。在我们的例子中，Chang 公司的卡车的使用寿命是 200 000 英里，所以根据里程数计算的折旧为：

$$单位劳务数量的折旧费用=\frac{取得成本-预计残值}{预计提供的劳务数量}$$

$$D=\frac{C-R}{n}$$

$$D=\frac{41\ 000-1\ 000}{200\ 000}$$

$D=0.20$（美元/英里）

如果卡车在使用的第 1 年中行驶了 65 000 英里，当年的折旧费用是：65 000×0.20 =13 000（美元）。

对于像运输设备这样的一些资产来说，产量折旧法可能比直线法更合理。然而，因为下面几个可能的原因，产量折旧法并没有被广泛使用：

1. 当一项资产的使用情况在一段时间内相对稳定时，产量折旧法的年折旧额通常与直线法的年折旧额差不多相等。

2. 直线折旧更容易。在直线法下，取得资产时就可以确定资产整个使用期间的折旧计算表；而在产量折旧法下，必须详细记录劳务的数量，这样才可以计算每年的折旧额。

8.5.3 余额递减折旧

比直线法更快地注销应折旧价值的任何一种折旧形式都称为加速折旧（accelerated depreciation）。公司采用的加速折旧方法有几种，但我们只介绍双倍余额递减法（double-declining-balance Method，即 DDB），就是余额递减法的 200%。用双倍余额递减法计算折旧额如下：

1. 用 100% 除以使用年数计算出直线折旧率，然后再计算直线折旧率的 2 倍。在上面的例子中，直线折旧率是 100% ÷4 = 25%，则双倍余额递减折旧率就是 50%（2 ×25%）。

2. 不考虑预计残值，以年初资产的账面净值乘以双倍余额递减折旧率计算各年的折旧额。

用双倍余额递减法对 Chang 公司的卡车计提折旧，计算过程如下所示：

双倍余额递减折旧率 = 2×（100% ÷n）

使用寿命为 4 年的双倍余额递减折旧率 = 2×（100% ÷4）= 50%

双倍余额递减折旧额 = 双倍余额递减折旧率×期初账面净值

第 1 年：D = 0.50×41 000 = 20 500（美元）

第 2 年：D = 0.50×（41 000−20 500）= 10 250 美元

第 3 年：D = 0.50×（41 000−20 500−10 250）= 5 125（美元）

第 4 年：D = 0.50×（41 000−20 500−10 250−5 125）= 2 563（美元）

在这个例子中，每年的折旧额都是上一年折旧额的一半。只有有效年限为 4 年的资产才会出现这样的特殊情况。请记住，双倍余额递减折旧的基本方法是用折旧率乘以期初的账面净值。因为每期的账面净值都在减少，以固定的双倍余额递减折旧率乘以账面净值，所计算出的以后各年折旧额就会不断减少。尽管我们用 DDB 来表示余额递减法，但可能会用不同的余额递减倍数来计算折旧。例如，150% 余额递减法就是用直线法折旧率乘以 1.5 而不是乘以 2。一项使用寿命为 4 年的资产，其 150% 余额递减法的折旧率就是 37.5%（1.5×25%）。

8.5.4 折旧方法的比较与选择

表 8−2 中比较了直线法和双倍余额递减法下 Chang 公司卡车的折旧额。注意双倍余额递减法下总的折旧额是 38 438 美元，而不是把全部的应折旧价值 40 000 美元都分配计入费用。为了解决这个问题，一些公司在资产可折旧年限中的某一年份开始改用直线法——见表 8−2 的最后两栏所列的修正。另外，如果残值很大，应用双倍余额递减法有可能在资产的使用年限期满之前就已经足额提取折旧了。因为对一项资产计提折旧时不能使其账面价值低于预计净残值，公司就通过修改折旧计算表来解决这一问题。这一修改在本节内容不作介绍。

表 8-2　**折旧：两种常用的方法**

（假设设备成本是 41 000 美元，4 年使用年限，预计残值 1 000 美元）　单位：美元

	直线法*		双倍直线折旧率的余额递减法（DDB）**		双倍余额递减法的修正（在第 4 年变为直线法）***	
	年折旧额	账面价值	年折旧额	账面价值	年折旧额	账面价值
取得时		41 000		41 000		41 000
第 1 年	10 000	31 000	20 500	20 500	20 500	20 500
第 2 年	10 000	21 000	10 250	10 250	10 250	10 250
第 3 年	10 000	11 000	5 125	5 125	5 125	5 125
第 4 年	10 000	1 000	2 563	2 562	4 125	1 000
合计	40 000		38 438		40 000	

* 每年的折旧额是相等的，即（41 000 美元-1 000 美元）的 25%。

** 100% ÷4＝25%。双倍余额递减折旧率为 50%。然后计算 41 000 美元的 50%；（41 000 美元-20 500美元）的 50%；[41 000 美元-（20 500 美元+10 250 美元）] 的 50%；等等。如果不加修正，这个方法就不会对现有账面价值提足折旧。

*** 第 4 年改为直线法，第 4 年的折旧额使账面价值减记至最后的残值。

公司并不需要对所有应折旧的资产都采用相同的折旧方法。英特尔公司对所有的资产都采用直线法提取折旧，而最近波音公司的年报显示："主要折旧方法如下：建筑物和土地改良工程采用 150% 余额递减折旧；机器和设备采用年数总和法。"

公司如何选择折旧方法？在某些情况下，公司会按照惯例选择本行业中其他公司使用的方法以提高可比性。有时选择某种方法会使费用和收入更好地配比，对一些设备和制造过程采用产量折旧法就是这样。有时公司选择与资产的寿命周期成本非常一致的方法。假设一种设备在使用初期只需要很少的维修费，但是维修费以后会增加。在加速折旧法下，折旧费用逐年下降，加上逐年增加的维修费用，这样可以使每年的成本更加一致。因此，折旧方法的选择取决于行业的性质，还有设备的类型以及管理层的目标。

复习题概要

题目：

"资产负债表上厂房资产的账面净值就是现在为重置厂房而花费的金额。"您同意这种说法吗？请解释。

解答：

不同意。资产负债表上厂房资产的账面净值是从厂房的原始成本中减去累计折旧后的金额。这是成本分摊的结果，而不是估价。折旧过程不能反映可能影响重置价值的所有技术和经济因素。因此，账面净值不能保证与重置成本基本相当。

8.6 预计使用年限或残值的变化

公司在取得资产时要估计资产的使用年限和残值。作出这些估计所依据的信息可能随时间的推移而变化。如果可以获得新信息，而且根据新信息修改的估计会使折旧费用发生重大变化，那么公司就必须采用新的估计并修改折旧计算表。对预计使用年限或残值变更的核算从本质上讲是适用于未来的。换句话说，公司不需要回头修改以前期间的折旧费用，而是对估计的修改期间和以后各期的折旧费用进行重新计算。

来看表 8-2 中 Chang 公司卡车的直线折旧计算表。公司最初估计卡车的残值为 1 000美元，使用年限为 4 年。假设在第 4 年初，公司决定卡车将继续使用 2 年而不是 1 年。在第 4 年初，公司已经记录折旧费用共计 30 000 美元，第 1 年为 10 000 美元，第 2 年为10 000 美元，第3 年为10 000 美元。第4 年初卡车的账面净值为11 000 美元，如表 8-2 所示。公司仍然估计残值为 1 000 美元。因此，公司必须在 2 年内将剩余的 10 000 美元分摊作为折旧费用，即每年 5 000 美元（10 000 美元÷2）。Chang 公司修改后的折旧计算表如下：

单位：美元

	年折旧额	账面价值
取得时		41 000
第 1 年	10 000	31 000
第 2 年	10 000	21 000
第 3 年	10 000	11 000
第 4 年	5 000	6 000
第 5 年	5 000	1 000
合计	40 000	

8.7 所得税与股东报告

在长期资产的会计核算中，提供给股东的报告和提供给所得税机关的报告通常不同。提供给股东的报告和提交给美国证券交易委员会的财务报表及文件必须遵守公认会计原则。相反，提供给所得税机关的报告必须遵守所得税的规则和制度。公认会计原则与税务规则往往不一致。因此，保持两套记录是有必要的。

8.7.1 纳税报告目的的折旧

尽管美国国会几乎每年都要对税制稍加改变，但从 1986 年开始，已经将调整后的加速成本补偿系统（Modified Accelerated Cost Recovery System，MACRS）作为服务于计税目的的折旧计算方法。MACRS 折旧计算表是以前面介绍的余额递减折旧法为基础的。但是，纳税报告的折旧和财务报告的折旧是不同的。一个重要的区别就是 MACRS 将应计折旧资产划入不同的财产类别，这些财产类别可为确定计算计税折旧的使用年限提供指南。纳税目的的使用年限通常比财务报告目的的使用年限要短。请记住，使用年限越短，公司就越早地确认折旧费用。为纳税目的报告的费用越高，应税净收益就越低，应缴所得税也就越低。与通常为财务报告目的而使用的直线法比起来，MACRS 在资产使用寿命中的早期提取的折旧费用较高而税金较低。在资产使用寿命中的后期则相反。因为货币具有时间价值，滞后纳税会使公司受益。

另一个重要的区别与残值有关系。请记住，残值减少一项资产的可折旧价值。公司不能为财务报告目的而对一项资产提取折旧至其账面价值低于残值。但是，MACRS 假设所有资产的残值都为零。这就使得公司为纳税目的可以对资产的全部历史成本提取折旧，从而可能增加折旧费用的总额。

8.7.2 股东报告

公司通常为纳税目的选用 MACRS，但为了向股东报告，大多数公司使用直线折旧。税务机关可能使用特定的税率、较短的使用年限或者马上注销资产，以达到刺激长期资产投资的目的。相反，为向股东报告而使用的折旧方法目的是要将资产的成本与资产能够产生收入的期间相配比。

为财务报告目的而采用直线折旧有几个现实的原因，即简单、方便、在资产使用寿命中的早期比加速折旧法报告的收益更高。管理者在长期资产使用寿命中的早期不倾向于选择减少报告收益的会计方法。

8.8 折旧与现金流量

非会计人员经常会混淆折旧费用、所得税费用、现金和累计折旧的关系。例如，商业新闻报道中会引用一些使人误解的内容，比如“……我们正在想办法筹措 37.5 亿美元的资金。其中，大约 60% 是通过折旧和摊销来补偿的。”再看另一个例子，商业周刊中关于一家航空公司的新闻报道如下：“由于来自于折旧的巨大增长和价值 600 万美元财产的销售，公司的现金余额在今年的第 1 个季度里增加了 1 000 万美元。”

上述内容的言下之意是折旧会产生现金。其实不然。折旧只是将资产的原始成本在资产的使用期间内分摊——仅此而已。此外，累计折旧只是资产原始成本中已经在以前期间注销为折旧费用的部分——而不是一摞备用的现金。

8.8.1 折旧对现金的影响

为了说明折旧与现金的关系，我们来看艾克米服务公司（Acme Service Company）的例子，该公司以现金和普通股权益 100 000 美元起家时，用现金 40 000 美元购买了设备。设备的预计使用年限为 4 年，预计残值为零。第 1 年的经营带来了 103 000 美元的现金收入，发生了 53 000 美元的经营费用。

假设在第 1 年，直线折旧额为 10 000 美元，加速折旧法下折旧额为 20 000 美元。注意表 8-3 的前两栏，由于选用的折旧方法不同，报告的税前收益是不同的，但是经营活动的现金流量是相同的。税前金额的比较最生动地强调了折旧费用的作用。为什么？因为在税前，受折旧方法变化影响的资产负债表账户只有累计折旧和留存收益。折旧并不影响税前的现金期末余额。

表 8-3　**艾克米服务公司利润表和现金流量表**　单位：千美元

	税前		税后	
	直线法折旧	加速折旧	直线法折旧	加速折旧
利润表：				
销售收入	103	103	103	103
经营费用	53	53	53	53
折旧费用	10	20	10	20
税前收益	40	30	40	30
所得税费用（40%）	—	—	16	12
净收益	40	30	24	18
现金流量表：				
收取的现金	103	103	103	103
以现金支付经营费用	53	53	53	53
以现金支付税款	—	—	16	12
经营活动提供现金*	50	50	34	38

*有时称为经营活动现金流量、经营活动现金净额或者只称为现金流量。简单地说，等于销售收取的现金减去需要支付现金的所有经营费用，再减去所得税现金支出。

假设公认会计原则允许艾克米公司为财务报告目的在第 1 年注销设备的全部 40 000美元成本，但仍将购买设备作为投资活动。公司的税前收益和经营活动提供现金是多少？税前收益只有 10 000 美元（103 000−53 000−40 000）。但是现金的增加额仍为 50 000 美元。为什么？因为销售收取的现金 103 000 美元和现金费用 53 000 美元都没有变化，从而经营活动提供的现金 50 000 美元也保持不变。

8.8.2　折旧对所得税的影响

来看表 8-3 中最右边两列关于税后金额的部分。折旧是可抵减所得税的非现金性费用。因此，一个公司在某一特定年度的纳税申报表上抵减的折旧费用越高，应税收益就越低，为所得税支付的现金就越少。简言之，为纳税目的计算的折旧费用越高，税金就越低，公司在经营中就有越多的可用现金。

为了强调折旧和现金的关系并将二者的比较简单化，我们假设为财务报告目的而使用的折旧方法与为纳税目的而使用的折旧方法一致。从表 8-3 的最后两栏中可以看出，如果采用直线折旧，艾克米公司在第 1 年要支付 16 000 美元的所得税，而采用加速折旧只需要支付 12 000 美元的所得税。因此，与直线折旧方法相比，加速折旧方法节约现金 4 000 美元。折旧不创造现金，但如果折旧能降低所得税的话，它确实可以减少现金净流出。

复习题概要

题目：

“累计折旧为固定资产的重置提供现金。”这句话引自某一商业杂志，你同意这句话吗？请加以解释。

解答：

累计折旧不创造现金，它是自资产取得之日起所确认的所有非现金折旧费用的总和。它绝对不是代表为重置资产而储备的现金。

题目：

复习本章“折旧与现金流量”部分中相关的重要内容。假设艾克米服务公司以80 000美元而不是40 000美元取得设备。预计残值仍然为零，使用年限仍然为4年，销售额和经营费用也不变。

1. 编制表8–3的修改表。和表8–3一样，假设为财务报告目的和所得税目的而选用的折旧方法相同。假设所得税率为40%，把所有的所得税计算结果都以最接近的千位整数表示。

2. 指出受条件变化影响的主要项目。将编制的修改表与表8–3比较，将最后两列的所有差额也列表反映出来。

解答：

1. 修改后的利润表和现金流量表见表8–4。在做第2个问题之前检查一下表8–4。

表8–4 **艾克米服务公司利润表和现金流量表** 单位：千美元

	税前		税后	
	直线折旧	加速折旧	直线折旧	加速折旧
利润表：				
销售收入	103	103	103	103
经营费用	53	53	53	53
折旧费用	20	40	20	40
税前收益	30	10	30	10
所得税费用（40%）	…	…	12	4
净收益	30	10	18	6
现金流量表：				
收取的现金	103	103	103	103
现金支付经营费用	53	53	53	53
现金支付税款	…	…	12	4
经营活动提供现金	50	50	38	46

2. 表8–3和表8–4的下列比较是值得注意的。折旧的变化不影响销售收入、现金性经营费用以及所得税前经营活动提供的现金。因为折旧费用比较高，表8–4中4

栏的净收益都比表 8-3 低。两个表中最后两栏的比较如下：

	表 8-4	表 8-3	差额
直线折旧额	20	10	高 10
加速折旧额	40	20	高 20
所得税费用			
根据直线折旧计算	12	16	低 4
根据加速折旧计算	4	12	低 8
净收益			
根据直线折旧计算	18	24	低 6
根据加速折旧计算	6	18	低 12
经营活动提供的现金			
根据直线折旧计算	38	34	高 4
根据加速折旧计算	46	38	高 8

值得注意的是，较高的折旧费用不仅减少净收益，还减少所得税的现金流出。因此，经营活动提供的现金增加了。

8.9 后续支出

除了取得长期资产时的原始投资，公司还会发生与长期资产运营相关的后续支出。例如，为使一项固定资产保持正常运转，修理和维护成本是必然要发生的。修理成本（repairs）包括固定资产在发生故障、事故或损坏以后，为恢复它的正常运转状态发生的偶然的成本。维护成本（maintenance）包括为使固定资产正常运转而有必要进行的一些反复的常规活动比如加油、磨光、上漆、调试等所发生的成本。会计人员一般把这些成本都汇集到一个账户中，作为当期的费用。

相反，改良（有时称改良性资本支出）（improvement，betterment，capital improvement）是一项能够增加现有固定资产的未来收益的支出，它通过降低固定资产的运转成本、增加产出率、提高安全性、减少污染或者延长使用寿命的方式使固定资产提供的未来收益增加。修理和维护不会增加资产的未来收益，而改良则能够增加资产的未来收益。我们通常把改良支出资本化。为了提高一幢公寓大楼的租金而对大楼进行修复的支出，为了提高一台机器的速度或延长它的使用寿命而进行重建的支出，都是改良性资本支出的例子。

假设本章前面提到的 Chang 公司以 41 000 美元购买的一辆使用年限为 4 年、残值为 1 000 美元的运输卡车在第 3 年初发生大修理成本 7 000 美元。公司在卡车使用的前两年用直线法提取折旧。如果这一次大修理使卡车的使用寿命从 4 年延长到 5

年，有关的会计处理是：

1. 增加资产的账面价值 7 000 美元（第 2 年末的账面价值是 41 000 美元−20 000 美元 = 21 000 美元）。因此，我们将 7 000 美元记入“设备”账户。

2. 修改折旧计算表，在剩余 3 年内分摊卡车修改后的账面价值。如下所示（假设公司继续使用直线折旧）：

单位：美元

	原来的折旧计算表		修改后的折旧计算表	
	年份	金额	年份	金额
	1	10 000	1	10 000
	2	10 000	2	10 000
	3	10 000	3	9 000 *
	4	10 000	4	9 000
		——	5	9 000
累计折旧		40 000		47 000 **

* 新的应折旧金额为［（41 000 美元−20 000 美元+7 000 美元）−残值 1 000 美元］= 27 000 美元。新的折旧费用为 27 000 美元除以剩余的使用寿命 3 年，即每年 9 000 美元。

** 重新汇总为：

原始成本	41 000 美元
大修理成本	7 000 美元
	48 000 美元
减：残值	1 000 美元
应计折旧成本	47 000 美元

8.10 有形资产出售损益

在本章前面的内容中，我们已经学过在取得不动产、厂房和设备资产时如何进行会计处理、在资产的使用年限内如何处理与资产相关的支出，以及如何计算折旧。但是，公司有时候会在资产的使用寿命终结之前出售资产。当公司出售资产时，不可避免会发生利得或损失。我们根据出售资产所得与资产账面净值之间的差额来计量出售资产的利得或损失。

8.10.1 记录利得或损失

来看前面例子中提到的 Chang 公司的运输卡车。假设公司在第 3 年一开始就以 21 000 美元出售了这辆卡车并收取现金。在卡车使用的前 2 年中公司用直线法进行折旧。因为卡车的账面净值也是 21 000 美元，所以这笔交易没有利得也没有损失。公司只是以账面价值 21 000 美元的一项资产即设备换取了另一项资产，即现金 21 000 美元。公司应该注销设备资产及其累计折旧的记录并记录收到的现金。出售卡车的影响如下：

单位：美元

资产					=	负债	+	股东权益
+21 000	−	41 000	+	20 000	=	0	+	0
[增加“现金”账户]		[减少“设备”账户]		[减少“累计折旧”账户]				

注意处置卡车需要注销它的账面价值，其账面价值体现在两个账户上，即“设备”和“累计折旧”账户。我们把卡车的原始取得成本 41 000 美元从“设备”账户中注销，把卡车的累计折旧 20 000 美元从“累计折旧”账户中注销。请记住，“累计折旧”账户余额的减少使资产增加，因此在上面的列示中，符号“+”与“累计折旧”账户联系在一起。

假设出售价格是 27 000 美元而不是 21 000 美元，出售卡车就会带来 6 000 美元的利得，即出售所得与出售资产账面净值之间的差额：

单位：美元

出售所得		27 000
减：账面价值		
成本	41 000	
累计折旧	20 000	21 000
利得		6 000

这笔销售交易对会计等式的影响如下所示：

单位：美元

资产					=	负债	+	股东权益
+27 000	−	41 000	+	20 000	=	0	+	6 000
[增加“现金”账户]		[减少“设备”账户]		[减少“累计折旧”账户]				[增加股东权益“设备出售收益”账户]

现在假设出售价格是 17 000 美元而不是 21 000 美元。这笔销售交易会导致 4 000 美元的损失，对会计等式的影响如下所示：

单位：美元

资产					=	负债	+	股东权益
+17 000	−	41 000	+	20 000	=	0	−	4 000
[增加“现金”账户]		[减少“设备”账户]		[减少“累计折旧”账户]				[减少股东权益“设备出售损失”账户]

表 8-5 列示了这些交易的会计分录和涉及的 T 型账户。这里还要强调在出售资产时要注销设备的原始成本和相应的累计折旧。最终的影响是注销了设备的账面价值 21 000 美元（成本 41 000 美元减去累计折旧 20 000 美元）。

表 8-5　**设备出售损失与利得会计分录和分类账**　单位：千美元

以 27 000 美元出售

现金	27	
累计折旧	20	
设备		41
出售设备利得		6

现金	
27	

设备	
*41	41

设备出售利得	
	6

累计折旧——设备	
20	*20

以 17 000 美元出售

现金	17	
累计折旧	20	
出售设备损失	4	
设备		41

现金	
17	

设备	
*41	41

设备出售损失	
4	

累计折旧——设备	
20	*20

*期初余额。

8.10.2　利润表列示

在大多数情况下，处置有形资产的利得或损失不是很大，不需要在利润表上作为独立的一行列示。在这种情况下，公司就把这些利得或损失包括在利润表上的“其他收益”（other income）或“其他费用”项目中，并不单项列示。下面从杜邦公司近期的利润表上截取的三行内容就反映了这种处理：

单位：百万美元

销售收入	30 529
其他收益（净值）	1 307
合计	31 836

杜邦公司在其财务报表附注 3 中披露，“其他收益”净值包括出售资产的净利得 4 000万美元。“净”利得意味着杜邦公司出售某些资产获取了利得，而出售另一些资产发生了损失，利得超过损失 4 000 万美元。这 4 000 万美元并不是分析师在对公司进行评估时要关注的重要交易，所以杜邦公司没有把它在利润表中作为独立的一行进行列示。而且这 4 000 万美元相对于杜邦公司 2008 年 12 月 31 日资产负债表中的超过 360 亿美元的资产来说是很小的。

一些公司按照杜邦公司的做法列示其他收益，其中包括出售资产取得的利得，并紧随在利润表的首个项目“销售收入”之后。其他公司在计算毛利或者营业利润等主要利润项目时则不包括这些利得（或损失）。可口可乐公司在 2008 年年度财务报表中就采用后一种方法。在利润表中，可口可乐公司计算毛利和营业利润之后扣减了 2 800万美元的其他收益净值。管理层陈述与分析中（management discussion and analysis）显示其他收益净值包括“股利收益，租金收益，与处置不动产、厂房和设备相关的利得和损失……”以及其他一些收益和费用项目。在理解一个公司的利润表时，了解公司采用哪种方法来处理其他收益和费用是很重要的。

8.10.3 资产的出售与现金流量表

出售固定资产对现金流量表会产生影响。出售固定资产属于投资活动。前面的例子反映了3种不同的情况。在第1种情况中（情况A），Chang公司的卡车正好以账面净值21 000美元出售。在第2种情况中（情况B），卡车按27 000美元以现金方式出售，产生了6 000美元的收益。在第3种情况中（情况C），卡车按17 000美元以现金方式出售，产生了4 000美元的损失。在每一种情况下，现金流量表的投资活动部分都以“出售固定资产收现”列示实际收到的现金。如果Chang公司采用直接法列示经营活动的现金流量，这就是出售固定资产对现金流量表的唯一影响。如果使用间接法，经营活动现金流量部分是以净利润为起点的。因为出售固定资产的利得或损失影响净利润，但对现金的影响是列示在投资活动部分的。Chang公司在计算经营活动现金流量时必须把这些利得或损失从净利润中予以剔除。

假设Chang公司用间接法编制现金流量表，卡车出售之前的净利润为50 000美元。为了简化列示，假设没有税收的影响。下面的表格说明了卡车出售对净利润的影响：

单位：美元

	卡车出售前收益	利得（损失）	卡车出售后收益
情况A：以21 000美元销售	50 000	0	50 000
情况B：以27 000美元销售	50 000	6 000	56 000
情况C：以17 000美元销售	50 000	（4 000）	46 000

净利润中包括出售卡车的利得或损失。因此，在调整净利润和确定经营活动产生的现金流量时必须把这项非现金的利得或损失从净利润中剔除。在情况A中，报告的净利润50 000美元中不包括出售卡车的利得或损失。因此，确定经营活动的现金流量时，不需要对净利润进行调整。在情况B中，净利润56 000美元中包括6 000美元的非现金性利得，为了反映经营活动产生的现金净流量，必须把这笔收益从净利润中减掉。减去6 000美元的利得并不意味着使用了现金，它只是抵消了净利润中包括的6 000美元的非现金性利得。在情况C中，净利润46 000美元中包括了4 000美元的损失。像折旧费用一项，这笔损失并不代表发生了现金支出。公司并没有为这辆卡车向任何人支付4 000美元现金。因此，必须把出售卡车的损失再加回到净利润中以抵消该损失原来对利润计算曾起到的抵减作用。每种情况下经营活动的现金净流量都是相等的。出售卡车没有影响经营活动的现金流量。

讲解财务报表

Olsson公司在2010年1月出售了一幢建筑物，建筑物的历史成本为850 000美元，出售时的累计折旧为575 000美元。公司以现金方式销售，并记录税前利得

75 000美元。说明上述情况如何影响以间接法编制的截至2010年12月31日的年度现金流量表。不考虑税收的影响。

答案：

在Olsson公司现金流量表的经营活动部分，75 000美元的利得要从净利润中抵减掉。因为这项利得包括在净利润中，但并不表示出售建筑物又收到了额外的现金。出售建筑物收到的现金是列作投资活动的。因此，公司要将出售建筑物收到的现金350 000美元归类到投资活动部分。350 000美元的计算过程如下：

出售日建筑物的账面净值=850 000-575 000=275 000（美元）

出售利得=出售价格-账面净值

75 000美元=出售价格-275 000

350 000美元=出售价格

复习题概要

题目：

请看表8-2。假设预计残值是5 000美元而不是1 000美元。

1. 用直线法和双倍余额递减法（DDB）计算前2年中每年的折旧额。

2. 假设公司使用DDB提取折旧，并在第2年末按20 000美元以现金方式出售设备。计算设备出售的利得或损失。列示设备出售对设备和累计折旧T型账户的影响。设备出售应该列示在利润表中的哪个位置？如何列示？应该列示在现金流量表中的哪个位置？如何列示？

3. 假设公司使用直线法提取折旧，并在第2年末按20 000美元以现金方式出售设备。计算设备出售的利得或损失。比较上述两种情况下的利得或损失金额。

解答：

1.

单位：美元

	直线折旧额 =（C-R）÷n	双倍余额递减折旧额 =折旧率*×期初账面价值
第1年	36 000÷4=9 000	0.50×41 000=20 500
第2年	36 000÷4=9 000	0.50×（41 000-20 500）=10 250

*税率=2×（100%÷n）=2×（100%÷4）=50%。

2.

单位：美元

出售价格	20 000
出售设备的账面净值为41 000-（20 500+10 250）， 或41 000-30 750=	10 250
出售设备利得	9 750

注销账面价值的结果是资产减少10 250美元。注意，累计折旧的减少（仅减少累计折旧）使资产增加。

设备

取得成本	41 000	出售设备的成本	41 000

累计折旧——设备

出售设备的累计折旧	30 750	第 1 年折旧	20 500
		第 2 年折旧	10 250
			30 750

在利润表上，利得 9 750 美元可能以独立项目“出售设备利得”或“处置设备利得”来列示，还可以与类似的交易合并以“其他利得或损失”项目加以列示。在现金流量表上，应当把收到的 20 000 美元现金列示为投资活动现金流入。如果用直接法报告经营活动的现金流量，不需要作其他的处理。如果用间接法的话，在计算经营活动现金流量时则必须将 9 750 美元的利得从净利润中减掉。

3.

单位：美元

出售价格	20 000
出售设备的账面净值为 41 000－（9 000+9 000）	23 000
出售设备损失	3 000

尽管与问题 2 中的出售价格相同，但因为账面净值比问题 2 中的账面净值高出 12 750 美元，因此出售带来损失 3 000 美元而不是利得 9 750 美元。处置设备的利得或损失的金额取决于所用的折旧方法。

8.11 有形资产的重新估价

有形资产的市场价值在一段时间内可能会增加或者减少。会计规范允许公司对资产进行重新估价吗？即可以在资产价值上升时调增资产、在资产价值下降时调减资产吗？调增资产价值通常是不允许的，只有采用国际财务报告准则并选择对长期资产的重估方法的公司才可以调增资产价值。但国际财务报告准则和美国公认会计原则都规定应当进行资产减值重估。当一些事项或情形导致不动产、厂房和设备发生了减值，就应当调减资产价值。如果一项资产不再具有至少相当于其账面价值的经济价值，这项资产就被认为已经发生了减值。

8.11.1 国际财务报告准则中的重估方法

遵循国际财务报告准则并选择资产重估方法的公司应以公允价值来反映固定资产的价值，而不管这会导致账面价值的提高还是降低。公允价值是指熟悉情况的双方自愿进行的正常交易中某项资产的交换价格，通常由评估师根据基于市场的证据来确定。按照重估方法，公司可以按照公允价值对厂房价值进行重估，如果公允价值高于账面价值，则产生重估利得；如果公允价值低于账面价值，则产生重估损失。重估利得一般不包括在净利润中，而是直接增加股东权益，作为其他综合收益的一部分。但是，如果将以前确认为利润减项的重估损失转回，这项重估利得要计入利润。重估损失首先抵减该项资产以前的重估利得，剩余部分作为损失计入利润表。

公司一旦开始进行重估调整，就必须定期进行，以保证资产的账面价值是当前价值。另外，不论重估哪一项资产，公司都必须对同类资产中的所有其他资产进行重估。用重估方法进行核算的资产不需要提取折旧。尽管国际财务报告准则允许资产重估，但实务中很少采用。

8.11.2 资产减值

根据美国公认会计原则和国际财务报告准则，资产发生减值时就要进行调减资产价值的重估。美国公认会计原则和国际财务报告准则都要求公司在有迹象表明减值可能发生时对资产的减值进行复核。可能需要进行减值复核的迹象包括但不限于：资产的市场价格出现大幅下降，资产的使用方式出现重大变化，法律或商业环境出现了不利的变化，产品过时或者实物发生了损坏，或者预测表明如果继续使用该项资产将会发生损失。

英特尔公司按照美国公认会计原则进行报告。假设英特尔拥有账面净值为150 000美元的设备。由于科学技术和产品需求的变化，公司认为必须对该项资产进行减值复核。美国公认会计原则要求减值复核分两个步骤进行。复核过程的第一步是执行可收回性测试（recoverability test），即把使用和最终处置资产能够带来的未折现的预期未来现金净流量总额与资产当前的账面价值进行比较。如果现金流量加处置收入的合计数大于资产的账面价值，资产就没有发生减值；如果现金流量加处置收入的合计数小于资产的账面价值，就应当认为资产发生了减值。英特尔公司估计预期未来现金净流量合计数为127 000美元，小于账面价值150 000美元，因此有证据证明资产发生了减值。于是英特尔公司进行第二个步骤，就是计算减值损失的金额。

减值损失是资产的账面价值大于其公允价值的金额。如果被评估的资产有活跃的市场，则以市场价格作为资产的公允价值；在没有活跃市场的情况下，就必须用适当的评估方法估计资产的公允价值。例如，其中一个评估方法就是以一项资产产生的预期未来现金净流量的现值作为该项资产的公允价值。请注意，英特尔公司用全部未折现的预期未来现金净流量总额来确定是否发生了减值。但是，公司使用预期未来现金净流量的现值来计算损失的大小。假设该项设备的市场价格（公允价值）为105 000美元，则英特尔公司必须记录45 000美元的减值损失：

单位：美元

设备的账面净值	150 000
减：设备的公允价值	105 000
减值损失	45 000

记录减值损失的会计分录为：

减值损失	45 000	
累计折旧		45 000

英特尔公司在利润表的持续经营部分报告这项损失。如果损失的金额非常大，减值损失就有可能在利润表上作为一个独立的项目加以报告。否则它就可能被合并在其他费用项目中。上例中，资产新的账面价值是105 000美元。即使设备的公允价值上

升并超过了 105 000 美元，英特尔公司也不能将资产的账面价值恢复到 105 000 美元以上。一旦减值损失已经记录，就不能再恢复。

英特尔公司在 2008 年年报的附注 1 中这样解释公司的减值复核过程："如果有证据表明资产的账面价值可能不会恢复，或者使用寿命比我们最初估计的年限缩短，我们通常就要进行减值复核。我们通过将有关资产或资产组在剩余的预计使用年限中的未折现的预计现金净流量与它们各自的账面价值进行比较，来评估我们持有以备使用的资产的可收回性。如果发生减值，则以资产的账面价值大于公允价值的差额来确定。"英特尔公司还在 2008 年年报的附注 15 中指出，公司从 2006 年的第三季度到 2008 年的第四季度共发生了 8.88 亿美元的资产减值。

如果英特尔公司执行国际财务报告准则，那么资产减值的处理有什么变化？公司的减值复核过程只有一个步骤，就是将资产的账面净值与其可收回金额进行比较。资产的可收回金额以下面二者中较高的一项来确定：（1）公允价值减去出售成本，（2）使用中的价值，以预计未来现金净流量的现值来计算。如果账面净值大于可收回金额，则应当按差额确认资产减值损失。假设上述设备预期未来现金净流量 127 000美元的现值为 100 000 美元，英特尔为出售资产将发生成本 7 500 美元。则资产的可收回金额为 100 000 美元，即下面二者中较高的一项：

1. 公允价值减去出售成本，97 500 美元（105 000−7 500）
2. 预期未来现金净流量的现值，100 000 美元

因此，减值损失为 50 000 美元（150 000−100 000）。这 50 000 美元应当作为损失计入利润表，除非英特尔使用重估方法在以前确认过这项资产的重估升值。

按照美国公认会计原则，公司为转售而持有的长期资产的减值测试与前面讨论过的使用中资产的减值测试有所区别。第一步仍然是可收回性测试。但是，如果有减值损失，减值损失的金额等于资产的账面价值大于公允价值减出售成本（按上面的数据计算就是 97 500 美元）的差额。如果英特尔打算出售前面提到的资产，减值损失将是 52 500 美元（150 000−97 500）。而且，如果资产公允价值减出售成本的金额随后从 97 500 美元上升至 110 000 美元，英特尔公司应当将资产的账面价值增记至 110 000美元。为转售而持有的资产在记录减值损失以后可以增记其价值，但不能使增记后的资产价值超过资产最初发生减值时的账面净值。

8.12 无形资产

现在来关注另一类长期资产——无形资产。这些资产没有实物形态，而是对预期收益的权利或求偿权，并且通常以合约的形式存在。

根据美国公认会计原则，无形资产的会计处理取决于两个因素：（1）无形资产是公司从外部主体取得的还是在公司内部形成的，（2）无形资产的使用寿命是否有限或者不确定。先来考虑第一个因素。只有当公司从外部主体购买对资产的权利时，公司才可以在资产负债表上列示无形资产，而不能将公司内部支出所创造的等值的资产作为无形资产列示。例如，英特尔公司在 2008 年年报的附注 14 指出，公司向其他公司支付了 6 800 万美元以取得由其他公司开发的知识产权。英特尔公司将 6 800 万美元记录为无形资产。相反，假设英特尔公司花费 6 800 万美元自己开发类似的知识

产权，这项支出就应当列作费用，而不能确认为资产。

为什么外部取得与内部开发项目的会计处理存在这样的差异？确认资产的标准之一是资产带来的未来收益能够准确合理地计量。美国财务会计准则委员会认为，公司管理层很难诚实客观地估价内部研发工作的成果。因此，美国公认会计原则要求公司将内部研发的成本立即费用化，尽管公司确实能够从这些活动中获得未来收益。而当一家公司购买另一家公司的工作成果时，从购买者的角度看，约定的购买价格就是可核实的历史成本。

上述的差异引起了巨大的争议。近年来，知识经济型的公司数量呈现增长趋势。这些公司的价值主要在于像内部研发活动和知识资本这样无形的资源。但是，按照美国现行的公认会计原则，如果这些资源不是公司从外部取得的，公司就不能把这些资源记录为资产。一些分析师认为研发费用和为知识资本可能发生的其他支出应该资本化，他们对财务报表做了相应调整，就像下面的“财经热线”中介绍的那样。

财经热线

重编财务报表以反映研发成本

按照美国公认会计原则，大部分公司应该对内部研发支出立即费用化。为什么？美国财务会计准则委员会认为很难确定研发支出是否有用，并且，如果研发支出有用的话，也很难估计它的价值以及实现其价值所需要的时间。一些分析师认为，将研发支出确认为资产对于全面理解公司对所创造资源的全部责任是非常重要的。他们为研发支出确定了使用年限及假定的价值。

为了说明这个问题，我们来看礼来公司下面的数据。公司在2004年至2008年的5年间，研发支出从2004年的26.911亿美元上升至2008年的38.409亿美元，增长了42.7%，5年合计超过161.73亿美元。假设礼来公司每年都在这些支出发生时将其资本化，然后在接下来的4年中用直线法进行摊销（每年25%）。按照这样的做法，2004年支出的26.911亿美元在年末时表现为26.911亿美元的资产，并在接下来的4年中每年产生6.7278亿美元的摊销。到2008年年末，这些支出将全部摊销完毕而不再表现为资产。

来看礼来公司2008年的财务报表。如果允许礼来公司对研发支出资本化，则2008年的研发费用为30.8317亿美元，研发资产为87.7696亿美元，如下所示：

单位：百万美元

年度	研发支出	2008年利润表中的研发费用	2008年末未摊销研发支出的%	2008年12月31日资产负债表中的资产
2004	2 691.1	672.78	0	0.00
2005	3 025.5	756.38	25	756.38
2006	3 129.3	782.33	50	1 564.65
2007	3 486.7	871.68	75	2 615.03
2008	3 840.9	…	100	3 840.90
2008年价值合计		3 083.17		8 776.96

礼来公司将研发支出资本化的财务报表与按照美国公认会计原则报告的财务报表有何区别？将研发支出资本化所报告的 2008 年净利润比按照美国公认会计原则报告的净利润要高，因为资本化情况下利润表上的研发费用应该是 30.8317 亿美元，而不是 2008 年实际记录的 38.409 亿美元。研发支出资本化使 2008 年利润表上的研发费用降低了 7.5773 亿美元。而在资产负债表上，资产则要高出 87.7696 亿美元，比实际报告的总资产 292.126 亿美元高出大约 30%。当然，如果资产金额比较高，在资产负债表等式的另一边会产生一个抵消效果，留存收益和一些应交税金也会比较高。

礼来公司和其他的一些制药公司都是比较特殊的例子，因为他们的研发支出一般超过销售收入的 15%（礼来公司在 2008 年约为 18.8%）。一些年轻的、刚刚起步的生物科技公司的研发支出比例甚至更高。实际上，这些刚刚起步的公司中有一些没有销售收入，如果为了会计目的而将这些研发支出立即作为费用处理的话，有时它们实质上会没有资产。但是这些公司可能有很高的市场价值，因为它们的研发项目有很大的潜力。对历史成本模式下的数据进行调整对公司分析来说通常是有用的，研究密集型公司和年轻的刚刚起步的公司就是两个例子。本例中 4 年的摊销期是人为确定的，是为了使举例更简单。在不同的行业，根据科技进步的速度，可能要做不同的假设。

资料来源：http：//investor. lilly. com/secfiling. cfm？filingID=950152-09-1897.

内部研发成本应当费用化，但美国公认会计原则允许计算机软件公司作为一个例外。这些公司可以对打算出售或出租的软件的一部分开发和生产成本予以资本化，然后在软件的预计使用寿命内摊销这些资本化的成本。在这个行业中，在公司认为软件产品在技术上可行之前发生的研发成本要费用化。在公司认为软件产品在技术上可行之后，到产品实际投入生产之前，这段时间内发生的研发成本要资本化。这个例外对软件开发行业的公司的财务报表有重大的影响。

国际财务报告准则对研发支出的会计核算有不同的要求，并将研发支出划分为研究成本和开发成本。国际财务报告准则对研究成本的定义是，为了获得或了解新的科学技术知识而正在进行或计划进行的研究所发生的成本。研究成本不能资本化。国际财务报告准则对开发成本的定义是，在开始商业化生产和使用之前，将研究成果或专业知识应用于生产、生产方法、商品或服务所发生的成本。当公司足以确定开发成本带来的未来经济利益能够补偿相应的开发成本时，就必须将开发成本资本化。拜耳公司（Bayer AG）是德国的一家大型制药公司，按照国际财务报告准则编制财务报表。该公司在全球有超过 300 个的自营公司，并开展重大的研发活动。公司有一些其收益不确定能足以保证可将其资本化的开发支出，对于这些支出的资本化，公司在 2008 年年报中做了如下的说明："因为开发项目通常有规范的审批程序和一些不确定性，在收到审批之前所发生的成本，通常不满足资本化的条件。"

如果一个公司将购买的无形资产予以资本化，接下来的问题就是如何继续核算这项资产。按照美国公认会计原则的要求，接下来的会计处理取决于这项资产的使用寿命是否有限或者是否不确定。公司对认为使用年限不确定的无形资产通常不进行摊销，而是定期进行减值的评估。相反，公司要对寿命有限的无形资产在使用年限内进行摊销。如果无形资产有法律年限，其使用年限等于其经济使用年限和法律年限二者中较短的一个。由于无形资产可能会过时，其经济使用年限通常短于其法律年限。为了对这个过程有一个更好的理解，我们现在来考察一些使用寿命有限因此要进行摊销的无形资产。

讲解财务报表

假设一家大的制药公司收购了一家生物化学公司，这家生化公司在研发活动上的投入非常大。生化公司虽然只获得了一项专利权，但公司的研究渠道非常广。制药公司最感兴趣的正是生化公司的研究渠道。总的收购价格是1亿美元。对交易中取得的专利权，经过对其公允价值的独立评估，确定价值为0.15亿美元。购买价格中的其余部分是为研究渠道而支付的，研究渠道通常称为“收购的进行中的研究开发”(Purchased In-Process Research and Development，IPRD)。制药公司应该如何核算这笔收购交易?

答案:

制药公司应该把价值0.15亿美元的专利权记录为无形资产。很明显制药公司认为研究渠道会带来未来利益，否则公司不会愿意支付1亿美元。收购中取得的正在进行的研发活动的会计处理在近年来引起了相当大的争议。一些人认为进行中的研发活动的成本，或者成本中的一部分，应该确认为资产。毕竟，能够带来未来经济利益是资产确认的标准之一。还有一些人认为，收购中取得的正在进行的研发活动收益非常不确定，以至于不能满足资产确认的标准。然而，按照现行的公认会计原则，制药公司应当把收购的进行中的研发活动的成本0.85亿美元资本化。

8.12.1 无形资产举例

专利权（patents）是联邦政府给予产品或方法的发明人以（在美国）独享生产和销售其发明的产品或者使用其发明的方法的权利。专利权的最高时限为20年，20年之后，其他人才可以生产或使用发明人发明的产品或方法。假设一家公司以170 000美元从一位发明人那里购买了一项最新的专利产品。这项专利的法律年限还剩20年，但是因为技术的快速发展，这项专利的经济年限只有5年。摊销应该根据经济年限或法律年限二者中较短的一个进行，即按5年进行摊销，每年摊销费用为34 000美元（170 000美元÷5）。

版权（copyrights）是对重新生产和销售书籍、音乐作品、电影或者类似原创性产品的专有权利。在美国，由联邦政府授予这些权利，并对公司或个人提供创作者在世期间及离世后70年期限的保护。从政府获得版权的初始成本是很小的。但是，向所有者购买现有的版权可能要花一大笔支出。例如，平装书的出版商有时为了获得一部畅销小说的版权，要向作者支付超过100万美元。版权的法定寿命很长，但其经济寿命通常非常短。

商标权（trademark）是以名称、符号、标语、标记或标志来表示的一项产品或服务的与众不同的证明。可口可乐（Coca-Cola）标志或者很多计算机上“内含英特尔”(Intel Inside）的标记就是例子。商标、商号、秘密配方和类似的项目都是有经济寿命的财产权利，其经济寿命取决于估计使用时间的长短。如果看可口可乐公司的资产负债表，你会发现公司对秘密配方没有进行会计确认。秘密配方不是购买而是公司内部开发的，因此没有将其记录为资产。实际上，可口可乐公司之所以选择对配方保密而不是申请专利，是因为公司不想等到专利保护期满时其他公司可以自由生产其产品。可口可乐公司的资产负债表也没有把对可口可乐的商标权报告为一项无形资产，尽管公司已经花费数百万美元的广告费来提高商标的公众知名度，还为了保护商标免受侵犯花费了更多的资金。可口可乐公司的资产负债表上列示了一个名为商标权（trademarks）的账户。这个账户代表什么？可口可乐公司收购了芬达（Fanta）和美汁源（Minute-Maid）这些公司的商标权，因此要将这些商标权列示为无形资产。与此相似，百事（PepsiCo）公司在它的无形资产中包括了商标佳得乐（Gatorade）的价值，因为公司收购贵格公司（Quaker Oats Company）时也收购了它的商标权。

专营权（franchises）和许可权（licenses）是授予买方权利的法律契约，即买方可以按照特定条件销售某一产品或提供某一服务。麦当劳的地方性专营权就是一个例子。买者取得了一些权利，比如，使用麦当劳的名称、取得带商标的产品如杯子和袋子、分享广告和特别的宣传活动。作为交换，专营权使用人承诺遵循麦当劳的制作程序，遵守关于产品质量、卫生和价格的标准。其他一些私人公司可能取得汽车经销、酒店经营或者加油站的专营权。这些专营权协议都有确定的年限。专营权协议的条款会有很大的差别。通常专营权使用人要把取得专营权时的先付费用资本化，并在专营权的使用年限内对资本化的费用进行摊销。

政府机构可能会授予某一公司专营权或经营许可权，即授予公司在经营过程中使用公共财产的权利。比如，对铺设电话或输电线路的公司提供专营权，或者对广播公司提供电波使用权。专营权的期限短则 1 年，长则为永久专营权。在前面已经提到，影响外购无形资产会计核算的因素之一是资产的使用寿命是有限的还是不确定的。美国财务会计准则委员会把广播专营权作为可能具有不确定使用寿命的无形资产的一个典型例子。广播专营权有确定的法律年限，但广播公司也有可能以一个极小的成本再次获得专营权。

租借权（leasehold）是指在特定的超过 1 年的时间内使用固定资产（如建筑物或其中的一部分）的权利。从技术上讲租借权属于无形资产，但在资产负债表上租借权通常与厂房资产分为一类。如果一个公司拥有自己的厂房，它可以很明确地将厂房记录为有形资产。但是，如果一个公司租借厂房，它拥有的只是租借厂房的使用权而不是厂房本身。租借权能够带来未来利益（本例中就是使用厂房），但公司并不拥有租借厂房的所有权，因此租借权是无形资产。这种类型的租赁将在第 9 章中讨论。

与租借权相关的是租赁资产改良工程（leasehold improvement），即承租人（租户）出资对租赁的财产添加新的原料或进行改良。这些改良项目成为租赁财产的一部分，并在租赁期满时转给出租人。租赁资产改良工程有很多形式。比如，在屋内安装新的固定附属设施、嵌板、墙壁、空调设备等，在租赁期满时承租人必须将其留置在屋内。即使租赁资产改良工程的实物年限更长一些，但通常在租赁期内对其成本进行摊销。例如，好市多公司“按照使用年限和租赁期限二者中较短的一个”对租赁资产改良工程进行摊销。

8.12.2 无形资产的减值

美国公认会计原则与国际财务报告准则中对有确定使用年限的无形资产的减值管理规则与本章前面（8.11）讨论的长期有形资产是一致的。但使用年限不确定的无形资产减值的规则与有形资产有所不同。美国公认会计原则不要求对使用年限不确定的无形资产进行减值测试。当然，公司要将无形资产的账面价值与公允价值进行比较，如果账面价值小于公允价值，无形资产就没有发生减值；如果账面价值大于公允价值，就必须按照账面价值减公允价值之差确认减值损失。国际财务报告准则中，对有形资产和使用年限不确定的无形资产的减值要求与美国公认会计原则唯一的区别是，公司必须每年对使用年限不确定的无形资产进行减值测试，而不是只在资产出现可能减值的迹象时才进行减值测试。

8.13 商誉

前面讨论过的无形资产都是可以单独确认的。换句话说，这些无形资产是一家公司可以出售给另一家公司的资产。商誉则是一项不能与拥有它的公司相分离的无形资产，因此不能被出售或转让。公司只有在收购另一家公司的时候才能确认商誉。商誉等于公司为收购而支付的金额大于被收购公司可辨认净资产的公允价值的差额。我们将在第 11 章详细讨论商誉。

假设 Millard 公司以现金 1 000 万美元收购 Tigner 公司。在收购时，Tigner 公司全部资产的公允价值为 1 900 万美元，全部负债的公允价值为 1 300 万美元。因此，Tigner 公司资产减去负债的公允价值为 600 万美元。然而，Millard 公司已经同意以 1 000万美元收购 Tigner 公司。第 11 章将讨论为什么一家公司可能溢价购买另一家公司，以及如何将购买价格分配给不同的资产和负债项目。在本例中，Millard 公司以这样一个汇总会计分录核算合并业务（以百万美元计）：

商誉	4	
Tigner 的全部资产	19	
Tigner 的全部负债		13
现金		10

Millard 公司将商誉作为非流动资产记录在账簿中。

公司不能对商誉进行摊销。但是，公司必须每年或者有迹象表明可能减值的时候对商誉的减值进行复核。例如，2008—2009 年的信用危机毫无疑问使很多公司认识到了进行减值复核的必要性。商誉减值测试的具体内容超出了本书的范围。但是，如果一个公司认为商誉现在的价值已经达不到它的账面价值，就必须将商誉减记至它现在的公允价值，在某些情况下现在的价值可能会为零。下面的“财经热线”给出了商誉和其他长期资产减值的例子。

财经热线

资产减值的影响

顶级奥菲斯公司（Office Max，Inc.）是北美最大的办公用品零售商之一。公司的零售商店出售从纸笔到办公家具和计算机设备的名牌产品和自有品牌产品。公司还有一个合同分部负责直接对机构消费者和政府部门的销售。经济衰退使公司的零售业务和有合同的销售业务都受到了影响，2008 年的销售额比 2007 年下降了将近 9%，公司预计 2009 年的销售额会继续下滑。美国公认会计原则要求公司在有迹象表明可能发生减值时，对商誉、无形资产和其他长期资产的账面价值进行测试，以确定是否发生减值。2008—2009 年的经济衰退和信用危机使顶级奥菲斯公司和美国经济中各个行业的公司都出现了减值的迹象。

顶级奥菲斯公司通常在 1 月 1 日进行长期资产的减值复核。但是，在 2008 年第二季度和第四季度，公司管理层认为根据实际情况有必要在期中进行减值复核。导致公司得出这一结论的情况包括经济状况普遍疲软、失业率上升、公司的实际业绩以及预测经营业绩下滑、信用市场的持续紧缩、消费性支出和商业性开支处在较低水平、竞争加剧，以及与公司权益的账面价值相关的公司资本市场总额下降。

当上述经济状况尘埃落定，在截至 2008 年 12 月 27 日的财务年度中，顶级奥菲斯公司在利润表中列报了 82.67 亿美元的销售额和 16.62 亿美元的净损失。利润表中列示的“商誉及其他资产减值”项目金额高达 21 亿美元，占销售额的 25.4%！报表附注中对这一巨额减值损失的内容进行了说明。其中雷曼兄弟破产导致的应收票据这一金融资产的减值接近 7.36 亿美元。其余的 13.64 亿美元为无形资产和固定资产的减值，其中主要是商誉的减值。下面的表格详细列示了无形资产和固定资产减值损失的构成，以及减值损失占相关资产账户的比重。

单位：百万美元

资产账户	2007 年 12 月 29 日余额	2008 年 12 月 27 日余额	减值损失	减值损失占资产期初余额的百分比
商誉	1 217	0	1 201	98.7% *
商标	173	66	107	61.9%
固定资产净值	581	491	56	9.6%
资产合计	6 284	4 174	1 364	21.7%

* 由于外币业务折算导致商誉金额减少，因此不等于 100%。

并非只有顶级奥菲斯公司在 2008 年记录了巨额减值损失。下表中的公司在 2008 年都出现了税前巨额的商誉和无形资产减值。

并非只有按照美国公认会计原则进行报告的美国公司在 2008 年发生减值损失。来看下面这些执行国际财务报告准则的公司。荷兰皇家飞利浦电子公司（Royal Philips Electronics）记录了 3.01 亿欧元的商誉减值。2009 年被巴斯夫公司（BASF）收购的瑞士巴塞尔化学工业公司（Ciba）确认了 5.9 亿瑞士法郎的商誉减值。总部位于法国的阿尔卡特朗讯公司（Alcatel-Lucent）报告了大约相当于 50 亿美元的减值。

公司	商誉和无形资产减值损失	减值损失占商誉和无形资产期初余额的百分比
花旗集团（Citigroup）	107.73 亿美元	16.9%
时代华纳（Time Warner）	241.68 亿美元	25.7%
哥伦比亚广播公司（CBS）	141.82 亿美元	49.7%
梅西公司（Macy's）	56 亿美元	56.0%

资料来源：http://investor.officemax.com/phoenix.zhtml? c = 85171&p = irol-sec; http://files.shareholder.com/downloads/TWX/643500380 × 0 × 5950144 - 09 - 1481/1105705/filing.pdf; www.macysinc.com/Investors/vote/2009_ ar.pdf.

8.14 自然资源的折耗

长期资产中的最后一部分是自然资源，比如矿物、石油、木材（有时称为递耗资产）。折耗是用来在一段时间内分配自然资源取得成本的一个系统的会计方。折耗不同于折旧，因为折耗特别强调自然资源实物的使用和消耗，而折旧更广泛地强调固定资产经济价值的减少，包括实物的耗损和过时。

会计人员通常将自然资源的成本被划分为非流动资产。但是，购买自然资源实际上就像买大量的存货一样，这些存货或者产于地下（铁矿石），或者产于地上（木材）。折耗费用是对企业在特定时期内耗用的这些“长期存货”进行的计量。例如，一个煤矿的总成本假设为 2 000 万美元，煤矿中可用煤炭的原始蕴藏量估计为 100 万吨，则折耗率为 2 000 万美元÷100 万吨 = 每吨 20 美元。如果企业在第 1 年开采 100 000吨，则该年度的折耗费用为 100 000×20 美元，即 200 万美元。企业每年都要计量开采的煤炭数量，并以开采数量为基础记录折耗金额。

在上述煤矿的例子中，企业是以生产数量为基础计量折耗的。企业可能将每年的折耗直接减记资产，或者在一个类似于累计折旧的独立的对销账户中加以汇总。环境方面的法律和道德责任经常使一个企业在消耗自然资源之后要花费大笔资金使资源的原所在地恢复安全和美丽的环境。企业在计算单位折耗时，要把这些预计将来会发生的成本加入到需要折耗的总成本中。因此，单位折耗不仅包括自然资源的原始成本，还包括未来的恢复成本。折耗中的储藏地未来恢复成本部分，可以记入“恢复负债”（liability for restoration）账户，这一账户的金额随着开采的继续而增加。

记忆要点

1. 将费用与资本性支出相区别。会计人员必须将每项支出在资本化还是费用化之间进行选择。应当将符合资产确认标准的支出予以资本化，而其他支出则应予以费用化。能够在多个期间带来收益的资本化项目属于长期资产。

2. 计量土地、建筑物和设备这样的有形资产的取得成本。这种取得成本既包括资产的购买价格，也包括使之达到预计可使用状态必然发生的所有杂项成本。

3. 采用不同的折旧方法为建筑物和设备计算折旧。折旧是资产的历史成本在使用年限内的系统分配。本教程所讨论的三种折旧方法是直线法、双倍余额递减法和产量折旧法。直线法所计算的使用中各年的折旧费用相等，是以应计折旧价值（成本减去残值）除以实物年限和经济年限中较短者来计算各年折旧额。双倍余额递减法是余额递减的一种方法，在这种方法下，在使用的第一年记录最大的年折旧额，以后逐年递减。年折旧额等于年初的账面价值乘以折旧率。双倍余额递减法的折旧率等于直线法折旧率的2倍，即等于2×（100%÷使用年限）。产量折旧法是根据资产实物的使用情况计算折旧额，比如根据汽车的行驶里程。单位工作量的折旧费等于应计折旧额除以资产的估计工作量总数。年折旧额等于单位工作量的折旧费乘以实际工作量。

4. 根据预计使用年限或预计残值的变化重新计算折旧额。可能要根据新的信息来修改当初估计的固定资产使用年限或残值。如果重新估计的使用年限或残值会使折旧费用发生重大的变化，那就要根据新的估计来修改折旧额计算表。对估计的变化应采用未来适用法进行调整，即企业不需要回头去修改以前期间的折旧费用，而是要根据修改后的估计重新计算估计修改当期和以后所有期间的折旧费用。

5. 区分财务报表折旧与所得税折旧。提供给股东的财务报告和提交给证券交易委员会的报告经常与提交给税务机关的报告不同。按财务报表列示规则所提供的信息对投资者和管理人员有用。规范税赋计算的税收规则则是为了达到政治的和经济的目标，并使纳税人有权利按照使费用最大化因而使税赋最小化的观点进行一定的选择。因此，公司为了满足两方面的要求而保持两套记录。

6. 解释折旧对现金流量的影响。折旧本身并不能带来现金。但是，在计算所得税时折旧是可以抵减的。因此，在任何一个年度的纳税申报表上报告的折旧额越大，年度税前收益和缴纳的所得税就越低，企业用来缴纳所得税的现金数额就越少，企业持有的现金数额也就越大。

7. 核算后续支出。企业应该将固定资产的日常修理和维护支出立即费用化。相反，能够增加固定资产提供的未来收益的改良支出应该资本化，即增加固定资产的价值。

8. 计算固定资产处置的利得和损失，并考虑这些利得和损失对现金流量表的影响。因为处置收入不等于处置资产的账面价值（即初始历史成本减去累计折旧），所以会产生固定资产处置的利得或损失。如果处置收入大于账面价值，企业就要在利润表上确认处置利得；如果处置收入小于账面价值，则要确认处置损失。在现金流量表上，处置固定资产取得的现金属于投资活动的现金流入。按照直接法编制现金流量表时，这一部分现金流入对经营活动现金流量的计算没有影响。但用间接法计算经营活动现金流量时，起点是净利润，这个净利润中包括了处置资产的所有利得或损失。为了调整净利润以计算经营活动的现金净流量，要在净利润的基础上减去处置资产的利得，或者加上处置资产的损失。

9. 对利用国际财务报告准则允许的重估方法的公司，确定有形资产的资产负债表估价。国际财务报告准则允许对固定资产按照公允价值进行重新估价。按照国际财务报告准则，不论资产的公允价值高于或者低于资产的账面价值，公司都可以对固定资产按照公允价值进行重新估价。按照重估方法进行核算的资产不需要提取折旧。

10. 核算有形资产的减值。一些事项或情形的发生，会使资产之于公司的经济价值小于资产的账面价值。美国财务会计准则委员会要求按照两个步骤来测试有形资产的减值测试。第一步是可收回性测试，即将使用和最终处置资产能够带来的预期未来现金净流量合计数与资产的账面价值进行比较。如果账面价值大于未来现金流量，就认为资产发生了减值。如果资产是为使用目的而持有的，则减值损失等于资产的账面价值大于公允价值的金额。如果资产是为转售目的而持有的，减值损失则等于资产的账面价值大于公允价值减出售成本的金额。国际财务报告准则规定的减值测试要求按资产的账面净值与可收回金额二者中较低者来确认资产。

11. 核算无形资产以及无形资产的减值。无形资产是没有实物形态的资产，而是法律或契约性的权利，包括专利权、商标权和版权等。企业对从外部主体购得的这些项目要资本化。一些购得的无形资产具有有限的寿命。企业要对这些无形资产在其使用年限内进行摊销。未摊销的账面价值作为资产项目列示在资产负债表上。另一些购得的无形资产具有不确定的使用年限。企业不能对使用年限不确定的无形资产进行摊销。但是，企业要对所有已经记录的无形资产复核是否发生减值，如果公允价值小于账面价值，就要减记无形资产的价值。企业对内部创造的无形资产不能予以资本化，而是在这些支出发生时将其费用化。

12. 说明商誉的报告。商誉是一项无形资产，它等于收购价格大于被收购企业可辨认净资产的公允价值的差额。商誉不需要进行摊销，但当企业认为商誉已经发生减值时，就必须减记商誉的价值。

13. 解释自然资源的折耗。折耗是指在自然资源的开发期间对其成本进行分配的会计过程。企业一般要使用生产产量法来分配取得自然资源的成本。在一些情况下，企业估计未来要发生一些成本以减少对环境的破坏，并使开采地区恢复美丽的环境。会计人员要估计未来发生的这些成本，并将其包括在每年的折耗费用中，以使总成本与自然资源创造的收入恰当地配比。

会计词汇

加速折旧 accelerated depreciation
工作量折旧法 activity method
摊销 amortization
一揽子购买 basket purchase
改良 betterment
改良性资本支出 capital improvement
资本化 capitalize
版权 copyrights
折耗 depletion
应折旧价值 depreciable value
折旧计算表 depreciation schedule
处置价值 disposal value
双倍余额递减法 double-declining-balance（DDB）method
支出 expenditures
公允价值 fair value
固定资产 fixed assets

专营权 franchises
商誉 goodwill
减值 impaired
改良 improvement
无形资产 intangible assets
租借权 leasehold
租赁资产改良工程 leasehold improvement
许可权 licenses
一揽子购买 lump-sum purchase
维护成本 maintenance
调整后的加速成本补偿系统 Modified Accelerated Cost Recovery System（MACRS）
货币性资产 monetary assets
非货币性资产 non monetary assets
专利权 patents
厂房资产 plant assets
可收回性测试 recoverability test
可收回金额 recoverable amount
修理成本 repairs
残值 residual value
残余价值 salvage value
残料价值 scrap value
直线折旧 straight-line depreciation
有形资产 tangible assets
终值 terminal value
商标权 trademarks
产量折旧法 unit-of-producting depreciation
使用年限 useful life

练习题

8-1 计算收购成本

20×2 年 1 月 1 日，埃德蒙顿大学收购了一块紧邻现在校区的 20 英亩的土地。土地上有仓库、停车场和私用车道。学校支付了 600 000 美元现金，又签发了一张 300 万美元的票据，票据每年要支付 300 000 美元以及按未偿付余额的 10% 计算的利息。

学校支付现金 150 000 美元拆除了仓库，以便建设新的教学楼。为建设教学楼，学校首付现金 300 万美元，并签发了一张 700 万美元的抵押票据，票据每年要支付 250 000 美元以及按未付金额的 10% 计算的利息。

1. 计算埃德蒙顿大学应该记入“土地”（land）和“建筑物”（building）账户的成本。

2. 为上面的交易编制会计分录（不加摘要）。

8-2 政府设备：计算收购成本

美国国税局的一个部门购买了一些旧的计算机。计算机的安装成本为 10 000 美元，使用前的修理成本为 11 000 美元。年薪 56 000 美元的采购主管花了 1 个月的时间来考察这批计算机并完成这笔交易。发票价格为 400 000 美元。卖方向它的销售人员支付 5% 的佣金。如果买方能够在 60 天内付款，还向买方提供 2% 的现金折扣。运输成本为 6 400 美元，由买方支付。使用第 1 年的修理费用为 12 000 美元。

计算应该记入“设备”账户的资本化成本的合计数。卖方在 60 天内收到货款。

8-3 一揽子购买

20×2 年 2 月 21 日，Speed-Tune，一个汽车服务连锁店，以 920 000 美元从当地一家破产的加油站手中购买了一幢建筑物和土地。核税官员给出 20×2 年 1 月 1 日土地的评估价值为 200 000 美元，建筑物的评估价值为 600 000 美元。

单位：美元

土地	200 000
建筑物	600 000
合计	800 000

购买价格 920 000 美元应该分摊给建筑物多少？为什么？

8-4 折旧的会计分录

20×1 年 1 月 1 日，Dayton 汽车配件公司以现金 594 000 美元购买了 9 个完全相同的装配机器人。机器人的预计使用寿命为 10 年，预计残值合计为 54 000 美元。Dayton 公司用直线法折旧。

1. 开设 T 型账户，为购买交易和第 1 年的折旧编制会计分录，并过入 T 型账户。

2. 在 20×3 年 12 月 31 日，Dayton 公司按 38 000 美元以现金方式卖掉了一个机器人。机器人的初始成本为 66 000 美元，预计残值为 6 000 美元。为这笔销售交易编制会计分录。

3. 看要求 2。假设 Dayton 公司按 60 000 美元而不是 38 000 美元以现金方式出售机器人。为这笔销售交易编制会计分录。

8-5 折旧的会计分录

（替代题目是 8-4 和 8-6。）阿拉斯加航空公司（Alaska Airlines）2008 年 6 月 30 日的资产负债表包括下列项目（单位：百万美元）：

不动产和设备	
飞机及其他飞行设备	3 431.0
其他不动产和设备	608.6
将来购买飞行设备的存款	309.8
减：累计折旧和摊销	1 181.7
不动产和设备净值	3 167.7

假设在 2008 年 7 月 1 日，阿拉斯加航空公司又以现金 880 000 美元购买了一些新的维修设备。设备预计使用年限为 5 年，预计残值为 80 000 美元。公司以直线法提

取折旧。

1. 编制每年为新设备提取折旧的会计分录。

2. 假设阿拉斯加航空公司出售了 2008 年 7 月 1 日购买的部分设备。出售设备的原始成本为 330 000 美元，预计残值为 30 000 美元。公司在购买这些设备 2 年后以现金 230 000 美元将其出售。为这笔销售业务编制会计分录。

3. 看要求 2。假设公司是以现金 200 000 美元而不是 230 000 美元出售设备。为这笔销售业务编制会计分录。

8-6 折旧的会计分录

（替代题目是 8-4 和 8-5。）可口可乐公司 2008 年 12 月 31 日的资产负债表包括如下项目（单位：百万美元）：

不动产、厂房和设备	14 400
减：折旧准备	6 074
	8 326

假设在 2009 年 1 月 1 日，可口可乐公司以现金 160 万美元购买了一些新的装瓶设备。设备预计使用年限为 4 年，预计残值为 400 000 美元。可口可乐公司用直线法折旧。

1. 编制可口可乐公司每年为新设备提取折旧的会计分录。

2. 假设可口可乐公司出售了 2009 年 1 月 1 日购买的部分设备。出售设备的原始成本为 60 000 美元，预计残值为 15 000 美元。公司在购买这些设备 2 年后以现金 32 000美元将其出售。为这笔销售业务编制会计分录。

3. 看要求 2。假设公司是以现金 41 000 美元而不是 32 000 美元出售设备。为这笔销售业务编制会计分录。

8-7 简单的折旧计算

一个公司取得了下列资产：

1. 传送带，使用年限 5 年，成本 38 000 美元，直线法折旧，预计残值 5 000 美元。

2. 卡车，使用年限 3 年，成本 18 000 美元，双倍余额递减法，预计残值 1 500 美元。

计算每项资产前 3 年的折旧额。

8-8 产量折旧法

Rockland 运输公司有许多卡车，预计使用寿命为 200 000 英里。公司根据行驶里程计算折旧额。假设 Rockland 公司以 80 000 美元购买了一台新卡车。新卡车的预计残值为 8 000 美元。新卡车在第 1 年行驶了 60 000 公里，第 2 年行驶了 90 000 公里。

1. 2 年中每年的折旧费用是多少？

2. 如果公司在第 2 年末以 30 000 美元出售卡车，计算出售卡车的收益或损失。

8-9 基本的折旧方法

（替代题目是 8-10 至 8-12。）U-Haul 以 120 万美元购买新卡车。卡车的预计使用年限为 4 年，预计残值为 200 000 美元。

编制类似于表 8-2 的折旧计算表，比较直线折旧和双倍余额递减折旧。

8-10 产量法、直线法和双倍余额递减法

（替代题目是 8-9、8-11 和 8-12。）Yukon 采矿公司以每台 640 000 美元购买特殊钻机。每台钻机能开采大约 125 000 吨矿石，开采之后残余价值为 40 000 美元。Yukon 在 20×1 年 1 月初购买了一台这样的钻机，20×1 年的计划开采量为 60 000 吨，20×2 年为 45 000 吨，20×3 年为 20 000 吨。这台钻机计划在第 3 年末出售，出售时残值为 40 000 美元。Yukon 正在考虑采用产量折旧法、直线法还是双倍余额递减法计提钻机的折旧。

分别按照 3 种方法，计算钻机每年的折旧额。

8-11 常用折旧方法的比较

（替代题目是 8-9、8-10 和 8-12。）Port Angeles Cedar 公司以 32 000 美元购买锯，预计使用年限为 5 年，预计残值为 2 000 美元。列表比较（类似于表 8-2）直线法和双倍余额递减法下每年的折旧额和账面价值。如果这两种方法都可以为纳税报告目的而使用，公司更喜欢使用哪一种方法？

8-12 基本的折旧政策

（替代题目是 8-9 至 8-11。）假设 Safeco 保险公司的印刷部门以 280 000 美元取得一台新的印刷机。设备的预计使用年限为 8 年，预计残值为 40 000 美元。

编制类似于表 8-2 的折旧计算表，比较直线法和双倍余额递减法。全部金额都以千美元表示（近似到十位取整）。明细表中只需列出前 3 年的折旧。列出每年的折旧额以及年末的账面价值。

8-13 累计折旧

凯瑞迪恩公司（Ceradyne，Inc.）在 2008 年 12 月 31 日的资产负债表上报告了下列项目（单位：千美元）：

不动产、厂房和设备净值	251 928
累计折旧	113 227

1. 计算 2008 年 12 月 31 日不动产、厂房和设备的历史成本。

2. 如果公司对大部分资产按 12 年的经济年限以直线法计算折旧，大多数资产的使用年数是大于 5 年还是小于 5 年？解释您是如何进行判断的。

8-14 估计的使用年限和残值的修改

Nowling 公司在 2010 年 1 月 1 日以 75 000 美元购买了一台机器。购买时估计机器的残值为 5 000 美元，使用年限为 10 年。Nowling 公司用直线法计算折旧。在 2014 年初，Nowling 公司发现竞争对手突然推出了一种新产品，这种新产品会削减市场对本公司产品的需求。因此，公司估计这台机器在 2016 年以后就不会再使用了。Nowling 认为到那时公司能够以 2 000 美元将机器出售给废物处理商。

编制类似于表 8-2 的折旧计算表，将原本的折旧计算表（2010—2019 年）与按照修改的预计使用年限和残值编制的折旧计算表（2010—2016 年）进行比较。全部金额都以千美元表示（近似到十位取整）。

8-15 折旧、所得税和现金流量

富来克（Fleck）公司以现金和普通股股票 150 000 美元在 20×1 年 12 月 31 日

开始经营。当天，公司以现金 50 000 美元购买设备。设备的预计使用年限为 5 年，预计残值为 5 000 美元。第 1 年经营产生现金销售收入 180 000 美元，发生现金经营费用 100 000 美元。

1. 用表 8–3 的格式编制 20×2 年利润和现金流量的分析表。假设（a）直线折旧和（b）双倍余额递减折旧。假设所得税税率为 40%。富来克公司以现金支付所得税。公司在对股东的报告和对所得税税务机关的报告中使用相同的折旧方法。

2. 检查你对要求 1 的回答。折旧产生现金吗？尽可能准确地加以解释。

3. 假设公司把 20×2 年直线法和双倍余额递减法下的折旧额增加了 1 倍。这对税前现金流量有何影响？请详加说明。

8–16 调整的加速成本补偿系统（MACRS）与直线折旧

芝加哥机器公司以 260 万美元购买特殊的制作设备，使用年限为 5 年，没有残值。为纳税目的，公司按照 MACRS 编制了 3 年期、双倍余额递减法的折旧计算表。在对股东的报告中，公司使用直线折旧法。

1. 解释为纳税目的采用加速折旧的两个原因。

2. 计算第 1 年（a）对股东报告的折旧额和（b）为纳税目的的报告的折旧额。（不考虑本章没有介绍的税法中的内容。）

8–17 租赁资产改良工程

必胜客（Pizza Hut）公司拥有一份租约，在郊区商业中心租用了一块 10 年期限的场地。在接近租赁第 6 年末的时候，公司运用租赁许可的权利，拆除了围墙并安装了地板和照明设施。在租赁期满时，必胜客公司不能带走这些改良设施。改良工程成本为 120 000 美元。重装装置的使用年限预计为 12 年。

120 000 美元的支出会影响哪些账户？每年的摊销额是多少？

8–18 资本性支出

考虑下列交易：

1. 以定金加抵押应付款的方式购买建筑物；
2. 为取得的建筑物支付拖欠的不动产税；
3. 为建筑物购买新的空调系统；
4. 支付建筑物按揭的利息；
5. 支付建筑物按揭的本金；
6. 支付现金股利；
7. 支付销售人员的交通费；
8. 支付门房人员的工资；
9. 支付保安人员的工资。

要求：

1. 指出哪些是资本性支出。
2. 指出哪些是当年的费用。

8–19 资本性支出

分析下面每一笔交易，指出每一项支出是资本性支出（C）还是当年的费用(E)。

1. 向一位提供市场战略意见的咨询师付费；
2. 为一幢租赁的建筑物安装新的照明设备；
3. 支付设备的常规维修费用；
4. 开发了一项专利，研发成本为 50 000 美元；
5. 支付使设备使用寿命延长的大修理费用；
6. 从通用电气公司以 40 000 美元购买一项专利权；
7. 付款为公司车队中的一辆汽车调整引擎。

8-20 修理和改良

Yakima 小麦公司以 90 000 美元购买收割设备，预计使用年限为 5 年，预计残值为 10 000 美元。公司用直线法折旧。在设备使用的第 4 年，发生与设备相关的下列支出：

1. 加油和涂油，200 美元。
2. 更换传送带和胶皮管，450 美元。
3. 在年末最后一周进行大修理，包括更换发动机。设备的使用年限从 5 年延长至 8 年。成本为 31 000 美元。残值现在预计为 11 000 美元，而不是 10 000 美元。

用文字说明上面 3 项内容在第 4 年分别对利润表和资产负债表有何影响。列表比较初始的折旧计算表和修改后的折旧计算表。

8-21 设备的处置

东部地区医院的门诊部以 29 000 美元购买了 X 光设备，预计使用年限为 5 年，预计残值为 4 000 美元。医院使用直线法折旧。在第 4 年末医院按 12 000 美元以现金方式将设备出售。

1. 计算出售设备的收益或损失。说明设备出售对会计等式的影响，要列出所影响的账户的名称。设备出售应该列示在利润表的哪个位置？如何列示？

2. （a）列出要求 1 中交易的会计分录；（b）假设现金方式出售设备的价格是 8 000美元而不是 12 000 美元，列出要求 1 中交易的会计分录。

8-22 出售固定资产的利得或损失

Luigi’s 比萨公司在 20×1 年初以 45 000 美元购买了一台小型运输车，使用年限为 5 年，用直线法折旧，预计残值为 5 000 美元。公司在确认了 3 年的折旧之后在 20×4 年初卖掉了运输车。

1. 假设公司出售运输车收到现金 27 000 美元。计算出售的利得或损失。为运输车的出售编制会计分录。

2. 假设公司出售运输车收到现金 14 000 美元。计算出售的利得或损失。为运输车的出售编制会计分录。

8-23 处置设备的收益或损失——对现金流量表的影响

伊卡路斯（Icarus）软件公司出售了 5 台计算机。这些计算机是公司在 5 年前以 120 000 美元购买的。出售时计算机的累计折旧为 90 000 美元。

1. 假设伊卡路斯公司出售计算机收到现金 30 000 美元。公司应该如何在现金流量表上列示这笔销售业务？

2. 假设伊卡路斯公司出售计算机收到现金 40 000 美元。公司应该如何在现金流量表上列示这笔销售业务（包括如何调整净利润和如何反映经营活动的现金净流量）?

3. 假设伊卡路斯公司出售计算机收到现金 20 000 美元。重复 2 中的要求。

8-24 不同的无形资产和减值

考虑下列内容：

1. 一位出版商在 20×1 年 12 月 29 日以 300 万美元取得了史蒂芬·金（Steven King）的一本书的平装书版权。大部分书籍预计会在 20×2 年和 20×3 年出售，两年的销售状况相同。20×2 年的摊销额是多少?

2. 20×1 年，C 公司的研发部门花费 600 万美元，取得了一项有价值的新专利权。20×1 年 12 月末，D 公司向外部投资者支付 600 万美元取得了一些有价值的新专利权。按照美国公认会计原则，在截至 20×1 年 12 月 31 日的年度中，两个公司的利润表分别受到怎样的影响? 20×1 年 12 月 31 日的资产负债表受到怎样的影响?

3. 20×8 年 12 月 28 日，布莱克电力公司（Black Electronics Company）以 500 000 美元为一部计算器购买了一项专利权。专利权的法律年限还有 10 年。由于技术进步非常快，公司预计在第 5 年专利权就一钱不值了。20×9 年的摊销额应该是多少?

4. （1）在截止日为 20×3 年 12 月 31 日的会计年度中，萨米拉公司（Samela Corporation）以现金 1 200 万美元收购了哈多克公司（Haddock Company）。收购时，哈多克公司全部资产的公允价值为 2 200 万美元，全部负债的公允市场价值为 1 500 万美元。萨米拉公司应该如何编制会计分录来记录对哈多克公司的收购业务?

（2）20×4 年 12 月 31 日，萨米拉公司执行复核程序，以确定在上述交易中形成的商誉是否已经发生减值。经复核确定商誉的公允价值为 300 万美元。萨米拉是否需要编制会计分录来确认商誉的减值? 如果需要，请编制会计分录。

8-25 不同的无形资产

考虑下列内容：

1. 在 2010 年 12 月 29 日，索尼（Sony）公司以 800 000 美元购买了一项对一些广播设备的专利权。专利权的法律年限还有 16 年。因为技术进步非常快，索尼公司估计专利权在第 8 年末就一钱不值了。2010 年的摊销额是多少?

2. （1）基因泰克公司（Genentech）是一家生物科技公司，销售收入大约为 130 亿美元，2008 年研发部门的支出为 28 亿美元。这些支出形成了一些新的有价值的专利权。

（2）假设基因泰克公司在 2008 年 12 月份向公司外部的不同公司支付了 28 亿美元，取得了这些新专利权。

在截至 2008 年 12 月 31 日的会计年度中，情况（1）和（2）对基因泰克公司的利润表有何影响? 对基因泰克公司 2008 年 12 月 31 日的资产负债表有何影响?

3. 在安洛杰公司（Analogic Corporation）2008 年的资产负债表上，资产项目中包括了一项价值为 231.9 万美元的软件。报表附注中披露“在技术可行性确定之后直至软件产品的全面发布，所发生的软件开发成本都予以资本化。技术可行性的确定以完成详细的程序构思为标志。资本化的金额在相关产品的经济使用寿命中按照直线法进行摊销，摊销期限一般为 3 年”。假设安洛杰公司在这项活动中每年花费的金额相等。如果将预计经济寿命由 3 年变为 4 年，并在 4 年内摊销资本化的全部软件成本，公司的资产负债表和利润表有何变化？

8–26 **长期资产减值的计算**

文森特（Vincent）公司购买了一幢办公大楼，出租给了许多小公司。大楼的原始成本为 1 500 万美元，20×5 年末的账面净值为 1 100 万美元。根据 20×6 年 1 月开始生效的地方法规的变化，文森特公司认为租户对大楼的满意度会下降，预计租金也会下降。公司估计地方法规的变化使得大楼的公允市场价值由 1 900 万美元下降到了 750 万美元。公司认为有必要复核大楼可能发生的减值。

1. 假设使用和最终处置大楼能够带来的未折现预期未来现金净流量为 900 万美元。如果大楼发生了减值，计算文森特公司应该确认的减值损失的金额。假设文森特公司按照美国公认会计原则编制财务报表。

2. 现在假设文森特公司执行国际财务报告准则。文森特公司一直以历史成本作为固定资产的计价基础，该大楼的账面净值为 1 100 万美元。未折现预期未来现金净流量估计为 900 万美元，这些现金流量的现值为 740 万美元。文森特公司估计如果出售大楼的话，将会发生 10 万美元的出售成本。如果大楼发生了减值，计算文森特公司应该确认的减值损失的金额。

8–27 **折耗**

某锌矿中锌矿石的蕴藏量估计为 100 万吨。锌矿的成本为 1 440 万美元。锌矿经营的第 1 年即 20×1 年开采量为 15 万吨。

1. 20×1 年的折耗费用为多少？

2. 假设 20×2 年的总开采量为 12 万吨，20×2 年的折耗费用为多少？

第9章　负债与利息

学习目标

通过本章的学习，您应当能够：

1. 核算流动负债；
2. 计量并核算长期负债；
3. 对债券的发行进行全程核算；
4. 对长期租赁负债进行估价与核算；
5. 对养老金及其他退休金计划予以估价；
6. 解释递延所得税负债；
7. 运用比率分析评价公司的负债水平；
8. 计算并解释现值与终值（附录9）。

本章核心案例：魔术盒公司（Jack in the Box）

当您想吃汉堡的时候，您可能会顺便到魔术盒公司。魔术盒公司最初只是一个"免下车"汉堡餐厅，现在已经发展到有2 100多家经销店，销售额达到25亿美元。这家建立于圣地亚哥的公司还经营450多家Qdoba Mexican Grill餐厅。魔术盒公司在扩张过程中通过筹借资金来开设新店。2008年公司新开设了38家餐厅，而且计划每年开设40~45家新店。在2008会计年度末，公司负债大约合计10亿美元，其中5.16亿美元为长期负债。长期负债几乎比5年前增加了80%。公司最大的借款是2007年取得的4.75亿美元的一笔定期贷款，现在还有4.15亿美元没有偿付，每年利息为2 800万美元。本章中我们将学习魔术盒这样的公司如何对借入的资金进行核算。

为什么魔术盒公司希望保持如此高的负债？公司为什么要借款？公司之所以借款，是因为管理层相信公司只有持续增长才能保持其竞争力。如果公司能够用借款来不断提高销售收入和每股收益，管理层和股东都能够从中获益。举借资金成功的关键是公司利用借入资金赚取的收益必须大于为借入资金而付出的代价。

并非只有公司才需要借款。比如，个人在买车或买房时就可能要借款，贷款人会仔细评估购买人的财务状况，并特别关注购买人的首期付款金额。首付款比例越高，说明借款人的自有资金越多，贷款人在提供贷款时就越觉得放心。2008—2009年的金融危机告诉我们，如果贷款人不对借款人的偿还能力保持警惕，那将会发生什么。许多银行都因为借款人不能偿还贷款而陷入困境。

同样，公司普通股或债券的潜在投资者也会认真比较公司的负债与股东权益，以评估投资的潜在风险。因此，如何准确定义负债、如何更好地向财务报表使用者披露负债，都是美国公认会计原则的重要内容。

9.1　负债概述

如前所述，负债是指公司需要向其他公司或个人支付现金、提供商品或服务的义务。负债包括应付雇员的工资、应付供应商的货款、应付政府部门的税金、应付贷款人的借款本息、败诉的赔偿义务等。这些偿付义务通常产生于公司与供应商、贷款机构等公司以外的主体或与雇员所发生的交易。当公司在支付现金前确认偿付义务时，一项负债就产生了。

在评估公司普通股的价值或决定是否向公司提供新的贷款以及在做出其他决策时，投资者、财务分析师、管理层及贷款人都要评估公司的现有负债水平。当公司负债过高或者无力偿还现有负债时，各种问题就会接踵而至。例如，通常向公司赊销的供应商可能就要评估公司的负债水平。如果认为负债过高，供应商可能会拒绝再供货或者采用现款交货的销售方式。同样，贷款人可能会拒绝发放新的贷款；顾客也可能因为担心公司不能维持到能够履行其售后承诺之时而宁愿到其他公司购买产品。一旦公司失去了贷款人和顾客，公司的前景就会暗淡，债务问题也会像滚雪球一样迅速扩大。正因为债务管理不善会产生严重的问题，财务报表使用者都十分关注公司的负债水平。我们来看魔术盒公司是如何报告其负债的。表 9-1 列示了该公司资产负债表中的负债部分。

表 9-1 **魔术盒公司合并资产负债表中负债部分**

2009 年 9 月 27 日及 2008 年 9 月 28 日 单位：百万美元

	2009	2008
流动负债		
一年内到期的长期负债	68	2
应付账款	64	100
应计费用	206	214
流动负债合计	338	316
长期负债（扣除本期到期部分）	357	516
其他长期负债	234	161
递延所得税	2	48
负债合计	931	1 041

魔术盒公司按惯例将负债分为流动负债和长期负债（非流动负债），这种分类有助于财务报表使用者了解公司债务的流动性。通过第 4 章的学习，我们知道了流动负债是指那些在未来 1 年或超过 1 年的 1 个营业周期内到期的债务。相反，长期负债是指在资产负债表日后超过 1 年才到期的债务。有时，公司也会按年或按月分期偿还长期负债。在表 9-1 中可以看出，魔术盒公司将 1 年内到期的长期负债（2009 年 9 月 27 日为 6 800 万美元）列为流动负债。

不同的负债一般以单独的总分类账户分别加以反映，如雇员薪金、佣金、利息及类似项目。但在年度报告中，这些负债通常合并起来列作一项流动负债，即“应计负债”或“应计未付费用”。有时，人们会省略“应计”两个字而直接将这些负债称作“应交税金”、“应付工资”等。同样，也有人省略“未付”两个字而将其称作“应计工资”或“应计税金”。魔术盒公司只将应付账款单独报告，而将其他所有应计费用合并在一起。

会计人员通常根据偿还负债所需支付的现金数额或者需要提供的商品或服务的现金价值来计量负债。流动负债的计量相当容易，会计处理也比较简单。下面我们就来学习流动负债。

9.2 流动负债会计

有些流动负债是对公司与贷款人或供应商等外部主体之间发生的交易进行记录的结果。另一些流动负债则是随着时间推移而形成的，比如利息或工资，需要编制调整分录加以记录。下面将分别讲述几种不同类型流动负债的核算。

9.2.1 应付账款

应付账款是指应支付给供应商的款项。像美国 90% 以上的大公司一样，魔术盒公司也在流动负债部分将应付账款列为一个单独的项目。当然，也有一些公司将应付账款合并到应计负债中列示。由于应付账款业务伴随着大笔资金的流动，因此，会计人员需要认真地设计应付账款交易的数据处理流程和内部控制系统。其中的关键问题就是要确保只对本公司的合法义务进行支付。

内部控制系统一般要求管理人员对所有的付款都采用支票形式。为什么？因为预先编号的支票不仅为会计处理带来方便，而且有助于公司准确地掌握资金流向。

良好的内部控制系统还要求所有签发的支票都必须有原始凭证，有时候是纸质凭证，但越来越多采用电子形式记录。首先，必须有订货单（purchase order）。订货单要标明订货的数量和价格。其次，必须有收货单（receiving report）。收货单应注明所收到的货物及其状况。会计人员要将订货单、收货单与销售方开具的发票（invoice）进行核对。这一流程需要进行定期、系统的复核，以确保不出现差错；而一旦出现差错，按照这一流程留下的原始凭据也便于追踪查找。由于交易流程涉及的人员较多，采用这一系统往往能够避免差错的发生，或者在差错没有造成重大影响之前尽早发现。很多系统都设计成只对经批准的供应商付款，而对批准的供应商名单以外的支付要有主管人员的批准。有些公司则不同，当供应商的计算机系统提供有效的原始信息后，公司内部的计算机系统就会自动支付。

9.2.2 应付票据

公司在取得借款时通常签发承兑汇票。承兑汇票（promissory note）通常称为应付票据，是承诺在未来某一特定日期偿还借款本金和利息的书面凭据。大多数承兑汇票都是应付银行的票据。魔术盒公司将应付票据称为定期借款，目前有 4.15 亿美元尚未偿还，这些债务将以特定的按季付款方式在 2012 年到期前偿还。

应付票据在资产负债表中的列示因情况而异。1 年内到期的应付票据归为流动负债；其他的则归为长期负债。魔术盒公司只有一笔“定期借款”，其中的 6 800 万美元将在明年到期，3.47 亿美元则在后年到期。公司在 2009 年资产负债表中把将在 2010 会计年度到期的应付票据列示为流动负债；其余的 3.47 亿美元列在了 3.57 亿美元的长期负债中。许多公司还有商业票据（commercial paper），就是一些优秀的公司为直接向投资者融资而发行的债务契约。商业票据的有效期是9个月甚至更短，通常是发行日后60天，所以属于流动负债项目。

公司也设立信贷额度。信贷额度（line of credit）是一个事先约定的借款限额，借款公司不必再经过严格的信用审核或其他的繁琐程序就可以取得不高于这一金额的贷款。信贷额度没有固定的支付计划，而且对借贷双方都有利。贷款人无需在借款人每次借款时都进行信用审核并填写繁杂的书面材料，借款人则可以按照预定金额取得贷款。魔术盒公司把公司将在2011年12月15日到期的信贷额度称为“循环信贷额度（revolving credit facility）”。魔术盒公司在2009财务年度末没有信贷额度借款，如果有的话，这项借款属于长期负债，因为公司直到2011年12月才需要偿还。另一个例子是可口可乐公司。可口可乐公司在其2008年度的资产负债表中这样解释60.66亿美元的借款和应付票据：

借款和应付票据主要包括在美国发行的商业票据。公司在2008年12月31日未偿还的商业票据借款约为53.89亿美元……此外，公司在2008年12月31日的可用信贷额度为34.62亿美元，其中实际借款金额约为6.77亿美元。

可口可乐公司在商业票据市场上的融资金额高于银行借款金额，原因是商业票据市场的利率较低。当然，只有那些像可口可乐一样前景可观而且信用卓著的公司才能够发行商业票据。

9.2.3 应计雇员补偿

应计负债是指公司已经在利润表中确认但尚未支付的费用。我们首先来看应计雇员补偿。许多公司都设置单独的流动负债账户来核算应计雇员补偿，比如应付工资、应付佣金。魔术盒公司则把这项负债和其他应计费用合并在一起。

我们在前面的章节中举过一个例子，是假设某雇员每周赚100美元，并在每周的发薪日拿到现金100美元。不过，实际上工资的核算绝非这么简单。例如，雇主必须从雇员工资中代扣应当支付给政府部门、保险公司、工会和慈善组织等机构的款项。

先来看一下代扣个人所得税及社会保障税（也称为联邦保险贡献法案或FICA规定的税）中雇员应缴的部分。假设魔术盒公司的某个餐厅月工资总额为100 000美元。为简便起见，假设代扣款项仅包括个人所得税15 000美元以及社会保障税7 000美元。代扣款项并不是公司的额外成本，它只是雇员工资的一部分，由公司代为交付第三方，而不是直接交给雇员。为100 000美元的工资编制如下会计分录：

工资费用	100 000	
应付工资		78 000
应付个人所得税		15 000
应付社会保障税		7 000

公司还必须支付工薪税和附加福利，这是为雇员支付的工薪以外的成本。工薪税是支付给政府部门的、雇主应付的那部分社会保障税、联邦和州失业税以及工伤补偿税。附加福利包括雇员养老金、人寿和健康保险及休假津贴。很多公司的附加福利超过了工资的30%。如果一名雇员年薪为30 000美元，公司实际为他支付的金额为

39 000美元（30 000+30 000×30%）。公司必须对这些成本中的每一项进行预计并作为公司的负债。如果公司在资产负债表日还没有支付这些项目，则必须将它们包括在流动负债项目中。

请注意，社会保障税有两部分，公司从雇员的工资中代扣一部分，公司自己再缴纳大致相同的金额。假设魔术盒公司从雇员工资中代扣社会保障税 7 000 美元，公司为雇员缴纳 7 000 美元，另外按工资总额的 10% 缴存退休金账户。下面的会计分录反映了这项业务对魔术盒公司财务报表的影响：

雇员福利费用	17 000	
雇主应付社会保障税		7 000
应付养老金		10 000

9.2.4 应付所得税

世界上几乎每个国家都规定，公司必须按收益的一定百分比缴纳所得税。所得税不是一次性缴纳，而是根据估计的年度应纳税额分期缴纳。因此，年末时应计所得税负债通常都会比年度所得税费用低很多。

例如，假设某公司估计 20×0 年的应税所得为 1 亿美元，税率为 40%，公司估计当年应纳税额为 4 000 万美元，则应按如下的进度来缴纳税款（单位：百万美元）：

	4 月 15 日	6 月 15 日	9 月 15 日	12 月 15 日
预计缴纳的税款	10	10	10	10

公司必须填制最终的所得税申报表并备案，在 20×1 年 3 月 15 日前要缴纳最后一笔税款。假设当年实际的应纳税所得是 1. 1 亿美元而不是原来估计的 1 亿美元，税款总额则为 4 400 万美元。在 20×1 年 3 月 15 日，公司应该对另外 0. 1 亿美元的应税所得缴纳 400 万美元的所得税。20×0 年 12 月 31 日资产负债表上流动负债中的应计负债应列示如下（单位：百万美元）：

应交所得税	400

为简单起见，上述举例中假定是每个季度等额付款。但随着时间的推移，估计的日历年度应税所得可能会发生变化，公司因此应该相应地调整季度付款额。无论估计的应纳税所得额如何变化，在 3 月 15 日前总是要多退少补，并在年底按应计制进行调整。

9.2.5 1 年内到期的长期负债

一个公司的长期负债中经常包括将在 1 年内到期支付的部分，这部分长期负债要报告为流动负债。需要编制会计分录将 1 年内到期的长期负债重新划分为流动负债。根据表 9-1 中魔术盒公司的资料，对将在 2010 会计年度内到期的长期负债在 2009 年编制重分类会计分录如下：

长期负债	68 000 000	
长期负债中本年到期的部分		68 000 000

9.2.6 销售税

零售商是代表联邦或当地政府来收取销售税的。例如，假设客户要为 10 000 美元的销售额缴纳 7% 的销售税金，则零售商从客户那里应收取的款项就应该是 10 700 美元（10 000+700）。这项交易对资产负债表的影响如下（单位：美元）：

资产	=	负债	+	股东权益
+10 700	=	+700		+10 000
[增加现金或应收账款]		[增加应交销售税]		[增加销售收入]

利润表中的销售收入应该是 10 000 美元，而不是 10 700 美元。销售税金并不影响利润表。向客户收取的 700 美元销售税影响流动负债中的“应交销售税”（sales tax payable）账户，在公司缴纳税金之前，这项负债要列示在资产负债表中。销售及随后向政府缴纳税款的会计分录（省略摘要）如下：

现金或应收账款	10 700	
销售收入		10 000
应交销售税		700
应交销售税	700	
现金		700

9.2.7 可退还押金

客户有时需要交付押金，以后再全额返还。可退还押金常见的例子有：为应退还容器如软性饮料瓶、油桶或啤酒桶交付的可退还押金。另外，许多房主要收取保证押金，如果租户没有损坏任何物品，就可以在租赁期满时向租户全额返还押金。

收取押金的公司一般将收到的押金记为应付款项，尽管“应付”这个词可能并不是特指收取的押金。收取押金的公司要编制如下形式的会计分录（假订单位为千美元）：

1. 收到押金	现金	100	
	应付押金		100
2. 返还押金	应付押金	100	
	现金		100

“应付押金（deposits payable）”账户是一项流动负债，用来反映公司收取的押金。

9.2.8 未实现收入

在第 4 章中我们学习过，未实现收入是公司在赚取相关收入之前收取款项而形成的。这些未实现收入通常是流动负债，因为它要求公司在 1 年内提供商品或服务，或者全额退款。未实现收入的例子有预收的租赁费、杂志订阅费、保险费、预售飞机票或电影票的收入以及预收的修理费。预收 100 000 美元服务费以及后来提供服务时确认相应收入的会计分录如下：

现金	100 000	
未实现收入		100 000
记录向客户提前收取的款项。		
未实现收入	100 000	
销售收入		100 000
确认向预付款的客户提供服务时实现的销售收入。		

预收而未实现的收入有很多种说法。例如，时代华纳公司（Time Warner Cable）称之为“递延收入和与用户相关的负债（deferred revenue and subscriber-related liabilities）”，纽约时报公司（The New Yord Times Company）称之为“预付订阅费（unexpired subscriptions）”，最大工作搜索网站的运营商巨兽全球公司（Monster Worldwide）则称之为“递延收入（deferred revenues）”。

讲解财务报表

假设某球队以每张 100 美元的价格出售赛季球票，票款在赛季初收取。球队以日历年度作为会计年度。40% 的比赛在 11 月份和 12 月份进行，其余 60% 的比赛在下一年度的 1 月份和 2 月份进行。2010 年至 2011 年赛季所有的 15 000 张球票都出售一空。指出这些业务对 2010 年的利润表和资产负债表以及 2011 年的利润表有何影响。

答案：

球队在 2010 年收取票款 150 万美元（100 美元×15 000）。但是，球队在 2010 年只赚得了其中的 40%，即 60 万美元，所以 2010 年的利润表中应该列示收入 60 万美元。2010 年资产负债表的流动负债中应列示“预收收入（revenue received in advance）”或未实现收入（unearned revenue）、递延收入（deferred revenue）90 万美元（60%×150 万美元）。这 90 万美元是递延收入，球队要在打完其余的比赛赚得这些收入以后，才在 2011 年的利润表中将其确认为收入。

9.2.9 产品质量保证

有些流动负债很难准确地计量。例如，售后对产品质量的保证产生了一项负债，但产品保证费用以后才会实际发生，所以，会计人员必须对保证费用金额予以估计。如果保证负债的金额很大，公司就要在产品销售时预计这项负债，而不能等到客户实际得到保修服务时再确认，因为保修责任在产品销售时就产生了。例如，福特汽车公司对产品保证会计描述如下：“在将汽车销售给经销商的时候就要确认估计的产品保证成本。”

公司通常要根据过去在残次产品更换或维修方面的经验数据来预计产品保证费用。虽然预计金额应该接近实际水平，但很难做到完全准确。假设某公司的销售收入为 2 000 万美元，根据经验发现保证费用平均为销售收入的 3% 左右，则对 2 000 万美元收入相关的产品保证费用编制的会计分录应该是：

保证费用	600 000	

保证负债（或其他类似的名称） 600 000

记录根据当期销售预计的保证负债，当期销售额为 2 000 万美元，保证负债比率为 3%，即 60 万美元。

当实际发生保证费用时，作如下会计分录：

保证负债 1 000

现金、应付账款、应付工资或类似账户 1 000

记录提供保修服务时发生的采购成本、接受外单位劳务成本和雇员工资。

如果估计的产品保证费用是准确的，则所有会计分录中保证费用的合计金额约为 60 万美元。但如果有其他信息表明保证费用不是 60 万美元，就要相应地调整预计的负债金额。例如，假设有信息证明产品质量问题导致的保证费用预计会增至 70 万美元，而不是原来估计的 60 万美元，那就要在“保证负债（liability for warranties）”账户和“保证费用（warranty expense）”账户中增加 10 万美元。

执行国际财务报告准则的公司将保证负债归入称为“准备（provisions）”的项目中。“准备”是时间或金额不确定的负债。它们是由过去的事项引起、很可能要承兑或承付的义务，并且该义务的金额能够可靠地估计。例如，意大利汽车生产商菲亚特公司（Fiat）在其 2008 年财务报表的准备项目附注中包括了如下内容（单位：百万欧元）：

	2007 年 12 月 31 日	保证费用 （charge）	实际支付的 保证费 （utilization）	收入调整 （release to income）	其他变化	2008 年 12 月 31 日
准备	1 334	1 230	（1 166）	（68）	（34）	1 296

“charge”是指 2008 年的保证费用，“utilization”是指 2008 年支付的质量保证赔偿金额，“release to income”是指 2008 年由于保证估计变化而导致的收入变化金额。

以上讨论的是流动负债。下面我们继续学习长期负债。

9.3 长期负债

长期负债是指至少 1 年以后到期的负债。债权人及债务人应该如何准确计量长期负债的价值？答案是利用货币的时间价值。所谓货币的时间价值就是指未来收入或付出的 1 美元与现在的 1 美元并不是等价的。如果您不熟悉货币时间价值特别是现值的概念和计算方法，那就一定要认真学习附录 9 的内容。因为在债券、租赁、养老金和其他长期负债的计量中都要用到现值。我们先来学习债券和票据。

9.3.1 公司债券

许多公司都非常需要借入资本，所以他们经常在资本市场上通过向公众发行公司债券的方式来筹集资本。债券（bonds）是正式的债务证书，证书上要注明：（1）承诺按特定的年利率以现金支付利息，年利率通常称为名义利率（nominal interest rate）、合同利率（contractual rate）、票面利率（coupon rate）或设定利率（stated rate）；（2）承诺在某一特定的到期日支付本金，通常称为票面金额（face amount）

或面值（par value）。债券通常每半年支付一次利息。从根本上讲，债券是出具给许多债权人的各种本票。

我们通常将债券称为可转让（negotiable）金融票据或证券，因为债权人可以将债券转让给其他人。有时候公司也直接向养老金计划或者保险公司这样的财务机构发行债券来筹集资金，我们把这样的债券发行称为私人配售（private placements），因为大众并不持有或交易这样的债券。在美国，私人配售债券提供的资金占公司借入资本的一半以上。这种发行方式很流行，因为这种债券一般便于操作，而且贷款人能够非常仔细和直接地评价借款人的信誉状况。借贷双方可以为了满足各自的特殊要求来量身定做债券的特定条款。

9.3.2 债券的特征

债券发行者可以通过很多方式确定债券的条款以满足自己的需求。这一节我们就来讨论公司可以在债券中注明的一些条款。

清算中优先——抵押债券与后偿债券　债券条款可以帮助确定公司清算（liquidation）时债券持有者的优先要求权。清算意味着公司将资产转换成现金以偿还对外的债务。例如，抵押债券（mortgage bonds）是以特定财产做抵押来确保债权人的利益，万一出现债务不能偿还的情况，抵押债券的持有人可以首先从财产的变卖所得中获得补偿。

相比之下，信用债券的持有者得到补偿的优先权比较低。信用债券是一种对公司整体资产而不是特定资产具有一般要求权的债务证券。公司清算时，信用债券持有人与其他普通债权人——比如想收回其应收账款的供应商一样，对公司的可利用资产享有同样的权利。但有一种情况例外。如果信用债券是后偿的（subordinated），则债券持有者只有在其他普通债权人的要求权得到满足后，才对剩余资产有要求权。

为了解释这个问题，我们假设一个进行清算的公司只有一项资产，即一幢建筑物。处置该建筑物获得现金 110 000 美元。公司负债总额 160 000 美元，具体内容如下：

单位：美元

负债	
应付账款	50 000
优先抵押债券	80 000
后偿债券	30 000
负债总额	160 000

抵押债券的持有者对该建筑物有直接的要求权，可以收回全部债权 80 000 美元。贸易债权人（公司欠其货款的供应商）的债权 50 000 美元只能按剩余现金收回 30 000美元（即 1 美元债权收回 0.60 美元）。后偿债券的持有者将得到剩余的财产——本例中的债权人一无所获。

现在假设 30 000 美元的债券不是后偿债券，则债券持有者拥有与公司供应商同等的要求权。公司在支付了抵押债券持有者 80 000 美元的债务后，剩余的 30 000 美元现金就要按比例偿还剩下的供应商和债券持有者的债务 80 000 美元，具体计算如下：

单位：美元

负债		偿付金额
应付账款	50 000	5÷8×30 000＝18 750
优先抵押债券	80 000	80 000
非后偿债券	30 000	3÷8×30 000＝11 250
	160 000	110 000

如果按照优先权的大小排序，首先应该是抵押债券，然后是非后偿债券和应付账款，最后是后偿债券。因为风险高的债券其利率也高，所以抵押债券的利率最低，信用债券次之，后偿债券的利率最高。

对债券持有者的保护——债券契约　许多债券包含保护性契约（protective covenants）或者简单地称为契约（covenants）。保护性契约通常限制借款人作出某些行动的能力，或者赋予贷款人在特定条件下强制借款人提前支付款项的权利。例如，如果借款人没有支付利息，保护性契约可以要求其立即归还借款，也可以限制贷款人出售特定的财产，或者限制股利的分配，除非借款人自发行债券以来创造了额外的收益。总之，保护性契约能保护债券持有者的利益。根据低风险低利率的原则，这些保护性契约可以使债券的安全性更高，因此利率也就更低。

保护性契约还经常授予债券持有者这样的权利，即如果公司没有达到保护性契约中规定的某些要求，债券持有者有权利要求归还借款本金。这些要求可能包括保持充足的留存收益（以限制股利分配）、保持足够高的股东权益对负债的比率、保持充足的现金及应收账款，或者在没有先行偿还已有债务的情况下禁止发行额外债务。

例如，魔术盒公司指出，公司的借款受“一些习惯性契约的限制，包括对额外借款、收购、向特许权证持有人提供贷款、资本性支出、租赁承诺、股票回购和股利发放的限制，而且必须保持特定的财务比率，并用超额现金流量的一部分偿还定期贷款”。贷款人通常根据不同的借款人和不同的情况量身定做债券的契约。总之，保护性契约越多，对借款人的限制也越多，对贷款人就越具有吸引力。您可以在下面的“财经热线”中了解有关保护性契约的更多信息。

财经热线

债券的保护性契约

债券承诺在特定时间支付利息并归还本金。但是投资者已经知道，通过签订债券的保护性契约以限制借款人自由可以控制借款人将来不能偿付的风险。这些契约形式多样，可以限制借款人支付股利、限制另外借款，或者可能被要求维持某些比率，例如负债对权益的比率、流动比率等。

为了使这些保护性契约有效，贷款人通常要求借款人提供经过审计的季度财务报表，同时要求审计师对没有发生违背保护性契约的情况提供保证。如果借款人违背了保护性契约，就必须立即偿还借款。虽然当借款人违背这些契约时贷款人不一定要求偿还全部借款，但贷款人可以趁此机会与借款人就贷款的契约重新谈判。谈判的结果可能是提前偿还借款、提高利率、发行普通股，或者其他的一些补偿措施。

保护性契约随着可预见风险的大小而变化。目前带有"控制权变化"契约的债券很普遍，即当一个公司的普通股所有权改变时，这种债券就要立即偿还。这种情况可以称之为 RJR 契约，因为一家杠杆收购公司，即科尔伯格—克拉维斯—罗伯兹公司（Kohlberg Kravis Roberts & Co.，KKR 公司）在 1989 年以 314 亿美元恶意收购雷诺烟草公司（R. J. Reynolds Tobacco，RJR 公司）以后，这种情况就变得很平常了（这是 90 年代中期以前最大的公司收购事件）。当 KKR 公司收购 RJR 公司时，RJR 有各种尚未偿还的债券。在并购过程中，KKR 公司发行了额外的债券并且同 RJR 公司原来已有的债券享有平等的权利。因此，新公司的负债很高，投资者担心合并后的公司不能对债券持有人进行偿付。所以，在 KKR 公司和 RJR 公司宣布合并的当天，已发行债券的价值就下跌了 14%。从那以后，许多贷款人把控制权变化这一条加入债券契约中，以确保无论什么时候发生收购的情况，他们都有权利按面值（到期值）收回债权。

2008—2009 年的金融危机使很多公司违反了或接近违反保护性契约。清晰频道通信公司（Clear Channel）就是一个例子。该公司有 1 590 万美元与收入相关联的有担保优先债务的保护性契约。当收入下降时，公司就接近违反保护性契约的危险边缘。违约将使银行有两种选择：将公司的高额负债重组，或者修改有担保债务的定价条款——提高利率和收费。这两种情况都不是清晰频道通信公司所希望的。

随着垃圾债券以及夹层债券（由愿意冒险的借款人发行）市场的扩大，为保护债券持有人的保护性契约已经越来越普遍了。例如，有一些保护性契约限制借款人资本投资的数量。向零售业务贷款的贷款人要求，只有在原有商店的销售额增长的情况下，才可以投资开设新店。总之，贷款的风险越大，贷款人就要求有更多的保护性契约。虽然这些契约保护了贷款人，但它也严重限制了借款人的自由度。附有保护性契约的借款确实是一把双刃剑。

资料来源：Kohlberg，Kravis，Roberts & Co. Web site（www. kkr. com）；Crane，Agnes，"Clear Channel's Debt Covenant Creep，" Reuters Blogs（September 1，2009）.

可赎回债券、偿债基金债券和可转换公司债券 附加的债券契约可以提高或降低债券的吸引力。一些债券是可赎回的（callable），即发行方有权利在到期前赎回债券。赎回价格一般高于债券的票面价值，差额称为赎回溢价（call premium）。例如，假设某公司在 2010 年发行面值为 1 000 美元的债券，2034 年到期，在 2024 年以后可以随时以 1 050 美元赎回，则每 1 000 美元债券的赎回溢价是 50 美元。可赎回债券对借款人有利，因为借款人可以选择提前赎回债券或者等到债券到期。但是，这给贷款人带来了不确定性，因此贷款人要求可赎回债券的利率要比较高。赎回溢价补偿了无

法预期的提前赎回给贷款人带来的风险。

偿债基金债券（sinking fund bonds）要求债券的发行方每年都要向偿债基金存入一定数额的资金。偿债基金（sinking fund）是为偿还特定负债而留置的一定数量的现金或证券，该基金仅能用来偿付该项负债。偿债基金通常在其他资产项目下列示。偿债基金使债券持有人确信公司在债券到期时有足够的现金偿付债券本金。建立偿债基金的契约使贷款人更愿意购买这种债券，因此偿债基金债券的利率较低。

可转换债券（convertible bonds）是指持有人可以将其转换为其他的证券，通常是转换为发行公司预定数量的普通股股票。由于具有可转换的特点，这种债券的利率要低于不具有转换优先权的类似债券。美国公认会计原则要求将可转换债券列作负债。国际财务报告准则则认为可转换债券包含了负债和权益两种成分：（1）负债部分的价值等于按照风险水平相当的债券的市场利率确定的利息和本金的现值；（2）权益部分的价值等于投资者支付额中超出负债初始价值的部分。

9.3.3 债券利率、债券折价和债券溢价

对所有债券来说，利率都是一个非常重要的问题。前面已经介绍过，名义利率即票面利率决定了每半年的利息金额。除了票面利率，我们还应该关注市场利率（market rate），它是此时投资于类似债券的实际利率。这是购买债券的投资者要求获得的利息。如果市场利率不等于票面利率，公司发行债券时则不能按票面金额获得资金。当市场利率高于票面利率时，债券就要折价出售——债券折价（bond discount，或 discount on bonds）是票面价值高于债券发行收入的金额。当票面利率高于市场利率时，债券就要溢价出售——债券溢价（bonds premium，或 premium on bonds）是债券发行收入高于票面价值的金额。请注意，债券折价或者溢价并不反映发行者的信誉状况，它们只反映了票面利率与市场利率的差额。二者的差异通常是由于在确定债券契约条款至债券发行的期间内市场利率发生变化导致的。

现在举例加以说明。假设某公司发行面值为 1 000 美元、2 年期、票面利率为 10% 的债券，每半年付息一次，到期归还债券本金。表 9-2 列示了在 3 种不同的市场利率条件下债券的价值，即计算了各期所付利息的年金现值与到期支付的票面金额的现值之和。请注意：

1. 本例中标注的是年利率，但公司通常每半年付息一次。因此，利率为 10% 的债券实际是每半年按 5% 支付利息。2 年期的债券有 4 个付息期，10 年期的债券则有 20 个付息期，依此类推。

2. 市场利率越高，所支付的债券本息的现值就越低。

3. 当市场利率等于票面利率 10% 时，债券的价值等于票面金额 1 000 美元。我们称之为债券的平价发行。

4. 当市场利率为 12%，高于票面利率 10% 时，债券就要折价发行。公司发行债券实际收到 965.35 美元，比面值 1 000 美元少 34.65 美元。

5. 当市场利率为 8%，低于票面利率 10% 时，债券就要溢价发行。公司发行债券实际收到 1 036.30 美元，比面值 1 000 美元多 36.30 美元。

表 9-2　**计算面值为 1 000 美元、票面利率为 10%、2 年期债券的市场价值**　单位：美元

	现值系数	现值总额	各期现金流量 0	1	2	3	4
年市场利率为 10%，或半年市场利率为 5% 时本金							
查表 9A-2，期数为 4							
0. 8227×1 000 = 822. 70	0. 8227	822. 70					1 000
利息							
查表 9A-3，期数为 4							
3. 5460×50 = 177. 30	3. 5460	177. 30		50	50	50	50
合计		1 000. 00					
年市场利率为 12%，或半年市场利率为 6% 时							
本金	0. 7921	792. 10					1 000
利息	3. 4651	173. 25		50	50	50	50
合计		965. 35					
年市场利率为 8%，或半年市场利率为 4% 时							
本金	0. 8548	854. 80					1 000
利息	3. 6299	181. 50		50	50	50	50
合计		1 036. 30					

译者注：原著中表 9A-1 为复利终值系数表，表 9A-2 为复利现值系数表，表 9A-3 为年金现值系数表。本译著均略。

债券是折价发行还是溢价发行取决于发行当时的市场利率。债券发行以后，市场利率可能会发生变化。债券持有者会在市场上卖出他们的债券，出售价格取决于当前同类债券的市场利率，而不是债券发行时的市场利率。我们称当前的市场利率为债券的到期收益率（yield to maturity），债券本金以及按合同规定需要支付的利息都以该利率来计算现值，即债券的当前价格。

市场利率或到期收益率是由什么决定的？这要受很多因素影响，其中有总体经济形势、行业状况、使用发行债券所筹资金的风险，以及债券的具体特性。对此，我们总结了 3 个基本的要素，即实际利率、通货膨胀补偿率和公司特有的风险因素。

1. 实际利率（real interest rate）是投资者要求的回报，因为他们为投资而推迟了消费。如果让您选择是现在还是以后拥有 1 美元，现在拥有通常是更好的选择。过去若干年的实际利率是 3% 左右。

2. 通货膨胀补偿率（inflation premium）是投资者要求的额外利息，因为在他们收回债券投资以前总体价格水平可能会上涨。这是一种预期，人们的预期差别很大。在一些国家，通货膨胀率已经超过了每年 100%，而美国和大多数发达国家最近的通货膨胀率只有每年 3% 左右甚至更低。

3. 最后一项是公司的特有风险补偿率（firm-specific risk），这是指公司不能及时

偿还本金或者不能按时支付利息的风险。在任何一项投资活动中，投资者都有可能失败，只有极少部分人不得不采取法律手段收回到期的投资。对信誉很好的公司来说，公司特有风险补偿率在1%到2%之间；而对面临财务困境的公司，其特有风险补偿率则会达到或超过10%。

前两个影响因素反映了总体经济形势。第3个因素是公司自身具体情况的反映，并使不同公司的债券收益率有所不同。投资者要仔细地分析他们所投资的公司的风险状况。例如，比较一下美国政府发行的1 000美元的债券与威瑞森公司（Verizon）和来爱德公司（Rite Aid）发行的1 000美元的债券。2009年，美国政府债券的年利率为3.5%左右，而同期威瑞森公司债券的年利率为4.7%，来爱德公司债券的年利率为12.0%。由此可以看出，威瑞森公司债券的风险要大于美国政府债券的风险，而来爱德公司债券的风险就更大了。

9.3.4 债券风险评估

虽然评估债券风险是必要的，但是许多债权人还是不愿意花时间去深入地分析每一种债券的风险。因此，一些商业服务机构开发出了信用评价系统，即根据发行者的信誉状况进行债券的等级评价。莫箴特有限公司（Mergent, Inc.，以前称为穆迪Moody）和标准普尔（Standard & Poors, S&P）公司（即麦格劳-希尔（McGraw-Hill）公司的一个分支机构），也许是最有名的两个信用评价机构。

信用等级高的债券比较安全，而信誉等级高的公司发行的债券通常利率较低。看一下不同信用等级债券的平均利率。下面是“莫箴特债券记录”提供的每年6月份的数据，Aaa的信用等级最高，Baa的信用等级最低。

等级	Aaa	Aa	A	Baa
2008	5.68	6.11	6.43	7.07
2003	4.97	5.72	5.92	6.19
1998	6.53	6.78	6.88	7.13
1993	7.33	7.51	7.74	8.07
1988	9.86	10.13	10.42	11.00

请注意，随着信用等级从左向右逐渐下降，利率随之逐渐增加。风险较低的公司发行的债券，其到期收益率也较低。另外，在1988年至2003年期间，各个信用等级的利率在平稳下降。然而，所有的利率都在2008年有所提高，这反映了整个市场的风险在增加。

为了确定信用等级，莫箴特公司除了分析公司的销售水平、获利能力和负债水平等财务数据以外，还经常向公司的管理层了解情况。在美国，债务可以依法强制执行，债权人迫使公司进行清算来偿付利息和本金的例子很多。这就是安然、世通、锋利图像（Sharper Image）、电路城（Cirtuit City）以及许多其他公司在最近10年间土崩瓦解的原因。

财务分析师必须了解不同公司面对的实际情况。例如：日本公司的负债率一般比美国公司要高得多。这种差异从一个方面反映了银行与公司的关系。日本的银行向一些最大的并且信誉最好的公司提供数额巨大的贷款。虽然交易本身是以借贷的形式进行的，但这逐渐成为银行与公司之间保持长期合作关系的原因之一。银行最终在公司中取得了长期的权利，这看起来有点像美国的股东与公司之间的关系。

9.3.5 债券的发行与交易

公司债券通常由投资银行辛迪加进行发售——称之为包销商（underwriters）。也就是说，投资银行辛迪加首先买入公司发行的全部债券，并保证公司获得它所需要的全部资金；然后再向投资公众发售债券。负责对包销辛迪加进行操作管理的投资银行通常要帮助公司制定债券契约，比如到期日、付息日、利率和债券发行的规模等。债券发行以后，债券持有者可以在市场上或者纽约证券交易所这样的交易场所中进行债券交易。在报纸的商业版中就可以看到公司债券的价格。例如，2009 年 9 月 7 日的巴伦周刊（*Barron's*）中有关雅培制药（Abbott Laboratories）和陶氏化学公司（Dow Chemical Company）公司债券的信息如下：

	票面利率	到期日	收盘价	到期收益率
雅培制药公司	5.125	2019 年 4 月 1 日	106.310	4.312
陶氏化学公司	8.550	2019 年 5 月 15 日	110.224	7.071

债券面值一般为 1 000 美元，但我们通常用面值的百分比来表示其价值。雅培制药公司发行的票面利率为 5.125%、2019 年到期的债券，其售价为 1 063.10 美元（1 000美元的 106.310%），到期收益率为 4.312%。陶氏化学公司债券的到期收益率更高，为 7.071%，表明其债券的风险更高。两种债券的票面利率都高于到期收益率，所以债券价格都高于面值 1 000 美金。

9.4 债券会计

下面我们来看如何进行债券的核算。公司的资产负债表通常将各种债券和其他长期负债合并而在一行中列示。但是，大多数公司在报表附注中都要说明债券的详细情况。在表 9-1 中可以看到，魔术盒公司在资产负债表中列示了 3.57 亿美元的长期负债，公司在报表附注中又作了如下详细的说明：

单位：千美元

	2009 年 9 月 27 日
定期贷款，依据适当的保证金加上伦敦银行同业拆借	
利率确定变动利率，在 2009 年 9 月 27 日为 1.57%	415 000
资本租赁负债，加权平均利率 9.97%	10 247
	425 247
减：1 年内到期部分	(67 977)
长期负债	357 270

魔术盒公司的定期贷款利率随伦敦银行同业拆借利率（London Interbank Offered Rate，LIBOR）这一常用的利率指数而变。

其他一些公司在报表附注中列示得更详细。例如，可口可乐公司最近的报表附注中列示了 4 种类型的票据，加上一个“其他”项目，长期负债合计接近 30 亿美元。

许多跨国公司都在全球范围内筹集资金。例如，荷兰皇家壳牌公司（Royal Dutch Shell）将其接近200亿美元的负债总额划分为六类，欧洲债务、美元债务、其他债务，每一种又都分为固定利率和变动利率两部分。

为了理解这些账户的含义，我们来看公司如何核算债券的发行、各期利息的支付以及债券的收回。

9.4.1 债券的平价发行

假设德尔塔（Delta）公司在2009年12月31日平价发行了10 000张、2年期、票面利率为10%的债券，也就是说，公司发行债券获得的资金等于债券本金即面值，市场利率等于票面利率10%。因为债券的本金或面值一般为每张1 000美元，则总发行额为1 000万美元（10 000×1 000美元）（注意这种债券与表9-2中的债券价值相等）。利息费用等于实际支付的利息，每半年为500 000美元（即5%×10 000 000美元），2年合计为2 000 000美元。表9-3说明了假设德尔塔公司在到期前不收回债券，债券在其整个存续期内对会计等式的影响。

表9-3 **债券交易：平价发行** 单位：千美元

	资产	=	负债	+	股东权益
	现金		应付债券		留存收益
发行方的记录					
1. 发行债券	+10 000	=	+10 000		
2-5. 半年利息					
（2年中每年支付2次）	-500	=			-500（增加利息费用）
6. 到期值（最后支付的金额）	-10 000	=	-10 000		

债券发行、计息及到期的有关会计分录如下：

1. 现金	10 000 000	
应付债券		10 000 000
记录发行票面利率为10%、2011年12月31日到期的债券取得的资金		
2-5. 利息费用	500 000	
现金		500 000
记录每半年支付的利息（共支付4次）		
6. 应付债券	10 000 000	
现金		10 000 000
记录债券到期时偿付债券本金		

分录1是在债券发行时编制的，分录2-5反映了4次等额的利息支付，分录6是债券到期偿还本金时编制的。

发行方在2010年6月30日、2010年12月31日、2011年6月30日的资产负债表中（在支付了每半年的利息之后）列示如下：

单位：美元

应付债券，10%利率，2011 年 12 月 31 日到期	10 000 000

9.4.2 债券的折价发行

假设德尔塔公司发行了 10 000 张债券，当时年市场利率为 12%，半年利率为 6%。从表 9-2 中可以看出，德尔塔公司发行每张债券可以收到 965.35 美元，共计收到 9 653 500 美元（10 000×965.35）。因此，公司在债券发行时要确认债券折价 346 500美元（10 000 000-9 653 500），因为公司实际上只收到了 9 653 500 美元，而不是 10 000 000 美元。发行时的会计分录如下：

现金	9 653 500	
应付债券折价	346 500	
应付债券		10 000 000

"应付债券折价（discount on bonds payable）"是一个备抵账户。"应付债券"账户通常记录债券的面值，面值减去折价账户的金额就得出应该列示在资产负债表中的金额，这个金额通常称为账面净额、净负债或者账面价值。如下所示：

单位：美元

发行方的资产负债表	**2009 年 12 月 31 日**
应付债券，利率 10%，2011 年 12 月 31 日到期	10 000 000
减去：应付债券折价	346 500
净负债（账面价值）	9 653 500

折价发行的债券，其利息分为两部分——每半年以现金支付的 500 000 美元（5%×10 000 000 美元），以及在债券到期时一次性支付的 346 500 美元（债券到期时共支付 10 000 000 美元，而发行债券时实际只得到 9 653 500 美元）。对发行方来说，346 500 美元是为了在 4 个付息期内使用借入资金而发生的另一项成本。对投资者来说，346 500 美元是在票面利息以外获得的利息收入。发行方应该在 4 个付息期内分摊 346 500 美元，而不是简单地在到期支付时确认这项成本。我们把在债券存续期内进行的债券折价的分摊称为债券的折价摊销（discount amortization）。

那么，折价 346 500 美元应该在每半年摊销多少？为了计算每期的摊销额，公司采用实际利率摊销法（effective interest amortization），也称为复利法（compound interest method）。实际利率摊销法的关键在于，每一期的利息费用总额，即当期实际支付的利息加上折价摊销额，等于净负债（面值减去未摊销的折价）与债券发行时实际市场利率的乘积。

表 9-4 根据前面的资料说明了实际利率法的运用。每期的利息费用等于债券发行时的市场利率乘以期初净负债（见第（2）列）。注意利息费用每半年随着净负债的增加而增加，直至账面价值等于到期值。每期支付的利息都是 500 000 美元（见第（3）列），每期的利息费用与实际支付利息的差额就是折价摊销额（见第（4）列）。摊销额减少了未摊销折价（见第（5）列），并使净负债增加，从而使每期的利息费用增加。

表 9-4　**债券折价的实际利率摊销法**　单位：美元

每6个月的结束日	(1) 期初净负债	(2) 利息费用* @6% **	(3) 名义利息*** @5%	(4) 折价摊销额 (2) - (3)	(5) 期末未摊销折价	(6) 期末净负债 1 000万- (5)
12/31/09	—	—	—	—	346 500	9 653 500
6/30/10	9 653 500	579 207	500 000	79 207	267 293 ****	9 732 707
12/31/10	9 732 707	583 959	500 000	83 959	183 334	9 816 666
6/30/11	9 816 666	588 997	500 000	88 997	94 337	9 905 663
12/31/11	9 905 663	594 337	500 000	94 337	0	10 000 000 *****
		2 346 500	2 000 000	346 500		

* 债券发行时的市场利率乘以期初净负债即第（1）栏。

** 为避免出现取整差错，表中使用的实际利率略低于6%，未作取整。发行所得款项计算表中有很多小数，精确的现值不是10 000 000美元。更精确的发行价格是9 653 489美元。

*** 6个月的名义利率（票面利率）乘以面值。

**** 346 500美元-79 207美元=267 293美元；267 293美元-83 959美元=183 334美元；等等。

***** 这是2011年12月31日债券到期时Delta公司应该偿付的面值。

资产负债表披露的应付债券金额是期末净值，即面值与未摊销的折价额之差。每半年支付到期利息后资产负债表上的应付债券价值如下：

单位：美元

德尔塔的资产负债表	2009年12月31日	2010年6月30日	2010年12月31日	2010年6月30日	2010年12月31日*
应付债券，利率10%，12/31/11到期	10 000 000	10 000 000	10 000 000	10 000 000	10 000 000
减：未摊销折价	346 500	267 293	183 334	94 337	—
负债净值	9 653 500	9 732 707	9 816 666	9 905 663	10 000 000

* 到期支付前的金额。

表9-5列示了用实际利率法进行债券折价摊销对会计等式的影响。分录如下：

12/31/09	1. 现金	9 653 500	
	应付债券折价	346 500	
	应付债券		10 000 000
6/30/10	2. 利息费用	579 207	
	应付债券折价		79 207
	现金		500 000
12/31/10	3. 利息费用	583 959	

	应付债券折价		83 959
	现金		500 000
6/30/11	4. 利息费用	588 997	
	应付债券折价		88 997
	现金		500 000
12/31/11	5. 利息费用	594 337	
	应付债券折价		94 337
	现金		500 000
12/31/11	6. 应付债券	10 000 000	
	现金		10 000 000

表 9-5　**德尔塔以实际利率法摊销折价对会计等式的影响**　单位：近似为千美元

	资产	=	负债			+	股东权益	
	现金		应付债券	应付债券折价			留存收益	
1. 发行时	+9 654	=	+10 000	−346	（增加折价）			
6 个月结束时支付半年利息								
2. 6/30/10	−500	=		+79	减少折价		−579	增加利息费用
3. 12/31/10	−500	=		+84			−584	
4. 6/30/11	−500	=		+89			−589	
5. 12/31/11	−500	=		+94			−594	
6. 到期值，12/31/11（最后支付的金额）	−10 000	=	−10 000	0			—	
有关影响总额	−2 346	=	+0	+0		+	−2 346	

9.4.3　债券的溢价发行

掌握了债券折价发行的内容之后再来学习债券溢价发行的会计核算就比较容易了。关键的问题仍然是利息费用，溢价发行债券的利息费用仍然等于债券发行时的市场利率乘以净负债（债券的账面价值）。但债券溢价发行在以下几个方面有别于债券的折价发行：

1. 发行债券收取的现金大于债券面值。

2. 资产负债表上报告的净负债金额等于债券的面值加上“应付债券溢价”账户的金额。

3. 债券溢价摊销使利息费用小于实际支付的利息。

举例说明，假设德尔塔公司发行 10 000 张债券，年市场利率为 8%（半年利率为 4%）。从表 9-2 可以看出，德尔塔公司发行每张债券可收到 1 036.30 美元，发行 10 000张债券共收到 10 363 000 美元（即 10 000×1 036.30 美元）。表 9-6 说明了如何运用实际利率法进行债券溢价的摊销。关键问题与债券折价的摊销一致：利息费用（第 2 列）等于每期的净负债（第 1 列）乘以债券发行时实际的市场利率。资产负债表上列示的净负债等于债券的面值加上未摊销的溢价。

表 9-6 **债券溢价的实际利率摊销** 单位：美元

6个月各月末	(1) 期初净负债	(2) 利息费用* @4% **	(3) 名义利息*** @5%	(4) 溢价摊销额 (2) - (3)	(5) 期末未摊销溢价	(6) 期末净负债 1 000万+ (5)
12/31/09	—	—	—	—	363 000	10 363 000
6/30/10	10 363 000	414 517	500 000	85 483	277 517 ****	10 277 517
12/31/10	10 277 517	411 098	500 000	88 902	188 615	10 188 615
6/30/11	10 188 615	407 542	500 000	92 458	96 157	10 096 157
12/31/11	10 096 157	403 843	500 000	96 157	0	10 000 000
		1 637 000	2 000 000	363 000		

* 债券发行时的市场利率乘以期初净负债，即第（1）栏。

** 为避免出现取整差错，表中使用的实际利率略低于4%，未取整。

*** 6个月的名义利率（票面利率）乘以面值。

**** 363 000 美元−85 483 美元=277 517 美元；277 517 美元−88 902 美元=188 615 美元；依此类推。

德尔塔的资产负债表	2009年12月31日	2010年6月30日	2010年12月31日	2011年6月30日	2011年12月31日*
应付债券，利率10%，12/31/11 到期	10 000 000	10 000 000	10 000 000	10 000 000	10 000 000
加：应付债券溢价	363 000	277 517	188 615	96 157	0
负债净值	10 363 000	10 277 517	10 188 615	10 096 157	10 000 000

* 到期支付前的金额。

表 9-7 列示了用实际利率法进行债券溢价摊销对会计等式的影响，分录如下：

日期	科目	借方	贷方
12/31/09	1. 现金	10 363 000	
	应付债券溢价		363 000
	应付债券		10 000 000
6/30/10	2. 利息费用	414 517	
	应付债券溢价	85 483	
	现金		500 000
12/31/10	3. 利息费用	411 098	
	应付债券溢价	88 902	
	现金		500 000
6/30/11	4. 利息费用	407 542	
	应付债券溢价	92 458	
	现金		500 000
12/31/11	5. 利息费用	403 843	
	应付债券溢价	96 157	
	现金		500 000

12/31/11	6. 应付债券	10 000 000	
	现金		10 000 000

表 9-7　**德尔塔以实际利率法摊销溢价对会计等式的影响**　单位：近似为千美元

	资产	=	负债			+	股东权益	
	现金		应付债券	应付债券溢价			留存收益	
发行方的记录								
1. 发行时	+10 363	=	+10 000	+363	(增加溢价)			
2. 每 6 个月末支付半年利息								
6/30/10	-500	=		-85	(减少溢价)		-415	(增加利息费用)
12/31/10	-500	=		-89			-411	
6/30/11	-500	=		-93			-407	
12/31/11	-500	=		-96			-404	
3. 到期值，12/31/11（最后支付的金额）	-10 000	=	-10 000	0			—	
有关影响总额	-1 637	=	+0	+0		+	-1 637	

公司经常在两个付息日之间发行债券。当出现这种情况时，公司会根据发行日至第 1 个付息日之间的利息额调整债券的价格。

9.4.4　对现金流量表的影响

发行债券是一项筹资活动，因此在现金流量表中要把发行债券收到的现金作为一项筹资活动的现金流入。债券到期时偿付本金是筹资活动的现金流出。按照美国公认会计原则，支付债券利息属于经营活动的现金流出。大多数执行国际财务报告准则的公司也将支付利息作为经营活动，尽管国际财务报告准则允许将利息支付列作筹资活动。

债券折价和溢价的摊销不影响现金流量，因此，按直接法编制的经营活动现金流量中不列示这项内容。但是，如果用间接法编制现金流量表，债券的折价摊销就与折旧一样属于非现金性费用，就要在净收益的基础上加上债券的折价摊销（或者减去债券的溢价摊销），以得出经营活动的现金流量。以间接法报告经营活动现金流量时，必须把利润表中报告的利息费用调整为实际支付的利息。

复习题概要

题目：

假设宝洁（Procter & Gamble）公司于 2009 年 12 月 31 日发行了 1 200 万美元、10 年期、利率 10% 的公司债券。假设发行时的年市场利率为 14%。

1. 计算发行债券时收取的资金额。

2. 分析下面几项内容对会计等式的影响（类似于表 9-5 的格式）：（1）发行债券；（2）前两个半年度支付利息；以及（3）支付到期值。四舍五入到千元。使用债券折价账户。

3. 为要求2中的几项内容编制会计分录。使用债券折价账户。

解答：

1. 因为市场利率高于名义利率，发行债券所得资金会低于票面金额。以半年的市场利率7%计算在20个付息期内每期付息600 000美元的现值，以及到期支付12 000 000美元的现值，二者合计金额即为发行债券收到的资金数额。具体列示如下：

单位：美元

所付利息的现值：10.5940×600 000	6 356 400
到期值的现值：0.2584×12 000 000	3 100 800
所得资金合计	9 457 200

2. 见表9-8。

表9-8 宝洁公司债券交易的分析 单位：千美元

	资产 =	负债		+ 股东权益
	现金	应付债券	应付债券折价	留存收益
宝洁公司的记录				
1. 发行时	+9 457	+12 000	−2 543（增加折价）	
2. 每6个月末支付半年利息				
6/30/10	−600		+62（减少折价）	−662*（增加利息费用）
12/31/10	−600		+66	−666*
3. 到期值（最后支付的金额）	−12 000	−12 000	—	—
有关影响总额**	−14 543	+0	+0	−14 543

*7%×9 457=662；7%×（9 457+62）= 666。

** 在到期支付和编制了20笔折价摊销和支付利息的会计分录之后的合计金额。

3. 12/31/09	现金	9 457 200	
	应付债券折价	2 542 800	
	应付债券		12 000 000
6/30/10	利息费用	662 004	
	应付债券折价		62 004
	现金		600 000
12/31/10	利息费用	666 344	
	应付债券折价		66 344
	现金		600 000
12/31/19	应付债券	12 000 000	
	现金		12 000 000

9.4.5 提前偿还

您已经学会了债券从发行至到期的会计核算。但是，一些公司可能提前赎回或在到期前偿付已发行的债券，他们或者在公开市场上购买本公司的债券，或者对可赎回债券行使赎回的权利。我们将公司选择在到期日前赎回本公司债券的情况称为提前偿还（early extinguishments）。当公司提前偿付债券时，要把实际支付金额与净负债（票面金额减去未摊销的折价或者加上未摊销的溢价）的差额确认为一项利得或者损失。

以德尔塔公司折价发行的债券为例（见表 9-4）。假设德尔塔公司 2010 年 12 月 31 日（在支付完所有的利息和摊销了 2010 年的折价以后）在公开市场上按每 1 000 美元面值支付 960 美元的价格购回了公司的全部债券。具体列示如下：

单位：美元

净负债		
面值	10 000 000	
减去：未摊销的债券折价*	183 334	9 816 666
支付的现金，10 000 000 美元的 96%		9 600 000
差额，即提前收回债券的利得		216 666

* 见表 9-4。折价总额为 346 500 美元，已经摊销折价 163 166 美元（79 207 美元+83 959 美元），未摊销折价额为 183 334 美元。

表 9-9 分析了这笔交易对会计等式的影响。德尔塔公司应该在利润表中列示提前偿还债券的利得 216 666 美元。2010 年 12 月 31 日的会计分录如下：

应付债券	10 000 000	
应付债券折价		183 334
提前偿还负债的利得		216 666
现金		9 600 000

以 96% 的价格在公开市场上收回已发行的票面利率为 10% 的全部债券。

表 9-9　**德尔塔公司——债券发行方提前偿还债券的分析**　单位：近似到千美元

	资产	=	负债		+	股东权益
	现金		应付债券	应付债券折价		留存收益
2010 年 12 月 31 日赎回	-9 600	=	-10 000	+183［减少折价］		+ 217［提前赎回利得］

9.4.6　无息票据与债券

有些票据和债券并不是半年付息一次，而是在某个日期支付一笔总的金额。例如零息债券（zero coupon bonds）在整个存续期间都不支付利息——即不需要每半年付息一次。零息债券——这个名字恰如其分。但是将零息债券称为无息票据却很容易让人误解。投资者都要求投资有回报，否则，他们何必费尽心机去寻找最有利可图的投资？因此，公司通常以低于票面价值或者到期值的价格出售无息债券或票据。投资者通过计算债券到期值的现值来确定债券在发行日的市场价值，也通过市场利率计算得出债券的一些类似指标和评价债券的风险。发行方要在票据的存续期内将折价摊销计入利息费用。

银行经常按照借款人签发的短期或长期票据的折扣后金额提供贷款，而不是按半年或其他的间隔收取利息。假设伽玛（Gamma）公司2009年12月31日向银行签发面值为10 000美元、2年期的无息票据，当时的年市场利率为10%（半年利率为5%）。伽玛公司承诺2011年12月31日向银行偿付10 000美元，银行向伽玛公司提供了相当于10 000美元的现值的贷款：

查表9A-2[①]，利率为5%的一列、期数为4的一行，1美元的现值为0.8227，所以，

10 000美元的现值=10 000×0.8227=8 227（美元）

这种票据不需要专门支付利息。内含利息（implicit interest）或者叫估算利息（imputed interest）是在贷款合同中没有明确标注的一种利息费用。估算利息额取决于估算利率（imputed interest rate），也就是使得未来应还贷款额的现值等于现在收到的贷款额的市场利率。

在上面这个例子中，公司在2011年12月31日支付的10 000美元包括本金8 277美元以及内含利息1 773美元（10 000-8 277）。发行票据时，伽玛公司在其资产负债表中披露如下：

单位：美元

应付票据，2011年12月31日到期	10 000
减：应付票据的折价	1 773
净负债	8 227

表9-10说明了伽玛公司如何确认每半年期的利息费用。

每次折价摊销都减少折价账户的金额，同时增加净负债。正确的会计分录如下：

12/31/09	现金	8 227	
	应付债券折价	1 773	
	应付债券		10 000
6/30/10	利息费用	411	
	应付债券折价		411
12/31/10	利息费用	432	
	应付债券折价		432
6/30/11	利息费用	454	
	应付债券折价		454
12/31/11	利息费用	476	
	应付债券折价		476
	应付债券	10 000	
	现金		10 000

① 原著中9A-1为复利终值系数表，9A-2为复利现值系数表，9A-3为年金现值系数表。本译著均略。译者注。

表 9-10　**借款人出具折价票据的交易分析**　单位：美元

	资产	=	负债		+	股东权益
	现金		应付债券	应付债券折价		留存收益
实收贷款金额	+8 227	=	+10 000	−1 773（增加折价）		
按半年摊销，每6个月末：						
6/30/10		=		+411（减去折价）		−411（增加利息费用）
12/31/10		=		+432		−432
6/30/11		=		+454		−454
12/31/11		=		+476		−476
票据到期支付	−10 000	=	−10 000	—		—
有关影响总额	−1 773	=	+0	+0	+	−1 773

9.5　租赁会计

在“9.4 债券会计”的开始部分，我们看到魔术盒公司有一项称为“资本租赁负债”（capital lease obligations）的长期负债。为什么要把租赁确认为负债？因为公司有时会签订一项租约，这份租约将租赁资产所有权上的大部分优先权赋予承租公司。实质上，公司是把租赁作为融资购买资产的一种方式，所以公司在租赁中的付款义务与负债很相似。有些时候公司还会签订只在特定期间内获得资产使用权的租约，这种租赁中的支付义务就简单地界定为租赁费用。

租赁涉及的范围非常广，公司可以通过租赁合同获到任何想得到的资产。租约（lease）是一份合同，出租人（lessor）即财产的所有者可以通过它赋予承租人（lessee）使用财产的权利，并定期收取租金。出租人仍然拥有财产的法定所有权，但是承租人可以任意支配使用这项财产。下面我们从承租人的角度来讨论租赁这个话题。对于会计核算来说，承租人是否将租赁确认为一项负债取决于租赁到底是资本租赁还是经营租赁。

9.5.1　经营租赁与资本租赁

会计人员把租赁划分为两类，即经营租赁与资本租赁。资本租赁（capital leases，国际财务报告准则中称为融资租赁——finance leases）把租赁物所有权上的大部分风险和报酬都转移给了承租人。这种租赁类似于分期付款购买商品，即购买者在一段时间内将货款连同利息一起分期支付。会计人员要把这笔租赁业务看作公司借款并购买了该项财产，以此对该项财产加以记录。换言之，交易的经济实质重于法律形式。这项财产变成了一项资产，因此产生的付款义务则变成了一项负债。

租赁合同契约直接决定了承租人将一项租赁作为经营租赁还是资本租赁处理。按照美国公认会计原则，如果满足了下列条件中的至少一项，这项租赁就是资本租赁：

1. 在租期结束时，出租人将资产的所有权转移给承租人。
2. 租赁契约规定承租人有优惠购买权（bargain purchase option），即承租人可以在租期结束时以大大低于资产公允价值的价格购买该资产。

3. 租期等于或者超过该财产预计经济寿命的75%。

4. 在租期开始时，最低租赁付款额的现值至少是该资产公允价值的90%。

国际财务报告准则对于租赁有类似的规定，但对于资本租赁的确认条件没有美国公认会计原则的规定细致。从本质上说，租赁必须基本覆盖资产的整个使用寿命期间，租赁付款额的现值必须近似等于资产的公允价值。

所有不属于资本租赁的其他租赁就是经营租赁（operating leases）。按月租赁办公室或者按天租赁汽车就是经营租赁的例子。公司把在经营租赁中支付的金额作为普通的租金费用加以核算。经营租赁不作为负债列示在资产负债表上。

经理人员不能随心所欲地对租赁进行分类，而不管其是否满足资本租赁的条件。但有些经理人员通过设计租赁契约来避开资本租赁的条件，以便使这些租赁不体现在资产负债表上。

举一个简单的例子来说明经营租赁和资本租赁在会计核算上的区别。假设巴斯蒂克（Bestick）公司通过下列中的一种方式获得一辆卡车，卡车的使用年限为4年，且没有残余价值：

直接购买	或者	资本租赁
借50 000美元现金，按4年分期偿付，年复利率12%用50 000美元购买卡车		4年中在每年年底支付租金16 462美元，租期结束时卡车的所有权转归巴斯蒂克公司

利用融资直接购买该资产与通过不可撤销（即不可解除）的4年期资本租赁取得该资产并无根本区别。在任何一种方案下，巴斯蒂克公司都可以在资产的使用年限内一直使用该资产，而且必须负责支付维修费、财产税以及其他的经营性费用。因此，这是一项资本租赁。

公司大多在每个付息期的期初支付租金，但是为了计算方便，我们假设每一笔租金即16 462美元都是在年末支付的。为了比较资本租赁与直接购买，我们来计算一下在直接购买方式下50 000美元是如何支付的。

设X＝每年还贷金额

50 000＝4年期、利率为12%的每年还贷额X的年金现值

50 000＝3.0373X

X＝50 000/3.0373

X＝16 462（美元/每年）

请注意，直接购买方式下的每年还贷金额与租赁方式下每年的租金额完全相等。因此，从巴斯蒂克的角度来看，直接购买与资本租赁都会形成一项4年中每年支付16 462美元的负债，这4个16 462美元的现值为50 000美元。

假设公认会计原则允许巴斯蒂克公司将这份租约认定为经营租赁，那么每年年末的会计分录应该是：

租金费用	16 462	
现金		16 462

记录支付的租金

可以看出，在经营租赁的情况下，没有租赁资产和租约负债出现在资产负债表中。

现在假设巴斯蒂克公司按照美国公认会计原则和国际财务报告准则的规定将这项租赁作为资本租赁核算，那么就必须在资产负债表中列示一项租赁资产和一项租约负债，资产和负债的金额等于未来所付租金的现值，本例中为 50 000 美元。在签订资本租赁合同时要做如下会计分录：

租赁卡车	50 000	
当期资本租赁负债		10 462
长期资本租赁负债		39 538

记录租赁的开始

请注意，负债 50 000 美元有两个组成部分，流动负债的金额等于下个年度要支付的金额减去第 1 年的利息，即 10 462 美元（16 462−12%×50 000），剩下的 39 538 美元（50 000−10 462）是长期负债。

巴斯蒂克在租期开始以后要按 4 年摊销资产。直线摊销是最常用的方法，即每年摊销的金额为 12 500 美元（50 000÷4）。

每年摊销租赁费用的会计分录为：

租赁摊销费用	12 500	
租赁卡车		12 500

另外，巴斯蒂克还要记录每年支付的租金。每年支付的租金包括利息费用和未偿还负债的每年减少数。下面用实际利率法计算，见表 9-11。每年支付租金的会计分录为：

单位：美元

利息费用	6 000		4 745		3 339		1 764	
应付租赁款	10 462		11 717		13 123		14 698	
现金		16 462		16 462		16 462		16 462

表 9-11　**巴斯蒂克公司资本租赁付款情况分析表**

年末	(1) 资本租赁负债年初余额	(2) 利息费用（年利率 12%）	(3) 资本租赁付款额	(4) = (3) − (2) 资本租赁负债减少额	(5) = (1) − (4) 资本租赁负债年末余额
1	50 000	6 000	16 462	10 462	39 538
2	39 538	4 745	16 462	11 717	27 821
3	27 821	3 339	16 462	13 123	14 698
4	14 698	1 764	16 462	14 698	0

下表中的项目摘自达美航空公司（Delta Airlines）2009 年 1 月 1 日的资产负债表，列示了租赁资产及相应负债的金额。请注意，资产金额合计小于负债金额合计：

单位：百万美元

	2009 年 1 月 1 日
资产	
资本租赁取得的飞行及地面设备	
飞行设备	708
减：累计摊销	152
资本租赁取得的飞行及地面设备净值	556
负债	
资本租赁下的流动负债	473
资本租赁下的长期负债	92
资本租赁下的负债合计	565

讲解财务报表

请解释为什么达美航空公司 2009 年 1 月 1 日资本租赁的资产净值 5.56 亿美元不等于资本租赁的负债金额 5.65 亿美元。

答案：

当资本租赁开始时，资本租赁资产的金额与资本租赁负债的金额是一致的。由于会计处理的原因，两者的价值会先出现差异，然后又会逐渐趋于一致。公司通常按直线法摊销资产，而在每期减记负债时用的则是实际利率法。在实际利率法下，每次支付的资本租赁款均包含利息和偿还的本金。租赁初期的利息金额最大，所以减记租赁负债本金的金额就小。因此，在大多数情况下，资本租赁负债的金额都会大于资本租赁资产的金额。

9.5.2 利润表的差异

表 9-12 归纳了经营租赁与资本租赁会计核算的主要差异。两种情况下的累计费用都是 65 848 美元，但费用确认的时间不同。与经营租赁相比，资本租赁在租赁早期确认的费用较高，在租赁后期确认的费用较低。因此，资本租赁在租赁初期所报告的收益要比经营租赁低。租赁期限越长，差异就越明显。

表 9-12 巴斯蒂克公司年度费用比较——经营租赁与资本租赁 单位：美元

年度	经营租赁	资本租赁			差异	
	(a)	(b)	(c)	(d)	(e)	(f)
	支付的租金*	资产摊销额**	利息费用***	(b)+(c)费用合计	税前收益差额	税前收益累计差额
1	16 462	12 500	6 000	18 500	(2 038)	(2 038)
2	16 462	12 500	4 745	17 245	(783)	(2 821)
3	16 462	12 500	3 339	15 839	623	(2 198)
4	16 462	12 500	1 764	14 264	2 198	0
累计费用	65 848	50 000	15 848	65 848	0	

* 经营租赁下当年的租赁费用。

** 50 000 美元÷4＝12 500 美元。

*** 来自表 9-11。

经营租赁以租金费用影响利润表，租金费用等于租金支付额。资本租赁以租赁资产的摊销额和租赁负债应承担的利息费用之和影响利润表。

9.5.3 两种租赁在资产负债表和现金流量表中的差异

经营租赁与资本租赁对资产负债表影响的差异很简单。在租赁开始时，经营租赁不影响资产负债表，而资本租赁产生了一项资产和一项负债。

二者对现金流量表的影响就不这么明显了。经营租赁只影响经营活动的现金流量，为经营租赁支付的所有资金都属于经营活动的现金流出。资本租赁既影响经营活动的现金流量，又影响筹资活动的现金流量。资本租赁所支付的租金包括两部分，即利息费用和租赁负债的减少额。对巴斯蒂克而言，第 1 年支付的租金 16 462 美元包括当年利息费用 6 000 美元和资本租赁负债的减少额 10 462 美元，如表 9-11 所示。按照美国公认会计原则，6 000 美元的利息费用为经营活动现金流出①，10 462 美元的资本租赁负债减少额为筹资活动现金流出。第 2 年的经营活动现金流出为 4 745 美元，筹资活动现金流出为 11 717 美元。请注意，经营活动现金流出在租赁期间逐渐减少，而筹资活动现金流出则逐渐增加。国际财务报告准则与美国公认会计原则的不同之处仅在于可将支付利息的现金流出列作筹资活动现金流量。

复习思考题

题目：

假设森兹（Sanchez）公司租入一台机器，租期 3 年，每年年末支付租金，各年年末支付的租金额如下（单位：美元）：

① 中国相关会计准则将支付的利息计入筹资活动现金流出，而不是经营活动现金流出——译者注。

第 1 年	40 000
第 2 年	40 000
第 3 年	40 000
租金合计	120 000

这项租赁属于资本租赁，利率为 10%。

1. 计算该公司在 20×0 年 12 月 31 日租赁开始时应该记录的资本租赁资产和资本租赁负债的账面金额。

2. 该公司应该如何记录第 1 年支付的租金?

3. 所付租金如何影响第 1 年的利润表?

4. 所付租金如何影响第 1 年的现金流量表?

解答：

1. 年利率 10%、为期 3 年、每年支付 40 000 美元的年金现值即为租赁开始时资本租赁资产和资本租赁负债的金额。年金现值系数为 2. 4869。

2. 4869×40 000 美元=99 476 美元

2. 第 1 年支付的租金为 40 000 美元，包括利息和偿还的本金额。利息部分为 9 948美元（99 476 美元×10%）。会计分录为：

利息费用	9 948	
资本租赁负债	30 052	
现金		40 000

3. 第 1 年的利润表中应该列示 9 948 美元的利息费用，同时还要列示资本租赁资产的摊销费用。假设用直线法摊销，则摊销额为 33 159 美元（99 476 美元÷3）。

4. 第 1 年的现金流出合计为 40 000 美元。利息 9 948 美元为经营活动现金流出，资本租赁负债减少额 30 052 美元为筹资活动现金流出。

9.6 其他长期负债（包括养老金及递延税款）

接下来，我们将讨论经常出现在资产负债表上的其他长期负债项目——养老金、其他退休福利、递延税款、重组负债及或有负债。

9.6.1 养老金及其他退休后福利

许多美国公司都要为退休雇员提供福利。会计人员将这些福利分为两类：养老金（pensions）是支付给已退休雇员的；其他退休后福利（other postretirement benefits）主要指健康保险，也包括其他福利。先来看养老金。

养老金 养老金分为既定缴款计划和既定收益计划。既定缴款养老金计划比如 401K 计划的会计核算十分简单。雇主们直接向属于雇员的基金账户缴存资金。雇员退休金的数额取决于他退休时该基金的数额。如果基金的业绩好，雇员所得的退休金就多；而基金业绩不佳，雇员所得的退休金就少。公司除了先前的缴存资金以外，不存在其他的义务。实际上，与基金业绩有关的所有风险和报酬都归属于雇员。

相反，既定收益养老金计划则形成公司的一项负债。为什么？因为该计划保证雇员将获得按其最后几年薪金的一定比例计算的退休金，该比例通常取决于雇员在公司的服务年限。公司有支付这些退休金的义务。这项义务以预计将来要支付给现在已经退休的雇员和以后将要退休的雇员的退休金的现值来计量。这个现值取决于诸多假设，比如现有雇员退休时的工资水平、他们的预计寿命以及用来计算现值的利率。公司要在财务报表附注中披露养老金负债的总额。例如，魔术盒公司在 2009 年 9 月 27 日的财务报表附注中披露了 3.4 亿美元的养老金负债。

公司可能只预提养老金负债，而不将这部分资产单独留置出来。但是，如果公司以后破产，现有雇员和退休雇员将失去养老金福利。为避免出现这种情形，美国税法鼓励公司将资金交付给独立于公司资产并由受托人所控制的养老基金。养老基金中的资金只能用于支付未来的退休金。公司的财务报表附注中要披露养老基金中资产的公允价值。如果资产的公允价值低于公司养老金负债的现值，就要在资产负债表中列示一项净负债。魔术盒公司 2009 年 9 月 27 日养老基金资产的公允价值为 2.32 亿美元。因为养老金负债大于养老金资产，魔术盒公司在其资产负债表的其他长期负债项目中包含了一项 1.08 亿美元（3.4 亿-2.32 亿）的负债。与此类似，德国西门子公司（执行国际财务报告准则）报告养老金负债 226.54 亿欧元，养老金资产 201.94 亿欧元，因此养老金净负债为 24.60 亿欧元（226.54 亿-201.94 亿）。

公司如何核算各年的养老金费用？为了符合配比原则，公司必须将养老金费用计入雇员的工作年度内。在雇员有权获得附加养老金的每一年当中，这笔附加的养老金即成为当年的费用，而不要等到公司支付养老金的年度才将其确认为费用。这样，公司每年的养老金费用大致等于养老金负债增加的金额，当然因为一些计量问题使养老金的计算略显复杂，这些内容超出本书范围，此处略。来看魔术盒公司在截至 2009 年 9 月 27 日的会计年度中的情况，养老金费用为 0.12 亿美元，另外又向养老基金支付了 0.23 亿美元。会计处理如下：

单位：百万美元

	资产	=	负债	+	股东权益
	现金		养老金负债		留存收益
当年养老金费用	−23	=	−11		−12（增加养老金费用）

会计分录为：

养老金费用	12 000 000	
养老金负债	11 000 000	
现金		23 000 000

记录当年的养老金费用。养老金费用为 0.12 亿美元，向养老基金支付了 0.23 亿美元。

其他退休后福利　健康保险和类似退休后福利的会计核算与养老金的核算很相似，主要区别在于多数公司并不是以雇员的名义单独划出一部分资产，而是将预计应付金额的全部现值记录为负债，并将该负债的所有增加额确认为当期费用。

2008 年 9 月 28 日，魔术盒公司的其他退休后福利负债为 1 700 万美元，列在资产负债表的其他负债中，并在报表附注中加以解释。在 2009 会计年度，公司为退休雇员支付了 110 万美元的健康保险和其他福利费用，发生其他退休后福利费用 170 万美元，以及保险精算损失（由于预计未来支付金额增加所导致）620 万美元。因此 2009 年 9 月 27 日的负债为 2 380 万美元。记录 170 万美元福利费用、为雇员福利支付 110 万美元以及 620 万美元损失的会计分录如下：

其他退休后福利费用	1 700 000	
退休后福利负债		1 700 000
退休后福利负债	1 100 000	
现金		1 100 000
退休后福利保险精算损失	6 200 000	
退休后福利负债		6 200 000

养老金及其他退休后福利可能是一项金额巨大的负债。例如，福特汽车公司 2009 年初的养老金负债超过基金性资产大约 120 亿美元，其他退休后福利负债则超过 160 亿美元。这相当于福特公司总资产的 13%。应当注意，养老基金的价值可能变化很快，因为多数公司将养老金资产投资于股票和债券市场，其价值会随着市场行情而上下波动。美敦力（Medtronic）公司，一家总部位于明尼阿波利斯市的医疗技术公司，2008 年“预付退休后福利（prepaid postretirement benefits）”账户中净资产超过 9 000 万美元。但是，因为 2008—2009 年股票价格下跌，公司 2009 年资产负债表中包含了一项 1. 57 亿美元的与资金不足的福利计划有关的负债。

从国际上看，养老金和其他退休后福利的运作方式存在很大差异。例如，许多国家退休人员的收入主要来自于个人储蓄或者享有税收优惠的政府基金（类似于美国的社会保险管理局，Social Security Administration）。在这些国家，公司养老金实际上很少，因而也无须报告。在最近一项对 45 个国家所做的调查中发现，其中大约有1/2 的国家与美国一样，是由独立的外部托管人管理养老基金。在美国，29 000 个养老金计划中的超过 4 400 万名美国工人即使他们的公司破产并且留有巨额的尚未缴纳的养老金负债，也能得到退休福利保付公司（the Pension Benefit Guarantee Corporation）为其提供的最低退休福利保障。

9. 6. 2　递延税款

前面我们已经看到，如果公司在收入实现之后支付税款，就会形成一项短期负债即应交税金。另外，由于国家的所得税法与公认会计原则对财务报告的要求不一致，也会使所得税费用与缴纳的所得税出现差异。有时候，公认会计原则与税法的差异会导致公司确认所得税费用的时间远远早于缴纳所得税的时间，这就形成了递延所得税负债（deferred income tax liability）（有些公司则会形成递延所得税资产，本书对此不作讨论）。例如，魔术盒公司在截至 2009 年 9 月 27 日的会计年度中报告所得税费用为 7 950 万美元。但是，该公司缴纳所得税 1. 045 亿美元，包括以前年度递延的所得税 2 500 万美元。但在上一年度这种情况正好相反，魔术盒公司当年缴纳所得税6 400 万美元，而所得税费用为 7 030 万美元，630 万美元所得税递延到以后年度。

所得税费用与实际缴纳的所得税之所以存在差异，主要是因为公认会计原则旨在向投资者提供有用的信息，而政府制定税收法律是为政府创造收入并给予公司一定的激励。税法关于收入和费用的确认标准与公认会计原则的确认标准存在两个方面的差异：（1）是否确认收入或费用（永久性差异）；（2）何时确认收入或费用（暂时性差异）。

为了节约公司的资金，优秀的经理人员总是争取在法律许可的范围内、在最迟的时间缴纳尽可能少的所得税款。他们因此要尽可能地推迟报告应税收入，并尽可能早地确认可以税前扣除的费用。公司应缴纳的税金计算如下：

应交税金＝所得税税率×（应税收入－可以税前扣除的费用）

税率（tax rate）是指应纳税额占应税收入的百分比。美国公司所得税率在15%至35%之间，应税收入低于50 000美元的，税率为15%；应税收入超过335 000美元的，税率为35%。许多州也征收所得税，但税率各异。为举例简便，我们一般假设税率均为40%，这个比率是根据35%的联邦税率与州税率之和经过合理估计确定的。这里我们举两个例子：一个是永久性差异的例子（市政债券利息）；一个是暂时性差异的例子（折旧）。

永久性差异（permanent differences）当公司分别按照税法和财务报告的规定（而不是同时按照两者的规定）来确认收入或费用时，就会产生永久性差异。例如，一家美国公司拥有纽约市发行的市政债券并且定期收取利息。在编制财务报表时，该公司应该在利润表中报告这项利息收入。根据美国联邦法律，债券持有人无须为市、州或镇发行的政府债券的利息收入纳税。因此，利息收入永远不会出现在公司的纳税申报表上。这种永久性差异的处理十分简单。我们将利息收入列入财务报表中，但不需要在财务报表中为该收入确认所得税费用，而且也不需要就取得的收入缴纳所得税。因此，永久性差异不产生递延税款。

假设所得税税率为40%，公司税前利润为100美元，其中20美元是免税的市政债券的收入。该公司只需为80美元（100－20）的收入纳税，应交所得税为32美元（80×40%）。因此，所得税税率为32%（32÷100×100%，按税前收入计算），而不是名义税率40%。

暂时性差异（temporary difference）当公司按照税法规定确认某些收入或费用的时间与财务报告中确认收入或费用的时间不一致时，就会形成暂时性差异。暂时性差异的一个典型例子就是折旧。许多公司为纳税目的采用加速折旧法，为财务报告目的采用直线折旧法。假设韦伯斯特公司每年扣除折旧及所得税以前的利润为40 000美元，所得税税率为40%。该公司购买了一项价值为10 000美元、使用年限为2年的资产。按税法规定，这项支出可以立即从应税收入中扣除，而编制财务报告时就要按每年计提5 000美元折旧的形式进行扣除。

表9–13显示，韦伯斯特公司第1年应缴纳所得税12 000美元，第2年应缴纳所得税16 000美元，2年合计为28 000美元，即收益总额70 000美元的40%。韦伯斯特公司在各年的财务报告中应该如何报告所得税费用？一种方法是按各年实际缴纳的所得税额报告所得税费用，但是美国公认会计原则和国际财务报告准则都不允许使用这种方法，它们要求公司按照以财务报告中的税前利润计算的应纳所得税额报告所得税费用。如果各年的应税所得为35 000美元，则所得税就等于14 000美元（35 000×40%）。因此，为财务报告目的编制的利润表如下：

单位：美元

	第 1 年	第 2 年	2 年合计
税前利润	35 000	35 000	70 000
所得税费用（35 000×40%）	14 000	14 000	28 000
净利润	21 000	21 000	42 000

表 9–13　**韦伯斯特公司财务报告与所得税申报表中的收益**　单位：美元

	财务报告		**所得税申报表**	
	第 1 年	**第 2 年**	**第 1 年**	**第 2 年**
折旧和所得税前利润	40 000	40 000	40 000	40 000
折旧	5 000	5 000	10 000	0
税前利润	35 000	35 000	30 000	40 000
应交所得税（税率 40%）			12 000	16 000

这种方法能够使所得税费用与财务报告中相关的收入和费用相配比。

如何进行所得税费用的会计处理？第 1 年的应交所得税为 12 000 美元，而所记录的所得税费用为 14 000 美元。可以这样来理解 14 000 美元的所得税费用：当期应缴纳的所得税 12 000 美元是当期的一项应付款；预计未来期间的应交所得税则生了 2 000美元负债，它是一项递延所得税负债，因为只有在未来期间填报纳税申报表时才需要缴纳。会计分录如下：

所得税费用	14 000	
递延所得税负债		2 000
现金（或应交税金）		12 000

我们将 2 000 美元的递延所得税负债列在资产负债表上，它等于税率 40% 乘以折旧费用的暂时性差异 5 000 美元（账面上的折旧额为 5 000 美元，而纳税申报表上的折旧额为 10 000 美元）。

请记住，会计利润与应税利润的差异形成税款的递延，并不是税款的注销。因此，我们按照当期的纳税节约额确认未来的所得税负债。第 2 年的应交所得税为 16 000美元，但公司仍然确认所得税费用 14 000 美元，因此，2 000 美元的税款支付额就是第 1 年确认的递延所得税负债。第 2 年的会计分录如下：

所得税费用	14 000	
递延所得税负债	2 000	
现金（应交税金）		16 000

上例中，我们在第 1 年确认递延所得税负债，这项负债在第 2 年转回。因为韦伯斯特公司要在下一年支付 2 000 美元，因此这是一项流动负债。但是，如果某项资产分 10 年计提折旧，递延所得税负债就要经过 10 年才能转回。超过 1 年才能转回的递延所得税属于长期负债。

几乎每个公司的资产负债表上都有递延所得税负债项目。例如，如表 9–1 所示，魔术盒公司 2009 年 9 月 27 日的递延所得税额为 200 万美元，主要是由折旧的时间性差异形成的。如果魔术盒公司在财务报告和纳税申报中均采用直线法折旧，它可能已经多缴纳了200万美元的所得税。如果这笔金额列示为递延税款，公司仍然需要缴纳这200万美元，但可以递延到以后期间缴纳，这些资金在延期缴纳的期间可能还会带来利息收入。

复习题概要

题目：

太阳厨具公司于20×0年1月1日开始营业。该公司生产和销售节能装置，这一装置可以在现有厨房旁边提供太阳能餐厅。由于其产品款式新颖，而且营销策略得当，吸引了富有节能意识的公众，销售额迅猛增长。20×0年发生了如下交易：

1. 1月1日，太阳厨具公司以每股100美元的价格首次发售1 000股普通股股票。
2. 公司立即将发行新股所得资金的1/2用于购买年息6%的免税市政债券。公司全年持有该债券，获得利息收入3 000美元（50 000美元×0. 06）。
3. 当年销售收入为450 000美元，按照公认会计原则报告的当年费用为380 000美元（不包括所得税费用）。
4. 按税法计算的折旧比按财务报告目的计算的折旧额高30 000美元。

要求：

1. 计算财务报告目的的税前利润；
2. 计算应缴纳的所得税和为财务报告目的计算的所得税费用，假设税率为40%；
3. 编制适当的会计分录，假设所得税税率仍为40%。

解答：

1. 财务报告目的的税前利润为：

单位：美元

销售收入	450 000
利息收入	3 000
减：经营费用	(380 000)
税前利润	73 000

2. 计算应交所得税和所得税费用：

单位：美元

	纳税申报	财务报告
税前利润	73 000	73 000
永久性差异		
免税利息收入	(3 000)	(3 000)
小计	70 000	70 000
暂时性差异		
折旧	(30 000)	—
应纳税所得额	40 000	70 000
税率	0. 40	0. 40
应交所得税	16 000	
财务报告目的的所得税费用		28 000

3. 所得税费用　　28 000
　　应交所得税　　16 000
　　递延所得税负债　　12 000

9.6.3 重组负债

在过去的10年里，许多公司记录了重组费用，有些还为未来发生的重组成本确认了巨额的负债。**重组**（**restructuring**）是指将公司的一部分进行重大调整，典型的例子包括关闭一个或几个工厂、裁员、终止或搬迁某些经营活动。例如，惠普公司在2008年确认了2.7亿美元的重组费用，2007年确认的重组费用为3.87亿美元。在2008年末，惠普公司报告了因重组计划而产生的负债10.99亿美元。请注意，利润表中的重组费用是当年确认的预计重组费用，而年末的重组负债余额则为尚未实施的重组计划的预计重组费用。公司可以根据重组计划的预计实施时间将重组负债归为流动负债或长期负债。惠普公司将10.99亿美元全部列作流动负债，因为公司计划在2009年完成重组。

执行国际财务报告准则的公司将重组负债包括在准备（provision）项目中。例如，总部设在瑞士的包装食品公司——雀巢公司在其2008年财务报表附注的"准备"一项中报告了如下的重组交易：

单位：百万瑞士法郎

	重组
2007年12月31日	1 007
当年所提准备	303
已用金额	(313)
转回的未用金额	(51)
外币折算	(88)
2008年12月31日	858

雀巢公司将所有的准备都列作长期负债。除了重组，该公司列入准备的内容还包括环境与诉讼负债。公司对重组费用作了如下描述："重组准备预计会在重组计划执行时导致现金流出（通常在未来的2~3年以后）。"

9.6.4 或有负债

到目前为止我们所学习的负债均为确实存在的负债。虽然有些负债的金额需要进行估计，但这些负债确实是存在的。相比之下，**或有负债**（**contingent liability**）则是由过去的交易引起的、偿付与否取决于未来某一事件的潜在（或可能）的负债。如果未来事件发生的可能性很高，而且公司可以合理地估计出负债的金额，则公司应当在资产负债表中列示此项负债及其金额。但是，在更多的情况下，或有负债的金额并不确定。最典型的例子就是诉讼，这是金额难以确定的可能发生的负债。为什么？因为如果法官判决公司败诉，公司就产生了一项付款的义务，而这项义务的金额目前还不得而知。但是，法官也可能判定公司胜诉，这样公司就没有支付义务了。

如果未来事件发生的可能性没有达到应该确认负债的水平，或者公司不能估计潜在负债的金额，则公司就不应该在资产负债表中报告负债的金额。在这种情况下，有些公司在资产负债表的长期负债与股东权益之间列示了一项没有金额的或有负债。例如，惠普公司在资产负债表中列示了一项没有具体金额的“承诺与或有事项”项目，并在报表附注中用了8页的篇幅对该项目进行说明，其中1页用来说明承诺事项，7页用来说明诉讼和或有事项。其他公司则披露了一些可能会对公司产生影响的事项，如环境问题、产品安全、可能的罢工及其他或有事项。下面的“财经热线”中讲述了一个或有负债转变为确定负债的例子。这个例子中的道·康宁（Dow Corning）公司在第1次报告或有负债20多年之后，仍然无法确定这项或有负债的金额。

财经热线

道·康宁公司的或有负债

道·康宁公司卷入了一场引起广泛关注的产品责任纠纷事件。在20世纪80年代，一些患者出于整容或美容的目的，通过注入由该公司制造的硅酮做了隆胸外科手术。因对该公司的产品不满意，许多患者对公司提出了质疑，并逐渐演变为法律诉讼，公司由此面临着一项性质严重的依据产品责任法而产生的法律责任。在整个的80年代期间，道·康宁公司一直都在定期地报告由这一纠纷引起的持续进行中的诉讼案件。由这起事件引起的诸多诉讼个案很少被开庭审理，也没有人知道这些事件最终解决的结果会是如何。因此，公司在其连续几年的财务报表中都只是披露了诉讼的部分细节，但在资产负债表和利润表中并没有反映出具体的金额。

1991年和1992年，道·康宁公司为这项未决诉讼在税前分别列支了2 500万美元和6 900万美元的产品责任费用。请记住，每一笔金额都应该是对未来发生成本的一个最为适当的估计。导致诉讼发生的产品已经在很多年前就生产并销售出去了。实际上，硅酮植入产品在1992年就停产了。但是，对于1992年依据产品责任法而产生的产品赔偿责任负债却严重不足。1993年，公司又在税前列支了6.4亿美元的产品责任赔偿费用。加上6亿多美元的预期保险责任费用，预计诉讼总成本超过了12亿美元。道·康宁公司与其他生产商联合起来寻找解决的办法，期望能够适当地补偿原告方，尽可能地降低诉讼成本，以便大家都得以生存。问题的解决需要原告方、生产商和保险公司之间能够达成一致的协议。在1994年末，协议看上去能够达成了。道·康宁公司又在税前列支了产品责任赔偿费用2.41亿美元。加上其他的预期保险责任费用，道·康宁公司为补偿受害方而留置的资金接近20亿美元，其他生产商的留置资金也大致相当。关于硅酮植入产品的未决诉讼超过了19 000多件。

1995年5月，道·康宁公司宣告破产。公司称有太多的原告不愿意接受公司的解决方案。公司破产使整个诉讼形势发生了变化，最后的结果更加难以预料。1998年，公司又在税前列支了11亿美元的费用，作为破产的预期追加成本，其中包括由于硅酮植入引发的争议所产生的产品责任赔偿费用。这是道·康宁公司最后一次为硅酮植入事件列支巨额的费用。此后，代表预计未来赔偿费用的现值、被称为“硅酮植入纠纷赔偿准备”的负债逐渐减少。但到了2008年末，这项负债仍然高达16亿美元。2008年，道·康宁公司的营业收入接近55亿美元，利润达7.39亿美元。公司的股东权益合计为22亿美元。可以看出，这项负债对该公司来说仍然是一个巨大的累赘。真实的负债金额还有待于法庭的裁决。当然，上述信息已经足以说明预计诉讼成本的困难。当你的最初估计2 500万美元被乘以100倍的时候，你便知道你的预测方法原来存在着这样或那样的问题。

资料来源：Dow Corning annual reports for 1991 through 2003.

9.7 负债比率与利息保障倍数

在前面的内容中，我们重点强调过贷款人所要求的利率与贷款风险的关系。当我们借款买车或买房时，如果首付款的金额比较大，贷款的利率就比较低。贷款人认为首付款越多，他们所承担的风险就越小。这个原理如何作用于公司？潜在的债权人经常利用负债比率来衡量一个公司在经营中利用负债的程度。负债越多，股东权益越少，对债权人来说风险就越大。投资者和分析师们借助于不同的比率来评价公司负债所带来的风险：

$$负债权益比率=\frac{负债总额}{股东权益总额}$$

$$长期负债对总资本的比率=\frac{长期负债总额}{股东权益总额+长期负债总额}$$

$$资产负债率=\frac{负债总额}{资产总额}$$

$$利息保障倍数=\frac{税前利润+利息费用}{利息费用}$$

请注意，前3个比率都说明了公司负债所占的比率。负债的比率越高，公司的风险就越大，借款的利息率就越高。第4个比率——利息保障倍数更直接地反映了公司偿付利息的能力。它反映了公司的可获得收益与利息费用的关系。这个比率越低，偿付利息的难度就越大。

不同公司和不同行业之间的负债程度差异很大。例如，零售业公司、公共事业公司以及交通运输公司的负债通常占资产的60%，负债权益比率则为1.5。魔术盒公司的负债权益比率为1.8。计算机公司和制药公司的负债水平通常要低一些。微软公司的负债权益比率是1.0，辉瑞公司负债权益比率为0.9。前几年认为过高的负债权益比率现在看起来已经很平常了。大部分美国工业企业平均的负债权益比率已经从1960年的1.5增长到现在的2.0以上。

讲解财务报表

进行两个公司的比较。一个公司的负债较少，负债对总资产的比率为20%，而另一个公司负债对总资产的比率较高，为80%。根据这两个数据，你应该如何比较它们的利息保障倍数？

答案：

负债对总资产的比率较低，通常意味着利息保障倍数较高。为什么？因为低负债就意味着低利息费用。利息费用低有两个原因：（1）需要支付利息的负债金额小；（2）利率低，因为举债少比举债多的风险更小。在其他条件相同的情况下，当负债水平和利息费用较低时，可以预计利息保障倍数较高。

记忆要点

1. **流动负债的核算。**负债是支付款项或者提供商品或服务的一种义务。一个公司的负债水平对于分析师来说很重要，因为未偿还的负债不但可以使公司很难筹集到额外的资本，而且还可能使公司被迫进行清算。财务报表一般把需要在1年内偿还的负债划分为流动负债，以有助于评价公司的负债水平。本章讲述的流动负债的核算在以前章节有关内容的基础上进行了简单的延伸。公司在交易事项发生时进行记录，并在期末记录一些应计事项以反映尚未完成的交易，如记录应计利息、工资、公用事业费、税金等。

2. **长期负债的计量与核算。**长期负债涉及比较复杂的合约，这些合约规定了在一个比较长的时间内的许多权利和责任。公司按照发行时从投资者那里收到的金额记录发行的债券，这就是一项普通的长期负债。在债券的存续期间内，公司每期都要确认利息费用。

3. **债券在整个存续期间的核算。**债券发行时的价值等于以后支付的利息及偿还的本金的现值合计，折现率为与公司的风险水平及现有的通货膨胀水平相适应的市场利率。在债券的存续期内，公司要在每个会计期间用实际利率法确认利息费用。每期实付或应付的利息等于债券合约中规定的票面利率乘以债券的票面价值，每期的利息费用等于债券发行时的市场利率乘以债券的账面价值（净负债），所付利息与利息费用之差即为公司在债券存续期内应摊销的折价或溢价金额。债券折价的摊销增加利息费用，债券溢价的摊销减少利息费用。

4. **长期租赁交易的估价与核算。**租赁是赋予承租人使用出租人所拥有财产的权利的一项合约。由于很多租赁涉及的时间长，并且所有权上的许多风险都由承租人承担，公认会计准则规定将一些租赁划分为资本租赁（或融资租赁）。公司核算资本租赁时要视同已经购买了该租赁资产。当签订资本租赁合约时，承租公司要同时确认一项资产和一项负债。资产和负债账户最初的金额都等于按租赁合同需要支付的款项的现值。公司要在该资产的经济使用年限内对其进行摊销，并且运用实际利率摊销法把每次支付的款项分为利息费用和偿付的贷款两部分。在租赁期间，由于使用的摊销方法不同，负债的账面价值会明显大于资产的账面价值。在现金流量表中，按照美国公认会计原则的规定，租赁付款额中的利息部分是一项经营活动现金流出，而租赁负债的减少部分则是一项融资活动现金流出。

5. **估计养老金和其他退休后福利。**公司必须计量未来支付的养老金和其他退休后福利并将其确认为负债。按惯例，许多关于养老金方面的信息都是在财务报表附注中进行披露的。在利润表中，公司要根据配比原则记录每年养老金和其他退休后福利负债的变化。这项负债的变化要记录为当期的费用。需要在报表附注中披露的养老金信息包括养老金负债的现值，以及由信托机构代表员工而管理的养老金资产的价值。对应付将来退休员工的人寿和健康保险，通常不将资产单独留置。因此，需要按照预计未来应支付的人寿和健康保险的现值，在财务报表中作为一项重要负债来列示。养老金和保险负债的金额都是通过对未来成本、退休人员的寿命等因素经过复杂的测算确定的。

6. 理解递延税款负债。递延税款负债的产生，是因为公司纳税申报表上的纳税抵减数——比如折旧费用，通常早于公司在账面上对相关费用的确认。在这种情况下，公司应当立即缴纳的税金就小于财务报表中列示的应交税金额。为了让投资者理解公司的长期纳税义务，公司在财务报表中列示的所得税费用是根据报告给股东的净利润来计算的。因此，公司需要用递延税款负债来反映未来将要多缴纳的税款，这些税款在类似折旧费用这样的暂时性差异转回时才缴纳。

7. 运用比率分析评价公司的负债水平。负债比率和利息保障倍数是用来衡量公司负债水平高低的两个指标。公司的负债水平越高，如果负债到期时现金流量不足以用来偿还负债，公司所面临的问题就越多。

附录9：复利、终值与现值

利息是资金的使用成本。本附录讲述的是有关利息的内容，这是为理解长期负债的核算必须要掌握的知识。这里我们要利用利息表进行计算，当然您也可以用 Excel 表格、其他电子表格或者计算器进行计算。用什么计算工具并不重要，重要的是如何去理解这些负债。

当您借款时，所借入的金额就是贷款本金（principal）。利息（interest）是借款人向贷款人支付的使用贷款本金的成本，这是为使用现金而支付的租金，就像租房子或者汽车要支付租金一样。对外投资基本上与提供贷款是一致的。投资者提供资金给公司，公司作为借款人使用资金。对于投资者来说，利息是对投资的回报，或者说是出借资金收取的费用。附息借款契约有许多种形式，既有简单的短期承兑票据，也包括发行数百万美元的债券。

利息的金额取决于利率（interest rate，即本金的一定百分比）和计息期（即借款人使用本金的时间）。

在以单利（simple interest）计息的情况下，利息等于利率乘以不变的本金数额。如果借款人每个期末以现金支付利息，本金数保持不变，则适用于单利法。但是，复利（compound interest）法是更常用的一种方法。在复利法下，利息等于利率乘以本金，但本金额因每期计提但不支付的利息而逐期增加，即把累计利息加入到本金中，并以这个合计数作为下一期新的本金。

终值

举一例来说明。假设克里斯蒂纳的 T 恤衫公司目前有不需用的现金 10 000 美元。克里斯蒂纳没有把 10 000 美元存在不付息的活期账户中，而是存入了年利率为 10% 并以复利计息的账户中。她计划把这笔钱存为 3 年定期存款，那么 3 年后她从这个账户中提走的金额——包括利息和本金，就是当初存入的 10 000 美元的终值（future value，FV）。

我们来计算一下克里斯蒂纳的投资在 3 年后的终值。复利就是利上加利，也就是说，每期都要把应得的利息加到本金上，下期的利息就根据原来的本金和增加的利息来计算。克里斯蒂纳在第 1 年获得的利息按本金 10 000 美元计算，即 1 000 美元

（10 000×10%）。如果克里斯蒂纳不将利息提走，第 2 年的本金就等于最初的 10 000 美元存款加上第 1 年获得的利息 1 000 美元。第 2 年应得的利息按 11 000 美元计算，即 1 100 美元（11 000×10%）。第 3 年则按 12 100 美元来计算利息，即 1 210 美元（12 100×10%）。在利率为 10%、复利计息的情况下，10 000 美元的存款在第 3 年末的终值（FV）为 13 310 美元。具体计算如下：

单位：美元

	本金	复利	年末余额
第 1 年	10 000	10 000×0. 1 = 1 000	11 000
第 2 年	11 000	11 000×0. 1 = 1 100	12 100
第 3 年	12 100	12 100×0. 1 = 1 210	13 310

一般说来，假设投资额为 S 美元，期数为 2，利率为 i。1 个计息期后，获得的利息使投资额增加，增加额为 Si。增加后的投资额为 S+Si = S（1+i）。第 2 个计息期获得的利息为 {i［S（1+i）］}。在两个计息期结束后，投资额为：

$$[S(1+i)] + \{i[S(1+i)]\} = S(1+i)(1+i) = S(1+i)^2$$

利率为 i、年数为 n 时，S 美元的终值 FV 的通用计算公式为：

$$FV = S(1+i)^n$$

通常，n 代表资金投入的期间数。期间可以是年、月、天或者其他的时间段。利率必须与期间相一致。也就是说，如果 n 指的是月，那么利率 i 也必须表述为每月 i%。

复利的“力量”是令人难以置信的。例如：

单位：美元

复利	10 000 美元在期末的终值		
	10 年	20 年	40 年
$10\,000\times(1.10)^{10} = 10\,000\times2.5937 =$	25 937		
$10\,000\times(1.10)^{20} = 10\,000\times6.7275 =$		67 275	
$10\,000\times(1.10)^{40} = 10\,000\times45.2593 =$			452 593

手工计算终值和复利不仅单调乏味并且浪费时间。幸好有一些计算表格、计算器以及软件可以帮助我们做很多工作。例如，复利终值系数表列示了 1 美元在不同的期数和利率条件下的终值。在这个计算表里，每个数字都是表达式 $(1+i)^n$ 的计算结果。每一列都代表了某一特定的利率 i，每一行都代表了一个期数 n。可以看到，3 年期、利率 10% 的终值系数是 1. 3310，即 $(1+0.10)^3$ 的计算结果。这和我们前面举例中所计算的 10 000 美元在 3 年后增长为 13 310 美元（10 000×1. 3310）是一致的。

如果您想知道 800 美元在存期为 9 年、利率为 8% 的情况下，到期后会得到多少钱，以 800 美元× $(1+0.08)^9$ 即可以算出。

800×1. 9990 = 1 599. 20（美元）

复利终值系数表及类似系数表中的系数保留 4 位小数。如果您使用的表格保留的小数位数不同，或者采用手工或电脑计算，得到的答案与表格中的数字会有微小的差别，原因就在于四舍五入的误差。

现值

会计人员通常用现值而不是终值来记录长期负债。现值（present value，PV）表示未来的现金流入或现金流出现在的价值。

假设您现在投资 1 美元。按照终值部分的内容，在利率为 6% 的情况下，1 美元在 1 年后增长为 1.06 美元（1×1.06）。第 2 年年末，1 美元的价值为 1.124 美元 $[(1\times1.06)\times1.06=1\times(1.06)^2]$。

如果您知道如何计算 S 美元的投资在已知利率为 i、期间数为 n 时的终值，那么您就可以反向计算一个终值的现值。如果 PV 代表现值，FV 代表终值，终值可以用下面的等式来表示：

$$FV = PV(1+i)^n$$

对上面的等式进行整理，可以得出现值的计算公式：

$$PV = FV\div(1+i)^n$$

如果您想在 1 年后得到 1 美元，那么它现在的价值就是 1 美元÷1.06＝0.9434 美元。假设现在投资 0.9434 美元，1 年后就可以得到 1.00 美元（0.9394×1.06）。0.9434 美元是 1 年以后的 1 美元现在的价值。如果你想在两年后得到 1 美元，它的现值是 0.8900 美元 $[1.00\div(1.06)^2]$。如果您现在投资 0.89 美元，利率为 6%，在第 2 年年末就能升值为 1.00 美元。在利率为 i% 时，n 期后一个终值的现值的计算公式为：

$$PV = FV\div(1+i)^n = FV\times[1\div(1+i)^n]$$

复利现值系数表给出了不同利率和不同期数条件下的系数 $1\div(1+i)^n$（1.00 美元的现值）。我们有时将现值称为折现价值（discounted values），将利率称为折现率（discount rates），将计算现值的过程称为折现（discounting）。您可以把现值认为是未来流入或流出现金的折现（即减少）后的价值。为什么是减少的价值？因为您是在将来收取或支付一定数额的现金，而不是现在，所以它现在的价值要低。

假设某一著名城市发行 3 年期、无息的应付票据，承诺从现在起的 3 年后一次性偿付 1 000 美元。投资者要求的年报酬率为 6%，且为复利。我们使用术语收益率（rate of return）来衡量投资者所赚取的利益，收益率用投资金额的百分比来表示。那么现在您愿意花多少钱来买这个 3 年期的票据？分析如下：

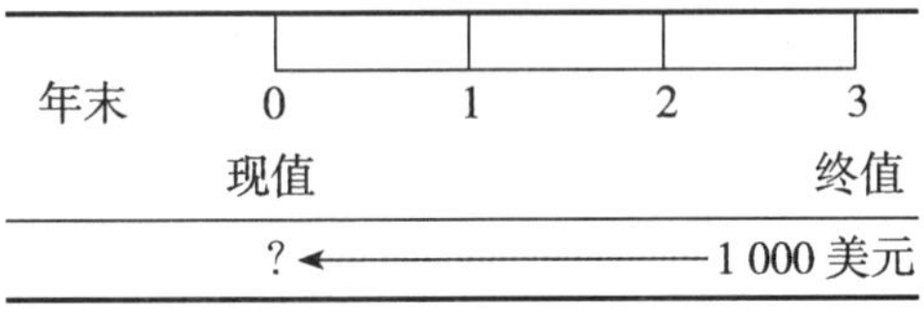

在复利现值系数表中，期数为 3、利率为 6% 的系数为 0.8396。如果支付 1 000 美元，其现值为 839.60 美元（1 000×0.8396）。在 3 年后收到 1 000 美元，那么现在愿意支付的金额就是 839.60 美元。

假设以半年而不是一年来计算复利，那么您现在愿意付多少钱？请记住，要关注的是期间数，而不是年数。3 年现在变成了 6 个计息期，每期的利率就是年利率的一半，即 3%（6%÷2）。复利现值系数表中对应的期数为 6、利率为 3% 的系数为

0.8375，那么您愿意支付的金额应该是837.50美元（1 000×0.8375），而不是839.60美元。为什么支付的金额减少了？因为在复利计息更加频繁的情况下，原始投资增长更快。

回到前面的例子来看一下如何运用现值系数。假设克里斯蒂纳投资的财务机构承诺在第3年年末向她支付一笔总额为13 310美元的款项，那么在年收益率为10%且按复利计息的情况下，现在需要存入多少存款？复利现值系数表中的期数为3、利率为10%情况下对应的系数为0.7513。用这个系数乘以未来获得的金额，近似取整后的金额为：

PV = 0.7513×13 310=10 000（美元）

普通年金的现值

普通年金（annuity）是在连续的、长度相等的若干个期间的期末发生的一系列等额的现金收付。换言之，在一系列期间内，年金在每一个期末都要花费您等额的资金。我们以PVA表示普通年金的现值。假设您要从市政当局购买票据，票据承诺在3年中的每个年末偿付1 000美元。如果您要求年回报率为6%，按复利计息，那么您愿意花多少钱买这个票据？

可以用复利现值系数表来解决这个问题。首先，计算您所收到的每笔款项的现值，然后将所有现值相加，如表9-14所示。为第1次收到的1 000美元应该支付943.40美元，为第2次收到的1 000美元应该支付890.00美元，为第3次的1 000美元应该支付839.60美元，合计2 673.00美元。

表9-14　　**每年支付1 000美元、期数为3的现值**　　单位：美元

	6%的现值系数	现值	年末 0	1	2	3
第1次支付	0.9434	943.40 ←		1 000		
第2次支付	0.8900	890.00 ←			1 000	
第3次支付	0.8396	839.60 ←				1 000
		2 673.00				

年金现值系数表提供了计算年金现值的简便方法。表9-14中年金现值的计算如下：

$$
\begin{aligned}
PV_A &= (1\,000\times0.9434) + (1\,000\times0.8900) + (1\,000\times0.8396)\\
&=1\,000\times(0.9434+0.8900+0.8396)\\
&=1\,000\times2.6730\\
&=2\,673.00\text{（美元）}
\end{aligned}
$$

圆括号内的3个数字是复利现值系数表中利率6%那一列中的前3个数字，这3个数字的合计数就是年金现值系数表中期数为3的一行、利率为6%的一列中的数字，即2.6730（0.9434+0.8900+0.8396）。这个简便方法在期间很多的情况下非常有用。假设每年支付1 000美元，利率为6%，期数为20年。利用年金现值系数表可以计算现值为11 469.90美元（1 000×11.4699）。如果用复利现值系数表计算，那就需要列20个计算式，然后将其结果加总。

可以用下面的公式算出年金现值系数表中的系数：

$$PV_A=\frac{1}{i}\left[1-\frac{1}{(1+i)^n}\right]$$

应用到本例中，即是：

$$PV_A=\frac{1}{0.06}\times(1-0.83962)=\frac{0.16038}{0.06}=2.6730$$

应该特别注意的是，利率越高，年金现值系数表中的现值系数越小。为什么？因为，利率越高，就可以用越少的投资在未来得到同样的年金款项。例如，利率为5%时的10年期年金现值系数是7.7217，而利率为10%时则降至6.1446。

复习题概要

题目：

为确保您已经掌握了现值的用法，利用复利现值系数表计算如下现值：

1. 年利率20%，在第20年年末收到1 600美元。
2. 年利率10%，在第12年年末收到8 300美元。
3. 年利率4%，在第4年年末收到8 000美元。

解答：

1. 1 600×0.0261=41.76（美元）
2. 8 300×0.3186=2 644.38（美元）
3. 8 000×0.8548=6 838.40（美元）

题目：

为确保您已经掌握了年金现值的用法，利用年金现值系数表计算如下普通年金的现值：

1. 连续20年每年年末收到1 600美元，利率为20%。
2. 连续12年每年年末收到8 300美元，利率为10%。
3. 连续4年每年年末收到8 000美元，利率为4%。

解答：

1. 1 600×4.8696=7 791.36（美元）。
2. 8 300×6.8137=56 553.71（美元）。
3. 8 000×3.6299=29 039.20（美元）。

会计词汇

年金 annuity
廉价购买选择权 bargain purchase option
债券折价 bond discount
债券溢价 bond premium
债券 bonds
赎回溢价（贴水） call premium
可赎回债券 callable bonds
资本租赁 capital lease

商业票据 commercial paper
复利 compound interest
复利法 compound interest method
或有负债 contingent liability
合同利率 contractual rate
可转换债券 convertible bonds
票面利率 coupon rate
契约 covenant
债券 debenture
负债权益比率 debt-to-equity ratio
资产负债比率 debt-to-total-assets ratio
递延所得税负债 deferred income tax liability
折价摊销 discount amortization
债券折价 discount on bonds
折现率 discount rates
折现值 discounted values
折现 discounting
提前偿还 early extinguishment
实际利率摊销 effective interest amortization
票面金额 face amount
融资租赁 finance lease
公司特有风险 firm-specific risk
终值 future value
内含利息 implicit interest
估算利息 imputed interest
估算利率 imputed interest rate
通货膨胀回报 inflation premium
利息 interest
利息保障倍数 interest-coverage ration
利率 interest rate
发票 invoice
租赁 lease
承租人 lessee
出租人 lessor
信用限额 line of credit
清算 liquidation
长期负债对总资本的比率 long-term-debt-to-total-capital ratio
长期负债 long-term liabilities
市场利率 market rate

抵押债券 mortgage bond
可流通 negotiable
名义利率 nominal interest rate
经营租赁 operating lease
其他退休后福利 other postretirement benefits
养老金 pensions
永久性差异 permanent differences
债券溢价 premium on bonds
现值 present value
本金 principal
私人配售（股票） private placement
承兑票据 promissory note
保护性契约 protective covenant
准备 provisions
订购单 purchase order
报酬率 rate of return
实际利率 real interest rate
收货单、收货报告、收料单 receiving report
重组 restructuring
单利 simple interest
偿债基金 sinking fund
偿债基金债券 sinking fund bonds
设定利率 stated rate
后偿债券 subordinated debentures
税率 tax rate
暂时性差异 temporary differences
包销商 underwriters
到期收益率 yield to maturity
零息债券 zero coupon bond

练习题

9-1 应计工资

Giambi 公司 3 月份的雇员工资费用合计为 37 000 美元。该公司于 3 月份向雇员支付了 30 000 美元，其余部分在 4 月份支付。

1. 编制 3 月份记录工资费用的会计分录。

2. 假设 3 月初的应付工资为 5 000 美元，请计算 3 月末的应付工资额。

9-2 销售税金

在加利福尼亚州，零售店里销售的大部分食品都是不需要缴纳销售税的（例如糖果），但是也有一些例外（例如不含酒精的饮料）。很显然，在州议会立法辩论时，为糖果销售商游说的说客们比为饮料销售商游说的说客们更有影响力。大部分收银机都设计成可以记录计税销售和不计税销售，并自动把税额加到销售价上。

赛福味（Safeway）商店上周的现金销售收入为180 000美元，其中，50 000美元是应税收入，税率为9%。请利用会计等式（资产=负债+股东权益）来说明该交易在现在或晚些时候支付税款时对商店的影响。同时编制相应的会计分录。

9-3 产品保修

在20×0年，LaBelle Appliance公司销售收入为90 000美元。公司估计产品保修费用为销售收入的3%。

1. 编制销售收入和20×0年产品保修费用的会计分录。假设全部的销售都为现金销售。

2. 在20×0年初，产品保修负债为12 600美元。20×0年发生产品保修支出（全部为现金支付）21 400美元，其中有4 500美元是20×0年所售产品发生的保修支出。为发生的保修支出编制会计分录。

3. 计算20×0年末“产品保证负债”（liability for warranties）账户的余额。

9-4 未实现收入

《读者文摘》出版公司（The Reader's Digest Association，Inc.）是世界上最大的杂志出版商之一。该公司2009年3月31日的资产负债表上有未实现收入3.88亿美元。假设公司在4月份向预付订阅人寄送杂志，并可确认销售收入3 200万美元，另外还收到订阅款3 500万美元。

1. 分别为向预付订阅人寄送杂志和收取新的订阅款编制会计分录。

2. 计算2009年4月末未实现收入账户的余额。

9-5 资产负债表中的负债

克瑞斯派·克瑞姆（Krispy Kreme）是一家汽车轮胎公司。该公司2009年2月1日的资产负债表中包括如下项目（单位：千美元）：

现金及现金等价物	35 538
应付账款	8 981
递延所得税负债	106
股东权益合计	57 755
预计负债	29 222
存货	15 587
1年内到期的长期负债	1 431
长期负债，扣除1年内到期的部分	73 454
其他长期负债	23 995

编制该公司资产负债表中的负债部分。只列示负债部分应该包括的项目，并将流动负债和长期负债分开列示。

9-6 不同形式的负债

1. 惠而浦公司销售家用电器，包括自动洗衣机。假设近年来的经验表明，产品保修费用平均为销售收入的3%。4 月份洗衣机的销售额为 400 万美元，同期的维修费用——包括现金支付和应付的，合计为 104 000 美元。编制这些交易事项的会计分录。

2. 纽约百事可乐装瓶公司对可循环使用的饮料瓶收取押金。11 月份收到押金 72 000美元，同时退还已收回饮料瓶的押金 66 000 美元。编制收取押金和返还押金的会计分录。

3. 花旗银行 4 月 1 日收到 4 000 美元的储蓄存款。银行在 6 月 30 日按年利率 3% 确认了相应的利息。7 月 1 日，存款人结清了该存款账户。请为银行编制吸收存款和返还存款的会计分录。

4. 乡村剧院在 12 月 31 日提前出售季度套票 900 张，共 5 场剧目，从 1 月份开始在接下来的几个月里陆续上演，票价为 180 000 美元。

（1）出售季度套票对 12 月 31 日的资产负债表有哪些影响？请编制出售季度套票的会计分录。

（2）出售季度套票对 1 月 31 日的资产负债表有哪些影响？请编制 1 月份的相关会计分录。

5. 假设某小报社在一场诉讼中失败了，法院判决其赔偿 550 000 美元。该报社决定向上级法院上诉。报社的律师认为有 90% 的把握推翻下级法院的判决。报社应该在资产负债表中列示什么负债项目（如果存在负债项目的话）？

9-7 优先求偿权

贝恩房地产公司正在进行清算。该公司有办公楼一项资产，该办公楼可以变卖获得现金 1 600 万美元。公司的股东权益已经被过去的损失侵蚀一空。要求权的具体情况如下：应付账款 300 万美元；应付债券 500 万美元；第一应付抵押款 1 100 万美元。

1. 假设债券是非后偿债券，每一类债权人能收回多少资金？

2. 如果债券是后偿债券，

a. 每一类债权人能收回多少资金？

b. 如果办公楼转让仅仅能收到 1 250 万美元的现金，每一类债权人能收回多少资金？

9-8 债券折现后的现值

Kung 公司于 20×1 年 12 月 31 日发行了 3 年期、面值为 1 000 美元的债券，年利率为 12%，半年付息一次。在同类债券市场利率为 12%、14% 和 10% 的情况下，分别计算该债券未来所付利息和所需偿还本金在 20×1 年 12 月 31 日的现值。列出计算过程，并编制简要的现金流量表。四舍五入到整数。

9-9 资本租赁的标准

指出下列租赁交易中哪些是资本租赁，哪些是经营租赁。

1. 租 1 台起重机，租期 6 年，每月租金 9 000 美元，承租人有权在第 6 年末以 10 000美元购买该机器，机器在当时的公允价值为 150 000 美元。

2. 租 1 辆汽车，租期 6 个月，每月租金 500 美元。6 个月后汽车返还给经销商。

3. 租 1 台计算机，租期 5 年，每月租金 500 美元，预计该计算机在第 5 年末的公允价值为零。

4. 租1台铲车，租期8年，每月租金1 400美元，该铲车在第8年末的价值不确定，但其经济使用年限预计不超过10年。

5. 租1个仓库，每月租金10 000美元，可以按年续租。

9-10 养老金的核算

Mayes公司20×0年养老金费用为800 000美元，其中有375 000美元交付给托管人。利用会计等式的形式说明上述数据会影响哪些账户。

9-11 递延税款

宝洁公司2009年的销售收入净额超过790亿美元。该公司在利润表中列示了如下持续经营收益（单位：百万美元）：

税前利润	15 325
所得税费用	4 032
净利润	11 293

2009年应税所得应缴纳的所得税和当年实际缴纳的所得税均为34.36亿美元。假设所得税费用和实际缴纳的所得税均是根据2009年的应税交易计算的。

1. 编制会计分录确认4 032亿美元的所得税费用和34.36亿美元的实际缴纳所得税。

2. 计算2009年递延所得税负债账户的变化。

9-12 复利的练习

请学习附录9的内容，然后回答下列问题：

1. 存款10 000美元，年利率8%，以复利计息，4年后可以得到多少钱？如果年利率为12%呢？

2. 某存贷款机构从现在起在4年后向存款人一次性支付10 000美元，年利率为8%，以复利计息，存款人现在愿意向该机构存入多少钱？如果年利率为12%呢？

3. 其他条件同问题2，但每半年计复利一次，存款人现在愿意向该机构存入多少钱？

9-13 复利的练习

学习附录9的内容。如果一个可靠的朋友向您借钱，您正在考虑各种还款方法。

1. 从现在起4年后一次性偿还40 000美元。如果设定的利率为（1）10%，每年计复利一次；（2）20%，每年计复利一次，现在您愿意借给他多少钱？

2. 其他条件同问题1，但每半年计复利一次，现在您愿意借给他多少钱？

3. 假设在接下来的4年里，每年年末等额归还10 000美元。如果设定的利率为（1）10%，每年计复利一次；（2）20%，每年计复利一次，现在您愿意借给他多少钱？

9-14 复利与会计分录

学习附录9的内容。柏林的一家公司购置了一批设备，合同约定首付款200 000欧元，第4年年末一次性支付800 000欧元。该批设备现在可以用现金788 000欧元购买。

1. 编制购买设备时的会计分录。

2. 编制第 1 年和第 2 年年末的会计分录。不需要编制折旧的会计分录。

9–15 复利的练习

学习附录 9 的内容，然后回答下列问题：

1. 假设现在正好是您 60 岁的生日，你打算再工作 5 年就退休了。退休后准备花 20 000 美元去地中海旅游。那么您现在存入多少钱，5 年后才可以拿到 20 000 美元呢？假设您要求的最低报酬率是：

（1）5%，每年计复利一次

（2）10%，每年计复利一次

（3）20%，每年计复利一次

2. 如果您想在接下来的 5 年里，每年年末花 3 000 美元去度假。那么您现在需要存多少钱才能满足接下来 5 年的旅行计划呢？假设你要求的最低报酬率为：

（1）5%，每年计复利一次

（2）10%，每年计复利一次

（3）20%，每年计复利一次

9–16 复利的练习

学习附录 9 的内容，然后回答下列问题：

1. 假设当您 60 岁时，您的公司准备搬迁到另外一个地方。您可以收到终止合同的补偿金 500 000 美元。您还有一些存款，不知道现在是否该退休。

（1）如果您现在存 500 000 美元，每年计复利一次，利率 8%，每年您可以从这个账户中提取多少钱，在第 5 年年末把这个账户全部结清？

（2）如果您现在存 500 000 美元，每年计复利一次，利率 10%，每年您可以从这个账户中提取多少钱，在第 5 年年末把这个账户全部结清？

2. 利率 16%，每年计复利一次，根据现值评价下面哪个方案更好？列出计算过程（单位：美元）。

年度	每年的现金流入量	
	采矿业	农场业
1	100 000	20 000
2	80 000	40 000
3	60 000	60 000
4	40 000	80 000
5	20 000	100 000
	300 000	300 000

9–17 利率表之间的基本关系

学习附录 9 的内容，然后回答下列问题：

1. 假设现在借入 40 000 美元，利率 16%，每年计复利一次。如果在第 6 年年末一起偿还本金和利息，需要偿还多少钱？利用复利终值系数表和 FV = 现在的金额×终值系数的计算公式。

2. 用现值系数表和 PV＝终值的金额×现值系数的计算公式，回答第 1 个问题。

3. 假设其他条件同 1，但借款要在 5 年中每年的年末分期偿还相等的金额。每年年末需要偿还的金额是多少？利用年金现值系数表和 PVA＝每年的终值×转换系数的公式。

9–18 折现后的现值与租赁

学习附录 9 的内容。假设沃尔玛公司为开设新的超市签订了一项 10 年期的租赁合同。合同规定立即付款 50 000 美元，在以后的 9 年中，每年年末支付 30 000 美元。如果沃尔玛公司要求的投资利率为 16%，每年计复利一次。租赁合同付款金额的现值是多少？

第 10 章　股东权益

学习目标

通过本章的学习，您应该能够：

1. 阐述股东的权利；
2. 进行普通股以及股利支付的会计处理；
3. 区别债券、优先股和普通股；
4. 明确股票分割的经济特征和会计处理；
5. 进行大比例股票股利和小比例股票股利的会计处理；
6. 解释并报告股票回购和其他库藏股交易；
7. 记录债务转为股本或者优先股转为普通股；
8. 运用普通股收益率和每股账面价值。

本章核心案例：美国联合包裹服务公司（United Parcel Service，UPS）

美国联合包裹服务公司（United Parcel Service，UPS）有着与众不同的棕色卡车车队并享有世界上最大的包裹邮递公司的殊荣。公司的 426 000 名雇员每个工作日在 200 多个国家邮递的包裹总共超过 1 200 万个，这些包裹来自 180 万个托运人，要运送给 610 万个接收者。为此，公司在全世界拥有约 100 000 辆运输工具，其中包括 570 多架飞机。其中大约 2 200 辆运输工具可以使用替代燃料，使用混合电力或者压缩天然气。正如公司年报中所披露的，“小包裹运输是这种直接面向消费者的经营方式中将零售商和买方联系起来的纽带”。

联合包裹服务公司已经成为网络商务的主要受益者之一。公司仍然在为传统意义上的公司即实体公司提供服务，但业务正在向“准时”服务转变。公司从前不能确定包裹的准确到达时间，现在不仅可以保证包裹的到达时间，还有能力不间断地控制运送过程。公司每天有三个具体的运输时段可供选择。顾客可以通过高效的电子装置掌握有关信息并根据这些信息要求领取、追踪订单和为自己的顾客服务。顾客依靠联合包裹服务公司为自己公司的预订、计划、运输和接收提供全面的物流支持。

除了包裹运输服务和物流支持，联合包裹服务公司还拥有 UPS 金融公司（UPS Capital），这个公司可以出借商用资金、筹措货物甚至购买应收账款。它能够通过联合包裹服务公司的电子物流系统为中小公司提供货舱及货源。

完成这样世界规模的服务需要有非常现代化的、高科技的处理流程。UPS 世界港是一个占地 400 万平方英尺的自动化设施，地处肯塔基州的路易斯维尔，位于公司的航空枢纽附近。这里利用空中照相机读取智能化标签，每小时能够分拣 304 000 件包裹。为了完成这些工作，世界港拥有 122 英里的传送带、4 500 英里的光纤电缆和每小时能够处理 5 900 万笔交易的数据库。类似的高科技设施 2006 年在德国的科隆/伯恩机场（Cologne/Bonn Airport）以及 2008 年在英国的塔姆沃斯也投入使用。公司

2008年还在中国上海建成了一个大的航空中心，已在全中国范围内提供服务，同时为美国、欧洲和亚洲的其他地区提供直接服务。

联合包裹服务公司在1999年11月10日成为上市公司。该公司选择公开上市时发现，公众很乐于接受本公司。公司以每股大约50美元的价格发行了超过1.09亿股的股票，筹集到了55亿美元的资金。就像下面的“财经热线”中介绍的那样，在美国，由证券交易委员会负责上市公司的监管。联合包裹服务公司不仅将发行上市筹集来的资金用于野心勃勃的发展壮大计划，还用于购回员工持股。很多年来，公司一直是员工持有的，公开上市使员工们认识到对公司进行长期投资的价值。直到现在，公司现有员工和已离职的员工仍然持有公司发行在外股份的大部分。

财经热线

上市公司

由于经历了1929年的股票市场崩盘和大萧条带来的经济和政治压力，美国政府根据1933年和1934年证券法案的规定成立了美国证券交易委员会（SEC）。证券交易委员会负责监管会计工作以便确保在证券交易所公开交易公司的相关信息能够及时地被传递给股东。证券交易委员会将制定会计准则的权利授予美国财务会计准则委员会（FASB）。证券交易委员会极少否决财务会计准则委员会的决议。很多时候证券交易委员会都是财务会计准则委员会发起的关于未来会计实务走向问题的公开讨论的许多促成人之一。那些拥有许多在纽约股票交易市场这样的公开市场上买卖股票的股东的上市公司，必须向证券交易委员会提供季度和年度报告并备案（分别称为表格10-Q和表格10-K）；当公司发生重要事件时，还要提供特殊报告（表格8-K）。证券交易委员会的网站（www. sec. gov）显示的规则要求“凡是拥有超过1 000万美元资产、其有价证券为超过500名以上的所有人持有的公司，必须提供年度报告和其他的定期报告”。这些报告在证券交易委员会的网站上可以查得到。并且一些公司也经常通过证券交易委员会网站中的“投资者往来”将自己的网站与在证券交易委员会备案的报告文件进行链接。

证券分析师们密切注意着上市公司的季度报告结果。我们经常会看到，公司季度报告中公布的结果导致股票市场价格的大幅度变动，并发生重大的股票买卖行为。一些投资商和经理人认为，这会加重管理层决策中过度的短期行为。他们认为，“持股范围非常有限”的非上市公司可以更加自由地考虑公司的长远发展。非上市公司可以投资于需要多年才能获得回报的项目，也可以为了获得长期的收益而接受短期内的亏损。

当一家公司，比如联合包裹服务公司，为了能够进入股市这一庞大的资本市场而选择首次公开发行股票并允许其股票进行广泛的交易时，作为相应的代价，该公司必须同意遵守证券交易委员会的成本昂贵而且复杂的规则。上面已经提到，联合包裹服务公司首次公开发行股票时，它筹集到了55亿美元的资本。

大多数我们所熟知的公司都是运营良好的、其普通股股票在多年以前就已经上市发行了的公司。然而，企业家们还在不断地建立新的公司。加利福尼亚的硅谷、纽约的硅谷以及其他高科技集中的地区在近20年间建立了数千家新公司。这些公司中的大部分都失败了，但有一些却正在蓬勃发展，包括亚马逊（Amazon）、易趣（e-Bay）、雅虎（Yahoo）和谷歌（Google）。

为新上项目提供融资的市场是存在的，但比较复杂。一个新公司往往由少数投资者发起，当他们证明自己的初步设想是可行的、令人振奋的而且有利可图时，他们再去寻找追加的资金投入。令人振奋的设想在初期往往受到被称作风险投资商的投资团体的支持。如果公司成功地实现了这些设想，公司就可能通过首次公开发行来向公众发行追加的股份。通常由承销公司来负责股票的首次公开发行，它把股份出售给个人投资者和诸如养老基金、保险公司、共同基金那样的机构投资者。不管谁是公司的所有者，也不管公司是上市的还是非上市的，其会计程序都是非常相似的。

从 1990 年起，美国证券市场每年大约有 280 家公司首次公开募股（IPO），但各年的数量有很大的不同。2001 年、2002 年和 2003 年首次公开募股的公司每年在 63 到 80 家之间，而 2008 年却只有 21 家。当 2009 年 5 月 18 日的那一周有 3 家公司首次公开募股时，纽约时报提醒投资者说“首次公开募股的需求是风险资本产生的一个重要信号，风险资本的产生对经济复苏是至关重要的。”作为其中的公司之一，OpenTable 是一家提供网上订餐服务的公司，原始发行价每股 20 美元，首个交易日以每股 31.89 美元报收，上涨 59%。通常说来首次公开募股的首日股价都有会大幅上涨——在过去的 18 年中首次公开募股首日平均收益率为 22%。

资料来源：www. sec. gov; *NY Times*, pB2, May21, 2009 and pC2, May22, 2009; “Some Factoids about the 2008 IPO Market,” Jay Ritter, May 11, 2009@ http://bearcba. ufl. edu/ritter.

在 2009 年的上半年中，联合包裹服务公司的股票价格在 39.01 美元（3 月 4 日）至 56.62 美元（5 月 11 日）之间波动。有远见的投资者在 2009 年春天两个月的时间内可能已经获得了 45% 的收益。但是没有人能预见到联合包裹服务公司股票价格的疯狂波动，该公司股价的波动表现了在 2008 年经济衰退和 2009 年经济开始复苏时股票价格的极度缩水。

10.1 股东权益的背景

在前面的内容中，我们重点讲解了影响资产和负债的交易。现在就来详细分析股东权益。别忘了，像联合包裹服务这样的上市公司，它们的股东都想了解其投资的详细情况。而且，股东提供了公司经营所需要的大部分资本，所以了解股东的权利和义务对于掌握公司如何筹集资本是很重要的。

会计等式必须保持平衡，那么如果知道了资产和负债的金额，则剩余的部分就是股东权益，即资产与负债之差。这就是股东被称为公司的剩余索取者的原因。当公司不再继续经营时，就要变卖资产，用所得款项偿还债权人的债务，剩余的部分归股东所有。现在我们要讨论的问题是如何对公司和股东之间的交易进行分类和报告，以及分析师如何利用这些信息对公司进行评价。

表 10-1 列示了联合包裹服务公司年度报告中的所有者权益部分。因为普通股和留存收益都是我们熟悉的内容，所以这张表并不难理解。但是，联合包裹服务公司有两种普通股股票，还有已核定但尚未发行的优先股、资本溢价、累计其他综合损失、

递延酬劳负债和库藏股。股东权益中的大部分项目都是由公司和股东之间的显性交易形成的。

表 10-1　　**联合包裹服务公司的股东权益**　　除每股金额外均为百万单位

	12 月 31 日	
	2008	2007
优先股，无面值；已核定股数 200，尚未发行	—	—
A 普通股，2008 年和 2007 年发行股数为 314 和 349	3	3
B 普通股，2008 年和 2007 年发行股数为 684 和 694	7	7
资本溢价	—	—
留存收益	12 412	14 186
累计其他综合损失	(5 642)	(2 013)
递延酬劳负债	(121)	(137)
	6 901	12 320
减：库藏股（2008 年和 2007 年的股数为 2）	(121)	(137)
	6 780	12 183

留存收益反映了联合包裹服务公司过去的获利能力，公司盈利所形成的留存收益提供了公司发展所需的大部分资金。资产负债表中报告的资产总额为 320 亿美元，股东权益总额为 68 亿美元，为资产的 21%。注意这些会计指标并不与联合包裹服务公司的市场价值相对应。2009 年中期公司股票每股售价约为 50 美元，这意味着公司权益的总市场价值为 498 亿美元（每股 50 美元乘以投资者持有的 9.96 亿股），是公司账面价值的 7 倍多。

股东权益的很多会计实务是由公司的法律特征决定的，所以我们经常提到股东的权利和不同的筹资决策对公司和股东的影响。联合包裹服务公司的与众不同之处在于它拥有两种普通股股票。员工持有的是 A 种普通股股票，它不是公开交易的。A 种股票每股有 10 份表决权，而 B 种股票每股有 1 份表决权。因此员工控制着公司董事会选举、股份核准、合并核准和公司其他重大决策的表决权。A 种普通股股票可以直接转换成 B 种普通股股票。员工在 2008 年将 3 300 万股 A 种股票转换成了 B 种股票，这样员工就可以出售股票收回现金了。按每股 50 美元的市场价格计算，这表示由长期员工持有的 17 亿美元的所有权出售给了新的投资者。

从国际上来看，各国的公司或经营活动的结构有很大的区别。例如，在很多国家，大公司主要由一些个人拥有，而不是像美国的公司那样拥有广泛的公众所有权并提供公共财务报告。很多国家的公司都是由银行来提供大部分的融资，所以很少大规模地公开发行股票。许多在计划经济下由国家拥有并经营的公司已经在向私人拥有转变了。在很多国家，政府仍然是最大的雇主，因为政府拥有许多经济实体，比如动力生产部门、电话运营公司和航空公司，更不用说邮政系统，甚至美国的邮政系统仍然保持着政府垄断。然而，从会计的角度来说，全球范围的与国际财务报告准则的趋同以及国际财务报告准则与美国公认会计原则的趋同，已经使股东权益会计核算的国际差异大大缩小。

10.2 上市公司普通股的会计核算

在美国，公司依据各州法律创立，而世界上的绝大多数国家都是由国家政府制定公司的相关法律。美国的各州有公司立法，但从20世纪30年代开始已经出台了重要的联邦公司法规。2002年出台的萨班斯—奥克斯利法案就是一项重要的联邦法规。世界各国的公司监管有所不同。下面的“财经热线”对马来西亚的公司治理做了介绍。

财经热线

马来西亚的公司治理法典

马来西亚在2000年首次颁布了公司治理法（Malaysian Code on Corporate Governance，MCCG）。该法律规定了完善的公司治理原则，以及马来西亚公司在公司治理中的最佳做法。马来西亚证券交易所（Bursa Malaysia）在股票上市条件中强制要求上市公司报告其对公司治理法的遵守情况。

马来西亚的公司治理法已经解决了马来西亚公司治理中的很多问题。在公司治理法出台之前，公司治理的主要问题都与董事的任命、董事的独立性和审计委员会的有效性相关。过去，公司任命董事不考虑其是否具备所任职务必需的学识和经验，导致出现了一些不胜任甚至有时候不诚实的董事。公司治理法强制要求公司所任命的董事会成员必须具有可信性和一定的经验以增加公司价值，并通过这个办法解决了上述的问题。而且，至少1/3的董事会成员必须是非执行董事，以确保在经营决策中提出独立的、兼顾各方利益的意见。

在公司治理法出台以前，董事的独立性也是一个问题。通常仅仅因为某人是公司控股股东或首席执行官的朋友就将其任命为公司董事。这就使控股股东和首席执行官有机会实施不利于少数股东的控制权。公司治理法要求公司必须成立提名委员会，来评价拟任命董事的独立性，而且要求每年对每一位董事为公司所作贡献进行评价。

在公司治理法颁布以前，执行董事可以被任命为审计委员会成员，这引起了人们对审计委员会独立性的关注。一些成员读不懂财务报表，因而不能对公司事务提出有益的意见（contribute to proceedings）。公司治理法要求只有非执行董事才可以被任命为审计委员会成员，审计委员会所有成员都必须通晓财务知识；审计委员会中至少有1名成员必须是会计职业团体的成员。

公司治理法出台以后，公司治理状况有了很大的改善。为了与世界各国的发展保持一致，马来西亚还定期对公司治理法进行审核，很多治理标准被一直保持下来。

资料来源：Malaysian Code on Corporate Governance, Securities Commission, 2007.

公司章程载明了股票持有者（或股东）的权利，一般包括（1）表决权、（2）公司利润分享权、（3）清算剩余资产的分享权和（4）在以后发行的股票中可能获得更多的股份。个人股东权利的大小是由股东持有股份的数量和种类决定的。

公司要召开年度股东大会，在股东大会上股东要对公司的重要事项进行表决。例如，股东要选举董事会，还可能对改变员工红利计划、选择公司的外部审计师、制定合并策略以及解决类似的事务进行表决。大公司更多地使用授权系统。公司授权书（corporate proxy）是公司个人股东准予其他人（通常是公司管理层的成员）进行股东投票的书面授权书。利用公司授权书，股东不必赶往年度股东大会的现场就可以投票表达他们的意愿了。

一个公司的最终管理权几乎总是掌握在普通股股东手中，但是上市公司的股东通常将这个权力授予公司的高层管理者。现代化的大公司通常有一个包括首席执行官、首席运营官和首席财务官在内的专业的管理团队，还可能包括主要的信息和技术主管。所有这些主管有时被统称为公司最高管理层（C-suite），因为在他们的称谓前都用了字母 C 开头的 chief 一词。

越来越多的公司都要求公司的高层管理者拥有公司相当数量的股份。当管理者直接拥有公司的股份或者拥有取得公司股份的股票期权时，他们才最有可能与股东拥有共同的经济利益。当公司的股票价值上升时，管理者个人也会从中受益。

股东还可能拥有优先权（preemptive rights），即公司发行新的股本时按一定比例取得新发行股票的权利。每当公司发行新的股份，就有更多的人成为股东，这样每一位现有股东拥有的所有权比例就会下降。优先权使现有的股东在公司向公众出售新股份之前可以直接从公司购买额外的股份，这样，就能够保持他们的所有权比例了。在欧洲，股东拥有优先权比美国更普遍。

普通股股东最重要的权利可能要数有限责任了，即我们在第 1 章中介绍过的，公司的债权人仅对公司拥有的资产有要求权，对公司股东的个人财产没有要求权。相反，合伙制企业的债权人对合伙人个人的储蓄存款、家居用品和汽车都有潜在的权利。

发行普通股

无论在全世界的哪一个地方，成立公司都要订立章程，详细说明公司可以发行股本的数量和种类。我们将公司可以发行的股份称为核定股份（authorized shares）。当公司发放股权证书并收取现金时，股份就成为已发行股份（issued shares）。我们将已发行并由股东持有的股份称为发行在外的股份（outstanding shares）。

为了核算股票的发行，我们要记录收到的现金，并开设一个普通股账户来代表所有者权益。在 2009 年，联合包裹服务公司股票的每股售价约为 50 美元，所以增发 100 万股股票要作如下记录：

现金	50 00 000	
普通股		50 000 000

但是，许多美国公司分两部分确认其普通股——面值和资本溢价。从法律上讲，面值最初是用来计量对债权人的保护程度，因为面值确定了股东的最低法律义务。这样，债权人就可以确信公司至少拥有最低金额的所有权资本，比如已发行的每一股为 10 美元。公司不能低于面值发行股票。在实务中，公司通常将股票的面值定为远低于股票发行时的全部市场价格。尽管美国公认会计原则和国际财务报告准则对报告向股东筹集的资本都没有特别的要求，但大多数美国公司都将面值与资本溢价区别开

来，而大多数执行国际财务报告准则的公司都只有一个资本账户——比如，德国汽车制造商大众公司（Volkswagen）将其称为“已认资本（subscribed capital）”，法国的超市连锁家乐福公司简单地称之为“资本”。

假设联合包裹服务公司股票的每股面值为0.01美元。因此，记录增发100万股的会计分录应该将面值单独反映，如下所示：

现金	50 00 000	
普通股		10 000
资本溢价		49 990 000

一些公司将“面值”称为“设定价值”。同样，对资本溢价的说法也有很多变化。从经济意义来说，这些区别中的大多数是微不足道的，但您会在年度报告当中遇到这些说法，所以，需要理解这些说法的含义。下面列出了实务中对资本溢价的不同说法：

公司	每股面值	资本溢价的名称
美国电话电报公司	1.00美元	资本溢价（capital in excess of par value）
麦当劳	0.01美元	资本溢价（additional paid-in capital）
家得宝	0.05美元	资本溢价（paid-in capital）
埃克森-美孚	无面值	没有独立的账户
荷兰皇家壳牌	0.07欧元	合并在普通股股本中的余额（balances combined in ordinary share capital）

有时候公司会从自己的股东手中购回股份。公司购回股份可能是为了永久地减少股东的要求权，这个内容我们将在本章后面的内容中讨论。更多的时候公司会计划持有一些股份以备今后使用，这些股份通常用来作为员工红利或员工购买股票计划的一部分。我们将这样的暂时持有的股份称为库藏股（treasury stock）。这些股票已经发行，但因为被公司持有而不再流通。例如，在2008年12月31日，联合包裹服务公司的核定A、B两种股份的总数为102亿股。已发行股份合计为9.98亿股，其中公司购回了200万股作为库藏股。

股份数量（百万单位）	
已核定股份	10 200
减：未发行股份	9 202
已发行股份	998
减：库藏股	2
发行在外股份合计	996

10.3 现金股利

股利是分配给股东的公司利润的一部分，通常以现金形式发放。在美国，虽然公司董事会可以随时宣告发放股利、改变或者取消股利，但公司一般会在每个季度向股东支付等额的股利。有些公司则每年发放一次大额的特别股利。

公司不会自动地支付股利，每次股利发放都须经公司董事会投票表决。我们将董事会正式宣布公司将要支付股利的日期称为宣告日（declare date），在这一天，股利就成为公司的一项负债。董事会将未来的某一天定为登记日（date of record），所有在这一天持有股票的股东都会获得股利。在宣告日持有股票但在登记日以前将股票卖出的人则不会获得股利。公司向股东邮寄支票的时间为实际的支付日（payment date），支付日通常在登记日之后几天或几周。

公司通常要分两次编制分录来记录股利，一次是在负债产生时，一次是在支付股利时：

宣告日

9 月 26 日	留存收益	20 000	
	应付股利		20 000

记录宣告发放股利，股利将在 10 月 25 日登记、11 月 15 日支付：

支付日

11 月 15 日	应付股利	20 000	
	现金		20 000

支付已在 9 月 26 日宣告发放、10 月 25 日登记的股利。

如果公司在宣告日和支付日之间编制资产负债表，应付股利就要作为一项负债出现在资产负债表上。董事会宣布发放现金股利的金额大小取决于很多因素，主要有市场预期、当期和预测的盈余水平、公司目前的现金状况，以及涉及固定资产和偿还债务支出的财务计划。请记住，支付现金股利是需要现金的。因此，影响股利金额大小的一个最主要因素就是公司获取还没有被承诺支付的现金的能力。

投资者希望以前正常支付股利的公司能够保持正常的股利支付。通用电气就是一个例子，公司已经连续 100 多年每个季度都支付股利。近年来公司的股利每年都在增加，从 1995 年的每季度每股 0.08 美元增加到 2008 年的每股 0.31 美元，直到金融危机，使股利在 2009 年 6 月下降到每股 0.10 美元。因为将现金更好地用于财务扩张而没有支付股利的公司，其投资者希望公司继续抓住需要更多资金的发展机会。易趣公司就是一个没有支付现金股利的成长型公司的例子。

可能影响公司股利支付决策的其他因素是什么？在有些国家，股利政策取决于留存收益的金额，因为国家法律不允许支付的股利超过公司的累计净利润。有限制股利支付的债权契约也会出现类似的股利支付限制。最终，投资者会认真地观察公司股利政策的变化。如果一个公司在连续的若干年中一直保持不中断地支付股利，它就应该努力继续保持这样的股利支付政策，即使是在亏损的情况下也应该坚持下去。实际上，公司偶尔会仅为保持股利支付而借款。

取消或开始支付股利都是重大的事件，投资者会因此暂停投资而认真考虑公司的决策对将来意味着什么。股东的认真考虑是必要的，因为股利变化的意义是使人费解的。假如一家公司开始支付股利或者增加股利，这说明公司在继续发展经营的同时具有向股东分配的财产，这是好的一面；不好的一面则说明公司没有大的可获利的投资项目使公司继续发展，因为这样的投资项目需要公司经营取得的全部现金。

10.4 优先股

两种最常见的股票类型是普通股和优先股。普通股，正如其名称所说，是最基本的股票类型。所有的公司都有普通股，拥有普通股的股东有一定的权利，这些权利我们在前面介绍过。优先股（preferred stock）的股东则有不同的权利，并享受优先待遇。优先股股东有每年获得现金股利的权利，并且他们获得股利的权利会优先于普通股股东。优先股股利的金额通常以股利率与面值的乘积来表示。面值为 100 美元、股利率为 5% 的优先股，其股利为 5 美元。

股票代表着公司与所有者之间的合约，其条款通常几乎可以包括双方所选定的任何一种协定内容。例如，优先股股东一般没有表决权，但是他们对资产有优先的要求权。因此在公司进行清算时，优先股股东能够以一个特定的清算价值为限先于普通股股东获得公司拥有的任何尚存资产。

股利要在董事会宣告发放之后才成为公司的法律义务，在这一点上优先股与普通股是一致的。与普通股不同的是，优先股股利的金额一般是确定的，在一段时间内不会变化。尽管联合包裹服务公司有已核定的优先股股份，但目前并没有发行在外。

10.4.1 累积股利

当董事会表决不支付优先股股利时会怎样？公司决定现在不支付股利，并不意味着公司就完全不需要承担这项义务了。也就是说，优先股股利通常是累积的（cumulative）。累积优先股要求未宣告发放的股利要累积起来并在将来公司支付任何普通股股利之前支付。对普通股股东来说，被称为积欠股利（dividend arrearages）的累积未付优先股股利有点像公司的债务。为什么？因为这些股利必须在普通股股东获得股利之前支付。而且，在清算的情况下，公司必须在普通股股东获得任何现金之前支付累积未付优先股股利。

为了说明累积优先股的情况，我们来看表 10-2。其中 A 表列示了 20×0 年 12 月 31 日 Acumulado 公司的股东权益，B 表显示了在接下来的几年中公司净利润和股利的情况。

Acumulado 公司的董事会表决在 20×1 年和20×2年不宣告发放和支付股利。在公司两年都亏损的情况下，这一决策从经济上讲是有道理的。您可能会想，尽管公司亏损，但公司有足够多的留存收益，是能够支付股利的。但是留存收益并不等同于现金。留存收益的大笔余额产生于以前多年的获利经营，并在这些年度中将经营所得现金再投资于经营性资产。在公司亏损的情况下，就像 Acumulado 公司在 20×1 年和 20×2年的情况一样，现金流量可能会下降，通常就没有充足的现金用来支付股利。

尽管公司没有支付 500 万元的年度优先股股利，但公司支付股利的义务仍然存在并累积起来，到 20×2 年末时就变成了 1 000 万美元。当 20×3 年公司的经营成果改善时，董事会宣告并支付了一部分股利即 300 万元，余下的 200 万元为积欠股利，使积欠股利合计数达到 1 200 万美元。20×4 年是 Acumulado 公司兴旺发展的一年，获利能力提高，现金流量充沛，足以支付全部股利甚至更多。向优先股股东支付的 1 700 万美元股利不仅包括了 20×4 年的股利，还弥补了积欠的全部累积股利。公司现在已经支付了全部累积优先股股利，因此就可能会向普通股股东支付股利，这在 4 年中还是第一次。注意留存收益每年的期末余额等于期初余额加上净利润（或者减去净亏损）再减去宣告发放的股利。

表 10-2　　Acumulado **公司的优先股股利**　　单位：美元

A 表

股东权益，20×0 年 12 月 31 日	
优先股，无面值，可累积，每年每股股利 5 美元	
发行并流通在外 1 000 000 股	50 000 000
普通股，无面值，5 000 000 股	100 000 000
留存收益	400 000 000
股东权益合计	550 000 000

B 表

年份	净利润	优先股股利		已宣告发放普通股股利	留存收益期末余额
		已宣告发放	积欠股利		
20×0					400 000 000
20×1	(4 000 000)	—	5 000 000	—	396 000 000
20×2	(4 000 000)	—	10 000 000	—	392 000 000
20×3	21 000 000	3 000 000	12 000 000	—	410 000 000
20×4	49 000 000	17 000 000	—	2 000 000	440 000 000
20×5	32 000 000	5 000 000	—	17 000 000	450 000 000

您愿意持有累积优先股还是非累积优先股呢？在前面的例子中，非累积优先股股东在 20×1 年和 20×2 年没有收到股利，在 20×3 年收到 300 万美元股利，在 20×4 年收到 500 万美元股利。而累积优先股股东在 20×3 年收到 300 万美元股利，在 20×4 年收到 1 700 万美元股利。相比之下，累积优先股确实是优先的，但像大多数选择一样，它并不是没有代价的。因为累积优先股更安全，所以它的股利通常要比非累积优先股低。累积优先股必须要在合同中注明，它并不是自动确定的。

10. 4. 2　清算过程中的优先

除了股利累积的特征之外，优先股通常有一个特定的清算价值（liquidating value）——即在公司解体清算时，公司在向普通股股东分配任何资产之前需要支付给所有优先股股东的、除积欠股利以外的金额。股权证书上通常要注明准确的清算价值，清算价值通常与面值相等。因为面值通常用来确定清算价值，也可能用来确定股利金额，所以从经济的角度来看，面值对优先股来说是很重要的。当然，公司必须在对外清偿所有债务之后才可以用公司剩余资产清偿优先股股东的要求权。

假设短期负债、长期负债、优先股和普通股都存在，让我们来考虑资产清算的情况。表 10-3 反映了如何向不同的要求者分配现金。表中自上而下各项目的优先要求权一般是下降的。第 1 栏代表账面价值。后面的 7 栏显示了在不同的条件下对每一类要求者的分配情况。

表 10-3 **不同情况下要求权的清算** 单位：千美元

	账户余额	假设的待分配现金收入合计数						
		1 500	1 000	500	450	350	200	100
应付账款	100	100	100	100	100	100	100	50*
非后偿债券	100	100	100	100	100	100	100	50*
后偿债券	200	200	200	200	200	150		
优先股（面值100，每股清算价值120）	100	120	120	100	50			
普通股和留存收益	500	980	480					
负债和股东权益合计	1 000							
分配的现金收入合计		1 500	1 000	500	450	350	200	100

* 比例为 50∶50，因为每一项都有 100 000 美元的要求权。

就像您所看到的，当公司没有足够的现金用来分配的时候，普通股股东通常是最后一个得到支付，而且经常是一无所获。然而，当公司有超额现金时，普通股股东就会获得超额的收益。这说明了股票所有权的风险和回报的关系。经营状况好时，普通股股东收益很高。经营状况不好时，普通股股东首先遭受损失。但是，必须记住，普通股股东和优先股股东都受到有限责任的保护。当公司不能清偿债务时，他们都不需要向公司补充额外的个人财产。

10.4.3 优先股的其他特征

除了可以累积和具有清算价值以外，优先股还可能有其他特征。就像我们讨论过的负债一样，每一个特征都影响股票发行的吸引力。当您为股利率为 5% 的优先股增加可累积的特征时，投资者就会花更高的价钱来购买该优先股。换言之，如果您为优先股增加了可累积的特征，减少了每年需要支付的固定股利，而投资者仍然愿意投资于优先股。

下面的每一个特征也会影响优先股的吸引力。比如，分红优先股的股利通常是固定的，但是在公司经营非常好的年份，它会获得更高的股利——在这样的年份，普通股股东会获得特别高额的股利。分红（participating）意味着这些股份的持有者能分享公司的增长，因为他们能分享增长的股利。可提前赎回（callable）优先股的发行公司有按照赎回价格（call price，或者 redemption price）从股东手中购回股票的权利。发行公司能够按照自己的意愿将股票购回，因此赎回价格通常高于股票面值或发行价格 5% ~10%，以补偿投资者。

可转换（convertible）优先股的股东有将优先股股份转换为普通股股份的选择权。如果股票价格大幅度上涨，在以后年度中转换股票的能力是非常有价值的，因此可转换证券的股利率通常比较低。例如，股利率为 8% 的一般优先股与股利率为 6% 的可转换优先股的出售价格相同。

要描述能够想到的优先股的每一个特征是不可能的，因为个人投资者和发行公司会开发出特别的证券以准确满足他们的需要，而且他们能够面对当时特殊的市场条件修改证券的条款。实际上，投资银行团体在努力开发新的优先股品种，以能够准确满足特定投资者的特别需要，以便为发行公司提供成本较低的资本。

10.4.4 债券和优先股的比较

优先股与债券非常相似。二者都是投资者与发行方之间的合约，合约详细说明了每一方的权利和责任。优先股和债券都给予投资者确定的回报。但是，二者的回报在规模和性质上有很大的区别。我们将对债券持有人的回报称为“利息”，它作为费用出现在发行债券公司的利润表上。在美国，利息收入的获得者要为利息收入纳税，债券发行公司的利息支出则可以抵减税赋。相比之下，优先股股东的回报被称为“股利”，代表利润的分配。股利不减少股票发行公司的净收益，也不能减少税负。股利直接减少留存收益账户。股东所得的股利可能要全部纳税、部分纳税或者不纳税，这取决于股东是个人还是公司，或者像年金计划或保险公司这样的特定机构。现在个人所得股利的大部分都按15%的税率征税，但是这个税率总是随时间推移而不断变化的。一些优先股股利不适用这个较低的税率，特别是那些由不动产投资信托公司发行的优先股的股利以及那些由托管证券支持的股利。这个税率是美国的税率，非美国公司支付的股利在美国要适用更高的税率。

优先股和债券还有一点区别，即债券有明确的到期日——公司必须偿还债券本金的日期，但大多数优先股是无限期的。从投资者的角度看，这样的优先股比债券的风险高，因为它永远不会到期，也没有人要求公司宣告发放股利。往往很难确定一种证券是属于债务票据还是属于权益性工具。例如，一些优先股有强制赎回日，这就使它更近似于债券，美国公认会计原则和国际财务报告准则都要求将这样的优先股划分为类似于负债的类型。

复习题概要

题目：

根据下列数据，为样本公司编制20×1年12月31日详细的股东权益表：

单位：美元

资本溢价，优先股	50 000
资本溢价，普通股	1 000 000
股利率为9%的优先股，面值为50美元，赎回价格为55美元，已核定20 000股，已发行并流通在外12 000股	
普通股，设定价值每股2美元，已核定500 000股，已发行400 000股	
应付股利	90 000
留存收益	2 000 000

解答：

应付股利是一项负债。因此，它不应该出现在股东权益表上：

样本公司股东权益表，20×1 年 12 月 31 日		单位：美元
股利率为 9% 的优先股，面值为 50 美元，赎回价格为 55 美元，已核定 20 000 股，已发行并流通在外 12 000 股		600 000
普通股，设定价值每股 2 美元，已核定 500 000 股，已发行400 000 股，其中 25 000 股为库藏股		800 000
资本溢价		
优先股	50 000	
普通股	1 000 000	1 050 000*
留存收益		2 000 000
股东权益合计		4 450 000

*许多列示没有将资本溢价详细地分解为普通股部分和优先股部分。

10.5 追加发行股票

现在的公司偶尔会向投资者、高级职员或者现有股东追加发行股票。追加发行股票有几个原因，而且发行的程序也不同。如果公司只是想追加权益性资本，其发行过程与前面内容中所描述的初次发行股票的过程非常相像，投资者提交现金换取追加的新股份。增加投资者持股数量的其他程序——股票期权、受限制股票、股票分割和股票股利——将在下面讲解。

10.5.1 股票期权

股票期权（stock options）是在特定的期间、以特定的价格购买一个公司特定数量股份的权利。公司经常将股票期权授予员工以作为员工补偿的一部分。拥有股票期权的员工只有在公司工作才可以获得期权的收益，而且只有股票价值增加即股东也能获得收益的情况下才能获得收益。股东能够从股票期权中受益，因为股票期权促使员工努力工作并为增加他们股票的价值出谋划策。另外，股票期权对管理者和其他员工是特别有用的，因为他们可以在股票价格的上涨中获益，而不需要承担股价下跌的风险。公司给予员工股票期权时一般规定，员工必须为公司工作一段时间以后才可以行使股票期权，这时股票期权才变为既得选择权（vested options）——即持有人有权利行使的选择权。一旦成为既得选择权，员工就可以在期权到期前的任何时间行使期权，期权的有限期一般为 5 年左右。

股票期权是对员工进行补偿的一种形式，就像工资和薪金一样。尽管把股票期权作为费用处理是合理的，但美国公认会计原则和国际财务报告准则在 2005 年以前都不要求将期权作为费用处理。现在，公司必须按照期权在授予日的公允价值，将期权在授予日至行权日之间分期确认为费用。在市场价格可以获得的情况下，期权的公允价值必须依据市场价格来计量；如果没有恰当的市场价格，则要依据期权定价模型来计量。期权定价模型通常依据行权价格、合约期限、股票价格、股票价格的波动性、股利以及无风险利率来计算。公司必须在财务报表附注中详细披露已发行期权的数量及特征。

股票期权的会计处理曾经是最具争议性的会计问题之一。美国财务会计准则委员会和国际会计准则理事会都面临着巨大的政治压力，因为大公司及其一些政府支持者都在阻止股票期权作为费用处理。美国国会曾讨论了好几个议案以阻止财务会计准则委员会要求公司将股票期权作为费用处理。然而，国际会计准则理事会在 2004 年发布了一项准则，要求公司将股票期权按照公允价值作为费用处理；美国财务会计准则委员会也紧随其后，在 2005 年发布了一项几乎完全相同的准则。欧盟支持国际会计准则理事会的准则，而美国国会也一直没有通过阻止股票期权费用化的法案。

联合包裹服务公司有一个奖励性的员工补偿计划，其中包括授予股票期权。公司在 2008 年授予了 199 000 份股票期权。假设 30 000 份期权为以每股 50 美元的价格购买公司股票，在 2008 年可以行权，授予日公允价值为每股 7 美元。2008 年的会计分录是：

补偿费用，股票期权	210 000	
资本溢价		210 000

现在，假设高级职员在授予日后的 5 年行使了全部的期权 30 000 股。2013 年的会计分录是：

现金	1 500 000	
普通股		300
资本溢价		1 499 700

记录员工为行使股票期权而以每股 50 美元购买的 30 000 股股票，每股面值 0. 01 美元

注意这笔会计分录与按照行权价格发行新股的会计分录是很难区别的，这个行使价格与市场价格可能有很大的区别。假设 2013 年的市场价格是 44 美元，一位高级职员就会在公开市场上购买股票而不是花费 50 美元行使期权，联合包裹服务公司就不需要做任何交易记录。但是，如果市场价格是 60 美元，这位高级职员就会行使期权，他以 50 美元购买股票并有机会马上卖出股票以获得每股 10 美元的收益，或者持有股票以期获得进一步的增值。

10. 5. 2 受限制股票

许多公司已经开始采用受限制股票而不是股票期权来激励员工。给予受限制股票（restricted stock）就像公司以普通股而不是现金来向员工支付工资。受限制股票通常有一些限制，比如员工在这些股票成为既得利益之前不能卖出这些股票，而且有一些公司要求只能将股票卖回给发行股票的公司。公司发行受限制股票时要记录等于股票价值的工资和薪金费用，并以相等的金额增加缴入资本。员工取得了一项资产，这项资产的价值会与股东价值同比例地增减。另外，持有受限制股票的员工会收到与普通股股东相同的股利。

受限制股票与股票期权相比的一个主要优势在于，即使股票价格严重下跌，受限制股票仍然是有价值的。很多高科技公司在 21 世纪初损失了 90% 的价值，这些公司

的一个主要问题就是它们的股票期权变得一钱不值，而且这种状况大多一直持续下去。2007—2009 年期间又出现了同样的情况，所不同的是那时候下跌最严重的是金融服务类股票。当股票市场每年处于上升状态的时候，股票期权的获得者得到了被认为很有价值的东西。当股票市场在 2000—2002 年期间以及 2007—2009 年期间下降的时候，很明显，股票期权并不总是能够得到回报的。受限制股票的支持者认为，受限制股票要好于股票期权，因为它真正将管理者的利益与股东的利益结合在一起。相比之下，股票期权在公司赚得很高收益的时候能够最大地回报管理者。因此可能会驱使获得股票期权的管理者去经营风险比较高而股东不赞成的项目。

联合包裹服务公司除了授予股票期权，还在 2008 年向员工发行了 620 万股受限制股票。当年公司确认的与股票期权和受限制股票这些项目相关的补偿费用达到 5.16 亿美元。

讲解财务报表

联合包裹服务公司 2008 年的营业利润为 53.82 亿美元，这是抵减了 5.16 亿美元与股票相关的支出之后的金额。如果联合包裹服务公司不将这些与股票相关的员工补偿支出确认为费用，那么公司报告的利润是多少？你是否认为这是联合包裹服务公司利润表中的一个重要项目？为什么？

答案：

营业利润将会增加 5.16 亿美元，达到 58.98 亿美元（53.82+5.16），比公司利润表中报告的金额高出 9.6%。这必然会对信息使用者产生影响，因此很明显是一个重要项目。

10.6 股票分割与股票股利

股票期权和受限制股票都是向员工发放额外的股份。公司还可以用其他几种方法向现有股东发行新股。我们来分析其中的两种方法：股票分割和股票股利。

10.6.1 股票分割的核算

股票分割（stock split）是指不需要现有股东额外支付现金的情况下对其发行的新股份。向现在持有的每股股票增发 1 股就是“1 拆 2”的分拆。例如，假设全星设备公司有 100 000 股发行在外的股票，每股市场价值是 150 美元，每股面值是 10 美元。因此股票市场价值合计为 1 500 万美元。如果公司对每位股东所持有的每股股票都补充发行 1 股，那么股份合计数就增加到 200 000 股。如果公司没有其他变化（资产、负债和权益都保持不变），发行在外股票的市场价值合计仍然是 1 500 万美元。但是，由于发行在外的股份是 200 000 股，每股的市场价值将下降到 75 美元。股东拥有的财富与以前相同，因为他们没有补充支付现金，而且他们在公司还拥有相同比例的所有者权益。

那为什么还要进行股票分割？这个问题提得很好，但却没有一个完美的答案。许多公司都对他们的股份进行分割。1 拆 2 股票分割的通常结果是股票价格下降 50%。

因此，对股票分割一个比较好的解释就是它会使每股股票价格下降。如果投资者愿意一次投资 1 000 美元～20 000 美元，股票交易量为 100 股，您会看到，投资者更愿意购买每股价格在 10 美元～200 美元之间的股票。大多数股票的交易价格都在这个范围内，而分割的股票一般在这个范围的上限。但是，并没有哪些规则对股票价格做出规定。伯克希尔-哈撒韦（Berkshire Hathaway）有限公司就是一个例子，该公司普通股的交易价格在写这部分内容的时候大约为每股 122 000 美元。请看下面“财经热线”中关于伯克希尔-哈撒韦公司的更多情况。

财经热线

伯克希尔-哈撒韦公司的 A 种和 B 种股票

伯克希尔-哈撒韦公司在发展的过程中没有进行过股票分割。以其最近的每股约为 122 000 美元的价格，许多投资者甚至连 1 股也买不起。因此经纪公司曾考虑创造一种信托合约来购买该公司的股份，然后再出售对这些股份的主张权。这需要对该公司的每股股票进行分解，比如说将 1 股分解为 50 股、100 股或 1 000 股派生股份，然后将这些分解后的股份以原来价格的 2%（1/50）、1%（1/100）或 0.1% 进行出售。经纪公司对他们提供的服务将收取很少的费用。根据这个想法，伯克希尔-哈撒韦公司设立了 B 种股票，这种股票起初是正常每股股票的 1/30，表决权和股份交换的权利与正常的股票稍有不同。

后来将 B 种股票调整为正常股票的 1/1 500。B 种股票最近的价格是每股 81.65 美元，比 A 种股票的 1/1 500 稍高一些。这使得更多潜在的股东能够买得起该公司的股票。伯克希尔公司的首席执行官沃伦·巴菲特（Warren Buffet）在公司网站上对 B 种股票作了如下描述：

伯克希尔-哈撒韦公司 A 种普通股股票与 B 种普通股股票的比较

伯克希尔-哈撒韦公司有两种普通股股票，即 A 种股票与 B 种股票。每股 B 种普通股拥有每股 A 种普通股 1/1 500 的权利，但表决权是每股 A 种普通股的 1/10 000（而不是 1/1 500 的表决权）。每股 A 种普通股股票可以根据持有者的选择在任何时候转换为 1 500 股 B 种普通股股票。但这种转换不能反向进行。也就是说，B 种股票的持有者不能将其转换为 A 种股票。A、B 两种股票的股东都有权参加公司每年在 5 月的第 1 个星期六召开的年度大会。

伯克希尔-哈撒韦公司 A 种股票与 B 种股票的相对价格比较

B 种股票的出售价格永远不能超过 A 种股票价格的 1/1 500，哪怕超出一点点也不可以。当 B 种股票的价格上涨超过了 A 种股票价格的 1/1 500 时就要进行套利，就需要进行裁定性调整——也许是纽约证券交易所的专家——买进 A 种股票并将其转换为 B 种股票。通过这种方式使 B 种股票的价格回落到 A 种股票价格的 1/1 500 的水平。

另一方面，B 种股票的出售价格可以低于 A 种股票价格的 1/1 500，因为 B 种股票不可以转换成 A 种股票。所有这些都要在 B 种股票发行的招股说明书中详细加以解释。

当对 B 种股票的需求（相对于供给来说）大于对 A 种股票的需求时，B 种股票就会以约为 A 种股票价格的 1/1 500 的价格出售。当对 B 种股票的需求下降时，B 种股票就会有一个折扣价。

我认为，大多数时候对 B 种股票的需求状况都使得其交易价格处于约为 A 种股票价格的 1/1 500 的水平。但是，偶尔也会出现供大于求的情况，使 B 种股票出现一定的折扣。我还认为，当 B 种股票以大于某一百分比（如 1%）的折扣价格出售时，购买 B 种股票要比购买 A 种股票更好。但是当 B 种股票的价格相当于 A 种股票的 1/1 500时，希望买 1 500 股或更多股 B 种股票的人会考虑改为购买 A 种股票。

资料来源：Berkshire Hathaway website（*www. BerkshireHathaway. com*）. a memo initially dated February 2, 1999, and updated July 3, 2003, and on January 20, 2010, to reflect changes.

有人认为股票分割是与股东进行交流并提醒他们其所投资的公司正在发展的一种途径。确实，在经过两次 1 拆 2 的股票分割之后，投资者认识到他们拥有的股票数量是原来所购股数的 4 倍。不过，我们所期望的是，仍持有 100 股原始股的投资者会同样高兴地认识到其所持有股票的现在价值已经是其买价的 4 倍了。

会计人员是否需要通过会计处理来反映全星公司增发了 100 000 股股票呢？是的。现在发行在外的股数已经是原来的 2 倍了。如果每股面值仍保持 10 美元，那就需要在普通股账户中增记 100 万美元，一般是从资本溢价中转入的。这并没有改变所有者权益的总额，只是对所有者权益作了重新安排。有时公司会决定调整面值，即以现有股份换取 2 倍的新股份，从而使面值下降。假设全星没有根据现有股份增发股份，而是由投资者将 100 000 股普通股按面值 10 美元返还公司，以换取面值为 5 美元的 200 000 股普通股。除了核定股份、已发行股份和发行在外股份发生变化以外，股东权益部分没有其他任何变化。总计的面值不变，也没有现金易手，每一个股东仍拥有与以前相同比例的利益和表决权。

表 10-4 中的 A 表列出了两种股票分割方法的会计分录。B 表显示了对股东权益的影响。正如 C 表中所反映的，两种情况下的股东权益合计数不变，公司的市场价值合计数也保持不变，这就表明每股的市场价格将是以前的一半。

10. 6. 2 股票股利的核算

股票股利（stock dividends）也是在不需要现有股东支付额外现金的情况下对其发行的新股份，但是新发行股份的数量通常小于进行股票分割的股数，而且面值不变。例如，10% 的股票股利就是对现在的每 10 股股票增加 1 股。

大比例股票股利 发行大比例股票股利的公司要对新发行的股份以面值增加普通股账户的金额。公司按照面值或设定价值核算大比例股票股利（特别是那些比例为 20% 或更高的股票股利）。这就意味着会计分录只是将新股的面值或设定价值从留存收益账户转至普通股账户。

与股票分割的情况相同，公司发放股票股利时，如果公司降低股利的比例，发行在外股份的市场价值一般会完全改变。让我们来分析全星公司的股票股利对股票价格的影响。原来为 150 美元的股价在发放 20% 股票股利的情况下会下降到 125 美元［15 000 000 美元÷（100 000 股+20 000 股）］，在发放 100% 股票股利的情况下会下降到 75 美元。两种情况下的公司价值合计都等于 1 500 万美元。

表 10-4　**股票分割两种方法的比较（全星设备公司）**　单位：美元

A 表：两种方法的会计分录			
选择 1：发行 100 000 股面值为 10.00 美元的新股	资本溢价	1 000 000	
	普通股		1 000 000
选择 2：以原有股票换取 200 000 股面值为 5 美元的新股	没有会计分录		

B 表：两种方法的结果

	普通股	**资本溢价**	**留存收益**	**股东权益**
选择 1	1 000 000	4 000 000	6 000 000	11 000 000
分拆，面值不变	1 000 000	(1 000 000)		
结果	2 000 000	3 000 000	6 000 000	11 000 000
选择 2 没有变化	1 000 000	4 000 000	6 000 000	11 000 000

C 表：共同的结果

两种处理下，股东权益合计数都是 11 000 000 美元。

两种处理下，公司的市场价值合计数都保持不变，1 拆 2 的股票分割使每股价格下降一半。

假设全星设备公司选择发放 100% 股票股利，以使发行在外的股数是原来的 2 倍。股东权益合计数不会受到影响，但是它的构成将会发生变化，如表 10-5 中 A 表所示。从股东的角度看，这与 1 拆 2 的股票分割基本上是完全相同的。因此，会计人员经常将这种情况称作“作为股票股利核算的”1 拆 2 的股票分割。从经济角度看，100% 股票股利和 1 拆 2 的股票分割之间没有区别。会计核算上的区别只是按面值增加的普通股账户金额的来源不同——对股票分割来说来自于资本溢价，而对股票股利来说则来自于留存收益。很多公司常常喜欢将股票分割作为股票股利来核算，因为它节省记录成本。公司不需要为改变面值获得许可，也不需要变换股权证书，而只需要对增发的股份发放股权证书。

然而，公司有一个问题需要考虑，那就是发放股票股利对现金股利有何影响。一种可能就是相应地调整现金股利。如果发放 100% 的股票股利或按 1 拆 2 进行股票分割，那就意味着每股的现金股利要减少一半，而现金股利总额保持不变。这样的结果至少对于那些想提高现金股利支付总额的公司来说没有什么不同。而投资者则会认真分析公司发放股票股利和进行股票分割的行动，来评价公司对未来现金流量和未来投资机会的考虑。

表 10-5 **股票股利**

全星的例子：原股数为 100 000 股；每股面值为 10 美元，市场价值为 150 美元

单位：美元

A 表：大比例股票股利（100%）

发行 100 000 股面值为 10 美元的新股，按面值核算

留存收益	1 000 000	
普通股		1 000 000

	普通股	资本溢价	留存收益	股东权益
发放股票股利前	1 000 000	4 000 000	6 000 000	11 000 000
发放 100% 股利	1 000 000		(1 000 000)	
结果	2 000 000	4 000 000	5 000 000	11 000 000

B 表：小比例股票股利（2%）

发行 2 000 股面值为 10 美元的新股，按市场价值 150 美元核算

留存收益	300 000	
普通股		20 000
资本溢价		280 000

	普通股	资本溢价	留存收益	股东权益
发放股票股利前	1 000 000	4 000 000	6 000 000	11 000 000
发放 2% 股利	20 000	280 000	(300 000)	
结果	1 020 000	4 280 000	5 700 000	11 000 000

小比例股票股利 当公司发放股票股利的比例低于 20% 时，就要按照市场价值而不是面值来核算股利。这一条规则的部分原因是传统习惯，部分原因是小比例股票股利更可能伴随着股利支付总额的增加或公司财务政策的其他变动。证券分析师认为，增加股利总额的决定表明管理层坚信未来现金流量的增加足以支持股利分配的增加。这说明公司的发展前景比较好。

表 10-5 中的 B 表列示了 2% 股票股利的影响。像第一种情况一样，个人股东没有从公司获得现金，公司也没有向股东收取现金。股票股利最可能的经济影响就是使现金股利增加。假设本例中全星公司的董事会一致表决同意每股发放现金股利 1 美元。通常公司在发放小比例股票股利之后会保持每股 1 美元的现金股利。获得了 2% 股票股利的股东期望 1 000 股股票将来每年能够获得的现金股利是 1 020 美元（1 美元×1 020），而不是 1 000 美元（1 美元×1 000）。因此，当公司的股利率保持不变时，宣告发放 2% 的股票股利与增加 2% 的现金股利的经济影响是相同的。

公司记录小比例股票股利（低于 20%）时，要将所增加股份的市场价值从留存收益转至普通股和资本溢价。我们将这种转换称为“留存收益的资本化”。它对股东来说是一个会计信号，即公司正在将 300 000 美元投资于长期的生产性资产，比如厂

房、不动产和设备。美国在会计实务中使用市场价值核算小比例股票股利的做法是武断的，并不是全世界都采用这种办法。

复习题概要

题目：

查理（Charlie）公司对发行在外的、每股面值为 5 美元的 100 万股普通股股票分配 2% 的股票股利。分配股利前的股东权益部分如下：

单位：美元

普通股，每股面值 5 美元，1 000 000 股	5 000 000
超过面值的资本溢价	20 000 000
留存收益	75 000 000
股东权益合计	100 000 000

查理公司分配股利时，其普通股股票在公开市场上的售价为每股 150 美元。股票股利对股东权益有何影响？如果第 2 年的净利润是 1 020 万美元，在考虑股票股利的影响之前和考虑股票股利的影响之后，每股收益应该是多少？

解答：

	发放 2% 股票股利前（美元）	变化	发放 2% 股票股利后（美元）
普通股，每股面值 5 美元，1 000 000 股	5 000 000	+（20 000 股，每股 5 美元）	5 100 000
资本溢价	20 000 000	+[20 000 股，每股（150－5）美元]	22 900 000
留存收益	75 000 000	－（20 000 股，每股 150 美元）	72 000 000
合计	100 000 000		100 000 000

在考虑股票股利的影响之前，每股收益为 10.20 美元（10 200 000 美元÷1 000 000）。在考虑股票股利的影响之后，每股收益为 10 美元（10 200 000 美元÷1 020 000）。

注意，股利对净利润没有影响，即不影响每股收益计算中的分子。但是，它对分母有影响，会使每股收益稍有减少，在理论上讲，会导致股票市场价格的轻微下降。

10.6.3 为什么要使用股票分割和股票股利

公司仍在进行股票分割和发放股票股利，但专家对二者的重要性却有争议。我们已经分析了利用股票分割和股票股利来控制每股价格。例如，沃尔玛从 1970 年 10 月 1 日公开招股开始 11 次按 1 拆 2 进行股票分割。在 2010 年春天，沃尔玛公司的股票价格为每股 55 美元；1970 年投资的价值 1 650 美元的 100 股股票，已经增长到 204 800股，价值 11 264 000 美元。这意味着每年的回报率将近 25% 。

股票分割和股票股利通常会与其他事项一同宣布，比如公司新的投资策略或者现金股利水平的变化。假设公司的惯例是在年末支付特别现金股利，但是公司计划要大规模地扩大生产，这就需要投入可用的现金，从而使支付特别现金股利变得困难。公司可能将扩张计划与发放小比例股票股利计划一同宣布。小比例股票股利不需要马上支付现金，但是将来支付给股东的现金股利会按照增加股份的比例增加。

10.6.4 零股

公司发行股份的数量一般为整数。当股东应得股票股利的数量不是整数时，公司就按股数的整数部分增加股东的股份，对股数的小数部分按市场价值向股东支付现金。

例如，假设公司发行 3% 的股票股利。某股东持有的股数为 160 股。发行日的每股市场价值为 40 美元。每股面值为 2 美元。股东应得股票股利 4.8 股，即 0.03×160=4.8 股。则公司应向该股东发行 4 股另加 32 美元（0.8×40 美元）的现金。会计分录是：

留存收益（4.8×40 美元）	192	
普通股，按面值（4×2 美元）		8
资本溢价（4×38 美元）		152
现金（0.8×40 美元）		32

记录对持有 160 股的股东发放 3% 的股票股利。

10.6.5 投资者对股票股利和股票分割的核算

到目前为止，我们主要介绍了公司如何处理股票分割和股票股利。股东又该如何处理这些事项呢？让我们来看投资者如何记录前面所描述的交易。假设杰西以每股 50 美元购买了全星设备公司最初发行的 1 000 股股票：

对全星公司的普通股投资	50 000	
现金		50 000

记录以每股 50 美元投资于全星设备公司最初发行的普通股 1 000 股

如果杰西随后以不等于 50 美元的价格将股票卖给卡特丽娜，杰西将记录一笔收益或损失，而卡特丽娜将按照支付给杰西的价格记录这些股份的价值。同时，这笔出售股票的交易不会影响全星设备公司的股东权益，公司只需要变更基本的股东记录，即删掉杰西而将卡特丽娜补记为股东。

下面的例子说明了杰西如何记录股票分割、现金股利和股票股利——将每种情况作为独立事项分别予以记录，而不是作为一组相关的事项来处理。请注意，有一些事项需要全星公司编制会计分录，但并不需要杰西编制会计分录：

单位：美元

1. 1 拆 2 的股票分割	不需要编制会计分录，但杰西应该在投资账户中做一个备忘记录，说明他现在以每股 25 美元的成本拥有 2 000 股，而不是以每股 50 美元的成本拥有 1 000 股。		
2. 每股发放 2 美元现金股利	现金	2 000	
	股利收入		2 000
	记录收到的全星设备公司支付的现金股利		
或者：	杰西也可以作如下两笔会计分录：		
在宣告日：	应收股利	2 000	
	股利收入		2 000
	记录全星设备公司宣告发放的股利		
在收到股利日：	现金	2 000	
	应收股利		2 000
	记录收到的现金股利		
3. 2% 的股票股利	不需要编制会计分录，但杰西应该在投资账户中做一个备忘记录，说明（假设上面的股票分割没有发生）他现在以每股 49.02 美元（50 000 美元÷1 020）的平均成本拥有 1 020 股。		
4. 以 100% 股利的形式进行股票分割	不需要编制会计分录，但杰西应该在投资账户中做一个备忘记录，说明（假设上面的股票分割和股票股利均没有发生）他现在以每股 25 美元的平均成本拥有 2 000 股，而不是以每股 50 美元的平均成本拥有 1 000股。注意这个备忘记录与事项 1 的备忘记录有相同的效果。		

复习题概要

题目：

几年前，米高梅（Metro-Goldwyn-Mayer，MGM）公司宣告并发放 3% 的股票股利。适用的市场价值为每股 7. 75 美元。增加的 966 000 股股份的面值为每股 1. 00 美元。另外，支付给股东用来代替增发股份中的小数部分的现金合计为 70 000 美元。编制适当的会计分录。

解答：

留存收益	7 556 500	
普通股，每股面值 1 美元		966 000
超面值资本		6 520 500
现金		70 000

记录发放的 3% 股票股利，已发行股份合计为 966 000 股，每股市场价值为 7. 75 美元，市场价值合计为 7 486 500 美元。另外，支付 70 000 美元现金以代替发行股份中的小数部分，所以应该借记留存收益的总额为 7 556 500 美元，即 70 000 美元+(966 000×7. 75 美元)。

题目：

贝克（Baker）公司有发行在外的普通股 2 000 股，每股面值 10 美元，按 1 拆 5

对这些股份进行分割。股票分割对公司的资产负债表和每股收益有何影响？如果公司说将股票分割作为股票股利来“核算”，您的答案有何变化？

解答：

股东权益总额不会发生变化，但是发行在外的股份将是 10 000 股，每股面值 2 美元，而不是每股面值为 10 美元的 2 000 股。假设适用于普通股股票的合计净利润不变，则每股收益是以前报告的每股收益的 1/5。

如果问题改为“公司最近按 1 拆 5 进行股票分割，并作为股票股利进行核算”，则每股面值将保持不变，需要编制会计分录，增加普通股面值账户 80 000 美元（8 000股新增股份乘以每股面值 10 美元），并减少留存收益 80 000 美元。

留存收益	80 000	
普通股，面值		80 000

10.7 股票回购

到现在为止，我们已经介绍了公司如何发行股份以及如何在某些时候向现有股东增发股份。但您不应该认为公司只会对外发行股票。有时公司也会回购股票，目的通常有两个：一是永久减少股东的要求权，称为退股；二是暂时持有股份以备将来使用，通常将回购的大部分股份作为员工期权、红利或者股票购买计划的一部分。在本章前面的内容中已经提到，暂时持有的股票称为库藏股票或库藏股份。

公司为什么要回购自己的股票？两个最普遍的原因是：第一，管理层认为公司股票的价值被市场低估了；第二，公司可能需要向员工分配股份以作为股票期权的一部分或者员工购买股票计划的一部分。或者可能只是因为公司除了拥有继续投资新项目所需要的现金以外还有多余的现金，因此公司董事会可能决定向股东返还一部分资本。公司可以通过支付更高的股利来向投资者返还资本，但董事会常常更喜欢回购股份。为什么？其中一个原因是，回购股份使公司可以向股东返还现金，而并不引起股东对股利永久增长的预期。而且，公司回购股份时，股东可以决定是否出售他们的股份，所以需要现金的股东可以通过公司的股票回购取得现金。

通过回购股份，公司可以清偿股东的一部分要求权，股东权益合计数会以回购的金额下降。回购股份的目的决定了哪些股东权益账户将受到影响。下面我们用全星设备公司的例子说明永久和临时回购的核算。我们已经知道全星股份的市场价值为每股 150 美元。我们还需要知道全星股份的每股账面价值——普通股股东权益合计除以发行在外的股数。全星公司的股东权益合计为 1 100 万美元，这包括公司股票过去的初始发行价格（面值加上资本溢价），以及公司在经营期间所获得的收益（留存收益）。全星的每股账面价值为 110 美元（11 000 000 美元÷100 000 股）。

10.7.1 退股

一旦公司购回了股份，公司就要退废这些股份或者持有这些股份以备再发行。假设全星公司的董事会以每股 150 美元回购并退废了发行在外股份的 5% 即 5 000 股，合计支付现金 750 000 美元（即 5 000 股×150 美元）。全星公司当初以每股 50 美元发行这些股份。回购这些股票使股东权益减少 750 000 美元。对这笔回购业务，应该在普通股、资本溢价和留存收益账户中各借记多少？我们按支付给退废股份的原始购买者的资本金额减少普通股和资本溢价账户。另外，公司要注销这些股票证书而且不再将这些股份作为发行在外或已发行的股份。表 10-6 中的 A 表列示了这项内容。

普通股	50 000	
资本溢价	200 000	
留存收益	500 000	
现金		750 000

记录每股支付 150 美元现金退废 5 000 股股票。缴入资本是每股 50 美元（面值 10 美元+资本溢价 40 美元），按另外支付的每股 100 美元减少留存收益。

表 10-6　**股票回购（全星的例子）**　单位：美元

A 表：回购股份的退废

	回购 5% 发行在外的股份之前	因退股引起的变化	回购 5% 发行在外的股份之后
普通股，每股面值 10 美元，100 000 股	1 000 000	−（5 000 股，每股 10 美元）= −50 000	950 000
资本溢价	4 000 000	−（5 000 股，每股 40 美元）= −200 000	3 800 000
缴入资本合计	5 000 000		4 750 000
留存收益	6 000 000	−（5 000 股，每股 100 美元*）= −500 000	5 500 000
股东权益	11 000 000		10 250 000
普通股每股账面价值：			
11 000 000÷100 000 股	110.00		
10 250 000÷95 000 股			107.90

* 回购价格 150 美元减去原先缴入的 50 美元（或 10 美元+40 美元）。

B 表：回购股份并作为库藏股持有

	回购 5% 发行在外的股份之前	因退股引起的变化	回购 5% 发行在外的股份之后
普通股，每股面值 10 美元，100 000 股	1 000 000		1 000 000
资本溢价	4 000 000		4 000 000
缴入资本合计	5 000 000		5 000 000
留存收益	6 000 000		6 000 000
合计	11 000 000		11 000 000
减：			
库藏股的成本	750 000		(750 000)
股东权益			10 250 000

注：普通股每股账面价值是根据发行在外的股数计算的，与 A 表中的价值相等。

请注意，发行在外股份的每股账面价值是如何从 110.00 美元下降到 107.89 美元的。我们将这种现象称为稀释（dilution）——由股东持股比例的变化引起的每股股东权益或每股收益的减少。董事会会避免稀释，这是一条规则，除非预期未来利润足以补偿暂时性的、不期望出现的每股账面价值的减少。

10.7.2 库藏股

现在假设全星公司的董事会决定不将回购的 5 000 股股票退废，而是暂时作为库藏股持有。公司可能会因为员工购买股票计划或者高级职员的股票期权计划而需要这些股份。这种情况的股票回购仍然会减少股东权益。库藏股不是一项资产。为什么？因为一个公司不能拥有自己的一部分。

如果库藏股不是一项资产，那它是什么？“库藏股（treasury stock）”账户是“所有者权益”账户的备抵账户，就像“累计折旧”账户是相关资产账户的备抵账户一样。像退废股票一样，购买库藏股也使股东权益减少 750 000 美元（以每股 150 美元购买 5 000 股）。而与退废股票不同的是，购买库藏股不会影响普通股股票面值、资本溢价和留存收益，而是设置独立的库藏股账户以抵减股东权益合计数。表 10-6 的 B 表列示了全星公司购买库藏股之前和之后的股东权益。公司不对库藏股分配股利，因为库藏股不是发行在外的股票：

已发行股份	100 000
减：库藏股	5 000
发行在外的股份合计数	95 000

公司通常在稍后的时间重新出售库藏股，可能通过实施员工购买股票计划的方式。表 10-7 列示了全星公司以高于或低于回购成本的价格重新发行这些库藏股的结果。在 A 表，列示了以 180 美元（高于回购成本 150 美元）重新发行的会计分录，B 表列示了以 120 美元（低于回购成本 150 美元）重新发行的会计分录。C 表列示了每一种情况下不同的股东权益部分。

重新购买和出售公司自己股票的具体会计处理因公司而异。但是，有一个规则是不变的：库藏股交易永远不会在利润表中产生费用、损失、收入或利得。为什么？一个公司自己的股本是公司资本结构中的一部分，它不是公司的一项资产。公司买卖自己的普通股股票不能带来利润或损失。

未发行的股份与库藏股没有重要的区别。在上面的例子中，全星公司可以通过下面的活动达到相同的目的：（1）回购并退废 5 000 股股票，再发行 5 000 股“新”股；（2）回购 5 000 股股票并重新出售。尽管这两种情况下股东权益账户的余额有所不同，但是发行在外的股数和股东权益合计数都保持不变。星巴克公司在 2008 年大量地回购股票，共花费 3 110 亿美元回购了 1 220 万股股票。之后，公司由于公司员工行使股票期权而发行了 600 多万股股票，另外的 280 万股股票是为其他原因发行的。

表 10-7 **重新发行库藏股**

全星公司以每股 150 美元回购 5 000 股股票，“库藏股”账户余额 750 000 美元

单位：美元

A 表：以每股 180 美元重新发行		
现金	900 000	
库藏股		750 000
资本溢价		150 000
B 表：以每股 120 美元重新发行		
现金	600 000	
资本溢价		150 000
库藏股		750 000

C 表：余额比较

	拥有 5 000 股库存股票，每股 150 美元	以每股 180 美元重新发行	以每股 120 美元重新发行
普通股股票	1 000 000	1 000 000	1 000 000
资本溢价	4 000 000	4 150 000	3 850 000
	5 000 000	5 150 000	4 850 000
留存收益	6 000 000	6 000 000	6 000 000
减库藏股	(750 000)	—	—
	10 250 000	11 150 000	10 850 000

10.7.3 股票回购对每股收益的影响

回购的股票不论是做退废处理还是作为库藏股，都会减少发行在外的股数。这就会引起每股收益的增加。例如，假设全星公司每年创造净收益 950 000 美元，以 750 000美元来回购股票，而且回购股票不减少未来的净收益。在这样的情况下，回购 5 000 股股票使每股收益增加 0. 50 美元。

每股收益 = 净收益÷流通在外的平均股数

回购前 950 000÷100 000 = 9. 50（美元）

回购后 950 000÷ 95 000 = 10. 00（美元）

相比之下，如果以 750 000 美元来发放股利，则股数不变，仍然为 100 000 股，而每股收益为 9. 50 美元。下面的“财经热线”中对公司如何利用股利、股票分割和股票回购进行了比较。

财经热线

股票分割、股利和股票回购

各个公司在如何向股东分配资源方面有着很大的不同。来看3家高科技公司：苹果电脑、思科和微软是3家比较年轻而且非常成功的公司。3家公司都进行过很多次股票分割。苹果公司在1987年、2000年和2005年进行过1折2的股票分割。思科系统公司在1990年至2000年期间进行过9次股票分割。微软公司已经将股份分拆到1986年首次公开募股时的9倍。

这些公司的现金股利政策有很大区别。苹果公司在1987—1995年期间发放了股利，但1995年之后没有发放过任何股利。微软公司直到2003年才第一次宣告发放股利。从那时起，股利数量每年都在增加，到2009年达到了每个季度增长0.13美元。2004年微软公司发放了每股3美元的特别股利。思科公司没有发放过现金股利，公司网站上对股利政策做出了如下解释：

目前，我们相信股票回购计划、公司在经营中持续进行的战略投资以及保持一个很高的现金余额，都是为了维护股东的最佳利益。按惯例我们要对宣告发放股利进行评价。公司董事会已经通过协调经营中对资本需求的预测、经营中获利的能力以及在当前的经营环境中提高股东价值的最有效手段，对股利政策进行了评价，并且要继续对将在任何时间发放的任何金额的股利进行评价。

同思科一样，微软近年来回购了大量的普通股，但是苹果公司对于股票回购并不积极。3家公司都有非常强的获利能力，都持有巨额现金和有价证券。在2008年底，苹果公司的现金和短期投资金额高达245亿美元，相当于总资产的62%；思科公司拥有现金和短期投资262亿美元，占总资产的45%；微软公司的现金和短期投资金额为237亿美元，占总资产的33%。

资料来源：Cisco, Microsoft, and Apple Web sites and annual reports.

讲解财务报表

作为一名管理者，您是选择以现金向投资者支付股利还是回购股票？您的决策对财务报表有何影响？

答案：

课文中讲解了几种情况。要考虑决策对未来的影响。如果您开始支付股利，投资者就希望您能够保持这个股利支付政策。因此，在第一次支付股利之前，您应该想到去评价未来的现金流量，评价您继续支付股利的能力和意愿。对于一项股票回购而言，一次性分配比较合适，因为由于时间延续的原因，多次分配容易出现很大的差异。股东通常更喜欢股票回购，因为他们可以选择是否参与，而且，如果他们参与的话，只需要对利得部分进行纳税。在资本利得税率低于股利收入税率的国家，股票回购获得的纳税利益甚至更大，美国曾经就是这样。

作为一名管理者，您应该注意到，无论是支付股利还是回购股票，都不影响利润表，它们对筹资活动合计现金流量的影响是相同的。而且，支付股利的影响是只减少留存收益，股票回购的影响则取决于股票的账面价值和市场价值，以及回购的股票是退废还是作为库藏股持有。总之，这个选择对财务报表的影响是很小的。

10.8 普通股的其他发行方式

公司在发行普通股股票的时候并不总是收取现金。公司发行股票可能会取得其他资产，或者与本公司的证券即债券或优先股进行交换。

10.8.1 非现金交换

一个公司通常通过发行股票取得土地、建筑物、另一个公司的普通股股票，或者补偿某人或某公司提供的服务。买卖双方要按照证券的“公允价值”或所交换资产或服务的“公允价值”二者中更易于客观确定的那一个“公允价值”来记录这一交易。

10.8.2 证券转换

一些公司会发行可以转换为本公司普通股股票的债券或优先股。可以转换的特点使这些证券对投资者更具有吸引力，而且可以提高发行价格（或者减少必须支付的利息或股利，二者是对等的）。如果可转换证券的所有者行使了转换权利，发行者只需要像当初发行普通股一样调整普通股的账面记录。这可能会对公司的负债与所有者权益的比例产生重大影响，它可能会免除以前与利息或股利的支付义务相关的重大现金支出。

例如，假设买方公司在20×1年支付160 000美元投资于发行方公司发行的每股面值为1美元的可转换优先股股票5 000股。在20×8年，买方公司将优先股股票转换为发行方的10 000股普通股股票（每股面值1美元）。表10-8说明了这两笔交易对发行方公司账户的影响。

表10-8 **可转换优先股的分析** 单位：美元

	资产	=	负债	+	股东权益			
	现金				优先股	资本溢价优先股	普通股	资本溢价普通股
发行优先股（20×1）	+160 000	=			+5 000	+155 000		
转换优先股（20×8）		=			−5 000	−155 000	+10 000	+150 000

会计分录如下：

在发行方的账面上

20×1	现金	160 000	
	可转换优先股		5 000
	资本溢价，优先股		155 000

记录发行5 000股可转换优先股，每股面值1美元，1股优先股可转换为普通股2股。

20×8	可转换优先股	5 000	
	资本溢价，优先股	155 000	
	普通股		10 000
	资本溢价，普通股		150 000

记录将 5 000 股优先股转换为 10 000 股普通股（每股面值 1 美元）。

买方公司也要进行投资形式的转换，但历史成本保持不变，投资的账面价值仍然是 160 000 美元。为了说明现在的投资是普通股股票而不是优先股股票，买方公司可能要将 160 000 美元从一个投资账户转入另一个投资账户。或者，如果只设置“投资”一个总分类账户的话，就要调整其明细记录。

10.9 留存收益限制

股东权益中最受股东和债权人关注的部分是留存收益。董事会制定的有利于股东的决策可能会损害债权人的利益。例如，董事会可能会支付过多的股利，从而使对债权人的偿付出现问题。为了保护债权人，国家法律或合同义务通常会限制宣告发放股利的权利。许多债权人要求在债务契约中对现金使用进行一定的限制，比如支付股利。

如果发放股利会导致股东权益小于缴入资本合计数，政府一般不允许董事会宣告发放股利。因此，留存收益必须大于库藏股的成本。如果没有库藏股，留存收益一定为正数。这个限制限定了股利的支付，从而保护了债权人的利益。看下表中的数据（单位：百万美元）：

	支付股利前	支付股利后	
		10 百万美元股利	4 百万美元股利
缴入资本	25	25	25
留存收益	10	—	6
合计	35	25	31
减：			
库藏股成本	6	6	6
股东权益合计	29	19	25

最大股利金额限定为留存收益大于库藏股成本的差额。如果没有这个限制，公司可能会支付 1 000 万美元的股利，这会使股东权益减少到 2 500 万美元的缴入资本以下。在这样的限制下，未限制的留存收益（即最大的法定股利金额）就是 400 万美元（1 000 万美元-600 万美元）。在这个例子中，库藏股的存在限制了公司宣告发放股利的最大金额。

有留存收益限制的公司大多都在会计报表附注中对此进行披露。留存收益限制通常在资产负债表上作为一个独立的项目出现，即受限制留存收益（restricted retained earnings）或拨定留存收益（appropriated retained earnings）——即留存收益中不能通过宣告发放股利而减少的部分。在欧洲，公司通常将受限制留存收益称为准备（reverse）。会计人员在很多情况下使用准备一词，但我们将只用这个词表示受限制留存收益。“准备”在美国不太常见，如果有，通常表明董事会为特定目的（比如厂房扩建）持有现金因而要限制股利支付的意图。在很多国家，法律进一步限制股利的支付，使股东权益一项称为法定准备（legal reverses）。例如，在法国和德国，在公司的法定准备达到一个特定的水平之前，公司支付的股利不能超过每年净收益的5%。

下面这段文字引自世界上激光器的主要生产商相干（Coherent，Inc.）公司的年度报告，可以帮助我们了解股利支付的限制：

公司在国内的信用额度一般取决于与财务比率、获利能力和股利支付有关的标准契约。

10.10 股东权益的其他组成部分

股东权益中通常还有其他两个要素，这里简要地加以介绍。在表10-1中，联合包裹服务公司的股东权益部分包括一个抵减项目，即56.42亿美元的“累计其他综合损失”。这个项目的金额主要与未确认的养老金和退休后福利成本有关。公司必须在资产负债表中将既定收益养老金和其他退休后福利计划的置存状况确认为一项资产或负债。当合同、利率或者养老金计划持有证券的市场价值发生改变时，置存状况就会发生变化。2008年联合包裹服务公司的养老金计划资产的公允价值从179亿美元下降到128亿美元，下降了50多亿美元。公司先将这项损失记入其他综合性收益（损失）中，抵减了所有者权益；之后如果资产价值没有恢复，再将这项损失分期摊销以抵减利润。

联合包裹服务公司的股东权益部分还包括一个我们没有明确讨论过的项目，即“递延酬劳负债”（deferred compensation arrangement）。像许多公司一样，联合包裹服务公司用公司的股份来奖励员工，以提高员工努力工作和为顾客提供更好服务的责任心。出于财产规划和纳税管理的目的，员工延迟了他们获得公司股份的权利。公司在“递延酬劳负债”账户中确认了未来向员工发放股份的义务，而且在计算每股收益时将这部分预计发行股份的数量包括在分母内。

10.11 与股东权益相关的财务比率

分析师经常利用比率来回答很多有关股东权益的问题。其中一个重要的问题就是：对股东提供的资源，公司的利用效率如何？为了评价资源的利用效率，分析师将公司创造的净收益与股东的历史投资联系在一起，即计算普通股收益率（rate of return on common equity，ROE），其定义如下：

$$\text{普通股收益率}=\frac{\text{净收益}-\text{优先股股利}}{\text{平均普通股权益}}$$

普通股股东非常关注普通股收益率，因为这个比率强调的是公司基于普通股账面价值的获利能力。公式中的分母等于普通股权益期初余额与期末余额的平均数。注意，普通股权益的余额等于股东权益总额减去优先股的账面价值（如果清算价值大于账面价值，则减去清算价值）。在表10-9中，A表比较列示了卡尔文公司2年的股东权益及收益，B表则用A表中的资料来计算普通股收益率。

表 10-9　**卡尔文公司的所有者权益**　单位：美元

A 表		
	12 月 31 日	
	20×2	**20×1**
股东权益		
10% 优先股，100 000 股，每股面值 100 美元	10 000 000	10 000 000
普通股，5 000 000 股，每股面值 1 美元	5 000 000	5 000 000
资本溢价	35 000 000	35 000 000
留存收益	87 000 000	83 000 000
股东权益合计	137 000 000	133 000 000
截至 20×2 年 12 月 31 日的年度净收益	11 000 000	
优先股股利每股 10 美元	1 000 000	
普通股可得的净收益	10 000 000	

B 表：普通股收益率

$$普通股收益率=\frac{净收益-优先股股利}{平均普通股权益}$$

$$=\frac{11\ 000\ 000-1\ 000\ 000}{[(133\ 000\ 000-10\ 000\ 000)+(137\ 000\ 000-10\ 000\ 000)]/2}$$

$$=\frac{10\ 000\ 000}{(123\ 000\ 000+127\ 000\ 000)/2}=10\ 000\ 000/125\ 000\ 000$$

$$=8.0\%$$

不同公司、不同行业甚至同一公司、同一行业在不同的年份，其普通股收益率的变化都非常大。如下所示：

	2008（%）	**2002（%）**	**1996（%）**
联合包裹服务	31.7	28.0	n/a
麦当劳	30.1	10.1	19.5
IBM	59.0	15.4	24.8
百事可乐	34.8	36.9	16
埃克森-美孚[†]	38.5	15.5	16.0
荷兰皇家壳牌	20.6	n/a	n/a
戴姆勒[*]	4.2	12.8	n/a

[*] 戴姆勒即为 2002 年的戴姆勒/克莱斯勒。

[†] 2008 年和 2002 年是埃克森美孚的数据，1996 年是合并前美孚公司的数据。

普通股收益率通常能引发一些使你更好地了解公司的问题。麦当劳公司的普通股收益率在 2002 年大幅度下降。为什么？因为公司当年报告的毛利额大幅度下降。IBM 公司的普通股收益率变化非常大，这个变化可能是由于公司的经营困境造成的，也可能与会计实务的变化有关。例如，2005 年关于退休后福利会计实务的变化使许多公司在累计其他综合收益项目（accumulated other comprehensive income）中记录了损失，从而使所有者权益大幅减少。许多公司在这个期间进行了巨额的股票回购，也减少了所有者权益。

第2个比率是每股账面价值。在公司发行优先股的情况下，普通股每股账面价值（book value per share of common stock）要进行相应调整。根据表10-9中A表20×2年的数据来计算卡尔文公司的普通股每股账面价值如下：

$$\text{普通股每股账面价值}=\frac{\text{股东权益总额}-\text{优先股账面价值}}{\text{发行在外的普通股股数}}$$

$$=\frac{137\ 000\ 000-10\ 000\ 000}{5\ 000\ 000}$$

$$=25.40\text{（美元）}$$

股票的市场价值通常大于其账面价值，但也不尽然。可以通过计算市价与账面价之比（market-to-book ratio）——即每股市价除以每股账面价值——来说明二者的关系。联合包裹服务公司在2009年初的每股市价为55.32美元，每股账面价值为6.80美元，因此市价与账面价的比率为8.1比1。其他公司的情况（引自2009年5月的雅虎财经网站）及该公司2003年的数据比较如下：

	市价与账面价的比率	
	2009	2003
联合包裹服务	8.1	5.7
麦当劳	4.8	2.5
IBM	10.0	5.3
百事可乐	6.8	7.3
埃克森-美孚	3.1	3.0

股东是根据他们对公司未来盈利能力的判断而不是公司资产的历史成本来衡量股票的价值的。体现在资产负债表上的账面价值是资产的历史成本与市场价值的混合体。比较市场价值与账面价值通常有助于更好地解释价值差异背后的原因。假设2008年的市场价值大幅下降，但令人不解的是市价与账面价之比却保持稳定或有所上升。一种解释是，由于年金计划或商誉减值导致了其他综合收益的损失，从而导致账面价值下降的幅度大于市场价值的下降幅度。

市价与账面价值的区别在现实生活中意味着什么？如果一个公司有许多未记录的资产（比如在研发支出很高的行业中）或增值资产（比如不动产），该公司的市场价值就会大大高于其账面价值。

记忆要点

1. 描述股东的权利。在资产负债表上，股东权益是公司所有者享有的剩余权益的账面价值。公司制企业的所有者对公司承担有限责任并享有各种权利，包括投票选举董事会的权利。在各种权益的所有者中，优先股股东有优先获得股利的权利以及其他一些特定的权利，包括股利累积、股利分享、转换特权和清算中优先。优先股在很多方面类似于债券。

2. 核算普通股，包括股利支付。公司在发放普通股股票时，通常要将收到的资金记作一项资产，同时以面值或设定价值记录普通股的增加，其余的金额则记作资本溢价。当公司发放股利时，所支付的股利表示资产的减少，同时抵减留存收益。发行普通股增加股东权益，支付股利减少股东权益，但两笔交易的金额不同。

3. 比较债券、优先股和普通股。债券、优先股和普通股都是对公司资产的要求权。债券的要求权优先，是公司特定的法律义务，即要在规定日期支付利息和偿还本金。优先股股票可能有许多特定的权利，但是股利只有在董事会宣告发放的时候才成为公司的义务，优先股通常没有到期日。优先股股东通常先于普通股股东收到股利和被偿付本金。我们通常将普通股股票称为剩余要求权，因为普通股股东通常要在公司偿付了其他所有义务之后才能获得剩余的财产。如果一个公司进行破产清算，普通股股东可能只会得到很少的资产或者一无所获。但是，当一个公司发展迅速并兴旺发达的时候，普通股股票的价值就会增长而大大高于债券和优先股股票的价值。

4. 明确股份分割的经济特征和会计核算。股票分割改变了所有者持有股份的数量，但没有改变股东的经济要求权。因此，公司的市场价值总额通常不会发生变化，但是，每股价值会根据分割的比例或股利的大小而变化。1 拆 2 的股票分割通常会使每股市价下降 50%。股票分割后如果股票的面值不变，就要将资本溢价转入普通股账户；如果股票的面值发生变化，则不需要编制会计分录。

5. 核算大比例和小比例股票股利。股票股利的核算会重构所有者权益各账户的余额，即股票面值账户、缴入股本账户和留存收益账户的余额发生变化，而所有者权益总额不变。具体情况取决于股票股利的数量。

6. 解释并报告股票回购和其他的库藏股交易。公司有时候会取得库藏股，即在公开市场上购买本公司的股票。这些股票随后可能要退废、转售或者用于支付期权协议中的义务。对本公司的股票进行交易永远不会带来收益或损失，也不会影响利润表。与股东之间的这种交易只会引起所有者权益账户的变化。

7. 记录债务或者优先股向普通股的转换。一般说来，当投资者将可转换债券或优先股转换为普通股时，要将负债或优先股的账面价值转入所有者权益，一部分列示为面值或设定价值，另一部分则列示为资本溢价。

8. 运用普通股收益率及每股账面价值。证券分析师用普通股收益率作为评价公司管理效果和获利能力的主要比率。这个比率越高越好。分析师经常将每股市场价值与每股账面价值进行比较。市价与账面价的比率高，则一般意味着公司的发展前景很好和可能有未记录的资产，比如自创的专利权。

会计词汇

拨定留存收益 appropriated retained earning

核定股份 authorized shares

普通股每股账面价值 book value per share of common stock

赎回价格 call price

可赎回 callable

可转换 convertible
公司授权书 corporate proxy
累积的 cumulative
登记日 date of record
宣告发放日 declaration date
稀释 dilution
积欠股利 dividend arrearages
已发行股份 issued shares
清算价值 liquidating value
市价与账面价的比率 market-to-book ratio
发行在外股份 outstanding shares
分红 participating
支付日 payment date
优先权 preemptive rights
优先股 preferred stock
普通股收益率 rate of return on common equity（ROE）
赎回价格 redemption price
准备 reserve
受限制留存收益 restricted retained earnings
受限制股票 restricted stock
股票股利 stock dividends
股票期权 stock option
股票分割 stock split
库藏股 treasury stock
既得选择权 vested options

练习题

10-1 区分术语

清理服务有限公司是一家废品管理公司，在20×2 年8 月31 日的核定普通股股数为300 万股。已发行的股数为210 万股。有25 万股作为库藏股持有。已发行和发行在外的股数是多少？未发行的股数是多少？列出你的计算过程。

10-2 区分术语

2008 年12 月31 日，IBM 公司的核定普通股股数为46.88 亿股。已发行股数为20.97 亿股，有7.58 亿股作为库藏股持有。已发行和发行在外的股数是多少？未发行的股数是多少？列出你的计算过程。

10-3 对资产的优先权

下列是可靠汽车（Reliable Autos）有限公司有关账户的余额：普通股和留存收益为30 万美元；应付账款为30 万美元；优先股（5 000 股，每股面值20 美元，每股清算价值24 美元）为10 万美元；后偿债券为30 万美元；非后偿债券为20 万美元。列表说明公司清算或解散时如何分配取得的现金。假设取得的现金分别为140万美元、110万美元、80万美元、60万美元、40万美元和20万美元。

10-4 普通股的发行

川崎重工（Kawasaki Heavy Industries）是日本的一家大型公司，除了摩托车，还制造轮船、汽车发动机及其他许多产品。公司2009年的销售收入为13 390亿日元，相当于136.23亿美元。川崎重工的资产负债表部分项目如下（单位：百万日元）：

普通股，2009年已发行股份为1 669 629 122股	
2009年发行股票的缴入资本合计	158 611

1. 假设全部1 669 629 122股以每股面值62日元同时发行。编制会计分录。

2. 普通股股份的金额与资本盈余金额的关系与美国公司的情况有区别吗？请加以解释。

10-5 累积股利

Ute数据服务公司于20×1年1月1日成立（单位：美元）。

优先股，无面值，每股每年可累积股利5美元	
已发行和发行在外的股数，1 000 000股	40 000 000
普通股，无面值，6 000 000股	90 000 000
股东权益合计	130 000 000

以后年度公司的净收益（或损失）为（单位：美元）：

20×1	（5 000 000）
20×2	（4 000 000）
20×3	15 000 000
20×4	20 000 000
20×5	14 000 000

假设董事会按法律允许的最高金额宣告发放股利。州禁止因宣告发放股利而使留存收益出现负数。

1. 列表说明每年宣告发放的优先股股利和普通股股利。没有库藏股。

2. 如果优先股股利不能累积，分配给普通股股东的股利总额有何变化？

10-6 累积股利

近年来，温斯洛公司的现金流量存在严重问题。公司在20×0年暂停支付普通股的现金股利。20×1年，公司停止支付300万股发行在外的可累积优先股的股利，股利率为7%。20×1年和20×2年没有支付优先股和普通股的股利。20×3年，公司董事会决定将100万美元现金用于支付股利。

计算20×3年的优先股股利和普通股股利。

10-7 现金股利

日本本田汽车公司在2009财务年度对18.146亿股股票按每股77日元支付股利。为本田公司编制2009财务年度宣告发放股利和支付股利的会计分录。

10-8 股票期权

林登系统公司向它的高级职员授予期权，即以现在的市场价格每股20美元购买4 000股普通股股票（每股面值2美元）。行使期权的有效期为4年，从现在起的3年后开始计算。假设所有的期权都在从现在起的3年以后行使，行使期权时股票的市场价值为每股40美元。

为林登公司编制适当的会计分录。讨论管理者通过期权获得的经济利益以及公司从期权中所获得的利益。

10-9 股票分割

迪安食品公司年度报告的合并留存收益表中包括下列内容（单位：美元）：

为股票分割而支付	4 401 000

股票分割前后的资产负债表显示（单位：美元）：

	分割后	分割前
普通股，每股面值1美元	13 203 000	8 802 000

请解释股票分割。迪安食品公司为完成股票分割做了什么？这与你为股票分割所下的定义冲突吗？请详细说明。

10-10 股票分割的转回

一则新闻报道称，"QED公司的股东同意按1比10转回分割的普通股股票。"股票分割转回的会计核算与一般股票分割的会计核算适用同样的原则。QED勘探公司是在得克萨斯州和路易斯安那州作业的一家石油开采公司。QED公司股票分割转回前的股东权益部分包括下列内容（单位：美元）：

普通股，核定股数30 000 000股，已发行股数23 530 000股	287 637
资本溢价	3 437 547
留存收益	2 220 895
减：库藏股成本，1 017 550股	(305 250)
股东权益合计	5 640 829

1. 编制公司股票分割转回后股东权益部分的内容。
2. 对股票分割转回的可能原因进行评论。

10-11 账面价值与权益回报

瑞驰（Reach）公司20×8年的净收益为1 200万美元。20×8年年度报告中的股东权益部分如下（单位：百万美元）：

	20×8 年	20×7 年
股东权益		
8% 优先股，每股面值 50 美元，核定股数 40 万股，已发行股数 30 万股	15.0	15.0
普通股，每股面值 1 美元，核定股数 500 万股，已发行股数为 200 万和 180 万股	2.0	1.8
资本溢价	32.0	30.0
留存收益	69.0	65.2
股东权益合计	118.0	112.0

1. 计算 20×8 年末普通股每股的账面价值。

2. 计算 20×8 年的普通股收益率。

3. 计算 20×8 年宣告发放的普通股现金股利的金额。（提示：分析留存收益 T 型账户。）

10-12 财务比率与股东权益

请看纽约银行公司（Bankcorp）的下列数据（单位：美元）：

	12 月 31 日	
	20×2 年	20×1 年
股东权益		
优先股，20 万股，每股面值 20 美元，清算价值 22 美元	4 000 000	4 000 000
普通股，400 万股，每股面值 2 美元	8 000 000	8 000 000
资本溢价	5 000 000	5 000 000
留存收益	3 000 000	1 400 000
股东权益合计	20 000 000	18 400 000

20×2 年的净收益为 240 万美元。优先股股利率为 10%，可累积。优先股按固定的年度股利宣告发放，普通股股东获得的股利为每股 0.20 美元。20×2 年 12 月 31 日的普通股市场价格为每股 11.00 美元。

计算 20×2 年的下列指标：普通股收益率、普通股每股收益、价格-盈余比、股利分派率、股息率和普通股每股账面价值。

10-13 股东权益部分

下列是罗塞利公司 20×8 年 12 月 31 日的数据（单位：美元）：

6%可累积优先股，面值40美元，赎回价格42美元，核定股数10万股，已发行和发行在外股数10万股	4 000 000
库藏股，普通股（成本）	4 000 000
资本溢价，普通股	9 000 000
应付股利	100 000
留存收益	12 000 000
资本溢价，优先股	1 000 000
普通股，每股面值2.50美元，核定股数180万股，已发行股数120万股，其中6万股作为库藏股持有	3 000 000

列出20×8年12月31日股东权益的详细内容，按照资产负债表中股东权益部分的形式编制。

10-14 对股东权益的影响

说明下列各项交易对通用服务公司股东权益总额的影响（用+、-或0表示）：

1. 宣告对普通股发放股票股利。
2. 杰·史密斯将100股通用服务公司的股票出售给汤姆·琼斯。
3. 当期经营损失800 000美元。
4. 对普通股发放股票股利。
5. 没有宣告发放可累积优先股的固定股利。
6. 宣告发放现金股利合计50 000美元。
7. 支付交易6中宣告发放的现金股利。
8. 以现金1 000美元购买10股库藏股。
9. 以1 200美元出售交易8中购买的库藏股。
10. 以800美元出售交易8中购买的库藏股。

第 11 章　公司间投资与合并

学习目标

通过本章的学习，您应该能够：

1. 解释公司为什么要互相投资；
2. 说明短期债务性证券投资和短期权益性证券投资的会计处理方法；
3. 报告长期债券投资；
4. 比较投资核算的权益法和市价法之异同；
5. 编制合并财务报表；
6. 将非控制性权益纳入合并财务报表；
7. 解释商誉的经济含义及财务报告方法。

本章核心案例：福特汽车公司（Ford Motor Company）

决定筹资购买一辆新的小汽车是您作为消费者所能作出的一项最重要的决定之一。如果您已经筹资买了一辆汽车，您应该知道汽车制造商既卖汽车又提供融资（汽车贷款）。不管在哪里购买福特汽车，您都可以通过福特的全资子公司——福特信贷（Ford Credit）取得贷款。那么福特信贷与福特汽车公司是一种什么关系？它们都是独立的实体，各自都有自己的财务记录。但是，它们的联系非常密切，以至于政府部门要求它们在提供给公众的财务报表里将双方的财务记录进行合并。

2009 年 6 月 16 日，福特汽车公司庆祝成立 106 周年，106 年前福特公司由亨利・福特（Henry Ford）和其他 11 名投资人创建。公司成立 12 年之后，为了庆祝公司成功地批量生产汽车，亨利・福特做了一句话的讲演。他只简单地说了一句话"任何产品能够达到 100 万的数量都不是一件简单的事情。"当时公司的生产线每 10 秒钟就能下线一辆 T 型车。2003 年公司举行百年庆典的时候，其汽车总产量已达到 3 亿辆。

表 11-1 对福特的 106 年历史罗列了一个简要的时间表。公司在发展过程中不断地进行收购，第一笔收购是 1922 年对**林肯（Lincoln）**的收购，公司以此得以跻身豪华汽车市场。之后公司继续收购知名品牌，1989 年收购了**捷豹（Jaguar）**，1999 年收购了**沃尔沃（Volvo）**。福特公司还在内部开创性地设立了一些具有重要意义的商业经营部门。1959 年公司成立了福特信贷，1961 年公司创建了零部件供应商**福宝（Motorcraft）**。所有这些公司都是福特的全资子公司，并且被合并反映在福特的一整套财务报表中。福特也出售子公司，在 2005 年至 2008 年间，就出售了赫兹（Hertz）阿斯顿・马丁（Aston Martin）、捷豹（Jaguar）以及路虎（Land Rover）。

福特所属的公司并非都是全资子公司。1979 年，福特收购了日本的一家汽车生产商马自达（Mazda）公司 25% 的股份。后来公司将这一比例提高到 33%，而 2008 年又降至 14%。在这一章中我们将看到，拥有联营公司中所有者权益的 25% 或 33% 与拥有子公司 100% 股权甚或拥有子公司的多数股权，其会计处理是不同的；拥有 14% 权益时的会计处理也是不同的。

表 11-1 **福特汽车公司 106 年历史**

1903	亨利·福特和 11 名投资人创建公司
1914	生产能力达到每 10 秒钟下线一辆 T 型车；工人日薪 5 美元，是当时一般工资水平的 2 倍
1915	亨利·福特在公司产出第 100 万辆汽车时只说了一句话：“任何产品能够达到 100 万的数量都不是一件简单的事情。”
1922	收购林肯公司跻身豪华汽车市场
1956	第一次公开发行股票
1959	组建福特信贷
1961	组建福宝
1979	收购**马自达（Mazda）**25% 的股份
1987	收购**阿斯顿·马丁（Aston Martin）**的控股权
1989	收购捷豹
1994	**赫兹（Hertz）**成为全资子公司
1999	收购沃尔沃
2000	收购**路虎（Land Rover）**
2001	分拆**维斯迪奥（Visteon）**
2002	非核心业务销售量约 10 亿美元
2003	第 3 亿辆汽车下线
2003	公司百年庆典
2005	将赫兹（Hertz）出售给三个私募股权投资公司
2007	出售阿斯顿·马丁（Aston Martin）
2008	出售捷豹（Jaguar）、路虎（Land Rover），将马自达（Mazda）的股份削至 14%

翻开大多数大公司（即使是中型公司）的年度报告，几乎都有合并**财务报表**（*consolidated financial statements*）。合并财务报表这个术语意味着两个或更多的独立法人主体的账簿要融合在所呈报的报表中。福特公司这样描述它的报表：“我们的财务报表包括被合并的拥有大多数股权的子公司。对于我们不能控制、但能对其经营和财务政策施加重大影响的联营公司，采用权益法进行会计处理。”

合并财务报表的编制过程过去一直是令人心烦的事情，因为对许多会计人员来讲，编制合并财务报表要花上几天有时甚至还要加上几夜的时间，合并报表要填满许多绿页的 13 栏工作底稿。现在，一些公司只花几个小时就可以编制完成，这要感谢计算机和复杂的软件包。

福特公司为何收购捷豹之后又将其出售？为何收购马自达的一大部分股份之后又出售其中的一部分而不是全部？拥有 100% 的所有权和拥有 33% 或 14% 的所有权，其会计处理有什么区别吗？我们将在本章对这些战略问题中的部分内容进行研究，并解释不同持股比例的会计处理有何不同、为什么不同。

11.1 公司间投资概述

当一个公司有多余的现金时，精明的管理者应该将其用于投资，而不是将现金闲置在活期账户中。虽然一些银行账户支付利息，但为了提高投资回报，很多公司还是将现金投资于政府、银行或其他公司发行的短期和长期债权性证券。例如，福特公司在 2008 年的汽车分部资产负债表中，就有 179 亿美元的有价证券归类为流动资产。

公司的“结婚”与“离婚”

公司合并有点像婚姻，其所面临的挑战是如何使分别来自合并前两家公司的不同的人和产品得到良好的融合，因为只有如此才能在以后的漫长的时间内保证合并后公司的成功运转。思科、微软、英特尔、甲骨文以及其他高科技公司都经常收购比较小的、有创新精神的年轻公司来获取这些公司的新思想，而且往往也能同时得到这些公司的优秀人才。

另一种情况是，公司会收购大型的、类似的公司，以期将两个公司融为一体，并通过消除重复经营以求节约成本。例如，**英国石油（British Petroleum）**相继收购**阿莫科（AMOCO）**和**阿科（ARCO）**所形成的 BP，是世界上最大的公司之一。BP 砍掉了很多多余的、重复的活动，在合并后主体内部全面开展最好的业务，因此，3 个经营活动非常相近的公司创造了巨额节约成本的机会。

当企业合并失败时，一个解决方案是将子公司出售给另一家公司，就像福特公司在 2008 年 6 月份就将捷豹、路虎出售给了印度汽车集团塔塔（Tata）。到 2009 年 6 月，捷豹和路虎的销售额下降了 32%，塔塔公告了 7 年中的首次亏损。

就像并不是所有的婚姻都很幸福一样，并不是所有的企业合并都能奏效。这种令人烦恼的结果很常见。贝恩管理咨询公司（Bain and Company）2004 年的一项研究表明，70% 的兼并没有提高股东价值；2007 年的一项研究则显示，超过 90% 的兼并没有实现预期的财务目标。通用汽车的破产、菲亚特与克莱斯勒的兼并以及保时捷与大众的谈判，都是 2009 年中期的热点新闻。根据 Kevin Voigt 2009 年在 CNN 网站中一篇文章的报告，汽车行业的成功并购只有 2 起：一是 1908 年作为别克（Buick）、奥兹莫比尔（Olsamobile）和凯迪拉克（Cadillac）的联合体的通用汽车的成立，另一个则是 1990 年大众汽车公司与斯柯达（Skoda）和西亚特（SEAT）的合并。后面的“财经热线”中，福布斯关于打造成功收购的文章中提出了深刻见解。

有时公司在收购另一个公司的时候会将本公司进行部分出售。这种出售在某些情况下是基于战略考虑，而在其他情况下则是监管机构的要求。例如，当 BP 收购阿科时，其收购计划中就包括 30 亿美元资产的出售。由于美国政府质疑 BP 对阿科的收购，为了获得监管机构对此项交易的认可，BP 同意出售阿科的阿拉斯加资产以及 BP 在北海的部分资产。

公司对分部的处置并不都是采用出售的方式。著名的制药企业**默克（Merck）**发现不能实现预期的并购利益时就分拆了它的**默得克（Medco）**分部，即：默克将其在默得克的股份直接分配给了默克的股东，从而使这些股东变成了默得克的所有者。默克作为专注于开发、制造知名品牌的并受专利保护的药品业务的高获利能力的公司，没有从主要从事药品销售业务的、获利能力较低的默德克公司那里赚到利润。

分拆将不同的营业分部予以分离，为谋求更富创新的发展创造了机会，也使得被分拆分部的管理人员的报酬可以直接根据其经营新的、通常是小规模的公司的业绩来确定。一份对30多年以来的146宗分拆业务的研究表明：分拆形成的公司，在分拆后的头3年里，其股票比同期股票行情平均走高35%。

公司间建立了股权之后，就必须对这些复杂实体的财务成果进行报告。对公司间合并的会计处理，可以根据所有权比例的不同分别采用三种方法：20%以下、20%～50%、50%以上。对20%和50%这两个关键百分比，相应的会计处理是不同的。

在公司选择了一种计量投资与被投资关系的会计方法之后，还有一个问题：有关投资在资产负债表的什么位置报告？在流动资产部分还是在长期资产部分报告？在资产负债表中对投资可按照投资目的或意图进行分类。如果一项投资是持有者期望在一年内变现的短期投资，该项投资应作为流动资产持有。一年内到期的债务性证券投资，都符合这一标准。持有时间准备超过一年的投资，则属于非流动资产，通常报告为其他类别的投资，或列入其他资产。

财经热线

打造成功的并购

一个公司如何提高其业务组合的成功几率？本文中提到的毕马威的一份研究报告认为，缺少应有的勤奋，两个公司之间缺少协作精神，过于缺少计划而产生的盲目性，以及执行工作中的一塌糊涂都是通常的失败原因。避免出现这些容易出现的错误就是一个成功的并购的良策。福布斯特别推荐了以下的建议：

1. 不要以守株待兔的方式等待一项交易送上门来。投资银行家和公司经纪人都是那些希望被并购的公司的代言人，他们将有意出让的公司的相关信息整理成一整套完整的资料用来向有并购意向的公司进行推介。福布斯的咨询意见是，要采取主动出击的姿态去寻找一家合适的伙伴并说服他们同意被并购，而不是从那些正式挂牌待售的公司中进行选择。

2. 坚持自己的既定方针。扩张的目标应该是那些您已经做得很成功的领域或者谨慎地扩张既有的业务经营范围。在以往的时间里每隔一定时期的一些新闻中兼并都是一个时髦的主题。在这些兼并中买入的企业的行业差别都十分巨大，而促成这种行业差异巨大的企业兼并的依据是管理没有差别，而企业则是做得越大越好。这种类型的兼并的失败率较之通常的兼并要高得多。

3. 要知道你自己买的是什么。“应尽的努力”的意思是要对目标公司进行谨慎的调查研究。就如同我们检查汽车轮胎或者对打算购买的汽车需要有一个检测的手段或者机制一样，我们对所要购进的企业也是如此。我们通常需要提出的问题包括：未交货的订单的情况如何？关键的雇员会留下来吗？债务的持有人存在需要易主的情况吗？该企业是否存在虽未登记但实际存在的环境污染方面的责任，或者其厂房、资产以及设备由于大面积地缺少长期的维护而需要重新的维修吗？该企业的客户和竞争对手在做些什么？还有其他许多的问题。

4. 学习这些企业的行业习惯。在兼并后面临的最大的困难可能会来自于作为兼并一方的公司和被兼并一方的公司两者之间不同的企业文化方面的差异。跨国兼并是这方面的最好的解释例证。我们来考虑一下一个由一个习惯于快速做出决策的人领导的美国公司的兼并案例。虽然作为买方的美国公司希望立即签订协议，但是作为卖方的瑞士的一家公司却可能期望再有一段考虑的时间；虽然作为买方的美国公司可能仅由一个人参与谈判并做出决策，但是作为卖方的一家中国公司可能会带来许多经理来参加谈判以便确保事后没有不同意见的出现。这种交易达成的过程使我们感觉到来自世界上不同的国家甚至在美国东西海岸的公司之间在合并后公司的管理方面都会出现不同的期待。

5. 在开始兼并之前就需提前做好一体化整合的准备工作。如果最困难的工作是两家企业的雇员的合并磨合或者是即将到来的文化差异方面的矛盾，解决这些困难的准备工作应该尽早开始并得到全面的注意。

注意在会计问题方面没有做什么和不做什么的问题。重要的是引入能够将两家公司结合在一起的财务会计的步骤，因为这对合并的成功与否起到举足轻重的作用。

资料来源："The Race to Embrace，" Forbes，October 30，2000，pp. 184-191.

11.2 短期投资

短期投资（short-term investment）顾名思义就是将原本闲置现金投资于有价证券的暂时性投资。**有价证券**（marketable securities）是易于出售的票据、债券或股票。公司短期投资组合通常包括短期债务性证券和短期权益性证券。这种投资具有高度流动性（易于变现）和稳定的价格。

一般而言，短期投资有望在资产负债表日后一年以内转变为现金。尽管有些公司持有这种证券的时间都超过了12个月还未变现，我们仍应将其归类为流动资产，因为公司管理当局意欲在需要时将其变现。这里的关键点是当管理当局选择变现时能够很容易地变现。

短期债务性证券（short-term debt securities）主要包括政府和企业发行的、一年或一年以内到期的票据和债券。投资者购买短期债务性证券的原因通常是其利息金额固定。典型的债务性证券包括银行短期债务，称作**存款单**（certificates of deposit）和**商业票据**（commercial paper），主要是具有高信用等级的大公司发行的短期应付票据；债务性证券还包括**美国政府债券**（U. S. Treasury obligations），是由联邦政府发行的附息票据、债券和账单。所有这些债务性证券都可以持有至到期或者在证券市场转售。

短期权益性证券（short-term equity securities）包括在其他公司的股本（所有权份额）。公司以及个人经常在纽约证券交易所或其他股票交易所买卖权益性证券。如果投资公司打算在1年或者一个正常的营业周期以内抛售其持有的权益性证券，则将该证券归类于短期投资。

权益性投资应按取得成本入账。取得投资后如何进行报告则取决于如何将其分类，是归类于交易证券、可销售证券还是持有至到期证券。

交易性证券（trading securities）是公司打算马上卖出而买入的债务性证券和权益

性证券，属于短期投资。公司将其列在资产负债表中流动资产部分，按公允价值（基本上是市场价值）计量。**持有至到期证券**（**held-to-maturity securities**）是公司取得的意欲持有至到期的债务性证券。这类证券在资产负债表中的报告价值为摊余成本而不是市场价值。我们在第9章里分析了债券发行公司应付债券的溢价与折价的摊销问题，正如本章稍后所说明的，债券投资公司使用相同的方法处理债券投资的溢价与折价的摊销。与根据持有目的而划分为短期投资的交易证券不同，持有至到期证券按其到期时间进行分类。如果到期时间短于1年，该投资是短期投资，也就属于流动资产；否则即为长期投资，属于非流动资产。

可供销售证券（**available-for-sale**）包括除交易性证券和持有至到期证券以外的所有债务性证券和权益性证券。具体包括公司不打算在不久的将来出售的权益性证券和公司既非意欲马上销售也不准备持有至到期的债务性证券。

如果企业选择将取得的大多数持有至到期证券和可供销售证券当作交易性证券处理，国际财务报告准则和美国的公认会计原则都是允许的。根据国际财务报告准则，这是“公允价值变动计入当期损益”的会计处理程序。然而，迄今为止选择这种方法的公司却很少。

11.2.1 证券市价的变动

我们现在知道了短期投资在资产负债表中的列报方法。那么，应如何对这些投资的收益（利息、股利及市价变动）进行会计处理?

持有至到期投资的会计处理非常容易，因为这种证券的报告收益只有利息收益，市价的变化忽略不计。利息收益直接增加利润表里的收益，进而增加股东权益。

交易性证券和可供销售证券的收益包括两项内容：（1）股利或利息收益；（2）市价的变动额。对股利或利息收益的处理，无论是交易性证券还是可供销售证券，都于获得时在利润表中予以报告。而对市价变动额的处理，两者却有所不同。当交易性证券的市价发生变动时，在利润表中报告市价上涨的利得和市价下跌的损失；相反，可供销售证券市价涨跌的利得或损失则列入其他综合收益，正如第2章所述，其他综合收益是除净利润和企业与股东间交易之外的原因导致的股东权益变动额。

根据国际财务报告准则的规定，公司应当将其他综合收益在单独的综合收益表中单项列报；而根据美国公认会计原则的要求，其他综合收益应在所有者权益变动表中专项计入累计其他综合收益。值得注意的是，交易性证券和可供销售证券两者的市价增减变动都会导致股东权益的增减变化，只不过交易性证券的利得和损失是包括在净利润中进而影响留存收益，而可供销售证券的利得和损失则计入累计其他综合收益利润表。

我们将交易性证券和可供销售证券的这种会计处理方法称为**市价法**（**market method**）。市价法下，资产负债表中报告的证券价值是公开交易证券的市场价值。在下面的例子里，我们不考虑所得税的影响。假设两个公司在同一天里以相同的价格取得了同一资产，但一个公司将其归为交易性证券，而另一个公司则将其记录为可供销售证券。虽然两个公司在资产负债表中报告的该资产价值相同，但报告有关资产市价变动的方法却有区别。假设两公司所购证券组合的取得成本为 5 000 万美元，随后 4 个会计期的期末市场价值见表 11–2。

表 11–2 **交易性证券和可供销售证券的财务报表列示** 单位：百万美元

	各期末			
	1	2	3	4
假定市价	50	45	47	54
两种方法下的资产列示				
短期投资（成本）	50	50	50	50
未实现利得（损失）	0	(5)	(3)	4
账面价值/公允价值	50	45	47	54
利润表——只作为交易性证券				
市价变动的未实现利得（损失）	0	(5)	2	7
其他综合收益——只作为可供销售证券：				
市价变动的未实现利得（损失）	0	(5)	2	7
股东权益——只作为交易性证券：				
留存收益	0	(5)	(3)	4
股东权益——只作为可供销售证券：				
累计其他综合收益	0	(5)	(3)	4

表 11–2 呈现了 4 期的结果（这里忽略不计所得税的影响）。大多数公司在资产负债表里单列一行直接列示市价。有关注释只是提供了成本与未实现利得（损失）的联系。

交易性证券的未实现利得（损失）会影响净利润，从而也会增加或减少留存收益。4 期里，500 万美元的损失以及随后的 200 万美元和 700 万美元的利得，使留存收益到第 4 期末累积净增 400 万美元（900 万美元的利得减去 500 万美元的损失）。

值得注意的是，未实现利得（损失）这个术语描述了 3 个不同内容：（1）资产负债表中对历史成本向公允价值的调整；（2）交易性证券对净利润的影响；以及（3）可供销售证券公允价值变动对其他综合收益的影响。这是通常的描述，而我们有必要根据术语的上下文确定其准确含义。

有关这两类证券在第 2、3 和 4 期的会计分录如下（摘要略）：

会计期间	交易证券			可销售证券		
2	未实现损失*	5		未实现利得或损失**	5	
	有价证券		5	有价证券		5
3	有价证券	2		有价证券	2	
	未实现利得*		2	未实现利得或损失**		2
4	有价证券	7		有价证券	7	
	未实现利得*		7	未实现利得或损失**		7

* 利润表账户

** 资产负债表账户

表 11-3 和表 11-4 的数据引自福特公司 2008 年的年报。据该年报称，“2008 年 11 月 18 日，我们出售了对马自达的部分投资，并将剩余投资重分类为有价证券。对马自达的投资在 2008 年 12 月 31 日的公允价值为 3.22 亿美元”。可见，福特拥有马自达 33% 的股权时，其对该投资采用权益法核算；当剩下 14% 权益时，对该交易性证券的恰当处理方法就变为市价法了。

表 11-3　**福特公司（年报）附注 3：有价证券、借入证券及其他证券**

2008 年 1 月 1 日持有以及以后取得的所有证券均报告为交易性证券。证券取得时按市场报出价确定公允价值。如果市场报出价不可获得，比如联邦机构证券、资产支持证券以及公司债务，就采用类似资产的价格和矩阵定价模型确定公允价值。某些情况下，如果估价信息的透明度有限，我们会与证券交易者取得联系以便获取交易报价。

	2008		2007	
	公允价值	未实现利得/损失*	公允价值	未实现利得/损失*
汽车分部：				
交易性证券**	$9 296	$（1 443）	$10 901	$（55）
可供销售证券	—	—	1 458	9
汽车分部合计	9 296	（1 443）	12 359	（46）
金融服务分部：				
交易性证券	8 607	（32）	1	—
可供销售证券	—	—	3 147	9
持有至到期证券	—	—	8	—
金融分部合计	8 607	（32）	3 156	9
分部间抵消**	（492）	—	—	—
公司总计	$17 411	$1 475	$15 515	$（37）

* 本表提供的公允价值数据反映了未实现利得或损失；交易性证券的未实现利得或损失计入当期损益。

** 公允价值一栏反映的是 2008 年 12 月 31 日账面价值为 4.92 亿美元的对福特借贷证券的投资（估计其公允价值为 4.37 亿美元）。

表 11-4　**福特公司 2007 年 12 月 31 日的可供销售证券与持有至到期证券**　（金额单位：百万美元）

	摊余成本	未实现利得	未实现损失	公允价值
汽车分部：				
可供销售证券				
美国政府债券	214	1	—	215
抵押支持债券	575	6	1	580
其他债务性证券	660	3	—	663
汽车分部合计	1 449	10	1	1 458

续表

	摊余成本	未实现利得	未实现损失	公允价值
金融服务分部：				
可供销售证券				
美国政府债券	632	1	—	633
政府信用机构	1 944	4	—	1 948
抵押支持债券	324	2	1	325
其他债务性证券	139	2	1	140
权益性证券	99	2	—	101
小计	3 138	11	2	3 147
持有至到期证券	8	—	—	8
金融服务分部合计	3 146	11	2	3 155

讲解财务报表

假定 Chavze 公司 20×0 年初资产负债表中有 100 000 美元的有价证券，其 20×0 年市场价值上涨到 108 000 美元。无论将这些证券分类为交易性证券还是可供销售证券，其市价上升 8 000 美元，该有价证券资产的价值就增加 8 000 美元。如果该证券是交易性证券，资产负债表里必然发生怎样的其他变化才能保持资产负债表等式关系的成立？该证券若是可供销售证券呢？

答案：

交易性证券每期市价变动产生的利得或损失是反映在利润表中的，所以，如果 Chavze 公司持有的上述证券属于交易性证券，其净利润中将包括这 8 000 美元的利得，从而使股东权益中的留存收益增加 8 000 美元，与资产负债表中的资产增加额相等。由于可供销售证券的利得或损失不计入净利润，所以不会影响留存收益。确切地说，如果 Chavze 公司持有的该证券属于可供销售证券，其 8 000 美元的市价上涨利得将增加其他综合收益（其他综合收益计入股东权益中的一个单独项目“累计其他综合收益”）。正如第 2 章所述，其他综合收益包括除净利润和企业与股东间交易导致的权益变动之外的所有权益变动额。

11.2.2 综合收益

净利润与其他综合收益组成的综合收益——权益变动总额（剔除公司于其股东间交易对权益变动额的影响）。利润表两个相同的公司，一个持有交易证券，一个持有可销售证券，两者的净利润不可比，但其所报告的综合收益却是可比的。综合收益包括净利润、可销售证券的价值变动额以及不包括在本书内容范围内的一些其他项目。

福特公司资产负债表的所有者权益里所报告的累计其他综合收益（损失），在 2008 年为 100.85 亿美元损失，2007 年为 5.58 亿美元损失。这都是累积金额，意味着2008年其他综合损失增加了95.27亿美元，包括其他综合收益的其他项目就是福特公司持有的可供销售证券的利得和损失。

11.3 长期债券投资

第9章讲解了债券发行公司用以处理应付债券的基本会计方法。发行者将采用实际利率法摊销的债券折价或溢价作为对利息费用的调整。投资者采用相同的方法对持有至到期债券进行会计处理。

11.3.1 持有至到期债券

表11-5看起来挺熟悉，它与表9-4基本相同，只不过我们的观察角度由发行者变为投资者了。所以，我们要用“账面价值”作为第1栏的标题，而不是表9-4所用的“净负债”。“账面价值”通常指财务报表里的报告金额。

表11-5 **债券折价实际利息摊销** 单位：美元

计息期末	(1) 期初账面价值	(2) 实际利息 6%*	(3) 名义利息 5%	(4) 摊销的折价 (2)-(3)	期末价值 票面价值	未摊销折价	账面价值
12/31/09	—	—	—	—	10 000 000	346 500	9 653 500
6/30/10	9 653 500	579 207	500 000	79 207	10 000 000	267 293**	9 732 707
12/31/10	9 732 707	583 959	500 000	83 959	10 000 000	183 334**	9 816 666
6/30/11	9 816 666	588 997	500 000	88 997	10 000 000	94 337	9 905 663
12/31/11	9 905 663	594 337	500 000	94 337	10 000 000	0	10 000 000

** 为避免出现修正性的错误，我们采用的是未经修正的实际有效的稍低于6%的利率。

** 346 500-79 207=267 293；267 293-83 959=183 334；依此类推。

表11-5列示的是10 000张2年期债券的价值情况，该债券半年付息一次、每张面值为1 000美元、票面利率为10%（半年利率5%）。由于发行者的实际利率为12%，而只支付10%的票面利率，所以，该债券为折价发行。因此，虽然债券面值是10 000 000美元，而投资者取得全部债券的初始支出仅为9 653 500美元。利息（发行者使用9 635 500美元所支付的）表现为两种形式：每半年一笔500 000美元的现金收入（5%×10 000 000），加上到期时一项346 500美元的额外整笔收款（10 000 000美元的面值减去投资时的支付金额）。

发行者到期时额外支付的346 500美元（折价金额）与2年里使用这项9 653 500美元有关。因此，与发行者一样，投资者也要摊销此项折价（单位：美元）：

	6/30/10	12/31/10	6/30/11	12/31/11
半年利息收入：				
现金利息支付，0.05×10 000 000	500 000	500 000	500 000	500 000
折价346 500的摊销额*	79 207	83 959	88 997	94 337
半年利息收入	579 207	583 959	588 997	594 337

* 摊销表请见表11-5的第4栏。请注意，79 207+83 595+88 997+94 337=346 500。

正如表 11-5 所示，折价是用来弥补 10% 的票面利率和 12% 的市场利率之间的差额的。折价的摊销增加了投资者的利息收入．投资者对溢价发行的债券采用类似的会计处理方法，只不过溢价的摊销会减少投资者的利息收入。

表 11-6 显示的是投资者和发行者在整个期限内对债券的账务处理。请注意：每期的利息收入与利息费用是相等的。

表 11-6 **债券的账务处理**

	投资者的记录			发行者的记录		
12/31/09	1. 债券投资	9 653 500		1. 现金	9 653 500	
	现金		9 653 500	应付债券折价	346 500	
				应付债券		10 000 000
6/30/10	2. 现金	500 000		2. 利息费用	579 207	
	债券投资	79 207		应付债券折价		79 207
	利息收入		579 207	现金		500 000
12/31/10	现金	500 000		利息费用	583 959	
	债券投资	83 959		应付债券折价		83 959
	利息收入		583 959	现金		500 000
6/30/11	现金	500 000		利息费用	588 997	
	债券投资	88 997		应付债券折价		88 997
	利息收入		588 997	现金		500 000
12/31/11	现金	500 000		利息费用	594 337	
	债券投资	94 337		应付债券折价		94 337
	利息收入		594 337	现金		500 000
12/31/11	3. 现金	10 000 000		3. 应付债券	10 000 000	
	债券投资		10 000 000	现金		10 000 000

11.3.2 投资的提前偿还

假设上例中债券发行者于 2010 年 12 月 31 日在公开市场上以 960 万美元购回其发行在外的全部债券（2010 年的利息支付和折价摊销均已记账）。有关投资者的损失计算过程见表 11-7 的 A 表，双方的会计分录见表 11-7 的 B 表。

表 11-7 **债券的提前偿还** 单位：美元

A 表：投资者的损失		
账面金额：		
票面价值	10 000 000	
减：债券的未摊销折价*	183 334	9 816 666
收到的现金		9 600 000
差额，即出售债券损失		216 666

* 剩余折价为 88 997+94 337=183 334，或者 346 500-79 207-83 959=183 334

B 表：2010 年 12 月 31 日的会计分录

投资者的记录		**发行者的记录**	
现金	9 600 000	应付债券	10 000 000
债券处置损失	216 666	应付债券折价	183 334
债券投资	9 816 666	提前偿还利得	216 666
		现金	9 600 000
（记录公开市场上对债券的出售）		（记录公开市场上对债权的回购）	

回顾第 9 章，我们最初是从发行者的角度分析债券的提前偿还问题的。为使发行者提前偿还债券，该种债券必须赋予债券发行者以提前偿付利息的权利，或者投资者必须选择将债券返售发行者。

11.4 公司间投资的市价法与权益法

许多公司向其他公司进行权益性证券的投资。第 10 章已经从发行者的立场讨论了权益性证券的会计问题。投资者的会计处理依据是“投资者”和“被投资者”的关系。这里的问题在于：投资者对被投资者的经营活动能产生多大影响？例如，持有一个公司小量股份的投资者，并无能力影响该公司如何将资金用于投资、如何操控公司经营或者如何宣派和支付股利。我们称这类投资者为被动的投资者。这种投资者采用前述的市价法，按市场价值报告投资，并于收到股利时将其记录为投资收益。

投资者持有的公司股份比较多时，就可对公司施加影响了。一个股东如果拥有公司 2% 或 3% 的所有权，他可以顺利地约会公司管理人员商谈事项；如果拥有 5% 的所有权，他就需要按照美国法律的要求在证券交易委员会备案的文件中公开报告所有权；如果拥有的所有权达到 20% 或 20% 以上，他就可以影响决策、指定董事等。

一旦投资者可以施加“重大影响”——国际财务报告准则和美国的公认会计原则都界定为拥有 20% 到 50% 的所有权，市价法就不能反映潜在的主动投资者与被投资者（或联营公司）之间的经济关系了。在美国，这样的投资者必须采用**权益法**（equity method）。权益法下，投资按取得成本入账，投资后根据被投资者股利、盈利或亏损对投资者股权份额的影响，对投资价值进行调整。其结果是，投资者在被投资者盈利中所占份额会增加投资的账面价值，而从被投资者收到的股利以及在被投资者亏损中所占份额则会减少投资的账面价值。

下面来看市价法和权益法的应用举例。假设买它（Buyit）**公司**向**消极公司**（Passiveco）和**影响力公司**（Influential）各投资 8 000 万美元。影响力公司的市场价值总额为 2 亿美元，实现 3 000 万美元盈利，支付 1 000 万美元股利。由于有 8 000 万美元的投资，买它公司拥有影响力公司的 40%（8 000 万÷2 亿），所以，必须采用权益法核算此项股权投资。而消极公司的市场价值总额为8亿美元，实现1.2亿美元盈利，支付4 000万美元股利。于是买它公司只拥有消极公司的10%（8 000万÷8亿），从而必须采用市价法核算对消极公司的股权投资。

两种方法的比较见表11-8。A表显示了对买它公司资产负债表等式的影响，B表则列出了买它公司在两种情况下的不同会计分录。此处假定消极和影响力两家公司的市场价值在当期没有变化。

表11-8　　**市价法与权益法比较**　　单位：百万美元

A表：对资产负债表等式的影响

	市价法——对消极公司投资*					权益法——对影响力公司投资**				
	资产		=	负债 + 股东权益		资产		=	负债 + 股东权益	
	现金	投资		负债	股东权益	现金	投资		负债	股东权益
1. 取得所有权	−80	+80	=			−80	+80	=		
2. a. 消极公司实现净利润	无分录也无影响									
b. 影响力公司实现净利润							+12	=		+12
3. a. 消极公司分配股利	+4		=		+4					
b. 影响力公司分配股利	—	—			—	+4	−4	=		—
全年影响数	−76	+80	=		+4	−76	+88	=		+12

* 对消极公司投资：采用市价法，“投资”账户不受影响。分配的股利使现金增加400万美元，股利收入使股东权益增加400万美元。

** 对影响力公司投资：采用权益法，当年“投资”账户净增加800万美元。分配的股利使现金增加400万美元，却使投资减少400万美元；投资收益使股东权益增加1 200万美元。

B表：会计分录

市价法——对消极公司投资			权益法——对影响力公司投资		
1. 对消极公司投资	80		1. 对影响力投资	80	
现金		80	现金		80
2. 无分录			2. 对影响力投资	12	
			投资收益***		12
3. 现金	4		3. 现金	4	
股利收入****		4	对影响力投资		4

*** 通常称为“联营公司盈利中的权益”。

**** 通常称为“股利收益”。

在市价法下，买它公司收到消极公司分配的股利时确认收益。虽然利润表和留存收益均受到了影响，买它的“投资”账户却没有受到分配股利的影响。而在权益法下，买它在影响力实现盈利时而不是在收到影响力分配的股利时确认收益。来自于影响力的现金股利并不影响净利润，而是增加现金的同时减少了投资余额。买它对影响力的要求权随其享有的影响力净利润份额的增加而增长，而股利正是对买它的“要求权”的部分清偿。当我们在利润表中对所获取的这1 200万美元当作收益进行了认定之后，如果再将400万美元的股利包括进去，那将是重复计数。所以，“投资”账户本期增加了800万美元（1 200万美元的收益减去400万美元的已收股利）。

采用权益法而不采用市价法的主要原因是：权益法可以更加恰当地确认投资者能够施加影响的经济资源的增减变动。一个“权益”投资者（拥有一个公司的20%以上权益并采用权益法的投资者）的报告净利润，依其享有的被投资者净利润份额而增加或者随其分担的被投资者净亏损份额而减少。

为什么公认会计原则不允许将权益法下的股票按照市价计价？一种解释是，市场价格仅适用于进行小额交易时对于销售价格的估计。例如，2009年8月22日，福特公司已上市并售出的22亿股股票中的5 500万股股票发生了易手。8月份是交易量相对较低的一个月份，而福特股份的日交易量通常为1.14亿股。如果一个投资商要售出100、1 000甚至100 000股股票，他可以按照他当天观察到的每股7.74美元的价格去做。但是，如果一个投资商拥有福特公司30%的股份，而他要将这6亿股股票售出，那将对股市的价格产生巨大的影响，将会有导致该股股票价格大幅下跌的潜在可能性。因此，现行的股票市场价格不是计量大额所有者权益的有效手段。进一步来说，我们所观察到的市场价格不可能是大额权益价值的评估指标，因为投资商和被投资的公司之间存在很深的关系。举例来说，他们可能是顾客与供应商的关系，或者有着共同的研究与开发企业，或者他们有着同一重复的董事会。在这种情形下，投资权益的大量售出会意味着未来业务关系的巨大变化，并导致被投资方价值的变动。

复习题概要

题目：下表是最近陶氏化学公司（Dow Chemical）年报的概括性资料（单位：百万美元）：

	⋮
有价证券和附息存款	706
流动资产总额	8 847
投资：	
对非合并的联营公司的投资	1 359
其他投资	2 872
非流动性应收款项	390
投资总额	4 621
不动产	24 276
减：累计折旧	15 786
不动产净值	8 490
商誉	1 834
递延费用及其他资产	1 707
总计	25 499

注意：这个报表是缩写的，而且没有详列流动资产。

1. 假设“有价证券”包含有2 400万美元的权益性证券组合，在3月31日、6月30日和9月30日，该组合的市场价值分别为2 000万、2 300万和2 800万美元。要求：

（1）分别计算该组合在这3天的账面金额；

（2）分别计算该组合在这3个季度的利得（损失）。

2. 假设287 200万美元的“其他投资”中包括准备持有至到期的对一联营公司的债券投资900万美元。该债券票面价值1 000万美元，名义利率10%，6月30日和12月31日支付利息。投资时该债券的市场利率是12%。编制陶氏化学公司6月30日收到半年利息时的会计分录。

3. 假设陶氏化学拥有其20%～50%权益的公司实现净利润2亿美元。陶氏化学从这些公司收到7 000万美元的现金股利。没有发生其他交易。编制相关的会计分录，假定陶氏化学平均拥有这些公司的40%权益。

解答：

1. 金额单位为百万美元。

（1）市价：20、23和28；

（2）20－24＝4（损失）；23－20＝3（利得）；28－23＝5（利得）。交易证券的利得或损失在利润表中报告，可销售证券的利得或损失在股东权益部分报告。

2. 现金	500 000	
其他投资（债券投资）	40 000	
利息收入		540 000

6个月赚到的利息为0.5×0.12×9 000 000＝540 000

6个月收到的利息为0.5×0.10×10 000 000＝500 000

摊销额为赚到的利息－收到的利息＝540 000－500 000

3. 拥有20%～50%权益的投资	80 000 000	
投资收入		80 000 000

记录2亿美元净利润中享有的40%。

现金	70 000 000	
拥有20%～50%权益的投资		70 000 000

记录从拥有其20%～50%权益的公司分得的股利。

11.5 合并财务报表

到目前为止我们讨论的都是部分地拥有一个公司所有权的会计问题。可是有的时候一个公司买入了另一个公司100%的所有权，比如福特和捷豹的案例；也有一个公司买入另一个公司50%以上所有权从而直接控制该公司的其他案例。这些案例中就存在“母子”公司关系。**母公司**（**parent company**）是拥有者，**子公司**（**subsidiary company**）是完全被母公司所拥有或控制的“被拥有者”。母、子公司必须编制合并财务报表。

当一个公司控制了另一个公司时，国际财务报告准则和公认会计原则都要求编制合并财务报表，但是两者对“控制”的界定却稍有不同。国际财务报告准则更关注非常事实和情况下的判断。虽然在所有权超过 50% 的情况下国际财务报告准则和公认会计原则都要求编制合并报表，而如果单个大股东拥有 49% 的权益并控制了董事会席位时，国际财务报告准则则要求持股 51% 的股东采用权益法。同样，根据国际财务报告准则，母公司也许在拥有子公司 50% 以下权益的情况下也需将之合并，原因是该母公司有能力控制该子公司的行为。而根据公认会计原则，合并通常只限于母公司对子公司的财务控制拥有 50% 以上表决权的场合。于是，可能会出现这样的情形：按照国际财务报告准则确定的子公司必须被纳入合并范围，而按照公认会计原则该子公司仅被投资方作为权益性投资处理。

为什么要有子公司？为什么不将较小的公司融入较大的母公司之中以创设一个单一的法人主体？原因有很多，比如降低债务风险、少交所得税、利用政府对部分公司的相关政策、在外国做生意以及在进行有序的扩张的同时可以为随后出售或剥离具有独立法人身份的子公司留有余地等。例如，如果收购方买入的是持续经营公司的股票，卖方可以享受税收优惠；而买卖一项个别资产就没有这个优惠。有时，与外国母公司相比，外国子公司在所在国可以享受更多的优惠。默克拆分默得克的交易就较为容易而且成本较低，因为默得克是一个已有的单独的子公司。

子公司并非被包含在母公司里，而是独立于母公司的法人主体。一个母公司可以有很多子公司，福特汽车公司仅在美国就有 60 家子公司。那么，应该如何对作为单独法人主体的子公司进行会计处理？首先，应该保持独立于母公司的子公司的会计记录；然后，将母公司的财务状况和利润情况的报告与子公司的报告予以合并，编制**合并报表**（**consolidated statements**）。

11.5.1 收购

为了举例说明合并财务报表，来看两个公司：母公司（P）和子公司（S）。起初，它们是两个单独的公司，分别有资产 6.5 亿美元和 4 亿美元。P 用 2.13 亿美元从 S 的现有股东手里收购了 S 的全部股票。该项交易的图示见表 11–9 的 A 表。表 11–9的 B 表列示了交易前和交易后两家公司的资产负债表。C 表则展示了此项收购的会计分录。该表及随后诸表里的数字均以百万美元为单位。

从 P 公司的角度来看，此项收购业务是一个资产与另一个资产的简单交换，就资产负债表等式而言，现金减少了 2.13 亿美元，资产账户“对 S 投资”等额增加。子公司 S 的会计处理不受任何影响，虽然它现在有了一个对其未来的经济决策具有无可争辩的控制权的集权所有者。在这个例子里，收购价格和“对 S 投资”都等于被收购公司的股东权益。注意，这 2.13 亿美元的收购价格是支付给被收购公司 S 的前任所有者的，并不额外增加 S 现有资产和股东权益。也就是说，S 的账簿记录并不受 P 的投资以及 P 的相关会计处理的影响，S 仍为一个单独的法人主体，只不过它有了新的所有者 P 而已。

每个法人主体都保有自己的一套账簿。有趣的是，合并后的主体却没有账簿，而是采用工作底稿来编制合并报表。有关示意图参见表 11–10。

表 11-9　**收购前后母、子公司情况**　（单位：百万美元）

A 表：有关事项

P100% 收购 S

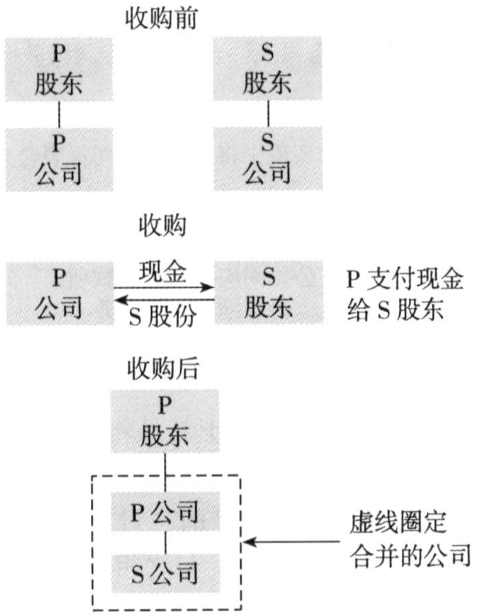

B 表：资产负债表

	收购前		收购后	
	S	P	S	P
现金	100	300	100	87
厂场净值	300	350	300	350
对 S 投资	—	—	—	213
资产总计	400	650	400	650
应付账款	187	100	187	100
应付债券	—	100	—	100
股东权益	213	450	213	450
负债与股东权益总计	400	650	400	650

相关会计分录为：

C 表：会计分录

P 账上		
对 S 投资	213	
现金		213
S 账上		
不做会计分录		

表 11-10 **编制合并报表**

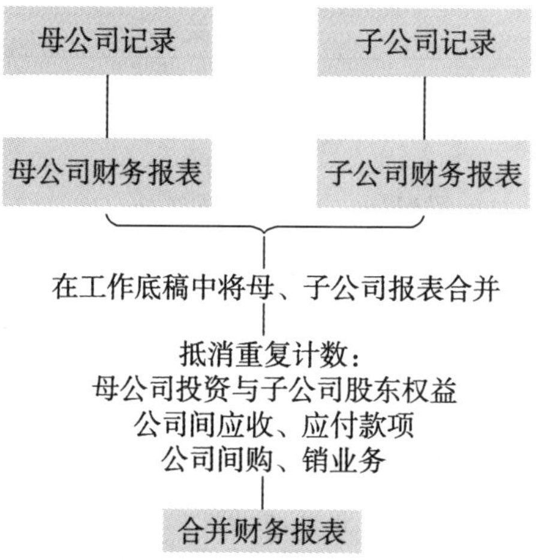

如何将财务报表予以合并？实质上就是将母、子公司个别财务报表的价值加起来。考虑一下 P 收购 S 后立即编制的合并资产负债表。这张合并报表能够反映出母、子公司全部资产和负债的详细情况。P 的“对 S 投资”账户代表了 P 对 S 的投资，它实际上由 S 的所有资产和负债所构成。与之相同的金额反映在 S 的股东权益账面上。如果编制合并报表时将 S 和 P 的个别资产负债表价值简单相加，2.13 亿美元就会出现两次：一次是 P 的“对 S 投资”，另一次是 S 的股东权益。这笔金额在合并报表中不应计数两次，以避免对真实资产和负债的错误表述。避免这种重复计数的办法是对 P 的“对 S 投资”的账面金额与 S 的股东权益账面金额进行抵消。

为编制合并资产负债表，用会计分录形式编制的工作底稿中对所有者权益重复计数的抵消分录为（单位：百万美元）：

股东权益（S 账面）	213	
对 S 投资（P 账面）		213

收购以后，P、S 分别拥有资产 6.5 亿美元、4 亿美元，所以，您也许以为合并后的公司共有资产 10.5 亿美元。然而，将对 S 投资金额的重复计数进行合并和抵消之后，合并的资产金额为 8.37 亿美元（即 10.5−2.13）。若用会计等式表示合并后的结果，3.87 亿美元的负债和 4.5 亿美元的股东权益表示如下（单位：百万美元）：

100% 所有权

	资产			=	负债	+	股东权益
	对 S 投资	+	现金和其他资产	=	应付账款等	+	股东权益
1 月 1 日，P 的账户							
收购前			650	=	200	+	450
收购 S	+213		−213	=			
1 月 1 日，S 的账户			400	=	187	+	213
公司间抵消	−213		___	=	___		−213
1 月 1 日，合并数	0	+	837	=	387	+	450

11.5.2 收购后

初始购入 S 后，P 对其在 S 的长期投资的会计处理采用权益法——与投资比例在 20% ~50%、非合并所有权的投资的处理方法相同。假设 S 在合并后第 1 年实现净利润 0.5 亿美元，采用权益法的母公司 P 就要按 0.5 亿美元的 100% 增加其“对 S 投资”账户金额和“股东权益”部分的留存收益账户金额。

合并后第 1 年的利润表 单位：百万美元

	P	S	合并
销售收入	900	300	1 200
费用	800	250	1 050
经营收益	100	50	150
投资收入*	50	—	
净利润	150	50	

*按比例（100%）计算的子公司净利润份额，通常称为“联营公司或子公司盈利中权益”。

P 的个别利润表列示它自己的销售收入和费用，加上它按投资比例享有的 S 净利润份额（按权益法的要求），见上表最左边一栏。P 的利润表显示的净利润与合并利润表的净利润相同，都是 1.5 亿美元。不同的是，P 的个别利润表中将 P 在 S 净利润中的 100% 份额只列为一个 0.5 亿美元的项目，而合并利润表则包括 P 和 S 详细的收入、费用项目。P 账面上的会计分录为（单位：百万美元）：

对 S 投资	50	
投资收益*		50

*或者“子公司净利润中权益”

0.5 亿美元曾既记录为 S 的净利润又记录为 P 的投资收益，为了避免这 0.5 亿美元净利润在合并报表中重复报告，P 在编制合并报表时必须将其予以抵消。所以，P 记录了当年的净利润之后，在用于编制合并资产负债表的工作底稿里所抵消的“对 S 投资”金额是 2.13+0.5=2.63 亿美元，这是“对 S 投资”的新余额、S 的股东权益新余额。

表 11-11 反映了 P、S 各自账面资料的变化情况以及合并后的账面资料。合并报表概括了两个或更多单独法人主体的个别账户资料。我们借助于工作底稿编制合并报表。

11.5.3 公司间的相互抵消

会计人员在对两个公司的财务报告进行合并时，必须避免任何项目的重复计数。表 11-11 强调了对母公司投资账面金额与子公司股东权益账面金额的抵消。在许多情况下，母公司与子公司一起开展业务，这就产生了另一种类型的重复计数问题。例如，假设 S 按 12 美元的价格向 P 赊销了成本为 10 美元的产品。两公司在各自单独的

表 11-11 **合并报表工作底稿**

	资产			=	负债	+	股东权益
	对 S 投资	+	现金和其他资产	=	应付账款等	+	股东权益
P 的账面：							
年初	+213	+	437	=	200	+	450
经营收益			+100	=			+100*
在 S 收益中的份额	+50		—	=	—		+50
年末	263	+	537	=	200	+	600
S 的账面：							
年初			400	=	187	+	+213
净利润			+50	=	—		+50*
年末			450	=	187	+	263
公司间抵消	−263		—	=	—		−263
年末合并数	0	+	987	=	387	+	600

* 股东权益部分的留存收益变动额。

账簿中编制会计分录如下：

P 的记录			S 的记录		
商品存货	12		应收账款	12	
应付账款		12	销售收入		12
			销售成本	10	
			商品存货		10

然而，有具有经济意义的交易发生吗？没有。就合并后主体而言，该产品只不过是从此地移动到彼地而已。如果 P 向 S 支付了现金，该现金也仅仅是“从一个口袋挪到另一个口袋”。因此，在合并后的公司来看，此项交易并不重要，应当抵消。而对于每个单独的法人主体来说，跟踪该项交易持续进行各自的记录却很重要。编制合并报表时，我们要抵消公司之间的应收账款和应付账款，抵消公司间的销售成本和销售收入，并确保该项存货仍以 10 美元的成本列入合并报表。合并报表工作底稿中对这些项目的抵消分录如下：

应付账款（P）	12	
应收账款（S）		12
销售收入（S）	12	
销售成本（S）		10
商品存货（P）		2

括号中的字母表示包括在账户余额中的记录是哪个公司的。要记住，这些抵消分录并不登记到这两个公司的个别账户里，而仅仅是用在合并报表工作底稿中。

11.5.4 非控制性权益

上述 P 和 S 合并的举例中假设 P 收购了 S 100% 的股权。但是，实务中母公司收购子公司的股权通常不到100%。一个公司对另一个公司的控制权可能正好为51%。例如，康宁拥有许多公司超过50%但低于100%的股权。康宁将每一个公司都纳入合并财务报表，但需要确认其他股东对某些合并资产的权利。这些权利叫做**非控制性权益**（**noncontrolling interests**）。非控制性权益代表了纳入大股东合并报表范围的公司的非主要股东对该公司资产的索取权和收益的分享权。在2009年以前，这部分权益被称为“少数股东权益”（minority interests）在较早时候的合并财务报表中我们还可以看到这种称谓。2008年，福特公司的合并利润表里就因为“非控制性权益”而减少2.14亿美元的净利润；合并资产负债表呈现出11.95亿美元的“非控制性权益”。值得注意的是，在这两个合并报表中用的名称是一样的，都是“非控制性权益”。读者必须明白，合并利润表中的这个2.14亿美元是当年增加的非控制性权益，而合并资产负债表中的那个11.95亿万美元则是非控制性权益的累积余额。

为了将这一概念用到前面的举例中，我们假设母公司P只购入S 90%的股权。表11-12运用前面给出的基本数据呈现了购入股权后即刻编制合并资产负债表的全过程。A表的图示表明S的某些股东继续拥有合并主体的非控制性权益。P支付1.92亿美元取得S的90%股权（0.9×2.13亿美元），非控制性权益是10%，即2 100万美元（所有美元金额的近似值都取到百万位）。B表表明，P的投资按成本入账，合并数据中显示出2 100万美元的非控制性权益。非控制性权益代表着那些拥有子公司股东权益中不属于母公司拥有的那10%的股东的权利。

表11-12　**收购S的90%：P支付现金给S的某些股东；S的某些股东保留非控制性权益**　单位：百万美元

A表

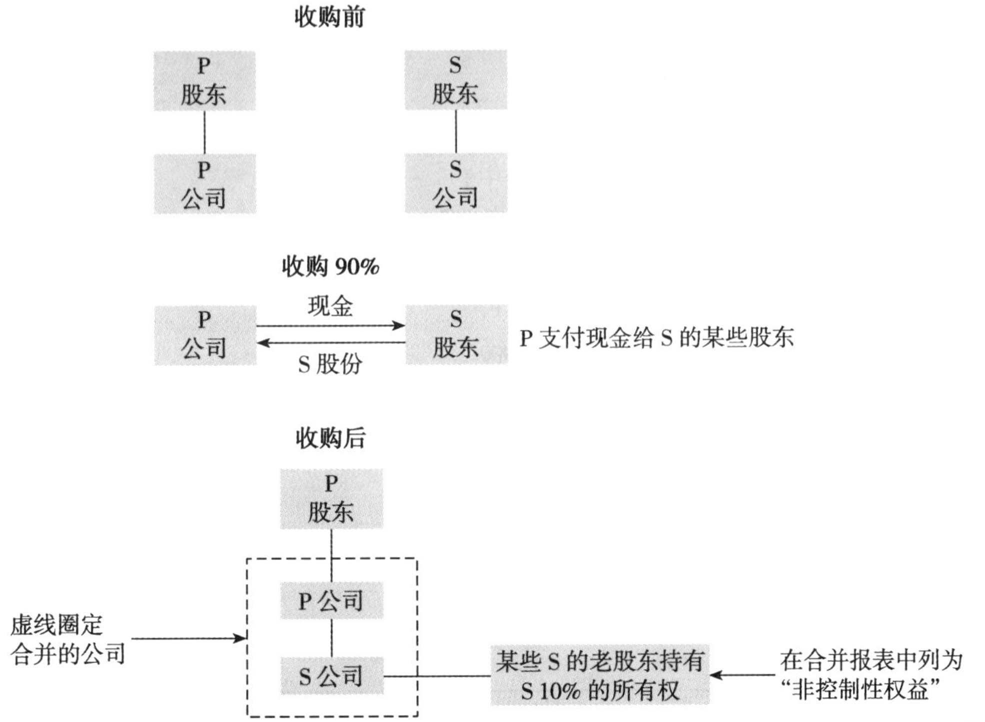

续表

B 表：90% 所有权									
	资产			=	负债	+	股东权益		
	对 S 投资	+	现金和其他资产	=	应付账款等	+	非控制性权益	+	股东权益
1 月 1 日，P 的账户									
收购前			650	=	200	+			450
收购 S 的 90%	+192		−192	=					
1 月 1 日，S 的账户			400	=	187	+			213
公司间抵消	−192		—	=	—		+21		−213
1 月 1 日，合并数	0		837	=	387		21		450

假定 90% 的股权收购发生在 1 月 1 日。假设 S 当年净利润为 5 000 万美元。无论 P 拥有 S 的所有权是 100% 还是 90%，P 和 S 都依照相同的方法编制利润表；在利润表中，P 用诸如“子公司盈利中权益”的名称单行报告 S 盈利的 100% 或 90%。不过，非控制性权益的存在改变了合并利润表。编制合并利润表的过程中，先合并全部收益，然后由于非控制性权益再减去 10% 的收益。有关说明参见表 11−13 中的 A 表。注意，母公司的个别利润表列报了 1.45 亿美元的净利润，与最右边一栏的合并利润表所示相同。

B 表说明了年度内合并利润表中的非控制性权益是怎样增加了年末合并资产负债表中的非控制性权益余额的。注意，1 月 1 日的 2 100 万美元非控制性权益在本年里增加了 500 万，这 500 万表现了少数股东在子公司当年 5 000 万净利润中的 10% 的权益。正如 B 表底部的“公司间抵消”项目所表示的，用来编制合并资产负债表的抵消分录为（单位：百万美元）：

股东权益（S 账面）	263	
对 S 投资（P 账面）		237
非控制性权益（在合并报表中）		26

表 11−13 **年内 90% 所有权的影响** 单位：百万美元

A 表：利润表			
	P	S	合并
销售收入	900	300	1 200
费用	800	250	1 050
经营收益	100	50	150
投资收益*	45	—	
净利润	145	50	
子公司净利润中			
非控制性权益（10%）			5
合并主体的净利润			145

* 按比例（90%）计算的子公司净利润份额，通常称为“联营或子公司盈利中权益”。

续表

B 表：资产负债表										
	资产			=	负债	+	股东权益			
	对 S 投资	+	现金和其他资产	=	应付账款等	+	非控制性权益	+	股东权益	
P 的账面：										
年初，收购前			650	=	200			+	450	
收购	+192		−192	=						
经营收益			+100	=					+100 *	
在 S 收益中的份额	+45		___	=	___				+45	
年末	237	+	558	=	200			+	595	
S 的账面：										
年初			400	=	187				+213	
净利润			+50	=					+50	
年末			450	=	187				+263	
公司间抵消	−237		___	=	___		+26 **		−263	
年末合并数	0	+	1 008	=	387	+	26 **	+	595	

** 年初非控制性权益加上净利润中非控制性权益享有份额：21+0. 1×50=21+5=26。

复习题概要

题目：

1. 复习关于非控制性权益的内容。假设 P 以 1. 28 亿美元（0. 6×2. 13）购入 S 60%的股票。P 的资产总额包括 1. 28 亿加上 5. 22 亿其他资产，即 6. 5 亿美元。S 的资产和权益没有发生变化，与表 11−9 给出的金额相同。编制分析表呈现股权取得日合并资产负债表的金额（单位：百万美元）。

2. 假设 S 当年实现净利润 0. 5 亿美元，P 的营业收益为 1 亿美元。两个公司利润表的其他详细资料参见表 11−13。编制分析表呈现合并利润表和年末合并资产负债表的金额（单位：百万美元）。

解答：

1.

	资产			=	负债	+	股东权益		
	对 S 投资	+	现金和其他资产	=	应付账款等	+	非控制性权益	+	股东权益
P 的账面：									
1 月 1 日，收购前			650	=	200			+	450
收购 S 的 60%	+128		−128	=					
S 的账面：									
1 月 1 日			400	=	187				+213
公司间抵消	−128		___	=	___		+85		−213
1 月 1 日合并数	0	+	922	=	387	+	85	+	450

2.

	P	S	合并
销售收入	900	300	1 200
费用	800	250	1 050
经营收益	100	50	150
非合并子公司净利润的份额（60%）	30	—	
净利润	130	50	
子公司净利润中外部权益			
（40%，非控制性权益）			20
合并主体的净利润			130

用资产负债表等式对上述内容进一步分析如下：

	资产			=	负债	+	股东权益		
	对 S 投资	+	现金和其他资产	=	应付账款等	+	非控制性权益	+	股东权益
P 的账面：									
年初	+128		522 *	=	200			+	450
经营收益			+100	=					+100
在 S 收益中的份额	+30		___	=	___				+30
年末	158	+	622	=	200			+	580
S 的账面：									
年初			400	=	187				+213
净利润			+50	=	___				+50
年末			450	=	187				+263
公司间抵消	−158		___	=	___		+105 **		−263
年末合并数	0	+	1 072	=	387	+	105	+	580

* 年初 650−收购支出 128＝522

** 年初 $85+0.4\times50=85+20=105$。

11.6 收购价格不等于账面价值

一公司收购另一公司时，收购方所支付的价格往往高于（有时低于）被收购方净资产的账面价值或公允价值。到目前为止我们一直假设：收购方的支付总额、被购方净资产的账面价值以及公允价值三者相等。如果这些金额互不相等，投资者要以实际支付金额为基础进行会计处理。

比较典型的情况是，收购方支付的收购价格高于被收购方净资产的公允价值。这时，合并程序中需要有两步调整。首先，最初的合并报表必须以公允价值列示取得的所有资产和负债；然后，如果购买价格超过取得的净资产的公允价值，合并报表必须列报一项叫做“商誉”的资产。**商誉（goodwill）**是收购成本超过被收购公司可辨认净资产公允价值的差额。

为什么收购公司支付的价格会高于被收购公司净资产的公允价值？以一个报业公司为例。一个报业公司的资产比较简单——1 栋写字间、办公桌和电脑、印刷机，以及一些纸张和墨水等。然而，对于报业公司的并购成本一向远远高于这些实物资产的价值。原因在于报业公司拥有处于执行中的合同、订阅读者、广告客户以及被认可的知名度，所以，一个众所熟知的报刊的价值远比其拥有者拥有的实物资产的价值总额要高得多。如果现有的报刊得以继续发行，并且您买入类似的资产并推出一份新的与其竞争的报刊，您的利润会长期地滚滚而来。

商誉可能是合并资产的重要组成部分。福特 2008 年 12 月 31 日报告的商誉为 16 亿美元，占福特合并资产总额的 1%；而对于**华特·迪士尼公司（Walt Disney Company）**而言，它的商誉资产更重要，其 620 亿美元资产中商誉就占 35%，为 220 美元。

11.6.1 商誉会计

为了了解商誉对合并报表的巨大影响，来看一下 P100% 收购 S 的举例。假设 P 支付 2.53 亿美元而不是 2.13 亿美元。通过检查 S 的资产，会计人员发现，一栋账面价值为 0.2 亿美元的建筑物其公平市场价值为 0.35 亿美元，所有其他资产的公平市场价值都与这些资产的账面价值相等。这就意味着，收购价格超过净资产账面价值的 0.4 亿美元中，有 0.1 亿美元可归属于可辨认资产（建筑物），而剩余 0.25 亿美元就是商誉。表 11-14 列表说明的编制合并资产负债表时工作底稿中的抵消分录为（单位：百万美元）：

股东权益（在 S 账面上）	213	
商誉（在合并资产负债表中）	25	
建筑物（只在合并资产负债表中加到 S 的账面价值上）	15	
对 S 投资（在 P 的账面上）		253

根据国际财务报告准则和美国公认会计原则，取得股权以后，只有在合并方不能维持商誉的价值时，商誉的价值才会减少。如果商誉价值降低——**商誉减值（impairment of goodwill）**，合并方必须按商誉的价值降低额贷记商誉账户，并借记为一项费用。相反，合并公司对收购价格中指定为可辨认资产的任何金额却要在该资产

表 11-14　　**截至 1 月 1 日产生的商誉**　　单位：百万美元

			资产			=	负债	+	股东权益
	对 S 投资	+	现金和其他资产	+	商誉	=	应付账款等	+	股东权益
P 的账面：									
收购前			650			=	200	+	450
收购 S	+253		−253			=			
S 的账面：			400			=	187	+	213
公司间抵消	−253		+15**		+25*	=	___		−213
合并数	0	+	812	+	25*	=	387	+	450

*25 百万美元的“商誉”将在合并资产负债表里作为一个单独的无形资产账户，通常列为资产的最后一项。

** 现金和其他资产的 15 百万美元增加额反映建筑物的市场价值超过账面价值导致的资产增值。

的存续期内计提折旧。所以，打算保持商誉的价值并愿意报告高收益的公司，宁愿将收购价格超过账面价值的差额确认为商誉而不愿意记入可辨认资产。

11.6.2　商誉与非控制性权益——国际财务报告准则与公认会计原则的比较

在存在非控制性权益的情况下如何对商誉进行会计处理，国际财务报告准则与公认会计原则稍有不同。

根据公认会计原则，合并资产负债表中对合并商誉应 100% 予以确认，即使母公司对子公司的权益低于 100%。其结果是，非控制性权益的金额中既包括归属于非控制性股东的商誉，也包括子公司其他资产和负债中非控制性股东拥有的权益。根据国际财务报告准则，合并方可以采用与公认会计原则相同的规范对商誉和非控制性权益进行呈报，也可以选择采用另一种方法：按合并中取得的除商誉之外的资产的公允价值份额对非控制性权益进行计量。这样一来就会出现这种情况：按公认会计原则确定的合并主体的商誉和非控制性权益金额都高于按国际财务报告准则确定的金额。为什么会这样？因为依据国际财务报告准则，母公司将非控制性股东享有的商誉份额分别从合并主体的资产（商誉）中和归属于非控制性权益的价值中排除出去了。

11.6.3　商誉与非正常收益

正如你所感觉到的，购买一个持续经营企业所支付的最终价格是讨价还价的结果。所以，为获取商誉而支付的具体金额取决于有关购买价格总额的谈判，随后是关于最高的价格应该是多少才比较合适的讨论。

商誉是为“超常”或“非正常”获利能力而支付的价格。估价超额获利能力的步骤在表 11-15 中的 A 表有所概括。我们基本上把所确定的一个正常公司（本案例中为 M 公司）可辨认资产的市场价值作为取得该公司产生的正常收益（本案例中为 80 000 美元）的合理成本。这个市场价值是收益的 10 倍。N 公司有价值 800 000 美元的可辨认资产，但还有能使其比 M 公司多赚 20 000 美元的地理位置、人力资源或名声优势。我们用 6 的倍数为这些超额收益计算一个价格。收益的 10 倍和超额收益的 6 倍这些倍数都是主观随意的，而实际的价值在各年是不同的，在各公司也不相同。但是超额收益的倍数总是比正常收益的倍数要小，这是因为超额收益的每个美元的价值永远比不上正常收益的每个美元的价值。如表 11-15B 表所示，N 公司总的价值是 920 000 美元。

表 11-15 **商誉的估价** 单位：美元

A 表：价值估算

	正常公司 M	超常公司 N
1. 可辨认资产的公允市场价值减去负债	800 000	800 000
2. 净资产的年正常收益，按 10% 计算	80 000	80 000
3. 过去 5 年的实际年平均收益（对 N 公司而言，包括 20 000 的超额收益）	80 000	100 000
4. 年正常收益的最高购买价格为 10×第 2 行	800 000	800 000
5. 年超额收益的最高购买价格为 6×20 000（风险较高所以单位美元预期收益较低）	—	120 000*
6. 购买方愿意支付的购买有关公司的最高价格（第 1 行加上第 5 行）	800 000	920 000

*这是购买者愿意为商誉支付的最高价格。

B 表：公司估价

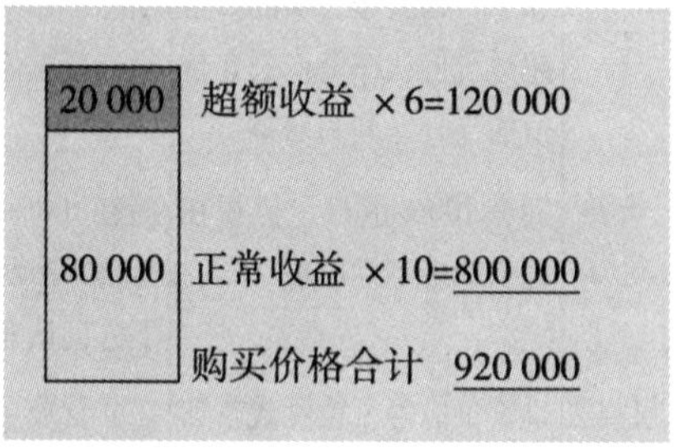

11.7 权益联营、非控制性权益以及现金流量表

下面来看拥有联营公司（对于这种公司，投资公司采用权益法核算投资）权益的公司的现金流量表。如果采用直接法报告经营活动现金流量，不会出现特殊问题，因为只需将从联营公司收到的现金作为股利列作经营活动现金流量项目即可。然而，如果采用间接法，由于净利润随着投资公司享有的联营公司盈亏份额而增减，所以，为了计算经营活动现金流量，就必须对报告收益进行调整。假设投资公司净利润为 760 万美元，其中包括享有联营公司收益中的权益 250 万美元，从联营公司收到 130 万美元的股利。因为净利润中包括 250 万美元的投资收益，其中 120 万美元没有收到现金（250-130=120），所以，间接法下必须就没有收到现金的投资收益对净利润进行调整，这样一来，来自于联营公司的现金流量就是 130 万美元。

11.8 权益证券投资会计概要

表 11-16 总结了公司间投资涉及的基本关系。

正如我们所观察到的，有关普通股投资的会计处理是以投资的实质为根据的：

1. 如果投资额占被投资公司所有者权益的 50% 以上，被投资公司往往需要被合并。子公司是被另一个公司控制的公司，通常情况下，控制就是拥有发行在外有表决权股票的大部分（50% 以上）所有权。

2. 如果投资额占被投资公司所有者权益的 20% ~50% 时，就被认定所有者对子公司具有重大影响，这时宜于采用权益法。权益法下，要根据投资公司在被投资公司接受投资后盈亏中的所占份额对取得股权日的投资成本及利润表进行调整。从被投资公司收到的股利减少投资的账面金额。

3. 当所有权低于 20% 时，可销售的权益性证券一般按市价入账。从投资公司对被投资公司无法施加重大影响的角度来看，这种投资比较被动。交易证券的未实现利得与损失列在利润表里，可销售证券的未实现利得与损失则反映在股东权益中。

表 11-16　　**权益证券会计处理概要**

项目	所有权比例	会计类型	对资产负债表的影响	对利润表的影响	主要会计分录
①	100%	合并	各项资产、各项负债分别加总；购买子公司的价格超过可辨认净资产公允价值的部分，列为商誉	各项收入、各项费用分别加总；如果存在商誉，必须进行减值测试	在合并报表工作底稿中编制抵消分录，避免双重计算，确认商誉
②	50% ~100%	合并	拥有 100% 股权，但要在确认非控制性权益	拥有 100% 股权，但在计算合并净利润时要在报表下方确认非控制性权益	拥有 100% 股权，但要在工作底稿的抵消分录中确认非控制性权益
③	20% ~50%（含 50%）	权益法	投资价值等于投资成本加上按比例计算的子公司收益份额减去收到的股利	在联营公司盈亏中的权益份额作为收益的加项或减项单列一行	投资　×× 　收益中权益　×× 记录收益 现金　×× 　投资　×× 记录收到的股利
	低于 20%	市价法	投资价值按市场价值计算	交易证券的年度变动额影响利润表	有价证券　×× 　利润表利得　×× 记录增值
				可销售证券累计未实现利得或损失列在其他综合收益部分	有价证券　×× 　股东权益　×× 记录增值

记忆要点

1. 解释公司为什么要互相投资。公司间投资有许多原因。小规模投资便于建立沟通和分享信息的联系。随着投资规模的扩大，投资商获得了对被投资公司的更大的影响力，其结果是双方在行为上发生了变化。当投资公司拥有被投资公司的所有权超过50%时，投资公司就具备了足以决定被投资公司行为的控制权，即完全控制被投资公司的决策制定过程，决定被投资公司生产什么、销售给谁、从哪里购货、如何筹资、是否支付股利、购买什么新的资产等。

2. 说明短期债务性证券投资和短期权益性证券投资的会计处理方法。公司间投资的会计处理取决于投资的目的、权益证券还是债务证券以及投资方对证券发行方的控制程度。就短期债务性证券和短期权益性证券而言，会计处理采用市价法。交易证券是为了再出售而持有，其市价变动带来的利得或损失间接计入利润表；可销售证券的取得是为了销售，在资产负债表中按市价报告，但市价变动的利得或损失直到销售以前一直列在股东权益部分单独的账户中。

3. 对长期债券投资进行报告。如果投资者打算将债务证券持有至到期，债券投资的会计处理与债券发行者的处理方法相同，采用实际利率法。也就是说，将摊销的债券折价和溢价调整实际利息收入。

4. 比较投资核算的权益法和市价法之异同。长期权益性证券投资的会计处理方法与对证券发行方的控制程度相关。对发行方的所有者权益低于20%的，权益证券会计要求我们对可销售证券和可交易证券进行分类，计量基础都是公允价值。

如果投资者对证券发行方的所有权在20%到50%之间，投资者因增加了对发行方的控制权而需要在利润表中按所有权比例确认投资收益；投资账户金额随着拥有的发行方盈亏份额而增加或减少；收到的股利减少投资账户金额，对收益并无影响，这就叫做权益法。

5. 编制合并财务报表。所有者权益超过50%，投资公司就控制了子公司。这时，就应该编制合并报表，就是将有关公司主体的所有资产和负债合为一体。对拥有100%所有权的子公司，主要的问题是对公司之间的交易、销售、应收款及应付款进行抵消。

6. 非控制性权益纳入合并财务报表。非控制性权益是母公司拥有其50%以上但不足100%的所有权从而被纳入合并范围的子公司的其他股东的利益。非控制性权益与股东的权益非常相像。合并利润表中，计算合并主体普通股股东可得的净利润时，非控制性权益是减项；在合并资产负债表里，非控制性权益计量的是非控制性股东对被并子公司资产的权利。

7. 解释商誉的经济含义及财务报告方法。商誉指收购价格中超过被收购公司可辨认净资产市场价值的差额。从经济角度出发，商誉来自于由于被并的公司的市场创造力而产生的超额回报力。市场影响力可以表现为杰出品牌，比如可口可乐的发展。由于品牌的认可，可口可乐就能以较高价格销售软饮料，从而获得的收益比没有品牌效益的可乐的收益要高。根据美国公认会计原则，商誉不能摊销，只有在管理者认定商誉价值下降（减值）时才可以注销（减少）。

会计词汇

联营公司 affiliated company
可供销售证券 available-for-sale securities
存款单 certificates of deposit
商业票据 commercial paper
综合收益 comprehensive income
合并报表 consolidated statements
权益法 equity method
商誉 goodwill
持有至到期证券 held-to-maturity securities
商誉减值 impairment of goodwill
市价法 market method
有价证券 marketable securities
非控制性权益 noncontrolling interests
母公司 parent company
短期债务证券 short-term debt securities
短期权益证券 short-term equity securities
短期投资 short-term investment
子公司 subsidiary
交易性证券 trading securities
美国政府债务 U. S. Treasury obligation

练习题

11-1 交易性证券

麦克米兰（McMillan）公司有一个包括普通股和优先股的交易证券组合。该组合在 1 月 1 日的成本是 160 百万美元，其市价情况（单位：百万美元）为：3 月 31 日，155；6 月 30 日，140；9 月 30 日，152；12 月 31 日，160。

1. 列示中期报告中的资产负债表和利润表。
2. 编制第 1、2、3 和 4 季度的会计分录。

11-2 可销售证券

马基高（MacGregor）公司有一个与麦克米兰公司一样的证券组合。不过，马基高将该组合归类于可销售证券。该组合在 1 月 1 日的成本是 160 百万美元，其市价情况（单位：百万美元）为：3 月 31 日，155；6 月 30 日，140；9 月 30 日，152；12 月 31 日，160。

1. 列示中期报告中的资产负债表和利润表。
2. 编制第 1、2、3 和 4 季度的会计分录。

11-3 债券折价交易

20×1 年 12 月 31 日，某公司以 885 300 美元购买了 1 000 000 万美元、10 年期、10% 利率的债券，市场利率为 12%。

1. 用资产负债表等式的形式，为投资者编制债券交易分析。假定采用实际利率法摊销折价。为投资者编制如下会计分录：（1）购买债券；（2）支付头半年利息以及（3）支付到期价值。

2. 为上面的 3 笔交易编制相应的会计分录。

3. 说明该债券投资业务在 20×1 年 12 月 31 日和 20×2 年 6 月 30 日的资产负债表中应如何列示。

11-4 债券溢价交易

20×1 年 12 月 31 日，古滋曼（Guzman）公司以 2 162 220 美元购买了 2 000 000 美元、5 年期、利率为 10% 的债券。市场利率为 8%。

1. 用资产负债表等式的形式，为投资者的记录编制交易分析。输入如下交易：（1）购买；（2）头半年支付利息，用实际利率法摊销溢价；（3）支付到期价值。

2. 为上述（1）、（2）和（3）编制样本日记账的分录。

3. 说明与债券相关的账户在 20×1 年 12 月 31 日和 20×2 年 6 月 30 日的资产负债表中应如何列示。

11-5 市价法或权益法

育康户外设备（Yukon Outdoor Equipment）用现金 6 000 万美元购买了鸿友雪鞋（Bearpaw Snowshoes）公司表决权股份的 25%。第 1 年鸿友的净利润为 2 800 万美元，支付现金股利 1 600 万美元。

1. 采用权益法和市价法说明这 3 笔交易对育康户外设备账户的影响。采用资产负债表等式的形式。编制相关会计分录。假定鸿友的市价不变。

2. 育康应该采用权益法还是市价法核算其对鸿友的投资？请予以解释。

11-6 权益法

X 公司以 9 000 万美元的现金取得了 Y 公司 40% 的表决权股份。第 1 年 Y 公司的净利润为 5 000 万美元，支付现金股利 3 000 万美元。

编表说明 X 公司用权益法核算对 Y 公司的投资对资产负债表等式的影响。权益法下对 Y 公司投资的年末余额是多少？

11-7 合并报表

阿贝尔（Able）和贝克尔（Baker）20×8 年 12 月 31 日的资产负债表如下（单位：千美元）：

	阿贝尔	贝克尔
资产：		
现金	600	100
固定资产净值	2 300	400
资产总额	275	500
负债与股东权益：		
应付账款	175	80
长期负债	425	220
股东权益	1 600	200
负债与股东权益总额	2 300	500

20×9 年 1 月 1 日，阿贝尔用 200 000 美元购买贝克尔 100% 的普通股。

1. 编制购买贝克尔公司当日阿贝尔公司的资产负债表。

2. 编制购买贝克尔公司当日的合并资产负债表。

3. 假设 20×9 年阿贝尔公司的净利润为 250 000 美元（确认应享有贝克尔收益的份额之前）、贝克尔公司的净利润为 40 000 美元。两公司之间没有发生购销事项。20×9年的合并净利润是多少？

11–8 **非控制性权益**

假设 P 公司拥有 S 公司的 90% 股权，S 公司实现收益 200 000 美元。P 公司编制的合并利润表中非控制性权益数额为多少？S 公司的个别利润表中非控制性权益数额为多少？

11–9 **商誉**

20×7 年 1 月 1 日迈软（Megasoft）股份有限公司用 270 000 美元购买了滋内特尔（Zenatel）公司 100% 的普通股。就在购买之前滋内特尔公司的资产负债表如下（单位：千美元）：

现金	90
固定资产净值	220
资产总额	310
负债	240
股东权益	70
负债与股东权益总额	310

滋内特尔公司资产与负债的公平市价与账面价值相等。

1. 计算迈软此项收购业务应确认的商誉。这一商誉在迈软的财务报表中应如何反映？

2. 20×7 年迈软全部营业活动的净利润（不包括对滋内特尔的投资收益）为 100 000美元。滋内特尔发生净亏损 10 000 美元。计算 20×7 年的合并净利润。

3. 假设迈软认定的商誉减值为 20 000 美元，重新回答要求 2。

4. 回答要求 3 之后，合并资产负债表中的商誉价值是多少？

11–10 **联营公司**

假设 P 公司拥有 S 公司的 30% 股权。S 公司净利润为 200 000 美元，支付股利总数为 40 000 美元。P 公司编制的合并利润表中如何反映 S 公司的活动？P 公司的资产负债表中“对联营公司投资”账户会有什么变动？

11–11 **日本的合并**

几年以前日本的大藏省颁布一项正式文件，要求日本 600 家大型公司编制合并财务报表。在此之前的会计惯例是只使用母公司的报表。《商业周刊》的一则报道说：

金融观察家希望这种趋势会有助于结束传统上引以为荣的日本惯例：在“展示窗”里通过将损失推给倒霉的子公司的方式来展示母公司的财务业绩，而子公司的

赤字却很少被披露……。当公司需要报告较高利润时，就向子公司高价销售其产品……或者母公司向租用其建筑物的子公司高额收费。

如果采用权益法对公司间投资业务进行会计处理，作为母公司，可以按照上述引用的惯例使其个别财务报表达到上述的视窗效应吗？请予以解释。

第 12 章　财务报表分析

学习目标

通过本章的学习，您应该能够：

1. 寻找并利用关于公司运营状况的信息源；
2. 利用趋势分析、共同比财务报表和分部报告来分析公司的运营状况；
3. 运用基本的财务比率分析公司的运营状况；
4. 利用资产报酬率、股东权益报酬率和经济附加值等不同指标评估公司的运营状况；
5. 在公司发行了优先股股票或者有稀释证券的情况下，计算每股收益；
6. 理解非经常性项目的性质并进行调整；
7. 利用财务信息评价公司的价值。

本章核心案例：耐克（Nike）公司

从跑鞋到游泳衣再到高尔夫运动配件，你肯定在很多很多产品上都见到了耐克（Nike）的注册商标 Swoosh。耐克是世界第一制鞋商，设计并销售各种各样的运动鞋，包括足球、篮球、棒球、英式足球、高尔夫、网球等各种运动鞋以及跑鞋。2009 年耐克公司的收入中，鞋类销售收入几乎达到 54%（高于 2008 年的 52%），剩余的 46% 则来自于运动服装与器材的销售。

耐克的会计年度末为 5 月 31 日。截至 2009 年 5 月 31 日的 12 个月内，耐克股票的交易价最低时为 38.24 美元，最高时为 70.28 美元。据《华尔街日报》报道，2009 年 5 月 29 日（本会计年度的最后交易日）耐克股票的收盘价为 57.05 美元，这比仅仅两个多月前的 3 月 9 日的 38.24 美元价格高出了 49.2%。而与这种股价升高相反，2009 年 5 月 29 日股票价格与一年前的 2008 年 5 月 30 日的 68.37 美元相比，则又下降了 16.6%。是什么原因导致股价的波动？耐克公司销售收入或盈利的变动能够解释这种股价波动吗？是否还有其他影响因素？或者这种价格差异是耐克独有的？

我们在前面各章中集中研究了如何收集财务数据以及如何编制与评估财务报表。在财务报表分析这一章，我们要解释这些财务数据，以便能通过这些数据更加全面地理解公司的状况。但是，要全面了解耐克公司，仅理解它的财务报表是不够的，还必须了解诸如通货膨胀率、人口统计数据的变化、银行利率的变动和失业状况等经济因素的影响以及行业状况和公司的具体情况。

观察一下从 2008 年 5 月 30 日到 2009 年 5 月 29 日这 12 个月里股票市场的业绩将有助于我们评价耐克的股价波动。2008 年 5 月 30 日标准普尔 500 指数为 1 400，而到 2009 年 5 月 29 日则下降为 919。与此类似，道琼斯工业指数在 2008 年 5 月 30 日是 12 638，但在 2009 年 5 月 29 日则降至 8 500，下降了几乎 33%。无论是标准普尔 500 指数还是道琼斯工业指数，到 2009 年 3 月 9 日都经历了 12 个月的下滑，同一天的耐克股票也降到了最低点。这就意味着耐克股价的波动并非完全由行业或公司具体情况所致。

就耐克公司特定水平来看，与 2008 会计年度相比，耐克 2009 会计年度的销售收入增长了近3%，而同期的盈利水平却下降了21%还多。为什么耐克2009年每元销售收入中的所获利润比2008年要少？其财务报表及有关披露揭示了几个导致盈利下降的因素。为了应对不断恶化的宏观经济条件，耐克采取了一些措施以求公司立于长久不败之地。这些行为对公司的获利能力产生了影响。根据公司年报，耐克致力于重组以便“理顺管理结构，增强消费者关注度，更快地将新产品推向市场以及建立更加规模化的成本结构。”这些做法导致1.95亿美元的一次性重组费用。另外，耐克还为商誉以及其他无形资产计提减值损失从而减少了税前收益超过4亿美元。正如第八章所讨论的，由于经济下行，许多公司在此期间遭遇了类似的减值损失。事实上，耐克的主要竞争者之一——添柏岚（Timberland），其收益的确定也受到了重组费用和减值损失的影响。

世界各地的经济好转不可能以相同的速度发生。耐克的地理多元化是怎样的？如果国外市场反弹的更快，耐克会受益吗？耐克2009年超过58%的销售额是来自于海外业务，高于2007年的53.3%。虽然在美国市场的销售额增长了5.6%，但在美国以外的销售额却增长了27.8%。在展望耐克未来前景时，对国内和国外的增长及获利能力分别进行预测，将增加对公司整体预测的准确性。

人们进行财务分析的出发点不尽相同。供应商希望知道顾客是否能够承受得起过高的价格；顾客希望知道他在购买了商品后的一年之内还能否方便地找到供应商，以确保供应商承诺的质量担保能够得到保证；经理人、债权人、投资者以及首席执行官的亲人都有其各自的阅读财务报表的理由。不管报表分析者在公司中的利益如何，**财务报表分析（financial statement analysis）**都是利用财务数据来评估公司运营状况的某些方面。我们的重点是站在投资者的角度进行财务报表分析。投资者希望通过研究财务报表来了解其投资当前的状况，或者据此来筹划他们未来的投资。他们对公司的这些报表和其他资料进行分析，以此来确定他们过去对公司的预期是否已经实现，并对公司的未来进行预期。

怎样利用财务报表来预测未来？这应该以充分地了解公司以往的经营情况为起点。在本书中，我们自始至终在为您介绍各种比率和其他的分析工具，所以您应该已经对此略知一二。本章中我们将对那些您已经见过的分析方法进行整理，并通过重点介绍投资者为改善投资决策而采用的分析技巧来讲解几种新的分析方法。

12.1 公司信息的来源

公众可以通过许多形式得到公司的信息。我们现在熟悉的年度报告就是其中的一种形式，年度报告的显著特点是全面和可靠，而且是经过独立的注册会计师或审计师鉴证的。除了我们已经见过的财务报表（利润表、资产负债表、现金流量表和股东权益表）外，年度报告通常还包括以下内容：

1. 财务报表附注；
2. 所采用的会计政策概述；
3. 管理层对于财务成果的讨论与分析（MD&A）；
4. 独立的注册会计师的报告；
5. 管理层关于其对财务报表所负责任的声明；

6. 管理层关于内部控制的报告；

7. 连续几年的某些比较财务信息；

8. 关于公司的陈述性信息。

年度报告中的这些部分对于财务分析十分重要。脚注很重要，所以，在每份财务报表的下方都有提示您阅读财务报表附注的文字。有些分析师和其他的财务报表使用者在检查财务报表之前都要阅读附注和管理层对于财务成果的讨论与分析，这两部分内容有助于理解财务报表提供的信息。

除了提供给股东的年度报告，公司还要向美国证券交易委员会（SEC）提交报告。虽然美国证券交易委员会的备案文件种类很多，但其中最重要的一些是10-K表、10-Q表以及8-K表。10-K表中经常包括一些年度报告中没有的内容，但现在许多公司都向股东提供完整的10-K表。10-Q表包括未经审计的季度财务报表，因此，虽然它提供的信息同年度报表相比不够完整，但却更加及时。公司用8-K表向投资者通告重要的非预定事项，比如董事会或管理层的变动、审计师的变更、重大的资产销售或公司破产。另外，公司还发布与股东会议有关的代理声明。这些报表提供许多有价值的信息，比如董事会成员的资格、高级职员的薪酬、股票期权奖励计划以及审计费用的披露。证券交易委员会还要求公司对特殊事件提交其他报告，比如发行普通股股票或者债券。所有在证券交易委员会备案的信息都向投资者提供，其中的大部分信息在万维网（World Wide Web）上都可以获取。通过访问证券交易委员会的网站（www. sec. gov），可以很容易地获取证券交易委员会备案的电子数据库（EDGAR）。并且，许多公司都将自己的公司网页同证券交易委员会的信息档案库联网。

无论是年度报告还是在证券交易委员会备案的报告都会在所报告的事件发生以后及时发布。例如，被证券交易委员会归类为快速存档的公司，必须在会计年度结束后60天内提交10-K表、在季末40天内提交10-Q表。除了8-K表之外，您也可以从公司定期举行的新闻发布会上获取更为及时的信息，这种新闻发布会向公众提供关于公司发展状况的新闻。公司通常将新闻发布会的内容在公司的网页上公布，互联网的快速发展使得社会公众可以立即从网上获取新闻发布会的内容。此外，许多公司还同证券分析师举行日常的电话会议以讨论公司的最新发展，这种电话会议通过网络传输向投资者开放。众多的在线服务机构为公司的新闻发布会和其他信息编制数据库并出售。投资者还可以从《华尔街日报》、《商业周刊》、《福布斯》、《财富》以及《巴伦周刊》等常见的财经刊物中获取信息。另外，贸易与工业方面的专业出版物也是有用的信息来源，例如，《行业标准》（Industry Standard，www. thestandard. com）和《红青鱼》（Red Herring，www. redherring. com）这两份杂志都致力于报道新兴而又富有活力的公司以及高科技公司的新闻。像**旗舰（Value Line）**、**穆迪投资者咨询（Moody's Investor's Services）**以及**标准普尔（S&P）**这类服务性公司，都可以像诸如**邓百氏咨询公司（Dun & Bradstreet）**之类的信用评估机构那样为投资者提供有用的信息。另外，股票经纪人可以为他们的客户提供关于公司情况的分析，一些私人投资咨询公司和新闻发布公司为他们的客户提供分析师的分析报告和股票买卖的建议。

互联网已经改变了投资的方式。投资者现在可以不必事先同经纪人进行交流而直接在网上进行股票买卖的电子交易。许多网站可以向投资者提供有关证券价格的连续信息以及行业和证券分析师的报告。这些信息中的大部分都是免费的，但是有些网站要求投资者开设经纪人账户或者要求投资者订购一项付费服务。但是就像互联网快速传播有助于投资者作出投资决策的信息一样，互联网也同样会迅速地散布一些谣言，就像下面的“财经热线”中描述的那样。

财经热线

数字时代的真相与谎言

网站和焦点商业新闻播报加快了向市场传递信息的速度。另外，黑莓手机及类似设备的广泛使用使投资者可以随时随地获得这样的信息并能更快地采取行动。然而，信息的可用性和广泛传播不见得能增加其可信性。例如，2008 年 10 月 13 日，苹果公司的股票以 104 美元开盘，当天美国有线电视新闻网的公民新闻网站（iRepor. com）报道说苹果的 CEO 史蒂夫·乔布斯在发作严重心脏病之后被紧急送往医院。该传言导致苹果股价降至 94. 65 美元，跌至 18 个月以来的最低点。尽管市场有所恢复，收盘于 97. 07 美元，许多苹果的投资者还是因低点抛售而蒙受损失。与此相类似，2009 年 10 月，国王健康情况的网络传言导致泰国股市连续两天急剧下跌，一天就下跌 8. 22%。随后有几个人被指控在网上故意传播错误信息。

一些人意欲通过发布错误信息来获取利益。Mark Jakob 捏造了一条有关美国数据存储设备公司（Emulex）的假新闻，该公司是设计、研发与生产网络产品的。结果是他通过交易 Emulex 的股票净赚了 240 000 美元。不过，最后 Mark Jakob 不得不支付 455 652 美元以了解美国证券交易委员会对他的诉讼，而且还被判入狱 44 个月。

人与计算机的一系列失误也是错误信息得以传播的原因。最离奇的信息误传事件之一牵涉到美联航（United Airlines）。2002 年发表在《芝加哥论坛》的一篇关于美联航破产的文章在 2008 年 9 月 8 日重现在因特网上，这个宣告破产的旧传闻被交易者们当作新的信息，从而引发了股票抛售。美联航股票 2008 年 9 月 8 日的开盘价是 12. 17 美元，那篇文章被张贴到彭博新闻社服务器后几分钟内股价就下跌至 3 美元。纳斯达克暂停了该股票的交易；直至美联航发布了否认破产传闻的公告之后才重新交易，并收盘于 10. 92 美元。请看该股票的价格走势图。

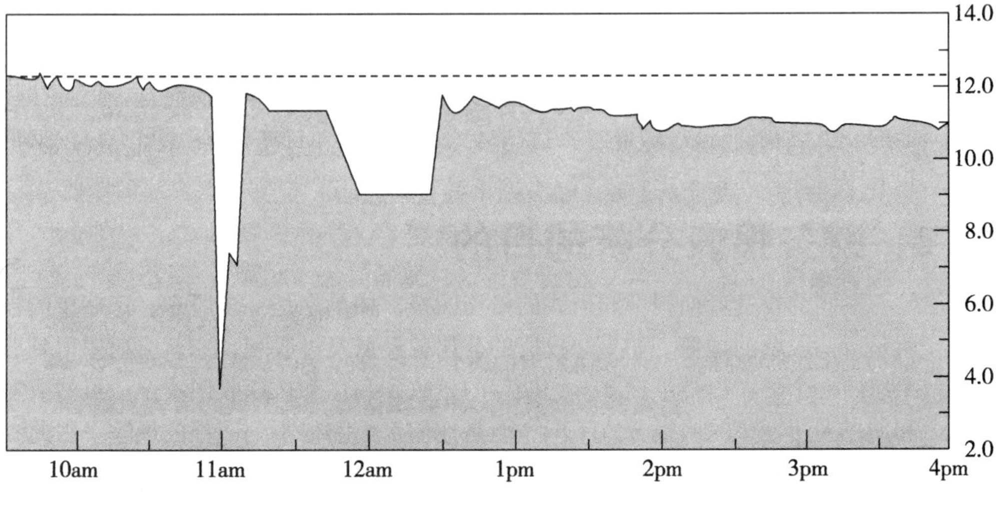

怎么能发生这样的事？就在发生美联航事件几天之后，在《公关周刊》（PR Week）上一篇社论中作者评论道：“任何曾做过网页制作工作的人都知道，出错是多么容易，出错是多么快……。鼠标一点就可能把错误信息发出去，于是该信息就会被信息服务汇集，被 RSS 作为电子邮件发出、拷贝到博客里、四处传播。”

根据《纽约时报》一篇文章的讲述，事情发生在2008年9月7日。周日的午夜刚过，一个链接使曾于2002年发表在《芝加哥论坛》上的一篇文章出现在《美国论坛公司》（the Tribune Company）所拥有的南佛罗里达报商业版面的“最受关注”板块里。《芝加哥论坛》的发言人声称：可能是周日午夜对存档文章的一个点击将其放进“最受关注”栏目了。一分钟内，谷歌新闻的自动扫描系统找到链接，继而循到这篇在 *South Florida Sun-Sentinel* 报备案的题为“美联航申请破产”的文章。谷歌的系统将其作为新的文章进行了处理。谷歌虽没有在自己主要新闻网页上链接这篇文章，但这篇文章却随着它被发现的日期被加进了新闻索引。

到了9月8日周一的早晨，一家投资资讯公司“收益证券顾问(*ISA*)”的一位研究人员用“破产”和“2008”两个词在谷歌上搜寻时，调出了这篇文章。据 *ISA* 的发言人所说，这篇文章的具体日期和美联航申请破产的实际日期都没有出现在 *Sun-Sentinal* 的这篇文章里，而 *Sun-Sentinal* 网页顶部显示的日期是2008年9月7日。ISA 的研究人员将文章概要贴在提供有关企业、市场、行业、经济以及政府的实时新闻报道服务的彭博新闻社服务器上。尽管彭博社有自己的新闻团队，但它也分享第三方提供的信息。一收到来自于 ISA 研究人员的信息，彭博社就发布了新闻头条，并引用了 *Sun-Sentinal* 的这篇文章，当然也开始抛售股票。

这一系列事件表明在数字时代信息是如何快速传递的，无论这个信息是真实的还是虚假的。

资料来源：“United Incident Reinforces the Need for Web Strategy,” September 15, 2008, *PR Week*, p. 8.

投资者在投资之前必须获得信息，我们所介绍的这些信息源可以提供丰富的信息。当然，某些投资者可能需要更多的信息。银行或者其他的信贷机构会提供成百上千万美元的贷款，他们会要求借款人提交一系列的预计财务报表或者其他的预期结果的评估报告，即所谓的**预计报表**（**pro forma statements**）。并不是每一位投资者都需要如此详细的信息。面向公众的信息实在是太多，要想涉猎所有这些信息往往是不可能的。虽然我们可以从其他渠道获取更多的信息，但我们在这里重点讨论如何对财务报表中所包含的信息进行分析。

12.2 财务报表分析的目的

不同的投资者期望不同形式的投资回报。如果您是一名股东，您期望的投资回报就是所持股票的增值。如果您投资的公司曾经派发过股利，您就会期望得到股利。如果您向一个公司提供了贷款，您期望的是收到利息和按期收回本金。虽然权益投资者和债权人所期望的回报方式不同，但是他们都面临得不到回报的风险。因此，股东和债权人都通过财务报表分析来预测他们能够得到的投资回报，并评估与这些回报相关的风险。

债权人关心的首要问题是借款人的短期变现能力和长期偿债能力。**短期变现能力**（short-term liquidity）是指一个组织支付当期债务（比如到期利息、工薪和税金）的能力。**长期偿债能力**（long-term solvency）则是指一个公司产生现金以偿付到期的长期债务的能力。

与关心流动性和偿债能力相比，权益投资者更关心公司的获利能力和未来的证券价格。为什么？因为股利的大小在一定程度上依赖于公司经营的获利状况，而股票的价格取决于市场对于公司前景的评价。当投资者获得股利以及他们所持股票的价格上涨的时候，他们的投资就获得了收益。盈利的增长会使股利和股价都得到提高，而盈利的下降则会对二者产生负面影响。处境艰难的公司可能会削减甚至不发放股利。2008 年至 2009 年经济下行拉低了利润和股价，导致许多公司甚至那些最大的、最著名的公司纷纷削减或暂停股利发放。例如，通用电气（General Electric）股票价格在 2007 年末还接近 42 美元，到 2009 年 3 月 2 日那一周最低跌到了 7.06 美元，因此，在股利持续 71 年稳定增长之后，公司 2009 年缩减了 68% 的股利。而与此同时，114 年的历史中从未减少股利分配的陶氏化学公司也缩减了 64% 的股利。在宣告减少股利的那一周，陶氏化学公司的股价下降了 17%。大型游轮经营商嘉年华公司（Carnival Corporation）2008 年 10 月完全终止了股利发放，用节省的现金支持新船建造以免新增债务。公告一发出，嘉年华的股价就下跌了 11.5%。削减股利在欧洲也很常见，比如，2009 年 5 月，英国最大的电话公司英国电信集团（BT Group Plc）就削减了 89% 的股利。

标准普尔的研究表明，美国大约 7 000 家报告股利信息的上市公司中，有 288 家公司在 2008 年第四季度减少了股利分配，这种状况导致 2008 年第四季度成为标准普尔自 1956 年开始收集数据以来股利分配情况最糟糕的一个季度。

但是，并非所有盈利水平下降的公司都削减了股利。耐克公司 2009 会计年度的股票价格随收益的下降而下滑，而实际上该公司 2009 年的每股股利却从 2008 年的 0.875 美元升到 0.98 美元。值得注意的另一个问题是，并非所有成功的公司都支付股利。例如，尽管具有巨大的获利能力，但微软（Microsoft）在 2002 年以前一直没有分配股利，谷歌（Google）也一直未曾分配股利。

公司的获利能力不仅对权益投资者很重要，对债权人也同样重要。为什么？因为公司盈利会促进股利分配和股价上涨，同时也可以提供还贷和财务增长所需要的现金。因此，债权人和权益投资者都关心公司未来的获利能力。但是如果他们关心的是公司的未来，那么我们分析那些仅仅与过去的事件有关的先前时期的财务报表还有什么价值？公司过去的销售趋势、经营费用以及净利润的状况经常具有连续性，所以对公司过去的财务报表进行分析通常有助于预测公司未来的经营状况。

12.3 趋势分析和业务结构的评估

全面的财务报表信息分析需要使用一些不同的分析工具。在以下的两节内容中我们将讨论两种最常用的分析方法，即趋势分析法和共同比财务报表法。还有一种方法即比率分析法，您应该已经比较熟悉了，因为我们在前面的几章中学习过一些比率。

尽管如此，本章中我们还是安排了一定的内容来巩固和提高比率分析法的知识。本章中我们以耐克公司为例来介绍每一种分析方法。

12.3.1 趋势分析法

年度报告中包括本年和上年的资产负债表以及本年和上两个年度的其他财务报表。而且，这些报表还显示至少过去5年的一些重要的财务数据，甚至常常是10年的财务数据。但在趋势分析的过程中，这些数据可能还不够充分。所以，一些辅助性的信息来源可以帮助我们通过档案查询和调整过去的数据来获得更久远和更丰富的信息。例如，计算机光盘数据库都可以提供摘自财务报表的20年的财务信息。**全球企业与金融证券数据库（Mergent Online）**作为订购用户的数据库，可以通过互联网提供公司的全面财务数据以及其他信息。还有许多网上免费数据库，诸如路透社（Reuters）和雅虎（Yahoo!），可以提供财务业绩的精选历史记录。当然，我们还可以通过 www. sec. gov 查询在美国证券交易委员会备案的以前年度信息。

趋势分析（trend analysis）的核心是对前后年度财务状况的变化进行比较，以确定一个过去已有的具有预测价值的变化趋势。您也许会问，为什么会出现这样的趋势？这种趋势会持续下去吗？如果销售额一直在稳步增长而存货规模不变，这种增长趋势还会继续下去吗？或者将来的存货增加是否需要追加重大的投资？如果存货一直在稳步增加而销售额不变，那么公司为何要购进如此多的存货？

趋势分析同样会促使投资者思考什么因素可能会导致趋势的结束。2000年代中后期由于联邦储备银行试图采取措施刺激萧条的经济，住房信贷遇到了银行利率史无前例下调的危机。但是当经济开始复苏的时候，联邦储备银行将会提高利率。提高利率会使许多行业遭受伤害。银行所遭受的伤害是他们必须为贷出去的贷款支付更多的利息；汽车制造商遭受的伤害是因利率的提高导致买车支出的增加，从而买车的人会减少；建筑商也是如此。与此相反，提高利率对家得宝（The Home Depot）这样的为改善家居环境提供材料的公司是有利的。为什么？因为当那些原本计划购买新居的人们发现利率太高的时候，往往决定放弃原来的计划，而对现有的家居环境进行更新改造。这些例子可以帮助您分析某些特殊行业的销售和盈利趋势。

让我们通过表12-1和表12-2中耐克公司的利润表和资产负债表，来看如何进行趋势分析。为了突显关键数据及其互相关系，表12-1的利润表与年报呈现的信息相比做了少许修改。表中前两栏列示的是耐克公司2009年和2008年的数据，第3栏是2008至2009年之间每个项目的变化金额。第4栏是各项目变化的百分比，其计算过程如下：

$$2008\text{ 年至 }2009\text{ 年的变化百分比}=\frac{2009\text{ 年的金额}-2008\text{ 年的金额}}{2008\text{ 年的金额}}\times 100\%$$

例如，耐克公司的销售净额上升了5.491亿美元或接近3.0%：

$$\text{变化百分比}=\frac{19\ 176.1-18\ 627.0}{18\ 627.0}\times 100\%=2.9\%$$

与此同时，耐克公司的销售成本增加了3.321亿美元，即3.2%：

$$\text{变化的百分比}=\frac{19\ 571.7-10\ 239.6}{10\ 239.6}\times 100\%=3.2\%$$

表 12-1 **耐克公司合并利润表**

单位：百万美元，每股数据和百分比除外

	截至 2009 年 5 月 31 日的年度	截至 2008 年 5 月 31 日的年度	增加（减少）	
			金额	百分比*
销售收入	19 176.1	18 627.0	549.1	2.9%
销售成本	10 571.7	10 239.6	332.1	3.2%
毛利	8 604.4	8 387.4	217.0	2.6%
营销与管理费用	6 149.6	5 953.7	195.9	3.3%
重组费用	195.0	—	195.0	
商誉减值	199.3	—	199.3	
无形资产及其他资产减值	202.0	—	202.0	
经营费用	6 745.9	5 953.7	792.2	13.3%
经营性收益	1 858.5	2 433.7	(575.2)	(23.6%)
利息费用	(40.2)	(38.7)	1.5	3.9%
利息收益	49.7	115.8	(66.1)	(57.1%)
其他收益（费用）净额	88.5	(7.9)	96.4	
非经营性收益	98.0	69.2	28.8	41.6%
税前收益	1 956.5	2 502.9	(546.4)	(21.8%)
所得税	469.8	619.5	(149.7)	(24.2%)
净利润	1 486.7	1 883.4	(396.7)	(21.1%)
基本每股收益	3.07	3.80	(0.73)	(19.2%)
稀释每股收益	3.03	3.74	(0.71)	(19.0%)
普通股每股股利	0.98	0.875	0.105	12.0%

* 百分比一栏的数据不能加总。

我们可以对增减变化的金额进行加减计算得出很有用的小计金额。但是在考虑增减变化对收入和费用账户的影响时必须非常认真，因为收入的增加和费用的增加对于净利润的影响是相互抵消的。如表 12-1 所示，销售净额增加的 5.491 亿美元中被销售成本的增加抵消了 3.321 亿美元。销售净额变动金额和销售成本变动金额都是正数，两者对毛利和净利润的影响方向是相反的。销售收入的增加会增加毛利，销售成本的增加则会减少毛利。从绝对额来看，销售收入的增加额 5.491 亿美元超过销售成本的增加额 3.321 亿美元，其结果是，毛利增加 2.17 亿美元。不过，与收入增长了 2.9% 相比，毛利仅增长 2.6%。净利润同样，经营费用总额上升了 7.922 亿美元即 13.3%，由此导致

表 12-2　**耐克公司合并资产负债表**　单位：百万美元，百分比除外

	2009. 5. 31	2008. 5. 31	增加（减少） 金额	百分比*
资产：				
现金及现金等价物	2 291. 1	2 133. 9	157. 2	7. 4%
短期投资	1 164. 0	642. 2	521. 8	81. 3%
应收账款净额	2 883. 9	2 795. 3	88. 6	3. 2%
存货	2 357. 0	2 438. 4	(81. 4)	(3. 3%)
递延所得税	272. 4	227. 2	45. 2	19. 9%
预付费用及其他流动资产	765. 6	602. 3	163. 3	27. 1%
流动资产合计	9 734. 0	8 839. 3	894. 7	10. 1%
不动产、厂房及设备净值	1 957. 7	1 891. 1	66. 6	3. 5%
可辨认无形资产	467. 4	743. 1	(257. 7)	(37. 1%)
商誉	193. 5	448. 8	(255. 3)	(56. 9%)
递延所得税及其他资产	897. 0	520. 4	376. 6	72. 4%
资产总计	13 249. 6	12 442. 7	806. 9	6. 5%
负债及股东权益：				
即将到期的长期债务	32. 0	6. 3	25. 7	407. 9%
应付票据	342. 9	177. 7	165. 2	93. 0%
应付账款	1 031. 9	1 287. 6	(255. 7)	(19. 9%)
应计负债	1 783. 9	1 761. 9	22. 0	1. 2%
应付所得税	86. 3	88. 0	(1. 7)	(1. 9%)
流动负债合计	3 277. 0	3 321. 5	(44. 5)	(1. 3%)
长期债务	437. 2	441. 1	(3. 9)	(0. 9%)
递延所得税及其他负债	842. 0	854. 5	(12. 5)	(1. 5%)
可赎回优先股**	0. 3	0. 3	0. 0	0. 0%
普通股东权益：				
设定价值普通股				
A 可转换	0. 1	0. 1	0. 0	0. 0%
B	2. 7	2. 7	0. 0	0. 0%
资本溢价	2 871. 4	2 497. 8	373. 6	15%
累计其他综合收益	367. 5	251. 4	116. 1	46. 2%
留存收益	5 451. 4	5 073. 3	378. 1	7. 5%
股东权益合计	8 693. 1	7 825. 3	867. 8	11. 1%
负债与股东权益总计	13 249. 6	12 442. 7	806. 9	6. 5%

* 百分比栏不能加总。

** 耐克公司将可赎回优先股作长期负债处理。

经营收益下降了 5.752 亿美元，降低率为 23.6%。值得注意的是，虽然可以将变化的金额顺着栏目从上到下相加，但不能按照同样的方式将变化的比率相加。

最后，2009 年的非经营性收益为 9 800 万美元，2008 年为 6 920 万美元，2009 年的非经营性收益比上年增加了 2 880 万美元，这对经营性收益下降 5.752 亿美元起到了部分抵消的作用。请不要被利润表中的非经营性收益的金额变动所蒙蔽。利息费用由 3 870 万美元增加到 4 020 万美元，使非经营性收益比上年减少了 150 万美元。其他收益（费用）净额从上年的 790 万美元净支出增长到本年的 8 850 万美元净利润，带来 9 640 万美元的收益增加额，从而使非经营性收益比上年增加 9 640 万美元。经营性收益的下降被非经营性收益的增加抵消了一部分，其结果是税前收益净减少 5.464 亿美元（19.565-25.029）。

事实上，耐克公司在利润表中并没有将经营性收入和费用与非经营性收入和费用进行区分。我们在表 12-1 中在对此进行区分是为了便于分析。一些分析师可能认为表 12-1 中的分类是一种例外，他们倾向于将无形资产及其他资产减值项目作为非经营性项目。经营性与非经营性项目的划分并没有公认的标准。在进行不同公司的比较时，找出他们在分类上的差别是十分重要的。

在进行趋势分析的时候，既需要了解金额的变动情况，也需要了解百分比变动的情况，并且了解这些变动的真正意义。例如，耐克公司的 5.491 亿美元的销售收入增长额与 5.464 亿美元的税前收益降低额两者在绝对额上大概相当，但这个 5.491 亿美元代表的是 2.9% 的收入增长率，而 5.464 亿美元则代表了 21.8% 的税前收益降低率。与此相类似，表 12-2 中长期负债流动比率的 407.9% 增长率看上去很大，但是增加的金额只有 2 570 万美元，远远小于其他许多账户的变动金额。

计算并解释金额的变动总是可能的，但有时百分比的变动情况并没有什么实际的意义。来看表 12-1。耐克公司 2009 年的利润表中有三个在 2008 年利润表中不曾出现的项目：重组费用 1.95 亿美元、商誉减值 1.993 亿美元、无形及其他资产减值 2.02 亿美元。由于分式的分母为零，无法计算出这三个项目在 2009 年和 2008 年间的变动百分比。当公司在一个期间的某项目金额为负数而在比较期间的同一项目金额为正数时，还会产生另一个问题。例如，耐克公司利润表中的其他收益（费用）净额项目，在 2008 年是费用净额 790 万美元，而在 2009 年则是收益净额 8 850 万美元。净利润这种情况下计算百分比变动就是没有意义的了。

通过分析表 12-2 可以发现，耐克 2009 年的销售收入比 2008 年增长了 2.9%。如果公司采用赊销方式，销售的增长通常会导致应收账款的增加；如果经理人员要确保公司有充足的产品交付给顾客，销售的增长通常会带来存货水平的上升。也就是说，分析利润表的销售收入时也许应观察应收账款和存货。通过表 12-2 对耐克公司资产负债表的分析可以发现，应收账款增长了 3.2%，而存货实际上却降低了 3.3%。

金额和百分比的变动情况有助于分析公司的变动趋势。虽然确定变动趋势是关键问题，但是了解变动趋势产生的原因更为重要。关于销售收入、存货以及应收账款等财务报表项目的变动，存在可能的解释吗？答案在哪里？分析师们经常会从公司年度报告和被称为**管理层讨论与分析**（management discussion and analysis，MD&A）的 10-K 表中来寻找答案。在美国，美国证券交易委员会对管理层讨论与分析的内容作了规定。管理层讨论与分析集中解释了公司在经营结果、变现能力和资本来源方面的主要变化。管理层讨论与分析包括但不限于下列内容的披露：关于公司的资本来源和变现能力，包括表外项目和资本支出；关于经营成果，包括销售与费用趋势的说明和对任何异常或不经常出现事件的解释；关于对合同义务和承诺以及交易活动的披露；关于对重大会计估计和采用新会计政策的说明。

让我们回到收入、存货和应收账款之间的关系这个问题上，看看我们能否对这些报表项目的动态予以解释。耐克的业务季节性强，通常是会计年度（5 月份为期末）的第四季度销售额最高。快到年末时突然的销量激增会导致应收账款增加和存货的减少。难道这就是这三者之间关系唯一可能的解释吗？不！2008 到 2009 年整个经济呈下滑态势，2009 会计年度（耐克以 5 月 31 日为会计年度末）下半年的经济下行来得更为明显。从耐克的**管理层讨论与分析**可以看出，耐克的销售量因消费者削减开支而大为缩减。2009 会计年度的上半年，公司的销售收入还比 2008 年同期的 89. 946 亿美元上升了 11. 4%，达到 100. 223 亿美元；下半年则由 2008 年的 96. 324 亿美元降至 91. 538 亿美元，降低了近 5%。这就给出了对应收账款与存货的变动情况的不同解释。随着 2009 会计年度后期需求的下降，耐克削减了存货，所以，资产负债表中的存货才出现了 3. 3% 的降低率。关于应收账款的增加，耐克的**管理层讨论与分析**中认为，更长的收账周期导致了更高的应收账款余额，说明耐克的顾客遭遇了困难的零售环境。

净利润我们还能从耐克公司的管理层讨论与分析中了解到什么？让我们从表 12-1耐克公司利润表说起。2009 年耐克的销售收入和销售成本都有所增长，但 5. 491 亿美元销售收入的增长超过了 3. 321 亿美元销售成本的增长，所以，2009 年的毛利金额比 2008 年高出 2. 17 亿美元。这种情况下，耐克 2009 年就有望报告较高的净利润了。然而，更加仔细地观察利润表可以发现，2009 年的净利润实际上比 2008 年的 3. 967 亿美元还要少。这又如何解释？表 12-2 的资产负债表也提出了同样有趣的问题。为什么短期投资增长了 81. 3%？难道这代表了公司投资战略的变化？为什么即将到期的长期债务（current portion of long-term debt）增长了 407. 9% 而应付票据却增长了 93%？是融资战略上有所改变吗？为什么流动资产增长了 10. 1% 而流动负债却下降了 1. 3%？是改变了对营运资本的管理了吗？为什么可辨认无形资产降低了 37. 1%、商誉降低了 56. 9%？对这些问题的答案都是在说明：如何来管理公司、公司未来的业绩如何，以及公司是否是一个好的投资对象。

正如前面指出的那样，分析师可能会注意到，耐克公司的销售额增长了 2. 9%，而净利润却下降了 21. 1%。净利润下降通常不是什么好消息。当各项指标之间的关系看起来达不到预期水平时，就要注意是否有危机的存在。当各项指标之间的关系看起来好于预期水平时，就需要了解这种势头能否保持下去。为了判断趋势能否随着时间的推移而发展，分析师们经常要研究公司 2 年以上的财务信息。表 12-3 对耐克公司连续 5 年财务报表的主要项目作了汇总，根据这些数据可以计算一个更长时间内的趋势状况。比如，销售的变动比率如下：

2009 年：

$$\frac{19\ 176.1-18\ 627.0}{18\ 627.0}\times 100\%=2.9\%$$

表 12-3 **耐克公司 5 年财务数据概要** 单位：百万美元，每股数据除外

	5 月 31 日为会计年度末				
	2009	2008	2007	2006	2005
利润表数据：					
销售收入	19 171.6	18 627.0	16 325.9	14 954.9	13 739.7
销售成本	10 571.7	10 239.6	9 165.4	8 367.9	7 624.3
毛利	8 604.4	8 387.4	7 160.5	6 587.0	6 115.4
营销与管理费用	6 149.6	5 953.7	5 028.7	4 477.8	4 221.7
重组费用	195.0	0.0	0.0	0.0	0.0
减值损失	401.3	0.0	0.0	0.0	0.0
非经营性收益(损失)净额	(98.0)	(69.2)	(68.1)	(32.4)	33.9
税前收益	1 956.5	2 502.9	2 199.9	2 141.6	1 859.8
所得税	469.8	619.5	708.4	749.8	648.2
净利润	1 486.7	18 833.4	1 491.5	1 392.0	1 211.6
基本每股收益	3.07	3.80	2.69	2.96	2.31
稀释每股收益	3.03	3.74	2.93	2.64	2.24
每股股利	0.98	0.875	0.71	0.59	0.4753
资产负债表数据(5 月 31 日)					
流动资产	9 734.0	8 839.3	8 076.5	7 346.0	6 351.1
流动负债	3 277.0	3 321.5	2 584.0	2 612.4	1 999.2
不动产、厂房及设备净值	1 957.7	1 891.1	1 678.3	1 657.7	1 605.8
资产总计	13 249.6	12 442.7	10 688.3	9 869.6	8 793.6
长期债务	437.2	441.1	409.9	410.7	687.3
股东权益	8 693.1	7 825.3	7 025.4	6 285.2	5 644.2

2008 年：

$$\frac{18\ 627.0-16\ 325.9}{16\ 325.9}\times 100\% = 14.1\%$$

2007 年：

$$\frac{16\ 325.9-14\ 954.9}{14\ 954.9}\times 100\% = 9.2\%$$

2006 年：

$$\frac{14\ 954.9-13\ 739.7}{13\ 739.7}\times 100\% = 8.8\%$$

2009 年 2.9% 的销售增长率低于前几年的增长率。

利用第 9 章中介绍的现值计算方法，我们可以计算出这 4 年期间的**复合年增长率**（**compound annual growth rate，CAGR**）复合年增长率是一定期间内年与年之间的增长率，计算公式如下：

$$\text{CAGR} = \left[\frac{\text{现有价值}}{\text{基础价值}}\right]^{(1/\text{年数})} - 1$$

在耐克公司的这个例子中，8. 69%的4年平均增长率将使销售收入水平从第一年2005年的137. 397亿美元增长到最后一年的191. 761亿美元。这是利用计算器得出的准确结果。如果利用第9章中的表格来计算，结果与这一数值接近。终值系数等于2009年的销售额除以2005年的销售额（191. 761亿美元÷137. 397亿美元），即1. 395671。在复利终值系数表中，4年中增长率为8%时的终值系数为1. 3605，增长率为10%时的终值系数为1. 4641。可以看出，1. 395671这一数值落在这两个数值的区间内约1/3处。因此销售额的复合年增长率必然更接近8. 7%。因此我们计算出的8. 69%符合这一点。对于耐克来说，这也许是一个合理的增长率。这里我们所分析的期间较短，仅仅一个因素就足以对复合年增长率产生重大的影响。所以，以复合年度增长率来预测公司未来业绩的时候必须谨慎为之。

12. 3. 2 共同比报表

为了便于评价一个公司在不同时期的业绩以及对规模不同的公司进行比较，我们经常用**共同比报表（common-size statements）**来分析利润表和资产负债表。在共同比报表中，我们用相应的百分比来表示报表的组成项目。表12-4中显示了耐克公司的共同比报表，该表将共同比报表同表12-1中的利润表和表12-2中的简明资产负债表并列在一起列示。

表12-4 **耐克公司共同比报表** 单位：百万美元，百分比除外

	5月31日为会计年度末			
	2009		2008	
利润表：				
销售收入	19 176. 1	100%	18 627. 0	100%
销售成本	10 571. 7	55. 1%	10 239. 6	55. 0%
毛利	8 604. 4	44. 9%	8 387. 4	45. 0%
营销与管理费用	6 149. 6	32. 1%	5 953. 7	32%
重组费用	195. 0	1. 0%	—	0. 0%
商誉减值	199. 3	1. 0%	—	0. 0%
无形资产及其他资产减值	202. 0	1. 1%	—	0. 0%
经营费用	6 745. 9	35. 2%	5 953. 7	32%
经营性收益	1 858. 5	9. 7%	2 433. 7	13. 0%
利息费用	(40. 2)	(0. 2%)	(38. 7)	(0. 2%)
利息收益	49. 7	0. 3%	115. 8	0. 6%
其他收益（费用）净额	88. 5	0. 5%	(7. 9)	0. 0%
非经营性收益	98. 0	0. 6%	69. 2	0. 4%
税前收益	1 956. 5	10. 3%	2 502. 9	13. 4%
所得税	469. 8	2. 5%	619. 5	3. 3%
净利润	1 486. 7	7. 8%	1 883. 4	10. 1%

续表

	5 月 31 日为会计年度末			
	2009		2008	
资产负债表				
资产：				
现金及现金等价物	2 291.1	17.3%	2 133.9	17.1%
短期投资	1 164.0	8.8%	642.2	5.2%
应收账款净额	2 883.9	21.8%	2 795.3	22.5%
存货	2 357.0	17.8%	2 438.4	19.6%
递延所得税	272.4	2.0%	227.2	1.8%
预付费用及其他流动资产	765.6	5.8%	602.3	4.8%
流动资产合计	9 734.0	73.5%	8 839.3	71.0%
不动产、厂房及设备净值	1 957.7	14.8%	1 891.1	15.2%
可辨认无形资产	467.4	3.5%	743.1	6.0%
商誉	193.5	1.5%	448.8	3.6%
递延所得税及其他资产	897.0	6.8%	520.4	4.2%
资产总计	13 249.6	100.0%	12 442.7	100.0%
负债及股东权益：				
即将到期的长期债务	32.0	0.2%	6.3	0.1%
应付票据	342.9	2.6%	177.7	1.4%
应付账款	1 031.9	7.8%	1 287.6	10.3%
应计负债	1 783.9	13.5%	1 761.9	14.2%
应付所得税	86.3	0.6%	88.0	0.7%
流动负债合计	3 277.0	24.7%	3 321.5	26.7%
长期债务	437.2	3.3%	441.1	3.5%
递延所得税及其他负债	842.0	6.4%	854.5	6.9%
可赎回优先股*	0.3	0.0%	0.3	0.0%
普通股东权益：				
设定价值普通股				
A 可转换	0.1	0.0%	0.1	0.0%
B	2.7	0.0%	2.7	0.0%
资本溢价	2 871.4	21.7%	2 497.8	20.1%
累计其他综合收益	367.5	2.8%	251.4	2.0%
留存收益	5 451.4	41.1%	5 073.3	40.8%
股东权益合计	8 693.1	65.6%	7 825.3	62.9%
负债与股东权益总计	13 249.6	100.0%	12 442.7	100.0%

注意：某些百分比是四舍五入的结果。

* 耐克公司将可赎回优先股作长期负债处理。

利润表的各种百分比以销售额作为100%为基础，将利润表中的每一项内容都表示为销售额的一定百分比。耐克公司2008年的毛利率是45.0%，2009年有少许下降，为44.9%。为了更好地理解毛利率这一指标，我们可以将它同某一个竞争对手的同一指标或者行业的平均值进行比较。例如，2008年度（年末为12月31日）的报告毛利率，安德玛（Under Armour）为48.9%，添柏岚为45.5%。安德玛和添柏岚的毛利率都高于耐克。耐克的毛利率逐年微降也许不足为忧，但需要确定同行业中其他公司的毛利率是否也以同样的趋势变化、耐克公司的毛利率下降是否不正常。事实上，安德玛和添柏岚两个公司毛利率的逐年下降程度还要甚于耐克。虽然利用共同比报表有助于对不同规模的公司进行比较，但是请记住，除了规模的不同，其他方面的不同也是需要考虑的。比如，一个制造业的公司，其对折旧方法的选择就会影响到报告毛利，因为折旧方法对销售成本有所影响。

与收入总额变化相联系的每一项费用支出常常能揭示出许多情况。也就是说，当销售出现波动时，哪些费用会增加或者减少？例如，耐克公司在2008年和2009年的销售成本以及营销与管理费用不论是金额还是对销售的百分比都增加了。为什么？耐克公司在管理层讨论与分析中解释道，导致毛利下降的主要因素“是定价毛利的降低和折扣的增长。定价毛利变低主要是产品生产成本升高所致，最典型的就是鞋类产品；2009会计年度对所有的业务都提供了更高的折扣，以便满足存货管理的要求。”导致营销与管理费用增加的原因是：“投资增长的驱动因素诸如耐克拥有的零售店……为做强市场而建的基础设施……以及非耐克品牌的业务等”导致经营费用的增加，进而引起营销与管理费用的增高。尽管公司采取了冻结招聘和削减旅游开支等一系列措施来削减经营成本，但这些削减额并不足以抵消上述营销与管理费用的增长。

虽然2009年的销售成本和营销与管理费用无论是绝对金额还是占收入百分比都比2008年有所增长，但是这些增长还是相对较小，而且不足以解释净利润占销售收入的比例为什么由2008年的10.1%暴跌至2009年的7.8%。我们来仔细观察表12-4中的利润表。值得注意的是，2009年，耐克减少了重组费用、商誉摊销以及无形与其他资产摊销额。表12-4显示，这几项费用在2008年的利润表中是没有的。它们有时被称作非经常性项目。非经常性项目是一个利润表项目，反映非正常性质或非经常发生的事项。非经常性项目在一定期间内不会经常发生，会计准则要求对重大的非经常性项目要分别披露。

正如本书第8章和第11章提到的，公司必须对固定资产、无形资产和商誉进行估值以便计提减值。如果减值测试表明相关资产已经减值，就要在利润表中报告减值损失。2009年耐克公司恰恰就出现这种情况。2008年耐克收购了茵宝（Umbro），一个领先全球足球行业的总部设在英国的公司。然而，2009年因消费需求下滑和全球经济疲软，公司对商誉和收购茵宝时确认的注册商标进行减值测试。测试的结果是商誉减值1.993亿美元，其他资产（注册商标）减值2.02亿美元。

重组费用与公司重大的局部调整有关，典型的重组活动有：关闭一个或更多的工厂、削减雇员规模、终止或搬迁等。作为重组的结果，耐克减员5%，发生“税前重组费用1.95亿美元，主要是与减员有关的服务成本”。重组费用和减值损失两者合起来，共增加费用 5.936 亿美元，在 2009 年的经营费用增长额中占比超过 75%。

表 12-4 的资产负债表百分比以资产总额等于 100% 为基础。我们将这些百分比称为**构成百分比（component percentages）**，因为这些百分比是根据财务报表中的每一项目占总额的百分比来计算的。对于利润表，您必须找出资产负债表关系中的变化情况。耐克公司资产负债表的组成内容相对稳定。2009 年，短期投资从 2008 年的 6.422 亿美元增至 11.64 亿美元，占资产总额的百分比由 2008 年的 5.2% 增至 8.8%。为什么？这也许是考虑到总体经济下行，耐克决定将多余的现金投放于短期投资作为安全的积蓄以应对持续疲软的消费需求。2009 年，存货占资产总额的比例由 2008 年的 19.6% 下降至 17.8%，为什么？前面已经关注过，存货的减少可能缘于消费需求降低。2009 年，可辨认无形资产占资产总额的比例由 2008 年的 6.0% 降至 3.5%，商誉占资产总额的比例也由 2008 年的 3.6% 降到 1.5%。为什么这两类资产的占比都下降了？其与前述的减值损失有关。资产负债表的负债部分，流动负债总额占资产总额的比例也下降了。原因何在？主要是应付账款的下降。耐克公司在管理层讨论与分析中将应付账款的下降归因于较低的外购存货，这与前面关于资产负债表中资产方的存货项目的分析是一致的。

讲解财务报表

共同比财务报表在对规模差距巨大的不同公司进行比较时十分有用。但是，在对不同的公司进行比较时，还必须考虑各公司在会计方法选择上的差异。举出 3 种对财务报表的可比性产生影响的会计方法。回答这个问题时要回忆以前章节中学过的内容。

答案：

1. 存货成本流转假设。比如，是采用后进先出法还是先进先出法，会对利润表中的销售物成本和资产负债表中的存货价值会产生重大影响。

2. 折旧方法。是采用直线折旧法还是采用加速折旧法，会对资产负债表中的不动产、厂房和设备的价值以及利润表都会产生重大的影响。

3. 租赁的分类。相比较于经营租赁来说，资本租赁会增加资产和负债。利润表数值也会出现变化，经营性租赁会产生出租费用，所以利润表的数值会发生变化，而资本租赁产生折旧费用和利息费用。

12.3.3 分部报告

趋势分析和共同比财务报表分析都是围绕着公司整体进行的。但是，对公司的业务分部进行个别的分析经常是十分有用的。一个根据要求所披露的财务报表附注可以提供公司每个业务分部的销售收入、利润和资产等各方面的信息。

在进行财务报表分析时，分析师们经常会考虑公司的不同业务部门和不同地区分部的经营活动。在公司 2009 年的财务报告中，耐克采用产品线和地区分部两种方法划分其业务。主要产品线有四个：鞋类、服装、设备及其他。鞋类、服装和设备三类业务包含了除 Nike Golf 和 Nike Bauer Hockey 之外的所有耐克品牌的销售活动。耐克将这两个产品线与在 Cole Haan、Converse、Hurley 以及 Umbro 等品牌旗下制造的非耐克品牌的产品一起归为“其他”类。耐克按产品线报告的 2009 年销售收入为：鞋类占 53.7%，服装占 27.4%，设备展 5.8%，“其他”占 13.1%。

出于分部报告的目的，耐克报告了能反映其在截至 5 月 31 日的 2009 会计年度内部组织情况的 5 个经营分部。耐克将耐克品牌的鞋、服装和设备的销售活动归入四类地区：美国、EMEA（欧洲、中东和非洲）、亚太地区以及美洲。耐克公司的非耐克品牌产品（与 Nike Golf 和 Nike Bauer Hockey 一道）组成第五个分部。所以，耐克报告了 5 个经营分部：美国、EMEA、亚太、美洲以及其他。

表 12-5 中的 A 表列示了耐克集团在 2009 年度报告中报告的销售收入、税前收益以及税后净利润数据，税前收益、税后收益占销售收入的比例都是根据这些数据计算出来的。如果没有关于经营分部结果的进一步的信息，这些合计数据并不能够回答这样一些问题：公司的销售总额中每个分部各占多少？公司的净利润中每个分部各占多少？公司的销售利润率下降的原因是什么？是某一个分部的销售水平正在下降，还是公司所有分部的获利能力都在下降？

表 12-5 中的 B 表列示的耐克公司 2009 年取自年报附注经营分部披露信息有助于回答上述问题。耐克按五个分部报告销售收入和税前收益，它们分别是美国分部、EMEA 分部、亚太分部、美洲分部以及其他分部。您可能首先会发现，A 表中的分部税前利润合计与税前收益数合计不符。利润表所报告的 2009 年税前收益是 19.565 亿美元，而经营分部信息披露里反映的税前利润合计却是 35.856 亿美元。这是为什么？作为内部报告，耐克并未将属于公司行政部门的费用分配给各分部，从而导致分部利润合计数高于合并利润。为了解释这些差别，耐克公司对利润表数据与分部报告数据的差异进行了调节（此处从略）。即使没有这些调节我们也可以通过从分部合计数中减去合并的税前收益合计来计算出每年的公司费用。例如，在 2009 年，公司费用为 16.291 亿美元（35.856-19.565）。

耐克 2009 年利润表中的销售收入比 2008 年上升了 2.9%。然而，分部报告的税前收益合计数却下降了 10%，从 39.853 亿美元降至 35.856 亿美元。其结果是，合并后分部报告的税前收益占销售额之比从 21.4% 降至 18.7%。表 12-5 的 B 表所显示的分部收入和利润信息说明，并非所有分部都应对销售收益率的下降负有责任。EMEA、亚太以及美洲各地区分部 2009 年的税前收益占销售额之比分布在 21.3% 到 25.7% 之间，而且这 3 个分部 2009 年的销售收益率都比 2008 年有所增长。尽管美洲分部的税前收益占销售额之比在 2009 年有所下降，但仍保持在 20% 以上。然而，“其他”分部的税前收益占销售额之比却一直低于另外 3 个分部，该分部 2009 年的销售收入比 2008 年的水平还低 1%，税前收益从 2008 年的盈利 3.649 亿美元降到亏损 1.967 亿美元，从而使税前收益占销售额之比由 2008 年的 14.4% 降到了 2009 年的 -7.8%。是什么原因导致获利能力下降得如此严重？进一步分析报表附注可见，包括在“其他”分部中的 Umbor 的商誉、无形资产及其他资产所发生的减值是导致获利能力下降的重要原因。

报表附注还表明，耐克公司的销售额中来自于美国本土的不足一半。当耐克将“其他”分部的收入再分配给那四个地区分部后，美国分部的销售额占销售额总数的

表 12-5 **耐克公司合并及分部数据** 单位：百万美元，百分比除外

A 表：合并利润表数据以及销售利润率信息

	5月31日为会计年度末		
	2009	2008	2007
销售收入	19 176.1	18 627.0	16 325.9
税前收益	1 956.5	2 502.9	2 199.9
净利润（税后）	1 486.7	1 883.4	1 491.5
销售利润率（税前）	10.2%	13.4%	13.5%
销售利润率（税后）	7.8%	10.1%	9.1%

B 表：分部信息披露（所有数据均为税前）

	收入	税前收益	销售利润率(税前)
2009（5月31日为会计年度末）			
美国	6 542.9	1 337.9	20.4%
EMEA	5 512.2	1 316.9	23.9%
亚太	3 322.0	853.4	25.7%
美洲	1 284.7	274.1	21.3%
其他	2 514.3	(196.7)	(7.8%)
合计	**19 176.1**	**3 585.6**	**18.7%**
2008（5月31日为会计年度末）			
美国	6 414.5	1 402.0	21.9%
EMEA	5 629.2	1 281.9	22.8%
亚太	2 887.6	694.2	24%
美洲	1 164.7	242.3	20.8%
其他	2 531.0	364.9	14.4%
合计	**18 627.0**	**3 985.3**	**21.4%**
2007（5月31日为会计年度末）			
美国	6 131.7	1 386.1	22.6%
EMEA	4 764.1	1 050.1	22.0%
亚太	2 296.7	515.4	22.5%
美洲	966.7	199.3	20.6%
其他	2 167.7	299.7	13.8%
合计	**16 325.9**	**3 450.6**	**21.1%**

比例在2007、2008和2009年依次是41.8%、42.6%和46.5%。很显然，如果要对耐克的未来业绩进行预测，不仅必须了解美国的经济和人口发展趋势，还要了解全球的经济和人口发展趋势。

讲解财务报表

2009 年，在耐克公司的 191.761 亿美元的销售额中，国内销售占了 41.8%，国外销售占了 58.2%。如果预计国内销售将下降 2%，国外销售将上涨 4%，则预计耐克公司 2010 年的销售额将是多少？

答案：

1. 国内销售等于：

(0.418×191.761×0.98) = 78.553（亿美元）

2. 国外销售等于：

(0.582×191.761×1.04) = 116.069（亿美元）

3. 预计销售额为 194.622 亿美元，增长率为 1.5%。

前面关于耐克的分部业绩的讨论，是以截至 5 月 31 日的 2009 会计年度的 10-K 表数据为基础的。通过该表可以看出，在 2009 年 6、7、8 三个月中，耐克公司经营分部的结构是不同的。为什么会这样？经营分部的划分应当满足公司制定经营决策的需要。当公司的内部组织发生改变时，可能就有必要对经营分部进行调整。这就是耐克公司所发生的情形。

从 2009 年 6 月 1 日开始，耐克对除 Nike Golf 之外的耐克品牌的产品进行重组，形成按北美、西欧、中欧和东欧、大中华区、日本以及新兴市场国家 6 个地区作为报告分部的崭新模式。这六个地区分部取代了之前那四个地区分部（即美国、EMEA、亚太以及美洲）。在旧的分部结构中，耐克还设一个“其他”报告分部，该分部包括 Nike Golf、Nike Bauer Hockey 以及非耐克品牌产品。在新的分部架构中，“其他”分部被分成两个分部：一个是“全球品牌事业部”，从事耐克品牌的许可业务，与特定地区分部没有关系；另一个是“其他业务部”，包括 Nike Golf 和非耐克品牌产品。

12.4 财务比率

尽管财务报表分析有许多方法，但具有里程碑意义的方法还是比率分析法。表 12-6 中将一些最常用的比率分成了 4 类。这些比率中的大部分已经在前面的章节中介绍过，如表中第 2 栏所示（栏中划横杠的表示该比率是在本章中首次引入）。这张汇总表可以使您不必再去前面的章节中查找各个比率的含义。

我们重点讨论的是投资者所用的比率。但是，经理人员也经常根据各种比率来指导、考核和奖励员工。如果员工们为公司创造更多利润的行为得到了奖励，他们就会更乐于这样做。因此，有些公司在股东权益报酬率超出先前的预定的标准或者每股收益超过了某一特定金额的时候就会向员工发放奖金。

鉴于近期发生了一些通过操纵会计记录来扩大公司盈余的丑闻，许多公司通过既采用非会计计量又采用会计数据的方式来扩大他们的奖励计划。例如，**杜克电力公司（Duke Power）**认为，利润也许不是奖励雇员的正确计量标准。假设盈利是由筹集更多资本和扩大公司规模实现的，那么员工有必要因此而获得更多的收入吗？杜克电能

表 12-6　　　　适用于耐克公司的一些典型的财务比率

单位：百万美元，每股数据除外

比率名称	所在章次	分子	分母	以耐克公司当年5月31日的数据计算 2009	2008
短期变现能力比率：					
流动比率	4	流动资产	流动负债	9 734.0÷3 277.0=2.97	8 839.3÷3 321.5=2.66
速动比率	4	流动资产-存货	流动负债	(9 734.0-2 357.0)÷3 277.0=2.25	(8 839.3-2 438.4)÷3 321.5=1.93
应收账款周转率	6	销售收入	平均应收账款	19 176.1÷[(2 883.9+2 795.3)÷2]=6.75	18 627.0÷[(2 795.3+2 494.7)÷2]=7.04
平均收账期(天数)	6	365	应收账款周转率	365÷6.75=54.1	365÷7.04=51.8
存货周转率	7	销售成本	存货平均成本	10 571.7÷[(2 357.0+2 438.4)÷2]=4.41	10 239.6÷[(2 438.4+2 121.9)÷2]=4.49
长期偿债能力比率：					
资产负债率	9	负债总额	资产总额	(13 249.6-8 693.1)÷13 249.6=34.4%	(12 442.7-7 825.3) ÷12 442.7=37.1%
负债总额与股东权益总额之比	9	负债总额 *	股东权益	(13 249.6-8 693.1) ÷8 693.1=52.4%	(12 442.7-7 825.3) ÷7 825.3=59.0%
利息保障倍数	9	息税前收益	利息费用	(1 956.5+40.2)÷40.2=49.7	(2 502.9+38.7) ÷38.7=65.7
获利能力比率：					
普通股权益报酬率	4,10	净利润	平均普通股权益	1 486.7÷[(8 693.1+7 825.3)÷2]=18.0%	1 883.4÷[(7 825.3+7 025.4)÷2]=25.4%
毛利率	4	毛利	销售收入	(9 176.1-10 571.7)÷19 176.1=44.9%	(18 627.0-10 239.6)÷18 627.0=45.0%
销售利润率	4	净利润	销售收入	1 486.7÷19 176.1=7.8%	1 883.4÷18 627.0=10.1%
资产周转率	-	销售收入	总资产平均余额	19 176.1÷[(13 249.6+12 442.7)÷2]=1 493	18 627.0÷[(12 442.7+10 688.3)÷2]=1 611
息税前利润与销售收入之比	-	息税前收益	销售收入	(1 956.5+40.2)÷19 176.1=10.4%	(2 502.9+38.7)÷18 627.0=13.6%
资产报酬率	-	息税前收益	总资产平均余额	(1 956.5+40.2)÷[(13 249.6+12 442.7)÷2]=15.5%	(2 502.9+38.7)÷[(12 442.7+10 688.3)÷2]=22.0%
每股收益	2	净利润-优先股股利	平均发行在外的普通股	1 486.7÷484.9=3.07	1 883.4÷495.6=3.80
市价与股利率：					
市盈率	2	普通股市价（假设为57.05美元和68.37美元）	每股收益	57.05÷3.07=18.6	68.37÷3.80=18.0
普通股每股账面价值	10	普通股权益	发行在外普通股股数	8 693.1÷485.5=17.91	7 825.3÷491.1=15.93
市价与账面价值之比	10	普通股市价	普通股账面价值	57.05÷17.91=3.19	68.37÷15.93=4.29
股息率	2	普通股每股股利	普通股市价	0.98÷57.05=1.7%	0.875÷68.37=1.3%
股利分派率	2	普通股每股股利	每股收益	0.98÷3.07=31.9%	0.875÷3.80=23.0%

* 负债总额=资产总额-股东权益总额

注意：2007 年末相关数据（单位：百万美元）：应收账款 2 494.7，存货 2 121.9，股东权益 7 025.4，资产总额 10 688.3。

2009 年 5 月 31 日和 2008 年 5 月 31 日发行在外普通股股数分别是 485.5 百万股和 491.1 百万股。

2009 年和 2008 年平均发行在外的普通股股数分别是 484.9 百万股和 495.6 百万股。

决定在两种情况下对于员工进行奖励：公司达到了既定的目标和股东权益报酬率。对于这个员工来说，既定的目标可能是减少工伤；而对那个员工而言，既定的目标也可能是改善了对顾客提供的服务。但是，如果股东权益报酬率目标得以实现，每一位员工的收入都会增加。股东权益报酬率是衡量公司效率的最好标准，因为它可以反映公司的获利能力是否得到了提高，资产的使用效率是否得到了改善。

财务比率评价

任何一个单独的比率都不足以有效评价一个公司的财务状况，因此，检查一系列的比率数据并进行其他形式的分析，同时寻找能够描述公司经营活动的非财务信息是十分重要的。当然，我们在本章中主要讨论的是如何利用财务比率进行分析。比率分析中的数值计算比较简单。在计算出一组比率之后，就需要判断这些比率所反映的状况是好、是一般还是不好。财务比率的评价方式主要有 3 种：（1）与公司自己的历史数据进行对比的**时间序列比较法**（time-series comparison）；（2）与一般的经验数据或“最好水平”进行比较的**基准数据比较法**（benchmarks）；（3）与其他公司或同行业平均水平进行对比的**横向比较法**（cross-sectional comparisons）。

下面简单说一下采用这 3 种对比方式应注意的问题。在进行趋势分析或采用时间序列比较法比较一个公司的比率指标时，必须了解公司在结构方面的变动情况。比如，重大的收购或者剥离行为会使一个公司前后期的数据难以进行对比。来看一下 2000 年初美国在线同时代华纳的合并案。时代华纳在此前是一个综合性的传媒公司，旗下拥有的一个有线电视网在全美家庭中拥有很高的收视率，此外还经营出版业、音乐及娱乐业，以及众多的图片图书馆。截至合并时，美国在线是全美规模最大的互联网提供商。合并后公司的财务报表同合并前两家公司的财务报表很少相近之处。

采用基准法进行对比的好处是做起来比较容易，但是各行业之间的经验数据互有差别，并且容易随着时间的推移而变化。一个例子就是流动比率。传统经验认为流动比率应该是 2∶1 或者更高，但是营运资本管理的改善使许多公司可以用低得多的流动资金比率进行经营；一个现金流量充足并且稳定的公司其流动比率为 1 可能就足够了，而一个现金流量不足的公司就需要保持一个较高的流动比率。另一个例子就是负债与股东权益之比。在《关键行业比率》一书中，邓白氏咨询公司注意到，负债总额与股东权益总额之比不应大于 100%，但某些行业中出现很高的负债与股东权益之比也并非罕见。比如杜克能源公司（Duke Energy）、爱迪生联合电气公司（Consolidated Edison）和光谱能源公司（Spectra Energy）的负债总额与股东权益总额之比分别为 153%、237% 和 296%。

行业内横向对比要求公司之间要具有可比性，或者这些公司所处的行业具有相应的一系列标准。从表面上看，这个要求很简单，但要确定公司之间是否相似或者是否同属相关行业，往往也很难。来看伯克希尔·哈撒韦有限公司的情况。该公司是一家上市公司，旗下拥有众多的经营各种业务的子公司。该公司的主要业务之一是财产与人身伤亡保险业务。该公司在这一领域里的控股公司包括美国第 6 大汽车保险公司美国政府雇员保险公司（GEICO），以及全球四大再保险公司之一的美国通用再保险公司（General Re）。因此，将哈撒韦公司同其他的保险公司进行对比看起来似乎是合理的。但是，通过进一步的调查可以发现，哈撒韦公司控股的公司还包括3家珠宝公司、4家家具零售公司、若干家金融与金融产品公司、1家报业出版公司、7家服饰和鞋业公司、1家糖果制造厂，以及其他为数众多的不同行业的公司。虽然很多公司的经营涉及众多行业，但哈撒韦公司还是一个比较极端的例子。虽然我们前面讨论过的分部报告可以提供关于不同业务分部的一些信息，但是这些信息的范围是有限的（关于哈撒韦公司的更多情况请见下面的财经热线）。

财经热线

沃伦·巴菲特：没有什么可以隐藏的

伯克希尔·哈撒韦公司的董事局主席沃伦·巴菲特（Warren Buffet）是全球最成功最知名的投资者之一。他在2009年度《福布斯》评出的富豪排行榜的400人名单中排第2位，他的财富来自于他作为一个经理人和投资者的能力。在20世纪90年代初，巴菲特先生撰写了美国众议院会计处理调查委员会收到的仅有的3封支持将股票期权费用化的信函之一。他的观点在当时并没有引起人们的重视，但在2004年美国财务会计准则委员会发布了一个准则，要求将股票期权费用化。在理解金融透明性的必要性方面，巴菲特先生再一次表现出先见之明。

除了伯克希尔·哈撒韦公司在其财务报表、报表附注以及年度报告中的管理层讨论与分析中提供的信息之外，该公司的追随者们还会依赖于巴菲特先生写给股东们的年度致函来获取信息。巴菲特先生的年度致函已经成为任何一个地方的会计师和投资者们的最佳读物。他所写的自1977年以来的年度致函全文可以在www.berkhirehathaway.com/letter/letter.html.上查到。

伯克希尔·哈撒韦的公司之一是克雷顿家居（Clayton Homes）——最大的一家家具制造商。克雷顿不仅制造家具而且还向家具购买者提供贷款。与许多同行不同，由于克雷顿采取的保守做法，使其在2008年没有像许多同行那样遭受太多的贷款损失。在2008年的年度致函中，巴菲特先生就抵押借款风险问题提出如下观点：

贷款人快乐地向不能用其收入还贷的借款人放贷，而借款人也快乐地签署借款协议。双方当事人都指望“房价升值”，否则就不会出现这样的情况。正像斯嘉丽·奥哈拉常说的：“明天我会考虑的。”现在，这种行为的后果波及了我们经济生活的每一个角落。

目前住房市场的大崩溃给买房人、贷款人、经纪人以及政府一些简单的教训，确保了未来住房市场的稳定性。购买住房应当包含至少10%真正意义上的定金和借款人的收入能轻松解决的月供，这个收入应经仔细核实。

让人们搬进房子里，虽是理想目标但不应当是我们国家的主要目标。我们所追求的是让人们拥有其永久的住房。

伯克希尔·哈撒韦大量涉及保险业务。在保险行业，预估未来损失非常必要。用于评估程序的技术很多，所有的技术中都包括对历史数据的分析。然而，依赖这些模型而不考虑当前情况的影响，是很危险的。就考虑商界的某些趋势避免盲目依赖历史数据对未来进行预测这个问题，巴菲特在其2008年度致函中提出如下建议：

投资者对历史数据基础的模型应持有怀疑态度。用诸如贝塔、伽马、西格玛等深奥术语组成的这些模型往往看起来令人印象深刻，而投资者总是忘记去检验这些符号背后的假设。如果仅仅查找过去的数据就能知道未来什么样，那么福布斯400还应该包括图书馆管理员。

就在巴菲特先生撰写2008年度致函的时候，伯克希尔·哈撒韦还是250多份衍生工具合同的一方。巴菲特先生相信，公司持有的每一份衍生工具合同都被仔细彻查过，其发生损失的风险很小。但是，关于衍生工具总体以及相关的财务披露，巴菲特先生提出如下观点：

衍生工具很危险。它们会急剧增加我们金融体系的杠杆作用和风险。它们使投资者对我们最大的商业银行和投资银行都无法理解和分析，它们使房利美和房地美多年虚报盈利。房利美和房地美如此难以管理以至于它们的联邦监管机构（OFHEO，其100多名雇员专职监督这两家机构）也无能为力。

改善"透明性"——政客、评论员和金融监管者为避免未来噩梦重现而热捧的补救措施——并不能解决衍生工具带来的问题。我知道，缺少对庞大而复杂的衍生工具投资组合的风险进行描述和计量的报告机制。审计师不能审计这些合同，监管者也不能监管这些合同。当我读到卷入这些衍生工具的公司的10-K表中"披露"部分的时候，我最终知道的只是我不知道它们的投资组合将会发生什么（于是我去取阿司匹林）。

资料来源：Berkshire Hathaway web site：www. berkshirehathaway. com.

如何才能找出相互间可以对比的公司？美国政府已经开发出了北美行业分类体系（North American Industry Classification System，NAICS）。历史上，公司的分类都是按照标准行业分类（The Standard Industry Classification，SIC）体系来进行的。这两种体系都是依据公司的经营活动来为公司分配行业代码。一些财务信息服务机构采用这两种分类体系为某些选定的财务比率和具有代表性的财务报表提供平均值。**美国风险管理协会（Risk Management Association）**（前身为**罗伯特·莫里斯联合会 Robert Morris Associates**）、**邓百氏咨询公司（Dun & Bradstreet，D&B）以及标准普尔（Standard and Poor's）**多年来一直提供这种平均值。除此之外，许多的网络在线财务服务提供商也在提供大量的行业信息。包括在其中的如雅虎财经（Yahoo！Finance）、胡佛在线（Hoover' Online）、路透社（Reuters）等。在通过这些服务网络获取行业信息时，一定要注意比率计算中的差异。因为除了每股收益（EPS）之外，对于财务比率的计算公式并没有相应的标准。因此，在使用这些比率之前，必须了解这些比率是如何计算的。

让我们通过表12-6中耐克公司的财务比率与前述的两项行业标准以及某些竞争对手公司的运营情况进行比对，来检验一下某些具体的财务比率。下表中出现的比率我们在前面的章节中都有所讨论。邓百氏咨询公司依据运动与娱乐产品行业84家公司的情况提供了下列行业比率：

邓百氏比率

	流动比率（倍数）	平均收账期（天数）	负债总额对股东权益的比率	销售利润率（%）	股东权益报酬率（%）
84 家公司					
前 1/4 值	3.9	20.0	40.6	3.6	22.1
中值	2.2	32.0	66.8	1.4	7.6
后 1/4 值	1.4	43.0	266.1	0.0	0.4
耐克公司*	3.0	54.1	52.4	7.8	18.0

* 比率取自表 12-6。

邓百氏公司首先要计算行业样本中每一个公司的比率，然后将这些比率按照从好到差的顺序进行排列。排在中间位置的比率是中值。前 1/4 值是处于中值和最好值中间的比率。后 1/4 值是处于中值和最差值中间的比率。我们必须以谨慎的态度来分析最好和最差的概念，因为不同的分析师对于最好与最差有着不同的看法。例如，对于一个短期债务的债权人来说，流动比率高是一件好事，因为这意味着公司有足够的资产来偿还债务；但是，从投资者的角度来看，太高的流动比率意味着公司的存货和应收账款水平过高。无论是投资者还是债权人，评估流动比率时应当考虑流动资产的构成以及流动性。流动资产的主要组成部分是流动速度慢的存货时，即使有较高的流动比率也不能代表较强的短期流动性。让我们来看一下分析师们如何看待某些的主要比率。

与邓百氏比率进行对比时，耐克公司的流动比率处于中值与前 1/4 值之间，这个比率是衡量短期变现能力的比率。耐克的平均应收账款收账期为 54 天，处于后1/4 值。假设你的公司像耐克公司一样，平均应收账款收账期远高于 32 天的行业中间值，那么，一个很可能的解释就是，为了吸引顾客你们公司提供了更长的信贷期限。还有另一个解释，那就是：本行业中的许多公司对现金购货的客户给予了更大的折扣，而你们公司却没有这么做。现金销售做得多的公司，销售总额中平均应收账款收账期就比较短，即使赊销部分的应收账款长期延迟收回。令人遗憾的是，投资者往往很难获得公司赊销条款或赊销百分比的信息。评价耐克公司短期变现能力的另一个十分有用的比率是存货周转率。邓百氏并没有提供这一比率的行业标准。

耐克公司的负债总额是股东权益的 52.4%，介于行业中间值与前 1/4 值之间。一般说来，如果一个公司相对于自有资本来说负债水平比较低，那么在经营状况不好的情况下，公司还能处于较强势头。为什么？因为即使收入下降，利息费用和债务到期日也是不会改变的。耐克的负债与股东权益比率说明，该公司在偿还未到期债务的能力方面，风险或不确定水平较低。

投资人尤其关注获利能力比率。耐克的销售利润率处于前 1/4 值的位置，这说明耐克公司能使自己每元销售额带来的收益高于 75% 的同行。阅读耐克的共同比利润表，有助于我们理解耐克是怎样取得比行业平均水平还高的销售利润率的。耐克的净资产收益率（ROE）为18%，是7.6%的行业中间值的两倍还多，但却低于前1/4值。我们将在本章稍后的内容中对耐克公司的净资产收益率进行更深入的分析。

从总体上看，耐克公司不是处于行业的中值位置。是什么原因造成耐克公司的比率不同于邓百氏公司报告的标准？邓百氏公司对于该行业的分类数据中包括了84家公司，这些公司包括从海上游艇到保龄球的各类运动器材制造商。耐克当然也制造运动器材，不过，它主要生产鞋类和服装。也许我们应该将耐克与服装业或者与皮革产品业或者与橡胶和塑料鞋业的公司相比较。包括耐克在内的许多公司，归属于不止一个SIC或NAICS的类别里，导致难以选择合适的可比行业。所以，也许我们应该将耐克与更具相似性的单个公司相比较。

胡佛在线列出耐克的三个最主要竞争对手阿迪达斯（Adidas）、斐乐（Feile Korea）以及新百伦（New Balance）。阿迪达斯根据国际财务报告准则编制财务报表，如果对国际财务报告准则和美国公认会计准则的差异没有透彻的理解，直接的比较就复杂一些。斐乐和新百伦都是私人公司，不向公众披露财务信息。胡佛在线还将安德玛（Under Armour，UA）、添柏岚（Timberland）和克-瑞斯（K-Swiss，KSWS）列作耐克的竞争者。尽管这3个公司都不是耐克的真正对手，每一个公司都与耐克共享生产线，但这4个公司争夺顾客的钱包。安德玛主营运动服装；添柏岚尽管以户外运动鞋而广为人知但也制造服装；而克-瑞斯则在服装、鞋类及饰品方面与耐克竞争。这4家公司都主要是通过第三方零售商进行销售，而且都高度重视品牌经营。另外，添柏岚和耐克都还设有一些专卖店。

通过下表可以看出，选择不同的公司进行比较会改变对一个公司经营状况的看法。对这几家互为竞争对手的公司，我们还可以计算并比较存货周转率指标。

特定竞争对手公司的比率比较

	流动比率（倍数）	平均收账期（天数）	存货周转率（次数）	负债总额与股东权益之比（%）	销售利润率*（%）	股东权益报酬率*（%）
UA	3.0	44.0	2.1	47.3	5.3	12.5
TBL	2.8	47.7	18.9	47.3	3.1	7.4
KSWS	6.3	37.4	3.0	21.7	6.1	5.9
Nike	3.0	54.1	4.4	52.4	7.8	18.0

*收益是考虑非常项目、非持续经营和会计方法变更累积影响之前的税后收益。

通过比较公司间相关的比率能够为投资者提供较为容易的答案吗？一般不会。尽管耐克公司54天的应收账款平均收账期与行业中值的32天或者KSWS的37.4天相比更接近于UA和TBL的水平，我们还是不知道为什么在这个对照组里会有区别。耐克的负债总额与股东权益之比与行业中值的66%或者KSWS的21.7%的较低水平相比也更接近于UA和TBL的水平，而这四个公司的存货周转率则分布在每年2.1次到

18.9 次之间。

除了对某一个时点的比率进行比较外，一个公司的财务比率在一段时间内的变化也会引起投资者和债权人的警觉。例如，存货周转率的下降可能说明销售人员的工作做得不再如从前那么好，或者是市场上的购买群体对公司的产品失去了兴趣。除了“销售下降”这个解释外，另外一个可能的解释是“存货上升”。一个原因可能是产品的生产速度超过了当前客户的需求，另一个原因可能是公司预计市场价格会上涨或者出现存货短缺而大量囤积存货。在这两种情形下，都会出现存货的增加，因此存货周转率下降。尽管如此，存货上升是因过量生产这种解释可能会造成人们的担心，而囤积存货这种解释却也许代表了一种好的存货计划。

在本节中，我们主要讨论了说明变现能力和偿债能力的一些比率。现在我们来评价经营业绩和财务决策在公司整体成功方面的作用。

12.5 经营业绩与财务决策

在第4章中，您已经学习过评价获利能力的一些比率：销售利润率（也称为净利润率）、普通股权益报酬率（ROE 或 ROCE）以及资产报酬率（ROA）。经营业绩和财务决策都会影响这几个反映获利能力的指标。**财务管理（financial management）**是关于公司从哪里获得现金以及如何有效利用所得现金的管理。**经营管理（operating management）**是对于产生收入与费用的日常活动的管理。在很多情况下，对经营效率和财务决策进行分别研究是十分有用的。我们首先讨论在不考虑经营资金来源的情况下用来计量公司经营业绩的指标——资产报酬率，然后利用股东权益报酬率分析负债和权益筹资对投资者回报的影响。我们还要讨论**思腾思特公司（Stern Stewart and Company）**引入的经济附加值概念来扩展股东权益报酬率的传统计算方法。最后要说明的是，如果不考虑所得税的影响和财务风险计量方法的选择，任何关于财务选择的讨论都不是完整的。

12.5.1 经营业绩

一般来说，我们通过将投资回报与最初的投资额进行比较来评价一项投资的整体成功与否：

$$投资报酬率=\frac{收益}{投入资本}$$

但是，关于收益与投入资本又有几种不同的定义。如何为这些概念给出恰当的定义取决于我们打算如何使用报酬率的这一计量方式。在不同的情况下对收益给出不同的定义十分有用，比如收益可以指净利润或者经营收益，有时还指**息税前收益（EBIT）**。我们也可以为投入资本给出不同的定义，比如，某些情况下称之为股东权益，而在另一些情况下称之为来源于贷款和权益投资的总资本。具体如何选择取决于所进行的分析要达到的目的。例如，一个普通股投资者所关心的是股东权益报酬率（净利润÷平均普通股权益），而贷款提供者（对公司的财产享有第一求偿权）更关心公司如何能够更加有效地利用其全部资产来为所有的资本提供者带来回报（息税前收益÷平均总资产）。

假设我们在不考虑资金来源的情况下对公司的资产使用情况进行评价，此时，我们在第 4 章中介绍的所有的收益计算方法都不适用。如果要在税前收益的基础上进行评价，就应该计算税前资产报酬率，公式如下：

$$税前资产报酬率=\frac{息税前收益}{平均资产总额} \tag{1}$$

另外，也可以在不考虑资金来源的情况下计算税后资产报酬率。在这种情况下，资产报酬率的计算公式如下：

$$税后资产报酬率=\frac{[税后净收益+利息费用\times(1-税率)]}{平均资产总额}$$

资产报酬率两个计算公式的分母都是平均资产总额，所有资本提供者（股东和贷款提供者）都对此享有要求权。分子则是债权持有人和股东都可获得的收益。由于净利润仅代表权益持有人可获得的收益，因此在向债权持有人支付利息之后，我们需要在税前或者税后通过将利息费用加回去来对净利润进行调整。

如您看到的那样，根据计算过程中所采用的分子和分母不同，资产报酬率在实践中有多种定义。我们要重点讨论的是等式 1 所定义的资产报酬率。我们本可以采用**息税前总资产报酬率**（pretax and preinterest return on total assets）这一更为精确的术语来区分这一特别的资产报酬率概念，但是这一术语太冗长了些。因此，在本章以后的内容中，我们所提到的资产报酬率仅指等式 1 中的公式。

为进一步研究资产报酬率，我们将等式的右边分解为两个重要的比率：

$$\frac{息税前收益}{平均资产总额}=\frac{息税前收益}{销售收入}\times\frac{销售收入}{平均资产总额} \tag{2}$$

公式 2 等号右侧的第 1 个指标（息税前收益除以销售收入）是销售利润率的另一种表示，我们称之为**息税前收益与销售收入之比**（EBIT-to-sales ratio），该比率计算的是公司每元销售收入中减去税金和筹资成本之前的利润是多少。第 2 个指标（销售收入除以平均资产总额）是**总资产周转率**（total asset turnover），该比率计算的是公司投入的每元资产能带来多少销售收入。因此，根据 2009 年耐克公司的数据，我们可以用下列等式来表示：

资产报酬率=息税前收益与销售收入之比×总资产周转率

15.5% =10.4% ×1.493 次

表 12-7 显示了耐克公司在 2009 年中这些比率之间的相互关系。

这一等式强调了息税前收益与销售收入之比和总资产周转率都是资产报酬率的决定要素。不同公司之间的资产报酬率相同，但息税前收益与销售收入之比以及总资产周转率可能并不相同。了解行业状况可以提高我们的洞察力。在某些行业中，对于新入行企业在能力方面设置有很高的限制性门槛。为提高制造能力所需要的时间非常长，又有许多限制新企业进入本行业的障碍，这些都为行业中的现有企业提供了高价销售其产品的便利。公用事业和通讯行业就是典型的例子。这些行业中的企业息税前收益与销售收入之比通常较高，而总资产周转率相对较低。其他行业则很少有入门障碍，但是竞争激烈，产品更加商品化。处于这些行业中的企业，息税前收益与销售收入之比通常较低，而总资产周转率通常较高。杂货销售企业就是典型的例子。

表 12-7　　　　**资产报酬率的主要构成因素**　　　　单位：美元

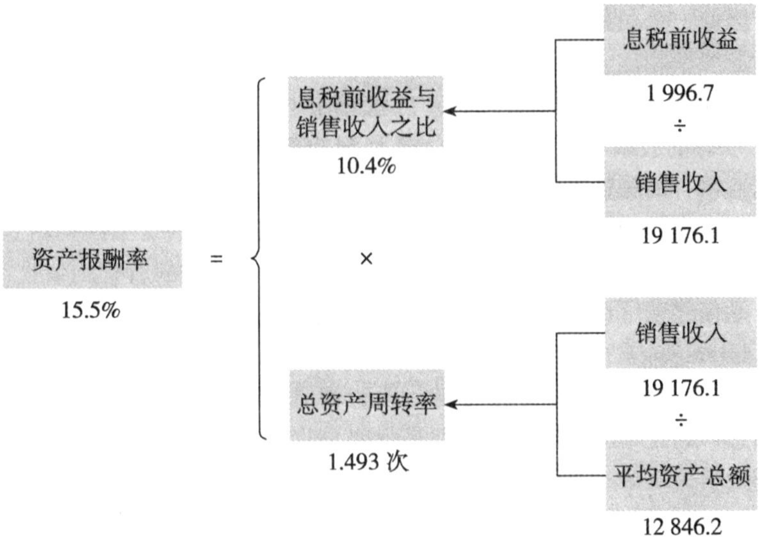

对资产报酬率的分解可以帮助我们了解是什么因素推动了公司的经营业绩，同样，我们也可以对股东权益报酬率进行分解。在股东权益报酬率的公式中，分子是净利润，而投入资本是平均普通股权益。为什么在这个比率的计算中采用息税后收益？因为分子应该是可向普通股股东分配的收益，而公司在向股东分配利润之前必须先支付利息和税金。

除了销售利润率（这里分子中用的是税后收益数据）和总资产周转率外，分解式的第 3 个组成部分是财务杠杆，它强调的是负债对股东权益报酬率的影响。有些分析师将这种分解式称为杜邦分析，因为这一分解式是**杜邦（DuPont）**公司的一些有才华的财务分析师在很多年以前研究出来的。该分解式的构成如下：

$$\text{股东权益报酬率}=\text{销售利润率}\times\text{总资产周转率}\times\text{财务杠杆}$$

$$=\frac{\text{净收益}}{\text{销售收入}}\times\frac{\text{销售收入}}{\text{平均资产总额}}\times\frac{\text{平均资产总额}}{\text{平均股东权益}}$$

耐克公司 2009 年的股东权益报酬率分解如下：

$$\text{股东权益报酬率}=\text{销售利润率}\times\text{总资产周转率}\times\text{财务杠杆}$$

$$18.0\%=7.8\%\times1.493\times1.55$$

在计算股东权益报酬率的过程中引入财务杠杆的概念引发了关于财务决策的讨论。

12.5.2　财务决策

良好的财务运营要求负债与权益融资之间要保持适当的平衡。一个企业除了需要决定负债的规模，还必须决定负债的构成，即短期借款与债券或者其他长期负债的构成比例。对于短期借款，公司的还款和再借款的速度必须要快。遭遇资金困难而无法还款的债务人在再借款时就会发生困难。贷款提供者愿意向那些运营良好、获利能力强的公司而不是那些麻烦缠身的公司提供贷款。这种麻烦在银行利息率上升时期显得尤为严重，因为每笔再借款都会伴随着更高的利率，并且需要增加现金流量来支付增加的利息。

因此，公司最好采用长期负债或者股票等长期资本为长期投资进行融资。与发行普通股股票相比，负债融资对公司来说是更具有吸引力，这是因为：（1）在所得税方面，向股东付的股利不能进行税前扣除，而支付的利息可以进行税前扣除。（2）现有的股东享有的投票和分享利润的权利不变。大多数公司采用长期负债和股东权益组合的融资方式。我们将长期融资的总和称为**资本化**（capitalization），或者简称为**资本结构**（capital structure）。假设一个公司的资本结构由长期负债（应付债券）和普通股组成，则股东享有支付利息和税金之后的所有剩余收益的利益。

举债经营（trading on the equity），也称为**财务杠杆**（financial leverage）、**杠杆作用**（leveraging），在英国称为杠杆比率(gearing)，是指利用以固定利率借入的资金来试图提高普通股权益报酬率的行为。举债经营既有代价也可获得利益。代价是要支付利息，而且增加了风险。利益是只要总收益足够高，股东就将得到更多的利润。

为了说明这一点，我们来看表 12-8，表中的 A、B、C 公司都属于同一行业，各自的资产都是 80 000 美元，每年的资产报酬率都相同。但是，在 3 个年度中，第 1 年的资产报酬率为 20%，第 2 年为 10%，第 3 年为 5%。3 家公司的资本结构差别很大。A 公司没有负债，B 公司负债 30 000 美元，C 公司负债 60 000 美元。B 公司支付 10% 的利息，负债更为沉重的 C 公司则必须支付 12% 的利息。在不同的年度中，这 3 家公司股东的日子过得如何？

表 12-8　**举债经营对报酬率的影响**　单位：美元

	(1) 利息费用前收益 （资产报酬率×资产）*	(2) 利息费用 （负债×利率）**	(3) 净利润 (1)-(2)	(4) 股东权益	(5) 股东权益报酬率 (3) / (4)
第 1 年：资产报酬率为 20%					
A 公司	16 000	0	16 000	80 000	20%
B 公司	16 000	3 000	13 000	50 000	26%
C 公司	16 000	7 200	8 800	20 000	44%
第 2 年：资产报酬率为 10%					
A 公司	8 000	0	8 000	80 000	10%
B 公司	8 000	3 000	5 000	50 000	10%
C 公司	8 000	7 200	800	20 000	4%
第 3 年：资产报酬率为 5%					
A 公司	4 000	0	4 000	80 000	5%
B 公司	4 000	3 000	1 000	50 000	2%
C 公司	4 000	7 200	(3 200)	20 000	(16%)

* 3 个公司的资产都为 80 000 美元。

** A 公司没有负债；B 公司负债为 30 000 美元，利率为 10%；C 公司负债为 60 000 美元，利率为 12%。

表 12-8 对这 3 家公司的情况做了总结。第 1 栏给出了支付利息费用前的收益。为了能够更清楚地了解财务杠杆的作用，这里不考虑税金的情况。我们回忆一下关于资产报酬率计算的公式 1：

$$资产报酬率=\frac{息税前收益}{平均资产总额}$$

我们从表 12-8 中学到了什么？首先，一个没有负债或者没有财务杠杆作用的公司，其资产报酬率和股东权益报酬率是相等的。注意通过股权融资的、没有财务杠杆作用的 A 公司的资产报酬率和股东权益报酬率在第 1、第 2 和第 3 年都是相等的，分别为 20%、10% 和 5%。其次，如果一个公司的资产报酬率高于其借款利率，其股东权益报酬率就会高于资产报酬率。这种情况被称为有利的财务杠杆，A 公司和 B 公司在第 1 年都属于这种情况。他们的资产报酬率都是 20%，各自为借款支付 10% 和 12% 的利息。支付利息成本后剩余的收益增加了可向股东分配的收益，从而增加了股东权益报酬率。

第 2 年比较有意思，因为 B 公司的资产报酬率为 10%，等于借款利率。因此同 A 公司一样，B 公司的股东权益报酬率也是 10%。相比之下，C 公司遭遇了不利财务杠杆，它的资产报酬率为 10%，低于 12% 的利息成本，因此股东权益报酬率大大下降，只有 4%。第 3 年的情况更进一步说明了财务杠杆在公司经营业绩较差年份的作用。当一个企业的资产报酬率下降并明显低于利息成本时，其股东权益报酬率也会严重下降。B 公司的股东权益报酬率下降到 2%，而 C 公司由于杠杆率更高，出现了年度亏损，股东权益报酬率为负数。

当一个公司的报酬率低于借款利率的时候，它的股东权益报酬率比没有负债的公司要低。如果公司的收益不足以偿付借款利息和本金，它就可能被迫进行破产清算。破产给普通股股东带来的风险要大于给债权人带来的风险。请不要忘记，债权人先于股东获得债务赔偿。

很明显，公司的收益越稳定，举债经营的风险就越小。因此，那些受传统管制的行业，如电力、燃气和电话行业的公司同计算机或者高科技公司相比，负债比例更高一些。从历史的角度来讲，这些受到政府管制的公司都有一个稳定的客户群，因此在一定程度上享有竞争保护。政府管制有助于确保较高的产品价格，使公司可以获得利润。在美国占统治地位的电话公司——美国电话电报公司的分解以及当前为解除电力行业管制所作的努力，已经使得财务杠杆的历史模式发生了变化。许多公用事业公司在目前仍保持着它们过去在政府管制时期的平稳的负债水平。但是，行业管制的解除已使这些行业的收益水平变得更加不稳定。因此，许多公用事业公司目前都徘徊在破产的边缘。谨慎利用负债已成为明智财务管理的一部分。

12.5.3 经济附加值

资产报酬率和股东权益报酬率都是依据财务报表数据直接计算出来的，这些比率将利润表数据与资产负债表中报告的投资金额联系在一起，可以用来衡量公司的经营业绩。**经济附加值（economic value added，EVA）**是一个相关的业绩计量指标，它由

思腾思特公司（Stern Steward and Company）发明并进行了商标注册，用来计量一个公司从经营利润中扣除资本成本后的剩余财富。这一指标的概念是，如果想让资本增值，公司的收益必须大于其资本费用。这就好比说，要想使借款成为有利的融资方式，公司的收益必须要大于借款的利息费用。当我们在经济附加值概念中提到资本时，它指的是所有资本，包括负债和权益。这种资本的融资成本是利息成本与权益投资者所要求的回报利润的加权平均数。

我们假定这一加权平均成本为 10%，某公司的资本总额为 100 万美元，如果该公司的税后净营业利润超过 100 万美元的 10%，即 10 万美元，该公司的资本就增值了。如果该公司的税后净营业利润是 12 万美元，经济附加值就是 20 000 美元（即 120 000 美元−100 000 美元）。如果税后净营业利润仅为 70 000 美元，经济附加值则为负 30 000 美元（70 000 美元−100 000 美元）。这后一种情况属于价值减损。如果这种减值预计会持续下去，那么最好将该公司解散，将资本返还给债权人和所有者。

在运用经济附加值指标的过程中，经理们经常对根据公认会计原则报告的会计结果进行调整，因为他们认为按公认会计原则反映的经济价值并不总是正确的。在所有这些调整内容中，我们来看其中的研发支出这一项。虽然会计规则要求大多数公司将研发支出立即费用化，但是大家都赞同研发支出具有一定的经济价值，费用化的处理是一种保守的做法。经济附加值的支持者认为将研发支出资本化并在 5 年内摊销比直接费用化更好，他们并据此重述财务报表。第 8 章中已经介绍过这种重述报表。作为一种提示，我们假定某公司每年的研发支出为 50 000 美元，并且 15 年来一直是这样。如果该公司每年都将这 50 000 美元资本化，并将由此产生的资产的寿命设定为 5 年，则在 15 年里的前 4 年之后，利润表中每年的研发支出摊销金额将是 50 000 美元。无论这 50 000 美元是在每年作为研发费用还是作为摊销费用，15 年里的前 4 年之后的净利润是相等的。但是，如果将研发支出资本化并进行摊销，资产和股东权益都会提高。

包括**可口可乐、百思买（Best Buy）、赫门米勒（Herman Miller）和莫森啤酒（Molson）**在内的许多公司都采用经济附加值指标作为一种内部管理的工具。这些公司相信，这一程序有助于他们对重型设备、营运资本和不动产这样的稀缺资本来源进行分配、管理和重新配置。

12.5.4 筹资决策对所得税的影响

与分派的股利不同，公司支付的利息可以在所得税前扣除，因此，在其他条件都一致的情况下，使用借款比使用权益资本的成本相对要低，假设公司要追加筹措 1 000万美元的资本，可以采用借入长期负债或者发行优先股的方式。一般说来，优先股属于股东权益的一个组成部分，优先股股利不能在所得税前扣除。而且，由于优先股股东对公司资产的要求权排位靠后而使投资风险比较高，优先股的股利率通常要高于长期负债的利息率。假设借款的利率为 6%，优先股股利率为 7%，所得税税率为 40%，表 12−9 显示了长期负债和发行优先股两种筹资方式对净利润的不同影响。

表 12-9 **筹资决策对所得税的影响** 单位：美元

	1 000 万美元长期负债	1 000 万美元优先股
利息费用前收益（假设）	5 000 000	5 000 000
长期负债的利息费用，利率为 6%	600 000	—
所得税前收益	4 400 000	5 000 000
所得税费用，所得税率为 40%	1 760 000	2 000 000
净利润	2 640 000	3 000 000
分配给优先股股东的股利，股利率为 11%	—	1 100 000
可向普通股股东分配的净利润	2 640 000	1 900 000
筹集资本的税前成本	6%	7%
筹集资本的税后成本		
360 000* ÷10 000 000	3.6%	
700 000÷10 000 000		7%

* 利息费用	600 000
利息费用抵减的所得税	
0.40×600 000	240 000
节税后的利息费用	360 000

仔细研究表 12-9，您会发现 3 点问题：

1. 由于所付利息免征所得税，因此其税后成本要比优先股股利低得多（分别为 3.6% 和 7%）。换句话说，采用借债方式筹资可以使普通股股东获得实质上更高的净利润。

2. 利息是一项费用，而优先股股利不是费用，因此，发行优先股股票的筹资方式使净利润更高（分别为 300 万美元和 264 万美元）。注意，通过发行长期债券或优先股股票进行举债经营可以使普通股股东获益，条件是追加的资产能够产生足够的收益。

3. 无法支付利息是一种破产行为，债权人有权因此取得公司的控制权或者要求公司进行清算。而无法支付股利则不会出现如此严重的后果。

12.5.5 安全评估

债券的投资者希望发行债券的公司在未来的经营中有充足的现金以按期偿付利息和本金。债券条款中经常设定一些旨在减少投资者风险的条款，比如收回公司资产或者先于普通股股东获得偿付的权利。但是，这种条款只有在公司不能履行偿付义务的情况下才发挥作用，远不如提高公司收益的办法更有价值。债券持有人希望避免丧失抵押品赎回权和破产诉讼等方面的麻烦与费用。他们更愿意他们所投资的公司收益良好而且稳定，并且能够稳定地支付利息和偿付本金。他们不希望像安然公司的债券持有者那样在等待了若干年以后公司宣告破产，而仅仅收回几个美分的债券。

我们在第 9 章中讨论的负债与权益的比率是比较常用的风险评估指标，但是这些指标并不能直接反映长期债权人关心的主要问题，即公司按期支付利息和偿还本金的能力。用息税前收益除以利息费用计算得出的利息保障倍数则是强调公司的利息支付能力的指标。从表 12-6 中可以看出，耐克公司在 2009 年的利息保障倍数是 49. 7。

对于债权人来说，利息保障倍数的底线是不能低于 5，即使在 7 至 10 年间经营最差的一年中也是这样。这个比率的分子中不能扣除所得税，因为利息支出可以免征所得税。实际上，所有的息税前收益可支付利息；公司只能根据支付利息后的收益额支付所得税。债券利息免征所得税，这是许多公司更多地采用发行债券而不是发行优先股来筹资的主要原因。

12. 6 每股收益的突出问题

在本章当中，我们始终将收益作为财务报表的基本要素。我们经常以每股收益为基础来表示收益，并且每股收益本身就是市盈率的一个组成部分。直到现在，我们一直只考虑普通股权益来计算每股收益，而现实中每股收益的概念是比较复杂的。现在我们来考虑计算每股收益时更加复杂的一些问题：年度中发行在外的普通股股数发生变化、存在优先股和可转换债券。

12. 6. 1 加权平均股数和优先股

当已发行并售出的普通股股票全部为普通股股票时，下面等式中加权平均股票的计算就是首要的难点（数字是假定的）：

$$\text{普通股每股收益}=\frac{\text{净收益}}{\text{当期发行在外普通股的加权平均股数}}$$

$$=\frac{1\ 000\ 000}{800\ 000}$$

$$=1.25\ (\text{美元})$$

分母中的加权平均股数 800 000 股是如何计算的？假定在某一会计年度的年初发行在外的股数为 750 000 股，在该会计年度结束前的 3 个月内公司又追加发行了 200 000股股票。加权平均值的计算基础是该年度中股票发行在外的月数。我们可以用两种不同的方法进行计算（单位：股）：

750 000×权数 12/12 =	750 000		750 000×9/12 = 562 500
200 000×权数 3/12 =	50 000	或	950 000×3/12 = 237 500
加权平均股数	800 000		800 000

在本例中，由于公司追加发行股票，发行在外的股数增加了。这种情况可能是由于高级员工行使股票期权而使公司发行更多的股份，也可能是由于公司颁布了按当前的市场价格向外部投资者增发股票的终止令。如果公司购买库存股票或者进行股票退废，年度内的股票数量就会减少。

当公司发行不可转换的优先股股票时，每股收益的计算也会变得复杂。在计算普通股的每股收益时，即使公司没有支付股利，也需要将当期的优先股股利扣除（数字是假设的）：

$$\text{普通股每股收益}=\frac{\text{净收益}-\text{优先股股利}}{\text{当期发行在外普通股的加权平均股数}}$$
$$=\frac{1\ 000\ 000-2\ 000\ 000}{800\ 000}$$
$$=1.00\text{（美元）}$$

另外，为了确保每股收益的历史汇总数据具有可比性，我们必须根据资本结构的变化——比如进行股权分割和发放股票股利进行调整。例如，耐克公司的网站显示，自 1983 年至今，礼来公司的普通股进行了 5 次分割，最近一次发生在 2007 年 4 月份，是 1 拆 2。在 2007 年的年度报告中，耐克公司报告 2006 年度的每股收益为 2. 69 美元，而 2006 年度报告中报告的当年每股收益为 5. 37 美元。为什么耐克公司在发布 2007 年的年度报告时对 2006 年的每股收益进行了调整？因为投资者要求能够按照当前的股票数量对经营业绩进行年度间的比较。由于 2006 年度发行在外的 1 股股票相当于 2007 年的 2 股，耐克公司对 2006 年的每股收益进行了调整，以便使年度比较更有意义。

12. 6. 2 基本的和稀释的每股收益

当公司发行可转换证券、股票期权，或者持有人可以将其转换为普通股的其他金融票据时，每股收益的计算就会变得更加复杂。例如，假设某公司有发行在外的、可转换为普通股的优先股股票（单位：股）：

可转换优先股（股利率为 5%，面值为每股 100 美元，每股可转换两股普通股）	100 000
普通股	1 000 000

基本每股收益的计算如下（数字是假定的）（单位：美元）：

每股收益的计算	
净利润	10 500 000
减：优先股股利	500 000
可向普通股股东分配的净利润	10 000 000
普通股每股收益（10 000 000÷1 000 000）	10. 00

但是，请注意优先股股东将其持有的优先股转换成普通股对每股收益的影响。每股收益将会被“稀释”，或者减少。我们假设股票转换发生在期初来计算每股收益。虽然没有支付任何优先股股利，但是发行在外的股份多了 200 000 股。具体说明如下（单位：美元）：

净利润	10 500 000
减优先股股利	0
可向普通股股东分配的净利润	10 500 000
普通股每股收益（假设进行优先股转换，10 500 000÷1 200 000）	8. 75

由于优先股转换导致普通股每股收益稀释了 1. 25 美元（即 10. 00–8. 75）。这里的稀释每股收益是假定所有潜在的稀释性证券都进行了转换。耐克公司报告的 2009

年基本每股收益为3.07美元，稀释每股收益为3.03美元，二者的差异很小，这说明耐克公司潜在的稀释性证券很少。

讲解财务报表

您正在考虑投资于某一公司，在分析过程中要计算市盈率和股利分派率。在分析利润表时，您发现该公司报告了每股基本收益以及稀释每股收益，二者的差异很大。您在计算比率过程中打算使用哪一个每股收益的数据？

答案：

在计算股利分派率时应该采用每股基本收益的数据。市场价格代表着当前发行在外的每股股票的价值，而且股利是支付给发行在外股票的。因此在计算中应该采用根据实际发行在外股数计算的每股收益，而不是根据将潜在的稀释性证券转换成普通股以后的股数计算的每股收益。对市盈率来说，这一问题的答案并不明显。如果您认为股票转换可能会发生，并会因此减少您将来应获得的净利润，您就要采用稀释每股收益进行计算。

12.7 非经常性项目的披露

财务报表分析的目的之一是评价或者预测一个公司的前景。在预测公司的前景时，应该将当期财务报表中反映公司经常事项的项目同那些代表偶发事件的项目或者不可能继续出现的项目区分开来。这些非经常性项目主要包括以下4大类：特殊项目、非常项目、中止经营以及会计原则变更。表12-10中**杜克能源公司（Duke Energy）**的利润表列示了这4大类中的3大类，其相关数字用斜体字表示。

表12-10 **杜克能源公司及子公司合并利润表**

单位：百万美元（每股数据除外）

	12月31日为会计年度末	
	2008	2009
经营收入总额	13 207	12 720
发电用燃料和购买的动力	4 407	3 946
天然气和煤的销售成本	613	557
减值费用	*85*	*0*
其他资产销售净损失（利得）	(69)	5
经营收益	2 511	2 493
其他净收益	121	428
利息费用	(737)	(687)
持续经营税前收益	1 895	2 234
持续经营的所得税	616	712

续表

	12 月 31 日为会计年度末	
	2008	2009
持续经营收益	1 279	1 522
中止经营税后净收益（损失）	*16*	*(22)*
非常项目前收益	1 295	1 500
非常项目税后净收益（损失）	*67*	*0*
净收益	1 362	1 500
普通股基本每股收益（损失）		
持续经营收益	1.01	1.21
中止经营收益（损失）	0.02	(0.02)
非常项目收益	0.05	0.00
净收益	1.08	1.19
普通股稀释每股收益（损失）		
持续经营收益	1.01	1.20
中止经营收益（损失）	0.01	(0.02)
非常项目收益	0.05	0.00
净收益	1.07	1.18

12.7.1 特殊或偶然项目

特殊或偶然项目在本章前面做过介绍，是指那些金额很大或者非比寻常因而需要在利润表中予以单独披露的收入或者费用。这些项目一般出现在经营费用部分中，并通常在附注中进行必要的解释和说明。主要的例子包括不动产、厂房和设备的减值，商誉的减值，以及重组费用。特殊项目是 4 大类非经常性项目中最经常出现的一类，占销售额的百分比通常最高。自 20 世纪 80 年代中期起，有 38% 的大型公司在其年度报告中包含有特殊项目，并且特殊项目占销售总额百分比的中值水平为 2.3%。

在何时将某一项目作为特殊项目的问题上，各个公司都拥有十分的灵活性。近来，包括耐克在内的众多公司确认了重组费用和商誉减值。我们在第 9 章讨论了重组活动以及在第 8 章和第 11 章讨论了商誉减值。这些费用在时间上的灵活性引发了历年的收益计量问题。

正如表 12-10 所示，杜克能源公司 2008 年利润表中单项列报了 8 500 万美元的减值费用。分析师将会怎样运用该信息来预测未来的持续经营收益？如果分析师相信该减值费用确属特殊项目而且在未来年度中不可能再度发生，他或她在预测未来收益水平时可能就会忽略该项费用，即以未扣除减值费用的持续经营税前收益作为预测的基础。杜克能源公司 2008 年的该指标是 198 亿美元（189.5 亿美元+0.85 亿美元）。

值得注意的是，由于公司将特殊项目与其他费用一同报告，因此，这些项目是以税前基础报告的。这些项目会减少税前收益，因此也会减少所得税费用。假设所得税税率为 40%，2008 年报告的特殊项目使税前收益减少 8 500 万美元，从而减少所得税准备 3 400 万美元（8 500 万美元×40%）。特殊项目对税后收益的影响就是 5 100 万美元（8 500 万美元−40%×8 500 万美元）。如果分析师在预计未来净收益时选择忽略该减值费用的影响，则应该将这 5 100 万美元加回到报告的税后净收益中去。

表 12−10 显示：杜克能源公司 2007 年度没有报告减值费用，2006 年度也没有确认减值费用。这说明减值确属偶然项目。试图评估添柏岚的未来收益的股票分析师相当不易。添柏岚未提供利润表，但却报告了 2008、2007 和 2006 年度重组费用的一个金额区间：从 92.5 万美元到 2 470 万美元。虽然强调这些费用非常重要，但这些费用的特殊性和不经常性并不明显。事实上，利润表中这些费用的不断出现就说明其并非偶然事项。在添柏岚 2008 年的年度报告附注中，就将这些费用归类为与遣散、商店关闭、终止租约相关的费用以及厂场设备减值。

分析师可能会认为这类费用在未来年度还会发生，遂以不加回这些特殊项目的持续经营的税前收益为基础来预测未来的收益。而对以前年度没有出现过这些项目的公司来说，进行恰当的调整则更为合适，但所作的调整看上去是对劳动力水平和资产价值的一次性减除。公司根据决策和预测的需要可能也要将特殊项目或非经常性项目对收益的影响进行调整。请看讨论业绩计量的其他方法的“财经热线”。

财经热线

非按公认会计原则计量的财务指标

尽管以公认会计原则基础的财务报表数据计算的财务指标向报表使用者提供了估值信息，一些公司还是试图将这些指标的用途扩展到挑战传统计量技术的业绩方面。例如，富国银行（Wells Fargo）计算了一个“幸福对烦恼”的比率，试图评估开发更加忙碌的劳动力的目标与成功是否相符。其他公司则试图对诸如顾客满意度、创新、品牌忠诚度以及服务质量等指标进行计量。这些指标的提升想来会使销售额增加。但是将这些指标与财务业绩联系起来却仍面临挑战。

你也许没有在美国证券交易委员会的备案中看到富国银行的“幸福对烦恼”比率，但是却要报告以非财务信息为基础的一些指标，因为它们弥补了传统财务报表计量的不足。来看西南航空公司（Southwest Airlines）。在该公司 2008 年的 10-K 表中，报告了一系列有助于洞察公司运营情况的非财务指标，例如平均客运票价、飞行次数、付费乘客英里数（RPMs，付费乘客人数与旅行英里数的乘积）、可用座位英里（ASMs，可用座位数与旅行里程之乘积）和座位利用率（RPMs 除以 ASMs）。座位利用率表明相对于其总容量航空公司实际销售了多少座位。人们认为这些指标很有价值，航空运输协会（Air Transport Association）提出了这些指标的行业标准，以便于比较。相对于 79.5% 的行业平均水平，2008 年西南航空公司报告的座位利用率为

71.2%。其他行业也报告非财务指标，比如报刊订阅人数、登广告的人数、单位销量或者占用率。

将财务报表数据与非财务数据结合使用计算的指标，常被用作业绩指示器。在零售领域，销售收入被用来计算估值指标，比如同店销售额、每平方英尺销售额、每位雇员销售额等。例如，2007 年的 10-K 表中，塔吉特公司（Target Corporation）2007 年每平方英尺的销售收入为 318 美元，同店销售额比 2006 年提高 3%。

公司也许还报告一些不是按公认会计原则计算的财务指标。美国证券交易委员会界定的“非公认会计原则的财务计量（non-GAAP financial measure）”是指衡量公司过去或者未来的财务业绩、财务状况和现金流量的但又不包括在按公认会计原则计算的财务指标中的那些数字。非公认会计原则财务计量的一个计算举例就是经营收益的计算，其中不包括被确定为“一次性”的费用项目或收入项目；非公认会计原则财务计量的一个财务比率的例子是经营毛利率，该比率是用经营收益除以收入，其中的经营收益和收入都不是依照公认会计原则计算的。

非公认会计原则财务计量指标尤其是盈余变化情况的发布，在 1990 年代后期和 2000 年代早期变得如此流行以至于目前证券交易委员会提出了特别披露的要求。如果公司在盈余公告、新闻稿、或者证券交易委员会备案文件中公开发布了包括非按公认会计原则计量在内的重要信息，那么，根据证券交易委员会的要求，该公司还要呈报按公认会计原则计算的最直接的可比性数据，并对非公认会计原则计量数据与可比的公认会计原则计量数据两者之间的差异进行解释。提供非公认会计原则计量数据的公司，还必须披露管理层相信呈报该类信息会有助于投资者分析公司的财务状况与经营成果的理由。

非按公认会计原则计量与按公认会计原则计量的财务指标之间的差异可能相当巨大。惠普公司（Hewlett Packard）2009 年第一季度盈余公告显示，非按公认会计原则计量的经营利润为 31 亿美元，稀释每股收益为 0.93 美元；而可比的公认会计原则计量结果则分别是 25 亿美元和 0.75 美元。惠普公司将两者的差额归因于外购无形资产的摊销、重组费用以及并购费用。与之相类似的是，在第 4 季度和 2008 会计年度，谷歌公司报告的非按公认会计原则计量的财务信息包括经营收益、经营毛利、税前净收益、税后净收益、有效税率以及每股收益。谷歌公司 2008 年截至 12 月 31 日的 12 个月的非按公认会计原则计量的税前收益为 39.5%，高于其按公认会计原则报告的税前收益。谷歌将这个差额归因于以股份为基础的支付费用、权益投资的减值损失以及与美国作者协会（Authors Guild）和美国出版商协会（Association of American Publishers）的和解协议相关的费用。

尽管惠普和谷歌的非按公认会计原则计量与按公认会计原则计量的财务信息看起来都有很大差异，但这些差异与波士顿科学公司（Boston Scientific Corporation）对截止于 9 月 30 日的 2009 年 9 个月的差异调整简直不可相提并论。波士顿科学公司报告的按公认会计原则确定的净利润是 5 100 万美元，稀释每股收益为 0.03 美元；而非按公认会计原则计量的净利润和稀释每股收益却分别是 87 800 万美元和 0.58！下表就是相关调整的概要：

百万（每股数据除外）	净利润	对稀释每股收益的影响
GAAP 结果	51	0.03
Non-GAAP 调整：		
无形资产减值费用	8	0.01
并购费用	17	0.01
资产剥离利得（损失）	(2)	(0.00)
重组费用	69	0.05
诉讼费用	497	0.33
分离税项目	(74)	(0.05)
摊销费用	312	0.20
调整结果	878	0.58

波士顿科学公司在其提交证券交易委员会的备案文件中指出，公司将非按公认会计原则计量的财务信息用于“对比评估各期的业绩，分析公司业务发展的基本趋势，评价其与竞争对手的竞争情况，制定经营目标和分配资源的预测方案。”

资料来源：Leibs，Scott，Measuring Up，*CFO*，June1，2007，（www.cfo.com/article.cfm/9214066）；Southwest Airlines 2008 annual report（www.southwest.com/investor_relations/swaar08.pdf）.

12.7.2 非常项目

非常项目（extraordinary items）产生于性质异常和发生频率很低的事件。如同固定资产销售或减值的利得或损失一样，应收账款、存货和无形资产的减值都属于经常性项目。为什么？因为它们都反映了普通的商业风险。罢工以及许多外汇重新估价的影响结果都属于经常性项目。但是，地震或政府征用的财务影响一般属于非常项目。有意思的是，大部分由于洪水灾害造成的影响并不作为非常项目。为什么会是这样？因为大多数洪灾都发生在容易受到洪水侵袭的地区，在这样的地区出现洪水灾害并不属于非常事件。除非有证据表明某一事件或者交易应该属于非常事件，否则会计师们都将其作为经常性项目。

我们在正常的经营收益的计算中不包括非常项目，并在利润表中对每一个非常项目都单独分行列示。这些项目都是以税后净额报告的，就是说，所列示的金额包含该项目对税赋的影响。杜克能源公司 2008 年利润表中报告了 6 700 万美元的税后非常项目，这是俄亥俄州公用事业委员会的一项裁决导致的一次性利得。

出人意料的是，美国当局不允许公司对 2011 年 9 月 11 日的恐怖袭击列作非常项目。美国财务会计准则委员会下属的紧急问题工作组确定，虽然 9.11 事件确属非常事件，但将这一事件的财务影响作为非常项目并不是同股东交流的有效手段。紧急问题工作组在 2001 年 10 月 1 日的新闻发布会上宣称，“事件的经济影响如此广泛和普遍，以至于很难用一个财务报表项目来表述其后果”。

12.7.3 中止经营

当公司处置（例如关闭或者转让）无论是经营还是财务报告都能与主体的其他分部相分离的业务分部时，就发生了**中止经营（discontinued operations）**。如果中止经营这样的分部，公司应该在利润表中对持续经营分部的经营成果与中止经营分部的经营成果分别进行报告，这种将预期持续经营与不再持续经营的有关信息区别报告的做法能提高分析师对公司未来业绩的预测能力。公司对处置非持续经营的利得或损失也必须单项列报。同非常项目一样，中止经营在利润表中也是以税后净额列示的。

在多年度的比较利润表中，应该将中止经营分部的收益或亏损与该分部以往经营期间所有年度中的收益或亏损分别加以报告。否则，因为公司当期的财务报表中不再包括中止经营的分部，所以无法将当期的财务状况同过去的财务状况进行比较。由于利润表反映的是连续 3 年的比较数据，公司在决定中止经营某一分部的年度要对由此产生的对当年的影响单独报告，并重编前 2 年的利润表，以便将中止经营分部的经营情况区别开来。当评价一个公司在不同时期的收益模式时，分析师也许需要估算在此之前的一些年当中属于中止经营的收益金额。

在表 12-10 中，杜克能源公司披露了中止经营分部对利润表的影响。中止经营分部的脚注长达四页之多而且很复杂，简单地说，2008 年报告的 1 600 万美元中止经营税后收益和 2007 年则报告的 2 200 万美元中止经营税后净损失，是包括出售了两座位于玻利维亚的水力发电厂在内的几个不同事件的合并结果。此番出售使公司在玻利维亚不再拥有资产；此外，公司还停止了合成燃料的经营并退出了合成燃料业务线。

12.7.4 会计原则变更

以下两种情况下会发生会计原则变更：（1）公司自愿将一种可接受的会计方法改为另一种；（2）会计准则制定机构发布新的会计准则。会计原则变更当年，公司应运用新采用的会计方法编制财务报表；大多数情况下，要对以前所有列报期间的财务报表进行追溯调整。这种追溯调整，对前期财务报表进行重述以便反映新采用的会计原则，从而使以前期间与会计原则变更当年采用的会计原则相一致。公司还需要将会计原则变更对列报期间的最早年度期初留存收益余额的累积影响进行调整。

12.8 国际差异

从国际上来看，有许多因素使财务报表分析变得更为复杂。本节中我们自始至终都要考虑根据美国公认会计原则与国际财务报告准则所采用的会计方法的差异。如果公司运用不同的会计方法生成财务报表数据，据此得出的分析比率就有可能不可比。这也正是本章不对耐克与阿迪达斯进行比较的原因之一。另外还要强调的是显而易见但却容易被人忘记的财务报告语言和计量币种的差异。比如说，大部分美国的分析师无法读懂日语编制的财务报表，并且对于日元对美元的价值也没有现成的“感受”。最后但不是唯一的一点，就是不同的证券市场结构、不同的税收法律，以及不同国家民众的不同偏好都会对金融资产的相对价值产生影响。

12.9 公司估价

会计数据对于确定一个公司的价值具有举足轻重的作用。我们已经研究了不少有助于公司评价的比率。表 12-11 列示的是采自路透社网站（www. reuters. com）的耐克（NKE）、安德玛（UA）、添柏岚（TBL）以及克-瑞斯（KSWS）四家公司截至 2009 年 11 月 19 日的基本价格与价值评估信息，该表还列示了下载于每个公司最近年报的一些数据路透社提供的信息同许多金融服务机构提供的信息相类似。当您使用这些来自外部的信息时，必须确保对所报告的项目有一个完整的理解。例如，表 12-11 中的价格与账面价值之比、负债总额与权益之比、流动比率、速动比率等比率都是根据最近的季度财报计算的；报出的其他许多比率，如市盈率、资产报酬率、股东权益报酬率以及 1 年的增长率，则都是根据最近 12 个月的数据计算的。因此，表中耐克公司的数据不必与表 12-6 中的数值相一致，因为表 12-6 中的数据来自截至 2009 年 5 月 31 日的会计年度。

估价方法不属于本书讨论的范围，我们也不去试图对所报告的股票价格的恰当与否下结论。我们在这里要说明的是，估价所需要的一些信息是容易获得的，并同财务报表的分析结果有关。因此，我们要强调财务信息在估价中的重要性，同时要对那些我们没有给予充分关注的常用的比率和估价进行解释。我们从对表 12-11 中一些信息的描述和比较开始，然后再详细研究市盈率。

表 12-11 **企业基本数据**

价格与估值

公司代码	当前价格（2009. 9. 19）（美元）	52 周内价格区间	贝他值	最近年度每股收益	市盈率
NKE	58. 59	38. 24 ~ 68. 00	0. 84	3. 07	19. 36
UA	29. 60	11. 94 ~ 43. 52	1. 72	0. 79	37. 62
TBL	14. 08	7. 19 ~ 19. 41	1. 25	0. 73	20. 55
KSWS	9. 56	6. 44 ~ 20. 76	0. 91	0. 60	n/a

公司代码	价格/销售额	价格/账面值	价格/现金流	分析师评级
NKE	1. 48	3. 27	15. 33	2. 22
UA	1. 91	4. 25	23. 00	3. 36
TBL	0. 61	1. 43	11. 12	3. 33
KSWS	1. 19	1. 06	n/a	3. 75

增长率与股利

公司代码	最近年度销售收入（百万美元）	1 年收入增长率	5 年收入增长率	最近年度每股收益
NKE	19 176. 1	2. 95%	9. 37%	3. 07
UA	725. 2	14. 82%	44. 42%	0. 79
TBL	1 364. 5	-9. 52%	0. 33%	0. 73
KSWS	340. 2	-23. 60%	-4. 54%	0. 60

续表

公司代码	1 年每股收益增长率	5 年每股收益增长率	最近年度每股股利	股息率	5 年股利增长率
NKE	-19. 0%	11. 56%	0. 98	1. 71	21. 51%
UA	-4. 15%	37. 76%	0. 0	0. 00	0. 00%
TBL	-13. 66%	-14. 70%	0. 0	0. 00	0. 00%
KSWS	-153. 17%	-16. 10%	2. 20	2. 09	122. 88%

偿债能力

公司代码	负债总额/权益总额	长期负债/权益	流动比率	速动比率
NKE	10. 13%	5. 03%	2. 97	2. 25
UA	5. 85%	3. 47%	3. 57	1. 89
TBL	0. 82%	0. 00%	3. 56	2. 38
KSWS	1. 64%	0. 25%	8. 57	6. 75

效率

公司代码	当期存货周转率	当期应收账款周转率	总资产周转率	人均收入（千美元）	人均利润（千美元）
NKE	4. 41	6. 75	1. 49	559. 1	43. 3
UA	2. 20	8. 25	1. 73	352. 7	17. 9
TBL	3. 77	11. 65	1. 71	215. 1	6. 7
KSWS	2. 90	6. 18	0. 67	483. 1	-43. 7

盈利能力

公司代码	销货毛利	营业毛利	税前毛利	税后利润
NKE	44. 87%	10. 20%	10. 20%	7. 75%
UA	48. 21%	10. 39%	9. 29%	5. 08%
TBL	45. 18%	4. 51%	4. 66%	3. 13%
KSWS	34. 02%	-12. 44%	-11. 35%	-9. 04%

管理效率

公司代码	资产报酬率	5 年平均资产报酬率	股东权益报酬率	5 年平均股东权益报酬率
NKE	11. 57%	14. 25%	18. 00%	22. 27%
US	8. 76%	13. 10%	12. 32%	18. 91%
TBL	5. 35%	12. 77%	7. 25%	19. 00%
KSWS	-6. 07%	15. 77%	-6. 92%	19. 09%

2009 年 9 月 19 日数据。

资料来源：路透社（www. reuters. com）。

12.9.1 一些基本的比较

这4家公司的股票在2009年9月19日的交易价格差距很大，并且每只股票的价格在2008年9月至2009年9月期间的变化都很大。NKE、UA和TBL的股票价格都稍高于各自52周交易价格范围内的中间水平，而KSWS的股票价格则接近于这个期间交易价格范围内的底端。贝他值用来衡量某一公司的股票价格与市场一般情况的接近程度。如果贝他值为1.0，则说明该股票价格的变动与市场的变动情况一致。NKE和KSWS低于1.0的贝他值，就说明其股票价格的变动稍小于市场的变动。举例来说，在正常的一天里，如果市场价格上扬10%，NKE股价预期仅上升8.4%，而KSWS则上涨9.1%。另一方面，UA和TBL超过1.0的贝他值则意味着：如果市场价格上扬10%，UA和TBL的股价预期分别上涨17.2%和12.5%。

4家公司的最近年度每股收益也有巨大差距。UA和TBL的每股收益最为接近，分别为0.79美元和0.73美元。不过，这两只股票在2009年9月19日的市场价格却相差甚远，结果是UA的市盈率为37.62，而TBL的市盈率为20.55。值得注意的是，路透社显示的市盈率并不是用上年度的每股收益除现行价格的结果，而是在分母的计算中采用了最近12个月的收益。同样要注意的是，路透社并未提供在过去的12个月里其经营出现净亏损的KSWS的市盈率指标，因为负的市盈率没什么意义。表12-11还列示了这几家公司的股票价格与销售收入、账面价值以及现金流量的比率关系。

表12-12中“增长率和股利”部分给出了最近年度的销售收入、每股收益和每股股利数据，以表明这些公司之间在规模上的差别。耐克的销售额在4家公司中最大。表中列有收入和每股收益的1年增长率和5年增长率以及股利的5年增长率。当NKE和UA在最近12个月里都实现了收入的正增长时，TBL和KSWS却经历了收入的下降从而导致负的增长率。所有这4个公司的1年每股收益增长率都是负的，这并不奇怪，因为这段期间总体经济下滑、市场疲软。TBL和UA都未宣派股利。历史地看，KSWS每股支付过0.20美元的股利，表12-11中该公司非常高的股利、股息率以及5年股利增长率，皆起因于每股2.00美元的特殊股利。

表12-11中的“财务实力”部分，都是比率分析的结果。您应该对这部分中的全部4个比率很熟悉了。路透社所定义的负债总额包括短期负债和长期负债，但不包括像应付账款和应计费用这样的经营负债。请注意这几家公司资本结构的差异。NKE的负债总额与权益总额之比为10.13%，而TBL的这一比率则低于1%。这4家公司都未持有太多的带息债务。

表12-11中“效率”部分反映了与员工人均业绩有关的标准比率和信息。各公司在存货周转率、应收账款周转率以及总资产周转率方面有很大不同，在员工人均收入、人均每股收益指标上也有差别。在最近12个月中，NKE公司人均实现59 100美元的收入，而TBL的人均收入仅为215 100美元。

表12-11中“盈利能力”部分列出了每元销售额获利能力的4项指标：毛利率、经营毛利率、税前毛利率、税后利润率。值得注意的是，NKE、UA和TBL的毛利率非常接近，分布在48.21%（UA）到44.87%（NKE）之间。不过，考虑了所有经营费用和非经营活动因素之后，各公司的税后利润率就相距甚远了。NKE报告的税后

利润率为 7.75%，是 TBL 的两倍还多；KSWS 的相关比率则是四家公司中最低的。事实上，KSWS 的经营毛利率、税前毛利率以及税后利润率，全都是负的！

表 12-11 中的“管理效率”部分显示出 4 家公司在资产报酬率和股东权益报酬率方面的巨大差异。以最近 12 个月的股东权益报酬率为例，NKE 为 18%，而 KSWS 则是负增长；仅次于 NKE 的 UA 虽有 12.32% 的高增长率，但 5.68 的百分点也是相当大的差距。正如所期望的那样，观察 5 年平均的股东权益报酬率，4 家公司依次递减，由 22% 降至 19%。这说明分析 1 年以上的业绩是十分重要的。

那么，分析师会得出什么样的结论？人们总是会提出更多的问题。公司正在做什么样的计划？正在研发的新产品有多少？竞争如何推动行业的发展？各州及全国目前在药品降价方面所作的努力对制药行业会带来什么样的冲击？分析师们在得出结论之前需要寻找这些及其他问题的答案。路透社可以为我们提供分析师对这些股票的看法的一些信息。来看表 12-11 中分析师关于股票价格与价值评估的分析师评级这一部分。当评价等级为 1 时，表示建议购入股票；等级为 2 时，表示分析师们预期该股票的表现将好于市场一般情况；等级为 3 时，表示建议持仓；等级为 4 时，表示该股票的表现将比市场一般状况要差；等级为 5 时，表示建议将股票清仓。从分析师的角度来看，NKE 的等级为 2.22，是最好的一只股票；其他 3 家公司都在等级 3 以上的位置。

12.9.2 市盈率与公司增长

有人认为市盈率是一个十分有用的价值评估工具，它将公司的股票价格同公司创造的收益联系在一起。也有人会提出异议：股票的低市盈率可能是由于人为的低估因素造成的，而高市盈率可能是由于人为高估的因素造成的。这是被分析师称为“价值投资者”的观点。这些投资者们追逐的是那些在当前市场上被低估了的有价证券。他们不会盲目地买入低市盈率的股票，但会从这些低市盈率股票中寻找并确定他们准备买入的股票。然后他们还要考虑其他因素以便确定最佳投资方案。

与此相反的观点认为成长型股票才是最佳投资。“增长投资者”相信，高市盈率的股票很可能就是高增长率的股票。因为投资者看到了公司强劲的发展前景，所以股票价格“高”。同样，增长投资者也会从高市盈率的股票中确定候选名单进行更仔细的评估。

哪一方的观点正确？应该如何看待市盈率与公司增长之间的关系？我们在何时就应特别关注公司的未来增长？2009 年 9 月，**美国大公司**股票的平均市盈率大约为 19。虽然相对于 15 左右的市盈率长期标准而言，19 这一数据相对高了些，但这已经是近期下降后的水平了，高峰时期的这一指标超过了 45。这 4 家公司的市盈率在 19.36 至 37.62 之间。

将市盈率与收益增长率直接联系起来的一种方法是计算**价格收益增长率**（**price-earnings growth ratio，PEG ratio**），即用市盈率除以收益增长率。可以根据历史收益、当期收益或者预期收益来计算市盈率和收益增长率。许多分析师倾向于选择当期的市盈率和 5 年期的预期收益增长率。由于计算方法上的差异，不同信息源所报告的数据差异很大。

应该怎样解释价格收益增长率？大于1.0的价格收益增长率说明其股票价值可能被高估了，或者市场预期未来每股收益的增长将会高于大多数分析师们当前预测的每股收益水平。增长型股票的价格收益增长率一般都大于1，因为投资者愿意为他们预期收益能够快速增长的股票支付更高一些的价格。价格收益增长率低于1.0的股票有可能被低估，或者市场上一般的观点认为分析师对收益增长的预期过高。

12.10 现金流量与净利润的关系

虽然本章主要是根据各种收益度量比率（如每股收益、市盈率和价格收益增长率）来评价公司的业绩，但我们决不能忽视现金流量的重要作用。事实上，估值模型通常所采用的都是预计现金流量而不是预计收益。对于最为健康的企业来说，净利润和经营活动的现金流量都是正数。但是，净利润和经营活动现金流量在逻辑上有4种可能的正负组合，想一想这些组合意味着什么是十分有用处的。

关系	1	2	3	4
经营活动现金流量	+	+	−	−
净利润	+	−	+	−

在关系1中，两个指标同时为正数，这证实了公司的获利能力。在关系4中，两个指标同时为负数。当这两种模式中的任何一种模式出现并持续多个期间的时候，其所产生的影响是简单直接的。

关系2意味着什么？这种模式在某些行业中比较普遍。来看那些需要高资本投入而折旧费用很大的行业，或者资本密集行业中那些快速发展的公司。如果一个公司采用余额递减折旧法，则即使经营活动现金流量是正数，其大额的折旧费用仍会导致公司亏损。我们可以通过研究公司多年的财务状况来评价这一模式。另外一个例子是房地产行业，在这一行业，公司得到的经济回报来自两个方面：当前的业务经营和公司所持地产的升值。会计核算模式并不记录地产的升值，所以地产升值不会出现在利润表中。因此，即使公司有充足的现金流量用以支付所有的费用并且公司的投资在不断地升值，您看到的仍然是负数的收益。

关系3经常是出现问题的红色警讯，但也可能代表公司的快速发展。经营活动现金流量与净利润之间的差额就是折旧以及应计的流动资产和负债。一个快速壮大的公司可能会为了开设新店而大规模地购进存货，并为新客户提供商业信用，结果是存货和应收账款急剧增加。只要公司满足客户需求和偿付当前债务的能力能够跟上销售需求的步伐，这就是一种非常好的局面。在销售收入的增长并不快而存货和应收账款一直在增长的情况下，也可以看到这种模式。这种情况一般表示管理不当、商品周转缓慢以及信用管理的失败。这种模式通常是破产的前奏。为了解释给定公司的关系3，我们需要了解这个公司，并且要了解其所属行业。

分析师通常将经营活动现金流量与净利润的关系作为衡量收益质量的标准之一。收益质量不是一个容易定义和理解的概念。但是，许多分析师都一致同意这样一个观点：高质量收益的要求之一是，销售收入不能在实现之前提前确认，费用的确认不能不恰当地滞后。在某些情况下，有些公司可能会有意识或无意识地利用会计选择来降低收益质量。例如，通过将本应费用化的成本资本化，美国世通公司报告的收益高于实际收益。其结果是，虽然收益的金额比较高，但是这些收益的质量降低了。没有一个单独的评价收益质量的方法。许多分析师都利用经营活动现金流量同净利润的比例关系。我们期待的是这一比率永远大于1。为什么？因为净利润包括一项折旧费用，但是经营活动的现金流量不包含与折旧相关的现金流出（该现金流出是一项投资活动）。如果这一比率大大小于1，则意味着低质量的收益和现金流量危机的出现。

复习题概要

题目：

表12-12列示了**家乐氏（Kellogg Company）**公司的简明资产负债表和利润表。家乐氏公司引领全球谷物方便食品的生产，如甜饼干、薄脆饼干、面包糕点、谷物棒及各种其他产品。在一个多世纪里，该公司一直生产美味、高品质、富营养的食品。

1. 计算2008年的下列比率：（1）流动比率；（2）速动比率；（3）平均收账期；（4）存货周转率；（5）总资产报酬率；（6）销售利润率；（7）财务杠杆比率；（8）股东权益报酬率。速动比率等于流动资产减去存货后的金额除以流动负债。

2. 将您的计算结果与通用磨坊（General Mills）公司的下列数据进行比较。

通用磨坊2008年	
流动比率	0.98
速动比率	0.61
平均收账期（天数）	25.3
存货周转率（次数）	6.97
总资产报酬率（次数）	0.8
销售利润率	8.88%
财务杠杆比率	3.24
股东权益报酬率	22.8%

表12-12　**家乐氏公司及子公司合并报表** 单位：百万美元（每股收益除外）

合并资产负债表	**2008年12月31日**	**2009年12月31日**
资产		
流动资产		
现金及现金等价物	255	524
应收账款净值	1 143	1 011
存货	897	924
其他流动资产	226	243
流动资产合计	2 521	2 702
不动产净值	2 933	2 990
商誉	3 637	3 515
其他无形资产净值	1 461	1 450

续表

合并资产负债表	2008 年 12 月 31 日	2009 年 12 月 31 日
其他资产	**394**	**740**
资产总计	**10 946**	**11 397**
负债与股东权益		
流动负债		
长期负债中本期到期的部分	1	466
应付票据	1 387	1 489
应付账款	1 135	1 081
其他流动负债	1 029	1 008
流动负债合计	3 552	4 044
长期负债	4 068	3 270
递延所得税	300	647
养老金负债	631	171
其他负债	947	739
股东权益		
普通股——每股面值 0.25 美元；		
核定股数 100 000 000 股；		
已发行股数 2003 年为 418 842 707 股，		
2007 年为 418 669 193 股	105	105
资本溢价	438	388
留存收益	4 836	4 217
累计其他综合收益（损失）	(2 141)	(827)
库存普通股成本；2008 年为 36 981 580 股，		
2007 年为 28 618 052 股	(1 790)	(1 357)
股东权益合计	1 448	2 526
负债与股东权益总计	**10 946**	**11 397**

合并利润表	2008	2007	2006
		（12 月 31 日为年度末）	
销售收入净额	12 822	11 776	10 907
销售成本	7 455	6 597	6 082
销售和管理费用	3 414	3 311	3 059
营业利润	1 953	1 868	1 766
利息费用	308	319	307
其他费用（收益）净额	12	2	(13)
所得税前收益	1 633	1 547	1 472
所得税	485	444	468
净利润	1 148	1 103	1 004
基本每股收益	3.01	2.79	2.53
稀释每股收益	2.99	2.76	2.51

解答：

1. （1）流动比率＝流动资产÷流动负债

＝2 521÷3 552＝0.71

（2）速动比率＝（流动资产－存货）÷流动负债

＝（2 521－897）÷3 552＝0.46

（3）平均收账期＝（平均应收账款×365）÷销售收入

＝｛［（1 143+1 011）÷2］×365｝÷12 822

＝30.7（天）

（4）存货周转率＝销售成本÷平均存货

＝7 455÷［（897+924）÷2］

＝8.19（次）

（5）总资产周转率＝销售收入÷平均资产总额

＝12 822÷［（10 946+11 397）÷2］

＝1.15（次）

（6）销售利润率＝净利润÷销售收入

＝1 148÷12 822

＝8.95%

（7）财务杠杆比率＝平均资产总额÷平均股东权益

＝［（10 946+11 397）÷2］÷［（1 448+2 526）÷2］

＝5.62

（8）股东权益报酬率＝净利润÷平均股东权益

＝1 148÷［（1 448+2 526）÷2］

＝57.8%

2. 家乐氏公司的股东权益报酬率（57.8%）是通用磨坊股东权益报酬率（22.8%）的2倍还多。销售利润率、总资产周转率和财务杠杆比率与通用磨坊相关比率相比则同股东权益报酬率有些不同。两个公司有着非常相近的销售利润率，这表明：双方在控制与销售水平相关的费用方面有着相似的业绩。如果不能对共同利润表进行对比，就很难解释为什么家乐氏的销售利润率要稍稍高于通用磨坊（家乐氏的销售利润率为8.95%，通用磨坊的销售利润率为8.88%）。家乐氏的资产周转率为1.15次，也略高于通用磨坊0.8的资产周转率，说明家乐氏每元资产能够带来更多的销售额。同样，如果没有更多信息就很难知道为什么家乐氏的总资产报酬率要高于通用磨坊。虽然存货周转率的确能说明家乐氏有更快的存货周转速度（每年周转8.19次，而通用磨坊每年周转6.97次），但是较长的应收账款平均收账期表明家乐氏回收现金的速度却不及通用磨坊（家乐氏为30.7天，而通用磨坊则是25.3天）。家乐氏股东权益报酬率高于通用磨坊，主要原因是成功运用了财务杠杆。家乐氏报告的财务杠杆比率是5.62，通用磨坊是3.24。下面来看短期变现能力比率。通用磨坊的流动比率和速动比率都比家乐氏的高。虽然如果没有通用磨坊的资产负债表就不能对两个公司的流动资产结构进行对比，但从表面上看，通用磨坊的这两个比率说明其具有较高的短期变现能力。

记忆要点

1. 确定并利用关于公司业绩的信息源。可以从很多来源获得公司的财务和经营方面的信息，包括公司的网站、财经商业出版物、分析师的报告和财务服务公司。美国的各种监管部门都要求公司公布年度报告，并对年度报告的内容有所规定。另外，上市公司必须定期向证券交易委员会提交10-K、8-K以及其他资料并备案，以披露特殊信息。

2. 用趋势分析、共同比财务报表和分部报告分析公司的业绩。公司提供财务信息来帮助投资者评价潜在投资的风险和回报。债权人特别关心债务人的偿债能力和变现能力，而权益投资者更关心公司的获利能力。债权人和权益投资者可以通过一些工具来帮助他们评价公司的状况。趋势分析是财务报表分析的一种形式，主要分析一段时间内财务报表的变化，包括比较几年或几个季度财务报表之间的关系。还可以编制共同比财务报表进行分析，即将资产负债表要素表示为其占总资产的百分比，将利润表要素表示为占销售收入总额的百分比。共同比财务报表提高了不同公司的可比性以及对一段时间内的情况进行趋势分析的能力。可以利用分部报告对独立的业务分部进行分析。

3. 利用基本财务比率指导分析。基本的财务比率可以让我们对数字有更加明确的认识。比率将财务报表的一部分与另一部分联系在一起，并有助于分析这样的问题："在销售收入变化的情况下，应收账款的变化是合理的吗?"以及"根据公司的规模，它的存货水平与行业标准可比吗?"本章对全书的比率进行了复习。变现能力比率反映了立即偿付的能力。偿债能力比率反映了偿付长期债务的能力。债权人经常将这样的比率写进债务条款中以保护债权人的权利。投资者用获利能力比率来评价经营效率和业绩。

4. 用不同的指标评价公司的业绩，包括资产报酬率、股东权益报酬率和经济附加值。资产报酬率将息税前收益与资产总额联系起来反映投资回报。资产报酬率可以分解为销售利润率乘以总资产周转率。对权益投资者来说，股东权益报酬率是最基本的获利能力比率，因为它将收益与股东投资联系起来。股东权益报酬率可以分解为销售利润率、总资产周转率和财务杠杆。EVA指经济附加值。它将公司调整后的收益数据与在全部资本都投入使用情况下应该获得的最低收益进行比较。如果调整后的收益大于应该获得的回报，以资本的加权平均成本乘以使用中的资本来计算公司在一段时间内的经济附加值。

5. 在公司有优先股或稀释性证券的情况下计算每股收益。每股收益是业绩计量的基本指标。本章介绍了每股收益计算的一些复杂情况。因为优先股股东要优先获得股利，所以每股收益的分子等于收益减去优先股股利。年度中发行在外的股数可能要发生变化，因此分母是年度内发行在外股数的加权平均数。股票期权和可转换证券可能会导致新股的发行，进一步会导致当期股东权益的稀释。因此，在存在相当多的股票期权和可转换证券的情况下，公司要报告基本每股收益和稀释的每股收益。

6. 理解非经常性项目的性质及其调整方法。特殊项目、非常项目、中止经营和会计变更是非正常项目的几种类型。单独披露这些项目使分析师可以根据当期的经营情况更好地预测未来的业绩。特殊项目在利润表中以税前数据列在其他费用里，而非常项目、中止经营和会计方法变更的累积影响在利润表中则在经营收益之下以税后净额进行单独报告。会计原则变更通常需要追溯处理。

7. 利用财务信息帮助评价公司的价值。为了评价一个公司的价值，我们可以利用现成的数据提供者所报告的实际业绩信息。这些信息源将评价比率与其他的业绩指标一同报告，包括价格与销售收入之比、价格与账面值之比以及价格与收益之比。如果一个公司虽然基于市盈率、价格与销售收入之比以及价格与账面值之比的股票价格并不是最高，但其具有不同寻常的资产报酬率和股东权益报酬率，而且公司正在快速发展，那么，这样的公司在分析师看来是值得投资的。

会计词汇

基准比较 benchmark comparisons
资本结构 capital structure
资本化 capitalization
共同比财务报表 common-size statements
构成百分比 component percentages
复合年度增长率 compound annual growth rate（CAGR）
横向比较 cross-sectional comparisons
中止经营 discontinued operations
息税前收益 EBIT
息税前收益与销售收入之比 EBIT-to-sales ratio
经济附加值 economic value added（EVA）
非常项目 extraordinary items
财务杠杆 financial leverage
财务管理 financial management
财务报表分析 financial statement analysis
杠杆比率 gearing
杠杆效应 leveraging
长期偿债能力 long-term solvency
管理层讨论与分析 management discussion and analysis（MD&A）
一次性项目 nonrecurring items
经营管理 operating management
总资产的息税前收益 pretax and preinterest return on total assets
价格收益增长比率 price-earnings growth（PEG） ratio
预计报表 pro forma statements
短期变现能力 short-term liquidity
时间序列比较 time-series comparison
总资产周转率 total asset turnover
举债经营 trading on the equity

趋势分析 trend analysis
特殊项目 unusual items

练习题

12-1 共同比报表

下面分别是卢氏（Lowe's）公司和家得宝公司在截至2009年1月30日和2009年2月1日的会计年度中的简明利润表（单位：百万美元）。

	卢氏公司
销售收入净额	48 230
销售成本	31 729
毛利	16 501
销售和管理费用	11 074
店铺开张成本	102
折旧	1 539
利息费用	280
营业费用总额	12 995
所得税前收益	3 506
所得税准备	1 311
净利润	2 195

	家得宝公司
销售收入净额	71 288
销售成本	47 298
毛利	23 990
销售和管理费用	17 846
折旧与摊销	1 785
营业费用总额	19 631
营业利润	4 359
利息与投资收益	（18）
利息费用	624
其他	163
利息与其他费用净额	769
持续经营的所得税前收益	3 590
所得税准备	1 278
中止经营净收益（损失）	（52）
净利润	2 260

1. 两个公司所用的账户名称并不完全一致。用您认为最合适的方式将两个公司

所用的账户排成一列。然后为两个公司编制共同比利润表。

2. 用共同比报表进行两个公司的比较。

12-2 **计算比率**

美国默克集团（Merck & Co.，Inc.）是一家全球制药公司，其2008年年度报告中的利润表和资产负债表如表12-13所示。其他资料如下：

（1）公司2008年发行在外的普通股平均股数为21.358亿股；

（2）在会计年度末2008年12月31日的每股市场价格为31.00美元；

（3）公司2008年度按每股1.52美元支付普通股股利；

（4）2008年的利息费用是2.513亿美元。

计算2008年的下列比率：

1. 流动比率
2. 速动比率（用流动资产减存货作分子）
3. 平均收账期
4. 负债总额对资产总额之比
5. 负债总额对权益之比
6. 普通股权益报酬率
7. 毛利率
8. 销售利润率
9. 总资产周转率
10. 资产报酬率
11. 每股收益（基本）
12. 市盈率
13. 股息率
14. 股利分派率
15. 市价对账面价之比

表12-13 **默克公司及其子公司** 单位：百万美元（每股数据除外）

合并资产负债表		
	12月31日	
	2008	2007
资产		
流动资产		
现金和现金等价物	4 368.3	5 336.1
短期投资	1 118.1	2 894.7
应收账款净额	3 778.9	3 636.2
存货	2 283.3	1 881.0
递延所得税和其他流动资产	7 756.3	1 297.4
流动资产合计	19 304.9	15 045.4

续表

合并资产负债表		
	12 月 31 日	
	2008	2007
投资	6 491.3	7 159.2
不动产、厂房和设备（成本）		
土地	386.1	405.8
建筑物	9 767.4	10 048.0
机器和设备	13 103.7	13 553.7
在建工程	871.0	795.6
	24 128.2	24 803.1
累计折旧	(12 128.6)	(12 457.1)
不动产、厂房和设备净值	11 999.6	12 346.0
商誉	1 438.7	1 454.8
其他无形资产净值	525.4	713.2
其他资产	7 435.8	11 632.1
资产总计	47 195.7	48 350.7
负债和股东权益		
流动负债		
应付债券和一年内到期的长期负债	2 297.1	1 823.6
应付账款	617.6	624.5
应计和其他流动负债	9 174.1	8 534.9
应交所得税	1 426.4	444.1
应付股利	803.5	831.1
流动负债合计	14 318.7	12 258.2
长期债务	3 943.3	3 915.8
递延所得税和非流动负债	7 766.6	11 585.3
股东权益		
——		
普通股，每股面值 1 分，核定股数 5 400 000 000，2008 年和 2007 年 已发行股数 2 983 508 675	29.8	29.8
资本公积	10 727.9	10 421.6

续表

合并资产负债表		
	12月31日	
	2008	2007
累计其他综合收益（损失）	(2 553.9)	(826.1)
留存收益	43 698.8	39 140.8
库存股（成本）		
2008年875 818 333股		
2007年811 005 791股	(30 735.5)	(28 174.7)
股东权益合计	21 167.1	20 591.4
负债与股东权益总计	47 195.7	48 350.7

合并收益表		
	截至12月31日的会计年度	
	2008	2007
销售净额	23 850.3	24 197.7
成本、费用及其他		
材料与生产成本	5 582.5	6 140.7
营销与管理费用	7 377.0	7 556.7
研究与开发成本	4 805.3	4 882.8
重组费用	1 032.5	327.1
来自附属企业的股权收益	(2 560.6)	(2 976.5)
美国万络和解协议收费	—	4 850.0
其他收益（费用）净额	(2 194.2)	46.2
	14 042.5	20 827.0
税前收益	9 807.8	3 370.7
所得税	1 999.4	95.3
净利润	7 808.4	3 275.4

12-3 普通股比率与账面价值

艾伯特公司有发行在外的优先股55万股，股利率9%，每股面值100美元；有普通股1 200万股，每股面值1美元。普通股股票目前的市场价格为28美元，在最近年度的股利率为每股2.10美元。普通股库存股为50万股，成本900万美元。公司有1.5亿美元的资本公积（资本溢价），2 000万美元的留存收益和1 200万美元的对联营公司投资。当年的净利润为2 500万美元。计算下列指标：

1. 股东权益总额
2. 普通市盈率
3. 普通股息率

4. 普通股利分派率

5. 普通股每股账面价值

12-4 **报酬率的计算**

1. 札幌公司报告息税前收益与销售收入之比为5%，总资产报酬率为9%，资产总额为20亿日元。计算（1）息税前收益；（2）销售收入总额；（3）总资产周转率。

2. 格拉斯哥都柏林公司报告销售收入为10亿欧元，息税前收益为0.56亿欧元，总资产周转率为4倍。计算（1）平均资产总额；（2）息税前收益与销售收入之比；（3）总资产报酬率。

3. 根据计算出的上述比率，对两个公司进行比较。

12-5 **资产报酬率**

家得宝公司是家居装饰行业的主要零售商，是美国最大的零售商之一。公司截至2009年2月1日和2008年2月3日的财务报表中的部分数据如下（单位：百万美元）：

	2009	2008
销售收入	71 288	77 349
息税前收益	4 214	7 316
利息费用	624	696
所得税准备	1 278	2 410
净利润	2 260	4 395
不动产、厂房和设备净值	26 234	27 476
资产总额	41 164	44 324
股东权益	17 777	17 714

1. 计算家得宝公司在截至2009年2月1日的会计年度中的总资产报酬率。

2. 计算截至2009年2月1日的会计年度中的息税前收益与销售收入之比以及总资产周转率，并说明这两个比率对总资产报酬率有何影响。

12-6 **举债经营**

在给定的年度中，Bayol公司每年的资产都为6亿美元，应付债券为3亿美元，股东权益为3亿美元。债券年利率为10%。同行业的卡尔莫迪公司（Carmody）每年的资产和股东权益都是6亿美元。列表比较两个公司在3年中每年的情况。表中要列示利息前收益、利息、净利润、资产报酬率和股东权益报酬率。两个公司的利息前收益相等，具体如下：第1年为0.6亿美元；第2年为0.3亿美元；第3年为0.9亿美元。不考虑所得税。所有金额都以百万美元为单位。对所列数字进行评价。

12-7 **是举债还是利用权益性投资**

奥海尔公司要追加1亿美元的资本，正在考虑是发行年利率为9%的长期债券还是发行股利率为7%的优先股。所得税税率为40%。计算两种情况下的减去优先股股利数后的净利润。假设息税前收益为2 000万美元。所有金额都以千美元表示。举债和发行优先股股票所筹资本的税后成本是多少（以百分比表示）？请对两种情况的比较进行评价。计算第1年的利息保障倍数。

12-8 **负债与优先股**

2008年，汉密尔顿公司的息税前收益为42.47亿美元，长期负债为123.09亿美元。公司没有发行在外的优先股，但核定优先股股数为 1 000 万股。

假设公司发行 60 亿美元的优先股，股利率为 10%，取代了发行 60 亿美元的长期负债。负债的实际利率为 6%。假设所得税税率为 40%。

在下面两种情况下计算净利润和可向普通股股东分配的净利润：（1）目前的情况，即长期负债 123.09 亿美元，没有优先股；（2）假设的情况，即 60 亿美元的优先股和 63.09 亿美元的长期负债。

12-9 每股收益

截至 2008 年 12 月 31 日，JP 摩根大通公司还是美国最大的金融机构之一，其拥有 (JP Morgan Chase & Co.) 2.2 万亿美元资产、1 669 亿美元股东权益，其业务活动业务遍布 60 多个国家。在 2008 年这一年里，JP 摩根大通实现了 56.05 亿美元的净利润，支付了 6.74 亿美元的优先股股利，当年发行在外的普通股股数平均为 35.01 亿股。

1. 计算 JP 摩根大通公司 2008 年的普通股每股收益。

2. 假设所有的优先股都进行了转换，共转换成普通股 6 亿股。计算稀释的普通股每股收益。

12-10 每股收益和利息保障倍数的计算

巴尔的摩轮船公司有发行在外的普通股 50 万股，股利率为 8% 的优先股 500 万美元，利率为 10% 的应付债券 800 万美元。所得税税率为 40%。

1. 假设公司的息税前收益为 600 万美元。计算：（1）每股收益；（2）已获债券利息倍数。

2. 假设息税前收益为 300 万美元，作相同的计算。

12-11 非经常性项目

拉兹男孩联合公司（La-Z-Boy Incorporated）是一家室内装饰品的制造商、经销商和零售商，还是进口的手工制造木制家具产品的经销商。以下是从该公司 2009 年度报告中的利润表里摘录的有关资料（金额单位：千美元）：

	会计年度截止于		
	4/25/2009	4/26/2008	4/28/2007
销售收入	1 226 674	1 450 941	1 621 460
销售成本			
销货成本	878 089	1 051 656	1 189 734
重组费用	9 818	5 057	3 371
销售成本总额	887 907	1 056 713	1 193 105
毛利	338 767	394 228	428 355
销售费用和管理费用	375 011	399 470	388 738
重组费用	2 642	3 078	7 662
长期资产减值	7 503	—	—
无形资产减值	47 677	8 426	—
营业收益（亏损）	(94 066)	(16 746)	31 955

1. 上表中哪些项目属于非常或偶然项目？说明你的理由。

2. 将所列示的 3 年中每一年的营业收益（损失）调整至“经常性营业收益”。

12-12 解释比率的变化

单独考虑下列每一种情况：

1. 现金股利的增加
2. 利息保障倍数的下降
3. 销售利润率的提高
4. 市盈率的提高
5. 平均收账期的增加
6. 流动比率的提高

要求：

1. 从公司管理者的角度出发，指出上述情况中哪些是好消息，哪些是坏消息，并说明理由。

2. 投资者和经理人员对这些项目的看法不同吗？如果是这样的话，对哪些项目的看法不同？为什么？

词　汇

加速折旧 accelerated depreciation
账户、会计科目 account
账户格式 account format
应付账款 account payable
会计 accounting
会计控制 accounting controls
会计系统 accounting system
应收账款 accounts receivable（trade receivables，receivables）
应收账款周转率 accounts receivable turnover
权责发生制、应计制 accrual basis
权责发生制 accrue
累计亏损 accumulated deficit
累计折旧 accumulated depreciation
调整分录 adjustments（adjust entries）
行政控制 administrative controls
联营公司 affiliated
应收账款账龄分析 aging of accounts receivable
坏账准备 allowance for uncollectible accounts（allowance for doubtful accounts，allowance for bad debts，reserve for doubtful accounts）
备抵法 allowance method
美国注册会计师协会 American Institute of Certified Public Accountants（AICPA）
摊销 amortization
年度报告、年报 annual report
年金 annuity
资产 assets
审计 audit
审计委员会 audit committee
审计师 auditor
审计师意见书 auditor’s opinion
可销售证券 available-for-sale securities
坏账收回 bad debt recoveries
坏账费用 bad debts expense
余额 balance
资产负债表（财务状况表）balance sheet（statement of financial position）
资产负债表等式 balance sheet equation
廉价购买选择权 bargain purchase option
一揽子购买 basket purchase

基准 benchmarks
董事会 board of direction
债券溢价 bond discount （discount on bonds）
债券 bonds
原始记录簿 book of original entry
账面价值 book value （net book value，carrying amount，carrying value）
普通股每股账面值 book value per share of common stock
赎回溢价 call premium
赎回价格 call price（redemption price）
可赎回 callable
可赎回债券 callable bonds
资本租赁 capital lease
资本股权证书、股票 capital stock certificate （stock certificate）
资本结构 capitalization （capital structure）
资本化 capitalize
收付实现制、现金收付制 cash basis
现金折扣 cash discounts
现金股利 cash dividends
现金等价物 cash equivalents
筹资活动现金流量 cash flows from financing activities
投资活动现金流量 cash flows from investing activities
经营活动现金流量 cash flows from operating activities
存款单 certificates of deposit
注册会计师 certified public accountant （CPA）
借记、常用作代替“借方（credit）”的词 charge
会计科目表 chart of accounts
首席执行官 chief executive officer （CEO）
分类资产负债表 classified balance sheet
结账 close the books
商业票据 commercial paper
普通股 common stock
普通股股东 common stockholders
共同比财务报表 common-size statement
可比性 comparability
补偿性存款 compensating balances
构成百分比 component percentages
复合年度增长率 compound annual growth rate （CAGR）
复合分录 compound entry
复利 compound interest

综合收益 comprehensive income
验证性价值 confirmatory value
谨慎原则 conservatism
一贯性 consistency
合并报表 consolidated statements
或有负债 contingent liability
备抵账户 contra account
备抵资产 contra asset
可转换 convertible
可转换债券 convertible bonds
版权 copyrights
公司授权书 corporate proxy
公司 corporation
更正分录 correcting entry
成本效益 cost-benefit
可供销售货物成本 cost of goods available for sale
销货成本、销售成本 cost of goods sold (cost of sales, cost of revenue)
成本计价 cost valuation
贷、贷记、贷项 credit
债权人、债主 creditor
交叉参考 cross-referencing
横向比较 cross-sectional comparisons
累积 cumulative
流动资产 current assets
流动负债 current liabilities
流动比率（营运资金比率） current ratio (working capital ratio)
现行重置成本 current replacement cost
截止错误 cutoff error
数据处理 data processing
登记日 data of record
应收账款收回天数(平均收账期)days to collect receivable (average collection period)
债券 debenture
借、借记、借项 debit
负债与权益比率 debt-to-equity ratio
资产负债率 debt-to-total-assets ratio
宣告日 declaration date
递延所得税负债 deferred income tax liabilities
递耗、折耗 depletion
应折旧价值 depreciable value

折旧 depreciation
折旧计算表 depreciation schedule
稀释 dilution
直接法 direct method
中止经营 discontinued operations
折价摊销 discount amortization
折现率 discount rates
已折现价值、现值 discounted values
贴现、折现 discounting
积欠股利 dividend arrearages
股利分派率、股利发放率 dividend-payout ratio
股息收益率 dividend-yield ratio
双倍余额递减法 double-declining-balance（DDB） method
复式记账法 double-entry system
提前偿还 early extinguishments
市盈率 earnings multiple
每股收益 earnings per share（EPS）
息税前收益 EBIT
息税前收益与销售收入之比 EBIT-to-sales ratio
经济附加值 economic value added（EVA）
实际利率法 effective interest amortization（compound interest method）
个体、主体 entity
权益法 equity method
支出 expenditures
费用 expenses
显性交易 explicit transactions
非常项目 extraordinary items
目的地交货价 F. O. B. destination
起运点交货价 F. O. B. shipping point
票面额 face amount
公允价值 fair value
忠实表达 faithful representation
财务会计准则公告 FASB statements
财务会计 financial accounting
（美国）财务会计准则委员会准则汇编 FASB Financial Standards Codification
财务会计 financial accounting
财务会计准则 Financial Accounting Standards（U. S. GAAP）
（美国）财务会计准则委员会 Financial Accounting Standards Board（FASB）
财务管理 financial management

财务报表分析 financial statement analysis
筹资活动 financing activities
筹资决策 financing decisions
产成品存货 finished goods inventory
公司特有风险 firm-specific risk
先进先出法 first-in，first-out
会计年度、财政年度 fiscal year
10-K 表 form 10-K
专营权、特许权 franchises（license）
自由现金流量 free cash flow
购货运费 freight in（inward transportation）
终值 future value
普通日记账 general journal
总分类账、总账 general ledger
公认会计原则 generally accepted accounting principles（GAAP）
持续经营 going concern（continuity）
商誉 goodwill
毛利 gross profit（gross margin）
毛利率 gross profit percentage（gross margin percentage）
销售总额 gross sales
持有至到期的证券 held-to-maturity securities
持有利得（存货利润）holding gain（inventory profit）
减值、减损 impaired
商誉减值 impairment of goodwill
内含利息 implicit interest（imputed interest）
隐性交易 implicit transactions
改良 improvement（betterment，capital improvement）
估算利率 imputed interest rate
收益（利润、盈利）income（profit，earnings）
税前收益 income before income tax
收益表、损益表、利润表 income statement（statement of earnings，operating statement）
间接法 indirect method
通货膨胀溢价 inflation premium
无形资产 intangible assets
利息 interest
利息保障比率 interest-coverage ratio
利率 interest rate
中期 interim periods
内部控制 internal control

国际会计准则理事会 International Accounting Standards Board （IASB）
国际财务报告准则 International Financial Reporting Standards （IFRS）
存货 inventory
存货损耗 inventory shrinkage
存货周转、存货周转率 inventory turnover
投资活动 investing activities
投资决策 investing decisions
发票 invoice
已发行股份 issued shares
会计分录 journal entry
编制分录 journalizing
后进先出法 last-in，first-out （LIFO）
租赁 lease
租约、租赁权 leasehold
租赁资产改良 leasehold improvement
分类账 ledger account
承租人 lessee
出租人 lessor
负债 liabilities
后进先出层次（后进先出增量） LIFO layer （LIFO increment）
后进先出清算 LIFO liquidation
后进先出准备 LIFO reserve
有限责任 limited liability
信用限额 line of credit
清算价值 liquidating value
清算 liquidation
变现能力、流动性 liquidity
长期资产 long-lived assets
长期负债对总资本的比率 long-term-debt-to-total-capital ratio
长期负债 long-term-liabilities
长期偿付能力 long-term-solvency
成本与市价孰低法 lower-of-cost-or-market method （LCM）
维修 maintenance
管理会计 management accounting
管理层的讨论与分析 management discussion and analysis （MD&A）
市场法 market method
市场利率 market rate
有价证券 marketable securities
市场价格与账面价值的比率 market-to-book ratio

配比 matching
重要性 materiality
货币资产 monetary assets
抵押债券 mortgage bond
多步式利润表 multiple-step income statement
可转让 negotiable
净资产 net assets
净利润 net income (net earnings)
净损失 net loss
销售净额 net sales
中立性 neutrality
名义利率(约定利率、票面利率、设定利率) nominal interest rate (contractual rate, coupon rate, stated rate)
非货币性交易 nonmonetary exchange
非常项目 nonrecurring items (unusual items)
应付票据 notes payable
未结清账户 open account
经营活动 operating activities
营业周期 operating cycle
经营决策 operating decisions
经营费用 operating expenses
经营收益、经营利润 operating income (operating profit, income from operating)
经营性租赁 operating lease
经营管理 operating management
其他退休后福利 other postretirement benefits
其他综合收益 other comprehensive income
发行在外股份 outstanding shares
所有者权益 owner's equity
实收资本、缴入股本 paid-in capital
超面值缴入资本、资本溢价paid-in capital in excess of par value (additional paid-in capital)
面值、票面值(设定价值) par value (stated value)
母公司 parent company
参与 participating
合伙 partnership
专利权 patents
支付日、股利支付日 payment date
养老金 pensions
应收账款百分比法 percentage of accounts receivable method

完工百分比法 percentage-of-completion method
销售百分比法 percentage of sales method
期间费用 period costs
定期盘存制 periodic inventory system
永久性差异 permanent differences
永续盘存制 perpetual inventory system
实地盘存 physical count
过账 posting
预测价值 predictive value
优先权 preemptive right
优先股 preferred stock
现值 present value
总资产息税前报酬率 pretax and pre-interest return on total assets
价格收益增长比率 price-earnings gross（PEG）
市盈率 price-earning（P-E）ratio
本金 principal
私人会计师 private accountants
私人配售（股票）private placement
私人公司、非上市公司 privately owned
预计报表 pro forma statements
产品成本 product costs
获利能力 profitability
承兑票据 promissory note
保护性契约 protective covenant（covenant）
公共会计师 public accountants
公众公司、上市公司 publicly owned
订购单 purchase order
速动比率 quick ratio（acid ratio）
报酬率 rate of return
普通股权益报酬率 rate of return on common equity（ROE）
原材料存货 raw material inventory
实际利率 real interest rate
收货单、收货报告、收料单 receiving report
调节银行对账单 reconcile a bank statement
可收回性测试 recoverability test
相关性 relevance
可靠性 reliability
修理 Repairs
报告式［资产负债表的一种格式］report format

准备［有3个意思：（1）拨定一部分留存收益以限制股利分配；（2）一项资产的抵消；（3）对不确定或不明确的量估计一个确定的负债值］reserve

残值 residual value

受限制留存收益 restricted retained earnings（appropriated retained earnings）

受限制股票 restricted stock

重组 restructuring

零售商 retailer

留存收益 retained earnings（retained income）

资产报酬率 return on assets ratio（ROA）

普通股股东权益报酬率 return on common stockholder's equity ratio（ROE or ROCE）

销售利润率 return on sales ratio

收入（销售收入） revenues（sales，sales revenues）

销售折让（购货折让） sales allowance（purchase allowance）

销售退回（购货退回） sales returns（purchase returns）

萨班斯-奥克斯利法案 Sarbanes-Oxley Act

（美）证券交易委员会 Securities and Exchange Commission（SEC）

短期债务证券 short-term debt securities

短期权益证券 short-term equity securities

短期投资 short-term investment

短期变现能力 short-term liquidity

简单分录 simple entry

单利 simple interest

单步式利润表 single-step income statement

偿债基金 sinking fund

偿债基金债券 sinking fund bonds

独资企业 sole proprietorship

原始凭证 source documents

个别辨认法 specific identification method

特定注销法 specific write-off method

现金流量表 statement of cash flows（cash flow statement）

股东权益表 statement of stockholder's equity

股票证书 stock certificate

股票股利 stock dividends

股票期权 stock options

股份分割 stock split

股东权益 stockholder's equity（shareholder's equity）

直线折旧法 straight-line depreciation

后偿债券 subordinated debentures

子公司、附属公司 subsidiary

T 型账户、丁字型账户 T-account
有形资产（固定资产） tangible assets （fixed assets, plant assets）
税率 tax rate
暂时性差异（时间性差异） temporary differences （timing differences）
时间序列比较 time-series comparisons
及时性 timeliness
总资产周转率 total asset turnover （asset turnover）
商业折扣 trade discounts
商标 trademarks
举债经营 trading on the equity
交易性证券 trading securities
交易 transaction
库藏股 treasury stock
趋势分析 trend analysis
试算平衡表 trial balance
营业额、销售收入 turnover
美国政府债务 U. S. Treasury obligations
坏账 uncollectible accounts （bad debts）
可理解性 understandability
包销商 underwriters
已收未获收益（预收收益、递延收益） unearned revenue （revenue received in advance, deferred revenue）
工作量折旧法 units-production depreciation （activity method）
使用年限、耐用年限 useful life
可验证性、可核性 verifiability
既得期权 vested options
加权平均法 weighted-average method
批发商 wholesaler
在产品存货 work in process inventory
营运资金 working capital
减值、减记 write-down
到期收益率 yield to maturity
零息债券 zero coupon bond

北京培生信息中心
北京市东城区北三环东路 36 号
北京环球贸易中心 D 座 1208 室
邮政编码：100013
电话：(8610)57355171/57355169/57355176
传真：(8610)58257961

Beijing Pearson Education
Information Centre
Suit 1208, Tower D, Beijing Global Trade Centre,
36 North Third Ring Road East,
DongchengDistrict,Beijing, China100013
TEL:(8610)57355171/57355169/57355176
FAX:(8610)58257961

尊敬的老师：

您好！

为了确保您及时有效地申请教辅资源，请您务必完整填写如下教辅申请表，加盖学院的公章后传真给我们，我们将会在 2-3 个工作日内为您开通属于您个人的唯一账号以供您下载与教材配套的教师资源。

请填写所需教辅的开课信息：

采用教材			□中文版 □英文版 □双语版
作　　者		出版社	
版　　次		ISBN	
课程时间	始于　　年　月　日	学生人数	
	止于　　年　月　日	学生年级	□专科　□本科 1/2 年级 □研究生　□本科 3/4 年级

请填写您的个人信息：

学　　校			
院系/专业			
姓　　名		职　　称	□助教 □讲师 □副教授 □教授
通信地址/邮编			
手　　机		电　　话	
传　　真			
official email(必填) (eg:XXX@ruc.edu.cn)		email (eg:XXX@163.com)	
是否愿意接受我们定期的新书讯息通知：	□是　　□否		

系 / 院主任：________________（签字）

（系 / 院办公室章）

Please send this form to: Service.CN@pearson.com

Website: www.pearsonhighered.com/educator

____年____月____日

东北财经大学出版社

Supplements Request Form (教辅材料申请表)

Lecturer's Details（教师信息）			
Name: (姓名)		Title: (职务)	
Department: (系科)		School/University: (学院/大学)	
E-mail: (邮箱)		Lecturer's Address / Post Code: (教师通讯地址/邮编)	
Tel: (电话)			
Mobile: (手机)			

Adoption Details（教材信息）　影印版 □　双语版□　翻译版□			
Title: (中文书名) (英文书名) Edition: (版次) Author: (作者)			
Local Puber: (外国出版社)			
Enrolment: (学生人数)		Semester: (学期起止日期时间)	
通过哪种方式获得我社的图书信息 参加会议 □　邮寄书目 □　书店□　网站□　他人推荐□			

Please fax or post the complete form to（请将此表格传真或 email 至）：

东北财经大学出版社有限责任公司
电话: (86) 0411-84710878/84712996
传真 : (86) 0411-84710878
邮箱：guohebu@126.com
通讯地址: 辽宁省大连市沙河口区尖山街 217 号东北财经大学出版社
邮编：116025